Ein ein(z)iges Presbyterium

Anna Hennersperger

Ein ein(z)iges Presbyterium

Zur Personalentwicklung von Priestern

Amtstheologische Reflexionen
zu Daten der Studie
PRIESTER 2000©

Schwabenverlag

Erarbeitet im Ludwig-Boltzmann-Institut für Werteforschung
(Religion und Solidarität) in Wien

Die Drucklegung ist von der Diözese Passau gefördert

Bibliografische Information der Deutschen Bibliothek
Die Deutsche Bibliothek verzeichnet diese Publikation in der Deutschen Nationalbiografie;
detaillierte bibliografische Daten sind im Internet über <http://dnb.ddb.de> abrufbar.

www.schwabenverlag.de

Umschlaggestaltung: Finken & Bumiller, Stuttgart
Satz: Mediendesign Joachim Letsch, Esslingen
Herstellung: Konkordia Druck, Bühl
Printed in Germany

ISBN 3-7966-1102-8

INHALT

PERSONALENTWICKLUNG ALS BISCHÖFLICHE FÜRSORGEPFLICHT

Auch das Kirchengebiet Passau ist von tiefgreifender Transformation nicht ausgenommen. Im Gegenteil: Es sind die traditionellen ländlichen Bereiche, die – sich hinter der städtischen Leitkultur her entwickelnd – jetzt im kulturellen Umbau begriffen sind. Dieser Kirchenumbau wird jenen deutlich, die mit wachem Auge in die Kirchenbänke schauen. Der Altersdurchschnitt der Kirchgänger steigt an (wie im Übrigen auch der Altersdurchschnitt der Gesamtbevölkerung). Und wer genau hinschaut, wird beunruhigt beobachten, dass die Älteren aus den Kirchenbänken wegsterben, aber kaum Jüngere nachrücken. Natürlich hat Religiosität auch eine biographische Note, zumal in Zeiten, in denen das Leben hoch individualisiert und biographisiert ist. Aber die Wahrscheinlichkeit, dass Hans lernt, was Hänschen nicht gelernt hat, ist sehr begrenzt. Wie sehr auch die Diözese Passau in einer tiefgreifenden Umbaukrise ist, zeigt sich nicht zuletzt auch in der Entleerung des altehrwürdigen Priesterseminars. Es wird nicht leicht werden, im nächsten Jahrzehnt als Passauer Generalvikar die Pfarrgemeinden der Diözese dadurch eucharistiefähig zu erhalten, indem man ihnen „Priester in Ruf- und Reichweite" bestellt.

Man kann in einer solchen Übergangskrise auf Beharren setzen. Die Folge ist dann klar: Es wird das beharrende Segment aus der Bevölkerung an das kirchliche Leben gebunden werden. Und dieses beharrliche Element wird schrumpfen. Man kann das dann spiritualisierend als das Gesundschrumpfen einer schwachgewordenen Großkirche zur kleinen Herde interpretieren. Letztlich aber ist es die Kapitulation vor der eigenen pastoralen Fantasielosigkeit. Die Alternative dazu ist, dass sich die Kirche auf den kulturellen Umbau einlässt. Kardinal Carlo Maria Martini hat den bischöflichen Mitbrüdern aus Europa 1989 auf einem Symposium eine Meditation zum Hinabziehen Jesu vom ländlich-provinziellen Galiläa in die offene, heidnisch-pluralistische Stadt Kapharnaum gehalten (Mt 4,13f). Er riet ihnen, mit Jesus diesen Weg der Kenosis, des Herabsteigens zu gehen und seine Geisteshaltung zu teilen: also unter den Menschen zu sein, die moderne Stadt als „seine Stadt" zu bezeichnen und im alltäglichen Leben der Menschen mit einer liebenden Anwesenheit gegenwärtig zu sein.

Inmitten kultureller Transformation steht somit die Kirche vor der epochalen Alternative: Untergang oder Entwicklung. Wenn wir so weitermachen wie bisher, werden wir nicht mehr lange weitermachen. Hier muss noch einmal pastoraltheologisch deutlich gesagt werden, dass der Auftrag Gottes an seine Kirche nicht beharren ist, sondern den Weg der Menschen mitzugehen, auch und gerade in kulturell bewegten Zeiten.

Unter ihrem damaligen Bischof – nunmehr Altbischof – Franz Xaver Eder hat sich die Diözese Passau für Entwicklung entschieden. Sichtbarer Ausdruck für den begonnenen Entwicklungsvorgang ist das zu Pfingsten 2000 im Hohen Dom zu Passau promulgierte Dokument „Gott und den Menschen nahe. Passauer Pastoralplan 2000". Das Wappen auf der Rückseite des kleinen Heftchens ist nicht jenes des Altbischofs, sondern das der Diözese: Das ist ein kluges Symbol. Denn die Frage ist heute für die Kirche längst nicht mehr, ob die Leitung eine Entwicklung will oder nicht. Spielentscheidend ist, ob sich das Kirchenvolk mit ihrer Leitung zusammen auf einen Weg macht oder gottlos klagend über die schlechten Zeiten bei den Wassern zu Massa und Meriba verbleibt.

Die Diözese Passau hat damit auch ein pastoralpolitisches Beispiel gegeben. Viele Kirchengebiete haben in den letzten Jahrzehnten große Versammlungen abgehalten: Diözesanforen, pastorale Foren etc. Das Ergebnis dieser synodalartigen Versammlungen waren dicke Bücher, zu denen dann der Bischof seine kritischen Anmerkungen gemacht hat. Passau wollte kein Dokument, das dann in des Wortes doppelter Bedeutung „verabschiedet" wird. Es ging um den Aufbruch selbst auf einen gemeinsamen Entwicklungsweg. Was dabei zu Papier kam, sollte lediglich eine Art Landkarte zur langjährigen Orientierung bilden.

Für das Entstehen des Pastoralplans war entscheidend das Zusammenspiel von unabgebbarer bischöflicher Verantwortung und Beteiligung der Betroffenen aus den verschiedensten Bereichen des kirchlichen Lebens, der Pfarrgemeinden, der Orden, der kirchlichen Einrichtungen. Wer wollte, konnte mitmachen und so den Aufbruch verstärken. Manche in der Kirche meinen, dass die breite Beteiligung die Leitung schwächen und die Gemeinschaft auf eine falsche Fährte führen könne. Sie sagen dann: entweder Synodalität oder Autorität. Doch sagte Kardinal Miloslav Vlk auf dem Symposium der Europäischen Bischöfe 1992 in Prag den versammelten europäischen Bischöfen, dass sie ihr bischöfliches Leitungssamt nur „personal, kollegial und synodal" ausüben könnten, sollte es fruchtbar ausgeübt werden. Personal meint, dass ein Bischof nie seine persönliche Verantwortung delegieren kann. Kollegial heißt, dass er seine Verantwortung immer mit anderen teilt – über die Diözese hinaus mit der Bischofskonferenz (und auch den lokalen Bischofskonferenzen), innerdiözesan mit jenen, die ihn in seiner Amtsausübung tragen (wie in Passau das bewährte und pastoral sehr sensible Domkapitel). Synodal heißt aber schließlich, dass Leitung nur im Zusammenspiel mit den von der Leitung Betroffenen gelingen kann. Zusammenkommen ist griechisch syn-odos, der Weg, der zusammenführt. Synodalität meint daher zunächst nichts anderes, als dass die Mitglieder des Volkes Gottes zusammenkommen und über das beraten, was sie alle gemeinsam angeht; und das unter der kundigen Leitung des Bischofs. Dabei kann das Volk irren – der Bischof aber auch. Ebenso gilt aber auch, dass Gottes Geist über das priesterliche Gottesvolk ausgegossen ist – und über den Bischof auch. Manche haben dem Altbischof von Passau unterstellt, er hätte keine Leitung wahrgenommen.

Das Gegenteil aber ist wahr: Er hat die Leitung in der ekklesiologisch einzig möglichen Weise wahrgenommen. Es war geleitete Synodalität. Und jeder seiner Nachfolger wird auf diesen Prüfstand gestellt: ob es ihm gelingt, dem Altbischof in dieser spirituell hochwertigen Einsicht zu folgen, dass er hinhorchen muss auf das, was Gott ihn für seine Amtsführung durch die Gemeinden und ihre Mitglieder lehrt.

Entwicklung ist nur möglich, wenn man weiß, was man erreichen will. In zeitgenössischer Fachsprache heißt dies, dass sich Mission und Vision verbinden. Beide zusammen sind wie ein Stern, der in der Nacht des Aufbruchs die Richtung zeigt. Freilich, viele Diözesen haben in den letzten Jahren Leitbildprozesse durchgemacht. Der Eindruck blieb aber, dass solche Leitbilder nicht zum Aufbruch, sondern zur Resignation geführt haben. Zu erhaben und zu schön waren die entworfenen Bilder. Es wurde auf die verfügbaren Möglichkeiten zu wenig Rücksicht genommen. Vieles war auch zu zentralistisch entworfen. Statt die Gehfähigkeit der einzelnen Gemeinschaften und Gemeinden zu trainieren, wurde ein zentrale Gehschule eingerichtet. Vor allem aber fehlte der realistische Versuch zu sagen: Welche kleinen überschaubaren Schritte könnten denn in Richtung Leitbild gegangen werden? Und das mit dem Ziel einer nachhaltigen Entwicklung. Das führte beim Entwurf der Pastoralen Entwicklung Passau zur Einsicht, dass es eine Handvoll leitbildhaltiger Projekte braucht. Wer zu viel will, erreicht nichts. Der Weg zur Nichtentwicklung ist mit großen Visionen gepflastert, so ließe sich in Anlehnung an eine alte Volksweisheit formulieren. Der Pastoralplan Passau enthält insgesamt neun überschaubare Projekte für die nächsten Jahre. Das ist realistisch und lässt auf wirkliche Entwicklung hoffen.

Entscheidend war auch die Erkenntnis, dass nur jene Projekte in Angriff genommen werden sollten, die die Diözese selbst voranbringen. Natürlich haben auch und gerade in der römisch-katholischen Weltkirche die Lokalkirchen auch eine weltkirchliche Verantwortung. Die altkirchliche Idee der Communio bezog sich ja nicht auf die Gemeinschaft der einzelnen Christinnen und Christen, sondern der Kirchenregionen und Ortskirchen. So ist es schon sinnvoll, wenn über weltkirchliche Fragen (wie Einsatz für Gerechtigkeit, Ökumene, Umbau der Kirche zu einer Kirche von Frauen und Männern, Fragen der Lebensform der Amtsträger – ob zum Beispiel verheiratete Diakone, deren Frau stirbt, wieder heiraten dürfen – was zur Zeit nicht geht, auch wenn Kinder da sind) in den Ortskirchen diskutiert wird. Doch beschloss die Diözese, solche Fragen im Rahmen der Pastoralen Entwicklung nicht zu verhandeln, sondern diese in ein „Depot" zu geben, das nicht zu einer „Deponie" verkommen sollte. Natürlich kann dann manch einer meinen, in diesem Depot seien Fragen gesammelt, die weltkirchlich keineswegs zur Diskussion stünden (wie die Zulassung von Frauen zum Priesteramt). Doch war es die Absicht der Diözesanleitung, nicht einmal darüber zu diskutieren: Entscheidend war, die Pastorale Entwicklung der Diözese von derzeit als unlösbar geltenden Problemen völlig frei zu halten.

Auf diesem Hintergrund wuchs unter sensationell hoher Beteiligung des Kirchenvolks in mehreren Jahren der Passsauer Pastoralplan. Er hat zwei große Teile: Der erste Teil befasst sich mit dem Weg und seinen (über Projekte beschriebenen) Teilschritten. Der zweite Teil interessiert sich für die Menschen und das Zusammenspiel der Menschen (in Strukturen), die diesen Weg gehen.

Der Weg ist klar und kommt aus der Mitte des Evangeliums. Es geht um die Leidenschaft Gottes für die Menschen. Die Diözese will sich daher in Gott einbinden, um von der Leidenschaft Gottes für den Menschen möglichst stark erfasst zu sein. In Gott eintauchen, das für steht das Bildwort „im Geheimnis Gottes wohnen", ergänzt durch das missionarische Teilprojekt „Gott öffentlich bezeugen". „Eine Kirche, die um sich selbst kreist und dabei Gott vergisst", so der Pastoralplan (16), „wird leidunempfindlich. Wer hingegen in Gott eintaucht, taucht neben den Menschen auf. Dabei kann der Weg auch in der anderen Richtung verlaufen: Wer den Menschen begegnet, findet in diesen auch Gott (Mt 25)". Aus absichtsloser Gottesliebe erwächst somit handfeste Nächstenliebe. Diese verdichtet sich in den Projekten „Beheimaten", „In Liebe dienen" und „Zeit haben". In diesem seinem Herzstück vermeidet der Passauer Pastoralplan das Abdriften in zwei Gräben: auf der einen Seite die Flucht in unsolidarische Frömmigkeit (die Urversuchung der Matthäusgemeinde: Mt 25), aber ebenso das Abrutschen in eine unfromme Sozialtätigkeit. Gottes- und Nächstenliebe bleiben ineinander verbunden; das ist nicht nur die zentrale Aufforderung Jesu an seine Nachfolgegemeinschaft, sondern auch längst Standard zeitgenössischer Theologie, die versucht Mystik und Politik, Kontemplation und Aktion, ora et labora zu verweben.

Kein Weg der Kirche ohne Menschen und angemessene Strukturen. Dabei ist die Kerneinsicht des Passauer Pastoralplans, dass das Heil nicht in Strukturen liegt. Wohl aber ist klar, dass der Weg einer großen Gemeinschaft wie einer Diözese geordnet zu verlaufen hat. Geordnet meint aber in zeitgerechter Fachsprache in guten „Strukturen". Noch wichtiger als solche Strukturen sind die Menschen. Sie sind das Urkapital der Kirche. Nur so verdient die Kirche den Ehrentitel „Volk". Der Pastoralplan kennt somit zwei Projekte der Strukturentwicklung, hat aber auch zwei Projekte unter der Überschrift „Personen fördern und Strukturen entwickeln".

Keine Erneuerung der Kirche ohne Personalentwicklung. Dieser in den weltlichen Unternehmungen heute selbstverständliche Satz trifft auch auf die Weggemeinschaft der Kirche zu. Dabei lebt heute schon und morgen noch mehr die Kirche vom Engagement der Ehrenamtlichen. Sie engagieren sich auf Grund ihrer Kirchenberufung, die es zu heben und zu stärken gilt. Sie verdienen dabei gute Unterstützung durch die Diözese. Ebenso zu qualifizieren und zu stärken sind die Hauptamtlichen. Die Zukunft auch der Diözese Passau wird u. a. auch über ihre Bereitschaft entschieden, ob es eine professionelle Personalentwicklung gibt: für die Bischöfe, Priester und Diakone (auch und gerade jene in der

Leitung), die Laien, die Ehren- und die Hauptamtlichen. Und weil Personalentwicklung eine derart hohe Bedeutung hat, muss sie angemessen institutionalisiert werden. Passau ist eine der ganz wenigen Diözesen im deutschen Sprachraum, die noch kein Institut für Fortbildung und Personalentwicklung kennt. Es ist an der Zeit, diesen Mangel zu beheben.

Für eben diese Entwicklung einer professionellen Personalentwicklung leistet nun die vorliegende Arbeit von Frau Dr. Anna Hennersperger einen guten Beitrag. Gestützt auf die Daten der zentraleuropäischen Studie Priester 2000 kann sie Auskunft geben über die Vorstellungen, die Priester mit reicher Berufserfahrung für die Aus-, Fort- und Weiterbildung haben.

Ein Beispiel mag die Bedeutung dieser Daten und damit auch der vorliegenden Studie belegen. So wünschen die Priester für die Fortbildung vorrangig eine Unterstützung bei der zeitgemäßen Glaubensverkündigung und bei Führung und Kooperation. Das zeugt von enormer Problemempfindlichkeit der befragten Priester. Einerseits merken sie, dass die Rede von Gott in unserer Kultur sprachlich wie sachlich vor neue Herausforderungen geraten ist. Sie fordern daher Unterstützung für den Kernbereich ihres Auftrags – also auch für die Durchführung der zwei Schlüsselprojekte des Passauer Pastoralplans „im Geheimnis Gottes wohnen“ und „Gott öffentlich bezeugen“.

Zudem ist den Priestern klar, dass auf sie neuartige Leitungsaufgaben zukommen. Noch die konziliare Priestergeneration (die jetzt die Bischöfe stellt) hat gelernt, dass Priester vor allem personbezogene Seelsorge machen. Heute, gefordert durch die neue Rolle der Laien, brauchen die Priester neue Leitungskompetenzen. Der Bedarf nach Leitungskompetenz wird sich noch dadurch verschärfen, dass die verfügbare Zahl der Priester abnehmen wird und immer mehr Priester die Leitung pastoraler Großräume übernehmen werden, mit einer beachtlichen Zahl von ehrenamtlich wie hauptamtlich tätigen Frauen und Männern. Gerade Priester werden lernen müssen, dass sie nicht mehr für alles zuständig sind, sondern für das Ganze, nicht mehr nur für das seelsorgliche Einzelwohl, sondern das gemeindliche Gemeinwohl.

Es ist der Diözese Passau also sehr zu wünschen, dass sie in absehbarer Zeit ihre Anstrengungen zur Personalentwicklung forciert und auch institutionalisiert. Sie kann sich dabei auf die reichhaltigen Ergebnisse der Auswertung ihrer Priesterstudie stützen. Zu Recht vermerkt sie: „Es ist ein Moment an der Fürsorgepflicht des Bischofs für die Priester, vielfältige Maßnahmen zu setzen oder zu unterstützen, welche die Entwicklung der beruflichen Identität der Priester fördern.“

Wien, 15. 8. 2002 *Paul M. Zulehner*

VORWORT

Die vorliegende Arbeit wurde im Sommersemester 2002 an der Katholisch-Theologischen Fakultät der Universität Wien als Dissertation angenommen.

Sie basiert auf jenen Ergebnissen einer Umfrage unter Priestern, die mittels einer Studie der Arbeitsstelle für kirchliche Sozialforschung Wien im Jahr 2000 erhoben worden waren.[1] An einer ersten pastoraltheologischen Interpretation der Gesamtergebnisse war ich selbst beteiligt.[2]

Dass sich die Diözesanleitung sowie der Priesterrat der Diözese Passau für die Teilnahme an dieser Studie ausgesprochen haben, ist erfreulich. Ohne die Mitwirkung derjenigen Passauer Priester, die sich die Zeit genommen haben, den umfangreichen Fragebogen zu bearbeiten und einzusenden, wäre es jedoch nicht möglich gewesen, zu einem auswertbaren Grundstock an Daten zu kommen. Auf die abschließende (offene) Frage im Bogen, „... was ich noch unbedingt hinzufügen will“ fand sich einmal der Satz: „Gott sei Dank, dass ich fertig bin“, der etwas von der Mühe widerspiegelt, auf die sich ein Teil der Passauer Priester um eines größeren Ganzen willen freiwillig eingelassen hat. Ihre Beteilung an der Studie ist die Grundlage dafür, dass für den Bereich des Bistums Passau nun aussagekräftige Ergebnisse vorliegen.

Neben den „harten Fakten“ gab es zwei offene Fragen von denen eine lautete: „Wenn mich jemand fragt, ob er Priester werden soll, dann würde ich ihm sagen ...“ Die Antworten dazu bringen in beindruckender Weise die von der Realität durchwirkte Grundstimmigkeit zum Ausdruck, die sich auch in der Gesamtstudie gezeigt hat und eher ungläubige bzw. skeptische Reaktionen hervorrief. Diese Antworten sind im Anhang (146 Antworten zu einer Frage) ohne weiteren Kommentar nachzulesen. Dass diese Grundstimmigkeit in einigen Diözesen als „Freifahrschein“ gedeutet wurde, den wenigen Priestern noch mehr an Arbeit aufzubürden, hat sich als fahrlässige Fehlinterpretation der Ergebnisse herausgestellt.[3] Den Passauer Erträgnissen ist zu wünschen, dass sie im Rahmen der Diözesanentwicklung, der „Pastoralen Entwicklung Passau“ sowohl im Bereich der Personal- wie auch der Organisationsentwicklung gestalterisch und fördernd zum Wohle und Nutzen aller umgesetzt werden können.

---

1 Vgl.: Zulehner, Paul M.: Priester im Modernisierungsstress. Forschungsbericht der Studie **PRIESTER 2000**©, Ostfildern 2001.

2 Vgl.: Vgl. Zulehner, Paul M./Hennersperger, Anna: „Sie gehen und werden nicht matt“ Jes 40,31. Priester in heutiger Kultur, Ergebnisse der Studie **PRIESTER 2000**©, Ostfildern 2001.

3 Vgl.: Zulehner, Paul M./Lobinger, Fritz: Um der Menschen und der Gemeinden willen. Plädoyer zur Entlastung von Priestern. Weitere Folgerungen aus der Studie **PRIESTER 2000**©, Ostfildern 2002.

Danken möchte ich – neben den beteiligten Passauer Priestern – denjenigen, die das Entstehen des Werkes in vielfacher Weise gefördert und mitgetragen haben:

Prof. DDr. Paul M. Zulehner für die stets kritische, kreative und konstruktive Begleitung beim Werden der Arbeit, Prof. Dr. Josef Weismayer für das Zweitgutachten sowie dem Ludwig-Boltzmann-Institut für Werteforschung, das die Arbeit im Rahmen der Forschung zu religiösen Eliten in sein Programm aufgenommen hat.

Mein Dank gilt ferner der Diözese Passau für vielfältige und selbstverständliche Unterstützung: Dem Geistlichen Rat und Herrn Finanzkammerdirektor Max Bloch für die Gewährung des Druckkostenzuschusses, Herrn Generalvikar Lorenz Hüttner und Herrn Personalreferent Dr. Josef Meier für die kulanten Bedingungen zur zweijährigen Freistellung, Herrn Dr. Hubert Pöschl, der stets tatkräftig vor allem in diözesanstatistischen Fragen Support gab, Herrn Dr. Michael Bär für die Unterlagen zum Bereich der Wortgottesdienste sowie meinen Kolleginnen und Kollegen von den PEP-Geschäftsstellen und der Arbeitsgemeinschaft Gemeindeberatung und Organisationsentwicklung für die ideelle Rückenstärkung. Nicht zuletzt danke ich auch meiner Familie sowie meinen Freundinnen und Freunden für vielfache Ermutigung. Frau Anne Kunstmann hat die Mühe des Korrekturlesens auf sich genommen: Sie sei an dieser Stelle ausdrücklich erwähnt.

Dem Schwabenverlag und darin vor allem der umsichtigen Lektorin Frau Gertrud Widmann verdanke ich die Möglichkeit zur Veröffentlichung im Rahmen der Gesamtauswertung der Studie **PRIESTER 2000**©. Dafür danke ich zu guter Letzt.

Wien, am Fest der Hl. Monika

27. August 2002 *Anna Hennersperger*

STREIFLICHTER AUF UMFRAGEGRÜNDE

Der Fernsehkanal 3SAT strahlt in loser Folge eine Sendereihe aus, die den anfragenden Titel trägt: „Der Letzte seines Standes?“ Dabei werden Protagonisten meist handwerklicher Berufe vorgestellt wie z. B. Köhler, Fassbinder, Xylograph, Ofenbauer, Kalkbrenner, Feilenhauer oder Zapfensteiger. Der Blick auf die angeführten Berufe erklärt, wie sie zur Ehre gelangen, Hauptdarstellende der Sendung zu sein. Wer bei dieser Sendereihe im Blick ist, verfügt über berufliche Fähigkeiten und Fertigkeiten, die aufgrund der technischen und wirtschaftlichen Entwicklung nicht mehr gebraucht werden und für die es absehbar keinen Markt mehr geben wird. Im besten Fall ist die Arbeit der vorgestellten Personen die Pflege einer schützenswerten Nische mit eher musealem Charakter. Es ist beinahe wie beim „Vogel des Jahres“: Auch das werden immer diejenigen, die zur bedrohten Art gehören.

„Der Letzte seines Standes? Der katholische Priester.“ Zwar scheint es, dass im nördlichen Bereich Westeuropas die Kirchen und damit auch die Amtsträger von vielen Menschen zunehmend als randständige Relikte einer längst vergangenen feudalen Epoche betrachtet werden. Dennoch ist eine Sendung mit diesem Untertitel in besagter Reihe aus vielen Gründen nicht vorstellbar. Dazu sind die heutigen Priester zum einen eine viel zu umtriebige und quicklebendige Gruppe; zahlenmäßig zwar längst nicht mehr in der Größenordnung vorzufinden wie vor 50 Jahren, aber damit noch lange nicht zum alten Eisen der Geschichte gehörend, das als matter Abglanz des Gewesenen nur noch vor sich hinrostet. Die Berufsgruppe der Priester wird überdies von außen her weitaus krisengeschüttelter eingeschätzt, als die Priester das je selbst empfinden oder von sich sagen. Fremdeinschätzung und Selbsteinschätzung differieren hier erheblich, und das spricht nicht von vorneherein gegen die Priester.

Die Priester, damit sind die Presbyter frühkirchlicher Provenienz gemeint, gehören zur Gruppe der „alten Berufe“. Sie tragen eine lange und wechselvolle Geschichte bei sich. Sucht man sie in bekannter Ausprägung im Neuen Testament, wird man über sie oder von ihnen unmittelbar nichts finden.[4] Das Amt in der Kirche hat sich entsprechend den Erfordernissen der jeweiligen Zeit entfaltet. Dabei gab es Phasen mit stärkerer Entwicklung, dann wieder über längere Zeit

[4] Der im August 2001 verstorbene Schweizer Alttestamentler Herbert Haag zieht daraus den Schluss, dass Jesus keine Priester wollte und von daher – aus Treue zum Ursprung – das Priestertum bzw. jegliches Weiheamt abgeschafft werden müsse. Er plädiert für eine Reform der Kirchenverfassung, was in seinem Sinne meint, dass die hierarchische Verfassung der Kirche vor ihrem Ende stehe. Haag geht davon aus, dass z. B. für den Vorsteherdienst bei der Eucharistie ein kirchlicher Auftrag genüge. Vgl. Haag, Herbert: Worauf es ankommt. Wollte Jesus eine Zwei-Stände-Kirche?, Freiburg-Basel-Wien 1997.

Etappen mit der Neigung zu Stillstand, Erstarrung und bisweilen starken Fehlentwicklungen. Weil das Amt eine geschichtliche Seite hat und damit Entwicklungen unterliegt, stellt sich stets die Frage, was „das Bleibende und sich Wandelnde im Priestertum der Kirche“[5] ist. Beides also muss thematisiert werden.

„Tempora mutantur et nos mutamur in illis“: Hätte man beispielsweise in den „Goldenen Zwanzigerjahren“ eine Erhebung unter Priestern über ihre vorrangigen Aufgaben, ihr Amtsverständnis und ihren gesellschaftlichen Status gemacht, das Ergebnis wäre heutzutage eine aufschlussreiche Lektüre. Dies umso mehr, als den Priestern – deutlich ab dem Zweiten Vatikanischem Konzil und noch weit einschneidender in den letzten Jahrzehnten – durch starke Veränderungen in Kirche und Gesellschaft ein hohes Maß an Flexibilität abverlangt wurde. Sie müssen lernen mit dem Wandel zu leben. Das war vor fünfzig Jahren noch anders.

Vorkonziliare Normalität

In den Fünfzigerjahren schien es, als würden die alten Fundamente, die man unter den Trümmern der Zerstörung und Vernichtung aus den Bombardements des Krieges vorfand, wieder tragfähig werden. Das galt auch im übertragenen Sinne. Restauration war ein großes Stichwort in der Aufbauphase nach dem Zweiten Weltkrieg. Die katholische und evangelische Kirche waren im – in vielerlei Hinsicht – zerstörten Deutschland beinahe die einzigen Großinstitutionen, die in ihren Strukturen im wesentlichen erhalten geblieben waren. „Der Zusammenbruch der Nazi-Diktatur hatte ein geistiges und institutionelles Vakuum hinterlassen, in das die Kirchen – geistig wenig kompromittiert und institutionell weitgehend intakt – quasi automatisch einrückten.“[6] Die Tatsache, dass die Institution im wesentlichen stabil blieb, sagt nichts darüber aus, inwieweit auch Katholiken an den Verbrechen der Nationalsozialisten schuldig waren, indem sie sich an der Naziherrschaft aktiv beteiligt hatten oder deren mörderisches Treiben zumindest nicht verhinderten. Die Kirchen – so der geschichtliche Befund – vermittelten inmitten von Vernichtung und Chaos Stabilität und Eindeutigkeit insofern, als sie der Besatzungsmacht als unabhängige Größen entgegentraten, „denen deshalb eine politische Größe als Repräsentanz der Deutschen, die sonst keinen Fürsprecher mehr besaßen, zuwuchs“[7].

---

5 Vgl. Döpfner, Julius Kardinal: Das Bleibende und Sich-Wandelnde im Priestertum der Kirche, in: Holenstein, Carl (Hrsg.): Churer Dokumente. Bischofs-Symposion 7. bis 10. Juli 1969. Texte der Bischöfe und Priester im Wortlaut, Zürich 1969, 13-25.

6 Gabriel, Karl: Christentum zwischen Tradition und Postmoderne, Freiburg i. Breisgau 1992, 49f.

7 Hürten, Heinz: Aufbau, Reform und Krise: 1945 – 1967, in: Brandmüller, Walter (Hrsg.): Handbuch der Bayerischen Kirchengeschichte, Bd. 3: Vom Reichsdeputationshauptschluss bis zum Zweiten Vatikanischen Konzil, St. Ottilien 1991, 393-425, hier 401.

Im Handbuch der Bayerischen Kirchengeschichte werden die Fünfzigerjahre als „die Jahre der Normalität"[8] charakterisiert. Die Trennung zwischen Religiosität und Kirchlichkeit war zu dieser Zeit noch kein Thema. Religion manifestierte sich geradezu in der Kirche. Das eine war mit dem anderen – nicht nur im Bereich der katholischen Kirche – eng verbunden.[9] Es waren in der Nachkriegszeit nicht nur die Erfahrungen von teilweise bitterer Not, von Vertreibung und Verlust vieler nahestehender Menschen, oder auch das „Davongekommensein", welche die Menschen dazu brachten gläubig zu sein, sich der Kirche zugehörig zu fühlen und sich am kirchlichen Leben in der damals entsprechenden Weise aktiv zu beteiligen. Über die genauen Ursachen lassen sich verschiedene Hypothesen bilden, darunter auch die, dass der Katholizismus im Sinne eines geschlossenen, tragenden Milieus noch nicht in Auflösung begriffen war.[10]

Für Niederbayern bzw. für den Bereich der Diözese Passau kann man davon ausgehen, dass die tragenden Sozialstrukturen über die Zeit nach dem Zweiten Weltkrieg hinaus relativ intakt erhalten geblieben waren. Einschneidend für eine ganze Region war die Schließung der Grenze in die damalige Tschechoslowakei. Sie machte die Ortschaften in Grenznähe zu Sackgassen und behinderte das wirtschaftliche Leben, das von jeher gut vom selbstverständlichen Hin und Her zwischen Böhmerwald und Bayerischem Wald profitiert hatte.

Nach dem Krieg kam eine größere Zahl evangelischer Christen, die als Flüchtlinge eine neue Heimat suchten, vorübergehend in den Bereich des Bistums. Sie brachten Fremdes und Neues mit, waren aber aufgrund ihres Status eher genötigt sich zu assimilieren denn prägend auf die herrschende Kultur einzuwirken. Auch deshalb kann angenommen werden, dass sich in diesem Raum das ehemals geschlossene bäuerlich-handwerkliche Sozialmilieu vor dem sich bereits abzeichnenden Schub einer Modernisierung in Folge des wirtschaftlichen Aufschwungs ein letztes Mal bewährte. Eine Mischung mehrerer Umstände trug dazu bei, „dass es den Kirchen zunächst gelang, die konfessionell geprägten Sozialmilieus als eigentlich tragende Lebensräume des Glaubens neu zu stärken und zu beleben"[11].

In erster Linie gilt dies für den ländlichen Bereich, in dem bäuerlich geprägtes Leben, Glaube und christliches Brauchtum intensiv und sehr natürlich miteinander verwoben waren. Diese Verwobenheit zeigte sich in einer starken und bis dahin ungebrochenen auch religiösen Ritualisierung des alltäglichen Lebens, von der Menschen einschließlich der Geburtsjahrgänge bis 1965 noch gut zu erzählen wissen. „Die Ritualisierung des Alltagslebens bezog sich auf den Ta-

8 Vgl. Hürten, Heinz: Aufbau, Reform und Krise: 1945 – 1967, 406-423.

9 Vgl. Kaufmann, Franz-Xaver: Religion und Modernität, Tübingen 1989, 32-69.

10 Vgl. Kaufmann, Franz-Xaver: Kirche begreifen. Analysen und Thesen zur gesellschaftlichen Verfassung des Christentums, Freiburg i. Breisgau 1979, 82ff.

11 Kehl, Medard: Die Kirche. Eine katholische Ekklesiologie, Würzburg ^{2}1993, 175.

gesrhythmus mit den täglichen Gebeten in der Familie und dem öffentlichen Angelusläuten, auf den Wochenrhythmus mit der Sonntagspflicht und dem Fleischverbot am Freitag, den Jahresrhythmus mit den jahreszeitlich geprägten Frömmigkeitsformen und den Hochfesten des Jahreskreises. Vielfältige rituelle Absicherungen fanden aber auch die alltäglichen Gefährdungen des Lebens durch das Weihwasserkreuz auf der Stirn, durch Gebete und Segen um gesundheitliches Wohlergehen und durch Bittprozessionen zum Schutz vor den Unbilden und Abhängigkeiten der Natur."[12] Die Ritualisierung bewirkte in starkem Maße ein Gefühl von Sicherheit und Beheimatung. Im katholischen Milieu „blieb die gesamte soziale Wirklichkeit noch im Rahmen eines einheitlichen Deutungssystems interpretierbar. Die Milieus bildeten große Lebenswelten, an deren Grenze Folgeprobleme der Modernisierung für die individuelle Lebensführung abgefangen und abgefedert wurden."[13]

Zum Verständnis der kirchlichen Situation im Diözesangebiet von Passau ist wichtig, dass die Zahl der Katholiken in Westdeutschland durch die zugewanderten Heimatvertriebenen und Flüchtlinge aus dem Osten zwischen 1942 und 1946 um 9,1% zugenommen hatte und sich damit das Verhältnis zwischen den beiden großen Konfession erstmals ungefähr paritätisch darstellte. Die Statistik zeigt, dass 1953 in der Bundesrepublik Deutschland 48,1% der Katholiken zu den regelmäßigen Mitfeiernden des Sonntagsgottesdienstes gehörten, die Ostersakramente wurden gar von 53,9% empfangen.[14] Diese Zahlen wiesen bis Anfang der Sechzigerjahre steigende Tendenz auf.

Das kleine Bistum Passau hatte 1960 53,1% regelmäßige Gottesdienstfeiernde und einen Osterkommunionempfang von 72,3%. 1964 waren es immerhin noch 50,2% bei der sonntäglichen Gottesdienstzählung, bei den Osterkommunionen 69,3%. Mit dieser Zahl von Osterkommunionen war es – nach Regensburg – damit das Bistum mit den zweitbesten Werten in Bayern. Zahlen sind statistische und demzufolge trockene Auskünfte und sagen nichts über die Tiefe und Tragfähigkeit des Glaubens. Sie zeigen aber dennoch Richtungen an und machen Unterschiede deutlich.

Im Erzbistum München-Freising feierten z. B. 1964 33,3% der Katholiken regelmäßig gemeinsam am Sonntag Eucharistie, 39,3% empfingen die Ostersakramente.[15] Im Vergleich zu Passau ist das die Hälfte. Das zeigt auch, dass sich im Bereich des Erzbistums München-Freising der Trend längst umgekehrt hatte. Das Erzbistum umfasst zwar durchaus beachtliche Gebiete ländlich-

---

12 Gabriel, Karl, Christentum zwischen Tradition und Postmoderne, 102.

13 Gabriel, Karl: Lebenswelten unter den Bedingungen entfalteter Modernität. Soziologische Anmerkungen zur gesellschaftlichen Situation von christlichem Glauben und Kirche, in: PThI 8 (1988) 93-106, hier 95.

14 Vgl. Fischer, Alfons: Pastoral in Deutschland nach 1945, Band I. Die „Missionarische Bewegung" 1945-1962, Würzburg 1985, 137-141.

15 Vgl. Hürten, Heinz: Aufbau, Reform und Krise: 1945 – 1967, 407.

bäuerlicher Regionen, ist aber durch den Einzugsbereich der Großstadt und die Fremdenverkehrsregionen wirtschaftlich ungleich stärker entwickelt als das überwiegend bäuerlich geprägte Bistum Passau. Die Zahlen von 1964 markieren für München einen bereits vollzogenen Umschwung in die moderne Zeit mit allen damit verbundenen Licht- und Schattenseiten. Damit begann kirchlich ein Trend, der über die Moderne bis hinein in die heutige Postmoderne anhält: Es kam zu einem deutlichen Individualisierungsschub, also auch einer Privatisierung und Verinnerlichung des Glaubens und einer damit verbundenen Entkirchlichung. Die Fünfzigerjahre wirken im Nachhinein wie das letzte Atemholen einer schon damals vergangenen Phase, ein letztes Bewahren des Alten vor der breiten Modernisierung, die pluralisierte, den Menschen permanente Entscheidungen abforderte, aber zugleich neue und bis dahin unbekannte Freiheiten ermöglichte und Mobilität in die Gesellschaft brachte.

Der angesehene Priesterstand

Auch der Klerus bildete in der volkskirchlich neu belebten und durchaus stabilen Nachkriegszeit der Fünfzigerjahre eine relativ homogene Gruppe, die sich (noch) einheitlich beschreiben ließ. Die Priester hatten zu dieser Zeit nicht nur im binnenkirchlichen Raum, sondern auch gesellschaftlich unbestrittenes Ansehen. Sie erlebten sich als gefragt und geachtet. Wenngleich viele Priester zum Teil unverwechselbare Originale waren, gehörten sie dennoch dem „Klerikerstand" an. Das bedeutete, dass damit ein klares Rollensetting vorgegeben war. Priester waren in erster Linie Pfarrer und damit Seelsorger. Das Berufsprofil und die vorrangigen Aufgabengebiete eines Pfarrers ließen sich ziemlich klar eingrenzen und beschreiben. Das sakramentale Tun stand im Vordergrund. „Der Pfarrer muss predigen, die Glaubenslehre verkünden, das Bußsakrament verwalten, das Sakrament des Leibes Christi spenden, den sonntäglichen Gottesdienst feiern. Und das sind gewiss wichtigste, wenn nicht die wichtigsten Funktionen seines Seelsorgerechtes und seiner Seelsorgepflicht."[16] So Karl Rahner, der sich bei der Aufgabenbeschreibung auf die entsprechenden Canones des Kirchenrechts von 1917 beruft. Das Priesterbild hatte eine starke kultisch-sazerdotale Prägung: die Feier der Eucharistie sowie das Bußsakrament galten als die zentralen Dienste.

Wenn man Priester wurde, schlüpfte man damit in einen fertig geschneiderten amtlichen Rock, den es in dieser Form schon sehr lange gab, der dem allgemeinen Bewusstsein entsprechend keine Veränderungen duldete und dem man sich einzupassen hatte. War der „Priesterrock" für einen jungen und möglicherweise ungestümen Kleriker an einer Ecke zu eng, zu weit, zu kurz oder zu lang – die

---

[16] Rahner, Karl: Friedliche Erwägungen über das Pfarrprinzip, in: Ders., Schriften zur Theologie II, Einsiedeln-Zürich-Köln 1955, 299-337, hier 309.

Rolle des Priesters war nicht auf den Einzelnen zugeschnitten. Die Rolle bestimmte die Person und nicht umgekehrt.

Der lange Talar mit den 33 Knöpfen und dem steifen Kragen war der sichtbare Ausdruck der beruflichen Normierung. In Altbayern war er ab der Mitte des 19. Jahrhunderts das einheitliche Gewand der Kleriker und blieb es bis in die ersten Jahre nach dem Zweiten Vatikanischen Konzil. Die Priesteramtskandidaten hatten ihn bereits ab dem Eintritt ins Seminar zu tragen, wofür mehrere Gründe maßgeblich waren. Zum einen wirkte der Talar wie eine amtliche Uniform. Sie war ausweisend und abweisend in einem: Man wusste sofort, wen man in dieser Kleidung vor sich hatte. Kein Seminarist konnte unerkannt ins gesellschaftliche Leben ein- oder gar darin abtauchen. Das galt auch für etwaige Wirtshausbesuche. Zum anderen war die Person, die ihn trug in ihrer Individualität nicht auf den ersten Blick erkennbar und zudem vor Annäherungen geschützt. Nicht umsonst wurde die Soutane wohl auch wegen der vereinheitlichenden Wirkung von vielen rasch abgelegt, als die Möglichkeiten dafür eröffnet waren.

Die Festlegungen und Vorgaben waren insgesamt streng und unterlagen einer scharfen Kontrolle. Ein Passauer Priester – 1955 geweiht – erzählte, dass er in seinem ersten Berufsjahr nur knapp einer Suspendierung durch den damaligen Bischof Simon Konrad Landersdorfer OSB entging. Dem Bischof war zugetragen worden, dass der junge Kaplan bei einem Gottesdienst in kleiner Runde in das Hochgebet eine frei formulierte Fürbitte eingefügt hatte. Das Hochgebet galt jedoch – wie vieles andere zur damaligen Zeit – als absolut unveränderlich: Kein Jota durfte hinzugefügt oder weggenommen werden. Diese Strenge im Vorgehen ist auch deswegen bemerkenswert, weil Bischof Simon Konrad in Fragen der Liturgie und Liturgiereform als sehr aufgeschlossen galt. Ab 1940 war er zusammen mit dem Mainzer Bischof Alfred Stohr als Liturgiereferent der Fuldaer Bischofskonferenz tätig. Es war von daher wohl vorrangig der Blickwinkel der unbedingten Kirchendisziplin der ihn nötigte, diesen „Vorfall“ aufzugreifen.[17]

Das herkömmliche Priesterbild war in feste Formen gegossen und in vieler Hinsicht auch überhöht. Eine bestimmte Form des Priesterideals wurde hoch gehalten und immer wieder eingeschärft. „Papst Pius XII. sandte 1950 ein Monitum über die Heiligkeit des Priesterlebens an den Klerus der ganzen Welt. Der Grundtenor dieses Schreibens war: Der Priester ist zur Vollkommenheit berufen; das ist besonders wichtig in unserer Zeit, die soviel Schreckliches erlebt hat. Als Mittel der Vervollkommnung nennt der Papst die Feier der heiligen Messe, das

---

[17] Die Sache ging für den besagten Kaplan gut aus. Der pragmatisch denkende Generalvikar Riemer meinte, wenn der Kaplan suspendiert wird, dann haben wir einen Kaplan verloren und gewonnen ist nichts. Und damit hatte er ohne Zweifel recht, denn das Bistum Passau hätte sich damit um einen sehr engagierten Priester gebracht, der über Jahre intensiv und tatkräftig die Weiterentwicklung der Pastoral mitgestaltet hat und ein begnadeter Seelsorger ist.

Breviergebet, die häufige Beichte, die geistliche Lesung, die Exerzitien. Als wesentliche Inhalte und Ausdrucksformen priesterlicher Vollkommenheit nennt er drei: den Gehorsam, den Zölibat, die Armut."[18] Die Anforderungen an die priesterliche Lebensweise waren hoch und bewirkten, dass Priester besonders von Jugendlichen als Weltflüchter wahrgenommen wurden. Die Priester erweckten den Eindruck, dem normalen Leben entzogene und den banalen Realitäten entrückte höherstehende Wesen zu sein. Diese Sichtweise vom Priester ging mit den Vorstellungen der befragten Jugendlichen völlig konform, weil nach ihrer Meinung der Dienst den Priester als „heiligen Außenseiter" für Gott aus- und absonderte. Wer Priester war, war nicht ganz von dieser Welt und konnte mit den normalen Vollzügen der Welt nicht in eins gehen.[19] Dieses kulturell eingespielte Priesterbild wirkte auf junge Männer höchst ambivalent und baute eine hohe Hemmschwelle auf, sich für einen solchen Beruf zu entscheiden.

Für die Ausbildung im Theologiestudium sowie im Priesterseminar war der Rahmen durch das vorgegebene Berufsbild und die damit verbundenen Ideale ebenfalls festgefügt. „Bei der Einübung in die priesterliche Spiritualität spielte die Gestalt des Pfarrers von Ars eine große Rolle, dessen Leben von Gebet, Eucharistie und Beichtehören geprägt wurde. In der pastoralen Ausbildung lag der Schwerpunkt auf Belehrung über die Sakramente und ihre richtige Verwaltung ohne besonderen Bezug auf die damalige gesellschaftliche Situation."[20] Man konnte davon ausgehen, dass die Priesterausbildung mit den geschilderten Schwerpunkten und Fixierungen überall in Westeuropa in gleicher oder ähnlicher Weise akzentuiert war. Die Folge war ein ziemlich ähnlich bestimmtes Amtsverständnis bei den meisten Priestern.

Ausbildungsschwerpunkte der angehenden Pfarrer und Erwartungen der Menschen stimmten im Normalfall überein. Wichtig war für viele Christen jedoch zunehmend, dass die Priester menschliche und soziale Kompetenz hatten und zeigten. Die amtliche Bevollmächtigung allein genügte nicht mehr zur Legitimation jeglichen Handelns.

In den Fünfzigerjahren gab es Pfarrer in vergleichsweise großer Zahl und man konnte auf sie zählen. Sorge bereitete damals jedoch bereits der sich abzeichnende geringere Priesternachwuchs. Man wusste vorausschauend, ablesbar an der Zahl der Seminareintritte, dass die Nachwuchszahlen sowohl bei den Welt- wie auch bei den Ordenspriestern im Abnehmen begriffen waren.

---

18 Fischer, Alfons: Die „Missionarische Bewegung", 120.

19 Vgl. Lindner, Traugott/Lentner, Leopold/Holl, Adolf: Priesterbild und Berufswahlmotive. Ergebnisse einer sozialpsychologischen Untersuchung bei den Wiener Mittelschülern, Wien 1963, 6ff.

20 Werners, Hans: Wandel des Priesterbildes – Wandel der Anforderung, in: Diakonia 21 (1990) 259-263, hier 259.

Wie sehr Wahrnehmung zeitgebunden und zeitgeprägt ist wird an den Klagen der Deutschen Bischöfe über die sinkende Zahl der Priesteramtskandidaten zur damaligen Zeit deutlich. Die Ursachen für den Rückgang der Berufungen zum Priester werden eindeutig auf Seiten der „Welt" gesucht und nicht in der Kirche, die sich – zumindest auf dem Papier – noch immer als „societas perfecta" verstand und unter dem Pontifikat von Pius XII. in mancher Hinsicht triumphalistische Züge erkennen ließ. Die deutschen Oberhirten konstatieren 1954, dass die Familien zunehmend die christliche Prägung verlieren würden, der Zeitgeist von Sexualisierung und Säkularisierung geprägt sei und Materialismus und Opferscheu die Mentalität der Jugendlichen bestimme.[21] Dabei ist zu beachten, dass noch im Jahr 1950 in den Deutschen Bistümern 429 junge Männer zu Priestern geweiht wurden, während es im Jahr 2000 in ganz Deutschland – ohne Ordensangehörige – 152 waren.

Abbildung 1: Priesterweihen - Weltpriester 1939-2000, Deutschland

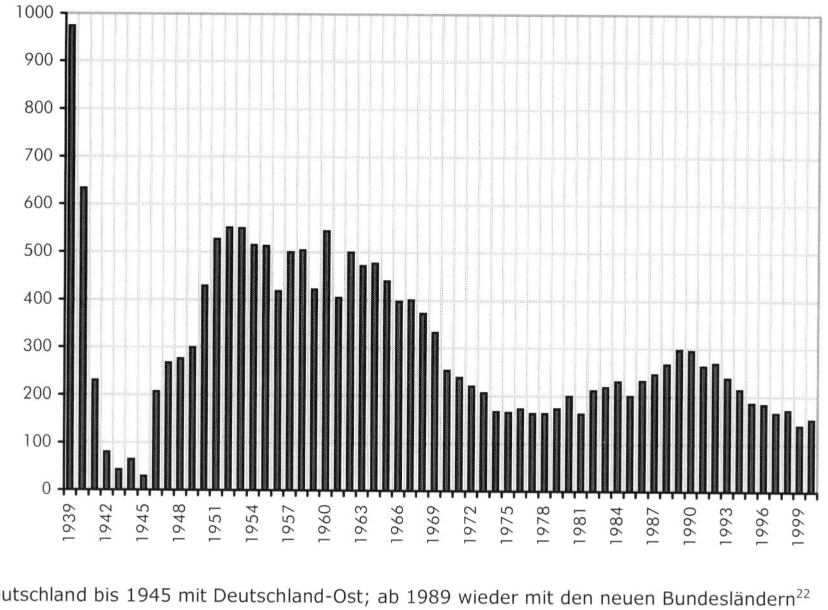

Deutschland bis 1945 mit Deutschland-Ost; ab 1989 wieder mit den neuen Bundesländern[22]

[21] Vgl. Fischer, Alfons: Die „Missionarische Bewegung", 125.

[22] Die Passauer Daten über die Zahl der Priesterweihen hat Regens DK Josef Werkstetter anhand der Weihekursphotos im Treppenhaus des Passauer Priesterseminars ermittelt; die Zahlen für Deutschland stammen aus folgenden Quellen: Gatz, Erwin: Priesterausbildungsstätten der deutschsprachigen Länder zwischen Aufklärung und Zweitem Vatikanischen Konzil. Mit Weihestatistiken der deutschsprachigen Diözesen, Rom-Freiburg-Wien 1994, 268-276. Ab 1990

Abbildung 2: Priesterweihen von Weltpriestern im Bistum Passau 1939–2001

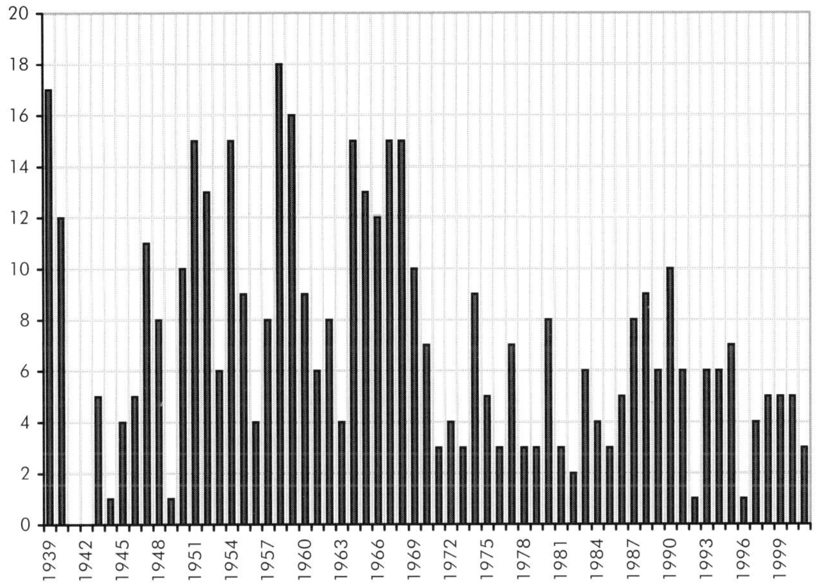

Quelle: Diözesanstatistik

Beide Abbildungen zeigen deutlich, dass sich in den Fünfzigerjahren bis in die Mitte der Sechzigerjahre die Weihezahlen in einer relativ stabilen Hochphase bewegten. Ein erkennbarer Einbruch ist erst ab 1970 festzustellen. Die vor allem nach dem Konzil erfolgten Amtsniederlegungen sind dabei nicht berücksichtigt.

Da sich anfänglich sowohl Priestermangel als auch Rückgänge bei den Ordensgemeinschaften abzeichneten, war es wichtig, den Ursachen dafür nachzugehen und die Beruf(ung)sgeschichten sowie günstige oder ungünstige Bedingungen für den Priesterberuf genauer in den Blick zu nehmen.

Bereits Anfang der Fünfzigerjahre gab es deshalb kleine Befragungen in Frankreich, bei Oberinnen von Missionsgenossenschaften in Holland und eine Umfrage bei Jugendlichen einer nicht genannten Diözese in den USA. Das Design dieser Umfrage lässt sich aus der dazu vorliegenden Literatur nicht erheben, wohl aber, dass sich der Fokus der Befragung auf absolute Zahlen zum Rück-

wurden die Zahlen aus der Statistik des Zentrums für Berufungspastoral in Freiburg verwendet. Vgl. Berufungspastoral konkret: Neupriester 1983-1999, in: Berufung. Zur Pastoral der geistlichen Berufe 2000, Heft 38, Freiburg i. Breisgau 2000, 36.

gang und mögliche Gründe dafür beschränkte. Aufschlussreich ist das Ergebnis aus Frankreich, wo sich der Priesternachwuchs zu dieser Zeit auf dem niedrigsten Stand des Jahrhunderts befand. François Boulard, der die Umfrage durchgeführt hatte, konstatierte als überwiegende Ursache für den geringer werdenden Nachwuchs bei den Priestern den Mangel an christlicher Erziehung, das abschätzige Reden der Laien über den Priesterberuf sowie eine gewisse Weltfremdheit vieler Priester.[23]

Ganz anders das Ergebnis einer Befragung von 621 Theologen aus Deutschland, Österreich, der Schweiz und Frankreich. Sie war unter einem anderen Blickwinkel konzipiert und wollte die Wege zum Priesterberuf analysieren. Die Ergebnisse wurden 1955 unter dem Titel „Werden und Krise des Priesterberufes"[24] zwar in einem Buch niedergelegt, waren aber nicht am freien Markt erhältlich.[25] Innere und äußere Faktoren die den Berufsweg zum Priestertum begünstigten wurden in dieser Studie erforscht. Die Zahl der Kinder und das religiöse Klima einer Familie zeigten sich dabei als wichtiger Faktor für eine Berufsentscheidung zum Priester, eine starke Rolle spielten aber auch die Mitgliedschaft in Jugendverbänden sowie die Zeit als Ministrant. Zentrale Erkenntnis war, dass sich zwei Drittel der Befragten schon seit ihrer Kindheit mit dem Gedanken trugen, Priester zu werden. Das religiöse Milieu hatte erhebliche und nachhaltige Wirkung für die Berufsentscheidung, begünstigend wirkte zudem eine begleitende Person, in den meisten Fällen ein Priester. „Von den sittlichen Veranlagungen wurde besonders die Gehorsamsfähigkeit geprüft. Eine übergroße Mehrheit 85,2% bekannte, dass sie sich haltungsmäßig immer leicht in die gegebene Ordnung einfügen konnte."[26]

Man war zwar Ende der Fünfzigerjahre bereits begründet darum besorgt, die Zahl der Priester einigermaßen konstant halten zu können, das Priesterbild war jedoch noch nicht grundlegend in Frage gestellt oder stärker in Bewegung. Größere Erhebungen oder differenzierte Umfragen zu dieser Frage waren zu dieser Zeit nicht notwendig.

---

23 Vgl. Gründe für den Nachwuchsmangel im Priester- und Ordensstand, in: HerKorr 5 (1951/52) 308-309.

24 Crottogini, Jakob: Werden und Krise des Priesterberufes. Eine psychologisch-pädagogische Untersuchung über den Priesternachwuchs in verschiedenen Ländern Europas, Einsiedeln 1955.

25 Das Buch konnte ausschließlich von Priestern direkt beim Verlag bestellt werden. Eine Vermutung, warum dies so gehandhabt wurde, ist, dass sich aus Berichten über das Buch schließen lässt, dass es längere Passagen zum Thema Sexualität einschließlich Onanie sowie zum geglückten oder weniger geglückten Umgang mit dem Zölibat enthält. Mitte der Fünfzigerjahre hätte ein solches Buch über Priester am freien Markt womöglich Irritation und Entrüstung hervorgerufen.

26 Wie sie Priester wurden, in: HerKorr 8 (1954/55) 367-373, hier 370.

Das Zweite Vatikanische Konzil: Aufbruch in Neuland

Zeitgeschichtliche Grenzen und Entgrenzungen

Einen ersten großen Einschnitt für die weitere Entwicklung der Kirche und darin der Positionierung der Amtsträger bildete in den letzten Jahrzehnten der 2000 Jahre langen Geschichte des Amtes[27] das Zweite Vatikanische Konzil. Es fand in einem schillernden zeitgeschichtlichen Kontext statt.

Eine bestimmende Zeitströmung am Beginn der Sechzigerjahre war Abgrenzung. Sie betraf den Osten Europas stärker als den Westen, der kalte Krieg beherrschte jedoch auf beiden Seiten das Klima. Eine starre Blockbildung, hoch ideologisch aufgeladen und im Osten neuerlich diktatorisch-autoritär vollzogen, war Faktum. Der Mauerbau in Berlin 1961 ist ein Beispiel dafür. Der Warschauer Pakt im Osten und die NATO für den Westen versuchten durch ständige Auf- und Nachrüstung das „Gleichgewicht des Schreckens" in Balance und sich dadurch gegenseitig in Schach zu halten. Die ideologischen Grenzen waren eng gesteckt, wovon vorab die Rüstungsindustrie profitierte. Unmengen von Forschungsenergie und Geld wurde in die Rüstung gesteckt; man achtete darauf, jeweils in möglichst vielen Ländern der Erde Bündnispartner zu haben und unterstützte – ohne Rücksicht auf die Menschenrechte – dafür auch Diktaturen in Lateinamerika und unfähige Potentaten in Afrika, die auf Kosten und auf dem Rücken der einheimischen Bevölkerung zum Teil ein Leben in Saus und Braus führten.

Andererseits war die erste Hälfte der Sechzigerjahre von großer Aufbruchstimmung, wirtschaftlichem Optimismus und wachsendem Wohlstand für breite Schichten der Bevölkerung in den Industrieländern geprägt. Das Wirtschaftswunder boomte im westlichen Nachkriegsdeutschland. Durch gute Jahre stetigen Wirtschaftswachstums bedingt, gab es Anfang der Sechzigerjahre Vollbeschäftigung, die Wochenarbeitszeit wurde auf 46,2 Stunden gesenkt, der Urlaub auf 15 Arbeitstage verlängert.

Ein noch ungebrochener und beinahe naiver Glaube an den technischen Fortschritt bewegte zudem die Menschen. In den Entwicklungsländern – so das damalige Denkkonzept für die „erste Dekade" – sollte die „grüne Revolution" der einheimischen Bevölkerung zu genügend Nahrung und einem halbwegs regelmäßigen Einkommen verhelfen. Man glaubte, mit chemischen Mitteln den

[27] Vgl. Kertelge, Karl: Gemeinde und Amt im Neuen Testament, München 1972; Venetz, Hermann Josef: So fing es mit der Kirche an. Ein Blick in das Neue Testament, Zürich-Einsiedeln-Köln ^{3}1981; Martin, Jochen: Die Genese des Amtspriestertums in der frühen Kirche. Der priesterliche Dienst III, Freiburg i. Breisgau 1972; Campenhausen, Hans Freiherr von: Kirchliches Amt und geistliche Vollmacht in den ersten drei Jahrhunderten, Tübingen ^{2}1963; Hainz, Josef (Hrsg.): Kirche im Werden. Studien zum Thema Amt und Gemeinde im Neuen Testament, München 1976.

Schädlingen in der Landwirtschaft Herr zu werden und setzte auf resistente und ertragreiche Sorten im Getreidebau, womit sich ein erstes Monopol der Saatgutproduzenten abzeichnete. DDT, Pestizide und Herbizide versprachen gute Ernteerfolge, Düngemittel zudem eine Verbesserung der Böden. Um etwaige negative Nebenwirkungen durch den Einsatz der chemischen Keulen oder gar schädigende Auswirkungen auf die Nahrungskette wussten damals nur wenige.

In der großen Politik trugen die damaligen Großmächte UdSSR und USA das Ringen und den Wettlauf um die jeweilige Vorherrschaft über die Grenzen der Erde hinaus. Der russische Kosmonaut Juri Gagarin war der erste Mensch im Weltall, dafür betrat ein paar Jahre später mit Neil Armstrong ein Amerikaner als erster den Mond.

Entgrenzung anderer Art war das Ziel der Bürgerrechtsbewegung in Amerika unter der Führung von Martin Luther King. Gegen die diskriminierende Rassentrennung, für bessere Schulbildung und Wohnungen gingen mit ihm zusammen viele Menschen auf die Straße und machten sich auf den Weg zum historischen Marsch auf Washington.

Entgrenzung ist auch ein Stichwort unter dem sich aus der geschichtlichen Warte besehen viele Vorgänge in dem und um das Zweite Vatikanische Konzil subsumieren lassen. Dieses Geschehnis gilt – auch beinahe vierzig Jahre nach seinem feierlichen Abschluss – in der Kirchengeschichte der römisch-katholischen Kirche des zu Ende gegangenen Jahrhunderts als Meilenstein. Für manche war und ist dieses Großereignis ein permanenter Stein des Anstoßes. Für die meisten jedoch stellt es eine zentrale Nahtstelle dar, die zusammenführte, was immer schon zusammengehörte: Das Volk Gottes, das über Jahrhunderte in Laien und Klerus pastoral „schismatisiert“ war.[28]

Sechzehn Dokumenten wurde von den Konzilsvätern nach langen und zum Teil leidenschaftlichen Debatten in vier Sitzungsperioden mit großen Mehrheiten zugestimmt. Vier grundlegende Konstitutionen, neun Dekrete und drei Deklarationen sollten wegweisende Funktion für die zeitgemäße Verkündigung des Evangeliums haben. Damit verbunden war auch eine immer noch zu gewinnende neue Gestalt der Kirche. Kirche ist auch – so das Zweite Vatikanum in der Dogmatischen Konstitution „Lumen Gentium“ Artikel 8 – als sichtbares Gefüge verfasst. Sie ist geheimnisvoller Leib Christi, aber als solcher in dieser Welt offenkundig. Sie ist deshalb auch Organisation, hat Strukturen, Mitglieder, Ämter und braucht von daher Leitung. Ihr jeweiliger Aufbau und ihre Gestalt, ihre Kultur des Umgangs miteinander sowie ihre Selbstdarstellung nach innen und

---

[28] Vgl. Audet, Jean-Paul: Priester und Laie in der christlichen Gemeinde. Der Weg in die gegenseitige Entfremdung, in: Der priesterliche Dienst I: Ursprung und Frühgeschichte (QD 46), Freiburg i. Breisgau 1970, 115-175; Weß, Paul: Ihr alle seid Geschwister. Priester und Gemeinde, Mainz 1983; Zulehner, Paul M.: Pastoraltheologie Band 2: Gemeindepastoral. Orte christlicher Praxis, Düsseldorf 1989, 130-134.

außen unterliegt zeitgeschichtlichen Entwicklungen, die bisweilen die Verkündigung des Evangeliums verdunkeln oder erschweren können. Von daher gehört konstitutiv zur Kirche, dass sie – um ihres Auftrags willen Zeichen und Werkzeug Gottes in der Welt zu sein – eine „ecclesia semper reformanda“ ist.

Inneren Reformdruck gab es schon längere Zeit und auch Anfang der Sechzigerjahre genug. Mit „abwartender Erstarrung“ beschreibt Klaus Wittstadt die Zeit am Übergang der Pontifikate von Pius XII. zu Johannes XXIII.[29] Die Erwartungen im Hinblick auf eine weitergehende Reform der Liturgie, eine angemessene und positiv ausgerichtete Positionierung zur Moderne und damit auf eine stärkere Öffnung der Kirche zur Welt waren hoch. Man wünschte sich von Seiten der damaligen Reformbewegungen[30] ein erneuertes Kirchenverständnis, das sich auf die Quellen der Schrift und der Kirchenväter beziehen sollte. Die Stellung der Laien in der Kirche erwies sich als klärungsbedürftig, der anfänglich aufgenommene ökumenische Dialog – vor allem in Deutschland – bedurfte eines weiteren Anschubs, Fragen zum Bischofsamt waren vom Ersten Vatikanischen Konzil her noch überhängig. In manchen Priesterkreisen und wohl nicht nur dort, erwartete man zudem die Abschaffung des Pflichtzölibats. Dass ein vertieftes Kirchenbild auch das priesterliche Selbstverständnis betreffen würde, war zu erahnen, wenngleich nicht direkt vorhersehbar. Es war, so lässt sich im Nachhinein feststellen, vieles für das Zweite Vatikanische Konzil anders geplant, als es sich tatsächlich entwickelte.[31] Die Entwürfe der 70 Schemata, die im Zuge der Vorbereitung entstanden waren, markierten den Stand der in Rom herrschenden Theologie neuscholastischer Prägung. Sie trugen nichts Zukunftsweisendes an sich und zeigten keinen Weg über das Bestehende hinaus. Dank der Beherztheit couragierter Konzilsväter kam diese Richtung auf dem Konzil nicht in der Weise zum Zug, dass sie den weiteren Verlauf der Beratungen entscheidend hätte prägen können. Die Konzilsväter entschieden sich in der ersten Session, entgegen den kurialen Vorschlägen, die Mitglieder der jeweiligen Kommissionen selbst zu wählen.[32] Das zeigte sich im Nachhinein als die entscheidende Intervention, die dazu führte, dass drei geistgewirkte Grundlinien Verlauf und Ergebnisse des Zweiten Vatikanischen Konzils prägen konnten.

---

[29] Vgl. Wittstadt, Klaus: Perspektiven einer kirchlichen Erneuerung – Der deutsche Episkopat und die Vorbereitungsphase des II. Vatikanums, in: Kaufmann, Franz-Xaver/Zingerle, Arnold (Hrsg.): Vatikanum II und Modernisierung. Historische, theologische und soziologische Perspektiven, Paderborn 1996, 85-106.

[30] Hingewiesen sei auf die große Zahl der Laienapostolatsbewegten bzw. in Deutschland der Mitglieder der Katholischen Aktion, auf die Anhänger und Anhängerinnen der liturgischen Bewegung, die von Klerus und Laien getragen wurde, auf die Christen aus der Ökumene- und Bibelbewegung, bei denen der Boden für eine aus den biblischen Quellen schöpfende und nach vorne gerichtete Reform der Kirche längst bereitet war.

[31] Vgl. Jedin, Hubert: Das Zweite Vatikanische Konzil, in: Handbuch der Kirchengeschichte Band VII: Die Weltkirche im 20. Jahrhundert, Freiburg 1985, 97-151.

[32] Vgl. Jedin, Hubert: Das Zweite Vatikanische Konzil, 112.

Diese Grundlinien bewegen sich „vom rechtlichen zum lebendigen Sein, von der Verteidigung zum Dialog, vom starren Begriff zum geschichtlichen Fluss“[33].

Wie fundamental der Weg der Umgestaltung während der Tagungsperioden des Konzils war, zeigt beispielhaft die Entstehungsgeschichte der Konstitution „Lumen Gentium“. Erhellend dazu ist aber auch der Blick in die Genese des Dekretes über „Dienst und Leben der Priester“[34], allein an den Titeln festgemacht, ohne auf die inhaltlichen Veränderungen oder Anreicherungen an dieser Stelle näher einzugehen.

Ursprünglich in den Grundlinien vorbereitet war ein Dekret mit dem Titel „De Clericis“. Es hatte eine Grundausrichtung, die „sich wesentlich von der späteren des Konzils unterscheidet: sie ist mehr vom Recht als von der Pastoral geprägt, was vor allem daraus erhellt, dass eine große Zahl von Bischöfen auf den Pflichten der Kleriker beharrt, auf ihrer Disziplin, den verpflichtenden Übungen der Frömmigkeit, auf den Vereinigungen, die den geistlichen Fortschritt der Priester zum Ziele haben usw.“[35]. In der nächsten Überarbeitungsetappe ging der Weg vom Schema „De Sacerdotibus“ zu „De Vita et Ministerio Sacerdotali“, hin zu einer völligen Umgestaltung in das Dekret „De Ministerio et Vita Presbyterorum“. Allein die unterschiedliche Benennung der Amtsträger in den Überschriften gibt einen kleinen Hinweis auf den veränderten Blickwinkel, der sich während der Arbeit im Konzil eröffnet hat. Auch wenn das Dekret bei weitem nicht die Erwartungen erfüllte, die in es gesetzt wurden und letztlich aufgrund der zwei großen Lager unter den Konzilsvätern einige nicht sehr förderliche Kompromisse enthält – das war jedoch strukturell bedingt nicht nur bei diesem Dekret der Fall[36] – bringt es doch einige sehr wesentliche Veränderungen in der Perspektive und im Selbstverständnis des Priesteramtes zur Sprache.[37]

Das Priesterdekret steht, wie alle anderen Dokumente des Konzils auch, nicht für sich, sondern im Verbund mit anderen Beschlusstexten. Es muss im Zusammenspiel mit den grundlegenden Konstitutionen mit „Sacrosanctum Concilium“ (über die Heilige Liturgie), „Dei Verbum“ (über die göttliche Offenbarung), „Gaudium et spes“ (über die Kirche in der Welt von heute) sowie „Lumen Gentium“ (über die Kirche) gelesen werden. In Bezug auf „Lumen Gentium“ soll dies nun im Folgenden geschehen.

---

33 Galli, Mario von/Moosbrugger, Bernhard: Das Konzil und seine Folgen, Luzern 1966, 63.

34 Vgl. Lécuyer, Joseph: Dekret über Dienst und Leben der Priester. Die Geschichte des Dekrets, in: LThK^2 Bd. 14, Das Zweite Vatikanische Konzil III, Freiburg i. Breisgau 1968, 128-247.

35 Lécuyer, Joseph: Dekret über Dienst und Leben der Priester. Die Geschichte des Dekrets, 128.

36 Vgl. Pottmeyer, Herman Josef: Die zwiespältige Ekklesiologie des Zweiten Vaticanums – Ursache nachkonziliarer Konflikte, in: TThZ 92 (1983) 272-283.

37 Auf diese wird in der Arbeit an entsprechender Stelle ausführlich eingegangen.

Ein priesterliches Volk Gottes ...

Priester und Laien – so war es lange gültige und in keiner Weise in Frage gestellte oder gar angefochtene Lehre der Kirche – sind nach Gottes Willen in dieser Welt und in der Kirche nicht gleichwertig. Kirche ist in erster Linie der Klerus. „Er hat alles, alle Vollmacht, die der Kirche gegeben ist, ihm fehlt nichts, was die Kirche bestimmt. Die Laien bringen sachlich der Kirche nichts hinzu, was nicht der Klerus alleine und für sich auch schon hätte."[38] Der Klerus war in der aktiven Rolle, den Laien kam die passive und empfangende Rolle zu. Die Amtsträger lehren, die Laien werden belehrt und haben zu hören. Die Amtsträger leiten, die anderen haben sich leiten und führen zu lassen. Die Kirchenglieder hatten keinen ekklesialen Selbststand, sondern wurden vom Klerus her definiert. Diese Zuschreibung war im Grunde eine Nicht-Definition, durch ein negatives Vorzeichen bestimmt: Laien sind Nicht-Kleriker. So war es geschrieben und vielfach festgestellt: „Die Kirche ist... kraft göttlicher Anordnung eine ungleiche Gesellschaft, und nach göttlichem Recht bestehen in ihr die 2 Stände des Klerus und der Laien. Ersterer Stand allein besitzt die Sendung und Gewalt Christi und bildet so in seiner Gesamtheit die lehrende Kirche, das wahre Priestertum, die kirchliche Vorsteherschaft oder Hierarchie; letzterer Stand ist der Leitung des ersten untergeben und für die ordentliche Aneignung der göttlichen Offenbarung und Gnade an dessen Vermittlung angewiesen und bildet die hörende Kirche oder das gläubige Volk."[39]

Aus der Zeit des Tridentinischen Konzils und daher vor allem mit der Auseinandersetzung mit Martin Luther verbunden brachte die Katholische Kirche die strikte Ablehnung eines gemeinsamen Priestertums aller Kirchenglieder mit. Man sprach vom eigentlichen Priestertum, damit war das amtliche Priestertum gemeint. Dieses Priestertum war höherwertig. Das Sakrament der Priesterweihe bewirkte – nach damaligem Verständnis – „dass bestimmte Männer als Repräsentanten für das Priestertum des Hauptes am mystischen Leib eingesetzt werden. Als solche sind sie nicht mehr einfache Glieder des priesterlichen Körpers, sondern sie sind das Haupt selbst, das unter anderen Gliedern handelt."[40] Daneben gab es auch ein „uneigentliches" Priestertum, das aller Getauften und Gefirmten. Dieses Priestertum wurde eher als „geistiges" verstanden, ohne Relevanz für die praktischen Vollzüge der Kirche, die dem Klerus zugeordnet waren. Durch die Laienbewegung und die Katholische Aktion war das Bewusstsein für den Wert und die Bedeutung des gemeinsamen Priestertums zwar im Werden. Der Weg zu den Quellen ging jedoch gegen den Strom und war von daher lang und mühsam.

---

38 Neuner, Peter: Der Laie und das Gottesvolk, Frankfurt a. Main 1988, 113.

39 Pleithner, Franz Xaver: Kirchenverfassung, in: Buchberger, Michael (Hrsg.): Kirchliches Handlexikon. Ein Nachschlagebuch über das Gesamtgebiet der Theologie und ihrer Hilfswissenschaften, München 1912, 385-386, hier 385.

40 Lécuyer, Joseph: Priester in Ewigkeit. Das Sakrament der Weihe, Aschaffenburg 1958, 131.

Das Laienapostolat: Verlängerter Arm des Klerus

Dass sich Priester und Laien aufgrund ihrer tiefen Zusammengehörigkeit aufeinander hin entwickeln, zeichnete sich schon seit geraumer Zeit ab. Bereits in der ersten Hälfte des 19. Jahrhunderts und stärker nach dem Ersten Vatikanischen Konzil definierte sich die Kirche als „societas perfecta": Nach innen streng hierarchisch gegliedert, mit klaren Unter- und Überordnungen, die einzige und wahre Kirche, außerhalb derer es kein Heil gibt, nach außen eine scheinbar uneinnehmbare Bastion gegen den Modernismus.

Sicher auch dadurch bedingt, dass Kirche und Welt als getrennte „Welten" erlebt und definiert wurden, war der Auftrag umso deutlicher, die als zunehmend säkular erfahrene Welt zu gestalten und mit christlichem Geist zu durchdringen. In der Welt aber standen die Laien, während der Klerus von der Welt abgesondert war um dem Reich Gottes zu dienen. „Der priesterliche Seelsorger ist durch seinen Beruf, seine Ehelosigkeit und sonstige Lebensweise irgendwie aus der Welt herausgenommen. Er wird als Stück einer anderen Welt empfunden. Deshalb ist sein Einfluss auf die breiten Massen geschwächt."[41]

Auf der Grundlage dieses Verständnisses schien es einzig den Laien möglich, an der consecratio mundi mitzuwirken. Den Laien wurde von daher – von amtlicher Seite – der Weltdienst in dringlicher Weise angeraten. Weil aber nach der damaligen Ekklesiologie Laien kein eigenständiges Apostolat ausüben konnten, wurden sie von der Hierarchie zum Laienapostolat beauftragt. Diese Beauftragung ist im strengen Sinn als Delegation zu verstehen, die durch den Klerus stattfand. Wem eine Aufgabe anvertraut oder übertragen wird, dem kann sie folgerichtig auch wieder entzogen werden. Die Laien waren „auch in der Ausübung ihrer Vollmacht ganz und gar von der Hierarchie abhängig. Zieht diese ihre Delegation zurück, ist damit jede Vollmacht erloschen. Das Recht zum christlichen Apostolat hat der Laie einzig und allein durch die Hierarchie verliehen bekommen."[42] Das Apostolat der Laien konnte nicht als eigenständiges Wirken begriffen werden, weil die Laien vom Klerus her definiert wurden. Die Laien waren als Nichtkleriker zwar Träger von kirchlichen Rechten und Pflichten, wie c. 87 CIC/1917 bestimmte, es fehlte ihnen aber die eigentliche Kirchengewalt.

Die Katholische Aktion – von Papst Pius XI. ab 1925 verstärkt forciert – war im oben beschriebenen Sinn im Auftrag der Bischöfe tätig. Sie ist als ein Teil, allerdings als der offizielle Teil des Laienapostolats zu verstehen, weil es daneben auch eine große Anzahl katholischer Vereine oder auch christliche Gewerkschaften gab. Nach Papst Pius XII. ist die Katholische Aktion „ein Werkzeug in

---

41 Pietsch, Leo: Das Laienapostolat und die Verantwortung des Priesters diesem Apostolat gegenüber, in: Der Laie in der Kirche. Seckauer Diözesansynode 1960. Beiträge und Referate, Graz 1961, 197-213, hier 200.

42 Neuner, Peter: Der Laie und das Gottesvolk, 112,

der Hand der Hierarchie, sie soll gleichsam die Verlängerung ihres Armes sein, sie ist darum ihrer Natur gemäß der Leitung der kirchlichen Obrigkeit unterstellt"[43].

Die Umgestaltung der Welt durch die Laien wurde als komplementär zum Heilsdienst der Priester gesehen. „Der Dienst des Priesters und der des Laien in der Kirche ergänzen sich gegenseitig: Der Laie kann sein eigenes Leben, das Leben in der Familie, im Beruf und in der Öffentlichkeit nicht christlich gestalten ohne das Lehr-, Priester- und Hirtenamt. Aber auch das Umgekehrte gilt: Die drei priesterlichen Ämter sind fast zur Erfolglosigkeit verurteilt ohne das christliche Wirken und Leben der Laien in der Familie, im Beruf und im öffentlichen Leben. Sie können nicht den gewünschten vollen Ertrag bringen ohne Hilfe von der Laienseite."[44]

Dieser Ansatz war durch die 1943 verfasste Enzyklika „Mystici corporis" geprägt. Papst Pius XII. hatte darin durch das biblische Bild vom Leib Christi das überwiegend juridische Verständnis von Kirche aufgebrochen. Das Bewusstsein, dass alle Getauften Glieder des einen Leibes der Kirche sind und damit unableitbar aufeinander verwiesen, begann zu wachsen, wenngleich sich damit an der rechtlichen Stellung der Laien nichts veränderte.

Die theologische (Wieder-)Entdeckung der Laien

In der Fünfzigerjahren kündigte sich eine Veränderung in der Laienfrage an. 1951 fand der erste Weltkongress für das Laienapostolat statt. Neben der Katholischen Aktion hatte die bereits erwähnte liturgische Erneuerungsbewegung sowie die Ökumene- und Bibelbewegung einen großen Beitrag zur Stärkung eines neuen Selbstbewusstseins der Laien geleistet.

Aus dem Umkreis der Erfahrungen der Katholischen Aktion und der Laienbewegungen entwickelte sich zudem eine theologische Reflexion über die Laien. Dazu gehört das bahnbrechende Werk von Yves Congar „Der Laie", 1952 in Paris herausgegeben, das 1957 in deutscher Übersetzung erhältlich war.[45] Ein ausführlicher Artikel „Über das Laienapostolat" war von Karl Rahner 1955 im Band II seiner „Schriften zur Theologie" erschienen;[46] 1958 wurde ein Vortrag von Franz X. Arnold veröffentlicht, der sich ebenfalls mit dem Thema „Laien" befasste.[47] Dies nur als ausgewählte Beispiele.[48]

---

43 Zitiert nach Neuner, Peter: Der Laie und das Gottesvolk, 111.

44 Pietsch, Leo: Das Laienapostolat und die Verantwortung des Priesters, 208f.

45 Vgl. Congar, Yves: Der Laie. Entwurf einer Theologie des Laientums, Stuttgart 1957.

46 Vgl. Rahner, Karl: Über das Laienapostolat, in: Ders., Schriften zur Theologie Bd. II, Einsiedeln 1955, 339-373.

47 Vgl. Arnold, Franz X:. Der Laie in der Kirche – Bindung und Freiheit, in: Geist und Leben 31 (1958) 411-423.

48 Weitere Reflexionen zur „Laienfrage" aus der Zeit vor dem Zweiten Vatikanum finden sich z. B. bei folgenden Theologen: Balthasar, Hans Urs von: Der Laie in der Kirche, in: Sponsa

Yves Congar machte in der Einleitung seines umfassenden Opus deutlich, dass es in den letzten Jahrzehnten zur wirklichen Wiederentdeckung der entscheidenden Wahrheit gekommen war, „dass die Laien im vollen Maße zur Kirche zählen“[49]. Er geht weit über den Ansatz des komplementären Apostolats in dem Sinne hinaus, dass alle die zur Kirche gehören, Anteil am prophetischen, priesterlichen und apostolischen Amt Christi haben. „Der ganze Leib ist in Wahrheit der Träger des ganzen Lebens in Christus und er allein ist es vollständig.“[50]

Karl Rahner beleuchtet in seinen Reflexionen über das Laienapostolat einen anderen Aspekt. Für ihn macht die Unterscheidung zwischen der „potestas ordinis“ und der „potestas iurisdictionis“ deutlich, dass es in der Kirche Vollmachten gibt, die auch durch einen Jurisdiktionsakt der höchsten Kirchenleitung zustande kommen und nicht aus ihrer Natur heraus notwendig durch das Weihesakrament übertragen werden müssen.[51] Er zieht deshalb den Schluss: „Da man nun aber Laien und Nichtlaien hinsichtlich dieser Gewalten nicht unterscheiden kann nach der Übertragungs*weise*, sondern nur nach dem *Inhalt* des Übertragenen (der Gewalt), so muss man in einer geklärten und exakten theologischen Begriffssprache sagen: überall dort, wo jemand auf irgendeine Weise rechtmäßig im *habituellen* Besitz irgendeines (über die Grundrechte jedes getauften Kirchenmitglieds hinausgehenden) Stückes einer liturgischen oder rechtlichen Gewalt ist, ist er nicht mehr im eigentlichen Sinn *Laie*, gehört er eben nicht mehr zum einfachen ‚Volk Gottes‘.“[52] Für ihn hört das Laie sein dort auf, wo jemand hauptamtlich einen Dienst versieht, „wo in irgendeinem Umfang eine ganze oder teilweise Anteilnahme an der potestas iurisdictionis oder potestas ordinis oder an beiden beginnt“[53]. Für Rahner sind deshalb viele Formen des Dienstes die dem Laienapostolat zugerechnet werden, eigentlich Teilhabe am hierarchischen Apostolat.

Dass ausschließlich den Laien die Verwandlung der Welt zugewiesen wird, kritisiert (der Kleriker) Hans Heimerl an Entwürfen seiner Kollegen und bringt damit nochmals einen neuen und für damals und heute wichtigen Gesichtspunkt in die Überlegungen mit herein.[54] Für ihn ist die consecratio mundi kein Wesensmerkmal der Laien, weil es die Aufgabe jedes Christen ist – ob Laie oder Priester – „die Welt mit allen ihren Bereichen nach den Gesetzen Gottes zu gestalten und zu heiligen“[55]. Heimerl ist den Realitäten in dem Sinne voraus, dass

---

Verbi. Skizzen zur Theologie II, Einsiedeln 1961, 332-348; Philips, Gérard: Der Laie in der Kirche, Salzburg 1955; Heimerl, Hans: Kirche, Klerus und Laien. Unterscheidungen und Beziehungen, Wien 1961.

49 Congar, Yves: Der Laie, 8.

50 Congar, Yves: Der Laie, 744.

51 Vgl. Rahner, Karl: Über das Laienapostolat, 340.

52 Ebd.

53 Rahner, Karl: Über das Laienapostolat, 342.

54 Vgl. Heimerl, Hans: Kirche, Klerus und Laien, 134ff.

55 Heimerl, Hans: Kirche, Klerus und Laien, 136.

für ihn die Taufe die volle Kirchenmitgliedschaft eröffnet. Er stützt sich in seinen Begrifflichkeiten zwar noch auf das gängige Kirchenbild von „Mystici corporis“, spurt aber, genauso wie die in die gleiche Richtung denkenden Theologen, den Weg zu einem vertieften Kirchenverständnis, das sich auf die Ursprünge bezieht. Die Unterscheidung zwischen Klerus und Laien bezieht sich für Heimerl lediglich auf die äußere Struktur und die Mittel der Kirche. „Der Unterschied zwischen Klerikern und Laien kann nur in der verschiedenen Stellung als Organ seinen Platz haben, nicht aber im gleichen Gliedsein. Der Klerus ist nicht etwas für sich Bestehendes, sondern ist ganz auf die Gemeinschaft hingeordnet; was der Christ aber, abgesehen von seiner Organstellung, hat, das ist Klerus und Laien gemeinsam.“[56]

Die „kopernikanische Wende" in der Ekklesiologie

Nikolaus Kopernikus ist es als erstem zu verdanken, dass sich der Wandel vom ptolemäisch-geozentrischen Weltbild hin zum heliozentrischen Weltbild vollziehen konnte. Die Geschichte lehrt, dass sich das Bewusstsein, nicht mehr im Mittelpunkt von allem Geschaffenen zu stehen, wesentlich auf das Verständnis von der Bedeutung des Menschen im Kosmos auswirkte. Die Geschichte macht zudem deutlich, dass der Umschwung im Erfassen Zeit benötigte. Es dauerte bis in die Mitte des 17. Jahrhunderts hinein, bevor die neue Erkenntnis geglaubt wurde und sie sich fest- und umsetzte. Bis dahin brachte es den Vertretern dieser Auffassung allerhand Widerstände und Sanktionen ein. Vor allem die Kirche war erklärte Gegnerin solchen Denkens, nicht zuletzt aufgrund einer wörtlichen Auslegung von Jos 10,12-13, nach der sich die Sonne (um die Erde) bewegt. So beinhaltet die Formulierung von der „kopernikanischen Wende“ nicht nur Fortschritt und Zuwachs an Verständnis, sondern auch Ablehnung und langsame oder zögerliche Rezeption.

Die Kirche als ganze ist priesterlich

Eine Art „kopernikanische Wende“ ereignete sich (nicht nur) für die Innenarchitektur der Kirche auf dem und durch das Zweite Vatikanische Konzil. Von einer klerikal bestimmten Sicht der Kirche, die sich aus den Unterschieden und Ungleichheiten bestimmte, sowie Abstufungen und Unterordnungen festlegte, ging der Weg – mit den Vorarbeiten, welche die oben genannten Theologen bereits im Vorfeld geleistet hatten – über das Zweite Vatikanum hin zu einem communionalen Verständnis von Kirche. Christus ist – so der Auftakt der dogmatischen Konstitution „Lumen Gentium“ – der „Fixstern“, die Sonne und das Licht der Menschheit und der Völker. Um ihn, um seine Botschaft, um sein lebensstiftendes Tun, das niemanden ausgrenzt, drehen sich das Tun und die Verkündigung der Kirche. In seinem Dienst stehen die Ämter, auf ihn sind alle

[56] Heimerl, Hans: Kirche, Klerus und Laien, 32.

hingeordnet, die zur Kirche gehören. Kirche ist in Christus Sakrament und damit Zeichen und Werkzeug für die innigste Vereinigung mit Gott wie für die Einheit der ganzen Menschheit, wiewohl die sichtbare Versammlung und die geistliche Gemeinschaft als Einheit zu verstehen sind.[57]

Die Kirche als ganze ist somit priesterlich. „Die ganze Kirche vergegenwärtigt im gemeinsamen Priestertum das einzigartige Priestertum Jesu Christi."[58] Die unteilbare Basis, die alle Kirchenglieder eint und verbindet ist die Taufe. Wer durch dieses Sakrament in die Kirche eingegliedert ist, hat Anteil am priesterlichen, prophetischen und königlichen Amt Jesu Christi. Damit ergaben sich neue Konstellationen. „So sollten einerseits die Laien von bisherigen Objekten der kirchenamtlichen Betreuung endlich auch als gleichberechtigte Subjekte aufgewertet werden, andererseits sollten sich die Amtsträger erst einmal auf der gemeinsamen Ebene mit allen Glaubenden, allen hörenden, feiernden, bezeugenden und gesammelten Gliedern der Kirche zusammenfinden."[59]

Von der Über- und Unterordnung zur Hinordnung

Das gemeinsame Priestertum der Gläubigen und das Priestertum des Dienstes unterscheiden sich nach „Lumen Gentium" Artikel 10 dem Wesen und nicht nur dem Grade nach.[60] Diese hier vorgenommene Unterscheidung ist insofern ein Schritt nach vorne, als sie die bisherigen graduellen Unterschiede zwischen Klerus und Laien aufhebt. Ein Kleriker ist demnach nicht „hochwürdiger" als ein Laie, das Weihepriestertum stellt keine Steigerung im Vergleich zum gemeinsamen Priestertum aller dar. Damit werden die Laien – wie es Jahrhunderte der Fall war – nicht mehr vom Amt her definiert. „In ihrer Eigenart sind ... gemeinsames und besonderes Priestertum aufeinander zugeordnet, und zwar auf Grund der gemeinsamen und doch je besonderen Teilnahme am Priestertum Christi."[61] Die Teilhabe am dreifachen Amt Christi ist durch die Initiationssakramente Taufe, Firmung und Eucharistie allen Gläubigen gleichermaßen geschenkt und eröffnet. Amt und Laien wirken je nach Auftrag und Charisma zwar spezifisch, aber doch zusammen an der einen Sendung der Kirche mit. Die Kleriker sind nicht mehr, wie dies in den cc. 107 und 948 CIC/1917 festgeschrieben war, die einzig legitimen Träger kirchlichen Handelns.

---

57 Vgl. LG Artikel 1 und Artikel 8.

58 Vorgrimler, Herbert: Der theologische Ort des Priesters, in: Arnold Franz X. u. a. (Hrsg.): Handbuch der Pastoraltheologie Bd. IV, Freiburg i. Breisgau, 1969, 432-451, hier 441.

59 Wiederkehr, Dietrich: „Volk Gottes": theologische und kirchliche Hausaufgaben *nach* Vaticanum II, in: Diakonia 23 (1992) 294-303, hier 296.

60 Auf die dennoch vorhandene Problematik dieser Formulierung wird an späterer Stelle ausführlicher eingegangen.

61 Grillmeier, Aloys: Kommentar zur Dogmatischen Konstitution über die Kirche, in: LThK^2 Bd. 12, Das Zweite Vatikanische Konzil, Freiburg i. Breisgau 1966, 156-209, hier 182.

Weil das Amt als Priestertum des Dienstes (sacerdotium ministeriale) beschrieben wird, ist es relational zu verstehen. Es bestimmt sich von der Kirche her und nicht mehr die Kirche vom Amt. „Aus der ‚Ordination' der einen darf nicht eine ‚Subordination' der anderen werden."[62] Aus dieser gemeinsamen Grundlegung ergibt sich – beinahe als logische Konsequenz – die Aussage von „Lumen Gentium" Artikel 32, Absatz 3, dass es bei aller Verschiedenheit von Ämtern und Diensten unter allen Gliedern der Kirche „eine wahre Gleichheit in der allen Gläubigen gemeinsamen Würde und Tätigkeit zum Aufbau des Leibes Christi" gibt.

Vom „verlängerten Arm des Klerus" zur Teilnahme an der Heilssendung der Kirche selbst

„Lumen Gentium" Artikel 33 formuliert in Absatz 2: „Der Apostolat der Laien ist Teilnahme an der Heilssendung der Kirche selbst. Zu diesem Apostolat werden alle vom Herrn selbst durch Taufe und Firmung bestellt... So ist jeder Laie kraft der ihm geschenkten Gaben zugleich Zeuge und lebendiges Werkzeug der Sendung der Kirche selbst ‚nach dem Maß der Gabe Christi' (Eph 4,7)." Nach diesen Aussagen bestimmt sich das Apostolat der Laien aus der Zugehörigkeit zum Volk Gottes und nicht mehr aus der Abhängigkeit vom Klerus. Die „Delegation" zum Apostolat erfolgt durch Taufe und Firmung von Gott selbst und ist an ihn zurückgebunden. Das Apostolat begründet sich aus dem gemeinsamen Priestertum aller Gläubigen. Es ist Sendung, die darin besteht, dass die auf den Namen Jesu Getauften sich in seinem Namen für eine Zivilisation der Liebe stark machen und einsetzen.[63]

Von daher ist es anachronistisch, einen „Weltdienst" für die Laien und „Heilsdienst" für das Amt zu unterscheiden, auch wenn den Laien nach „Lumen Gentium" Artikel 31 der Weltcharakter in besonderer Weise eigen ist. Dieser Weltcharakter ist allerdings in dem Sinne zu interpretieren, wie Kurt Koch es in einem Artikel für die „Stimmen der Zeit" bedenkt. Nach ihm liegt die „kirchliche Sendung des Laien nicht nur darin, das Evangelium in der Welt präsent und wirksam zu machen und die heutige Welt mit ihm zu durchdringen, sondern auch darin, alles dazu beizutragen, dass die Fragen und Probleme, die Erfahrungen und Erkenntnisse der heutigen modernen Welt in der Kirche präsent und für die Kirche fruchtbar werden können, um auf diesem Weg ‚für Frischluftzufuhr in der Kirche' zu sorgen"[64].

---

62 Zulehner, Paul M.: Das Gottesgerücht. Bausteine für eine Kirche der Zukunft, Düsseldorf ^{6}1989, 74.

63 Vgl. Lechner, Martin: Weltdienst als pastoraler Dienst. Ein Plädoyer für die Qualität des Laienapostolats, in: Die lebendige Zelle, Heft 4, 44 (2001) 7-10.

64 Koch, Kurt: Glauben und Leben nicht auseinanderdividieren. Weltdienst der Laien und Heilsdienst des Klerus? in: StdZ 121 (1996) 519-533, hier 528.

Und die Priester?

Die Konzilsväter hatten sich im Bereich der Ämter und des inneren Aufbaus der Kirche intensiv mit dem Bischofsamt beschäftigt und damit eine Lücke im Thema „hierarchische Verfassung der Kirche" geschlossen, die noch vom Ersten Vatikanischen Konzil her einer genaueren Behandlung bedurfte. Das Erste Vatikanum hatte bekanntermaßen wegen des kriegsbedingten Abbruchs nur noch das Papstamt behandeln können. Die Bischöfe sind als apostolisches Kollegium untereinander und mit dem Bischof von Rom als Nachfolger Petri verbunden (LG 22), so ein Ergebnis der Beratungen über ihr Selbstverständnis. „Dieser Tatbestand ist nun insofern besonders relevant, als das Bischofsamt streng genommen nicht das Amt eines einzelnen, sondern ein kollegiales Amt ist."[65]

Mit der Bischofsweihe – dies gehört in der Amtsfrage zu den einschneidenden Ergebnissen des Zweiten Vatikanischen Konzils – wird „die Fülle des Weihesakramentes" (LG 21) übertragen. Das ist eine wichtige Veränderung gegenüber der bisherigen Auffassung der scholastischen Theologie, nach der eine klare Grenze zwischen Priestertum und Episkopat gezogen war. Die geistliche Vollmacht war in die potestas ordinis und die potestas iurisdictionis aufgespaltet. Den Bischöfen kam nach dieser Einteilung die rechtliche Hirtengewalt mit den entsprechenden Leitungsbefugnissen zu. Die sakramentale Weihegewalt hingegen, die sich von der Eucharistie und vom Bußsakrament her entfaltete, war dem Priestertum zugeordnet. Aufgrund eines über die Scholastik hinausgehenden Rückgriffs in die Geschichte war es den Konzilsvätern möglich, den Ordo wieder als Einheit zu begreifen. „Das Weihesakrament wird nicht vom einfachen Priestertum und, wie es eine recht lange Tradition wollte, von der Vollmacht des Priesters zur eucharistischen Konsekration her konzipiert. Darum kann das Konzil auch leicht zwei sehr unbefriedigende Aspekte der traditionellen scholastischen Weihetheologie vermeiden, nämlich die einbahnige, aufsteigende Stufenleiter der Weihe und die Auffassung der Bischofsweihe als eines würde-, aber nicht wesensmäßigen Zusatzes zur Priesterweihe."[66] Die Konzilsväter setzen zudem fest, dass der ständige Diakonat erneuert und als eigene Weihestufe wieder eingeführt wird (LG 29), und stellten die grundlegend ausgewogene Architektur der Kirche in dem Sinne wieder her, dass sich alle Kirchenglieder – vor jeglicher Differenzierung in Aufgaben und Dienste – auf dem Boden des gemeinsamen Priestertums befinden.

Angesichts dieser innerkirchlichen Schwerpunkte schien es, als wären die Priester diejenige Gruppe in der Kirche, die – im Vergleich zu den Bischöfen und

---

65 Ratschow, Carl Heinz: Amt/Ämter/Amtsverständnis VIII in: TRE Bd. II, Berlin-New York 1978, 593-622, hier 606.

66 Rahner, Karl/Vorgrimler, Herbert: Kleines Konzilskompendium. Sämtliche Texte des Zweiten Vatikanums mit Einführungen und ausführlichem Sachregister, Freiburg i. Breisgau [17]1984, 110f.

Christgläubigen – von den Konzilsvätern wie etwas ungeliebte Stiefkinder behandelt worden waren. Das dazu gehörige Körnchen Wahrheit, das sich in jedem Scherz verbirgt machte am Konzil folgendermaßen die Runde: „Was ist ein Priester? Antwort: Ein Priester ist ein ehemaliger Diakon, der die Priesterweihe empfangen hat, selten zum Rang eines Bischofs aufsteigt, niemals aber zur Würde eines Laien erhoben wird."[67]

Die meisten Autoren und Autorinnen, die sich mit den Beschlüssen des Konzils reflektierend auseinander gesetzt haben, sind sich in der Einschätzung darüber einig, dass das Priesterdekret an vielen Stellen inhaltlich ausbaufähig gewesen wäre[68] und (zu) wenig dazu beigetragen hat, für die Verhältnisbestimmung von gemeinsamem Priestertum und Priestertum des Dienstes klare erste Vorgaben zu liefern.

Neue Akzente für das Amtsverständnis

Bei allen Grenzen in der Ausarbeitung eines Amtsverständnisses, das die vertiefte Sicht der Kirche als λαός und der Laien als Vollmitglieder im priesterlichen Gottesvolk berücksichtigt, wurden dennoch Weichen für ein vertieftes Priesteramtsverständnis gestellt.

Das Amt wird grundlegend als Gabe (munus) begriffen und als Dienst (ministerium) beschrieben. „Amt ist Dienst"[69] ist eine der Formeln, die sich in der Folge des Zweiten Vatikanums beinahe wie ein Refrain ins Lied der amtlichen Aufgaben hineingespielt hat. Die Begrifflichkeit der potestas (ordinis und iurisdictionis) ist zwar deswegen nicht aus dem Sprachgebrauch der Konzilsdokumente verschwunden, denn die ministeria beruhen auf der sacra potestas, sie tritt aber doch zugunsten des veränderten Sprachspiels eher in den Hintergrund. Die „Vollmacht" spielt zwar auf der Hinterbühne weiterhin eine Rolle, der Dienstcharakter des Amtes jedoch ist Anspruch und Verpflichtung gleichermaßen. Er „stellt einen Maßstab für das Verständnis des Amtes und vor allem für die Praxis seiner Ausübung dar. Dadurch wird eine Verpflichtung artikuliert, die

[67] Pesch, Otto Hermann: Das Zweite Vatikanische Konzil (1962-1965). Vorgeschichte, Verlauf – Ergebnisse, Nachgeschichte, Würzburg 1993, 206.

[68] Vgl., Sustar, Alois: Das Priesterbild des Zweiten Vatikanischen Konzils, in: Enzler Franz (Hrsg.): Priester – Presbyter. Beiträge zu einem neuen Priesterbild, Luzern – München 1968, 37-51; Blank, Josef: Kirchliches Amt und Priesterbegriff, in: Henrich, Franz (Hrsg.): Weltpriester nach dem Konzil, München 1969, 13-52; Lehmann, Karl: Das dogmatische Problem des theologischen Ansatzes zum Verständnis des Amtspriestertums, in: Henrich, Franz (Hrsg.): Existenzprobleme des Priesters, München 1969, 123-175, v. a. 153ff.; Müller, Judith: In der Kirche Priester sein. Eine Analyse des Priesterbildes in der deutschsprachigen katholischen Dogmatik des 20. Jahrhunderts, Würzburg 2001, 144ff.

[69] So besagt es auch die keltische Herkunft des Wortes. Vgl. Beinert, Wolfgang: Autorität um der Liebe willen. Zur Theologie des kirchlichen Amtes, in: Hillenbrand, Karl (Hrsg.): Priester heute, Würzburg 1990, 32-66.

im konkreten Fall eines Verstoßes immer wieder zur Geltung gebracht werden kann."[70]

Der priesterliche „Aufgabenkatalog" wird in Anlehnung an die Lehre der dreifachen Auffächerung des einen Amtes Christi neu geordnet und damit anders akzentuiert.[71] Nicht, was „allein der Priester darf" ist der Blickwinkel, sondern wozu er (von Christus) gesandt ist. Die Verkündigung des Wortes Gottes steht nun (wieder) an erster Stelle und meint mehr als den Verkündigungsdienst bei der Predigt oder im Religionsunterricht. Das Amt ist Dienst am Evangelium Christi. Es gewinnt dadurch missionarischen Charakter. „Die anderen Vollzugsformen sind diesem ‚Dienst am Wort' zwar nicht nachgestellt, aber ihm klar zugeordnet (vgl. Nr.[72] 8-9, 12, 17-18, 21, 28-29)."[73]

Das Verhältnis zwischen Priestern und Laien bestimmt sich auf der Basis des gemeinsamen Priestertums in neuer Weise. Es ist als dialogisches Miteinander gedacht und birgt trotz paternalistischer Töne in PO 9 ein großes Entwicklungspotenzial für eine den gleichen Wurzeln – nämlich dem Auftrag Christi – entstammenden Arbeit am Aufbau des Reiches Gottes. Weil die Kirche als ganze am Priestertum Christi partizipiert und in dieser Weise priesterlich ist, kann das Priestersein nur in Gemeinschaft ausgeübt werden. Deutlich wird dies z. B. im Bereich der Liturgie, die von der Wortwurzel her ein „Werk des Volkes" bezeichnet. Liturgie und Eucharistie sind – so das Konzil in Artikel 26 von „Sacrosanctum Concilium" – Feier der Kirche, der Gemeinschaft der Gläubigen als ganze. Artikel 28 und 29 der Liturgiekonstitution betonen ausdrücklich das Prinzip der Rollenverteilung in der gottesdienstlichen Feier. Damit wurde die einseitige Rollenfixierung auf die Kleriker ausdrücklich verändert bzw. abgeschafft. Der priesterliche Dienst und damit auch der Vorsteherdienst in der Eucharistie wird in das Gesamt der Kirche eingeordnet, „der Priester steht nicht über der Gemeinde, sondern in ihr und ihr gegenüber"[74].

Das Amt leitet sich nicht von der Gemeinde ab, wie auch nicht die Gemeinde vom Amt abzuleiten ist; es ist jedoch nur im Kontext der Kirche und als Amt der Kirche denkbar und somit auf die Kirche bezogen. Diese Re-Ekklesiologisierung des Amtes wurde durch das Zweite Vatikanische Konzil ansatzhaft geleistet.[75] Das Amt wurde damit in einem guten Sinn funktionalisiert, denn das Wesen des Amtes ist mit dem Wesen der Kirche unteilbar verwoben. Es gibt

---

70 Fries, Heinrich: Die katholische Lehre vom kirchlichen Amt, in: Pannenberg, Wolfhart (Hrsg.): Lehrverurteilungen – kirchentrennend? Band III, Freiburg i. Breisgau 1990, 187-215, hier 203.

71 Vgl. LG Artikel 28, PO Artikel 4.

72 Gemeint ist hier das „Dekret über Dienst und Leben der Priester".

73 Sekretariat der Deutschen Bischofskonferenz (Hrsg.): Schreiben der Bischöfe des deutschsprachigen Raumes über das priesterliche Amt, Bonn 1970, 55.

74 Baumgartner, Konrad: Der Wandel des Priesterbildes zwischen dem Konzil von Trient und dem II. Vatikanischen Konzil, München 1978, 14.

75 Vgl. LG Artikel 28, PO Artikel 2 und 5.

keine Kirche ohne Amt und es gibt kein Amt ohne Kirche. Mit dieser Fokussierung konnte die einseitige Festlegung verflüssigt und gelöst werden, die sich in der Folge des Konzils von Trient etabliert hatte. Dieser Sicht entsprechend war ein Priester zwar Hirte und Seelsorger, aber doch in erster Linie kultisch-sazerdotal tätig. Er war der „Messpriester“ der das tägliche Messopfer darbrachte. Von daher galt er vorrangig als der mit der Konsekrationsvollmacht ausgestatte Christusrepräsentant. Nach der Option und im Verständnis des Zweiten Vatikanums ist der Amtsträger und somit das Amt „dienend dem Gottesvolk ein- und zugeordnet in dem Sinne, dass es die brüderliche, charismatische, priesterliche Strukturwirklichkeit der Kirche zum Tragen bringen soll. Dieses Dienstes bedarf die Kirche aus theologischen und aus soziologischen Gründen.“[76] Theologisch, weil es unumgänglich ist, die Sakramentalität der Kirche, ihre Verwiesenheit auf Jesus Christus und sein befreiendes, lebensstiftendes Handeln amtlich fassbar zu machen. Soziologisch, weil jede Institution bzw. Organisation Leitung benötigt. Die eine Seite darf dabei nicht gegen die andere ausgespielt werden.

Damit fädelte sich ein weiteres Glied in die Kette des erneuerten priesterlichen Amtsverständnisses ein: Der priesterliche Dienst des geweihten Amtsträgers hat einen mehrere Dimensionen umfassenden Einheitscharakter. Dieser Terminus ist eines der Schlüsselwörter in den Dokumenten des Zweiten Vatikanums. Im Hintergrund dazu steht das Verständnis von Kirche als Sakrament der Einheit (LG 1, SC 1). Eine erste, wenngleich nicht vorrangige Facette der Einheit ist die oftmals betonte enge Verbindung zwischen Bischöfen und Priestern[77], wobei – wie bereits weiter oben beschrieben – die Amtstheologie den Ausgangspunkt der Reflexionen beim Episkopat hat. Eine weitere Dimension bezieht sich ganz umfassend auf die Einheit der Menschheit (LG 28), auf die Gemeinde selbst (PO 6), sodann auf die synchrone Einheit (PO 7), wie auch auf die diachrone Einheit, die durch die Apostolizität des (einen) Ordo gegeben ist.

Das Priesteramt wird des weiteren eingebunden in die Kollegialität und Solidarität des Presbyteriums (PO 8). Dies war im Hinblick auf die damals noch nicht absehbaren Entwicklungen der gesellschaftlichen Individualisierung ein wegweisender Schritt, eine Antizipation von etwas zunehmend Notwendigem. Aktuell wurde nach den eher solistischen Zeiten des Priesterbildes (neu-)scholastischer Prägung damit wieder an eine im ersten Jahrhundert gewachsene, aber durch die Geschichte verloren gegangene Tradition aus der Väterzeit angeknüpft. Auch die Wiedereinführung des Presbyteriums verdankt sich somit dem durch das Konzil neu gewonnenen Stellenwert des Episkopats. Es umfasst alle Priester (ob inkardiniert oder nicht) „die in einem bestimmten Bistum unter der

[76] Pottmeyer, Hermann Josef: Das Bleibende an Amt und Sendung des Presbyters. Die ekklesiologische Einordnung des Priesteramtes als Anliegen gegenwärtiger Theologie, in: LS 21 (1970) 39-48, hier 47.

[77] Vgl. LG Artikel 28.

Autorität eines Bischofs im Dienst dieser Ortskirche stehen“[78]. Einheit und grundlegende Zusammengehörigkeit sind auch hier wiederum die Grundgedanken.

Der Kollegialität kommt ein besonderes Augenmerk vor allem in Hinblick auf den Amtsstil zu. „Die Kollegialität erstreckt sich also nicht nur auf das Verhältnis der Bischöfe untereinander und der Bischöfe gemeinsam zum Bischof von Rom, es erstreckt sich auch auf das Verhältnis der Priester zueinander und auf das Verhältnis der Priester zu ihrem Bischof. Schließlich erstreckt sich die Kollegialität auf das Verhältnis zwischen dem Charisma der Leitung und den anderen Charismen der Kirche. Was auf dem Vatikanum II vom Bischofsamt ausgesagt wurde, hat also exemplarische und grundsätzliche Bedeutung für das rechte Verständnis des kirchlichen Amtes überhaupt. Verantwortung in der Kirche kann immer nur kollegial, in möglichst breiter Zusammenarbeit und Übereinstimmung aller, erfolgen.“[79]

Unschärfen und offene Fragen

Kirchenbild und Priesterbild korrespondieren. Es ging beim Zweiten Vatikanischen Konzil zwar um die Kirche und das Verständnis von Kirche in der Welt von heute, jedoch nicht so sehr um die Priester und Fragen der priesterlichen Existenz. Es ging in erster Linie um das Priestertum als solches: die Partizipation aller Kirchenglieder am Priestertum Christi, die ganze Kirche als Volk Gottes und das gemeinsame Priestertum aller, die zur Kirche gehören. Die Priester wurden zwar im Konzil nicht übersehen, wie manchmal zu lesen ist, aber gemessen an ihrem vorkonziliaren Stellenwert im Gesamtgefüge der Kirche deutlich anders eingeordnet, und nach dem Eindruck mancher Betroffener wurde ihre Bedeutung offensichtlich zurückgeschnitten.

Kirchenbild und Priesterbild korrespondieren. Das Dekret über Dienst und Leben der Presbyter kann als verfeinerte Ausfaltung dessen verstanden werden, was in der dogmatischen Konstitution „Lumen Gentium“, vor allem in Artikel 28, sowie in „Christus Dominus“, dem Dekret über die Hirtenaufgabe der Bischöfe, grundsätzlich bedacht und in stärkeren Strichen gezeichnet wurde. Das Priesterdekret war nach Hubert Jedin eines der Sorgenkinder des Konzils.[80] Es gehört zu denjenigen Dokumenten des Zweiten Vatikanums, die in der vierten und somit letzten Sitzungsperiode, in der 9. öffentlichen Sitzung am 7.12.1965, also einen Tag vor dem Abschluss des Konzils, approbiert wurden. Dieser Termin hat u. a. seinen Grund auch darin, dass es eine zeitlich gesehen beinahe

---

78 Cordes, Paul-J.: Dekret über Dienst und Leben der Priester. Kommentar zu Artikel 7-11, in: LThK^2 Bd. 14, Das Zweite Vatikanische Konzil, Freiburg i. Breisgau 1968, 170-198, hier 180.

79 Kasper, Walter: Neue Akzente im dogmatischen Verständnis des priesterlichen Dienstes, in: Concilium 5 (1969) 164-170, hier 169.

80 Vgl. Jedin, Hubert: Das Zweite Vatikanische Konzil, 143f.

nicht zu bewältigende Flut von Modi – u. a. in hohen Anteilen zum Zölibat und den Beziehungen der Priester untereinander – zu bearbeiten galt. In der Beschreibung der Geschichte des Dekretes „kommt man auf insgesamt 5.671 Modi, die die Väter vorgelegt haben. Da das Konzil am 8.12. enden sollte, blieb der Kommission also wenig Zeit, alle diese Anmerkungen der Väter zu prüfen und ihnen eine zufrieden stellende Antwort zukommen zu lassen."[81] Diese Beschreibung entschuldigt nichts, erhellt aber manches. Zum einen ist zu vermuten, dass aufgrund des enormen Zeitdrucks nicht mehr die Stimmigkeit einzelner Passagen im Hinblick auf das Ganze des Konzils geprüft werden konnte. Zum anderen kann davon ausgegangen werden, dass das Dekret an einigen Stellen von Kompromissen durchzogen ist, weil es – angesichts der vielen Eingaben – sonst nicht die überwältigende Zustimmung von 99,4% der Abstimmenden erhalten hätte.[82]

Sehr schnell zeigte sich, dass trotz aller erfolgten Weiterentwicklungen folgende Gesichtspunkte im Hinblick auf das Priesteramt als solches sowie seine ekklesiologische Verortung im Konzil einer stärkeren Ausfaltung bedurft hätten.

Durch die klare Aufwertung des Bischofsamtes, in dem die Fülle des Weihesakramentes kulminiert, hat sich das bischöfliche Profil wie eine Folie über das priesterliche Profil gelegt. Dies war theologisch und ekklesiologisch zwar notwendig, um den Ordo als Einheit zu begreifen und die Sakramentalität der Bischofsweihe neu zu betonen. Der Ordo wurde dadurch eher dreistufig als dreigliedrig. Auf der obersten Stufe stehen die Bischöfe, darunter die Priester. Die Priester erscheinen mehr wie die Handlanger der Bischöfe. „Allzuleicht erscheint das Presbyterat bloß als ein defizienter Modus des bischöflichen Amtes und erleidet in vielen Augen nochmals (*auch* seinem ‚Image' nach!) einen theologischen Funktionsverlust."[83] Karl Lehman kritisiert zudem, dass sich in einigen Texten ein übersteigerter Episkopalismus zeige, z. B. wenn in PO 5 davon gesprochen wird, dass die Priester in jedem Vollzug der Sakramente den Bischof gegenwärtig machen. Wichtiger sei doch, so Karl Lehmann, bei diesem Tun Christus gegenwärtig zu machen.[84]

In PO 2 wird zu wenig deutlich, dass das Priestertum des Dienstes, wenngleich es sich nicht aus dem gemeinsamen Priestertum ableitet, dennoch seine Grundlegung im gemeinsamen Priestertum hat, das eine das andere bedingt und damit eine innere Einheit gegeben ist. Das Amt wird zwar auf die Kirche bezogen, aber dennoch zu sehr in sich selbst gesehen. „Es wird nicht gesagt, dass das

---

81 Lécuyer, Joseph: Dekret über Dienst und Leben der Priester. Die Geschichte des Dekrets, 139.

82 Die Abstimmung über das ganze Schema ergab bei 2257 Abstimmenden folgendes Ergebnis: 2243 Placet, 11 Non Placet, 3 Ungültig. Vgl. Lécuyer, Joseph: Dekret über Dienst und Leben der Priester. Die Geschichte des Dekrets, 139.

83 Lehmann, Karl: Das dogmatische Problem des theologischen Ansatzes zum Verständnis des Amtspriestertums, 156f.

84 Vgl. Lehmann, Karl: Das dogmatische Problem, 154f.

grundlegende Priestertum in der Kirche das Priestertum der Kirche, des ganzen Gottesvolkes ist, dass darum das Amtspriestertum, unbeschadet seiner Einsetzung durch Christus (nicht durch die Kirche!) ... seinen unmittelbar theologischen Ort im Priestertum der Kirche hat... Die besonderen Vollmachten, die dem Priester im Weihesakrament von Christus gegeben sind und die nicht jedem Glied zukommen, sind primär Vollmachten der Kirche."[85] Dass das Amt Kirche bzw. Gemeinde repräsentiert, ist von daher ein zu wenig entwickelter Gesichtspunkt.

Die Konzilsväter haben – wie sich vor allem im Nachhinein zeigte – nicht alle Aspekte der Amtsfrage in dem Maße stringent aufgearbeitet, wie es notwendig gewesen wäre. Mithin hat das Zweite Vatikanum, genauso wenig wie das Tridentinische Konzil beabsichtigt, eine umfassende Sicht des Priestertums niederzulegen. So wurde manches, wie z. B. die Verortung des Amtes in der Kirche, wieder an den ekklesiologisch stimmigen Platz gerückt, anderes in Treue zum Ursprung zurückgeschraubt, wie die kultisch-sazerdotalen bzw. religionsgeschichtlichen Anteile des Priestertums. Gerade diese Aspekte sind trotz aller Aufklärung und Ratio nur behutsam zu verändern und zu bezähmen, weil sich an ihnen die archaischen Wünsche der „Leutereligion" festmachen.[86] Einiges blieb auch unverbunden nebeneinander stehen, wie die Option für ein brüderliches Miteinander im Presbyterium und mit dem Bischof, sowie ein – nach heutiger Terminologie – geschwisterliches Miteinander zwischen allen Getauften. Schwierig ist eine aus heutigem Empfinden beinahe pathetische, vor allem aber paternalistische Sprache, die sich durch viele Dokumente hindurchzieht und durchaus ein oben und unten, oder im Stile des römischen „Pater familias" eine Organisationsform konstruiert, die Abhängigkeitsverhältnisse beschreibt.

Sprache beschreibt und schafft Wirklichkeit. Insofern ist die überwiegend verwendete Familienterminologie ein überkommenes Relikt aus der Zeit eines Kirchenbildes, in dem sich – analog zu Leib und Gliedern – die Geweihten als das Haupt begriffen. Über die Sprache zeigt sich von daher die fehlende Verhältnisbestimmung von hierarchischer und synodaler Struktur. Als ein Beispiel aus PO 9, in Stellvertretung für viele andere, möge gelten: „Die Christgläubigen aber sollen sich bewusst sein, dass sie ihren Priestern gegenüber in Schuld stehen. Darum mögen sie diesen als ihren Hirten und Vätern in Kindesliebe verbunden sein." Die verwendeten Substantive von den Vätern, Hirten und Kindern sind nicht kongruent mit dem, was die Communiotheologie aussagen will, oder mit den Bilder der Kirche als Volk Gottes, das gemeinsam durch Zeit und Geschichte unterwegs ist.

---

85 Wulf, Friedrich: Dekret über Dienst und Leben der Priester. Kommentar zu Artikel 1-6, in: LThK^2 Bd. 14, Das Zweite Vatikanische Konzil, Freiburg i. Breisgau 1968, 141-169, hier 147f.

86 Vgl. Zulehner, Paul M.: Pastoraltheologie Band 1: Fundamentalpastoral. Kirche zwischen Auftrag und Erwartung, Düsseldorf ^{2}1991, 114-136.

Zu bedauern ist, dass das Konzil das Zueinander der verschiedenen Dokumente zu wenig im Blick hatte. Dabei spielt sicher eine Rolle, dass zum Teil Jahre zwischen der Verabschiedung der einzelnen Dekrete und Konstitutionen lagen. Diese standen zwar in Verbindung miteinander, konnten aber aufgrund der zeitlichen Distanz nicht mehr untereinander oder aufeinander abgestimmt werden. So blieb bisweilen manches im Alten verhaftet und nicht immer war es Zufall. Hermann Josef Pottmeyer weist in der Rezeption einer Studie von Antonio Acerbi auf, „dass das Konzil nicht eine, sondern zwei Ekklesiologien vertritt, die nicht miteinander vermittelt sind“[87]. „Lumen Gentium“ z. B. enthält einen Gegensatz zwischen einer hierarchologischen und der Communio-Ekklesiologie. Das zweite und das dritte Kapitel von LG zeigen dieses Nebeneinander. Das zweite Kapitel vertritt die Volk-Gottes-Ekklesiologie, in der Amtsträger und Volk Gottes wechselseitig aufeinander hingeordnet sind. Das dritte Kapitel hingegen entfaltet die hierarchologische Ekklesiologie, die durch Unterordnung gekennzeichnet ist: „die Gläubigen unter die Priester und Bischöfe, der Bischof unter den Papst, der Papst unter Christus. Kein Leben, keine potestas existiert im kirchlichen System, die nicht von Christus, dem unsichtbaren Haupt herkommt, um durch Petrus und die Bischöfe – also ‚durch den Kanal des Amtes‘ (Johannes Paul II.) – zu den Gläubigen zu gelangen. An die Stelle der fraternitas im zweiten Kapitel tritt hier die paternitas des Bischofs, die Gläubigen sind ausschließlich die im anvertrauten Söhne.“[88] Von daher erklärt sich, dass sich in LG 31 zumindest Assoziationen an das komplementäre Laienapostolat aus den Anfängen dieser Bewegung anbieten. Weil die Priester aufgrund der ihnen eigenen Absonderung von der Welt keinen Zugang und keine „Zugriffsmöglichkeit“ in Lebensbereiche der Menschen, wie z. B. die Welt der Arbeit, hatten, wurden die Laien als Helfer der Priester für diejenigen Bereiche beauftragt. Diese Aufteilung unterstützt jedoch eher das Amtsverständnis des zeitlosen Klerikers, auf das weiter unten noch ausführlich eingegangen wird.

Einige Fragen und Themen waren zur damaligen Zeit zudem noch nicht absehbar. Sie haben sich erst im Zuge der nachkonziliaren Entwicklung gezeigt und entfaltet. Dazu gehören z. B. die neuen „Laienberufe“ und die Frage, ob diese nicht doch eine kirchlich noch nicht so gedeutete Ausfaltung des überlieferten Ordo sind, der in seiner Konkretisierung geschichtlich immer in Veränderung begriffen war. In Bewegung ist ekklesiologisch, was die Zuordnung und das Zueinander der verschiedenen Ämter praktisch bedeutet.

---

[87] Pottmeyer, Hermann Josef: Die zwiespältige Ekklesiologie des Zweiten Vatikanums, 276.

[88] Severin, Burkhard: Transformation als Wesensmerkmal von Kirchwerdung, in: Isenberg, Wolfgang (Hrsg.): Kirche als lernende Organisation. Supervision in einem von Tradition und Entwicklung geprägten System. Bensberger Protokolle 103, Bensberg 2000, 215-232, hier 222.

Vom Standesbewusstsein zum unsicheren Stand

Mit dem Abschluss des Zweiten Vatikanischen Konzils setzte eine große Phase des Umbruchs und für viele auch der Verunsicherung ein. Die Kirche war nach mancher Erstarrung und Verfestigung der Jahrzehnte vorher wieder auf den Weg gekommen. Die vormalige Geschlossenheit und Einheitlichkeit entfaltete sich in lebendige Vielgestaltigkeit. Beinahe „über Nacht" galt vieles an Formen nicht mehr, was bis dahin verbindlich vorgeschrieben und festgelegt gewesen war, wie z. B. Latein in der Liturgie.

Es ereignete sich eine Pluralisierung, sowohl des kirchlichen Lebens wie auch der priesterlichen Rollenvorstellungen, weil auch der innerkirchliche Spielraum im Zuge der nachkonziliaren Veränderungen weiter und freier geworden war.

Wer sich mit den kommenden Veränderungen bereits zu der Zeit befasst hatte, als sie im Werden begriffen waren, bzw. zur Gruppe derer gehörte, die den Wandel forcieren wollten, wurde von den Umgestaltungen nicht überrascht, sondern war erfreut über sie. Jede Weiterentwicklung der scheinbar unveränderlichen Formen und Elemente habe er als persönliche Wohltat und als Zeichen kirchlicher Lebendigkeit erlebt, schreibt der emeritierte Linzer Pastoraltheologe Zauner in einem Rückblick auf die Zeit um das Konzil.[89]

Am offenkundigsten für alle, weil sichtbar und hörbar, waren die formalen Veränderungen in der Liturgie und insgesamt der Sakramente. Die Muttersprache wurde (wieder) eingeführt, die participatio actuosa aller gefördert, in (fast) jeder Kirche wurden Mittelaltar und Ambo aufgestellt, um die Gleichwertigkeit von Wort und Sakrament sinnenhaft erfahrbar zu machen. Es gab nun die Möglichkeit, die Eucharistiefeier zu konzelebrieren, womit die Seitenaltäre in den Kirchen ihre Funktion verloren. Viele unverständliche und oftmals auch überflüssige Riten der Eucharistiefeier wurden zugunsten einer überschaubaren und nachvollziehbaren Feier abgeschafft.[90] In einem nächsten Schritt wurden Laien zur Kommunionspendung zugelassen, die Handkommunion wurde möglich. Zur Erweiterung der Bußpraxis wurden vielerorts Bußgottesdienste eingeführt, in den Diözesen zur Förderung der Synodalität Räte und Kommissionen eingerichtet.

All das hat in der ersten Phase der Umsetzung innerkirchlich starke Polarisierungen hervorgerufen. Nach dem lange bestehenden Reformstau gab es bei manchen Neuerungen in der ersten Phase der Euphorie wiederholt Pendelaus-

---

[89] Vgl. Zauner, Wilhelm: Leben mit einem wandelbaren Priesterbild, in: Diakonia 29 (1998) 145-152; ähnlich auch der Trierer Pastoraltheologe Heinz Feilzer in seiner Abschiedsvorlesung: Vgl.: Feilzer, Hans: Leben in der Kirche: Erinnerungen – Wandlungen – Hoffnungen, in: TThZ 104 (1995) 241-255.

[90] Vgl. Meyer, Hans Bernhard (Hrsg.): Die Messreform des Vaticanum II. und das Missale Romanum Pauls VI. in: Gottesdienst der Kirche Teil 4: Eucharistie. Geschichte, Theologie, Pastoral, Regensburg 1989, 305-392.

schläge in das andere Extrem. Zum Beispiel folgte auf den bis dahin herrschenden Rubrizismus in der Liturgie oftmals eine Phase der großen und bisweilen nicht immer geglückten Experimente.[91] „So machte sich etwa in der liturgischen Erneuerung oft ein rationalistischer Purismus breit, der gewachsene und gesunde Volksfrömmigkeit zerstörte und so zu einer Verarmung unserer Gottesdienste führte. Manche übersahen, dass die konziliare Entwicklung den Quellen der Schrift und der Tradition entsprang, und betonten nur noch das Heutigwerden der Kirche."[92] Manche Priester und Laien, die sich nur mühsam auf die vorgegebenen Reformen ein- und auf einen neuen Stil von Seelsorge umstellen konnten, bekamen mit einem Mal das Etikett verpasst, vorkonziliar zu sein, womit sich bereits ein erster Spannungsbogen im Zuge der Rezeption des Konzils aufbaut. Was den einen zu weit ging, war den anderen längst nicht genug.

Die Öffnung der Kirche zur Welt erwies sich als heilsam, aber folgenreich. Die Kirche in der Welt von heute stand unter der Anforderung, sich in einem bestimmten Maß zu modernisieren, sowohl im theologischen Bereich als auch in der Exegese und der Verkündigung. Nötig wurde, einen neuen Stil von Seelsorge zu entwickeln, der das Bewusstsein, Volk Gottes zu sein, förderte und darauf bedacht war, Charismen zu wecken und zu entdecken. Am meisten bekamen von diesen Erwartungen die Pfarrer ab, die vor Ort die Reformen durchzuführen hatten. Sie waren und sind – so lehrt es die Organisationsentwicklung im Grundkurs[93] – die wichtigsten Schlüsselpersonen dafür, dass die Reformen des Zweiten Vatikanischen Konzils Fuß fassen konnten. Von den Priestern hing es zu einem bedeutsamen Teil ab, ob sich das Konzil umsetzen ließ oder nicht. Sie konnten vor Ort die entscheidenden Impulse setzen, um das erneuerte Kirchenbild „zur Welt" zu bringen und es reale Gestalt gewinnen zu lassen. Die Priester wiederum, darunter vor allem diejenigen, die vor dem Konzil geweiht worden waren – das war Mitte der Sechzigerjahre die Majorität – erlebten sich oftmals ungenügend für die neuen Anforderungen ausgebildet und sahen sich mit einer Vielfalt an Rollenanforderungen konfrontiert, die für viele schwierig zu handhaben war. Die Rede von der „Priesterkrise" ging in der Katholischen Kirche um. In der Gruppe der vormals überwiegend standesbewussten Kleriker entstanden

---

91 In der Priesterumfrage 1971 zeigt sich, dass sich vor allem die jüngeren Priester (geweiht zwischen 1961-70) weiter gehende Freiheiten in der Gestaltung der Liturgie wünschen. Vgl. Schmidtchen, Gerhard: Priester in Deutschland. Forschungsbericht über die im Auftrag der Deutschen Bischofskonferenz durchgeführte Umfrage unter allen Welt- und Ordenspriestern in der Bundesrepublik Deutschland, Freiburg i. Breisgau 1973, 34f.

92 Kasper, Walter: Kirche – wohin gehst du? Die bleibende Bedeutung des II. Vatikanischen Konzils, Paderborn 1994, 25f.

93 Organisationsentwicklung und Personalentwicklung stehen in wechselseitiger Beziehung und Abhängigkeit. Veränderungsprozesse kommen in nachhaltiger Weise nie gegen den Willen der Leitenden in Gang; gleiches gilt jedoch genauso für die Mitarbeitenden einer Organisation. Vgl. Doppler, Klaus: Organisationsentwicklung und ihre Werte, in: Schulz, Ehrenfried (Hrsg.): Den Menschen nachgehen: offene Seelsorge als Diakonie in der Gesellschaft, St. Ottilien 1987, 273-280.

Unsicherheit und Irritation. Viele Priester hatten das Gefühl, dass das „Alte", das sie bisher in gutem Glauben taten, so wie sie es eben in Studium und Seminar oder bei einem Mentorenpfarrer in der Kaplanszeit gelernt hatten, nun nicht mehr stimme. Dies wirkte sich beispielsweise einschneidend auf die berufliche Motivation aus. Kardinal Döpfner gibt dazu im März 1964 in einem Rundbrief an die Priester seines Erzbistums folgende Beobachtungen weiter. „(Wir können) unter unseren Priestern eine ernst zu nehmende Müdigkeit und tief sitzende Unsicherheit nicht übersehen. Viele, die ihren Priesterberuf begeistert und aufgeschlossen für die Erfordernisse der Zeit angefangen haben, verlieren oft schon kurze Zeit später ihren Elan. Sie büßen ihre Strahlkraft auf die Menschen ein und geraten nicht selten in schwere Krisen. Mangelnde Berufsfreude, eine gewisse Verdrossenheit und Schwunglosigkeit sind bei allem guten Willen für manches Priesterleben bezeichnend."[94]

Solche Erfahrungen bildeten einen Aspekt der postkonziliaren Priesterkrise. Die Krisensymptome waren deutlich: Die Zahl der Amtsniederlegungen unter den jüngeren Priestern stieg sprunghaft an, u. a. auch deswegen, weil sich keine weitere Entwicklung in der Zölibatsfrage zeigte. Die von Papst Paul VI. im Juni 1967 veröffentlichte Enzyklika „Sacerdotalis caelibatus" bekräftigte den Status quo und verschärfte in der Folge die innerkirchlichen Auseinandersetzungen.[95] Diese Frage hat auch heute noch nichts von ihrer kontroversiellen Dynamik eingebüßt, nur akzentuiert sie sich mittlerweile etwas anders. Zwischen 1963 und 1970, also innerhalb von acht Jahren sind weltweit 14.148 Laisierungsgesuche in Rom eingelangt.[96] Im Bistum Passau gaben in diesem Zeitraum 22% der jungen Priester ihr Amt in den ersten Jahren nach der Weihe wieder auf. Die Weihezahlen bewegten sich ebenfalls auffallend nach unten.[97] Die Frage nach dem spezifischen Charakter des priesterlichen Dienstes[98] war in Veränderung begriffen und zur damaligen Zeit eher unklar.

---

94 Döpfner, Julius Kardinal: Priesterliche Existenz in der Gegenwart, in: HerKorr 18 (1963/64) 485-489, hier 486.

95 Vgl. Schillebeeckx, Edward: Der Amtszölibat. Eine kritische Besinnung, Düsseldorf 1967; Rahner, Karl: Der Zölibat des Weltpriesters im heutigen Gespräch, in: Geist und Leben 40 (1967) 122-138; Antweiler, Anton: Zur Problematik des Pflichtzölibats der Weltpriester. Kritische Erwägungen zur Enzyklika Papst Pauls VI. über den priesterlichen Zölibat, Münster 1968; Böckle, Franz: Der Zölibat. Erfahrungen, Vorschläge, Mainz 1968; Leist, Fritz: Zölibat, Gesetz oder Freiheit. Kann man ein Charisma gesetzlich regeln?, München 1968; Heimerl, Hans: Der Zölibat. Recht und Gerechtigkeit, Wien 1985.

96 Vgl. Fischer, Alfons: Pastoral in Deutschland nach 1945. Band III: Kirche und Seelsorge in der Ära des Konzils und der Kulturrevolution, Würzburg 1990, 247.

97 Vgl. dazu Abbildung 2: Priesterweihen von Weltpriestern im Bistum Passau 1939-2001.

98 Vgl. Das Synodendokument über das priesterliche Dienstamt, in: HerKorr 25 (1971) 584-591, hier 585.

Nur beharrliche Konzilsgegner[99], die es auch heutzutage sowohl unter den Amtsträgern wie auch den Christgläubigen immer noch oder neuestens wieder gibt, geben sich mit kausalen Erklärungsversuchen für das zufrieden, was u. a. die sog. „Priesterkrise“ mit verursacht hat: Es waren nach deren Meinung die liberalen Positionen des Konzils, die Öffnung zur Welt und die Verwischung des Unterschiedes zwischen Klerus und Laien. Für diese Gruppierung war das Zweite Vatikanum wie ein selbst herbeigeführtes kirchliches Erdbeben, welches das vermeintlich feste Bollwerk zum Einsturz brachte, dabei das Unterste zuoberst kehrte und vor allem Zerstörungen zurück ließ. Kritisiert wird, dass man mehr dem Geist denn den Buchstaben des Konzils anhängen würde[100]. „Längst haben sich allzu bequeme Interpretationsschemata herausgebildet, die sich gar nicht dem Buchstaben, wohl aber mehr dem ‚Geist des Konzils‘ verpflichtet halten. Ein Teil der Verwirrungen und Krisen, von denen man heute gern in unserer Kirche spricht, verdankt sich der Beliebigkeit jener Lesenden und Lehrenden, die weder genau noch konsequent die Inhalte des Konzils wahrnehmen und daher die Lehre des Konzils als beliebig interpretierbar erklären.“[101] Dieser Argumentation wird nicht mehr weiter gefolgt.

Konfliktursachen und erste Ansätze für deren Management

Wahrscheinlicher als die schlichte Kausalität für die vielfältigen Um-, Ab- und Aufbrüche in der Folge des Zweiten Vatikanums ist das mehr oder weniger zufällige Zusammenfallen verschiedener Ereignisse und Strömungen, ein Bündel an Auslösern also, vergleichbar einem „Faszikel“: Dieses leitet sich vom Rutenbündel, dem fascis der römischen Liktoren ab, ist aber eher im Sinne der losen Teile zu verstehen, die – wie es im Bündel ist – unverbunden-verbunden zusammengehören. Einige dieser Auslöser von Unruhe und Aufbruch werden im Folgenden, andere beim Amtsbild des zeitgemäßen Gemeindeleiters näher in den Blick genommen. Der Focus in der Frage der Wirkungen des Zweiten Vatikanischen Konzils bezieht sich – um den Rahmen des Themas dieser Arbeit nicht unnötig auszuweiten oder gar zu sprengen – in erster Linie wieder auf die Priester. Immer sind jedoch dabei inhaltlich auch die Fäden geknüpft zu jenen Menschen, mit denen sie zusammenarbeiten und für die sie amtlich bestellt sind, und zur Organisation, der sie vorstehen und in der sie sich bewegen.

---

99 Damit ist nicht die Gruppe derer gemeint, die sich im Gefolge der Priesterbruderschaft St. Pius X. befinden. Diese Bruderschaft wurde von Erzbischof Marcel Lefebvre 1970 gegründet. Lefebvre wurde 1976 suspendiert und ist durch eine von ihm 1988 vorgenommene Bischofsweihe ins offene Schisma zur römisch-katholischen Kirche gegangen. Die Anhänger der Priesterbruderschaft gehören zu den Konzilsnegierern. Sie betrachten die Dokumente des Zweiten Vatikanums als grundlegende Irrtümer und damit als für sie nicht existent.

100 Vgl. 2 Kor 3,6: „Denn der Buchstabe tötet, der Geist aber macht lebendig“.

101 Krenn, Kurt: Vorwort, in: Schmid, Werner: Das verschwiegene Konzil. Entscheidende Texte des Zweiten Vatikanischen Konzils, Kleinhain 1999.

Listet man in der einschlägigen Literatur die Überschriften einiger Artikel oder Monographien auf, die sich zur damaligen Zeit mit den Priestern befassen, dann stehen in den ersten zehn Jahren nach dem Konzil die Zeichen im Blick auf diese Gruppe auf Sturm. Einige Kostproben sollen dies illustrieren.[102] Mehr oder weniger provokant oder auch lösungsorientiert heißt es z. B. „Amt ohne Berufsbild. Situation und Image des Priesters"; „Der frustrierte Klerus. Über Erfahrungen junger Priester"; „Hat der Klerus noch eine Zukunft?"; „Müssen die Priester aussterben? Überlegungen zur Lösung der derzeitigen Amtskrise in der katholischen Kirche"; „Priesterberuf in der Krise"; „Muß sich auch das Priesterbild wandeln?"; „Rollenkonflikte des Priesters in der modernen Gesellschaft". Hinter solchen Überschriften verbirgt sich meist Ähnliches: Es wird konstatiert, dass die Volkskirche in Auflösung begriffen ist und die Gesellschaft sich zunehmend entkirchliche bzw. säkularisiere, wie es damals hieß. Man beklagte, dass die Priester ihren gesellschaftlichen Status eingebüßt hätten, und dass die Reformen des Zweiten Vatikanums wegen der starren Strukturen und des juridischen Selbstverständnisses der Kirche sowie der Zauderhaftigkeit der Verantwortlichen in der Kirchenleitung nicht genügend rasch und nachhaltig auf den Weg kämen.

Amtliche und andere Initiativen

Amtlicherseits wurde von Seiten der Bischöfe versucht, mit detaillierten Erklärungen „nachzufassen". Dabei ging es in erster Linie um Nacharbeit zu den offenen Stellen des Konzilsdokuments zu „Dienst und Leben der Presbyter", sowie um Reaktion auf die aufgetretenen Krisensymptome, die sich im Wandel und in mancher Unklarheit im Priesterbild zeigten. „Einen sehr frühen und qualitätvollen theologischen Beitrag zur Überwindung der Priesterkrise leisteten die deutschen Bischöfe durch das auf ihrer Vollversammlung am 11. November 1969 verabschiedete ‚Lehrschreiben über das priesterliche Amt'".[103] In diesem Lehrschreiben zeigen die Bischöfe des deutschsprachigen Raumes die biblisch-dogmatischen Grundlagen des kirchlichen Amtes im allgemeinen und des Priestertums im besonderen auf. In einem großen Bogen in die Geschichte der Kirche

[102] Vgl. Greinacher, Norbert: Amt ohne Berufsbild. Situation und Image des Priesters, in: Ders. (Hrsg.): Bilanz des deutschen Katholizismus, Mainz 1966; Hoffmann, Lutz: Der frustrierte Klerus. Über einige Erfahrungen junger Priester, in: KathBl 93 (1968) 597-610; Klostermann, Ferdinand: Müssen die Priester aussterben? Überlegungen zur Lösung der derzeitigen Amtskrise in der katholischen Kirche, in: ThPQ 123 (1975) 356-367; Biemer, Günther: Hat der Klerus noch eine Zukunft?, in: Diakonia 4 (1969) 23-35; Crottogini, Jakob: Priesterberuf in der Krise, in: Der Seelsorger 35 (1965) 242-251; Weber, Leonhard M: Muß sich auch das Priesterbild wandeln? in: Schild, Hansjörg (Hrsg.): Pastorale Impulse. Aufsätze und Vorträge, Freiburg i. Breisgau 1971, 179-203; Godijin, Walter: Rollenkonflikte des Priesters in der modernen Gesellschaft, in: LS 17 (1966) 136-138.

[103] Trippen, Norbert: Entwicklungen im Klerus seit 1914, in: Jedin, Hubert/Repgen, Konrad (Hrsg.): Handbuch der Kirchengeschichte, Band VII: Die Weltkirche im 20. Jahrhundert, Freiburg i. Breisgau 1985, 338-355, hier 349.

hinein werden zudem die geschichtlich wandelbaren Anteile des Amtes sowie seine grundlegenden Wesenseigenschaften beschrieben.[104]

Die römische Bischofssynode des Jahres 1971 befasste sich ebenfalls mit der Priesterfrage und schnitt dabei auch das Zölibatsthema erneut an. Es wurde erwartungsgemäß der bisherige Duktus beibehalten bzw. wiederum bestätigt. Grundlegende Lehraussagen zu Herkunft und Ausrichtung des Amtes zur priesterlichen Spiritualität sowie ein zweiter Teil, der Richtlinien für das Leben und den Dienst von Priestern gibt, gliedern das Dokument, das im Vorfeld Aufruhr erzeugt hat und wenig Weiterführendes zur Klärung der Krise beitrug.[105] Entscheidender als das Dokument der Römischen Bischofssynode war für die Kirche in der Bundesrepublik Deutschland ihr eigener synodaler Vorgang: Die Gemeinsame Synode der Bistümer der Bundesrepublik Deutschland, die im Januar 1971 in Würzburg ihre Beratungen aufnahm. Auf ihre Aussagen zur Amtsfrage wird weiter unten näher eingegangen.

Amtliche Papiere waren eine Form, mit den Nachwehen der Konzilsreformen umzugehen. Neben den amtlichen Dokumenten erschien eine Vielzahl an Monographien und Artikeln von Theologen, die sich mit der Amtsfrage aus ihrer jeweiligen Perspektive beschreibend, reflektierend oder mit dem Anspruch, neue Perspektiven aufzuzeigen, beschäftigten.[106] Die 1962 neu gegründete Katholische Akademie in Bayern z. B. hat zwei große und vielbeachtete Tagungen zur Amtsfrage ausgerichtet und dokumentiert. „Weltpriester nach dem Konzil“ war der Titel der ersten Veranstaltung, mit dem Thema „Existenzprobleme des Priesters“ setzte sich das zweite Forum auseinander.[107]

---

[104] Vgl. Sekretariat der Deutschen Bischofskonferenz (Hrsg.): Schreiben der Bischöfe des deutschsprachigen Raumes über das priesterliche Amt. Eine biblisch-dogmatische Handreichung, Bonn 1970.

[105] Vgl. Das Synodendokument über das priesterliche Dienstamt, in: HerKorr 25 (1971) 584-591; Kasper, Walter: Das priesterliche Dienstamt. Bemerkungen zu der Vorlage für die Bischofssynode 1971, in: Diakonia/Der Seelsorger 2 (1971) 222-232.

[106] Ein paar Beispiele sind: Ratzinger, Joseph: Zur Frage nach dem Sinn des priesterlichen Dienstes, in: Geist und Leben 41 (1968) 347-376; Balthasar, Hans Urs von: Der Priester in der Kirche, in: LS 23 (1972) 4-15; Volk, Hermann: Priestertum heute, in: IKZ Communio 1 (1972) 498-517 und 2 (1973) 45-58; Auer, Johann: Dogmatische Gedanken zum Priesterbild von heute, in: Geist und Leben 40 (1967) 423-442; Semmelroth, Otto: Das priesterliche Volk und seine amtlichen Führer, in: Concilium 4 (1968) 41-47; Enzler, Franz (Hrsg.): Priester – Presbyter. Beiträge zu einem neuen Priesterbild, Luzern 1968; Hierzenberger, Gottfried (Hrsg.): Priester gestern, Priester morgen. Kritische Perspektiven, Wien 1969; Klostermann, Ferdinand: Priester für morgen, Innsbruck 1970; Antweiler, Anton: Der Priester heute und morgen. Erwägungen zum 2. Vatikanischen Konzil, Münster 1967; Kraemer, Konrad W./Schuh, Karlheinz: Priesterbild im Wandel, Essen 1970.

[107] Vgl. Henrich, Franz (Hrsg.): Weltpriester nach dem Konzil, München 1969; Ders.: Existenzprobleme des Priesters, München 1969.

Soziologische Erhebungen

In Zeiten des Wandels und der damit verbundenen Unsicherheit, die sich bisweilen bis in Krisen zuspitzen kann, sind Umfragen ein gutes – wenngleich nicht das einzige – Instrumentarium, um nachweisbar zu sehen, was ist. Von daher kam es sehr gelegen, dass im Zuge der Vorbereitung zur Gemeinsamen Synode der Bistümer in der BRD die Deutsche Bischofskonferenz eine Totalerhebung unter den Welt- und Ordenspriestern der Bundesrepublik Deutschland veranlasst hatte.[108] Mit einer stattlichen Rücklaufquote von 75%, das waren 20.131 Fragebögen, konnte verlässlich erhoben werden, wie die Priester in Deutschland zur damaligen Zeit ihr Amt verstanden, was sie als ihre vorrangigen Aufgaben betrachteten, wie sie sich in die Kirche eingenetzt sahen, in ihr ihre Rollen definierten und was dabei an Reform- und Krisenbewusstsein zum Tragen kam. Gefragt wurde nach der Einschätzung der Laien und ihrer Partizipation, nach dem Umgang mit und der Bewältigung von Konflikten, auch im Blick auf die Reformen des Konzils. Die Frage nach der Berufszufriedenheit war ebenso ein Thema wie der Zölibat, das geistliche Leben genauso wie das Verhältnis zum Ordinariat und die Einschätzung der neuen Rätestruktur: Pfarrgemeinderat und Priesterrat.

Das Ergebnis, das durch die Umfrage zu Tage kam, war zum einen überraschend, zum anderen ermöglichte es erste Differenzierungen. Überraschend war die große Berufszufriedenheit der Befragten.[109] 30% gaben an, mit ihrer jetzigen Tätigkeit „sehr zufrieden“ zu sein, 49% ordneten sich unter „zufrieden“ ein. Das war angesichts dessen, dass andererseits sehr viel von Krisen bei den Priestern die Rede war, ein hoher Prozentsatz an Zufriedenen: 79%, also beinahe 4/5 der befragten Priester definierten sich so. Als unzufrieden bezeichneten sich eher die jüngeren Priester: die Weihejahrgänge ab der Zuordnung zwischen 1956 und 1960. Möglicherweise waren bei dieser Gruppe die Erwartungen an die Konzilsreformen am stärksten, so dass die Diskrepanz zwischen „Soll und Ist“ am einschneidendsten wahrgenommen wurde.

Ein zweites wichtiges Ergebnis, das sich zur Diagnose der Situation als hilfreiches Instrumentarium erwies, war die Auffächerung des priesterlichen Selbstverständnisses in mehrere Cluster. Den Mainstream bildeten dabei zwei große und deutlich zu differenzierende Gruppen. Die Zuordnung erfolgte unter den – nicht ganz glücklich gewählten – Termini des horizontalen und vertikalen Amtsverständnisses. Auch hier ging der Schnitt durch die Altersgruppen. Die älteren Priester gehörten mehrheitlich der Gruppe derer an, die ein vertikales

---

[108] Vgl. Schmidtchen, Gerhard: Priester in Deutschland, sowie Forster, Karl: Priester zwischen Anpassung und Unterscheidung. Auswertungen und Kommentare zu den im Auftrag der Deutschen Bischofskonferenz durchgeführten Umfragen unter allen Welt- und Ordenspriestern in der Bundesrepublik Deutschland, Freiburg i. Breisgau 1974.

[109] Vgl. Schmidtchen, Gerhard: Priester in Deutschland, 76ff.

Amtsverständnis hatten, das horizontale Amtsverständnis zeigte sich wiederum eher bei den jüngeren der Befragten.[110] Diejenigen Priester, die sich zur Gruppe derer rechnen konnten, die ein „horizontales Amtsverständnis“ zeigten, standen unter dem „Verdacht“, dass dieses lediglich funktional sei und ihm die christologische Dimension fehle.[111]

In der Zeit von 1967 bis 1971 kam es in vielen Regionen der Weltkirche, vor allem aber in Westeuropa und Nordamerika, zu einem regelrechten „Umfrageboom“ bei Priestern und Ordensleuten. Die Anlässe und Absichten waren unterschiedlich. Vor allem ging es wohl darum, sich auf dem Weg der empirischen Erhebung schlicht Informationen darüber zu verschaffen, wie Priester sich persönlich und in ihrem Dienst in einer intensiven Phase der Konzilsrezeption sehen. In Spanien hingegen sollten vor allem die Spannungen zwischen Klerus und Hierarchie erhellt werden. Es war aber wohl auch intendiert, für bestimmte kirchenpolitische Tendenzen im Rahmen der Konzilsreformen Bestätigung oder Widerspruch zu erfahren.[112]

Den Auftakt mit den Untersuchungen in Europa bildeten 1969 die Niederlande, bei denen die Umfrage unter der Überschrift „Amtszölibat in einer sich wandelnden Welt“ stand.[113] Dann folgten Österreich,[114] Deutschland,[115] die Schweiz,[116] Spanien[117] sowie Italien.[118] In Belgien gab es Meinungsbefragungen durch Priesterräte und eine Umfrage in der Universitätspfarrei Löwen.[119] Teiluntersuchungen fanden auch in Jugoslawien, Malta und Ungarn statt.[120]

---

[110] Was diese Zuordnung im einzelnen für das Amtsverständnis der Befragten hieß, wird in der vorliegenden Arbeit im Kapitel „Amtsverständnis“ genauer behandelt.

[111] Ob sich hier eine Entwicklung zeigt, die auf dem Konzil von Trient gegen die Reformatoren mit großer Vehemenz abgewehrt wurde und jetzt wieder auftaucht? Dieser Frage wird in der Arbeit an späterer Stelle nachgegangen.

[112] Vgl. Kerkhofs, Jan: Das Amt in der Kirche. Übersicht und Vergleich neuester Umfragen unter Priestern, in: Concilium 8 (1972) 767-773.

[113] Die deutsche Übersetzung erschien unter folgendem Titel: Schreuder, Osmund (Hrsg.): Der alarmierende Trend. Ergebnisse einer Umfrage beim gesamten holländischen Klerus, München und Mainz 1970.

[114] Institut für Kirchliche Sozialforschung (Hrsg.): Österreichische Priesterumfrage. Linearergebnisse, Wien 1971.

[115] Schmidtchen, Gerhard: Priester in Deutschland.

[116] Müller, Alois: Priester – Randfigur der Gesellschaft. Befund und Deutung der Schweizer Priesterumfrage, Einsiedeln 1974.

[117] Oficina de Sociología y Estadística de la Iglesia, in: Pro Mundi Vita, Regionalstudien 37 (1971).

[118] Burgalassi, Silvano: Preti in Crisi? Tendenze sociologiche del Clero italiano, Fossano 1970.

[119] The Priest of 1971 in Search of his Identity. Special Note, in: Pro Mundi Vita 18 (1971) 8-9.

[120] Recent Evolution of Priestly Vocations in Europe. Confidential Note, in: Pro Mundi Vita 7 (1969); Andràs, Emmerich: Probleme der Priesterausbildung in Ungarn, in: UKI-Berichte, Wien, München 1970, 3-21.

Bereits 1969 wurde in Nordamerika unter der Regie der Harvard-Universität der amerikanische Klerus befragt;[121] 1971 gab es eine weitere große Untersuchung, die im Rahmen der Vorbereitung der römischen Bischofssynode von den amerikanischen Bischöfen in Auftrag gegeben wurde.[122] Im französisch sprechenden Teil Kanadas wurde eine Umfrage im Auftrag der Bischöfe durchgeführt,[123] im englischsprachigen Teil geschah dies im Auftrag von Priestern mit Unterstützung der dortigen Bischöfe.[124] In Südamerika fanden Stichprobenbefragungen in Brasilien,[125] Bolivien[126] und Chile[127] statt. In Afrika wurde der Klerus von Zaire[128] befragt, ebenso in Ghana, Ruanda und Burundi.[129]

All diese Forschungen brachten für die Entwicklung vor Ort wichtige Ergebnisse zu Tage. Gerade in den sog. Missionsländern war es wichtig, die Unterschiede zwischen dem heimischen Klerus und den Missionaren zur Kenntnis und von da aus Fragen der Kulturation des Evangeliums in den Blick zu nehmen. Jan Kerkhofs macht darauf aufmerksam, dass zwar Priester und Ordensleute befragt wurden, also gewissermaßen die amtliche „Basis", dass aber die Kirchenleitung sowie Ordensleitungen ausgespart blieben. Er meinte, dass dies auch pastoraltheologisch notwendig wäre, vor allem in Hinblick auf ihre Leitungstätigkeit. „Gerade sie stehen mehr als irgendeine andere Gruppe auch auf dem Schnittpunkt von Spannung und Polarisation."[130]

Der stille, aber stete Wandel in den Grundbedingungen

Nachdem diese Befragungswelle gleichsam wie ein Sturm durch die genannten Länder gezogen war, trat langsam wieder „Windstille" ein. In vielen Ländern wie z. B. Deutschland, Österreich, Holland fanden in der ersten Hälfte der Siebzigerjahre große Synoden statt, viele Bistümer inszenierten in der Folge der Nationalsynoden eigene synodale Vorgänge. Nach der Phase der Informationssättigung und pastoraler Beratungen ging es nun an die Umsetzung dessen, was beraten und beschlossen worden war. So ist es verständlich, dass in den Folge-

---

121 Fichter, Joseph H.: America's Forgotten Priests – What they are saying, New York 1968.
122 American Priests. A Report of the National Opinion Research Center, Chicago 1971.
123 Stryckman, Paul: Les Prêtres de Québec aujourd'hui, Bd. I, Centre des Recherches en Sociologie Religieuse, Quebec 1970.
124 Stryckman, Paul/Gaudet, Robert: Priests in Canada 1971. A report on English-speaking Clergy, Quebec 1971.
125 Brasilien: Eine Kirche in Erneuerung, in: Pro Mundi Vita 24 (1968).
126 Ponce, Garcia/Uzín, Fernandez: El Clero en Bolivia, La Paz 1969.
127 Centro Bellarmino (Hrsg.): El sacerdote Chileno. Estudio Sociologico, Santiago de Chile 1971.
128 La consultation générale des prêtres séculiers africains au Congo Kinshasa. Note Spéciale, in: Pro Mundi Vita 16 (1971).
129 Recherche sur les prêtres. La vie et le ministère des prêtres, Bujumbara 1970.
130 Kerkhofs, Jan: Das Amt in der Kirche, 772.

jahren in der Forschung lediglich regional begrenzte Kleinstudien zu verzeichnen sind.[131]

Darüber gingen nun 30 Jahre ins Land. Außer den „nackten Zahlen“ zu den jährlichen Weihestatistiken, die sich in vielen einschlägigen Schriften finden lassen, sowie den absoluten Zahlen aus den Bistümern, die sich im ebenfalls jährlich erscheinenden „Kirchlichen Handbuch“ finden, fehlt grundlegendes, aussagekräftigeres Material darüber, wie es um „Dienst und Leben von Priestern“ an der Schwelle ins 21. Jahrhundert steht. Dies ist als Lücke zu konstatieren, hat sich doch in den letzten dreißig Jahren in Gesellschaft und Kirche – und damit auch für die Priester – sehr vieles zum Teil einschneidend verändert.

Innerkirchlich hat sich nach dem Konzil ein breites Spektrum an kirchlichen Berufen etabliert. Neben den ständigen Diakonen ist die Berufsgruppe der Pastoralreferenten/-innen entstanden, die ehemaligen Seelsorgehelferinnen haben sich in das eigenständige Berufsbild der Gemeindereferentinnen und -referenten entwickelt: Priester mussten lernen, mit Teams und im Team zu arbeiten, als Chef zu agieren und Leitung als Dienstvorgesetzter wahrzunehmen. Wesentlich gestiegen sind von daher die Anforderungen an die Professionalität der Priester, sowohl im Umgang mit haupt- als auch mit ehrenamtlichen Mitarbeitern und Mitarbeiterinnen. Darüber hinaus sind die Ansprüche in Sachen theologischer und spiritueller Fachkompetenz zumindest so gewachsen, wie auf der anderen Seite das Ansehen aufgrund der Weihe allein abgenommen hat.

Die Priester sind aufgrund der Tatsache, dass sich ihre Zahl – zumindest in Westeuropa – spürbar verringert hat, höher belastet als dies 1971 der Fall war. Zugleich werden Priester dadurch entlastet, dass haupt- und ehrenamtliche Laien angefangen haben, priesterliche Aufgaben zu übernehmen. Dennoch bedrängt der Priestermangel viele Priester, weil er für sie eine ungewohnte Arbeitssituation erzeugt hat. Das Stichwort vom Priestermangel geht zwar schon seit den beginnenden Fünfzigerjahren in der Westdeutschen Kirche um. Die Entwicklung, die Anfang der Siebzigerjahre einsetzte, war irreversibel und hat sich derzeit auf einem sehr niedrigen Level konsolidiert.[132] Der Mangel wird gesehen, beklagt und auf der Grundlage der vorhandenen Möglichkeiten verwaltet: In der Diözese Passau bestehen zur Zeit 94 Pfarrverbände unterschiedlicher Größe und

---

[131] Vgl. Mautsch, Fritz: Priester und Kirche. Eine empirische Untersuchung zum beruflichen Selbstverständnis katholischer Priester in der Bundesrepublik, Köln 1972; Sayer, Josef: Sozialer Wandel in der Kirche. Eine empirische Untersuchung zur Sozialisation beim Priesterberuf, Düsseldorf 1976; Stampfl, Josef: Das Selbstverständnis des Südtiroler Priesters. Eine empirische Untersuchung zum Priestersein, Innsbruck 1980. Eine neuere, aber ebenfalls regionale Studie wurde im Erzbistum Paderborn durchgeführt: Erzbischöfliches Generalvikariat Paderborn (Hrsg.): Gott umarmt uns durch die Wirklichkeit. Bericht zur Priesterumfrage der Diözese Paderborn 1998, Paderborn 1999.

[132] Vgl. Kerkhofs Jan/Zulehner, Paul M. (Hrsg.): Europa ohne Priester, Düsseldorf 1995.

Struktur.[133] Während es in den vergangenen zehn Jahren vor allem Zweierverbünde waren, geht man nun in die nächste Stufe über: es werden zunehmend neue Pfarrverbände mit drei Pfarreien errichtet. Nicht nur in Passau hat man in den letzten zwanzig Jahren überwiegend mit pragmatischen Strukturreformen auf den Pfarrermangel reagiert. Zumindest in allen bayerischen Bistümern werden seit geraumer Zeit Pfarrverbände gegründet, es werden Seelsorgeeinheiten und Pfarreiengemeinschaften entwickelt, zunehmend wird betont, wie wichtig und notwendig die kooperative Pastoral sei.[134] So sehr gerade Letztgenanntes ein Schritt auf dem Weg zur Verwirklichung der Communiotheologie ist, wird diese in der derzeitigen Situation tendenziell eher instrumentalisiert, um den Mangel an geweihten Priestern zu administrieren.

Eine weitere Folge des Pfarrermangels ist die zunehmende „Inanspruchnahme" von c. 517 § 2 CIC. Dieser Canon im neuen Kirchenrecht von 1983 ermöglicht es dem Bischof, Personen, die nicht die Priesterweihe empfangen haben, in Zeiten des Priestermangels an der Wahrnehmung der Seelsorgsaufgaben einer Pfarrei zu beteiligen. Dieser Person ist verbindlich ein die Hirtensorge moderierender Priester zugewiesen, der das hierarchische Prinzip in der Kirche repräsentiert. Michael Böhnke vermerkt in einer differenzierten Interpretation des c. 517 § 2 dazu ausdrücklich, dass es bei diesem Canon nicht um die Frage der Gemeindeleitung geht[135] und lässt seine Überlegungen u. a. in folgende Zusammenfassung einmünden: „Aus den Personen werden durch die Anvertrauung der Teilhabe an der Pastoral keine ‚Ersatzpriester'. Implizit wird ihnen zusammen mit der Beauftragung die Vollmacht übertragen, im Namen und Auftrag der Kirche in einer Pfarrei pastoral zu handeln. Von Rechts wegen haben sie nicht das Pfarramt inne, und es werden keinen neuen kirchlichen Ämter begründet."[136]

---

133 Die Angabe bezieht sich auf der Grundlage des Schematismus des Bistums Passau auf November 2001; Veränderungen sind laufend im Gang. Laut Schematismus strukturieren sich die Pfarrverbände folgendermaßen: 67 Pfarrverbände bestehen aus zwei Pfarreien, 19 setzten sich aus drei Pfarreien zusammen, 5 aus vier Pfarrgemeinden und 3 Pfarrverbände umfassen sechs Pfarrgemeinden.

134 Eine kleine Auswahl aus der zunehmend umfangreicher werdenden Zahl von Publikationen zu diesem Aspekt: Schneider, Gert: Kooperative Seelsorge aus der Sicht einer kritischen Priestergruppe, in: BiLi 71 (1998) 117-123; Zerfaß, Rolf: „... damit Gemeinde lebt – und wir": Perspektiven und Kriterien einer Kooperativen Pastoral, in: BiLi 71 (1998) 84-92; Schuster, Norbert: Kooperative Pastoral: ein Konzept für mehr Kooperation in der Pastoral? in: Pastoralblatt 50 (1998) 174-182; Hillenbrand, Karl: Der Dienst des Priesters in der kooperativen Pastoral, in: Klerusblatt 79 (1999) 247-252; Böttner, Brigitte: Aufbruch ins Ungewisse. Zum Stand der kooperativen Pastoral in deutschen Diözesen, in: HerKorr 54 (2000) 624-628; Böttigheimer, Christoph: Pastorale Not und kooperative Pastoral, in: Anzeiger für die Seelsorge 109 (2000) 82-83.

135 Vgl. Böhnke, Michael: Pastoral in Gemeinden ohne Pfarrer. Interpretation von c. 517 § 2 CIC/1983, Essen 1994, 70f.

136 Böhnke, Michael: Pastoral in Gemeinden ohne Pfarrer, 69.

Dieser Canon – so behutsam er auch die neu eröffneten Möglichkeiten in Notsituationen formuliert – ist heute dennoch landläufig unter der Zuordnung „Gemeindeleitung durch Laien“ im Bewusstsein, auch wenn kirchenrechtliche Überlegungen ein anderes Ergebnis zeitigen. Frauen und Männer, die in diesem Sinne tätig sind, verrichten zum Großteil presbyterale Tätigkeiten. Norbert Schuster spricht in diesem Zusammenhang von den „Platzhaltern“[137], und fragt sehr plakativ: „Wie kann man Priester von Aufgaben entlasten, ohne das geistliche Profil der Priester zu verdunkeln? ... Was bedeutet Gemeindeleitung, deren einzige konkrete Aufgabe Eucharistievorsitz heißt? Ist ein Mensch, der Gottesdienste hält, predigt, beerdigt, ein Pfarrbüro leitet, kirchlichen Gremien vorsitzt, Senioren zum Jubiläum gratuliert, die Pfarrgemeinde bei offiziellen Anlässen repräsentiert, Urkunden unterschreibt, kirchliche Baumaßnahmen verantwortet und über Kirchenhaushalte verfügt, ein Laie?“[138]

In den meisten Pfarrgemeinden ist es längst selbstverständlich geworden, dass es neben allen anderen Gruppen und Verbänden einen Pfarrgemeinderat und auch darüber hinaus sehr viele verantwortliche Christen gibt, die sich – ihren Charismen gemäß – am Aufbau des Reiches Gottes einsetzen. Der Pfarrgemeinderat sollte in einer Pfarrgemeinde normalerweise das Gremium sein, bei dem vieles zusammenläuft und von dem viele Impulse ausgehen. Er leitet in einer Gemeinde mit, ob er das will oder nicht, und ob ihn der Pfarrer will oder nicht, weil er für diesen Auftrag ein Mandat aus der Gemeinde hat. „Die Mitarbeit im Pfarrgemeinderat bringt die Verantwortung für die Sorge um die ganze Gemeinde mit sich, ist demnach im Blick auf Aufbau und Erhalt des sozialen Systems Pfarrgemeinde im besonderen Maß eine Leitungsfunktion.“[139] Dieses gemeindliche Forum eröffnet somit für die Pfarrer eine Möglichkeit zur Kooperation, ist aber zugleich eine Herausforderung für die Leitungsaufgabe,[140] die sensibel gehandhabt werden will.

Ein Thema das geblieben ist, ist der Zölibat. Er steht nach wie vor zur Debatte und zwar verstärkt im Modus der kritischen Anfrage. „Auf der einen Seite werden gegen ihn ‚Freiheitsargumente‘ erhoben – in einer zeitgemäßen Kultur gehöre es zum Selbstbestimmungsrecht aller, also auch von Priestern, ihre Lebensform selbst zu wählen; auf der anderen Seite nimmt die Forderung zu, die Eucharistiefähigkeit gläubiger Gemeinden durch Öffnung der Zugangswege zum Priesteramt zu sichern. Dazu kommt eine kulturelle Grundstimmung, die eine

---

137 Vgl. Schuster, Norbert/Wichmann, Martin (Hrsg.): Die Platzhalter. Erfahrungen von Gemeindeleiterinnen und Gemeindeleitern, Mainz 1997.

138 Schuster, Norbert/Wichmann, Martin (Hrsg.): Die Platzhalter, 8.

139 Schuster, Norbert: Gemeindeleitung und Pfarrgemeinderat. Theorie und Praxis, München 1994, 152.

140 In die neu überarbeitete Passauer Satzung für Pfarrgemeinderäte wurde ein Paragraph eingearbeitet, der die Rechte des Pfarrgemeinderates im Bereich der Pastoral beschreibt. Schon die Idee, dass ein Pfarrgemeinderat (Anhörungs-)Rechte haben soll, löste bei einigen Priestern in der Diözese massiven Protest und Widerstand aus.

neuartige Gewichtung und Kultivierung der Sexualität begünstigt[141], die wiederum der gewählten Ehelosigkeit sowohl in der medialen wie in der kirchlichen Öffentlichkeit die Unterstützung entzieht."[142] Man beachte in diesem Zusammenhang z. B. die hoch aufgeladene gesellschaftliche Diskussion um die rechtliche Gleichstellung gleichgeschlechtlicher Paare, bei der es nicht nur um die Beseitigung einer bestehenden Diskriminierung geht. Dass dabei auch andere Themen mitspielen, zeigen die Widerstände, welche die „bayerische Zwischenlösung" hervorgerufen hat, die festlegt, dass sich homosexuelle Paare nicht auf dem Standesamt, sondern beim Notar eintragen lassen können.

Ein letzter Blickwinkel zur Diagnose der Veränderungen in den letzten dreißig Jahren gilt der zeitgenössischen Entwicklung. Die Kultur in Westeuropa, näherhin in der Bundesrepublik Deutschland, hat sich in den vergangenen dreißig Jahren zunehmend entchristlicht und damit auch entkirchlicht. Johann Baptist Metz hat dazu das Stichwort von der Gotteskrise geprägt.[143] Diese Gotteskrise hat andere Wurzeln und reicht tiefer als immer wieder auftretende Kirchenkrisen. Sie betrifft sowohl die katholische, wie auch die evangelische Kirche, denn sie ist „zur Signatur der geistigen Situation unserer Zeit geworden. Für viele Menschen hat das Wort ‚Gott' seine kommunikative oder auch seine skandalisierende Macht verloren: Es gibt keine großen Atheismen mehr! Es scheint, als wäre Gott vielen einfach abhanden gekommen oder als wäre er zu einer freischwebenden Metapher für vielerlei Interessen geworden."[144] Die Spiritualität boomt zwar, aber die Kirchen werden weithin leerer, vor allem die nachwachsende Generation bleibt überwiegend aus. In der Bundesrepublik Deutschland ging der Anteil der Mitfeiernden beim sonntäglichen Gottesdienst von 50,4% im Jahr 1950 auf 16,5% im Jahr 2000 zurück. Es ist jedoch nicht nur der Abschied von der Volkskirche, sondern der meist stille und unspektakuläre Abschied von der Kirche insgesamt, der für die meisten längst vollzogen ist. Dieses leise Gehen wirkt sich auf alle aus, die (hauptamtlich) im Dienst der Kirche stehen. Gefühle der Machtlosigkeit und Vergeblichkeit machen sich bisweilen breit. Untersuchungen zeigen deutlich, dass Religion und Kirche für die Menschen in den Neunzigerjahren sehr stark an Relevanz verloren haben.[145] Zudem oder gerade

---

141 Häring, Bernhard: Heute Priester sein. Eine kritische Ermutigung, Freiburg i. Breisgau 1995, 92.

142 Zulehner, Paul M.: Priester im Modernisierungsstress. Forschungsbericht der Studie **PRIESTER 2000**©, Ostfildern 2001, 56

143 Vgl. Metz, Johann Baptist: Gotteskrise – Kirchenkrise, in: Reifenberg, Peter u. a. (Hrsg.): Licht aus dem Ursprung. Kirchliche Gemeinschaft auf dem Weg ins 3. Jahrtausend, Würzburg 1998, 201-214.

144 Zulehner, Paul M.: Für Kirchenliebhaber*innen*. Und solche, die es werden wollen, Ostfildern [3]2000, 39.

145 Vgl. Ebertz, Michael N.: Kirche im Gegenwind. Zum Umbruch der religiösen Landschaft, Freiburg i. Breisgau 1997, v. a. 34ff.

deswegen gehen bisher bewährte Seelsorgekonzepte oftmals ins Leere und greifen nicht mehr. Neues Land ist (noch) kaum in Sicht.

All das sind stichhaltige Anlässe, die es wert sind, Priester erneut zu befragen, so, wie es in 16 Diözesen in den Jahren 2000 und 2001 geschehen ist.

Steckbrief

Struktur der Diözese Passau

Das Bistum Passau rangiert im statistischen Vergleich der Bistümer in der Bundesrepublik Deutschland auf den „hinteren Rängen". Es ist, von der Fläche wie von der Katholikenzahl gesehen, klein: Die Bistumsfläche umfasst 5.442 km^2, zum Bistum gehören gegenwärtig 541 780 Katholikinnen und Katholiken. „Folgende Diözesen grenzen an das Bistum Passau an: Im Nordosten die Diözese Budweis, im Südosten die Diözese Linz, im Nordwesten die Diözese Regensburg, im Südwesten die Erzdiözese München-Freising."[146] Die größte Stadt im Bistumsgebiet ist die Bischofsstadt Passau, die mit allen dazugehörigen Gemeinden derzeit 50.370 Einwohner zählt. Das Bistum Passau hat also keine Großstadt in seinem Bereich, es ist vielmehr in starkem Maß durch seine ländliche Struktur geprägt. Der Anteil der Beschäftigten in Land- und Forstwirtschaft ist zwar – wie im Zuge des Strukturwandels der Landwirtschaft generell – von 13,4% im Jahr 1960 auf 2,9% im Jahr 1998 gesunken. Dennoch zeigen die vielen kleinen Dörfer und überschaubaren Marktflecken reichlich Spuren ihrer überwiegend bäuerlich und handwerklich geprägten Vergangenheit. Dazu gehört auch, dass sich die gewachsenen Ortszentren im Normalfall um ein Gotteshaus gruppieren. Eine regionale Besonderheit ist der hohe Anteil an Katholiken im Bistum Passau. Mit 92% Katholiken hat Passau den höchsten Anteil unter den deutschen Bistümern.

Im Bayerischen Wald dominiert der Fremdenverkehr. Er stellt eine wichtige Einnahmequelle für die dortige Bevölkerung dar, die zu früheren Zeiten von karger Landwirtschaft oder Nebenerwerb vielfältiger Art leben musste. Der Tourismus bzw. das Kuren ist im Bäderdreieck Bad Füssing, Bad Griesbach und Bad Birnbach eine zentrale Erwerbsquelle. Größere Arbeitgeber für die Menschen im Passauer Bistum sind eine Autofabrik im Landkreis Dingolfing-Landau, die internationalen Firmen im oberbayerischen Chemiedreieck sowie einige Industriebetriebe in Passau und dessen Umland, bis hinein in den Bayerischen Wald mit den dortigen Glashütten und einer Optikfabrik. Viele Menschen pendeln – zum Teil mit täglicher Hin- und Rückfahrt – in den Großraum München zur Arbeit.

[146] Bischöfliches Ordinariat Passau (Hrsg.): Handbuch des Bistums Passau, Passau 1981, 63.

Die Diözese Passau erstreckt sich in den Regierungsbezirken Niederbayern und Oberbayern über 7 Landkreise. Neben den vielen Dörfern und Märkten finden sich im Bistum etliche überschaubare Städte, die Kreisstädte sind oder es vor der großen Gebietsreform 1972 waren.[147] Von den 306 Pfarrstellen haben 286 den Rang von Pfarreien, 20 sind Expposituren. Sie sind in 16 Dekanate und ein Stadtkommissariat zusammengefasst. Die überwiegende Pfarrgröße bewegt sich zwischen 500 und 2.000 Katholiken: 61% aller Pfarrgemeinden sind von dieser Größenordnung.[148] Nur sechs Pfarrgemeinden in der Diözese haben zwischen 7.500 und 10.000 Katholiken. Pfarrgemeinden über 10.000 Katholiken gibt es im Bistum nicht, jedoch Pfarrverbände, die diese Größenordnung umfassen.

Personelle Ausstattung

Für das Jahr 2000 weist das Bistum Passau bei den in der Pastoral Tätigen[149] folgende Zahlen auf:[150]

Aus der Gruppe der hauptamtlichen Mitarbeitern/-innen in der Pastoral sind 53 als Gemeindereferenten/-innen angestellt, die überwiegend in Pfarrgemeinden tätig sind. Drei Pfarrassistenten und eine Pfarrassistentin stellen eine eigene Subgruppe im Bistum dar. Sie haben normalerweise den Würzburger Fernkurs absolviert und stehen für eine kleine Berufsgruppe aus Zeiten, als sich die neuen seelsorglichen Berufe entwickelten. Als Religionslehrer und -lehrerinnen i. K. arbeiten 95 Personen. 66 Männer und Frauen sind als Pastoralreferenten und -referentinnen im Dienst, davon ein größerer Teil in der Kategorialseelsorge. Zum Umfragezeitraum war ein Pastoralreferent nach c. 517 § 2 CIC mit der Leitung von zwei kleinen Pfarrgemeinden sowie einer Expositur beauftragt. Mittlerweile sind zwei weitere Pastoralreferenten – ebenfalls Männer – in diesem Sinne als Pfarrbeauftragte tätig.

Zum Klerus gehören elf ständige Diakone, zwei davon sind neben-, die anderen hauptamtlich beschäftigt. Von den 372 Priestern befinden sich 263 im aktiven Dienst, 109 im Ruhestand.

[147] Eine nicht nur soziologische Besonderheit unter diesen Kleinstädten ist die Industriestadt Burghausen im Landkreis Altötting. Sie ist ein kultureller Mittelpunkt und für viele das „geheime Zentrum“ des Landkreises. Der Ort expandiert aufgrund der dort ansässigen Industriebetriebe seit Jahren und hat wegen der starken demographischen Bewegungen ähnliche Bedingungen für die Seelsorge wie Städte im Umkreis von Großstädten wie z. B. München.

[148] Die meisten der Pfarrgemeinden in dieser Größenordnung haben jedoch längst keinen Pfarrer mehr am Ort. Im Normalfall „teilen“ sich zwei bis drei Pfarreien umfassende Pfarrverbände einen Pfarrer, der meist in der größeren Pfarrgemeinde wohnt.

[149] Die Zahlen verstehen sich ohne die Mitarbeiter und Mitarbeiterinnen der Caritas, die in vielen Bereichen ebenfalls pastorale Aufgaben erfüllen.

[150] Die angeführten Zahlen beziehen sich auf das Jahr 2000; Quelle: Referat Statistik im Bischöflichen Ordinariat Passau.

Die Priester im aktiven Dienst schlüsseln sich im Umfragezeitraum nach ihren vorwiegenden Tätigkeiten folgendermaßen auf: Pfarrer, Kapläne, Leitung, hauptamtlicher Schuldienst, mit Sonderaufgaben betraut, als Missionar im Ausland tätig, an der Universität. Zum Studium sind im Jahr 2000 vier Priester beurlaubt. Außerdem sind 42 Ordenspriester im Bistum mit der Leitung von Gemeinden beauftragt.

Auf der Basis dieser Daten bilden somit 372 Welt- sowie 42 Ordenspriester die Grundgesamtheit der Passauer Umfrage. 414 Fragebögen wurden ausgesandt.

Zeitraum der schriftlichen Befragung

Am 6. Dezember 1999 wurde der 84 Fragen umfassende Fragebogen all jenen Priestern übersandt, die in der Diözese Passau inkardiniert sind bzw. im Bistum als Ordensangehörige in der Leitung einer Pfarrgemeinde oder als Kaplan ihren priesterlichen Dienst tun. Dem Fragebogen lag ein Begleitbrief des Generalvikars bei, in dem er darauf hinwies, dass sowohl Bischof, Domkapitel, Dekanekonferenz wie auch der Priesterrat sich für die Teilnahme an der Umfrage ausgesprochen hätten und sich die Bistumsleitung von der Umfrage aufschlussreiche und für die Zukunft der Diözese wichtige Hinweise zum Thema „Priester" und „Priesterberufe" erwarte.

Die schriftliche Befragung fand zwischen Dezember 1999 und März 2000 statt. Diejenigen Priester, die sich an der Umfrage beteiligt haben, wurden gebeten, eine Antwortkarte getrennt vom Fragebogen an die Arbeitsstelle für kirchliche Sozialforschung einzusenden, um den Auswertenden – bei Wahrung der Anonymität – einen verlässlichen Überblick über den teilnehmenden Personenkreis zu ermöglichen.

Rücklaufquote

Durch einen Vergleich zwischen der Grundgesamtheit einerseits und den im Befragungszeitraum eingesandten Fragebögen andererseits lässt sich die Rücklaufquote für die Diözese Passau ermitteln. Sie ist aus mehreren Gründen bedeutsam. Zum einen war die Priesterumfrage 2000 nicht als Repräsentativumfrage angelegt. Es wurde deshalb kein Sample erstellt sondern um möglichst starke Beteiligung geworben. So gibt die Rücklaufquote Auskunft darüber, ob und wie stark sich die jeweiligen Altersgruppen – orientiert an einem Zehnerschritt – an der Umfrage beteiligt haben. Ablesbar ist zudem, ob sich im Rücklauf ein Übergewicht einer bestimmten Gruppe wie z. B. der Kapläne oder der pensionierten Priester abzeichnet oder ob das Verhältnis zwischen soziologischer Realität und Teilnahme an der Umfrage ausgewogen ist.

Der Rücklauf zeigt:

- Es haben sich Priester aus allen Altersgruppen in gutem Ausmaß in der Umfrage eingebracht.
- Überdurchschnittlich gut ist die Beteiligung in den Altersgruppen der 30- bis 39-Jährigen, sowie der 50- bis 69-Jährigen.
- Weniger vertreten sind die älteren, wohl im Normalfall zumeist schon pensionierten über 70-Jährigen Priester.

Bezogen auf die Weihejahrgänge ergibt sich folgende Aufschlüsselung unter den an der Umfrage Beteiligten:

23% gehören zu den Weihejahrgängen aus der Zeit von vor 1940 bis einschließlich 1960. Dabei liegt innerhalb dieser Subgruppe das Schwergewicht der Beteiligung bei den Weihejahrgängen 1951-1960, zu denen 20% dieser Gruppe gehören. 27% der Befragten wurden in der bewegten Konzils- und Nachkonzilszeit zwischen 1961 und 1970 geweiht; 18% zwischen 1971 und 1980. Aus den Weihejahrgängen 1981-1990 kommen 16% der Beteiligten, nach 1991 geweiht sind 15% von denen, die den Fragebogen ausgefüllt und abgeschickt haben. Die 146 eingegangen Fragebögen ergeben eine Rücklaufquote von 35,3%. Die Rücklaufquote der gesamten Studie liegt bei 40%.

Die nachfolgende Grafik zeigt den Vergleich zwischen der Altersverteilung im gesamten Seelsorgeklerus und den an der Umfrage beteiligten Priestern. Dabei wird folgendes Ergebnis sichtbar:

Abbildung 3: Rücklauf in den einzelnen Altersgruppen in Prozenten

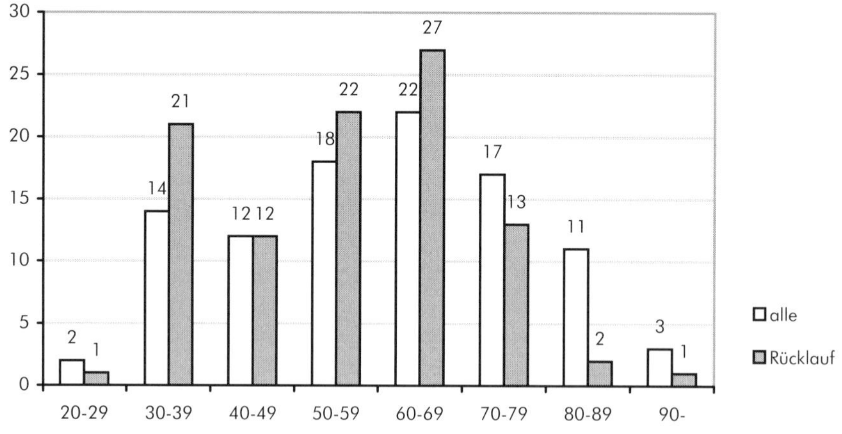

Quelle: **PRIESTER 2000**© – Diözese Passau

Das Verhältnis von Welt- und Ordenspriestern in der Diözese

Von denjenigen Priestern die sich an der Umfrage beteiligt haben, sind 95% Weltpriester, 5% gehören einem Orden an. Dies entspricht in etwa den ungefähren Gegebenheiten im Bistum: 90% der Geistlichen in der Diözese Passau sind Weltpriester, 10% Ordenspriester. Aus der Gruppe der Ordensmänner sind die Hälfte in der Pfarr-, der andere Teil in der Sonderseelsorge tätig. Da die Weltpriester im Vergleich zur verhältnismäßig kleinen Zahl der Ordenspriester eindeutig die größere Gruppe in der Umfrage darstellen, werden die Ordenspriester im Folgenden nicht als eigenständige Gruppe untersucht. Eine Differenzierung zwischen Welt- und Ordenspriestern ist angesichts der kleinen Gruppe der Ordenspriester nicht ergiebig. Sie werden von daher in das Gesamt mit hinein genommen.

Pfarrer und andere Seelsorgetätigkeiten

Aus der Gruppe der Befragten sind 62,3% in der „reinen" Pfarrseelsorge tätig, also hauptberuflich Pfarrer; 12% sind Kapläne. Im Ruhestand befinden sich 14,4%, 11,3% arbeiten in kategorialen Seelsorgebereichen: in Wissenschaft und Schule, in der Diözesanleitung oder in der Sonderseelsorge. Ein gutes Drittel der befragten Pfarrer (34%) leitet eine einzige Pfarrei, 28% aus der Gruppe der an der Umfrage Teilnehmenden ist für zwei Pfarreien verantwortlich, 7% leiten Pfarrverbände mit drei, 5% mit vier und mehr Pfarreien. 2% geben an, mehreren Pfarreien zusammen mit einer anderen Aufgabe (z. B. Dekan) vorzustehen, in einer Pfarrei zusammen mit einer anderen Aufgabe sind 5% der an der Umfrage beteiligten.

Tabelle 1: Pfarreien/Seelsorgestellen, in denen ein Befragter Pfarrer ist

eine Pfarrei	44%
zwei Pfarreien	36%
drei Pfarreien	9%
vier Pfarreien und mehr	7%
eine Pfarrei zusammen mit einer anderen Aufgabe	2%
mehrere Pfarreien zusammen mit einer anderen Aufgabe	2%

Quelle: **PRIESTER 2000**© – Diözese Passau

Ziel der Auswertung

Der 24 Seiten starke Fragebogen **PRIESTER 2000©** gliedert sich in sieben unterschiedlich große Themenblöcke. Eröffnet wird die Untersuchung mit Angaben zur Person und zur Herkunftsfamilie, daran schließt sich ein Frageblock zur religiös-kirchlichen Situation an. In diesem Teil sind Fragen enthalten, was nach Einschätzung der Befragten das Leben der Kirche bereichert und was es belastet. Teil 3 eruiert die Stärken priesterlichen Lebens und Wirkens. Dieser Teil bildet zusammen mit einem Frageblock nach den Facetten priesterlichen Amtsverständnisses, Fragen zum Thema Priester und Laien, darin auch zu Gemeindeentwicklung und Konfliktmanagement, einen schwergewichtigen Hauptteil der Umfrage.

Mit Aus- und Weiterbildung, Berufszufriedenheit sowie der Balance von Alltag und Freizeit sind die darauf folgenden Fragebatterien überschrieben. Das geistliche Leben, Beheimatung und Einsamkeit sowie die Lebensform des Zölibats werden in einem nächsten Teil befragt. Kirchenpolitische Fragestellungen verbergen sich hinter der Überschrift „... worüber gesprochen wird“. Sie schließen den Bogen im Verbund mit einem kurzen Feedback zum Fragebogen und der damit verbundenen Ausfüllarbeit ab.

Die Bearbeitung der vorliegenden Daten wird folgende Teilbereiche besonders berücksichtigen:

- Im Zentrum der Auswertung stehen die Amtsbilder der befragten Priester. Dabei wird erforscht, aus welchen Dimensionen sich die Amtsbilder speisen, was sie charakterisiert und wie sie von daher zu bündeln und zu benennen sind. Der erste Teil bezieht sich auf das gesamte Datenmaterial und nicht nur auf die Passauer Ergebnisse. Die Amtstypen werden also aus den Fragebögen aller sechzehn beteiligten Bistümer der verschiedenen Kirchenregionen errechnet.
- Näher in den Blick genommen werden sodann die spezifischen Ausprägungen des jeweiligen Amtstyps, die aufgrund der Amtsbilder unterschiedlichen Schwerpunkte priesterlicher Tätigkeiten, je nach Besonderheit die Alltagsinszenierung sowie der Bereich der Leitungs- und Konfliktkultur. Dieser und alle weiteren Teile beziehen sich vor allem auf die Passauer Ergebnisse. So weit es in einem Teilbereich auffällige Abweichungen im Vergleich zur Gesamtstudie gibt, werden diese aufgezeigt.
- Woher es kommt, dass in einem Bistum mit – jedenfalls zu bestimmten Zeitphasen – denselben Professoren, Ausbildern, Seminarregenten oder auch Praktikum-Mentoren und Mentorinnen die Priester unterschiedliche Amtsverständnisse ausbilden und kultivieren, diese Fragestellung wird von mehreren Seiten beleuchtet. Dabei spielen sowohl biographische wie auch gesellschaftliche Einflüsse eine prägende Rolle. Zum genaueren Verständ-

nis der vorliegenden Unterschiede wird daher den Amtsbildern auch theologiegeschichtlich nachgegangen.

- Die vom Amtsbild geprägte Einschätzung der ehren- und hauptamtlichen Mitarbeiterinnen und Mitarbeiter, sowie die Zusammenarbeit mit ihnen ist ein weiterer Baustein der Arbeit.
- Was die Befragten – wiederum nach Amtsbild differenziert – an Fort- bzw. Weiterbildungswünschen bewegt, wo die offenkundigen Unterschiede liegen und was von daher aufgrund der Passauer Verteilungen an Fortbildungsangeboten überlegt bzw. ausgebaut werden sollte, wird in einem nächsten Abschnitt bedacht.
- Den Schlusspunkt bildet eine Reflexion darüber, was die Studie **PRIESTER 2000**© Passau im Rahmen der Pastoralen Entwicklung und darin fokussiert auf die Personalentwicklung an Impulsen und Ertrag bringen kann.

Alle anderen Themenbereiche des Fragebogens, wie z. B. die kirchliche Lageeinschätzung durch die Priester, das geistliche Leben, Auswertungen zum Zölibat, die Haltung der befragten Priester zu den kirchenpolitischen Fragestellungen wie Frauenordination, Diakonat, viri probati, Bischofswahl usw. werden im Forschungsbericht **PRIESTER 2000**© eingehend und ausführlich bearbeitet und ausgewertet. Sie können dort an entsprechender Stelle nachgelesen werden.[151]

[151] Vgl. Zulehner, Paul M.: Priester im Modernisierungsstress. Ergebnisse der Studie **PRIESTER 2000**©, Ostfildern 2001.

AMTSVERSTÄNDNIS(SE)

Ein Herzstück der Studie **PRIESTER 2000©** ist die Frage nach dem Amtsverständnis der befragten Priester, wirkt sich dieses doch – gleichsam wie eine berufliche Grundmelodie – in den meisten Bereichen des Dienstes und Lebens der Priester aus.[152] Je nachdem wie ein Priester sein Amt grundlegend versteht, wie er eingestimmt ist, wird er seine Zusammenarbeit im Team, mit den Ehrenamtlichen, mit den Mitbrüdern gestalten, wird er sich vernetzen oder solistisch arbeiten, ist er dialogbereit oder belehrend. Je nach Amtsverständnis unterscheiden sich seine Reformvorstellungen von denen seiner Mitbrüder. Das Amtsverständnis durchdringt die Wahrnehmung der Stärken des Berufes genauso wie die Akzentuierung des jeweiligen Dienstes und die Inszenierung des Lebens. Nach Gerhard Schmidtchen ist das Amtsverständnis eine Legitimationstheorie und in der Aufgipfelung eine Theologie der sozialen Rolle der Priester. Das Amtsverständnis ist die Folie, um zu erklären oder auch zu rechtfertigen, warum Priester jeweils so und nicht anders sind.[153]

Neben der individuellen Einfärbung steht das Amtsverständnis mit mehreren Teilthemen in Verbindung und wird davon bestimmt. Zum einen berührt die Frage des Amtsverständnisses die Ekklesiologie: Sie entspringt ihr bzw. wirkt auf sie zurück. Amtsverständnis und Kirchenbild haben zu jeder Phase der Kirchengeschichte miteinander zu tun, sie bedingen einander geradezu. So hat z. B. die Vielfalt und Unterschiedlichkeit der vorliegenden, auch gesellschaftlichen Gegebenheiten in den Gemeinden der Anfangszeit[154] je eigene Formen hervorgebracht. Die deuteropaulinischen Schriften und die Pastoralbriefe zeigen andere Differenzierungen in der Aufgabenteilung als die paulinischen. Der entscheidende Punkt für die Ämter scheint in der Anfangszeit zu sein, dass ihre Träger die Weitergabe des anvertrauten Evangeliums gewährleisten.[155]

Die Auseinandersetzung mit Irrlehrern und Irrlehren, von denen die bedrohlichste für die junge christliche Kirche sicherlich die Gnosis war, brachte es mit sich, dass das Amt als Garant der unverfälschten Tradition zunehmend herausgestellt und stärker betont wurde.[156] Wenn also Herbert Haag davon spricht,

---

[152] Damit ist nichts über die Persönlichkeitsstruktur von Priestern ausgesagt, über ihre Begabungen, ihre Sozialisation und damit verbundene biografische Prägungen, die auch im Hinblick auf Einstellungen zur modernen Kultur eine Rolle spielen.

[153] Schmidtchen, Gerhard: Priester in Deutschland, 50.

[154] Vgl. Söding, Thomas: Blick zurück nach vorn. Bilder lebendiger Gemeinden im Neuen Testament, Freiburg i. Breisgau 1997; Venetz, Hermann-Josef: Vielfältige Leitungsmodelle im Neuen Testament, in: LS 46 (1995) 188-193.

[155] Vgl. Venetz, Hermann-Josef: So fing es mit der Kirche an, 171ff.

[156] Vgl. Neuner, Peter: Der Laie und das Gottesvolk, insb. 46-50.

dass sich in den Anfängen der Kirche bzw. in den Schriften des Neuen Testaments keine Priester – im heutigen Verständnis – finden,[157] dann entspricht das in der beschriebenen Wechselwirkung dem damaligen Gemeinde- bzw. Kirchenverständnis. Womit eine weitere Verbindung für das Amtsverständnis von Priestern deutlich wird: Das Amtsverständnis wird auch von der Stellung und Bedeutung der Kirche in der Gesellschaft mitgeformt und mitbestimmt.

Im Rahmen dieser Studie ist noch eine weitere grundsätzliche Überlegung wichtig: Es gibt ein theologisch ausgearbeitetes und lehramtlich vertretenes Priesterbild mit ortskirchlichen Variationen. Es gibt jedoch auch die praktischen Priesterbilder, die in den Priestern selbst wirkmächtig sind und ihr Leben und Wirken nachhaltig formen. Hubert Brosseder, der jene Priesterbilder erforscht hat, die in Predigten über die letzten 150 Jahre der jüngeren Kirchengeschichte vermitteltet wurden oder sichtbar geworden sind, meint: „Das Erscheinungsbild der Priester besteht aus einem unauflöslichen Ineinander von Vorstellungen des Volkes, Image des Klerus und dogmatischer Lehre... Jedoch liegt gerade in der Kennzeichnung des Erscheinungsbildes die praktisch-theologische Relevanz des Priesterbildes, weil wir hier der geschichtlichen Wirklichkeit des Priesters näher sind als in den grundlegenden dogmatischen Lehräußerungen über das priesterliche Amt."[158] Beides ist wohl wichtig und nicht gegeneinander auszuspielen. Die vorliegende Studie will die praktischen Priesterbilder erheben. Diese werden in einer pastoraltheologischen Reflexion – auch auf dem Hintergrund der dogmatischen Lehräußerungen zum Amt – durchgearbeitet.

Die Herkunft der Variablen

Die Erkundung des praktischen Amtsverstandnisses der Befragten basiert zum Teil auf bereits einmal verwendeten und bewährten Variablen. Diese stammen aus der deutschen Priesterstudie von 1971[159] und ermöglichen somit in der Auswertung der Gesamtstudie[160] einen Vergleich über die Spanne von dreißig Jahren. In der Studie von 1971 hatte sich in der Auswertung der Daten gezeigt, dass fünf Faktoren mit unterschiedlichem quantitativen Umfang zu bilden waren. Es zeigten sich mehrere Amtsverständnisse, die in den großen Blöcken zwischen einem horizontalen und einem funktionalen Amtsverständnis differenziert wurden.

---

157 Vgl. Haag, Herbert: Worauf es ankommt. Wollte Jesus eine Zwei-Stände-Kirche?

158 Brosseder, Hubert: Das Priesterbild in der Predigt. Eine Untersuchung zur kirchlichen Praxisgeschichte am Beispiel der Zeitschrift *„Der Prediger und Katechet"* von 1850 bis zur Gegenwart, München 1978, 131.

159 Vgl. Schmidtchen, Gerhard: Priester in Deutschland, 47-51.

160 Vgl. Zulehner, Paul M.: Priester im Modernisierungsstress.

Folgende Sätze aus der Studie 2000 waren 1971 dem *horizontalen Verständnis* zugeordnet:

Das priesterliche Amt

... ist Repräsentation der Gemeinde

... ist Ergebnis eines geschichtlichen Prozesses

... ist ausschließlich Schöpfung der frühen Gemeinden

... gründet nicht in einer besonderen Weihe

... dient primär der Schlichtung von Konflikten, dem menschlichen Zusammenleben in der Gemeinde.

Das *vertikale Verständnis* definierten 1971 u. a. folgende Sätze mit:

Das priesterliche Amt

... ist Repräsentation Christi

... ist Ausdruck persönlicher Berufung

... ist von Christus eingesetzt

... beansprucht das ganze innerste Leben seines Trägers.

Daneben gab es als weitere Dimensionen die *Betonung der Gemeinschaft („Das priesterliche Amt ist Dienst an der Gemeinde“)*, ein *funktionales Verständnis („Das priesterliche Amt dient dem geistlichen Wachstum der Kirche“)* sowie eine minimale Amtsdefinition *(„Das priesterliche Amt ist nur Leitungsamt; das priesterliche Amt ist nur Verkündigungsamt“)*, die 2000 nicht mehr erfragt wurden.

Zwei Variablen aus der neueren Amtsdiskussion wurden bei der Studie **PRIESTER 2000**© ergänzt: „*Das priesterliche Amt hält die anvertraute Gemeinde in der Spur des Evangeliums*“ sowie „*Das priesterliche Amt sorgt sich darum, dass die vom Evangelium geformten Gemeinden mit der Ortskirche verbunden bleiben*“. Diese Variablen beziehen sich auf die „synchrone“ und „diachrone“ Funktion des Amtes.

- Durch die synchrone Einheit wird auf der Ebene der Gemeinde die Verbindung mit den anderen Gemeinden und der Ortskirche gewahrt.
- Durch die diachrone Einheit wird gewährleistet, dass eine Gemeinde auf der Spur des Evangeliums und damit in der Tradition der Kirche bleibt. Der Einheitscharakter des Amtes, sprich der „Dienst an der Einheit“, ist ein Blickwinkel, den das Zweite Vatikanische Konzil als Spezifikum des Amtes wieder verstärkt aufgegriffen und betont hat.[161]

[161] Vgl. Kasper, Walter: Die Funktion des Priesters in der Kirche, in: Geist und Leben 42 (1969) 102-116.

Die Linearergebnisse

Die in der Studie zum priesterlichen Amt vorgelegten Sätze wurden in der Studie **PRIESTER 2000**© von den Passauer Priestern so beantwortet:[162]

Tabelle 2: Aussagen zum Priesteramt

Man kann verschiedene Ansichten über das (katholische) priesterliche Amt hören. Geben Sie bitte an, in welchem Grad Sie persönlich den folgenden Ansichten zustimmen können!
Bitte stufen Sie fein ab zwischen: 1 = dieser Aussage stimme ich völlig zu; 5 = diese Aussage lehne ich ganz ab

Das priesterliche Amt ...	1	2	3	4	5
... ist Dienst an der Gemeinde. [133]	66%	31%	3%	0%	0%
... ist von Christus eingesetzt. [137]	40%	17%	21%	16%	6%
... beansprucht das ganze innerste Leben seines Trägers. [140]	34%	34%	19%	7%	4%
... ist Repräsentation Christi. [132]	29%	32%	23%	14%	2%
... ist Ausdruck persönlicher Berufung. [135]	28%	41%	21%	8%	2%
... hält die anvertraute Gemeinde in der Spur des Evangeliums. [142]	22%	41%	24%	10%	1%
... dient dem geistlichen Wachstum der Kirche. [139]	22%	46%	22%	8%	1%
... sorgt sich darum, dass die vom Evangelium geformten Gemeinden mit der Ortskirche verbunden bleiben. [143]	22%	39%	26%	12%	1%
... ist Ergebnis eines geschichtlichen Prozesses. [134]	18%	17%	34%	20%	11%
... ist Repräsentation der Gemeinde. [131]	14%	27%	30%	23%	6%
... gründet nicht in einer besonderen Weihe. [136]	5%	8%	15%	26%	46%
... ist ausschließlich Schöpfung der frühen Gemeinden. [138]	3%	12%	20%	23%	42%
... dient primär der Schlichtung von Konflikten, dem menschlichen Zusammenleben in der Gemeinde. [141]	1%	6%	26%	45%	22%

Quelle: **PRIESTER 2000**© – Diözese Passau: nach Zustimmungsstärke geordnete Einzelaussagen

[162] In den Fällen, in denen sich nicht 100% in einer Antwortreihe ergeben, wurde von einigen der Befragten keine Antwort zu dieser Frage gegeben. Die sog. „missing data“ werden bei den Linearergebnissen zum Amtsverständnis nicht berücksichtigt.

Der Blick auf die Linearergebnisse zeigt, dass die Formel „Amt ist Dienst" – eine Errungenschaft der Ekklesiologie und Amtstheologie des Zweiten Vatikanischen Konzils – im Bewusstsein so gut wie aller der befragten Passauer Priester fest verankert ist: 97% der Befragten stimmen dieser Aussage (sehr stark und stark) zu, wobei das Hauptgewicht (66%) bei sehr stark liegt.

Einen hohen Zustimmungsgrad gibt es ebenfalls in der christologischen Dimension des Amtes. Das priesterliche Amt ist von Christus eingesetzt: Mehr als die Hälfte (57%) der an der Erhebung Beteiligten sehen dies so, für 61% ist das Amt Repräsentation Christi. Immerhin beinahe ein Viertel (23%) zögert aber, in der Frage der Christusrepräsentation eine klare Aussage zu treffen und reiht sich in der Mitte ein.

68% fühlen sich vom Priesteramt zuinnerst beansprucht, unmerklich höher (69%) ist die Zustimmung zur Aussage, dass das Amt Ausdruck einer persönliche Berufung sei. Dass das priesterliche Amt dem geistlichen Wachstum der Kirche dient, davon gehen 68% (sehr stark und stark) aus, 22% sind durch Positionierung in der Mitte bei dieser Aussage eher unschlüssig.

Zwei Drittel der befragten Passauer Priester fühlen sich im Amt verantwortlich für die diachrone Einheit, dafür also, dass die Gemeinden nicht eklektisch und damit häretisch werden, sondern sich der überlieferten Frohbotschaft in ihrer ganzen, auch unbequemen Fülle aussetzen. Bemerkenswert ist an dieser Stelle auch die mittlere Position: Ein Viertel der Befragten, also 24%, traut die (geistgewirkte) Treue zum Evangelium entweder den Gemeinden selber zu oder hat möglicherweise Probleme in dieser Hinsicht, die amtliche „Grundverantwortung" ins Spiel zu bringen. Ähnliche Werte wie bei der diachronen gelten auch für die Sorge der Passauer Amtsträger um die synchrone Einheit: 61% betrachten dies sehr stark oder stark als ihre Aufgabe, ein Viertel aller Befragten (26%) ist jedoch in der Frage, ob die Sorge um die diözesane Communio Aufgabe der Priester ist, unentschlossen. Zeigen sich hier Ressentiments gegen die sog. „Zentrale" oder sieht man die synchrone Einheit eher als Aufgabe des Bischofs, denn der Pfarrer?

Dass das Amt Ergebnis eines geschichtlichen Prozesses sei – hier dritteln sich die Meinungen: Ein Drittel der Befragten (35%) stimmt dieser Aussage zu, ein weiteres Drittel (34%) ist in dieser Frage unentschieden, weitere 31% der Befragten lehnen dies (stark und sehr stark) ab. Es besteht ein Zusammenhang zur Variablen *„Das priesterliche Amt ist ausschließlich Schöpfung der frühen Gemeinden"*: 65% der Befragten halten das Priesteramt für keine ausschließliche Schöpfung der frühen Gemeinden; nur eine verschwindende Minderheit von 3% stimmt diesem Satz völlig zu, 12% stimmen zu. Immerhin 20% reihen sich in der Mitte ein.

Das der Ekklesiologie und damit auch der Amtstheologie des Zweiten Vatikanischen Konzils innewohnende Verständnis, dass Amtsträger Repräsentanten der

Gemeinde (repraesentatio Ecclesiae) sind, findet unter den befragten Passauer Priestern eine sehr geteilte Meinung: Ein schwaches Drittel (30%) hat die „neutrale" Mittelposition (3) gewählt; 41% neigen zur Zustimmung, 23% zu stärkerer Ablehnung dieses Standpunkts. 6% halten priesterliches Amt und Gemeinderepräsentation offensichtlich für unvereinbar. Deutlicher abgelehnt (72%) wird die Position, dass das katholische Priestertum nicht in einer besonderen Weihe gründe.

Zwei Drittel (67%) der befragten Passauer Priester können wenig bzw. nichts mit der Aussage anfangen: *„Das priesterliche Amt dient primär der Schlichtung von Konflikten, dem menschlichen Zusammenleben in der Gemeinde".* Ein Viertel ist auch diesmal unentschieden. Hauchdünne 7% stimmen zu. Der vor allem vom Apostel Paulus überlieferte Dienst an der versöhnten Verschiedenheit oder konfliktlösende Interventionen, wie sie z. B. in der Schweiz seit Jahrhunderten Amtsaufgabe der Friedensrichter sind, wird – zumindest im priesteramtlichen Bereich – nicht als priesterliche Aufgabe gesehen.

Auffallend ist, dass dieses Item von allen Priestern der an der Umfrage beteiligten Bistümer hohe Ablehnung erfährt. 66% Ablehnung stehen in der Gesamtstudie 11% Zustimmung gegenüber. Steht dies möglicherweise mit dem gesamtkirchlich eher negativ geprägten Klima zum Thema Konflikte in Zusammenhang? Und: Hat das gesamtkirchlich eher konfliktscheue und konfliktvermeidende Verhalten der Amtsträger womöglich mit der eigenen Geschichte der Kirche zu tun, die von Anfang an in starkem Maß konfliktträchtig war?[163] Die oft daraus resultierenden Spaltungen stellen ja eine Hypothek bis in die heutige Zeit dar. Spielt auch eine Rolle, dass Amtsträgern die Sorge um eine möglichst konfliktfreie Einheit zugewiesen wird?

Welche „Typen" von Priestern verbergen sich also hinter den vorgestellten Zustimmungen und/oder Ablehnungen bestimmter Aussagen und Positionen zum priesterlichen Amt? Welche Amtsverständnisse kommen in den Antworten zum Zug und zum Tragen?

Dimensionen

Horizontales, vertikales und funktionales Amtsverständnis waren neben der Betonung der Gemeinschaft und einer minimalen Amtsdefinition Dimensionen, die sich aus der Faktorenanalyse der deutschen Studie von 1971[164] entfalteten.

---

[163] Als zwei Beispiele unter vielen möglichen seien das so genannte „Apostelkonzil" (Apg 15,1-35 nach der lukanischen Darstellung; Gal 1,1-10 aus der paulinischen Perspektive) und die heftigen Auseinandersetzungen der Synoden in den ersten Jahrhunderten genannt.

[164] Vgl. Schmidtchen, Gerhard, Priester in Deutschland, 47-51.

Die Faktorenanalyse bündelt zusammengehörige Items. Die ermittelten Faktoren zeigen, aus welchen „Dimensionen“ bzw. „Wurzeln“ sich diese Satzbündel speisen. Die Benennung der „Dimensionen“ ist eine interpretatorische Leistung. Sie orientiert sich am Inhalt der Sätze sowie an der jeweiligen „Ladung“ des Satzes im Faktor. Bei der Studie **PRIESTER 2000**© lassen sich nach inhaltlichen Kriterien geordnet drei Grundeinstellungen[165] unterscheiden, zu denen Items gehören, die inhaltlich korrelieren.

Christusbezogenheit

Dazu gehören nachstehende Sätze, die in der Faktorenanalyse – jeweils bezogen auf die Gesamtstudie – folgende Ladung aufweisen:

Tabelle 3: Christusbezogenheit

Item	Ladung
...beansprucht das ganze innerste Leben seines Trägers	.76
...dient dem geistlichen Wachstum der Kirche	.75
...ist Repräsentation Christi	.72
...ist Ausdruck persönlicher Berufung	.58

Gemeindebezogenheit

Die Hinordnung auf die Gemeinde kommt durch folgende Items zum Ausdruck:

Tabelle 4: Gemeindebezogenheit

Item	Ladung
...hält die anvertraute Gemeinde in der Spur des Evangeliums	.81
...sorgt sich darum, dass die vom Evangelium geformten Gemeinden mit der Ortskirche verbunden bleiben	.81
...ist Dienst an der Gemeinde	.50
...ist Repräsentation der Gemeinde	.44

Herkunft

Die Frage nach dem Ursprung, der Herkunft des priesterlichen Amtes wird von folgenden Sätzen gespeist, die bei diesem Index mit negativem Vorzeichen bei der Ladung auf die geschichtliche Entwicklung verweisen, ohne Vorzeichen auf den Ursprung durch Christus:

[165] Die Variable „das priesterliche Amt dient primär der Schlichtung von Konflikten, dem menschlichen Zusammenleben in der Gemeinde“ weist eine rein funktionelle Ausrichtung auf und wird an dieser Stelle nicht mit berücksichtigt.

Tabelle 5: Herkunft

Item	Ladung
...ist von Christus eingesetzt	.75
...gründet nicht in einer besonderen Weihe	-.64
...ist Ergebnis eines geschichtlichen Prozesses	-.69
...ist ausschließlich Schöpfung der frühen Gemeinden	-.79

Die einzelnen Aussagen zum Amtsbild können bei jedem der befragten Priester in unterschiedlichen Kombinationen auftreten.

Ergebnisse der Clusteranalyse

Die Clusteranalyse ist ein Verfahren, Fälle bzw. Untersuchungsobjekte aufgrund ihrer Ähnlichkeit einzustufen. Aus den ähnlichen Fällen bildet man Gruppen (Cluster). „Es wird also versucht, möglichst homogene Subgruppen (die Streuung innerhalb der Gruppen soll klein sein, die Unterschiede zwischen den Gruppen groß) zu bilden, wobei die Homogenität durch die definierten Variablen bestimmt wird.“[166] In der vorliegenden Studie werden von der Gesamtheit der Fälle ausgehend Untergruppen gebildet. Es handelt sich hier um ein sog. partitionierendes Verfahren. Die Anzahl der Cluster bestimmt sich nach der Abgrenzungsschärfe der Untergruppen. Dabei kann in der Analyse voreingestellt werden, wie viele Cluster man errechnen lassen will. Nach Probeläufen mit einer unterschiedlichen Anzahl von Clustern hat sich die Aufteilung der befragten Priester auf vier Cluster als zielführend erwiesen.

Die Clusteranalyse bringt mit dieser Option vier Typen zum Vorschein, die sich folgendermaßen profiliert unterscheiden oder Ähnlichkeiten untereinander aufweisen:

Die vier Haupttypen

Der erste Typ: der zeitlose Kleriker

Der erste Amtstyp, der in der Clusteranalyse sichtbar wird, speist sich aus einer großen Anzahl von Einzelaussagen, die bei ihm alle eine hohe Zustimmung bzw. starke Ablehnung finden. Das bedeutet, dass diejenigen der Befragten, die dieses Amtsverständnis vertreten, von ihm sehr stark geprägt sind.

Priestern dieses ersten Typs ist für ihre priesterliche Identität am wichtigsten, dass das Amt von Christus eingesetzt ist. Zu ihrem Verständnis gehört von da-

[166] Denz, Hermann: Einführung in die empirische Sozialforschung, Wien-New York 1989, 133.

her, dass sie in ihrem amtlichen Handeln vor allem Christus repräsentieren. Die Repräsentation der Gemeinde ist demgegenüber weit nachgeordnet. 95% aus dieser Gruppe sagen, dass ihr Amt dem geistlichen Wachstum der Kirche dient. Der Einheitsdienst des Amtes hat beim Amtstyp des zeitlosen Klerikers einen hohen Stellenwert, hoch bewertet (77%) wird zudem die Aussage, dass das Amt Ausdruck persönlicher Berufung sei.

Mit den Hypothesen der historisch-kritischen Forschung über Entstehung und Entwicklung des priesterlichen Amtes im Laufe der bewegten Kirchengeschichte können Priester, die zum Amtstyp der zeitlosen Kleriker gehören, so gut wie nichts anfangen. Für sie ist das Amt etwas beständiges, festgefügtes, zeitloses, von Christus eingesetzt und damit einer weiteren geschichtlichen Entwicklung weder zugänglich noch unterworfen. Mit großer Deutlichkeit wird von Typ Eins abgelehnt, dass das Amt nicht in einer besonderen Weihe gründe. Ebenso geben sie den Aspekten des Priesteramtes, in denen es um eine Funktion für gelingendes Zusammenleben geht, ganz wenig Gewicht. Wegen ihrer starken Rückbezogenheit auf Christus, ihrer distanzierten Einstellung zur geschichtlichen Entwicklung des Amtes sowie ihrer nachgeordneten Haltung zur amtlichen Gemeinderepräsentation werden diejenigen der Befragten, die sich um diesen Amtstyp gruppieren, in dieser Studie „zeitlose Kleriker" genannt.[167]

Tabelle 6: Grunddimensionen Amtsverständnis Kleriker

Im einzelnen finden folgende Sätze zum Amtsverständnis sehr hohe Zustimmung (Mittelwert zwischen 1 und 1,99) bzw. Ablehnung (Mittelwert zwischen 4,00 und 5,00; kursiv gedruckte und rechtsbündig gesetzte Items)

ist von Christus eingesetzt
beansprucht das ganze innerste Leben seines Trägers
dient dem geistlichen Wachstum der Kirche
ist Repräsentation Christi
sorgt sich darum, dass die vom Evangelium geformten Gemeinden mit der Ortskirche verbunden bleiben
hält die anvertraute Gemeinde in der Spur des Evangeliums
ist Ausdruck persönlicher Berufung
gründet nicht in einer besonderen Weihe
ist ausschließlich Schöpfung der frühen Gemeinden
ist Ergebnis eines geschichtlichen Prozesses

Quelle: **PRIESTER 2000**© – Gesamtstudie

[167] Die Benennung wird weiter unten noch ausführlicher begründet und geschichtlich aufgewiesen.

Der zweite Typ: der zeitoffene Gottesmann

Priester, denen dieses Amtsverständnis nahe ist, haben ihre Spitzenwerte in funktionellen Dimensionen des Amtes: An oberster Stelle steht die Überzeugung, das priesterliche Amt diene dem geistlichen Wachstum der Kirche und trage Verantwortung für die diachrone Einheit, also die Rückbindung an das Evangelium. Mit dem ersten Typ, dem zeitlosen Kleriker, gehen die theologisch-spirituellen Grundelemente konform: die Durchdringung der Person durch das Amt sowie die Repräsentation Christi. Ein deutlicher Unterschied zum zeitlosen Kleriker besteht in der Grundeinstellung des zeitoffenen Gottesmannes zur amtlichen Repräsentation der Gemeinde: sie hat bei ihm – im Querschnitt zu allen anderen Amtstypen – die höchste Wertschätzung.

Leicht abgeschwächt ist die Zustimmung zur (direkten) Einsetzung des Amtes durch Christus; dagegen besteht deutliche Offenheit für die historische Entwicklung des priesterlichen Amtes. Diese geht aber nicht so weit, das Amt zur ausschließlichen Kreation der frühen Gemeinden werden zu lassen. Konfliktschlichtung wird von Typ Zwei am ehesten als Amtsaufgabe gesehen, wobei es auch bei ihm – wie bei allen anderen Priestertypen – dazu Vorbehalte gibt.

Der zweite Typ aus der Clusteranalyse liefert den Beweis dafür, dass historisch-kritische Erkenntnisse die innere Substanz des priesterlichen Selbstverständnisses nicht schwächen. Insgesamt sind auch diejenigen, die dieses Amtsverständnis vertreten von ihm sehr überzeugt, wie die vielen Einzelaussagen mit hoher Zustimmung zeigen. Wir nennen diesen Typ wegen seiner spirituellen Rückbindung Gottesmann, das Adjektiv gründet in seinem entwicklungsoffenen Verhältnis zur geschichtlichen Ämterfrage sowie seiner großen inneren Nähe zur Gemeinderepräsentation. Typ Zwei hat in der Studie deshalb den Titel „zeitoffener Gottesmann".

Tabelle 7: Grunddimensionen Amtsverständnis Gottesmann

Folgende Sätze zum Amtsverständnis finden sehr hohe Zustimmung (Mittelwert zwischen 1 und 1,99), ausdrückliche Ablehnung (Mittelwert zwischen 4,00 und 5,00) ist bei Typ Zwei nicht vorhanden:

dient dem geistlichen Wachstum der Kirche
beansprucht das ganze innerste Leben seines Trägers
hält die anvertraute Gemeinde in der Spur des Evangeliums
ist Repräsentation Christi
sorgt sich darum, dass die vom Evangelium geformten Gemeinden mit der Ortskirche verbunden bleiben
ist Ausdruck persönlicher Berufung
ist von Christus eingesetzt
ist Repräsentation der Gemeinde

Quelle: **PRIESTER 2000**© – Gesamtstudie

Der dritte Typ: der zeitnahe Kirchenmann

Neben dem „Dienst an der Gemeinde", einem Element, das von allen vier Typen in hoher Übereinstimmung akzeptiert ist und deswegen in der Clusteranalyse nicht verwendet wurde, bewertet der dritte Typ für sich die Einsetzung des Amtes durch Christus am wichtigsten. Daneben ist ihm auch die persönliche Berufung elementar. Wie die bereits vorgestellten beiden anderen Amtstypen sehen auch Priester, die zu diesem Typ gehören, das ganze innerste Leben in hohem Maß durch das Amt beansprucht. Für diesen Typ ist der Priester der auf Christus Rückbezogene, den er repräsentiert. Die Ergebnisse der Analyse zeigen ihn als denjenigen, der seiner Gemeinde eher gegenüber steht; die Repräsentation der Gemeinde hat beim dritten Amtstyp die schwächste Ausformung von allen. Elemente einer „modernen" Ämtertheologie wie z. B. die Verantwortung des Amtes für die synchrone und diachrone Einheit treten bei Typ Drei am deutlichsten zurück.

Sehr skeptisch sind Priester dieses Amtstyps gegenüber den Hypothesen der historisch-kritischen Ämterforschung. Dass das Amt ausschließlich eine Schöpfung der frühen Gemeinden ist, wird entschieden abgelehnt. Keine Amtsaufgabe ist für Typ Drei das Konflikt klärende Miteinander in der Gemeinde. Sehr deutlich abgelehnt wird auch die Aussage, dass das Amt nicht in einer besonderen Weihe gründet. Aufgrund der relativ starken Distanz zu allen auf die Gemeinde bezogenen Dimension des priesterlichen Amtes und wegen seiner eher personalen denn funktionalen Sicht des Amtes wird dieser Typ in der Studie als zeitnaher Kirchenmann bezeichnet.

Tabelle 8: Grunddimensionen Amtsverständnis Kirchenmann

Sehr hohe Zustimmung (Mittelwert zwischen 1 und 1,99) findet ein Satz; extrem abgelehnt (Mittelwert zwischen 4,00 und 5,00) werden folgende drei Sätze:

ist von Christus eingesetzt
gründet nicht in einer besonderen Weihe
dient primär der Schlichtung von Konflikten, dem menschlichen Zusammenleben in der Gemeinde
ist ausschließlich Schöpfung der frühen Gemeinden

Quelle: **PRIESTER 2000**© – Gesamtstudie

Der vierte Typ: der zeitgemäße Gemeindeleiter

Dass das Priesteramt Ergebnis eines historischen Prozesses ist, davon ist der vierte Amtstyp am stärksten überzeugt. Das Item zur geschichtlichen Entwicklung weist bei ihm unter allen zwölf vorgelegten Aussagen zum priesterlichen Amt die größte Zustimmung auf, wobei er durchaus skeptisch zu der Aussage steht, das Amt sei ausschließlich eine Schöpfung der frühen Gemeinden. Sein Stichwort für das Amtsverständnis heißt Entwicklung und Entfaltung. Von daher ist es geradezu folgerichtig, dass die Einsetzung durch Christus bei Priestern des vierten Amtstyps den niedrigsten Zustimmungswert aufweist bzw. buchstäblich am Ende ihrer Skala steht. Sie sehen das Priesteramt dynamisch und funktional: Es dient dem geistlichen Wachstum der Kirche, steht aber vor allem im Dienst der Einheit, wobei die diachrone Einheit als wichtiger bewertet wird als die synchrone. Die Aspekte der Repräsentation sind für das Amtsverständnis des vierten Amtstyps unwichtig. Wenn das Amt etwas repräsentiert, dann am ehesten noch die Gemeinde, die Christusrepräsentation ist sehr nachgeordnet. Persönliche Berufung und die innere Beanspruchung der Person spielen für Priester, die sich um den vierten Amtstyp herum ansiedeln, eine stärkere Rolle als die amtstheologischen Momente der Repräsentation. Wegen der eindeutigen Hinordnung auf die Gemeinde, sowie der hohen Sympathie für die Ergebnisse der neueren exegetischen Forschungen zum Amt erhält der vierte Amtstyp die Bezeichnung zeitgemäßer Gemeindeleiter.

Tabelle 9: Grunddimensionen Amtsverständnis Gemeindeleiter

Spitzenwerte (Mittelwerte zwischen 1-2 oder 4-5) erreicht bei diesem Typ kein Einzelitem. Dieses Amtsverständnis ist also in seiner persönlichen Überzeugungskraft relativ „schwach".

ist Ergebnis eines geschichtlichen Prozesses
ist von Christus eingesetzt

Quelle: **PRIESTER 2000**© – Gesamtstudie

Die synoptische Zusammenschau der Zustimmung bzw. Ablehnung der verschiedenen Items zum priesterlichen Amt stellt sich folgendermaßen dar:

Tabelle 10: Zustimmung der vier Amtstypen zu den einzelnen Testitems[168]

	zeitloser Kleriker	zeitoffener Gottesmann	zeitnaher Kirchenmann	zeitgemäßer Gemeindeleiter
ist von Christus eingesetzt	98%	87%	81%	11%
beansprucht das ganze innerste Leben seines Trägers	97%	92%	68%	49%
dient dem geistlichen Wachstum der Kirche	95%	94%	58%	47%
ist Repräsentation Christi	93%	91%	65%	28%
hält die anvertraute Gemeinde in der Spur des Evangeliums	88%	92%	36%	55%
sorgt sich darum, dass die vom Evangelium geformten Gemeinden mit der Ortskirche verbunden bleiben	87%	90%	37%	51%
ist Ausdruck persönlicher Berufung	77%	88%	69%	49%
ist Repräsentation der Gemeinde	46%	74%	28%	41%
dient primär der Schlichtung von Konflikten, dem menschlichen Zusammenleben in der Gemeinde	7%	27%	2%	13%
gründet nicht in einer besonderen Weihe	3%	22%	10%	36%
ist Ergebnis eines geschichtlichen Prozesses	1%	59%	20%	69%
ist ausschließlich Schöpfung der frühen Gemeinden	1%	17%	1%	42%

Quelle: **PRIESTER 2000**© – Gesamtstudie

168 In der Tabelle sind 1 = sehr stark und 2 = stark zusammengezählt.

Mit Hilfe der Mittelwerte lässt sich das Ergebnis so darstellen:

Abbildung 4: Vier Typen von Amtsverständnissen

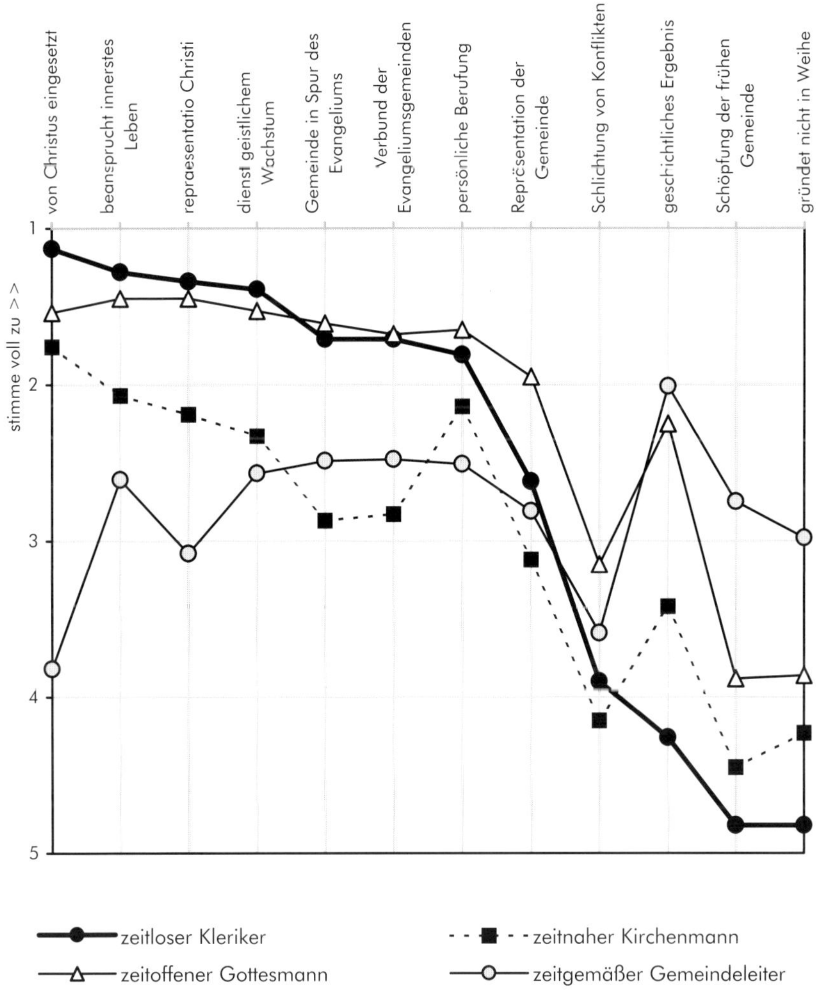

Quelle: **PRIESTER UND PRIESTERAMTSKANDIDATEN 2000©**

Zur Beleuchtung dieser vier Amtstypen lassen sich auch die drei Dimensionen Christusbezug, Gemeindebezug und Herkunft heranziehen.

- Die zeitlosen Kleriker haben, genauso wie die zeitoffenen Gottesmänner, einen hohen Christusbezug. Er liegt bei den Klerikern bei 98%, bei den Gottesmännern bei 93%. Ganz anders die beiden anderen Amtstypen. Bei den zeitnahen Kirchenmännern ist der Christusbezug mit 46% deutlich niedriger und bricht beim Gemeindeleiter auf 17% herunter.
- Der Gemeindebezug ist beim zeitoffenen Gottesmann mit 91% sehr stark, beim zeitlosen Kleriker zeigt er sich mit 75% als gewichtig, während er beim zeitnahen Kirchenmann – was für dessen Benennung spricht – mit 15% den niedrigsten Wert aufweist. 38% beim Index „Gemeindebezug“ sind für den zeitgemäßen Gemeindeleiter in sich besehen sehr viel. Auf das Gesamt gesehen bewegt sich sein Wert im dritten Viertel.
- Die „Einsetzung“ des Amtes durch Christus ist für die zeitlosen Kleriker ein bestimmendes und zentrales Moment für ihr Amtsverständnis. Diametral entgegengesetzt sind in dieser Hinsicht die zeitgemäßen Gemeindeleiter. Sie gehen von einer geschichtlichen Genese der Amtsfrage aus, was sich beim Index der Christusherkunft mit aller Klarheit zeigt. Die zeitoffenen Gottesmänner haben eine deutliche Option dafür, das Amt nicht auf einen geschichtlichen Akt der Einsetzung durch Christus herzuleiten. Diese Position beeinträchtigt in keiner Weise ihren personalen Christusbezug, wie die Zahlen bei diesem Index ausweisen.
- Die Christusherkunft ist – nicht in der direkten Unmittelbarkeit wie beim zeitlosen Kleriker – aber mit 65% dem zeitnahen Kirchenmann offensichtlich wichtig für sein Amt. Sie ist stärker akzentuiert als sein Christusbezug.

Tabelle 11: Amtstheologische Wesensgehalte nach Amtstypen

	Christus-bezug	Gemeinde-bezug	Christus-herkunft
zeitloser Kleriker	94%	75%	97%
zeitoffener Gottesmann	92%	91%	25%
zeitnaher Kirchenmann	46%	15%	65%
zeitgemäßer Gemeindeleiter	17%	38%	0%

Quelle: **PRIESTER 2000©** – Gesamtstudie

Abbildung 5: Schwerpunkte der vier Amtstypen

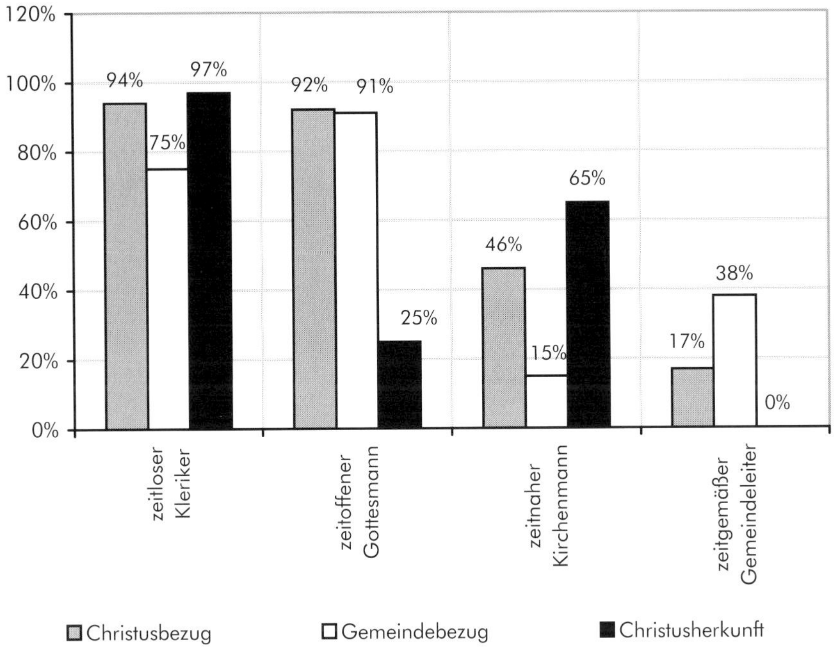

Quelle: **PRIESTER 2000**© – Gesamtstudie

Verteilung der Amtstypen im Bistum Passau

Die Gesamtstudie **PRIESTER 2000**© zeigt bei der Verteilung der Amtstypen nach Diözesen oder klarer nach Regionen zum Teil markante Unterschiede zwischen den Bistümern aus Ost und West. Auch innerhalb von Deutschland (Ost und West) gibt es sowohl ein Ost-West- als auch ein Nord-Süd-Gefälle, dem hier nicht weiter nachgegangen wird. Die Verteilung im Bistum Passau ergibt folgendes Bild:

Abbildung 5: Verteilung der Amtstypen im Bistum Passau

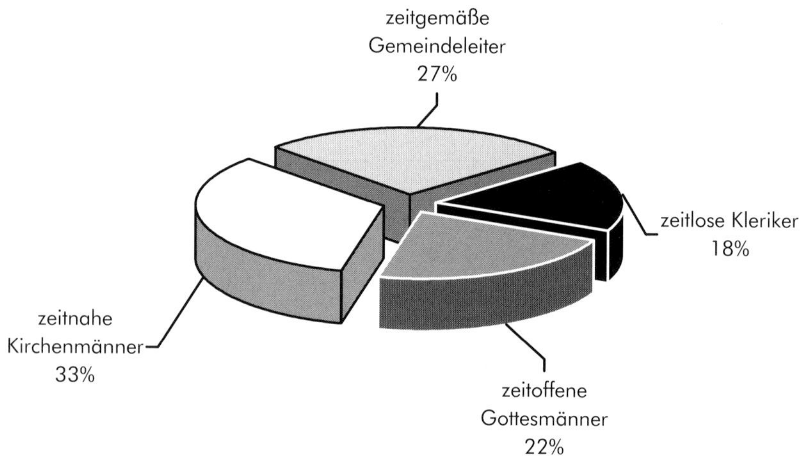

Quelle: **PRIESTER 2000**© – Diözese Passau

Das Bistum Passau deckt mit einem Drittel zeitnaher Kirchenmänner sowie 27% an zeitgemäßen Gemeindeleitern beinahe zwei Drittel der befragten Priester ab. Mit 18% zeitlosen Klerikern ist der Anteil nicht nur in Passau gering, sondern generell der niedrigste Prozentsatz unter allen befragten Bistümern. 22% zeitoffene Gottesmänner entsprechen ungefähr dem Schnitt von Deutschland West. Schlüsselt man die Gesamtverteilung auf die verschiedenen Weihejahrgänge auf, differenziert sich das Bild weiter:

Tabelle 12: Verteilung der vier Haupttypen auf Weihejahrgänge in %

	vor 1960	1961-70	1971-80	1981-90	nach 1991
zeitlose Kleriker	32%	22%	4%	0%	23%
zeitoffene Gottesmänner	26%	13%	26%	28%	23%
zeitnahe Kirchenmänner	32%	30%	41%	36%	32%
zeitgemäße Gemeindeleiter	9%	35%	29%	36%	22%

Quelle: **PRIESTER 2000**© – Diözese Passau

- Die zeitlosen Kleriker sind innerhalb ihrer Gruppe zahlenmäßig am stärksten unter den Weihejahrgängen vor 1960 vertreten, also in der Generation, die vor dem Zweiten Vatikanischen Konzil ausgebildet und geweiht worden ist. In der Konzilsgeneration, den Weihejahrgängen zwischen 1961 und 1970, macht ihr Anteil noch 20% aus und geht dann stark zurück: auf 4% bei den zwischen 1971 und 1980 Geweihten. Unter den Befragten, die zu den Weihejahrgängen zwischen 1981 und 1990 gehören, findet sich niemand, der zur Gruppe der zeitlosen Kleriker gehört. Bei den Weihejahrgängen ab 1991, also den jungen Priestern, steigt der Anteil der zeitlosen Kleriker jedoch merklich wieder auf 23% an. Dieser Trend unterstützt die Zulehner'sche These vom sekundären Abwehrklerikalismus.[169]
- Priester, die zur Gruppe der zeitgemäßen Gemeindeleiter gehören, finden sich in der älteren Generation – vor dem Konzil geweiht – kaum (9%). In der Dekade 1961-70 bilden sie mit 35% bereits eine starke Subgruppe, ebenfalls bei den Jahrgängen 1971-80 mit immerhin noch 29%. Bei den Weihejahrgängen 1981-90 zeigt sich wieder eine Erhöhung: hier stellen 36% zeitgemäße Gemeindeleiter, zusammen mit derselben Zahl Kirchenmänner, eine dominante Gruppe im Spektrum der Amtstypen dar. Es ist davon auszugehen, dass die zeitgemäßen Gemeindeleiter in vielen amtstheologischen Positionen als Antipoden der zeitlosen Kleriker gelten können. So besehen ist das direkte Gegenüber in der genannten Jahrgangsstufe ausgefallen.
- Der Prozentsatz der zeitnahen Kirchenmänner hält sich durch die Weihejahrgänge relativ stabil. Ein quantitativer Spitzenwert zeigt sich für Vertreter des Amtsverständnisses der zeitnahen Kirchenmänner unter den 1971-80 (41%) Geweihten. In den Jahrgängen vor 1960 ist der Anteil mit 32% genauso hoch wie nach 1991. 30% gehören den Weihejahrgängen von 1961-70 an. Bei den Jahrgängen 1981-90 entspricht ihr Anteil mit 36% dem der zeitgemäßen Gemeindeleiter.
- Bis auf eine Ausnahme verteilen sich die zeitoffenen Gottesmänner über die Jahrzehnte der Weihejahrgänge relativ konstant. In der Zeit von 1961-70, die von Eröffnung, Arbeit, Abschluss und erster Umsetzung des Zweiten Vatikanischen Konzils geprägt wurde, ist ihr prozentualer Anteil am geringsten. In einer Phase kirchlicher und amtstheologischer Suchbewegung ist verständlich, dass sich „alt“ und „neu“ stärker gegenüberstehen. Diese Standpunkte werden deutlicher als vom zeitoffenen Gottesmann von den zeitlosen Klerikern und zeitgemäßen Gemeindeleitern eingenommen.

---

[169] Vgl. Zulehner, Paul M./Hennersperger, Anna: „Sie gehen und werden nicht matt“ Jes 40,31. Priester in heutiger Kultur, Ergebnisse der Studie **PRIESTER 2000**©, Ostfildern 2001, 88-100.

Tabelle 13: Verteilung der vier Haupttypen auf Arbeitsbereiche

	Pfarrei	Schule/kategorial/ Wissenschaft/ Leitung	Pension
zeitlose Kleriker	12%	20%	28%
zeitoffene Gottesmänner	22%	16%	22%
zeitnahe Kirchenmänner	32%	27%	44%
zeitgemäße Gemeindeleiter	34%	37%	6%

Quelle: **PRIESTER 2000**© – Diözese Passau

Die Aufteilung der Amtstypen unter den Pensionisten zeigt starke Übereinstimmungen zur Verteilung unter den vor 1960 Geweihten, ähnlich verhält es sich auch mit dem Gesamt der vier Amtstypen im Hinblick auf die Gruppe der Pfarrer. In den unterschiedlichen Arbeitsbereichen außerhalb der Pfarrei dominieren die zeitgemäßen Gemeindeleiter, während die zeitoffenen Gottesmänner mit 16% eher gering vertreten sind. Überraschend hoch ist der außerpfarrliche Anteil an zeitlosen Klerikern.

Spezifisches Profil der vier Amtstypen

Die Palmenstadt Jericho gilt – einem nicht ausrottbaren Gerücht zufolge – als die älteste Stadt der Welt. Am Rande des heutigen Ortes, der zur palästinensischen Hoheitszone gehört, findet sich der „Tell es-Sultān". Das ist der Hügel, der die Besiedelungsgeschichte Jerichos von seinen Anfängen an birgt. Eine vertikale Schnittgrabung, die von Archäologen durchgeführt wurde, zeigt in aller Deutlichkeit, dass Geschichte auch als eine Abfolge verschiedener Schichten zu verstehen ist. Das Ge-Schichte am Tell es-Sultān in Jericho gibt Einblick in friedliche Zeiten pulsierenden Lebens mit großer Bautätigkeit und zeigt Zerstörungen durch kriegerische Einfälle. Es offenbart Brände, Phasen der Nichtbesiedelung sowie unablässigen Neuanfang und Wiederaufbau. Mit ein wenig Phantasie lässt sich das über Jahrtausende währende Auf und Ab einer Ortschaft anhand der Schnittgrabung nachvollziehen.

Etwas modifiziert in der Methode und den Werkzeugen bringt eine „vertikale Schnittgrabung" in die Kirchengeschichte auch bei den vier Amtstypen der Priesterumfrage Aufschlussreiches zu Tage. Trägt doch jeder Amtstyp Merkmale aus der Zeit an sich, der er sich auf der Zeitlinie zuordnen lässt.

Die bisher vorgelegten quantitativen Verteilungen sagen nichts darüber aus, was das spezifische Profil der einzelnen Amtstypen konstituiert, worin sie sich klar unterscheiden, wo sie ihre jeweiligen Arbeitsschwerpunkte sehen und was sie als ihre Kernaufgaben betrachten. Zu fragen ist auch, ob und in welchen Bereichen von Dienst und Lebensinszenierung der verschiedenen Priestertypen es Ähnlichkeiten oder Gemeinsames gibt. Kurzum: Das folgende Kapitel eruiert, was mit den vier Amtstypen jeweils in einigen Facetten ihres Grundverständnisses einhergeht und wie sich das für die Pastoral und in der Pastoral im Bistum Passau zeigt und auswirkt.

In einem ersten Schritt werden die Profile der vier Amtstypen in ihrer Herkünftigkeit aufgezeigt. Auf der Suche nach den theologischen Gestaltungskräften der vier Amtstypen werden exemplarisch Textbausteine aus Konzilien oder Synoden vorgestellt. Zudem wird ihrem spezifischen Seelsorgestil nachgegangen, und es werden pastorale oder amtliche Spezifika, die eine Besonderheit des jeweiligen Amtstyps sind, mit ihren Stärken und den darin enthaltenen Gefährdungen dargestellt.

DER ZEITLOSE KLERIKER

Die Benennung der priesterlichen Selbstverständnisse, welche durch die empirischen Daten zum Vorschein gekommen sind, ist ein sensibles Unterfangen. Wie immer, wenn Vorliegendes gebündelt und auf den Punkt gebracht werden soll, kann damit nicht alles umfassend ausgedrückt und ausreichend beschrieben werden. Die Begriffe sind von daher eher Hilfsmittel denn absolute Zuschreibungen. Sie sollen ermöglichen, jeweils eine bestimmte Gruppe aus dem Feld der Befragten zu begreifen, zu umschreiben und damit auch differenzierter wahrzunehmen und zu verstehen.

Wenn im Folgenden also vom „Kleriker" die Rede ist, signalisiert das, dass es sich dabei um einen Typus handelt, der – in zeitbedingt leicht unterschiedlichen Variationen – seit dem 3. Jahrhundert zum Erscheinungsbild der Kirche gehört. Mit Klerus beschreibt man einen spezifischen, durch Weihe konstituierten Stand mit je eigenen Rechten und Pflichten. Wesentlich war und ist, dass diesem Stand nur Männer angehören konnten und können und dass er faktisch bis zur Promulgierung des CIC/1983 mit einer Vielzahl von Privilegien ausgestattet war. Diese Privilegien[170] waren zumindest bis in die Sechzigerjahre hinein auch gesellschaftlich getragen und zum Teil im staatlichen Recht anerkannt. So bewirkte z. B. das „privilegium fori",[171] dass Kleriker in straf- und zivilrechtlichen Angelegenheiten geistlicher Gerichtsbarkeit unterstellt waren und nicht vor einem staatlichen Gericht angeklagt werden konnten. Ähnlich auch das „privilegium canonis", das einen erhöhten strafrechtlichen Schutz des Klerikers beinhaltete. Nach herkömmlichem kirchlichen Verständnis waren die Kleriker den Laien übergeordnet. Diese wurden vom Klerus her definiert und galten als die Negation der Kleriker, schlicht „Nicht-Kleriker". Wer also vom Kleriker spricht, betritt damit kirchengeschichtlich einen Raum, der in seiner ausgeprägtesten Phase vom Hochmittelalter bis in die Mitte des letzten Jahrhunderts als die Vollform

[170] Das Lexikon für Theologie und Kirche differenzierte in der zweiten Auflage, die noch vor dem Zweiten Vatikanischen Konzil erschienen war, zwischen Standesrechten, Ehrenrechten und vier Standesprivilegien, die den Charakter von Schutzrechten hatten. Zu den Ehrenrechten gehörten z. B. die geistliche Tracht, ein besonderer Begräbnisplatz auf dem Friedhof oder das Recht, im Chor der Kirche Platz zu nehmen. Vgl. Flatten, Heinrich: Klerus, in: $LThK^2$ Band 6, Freiburg i. Breisgau 1961, 336-339. In der dritten Auflage finden sich diese Hinweise nicht mehr. Vgl.: Faivre, Alexander: Klerus, Kleriker, in: $LThK^3$ Band 6, Freiburg i. Breisgau 1997, 131-133.

[171] Es stammt von Kaiser Konstantin und existiert bereits seit dem 4. Jahrhundert. Vgl. Pietri, Luce: Das Hineinwachsen des Klerus in die antike Gesellschaft, in: Brox, Norbert u. a. (Hrsg.): Die Geschichte des Christentums, Band 2: Das Entstehen der einen Christenheit (250-430), Freiburg-Basel-Wien 1996, 633-666, vor allem 643ff.

des Christseins galt und dem die alleinige und ausschließliche Trägerschaft von Kirchengewalt oblag.

Die Rede vom zeitlosen Kleriker lenkt den Blick auf einen weiteren wichtigen Aspekt. Das Substantiv „Zeit“ hat indogermanische Wurzeln.[172] Teilen, zerschneiden sind seine Grundbedeutungen. Es geht also um eine Abfolge, um Gegenwart, Vergangenheit und Zukunft, um Werden und Vergehen, wenn von der Zeit die Rede ist. Blüht eine Blume außerhalb der Zeit, z. B. im Herbst, dann wird sie eine „Zeitlose“ genannt, wie dies bei der Herbstzeitlosen der Fall ist. „Zeitlos“ assoziiert zudem Unveränderlichkeit, Dauer, Stabilität, Krisenfestigkeit aber zugleich auch Ungeschichtlichkeit. Wenn also im Folgenden der Kleriker mit dem Adjektiv „zeitlos“ beschrieben wird, dann unter anderem deshalb, weil die an der Umfrage beteiligten Priester, die zu dieser Gruppe gehören, zwischen der Herkunft und der derzeitigen Ausprägung des priesterlichen Amtes keine Entwicklung für sich erkennen. Das Hier und Heute ist für sie mit dem Ursprung ungeteilt verbunden. Die Umfrage bringt zu Tage, dass nur 1% der zeitlosen Kleriker das priesterliche Amt für das Ergebnis eines geschichtlichen Prozesses betrachten. Genauso ist es für ebenfalls nur 1% aus dieser Gruppe ausschließlich Schöpfung der frühen Gemeinden. In der Umkehrung: 99% sind der Meinung, das Amt sei nicht Ergebnis eines geschichtlichen Prozesses und keine Schöpfung der frühen Gemeinden.

Wer sich bzw. sein Amt als zeitlos versteht, ist nicht synchron mit den modernen Strömungen. So jemand ist im wahrsten Sinne des Wortes kein Zeitgenosse, sondern sieht sich eher im Gegenüber zu dem, was ist. Er steht in gewisser Weise über den Dingen und taucht damit auch nicht so ohne weiteres z. B. in die derzeit hohe „Betroffenheitskultur“ ein. Diese Haltung hat – wie jede Medaille – zwei Seiten. Sie hat Vor- und Nachteile, wie im Folgenden aufgezeigt wird.

Empirisches zum Amtsverständnis

Aus dem Gesamt der Befragten macht die Gruppe der zeitlosen Kleriker im Bistum Passau 18% aus. Sie verteilen sich mit 32% vor allem auf die vor 1960 Geweihten sowie mit 22% auf die Weihejahrgänge von 1961-70. Auffallend ist der große Anteil bei den Jüngeren: 23% zeitlose Kleriker weist die Studie bei den Weihejahrgängen nach 1991 aus.

Aufmerksamkeit verdienen beim Amtsverständnis des zeitlosen Klerikers sowohl diejenigen Aussagen, die eine starke Zustimmung aufzeigen, als auch diejenigen, die eindeutig abgelehnt werden. Spitzenwerte in der Zustimmung gibt es bei der Einsetzung des Amtes durch Christus: 98% der zeitlosen Kleriker

[172] Kluge, Friedrich/Götze, Alfred: Etymologisches Wörterbuch der deutschen Sprache, Berlin [14]1948, 706f.

sehen dies so, für 97% beansprucht es das ganze innerste Leben seines Trägers, 95% sind der Ansicht, dass ihr Amt dem geistlichen Wachstum der Kirche dient, 94% bejahen, dass das priesterliche Amt Repräsentation Christi ist. Ähnlich klar konturiert sind auch die Aussagen, die negiert werden, die Zahlen zur Herkunft des Amtes wurden bereits beschrieben. 98% lehnen die Aussage ab, dass das Amt nicht in einer besonderen Weihe gründet.

Eine sehr starke Christusbezogenheit, auch in der Frage der Herkunft des Amtes, zeichnet das Amtsverständnis der zeitlosen Kleriker aus:

Abbildung 7: Der Amtstyp des zeitlosen Klerikers

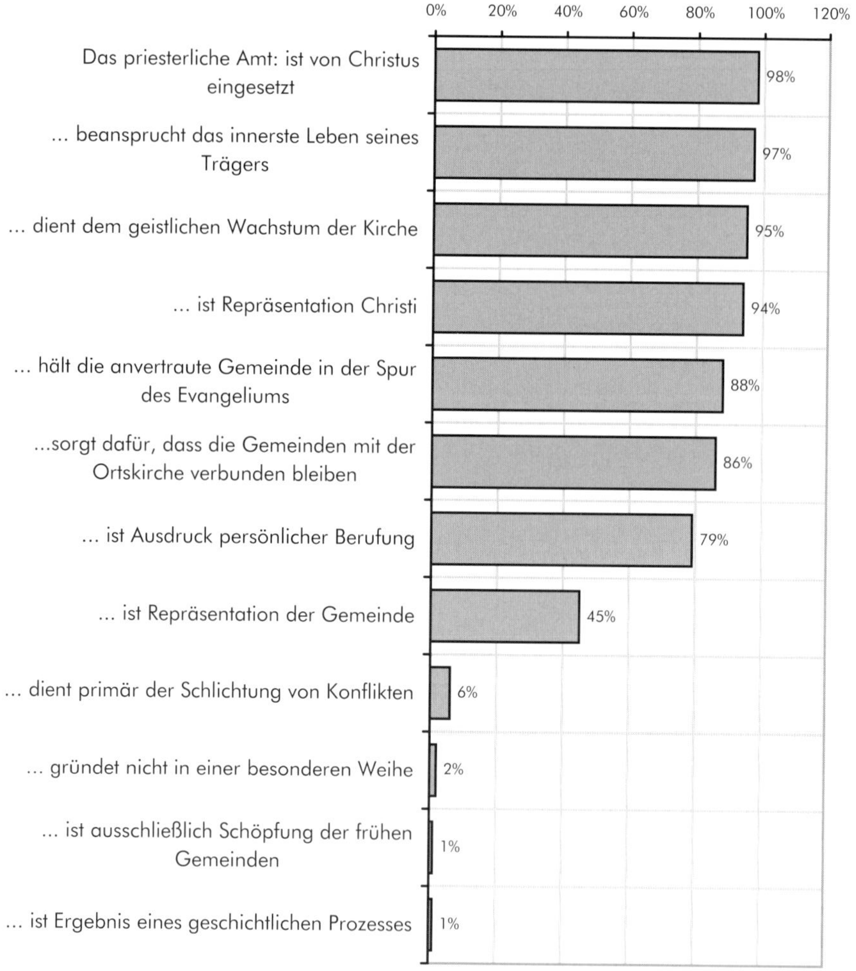

Quelle: **PRIESTER 2000**© – Gesamtstudie

Die Gruppe der zeitlosen Kleriker hat in der Zustimmung oder Ablehnung von Aussagen zum Amtsverständnis – ausgenommen die Gemeinderepräsentation – wenig Zwischenpositionen. Sehr unangefochtene und klare Standpunkte lassen in einer postmodernen-egalitären Zeit und Gesellschaft aufhorchen. Worin – unabhängig von jeder biografischen Prägung – diese hohe Identifikation mit dem Amt[173] und die unbedingte Anbindung an Christus wurzelt,[174] soll ein Rückgriff in die Amtsgeschichte verdeutlichen. In den Blick genommen werden, entlang der empirischen Ergebnisse, insbesondere die (geschichtliche) Entfaltung des Amtes bzw. der Ämter, hin zu einem geschlossenen Stand der Kleriker, die Frage der Christusrepräsentation, das ontologische Verständnis des Priesteramtes und damit der „character indelibilis", sowie das Entstehen des kultisch-sazerdotalen Verständnisses, das lange Zeit das Priesterbild nachhaltig geprägt hat.

Herkunft und Wurzeln des Amtsverständnisses

Klerus: Bedeutungsvielfalt und Herkommen des Wortes

In einem anderen Sinn und in mehr Variationen als herkömmlich vertraut, findet sich das Wort „Klerus" sowohl im Alten als auch im Neuen Testament. Es bezeichnet zum einen das Los, das geworfen wird, wie auch das Erbe, das einem zukommt. In der agrarischen Gesellschaft Israels war die Zuteilung des Landes per Ackerlos ein wichtiger Vorgang, weil er über die Lebensbasis entschied. So ergaben sich beim Werfen des Loses – bei gleichen Anteilen – für die jeweiligen Familien gute und weniger gute Parzellen. Die Messschnur oder der Messstrick steht dabei für das Gebiet, das neu verlost werden soll.

Psalm 16,5-6 illustriert diesen Vorgang und stellt ihn in einen unmittelbaren Zusammenhang mit Gott:[175]

„JHWH, meine Speise- und Becherzumessung, du,
Du wirst mein Los werfen.

Die Messstricke fielen mir auf köstliche (Äcker)
ja, der Erbteil ist für mich schön. "

[173] Dazu gehört das Item: „Das priesterliche Amt beansprucht das ganze innerste Leben seines Trägers": Zustimmung 97%.

[174] Erkennbar über die Items: „Das priesterliche Amt ist von Christus eingesetzt": Zustimmung 98%, sowie „Das priesterliche Amt ist Repräsentation Christi": Zustimmung 93%.

[175] Die Übersetzung dieser Verse stammt von Prof. Dr. Georg Braulik OSB. Sie sind einer persönlichen Vorlesungsmitschrift der Verfasserin dieser Arbeit entnommen. Diese Vorlesung mit dem Titel „Exegese ausgewählter Texte aus dem Buch der Psalmen" hatte im WS 1994/95 an der Kath. Theologischen Fakultät der Universität Wien stattgefunden.

Der Beter dieses Verses ist in die Zugehörigkeit zu JHWH eingetreten. Vers 6 kann auch im Sinne der „Levitenspiritualität" ausgelegt werden: Für die Leviten, die keinen Grund besitzen, ist JHWH selbst der Erbanteil. Er teilt sich dem Beter zu.[176] So konnte die „Levitenspiritualität" über den Psalm letztlich auch auf den „normalen" Israeliten übergehen. JHWH ist dann der sich selbst dem Beter Zuteilende, das Erbe, der Anteil, der dem Menschen zufällt, der sich im Vertrauen in Gott hineinbirgt. Insofern ist im ursprünglichen Wortsinn das ganze Volk Israel und darin jeder glaubende Mensch dem Klerus zugehörig. Apg 20,32 unterstützt diese Auslegung: „Und jetzt vertraue ich euch Gott und dem Wort seiner Gnade an, das die Kraft hat, aufzubauen und das Erbe (τὴν κληρονομίαν) in der Gemeinschaft der Geheiligten zu verleihen."

Im Neuen Testament wird das Wort „Klerus" sowohl dann verwendet, wenn von einem Erben die Rede ist (vgl. Mt 21,38), als auch vom Erbe, vom Anteil oder Erbteil als dem, was auf einen Erbnehmer übergeht. „Klerus" bezeichnet im NT ebenfalls das geworfene Los, wie bei der Wahl des Matthias in den Kreis der Zwölf (vgl. Apg 1,26) oder das Los, das von den Soldaten über Jesu Gewand geworfen wurde.

Der Autor des Petrusbriefes ermutigt in 1 Petr 5,3 die Ältesten, sich nicht wie Herrschende über das Zugeteilte, die Erbteile (μηδ' ὡς κατακυριεύοντες τῶν κλήρων) zu verhalten, sondern Vorbilder für die Herde zu sein. Die Einheitsübersetzung gibt diesen Vers folgendermaßen wieder: „Seid nicht Beherrscher eurer Gemeinden, sondern Vorbilder für die Herde." Das Wort „κλήρος" wird an dieser Stelle im Hinblick auf die Gemeinde verwendet. „Wird also ‚Klerus' theologisch verstanden, so ist es der Anteil am eschatologischen Heil, den Gott *jedem* einzelnen Glaubenden in Gemeinschaft mit allen Glaubenden schenkt."[177] Einschränkend heißt es unter Bezug auf die eben genannte Schriftstelle dagegen im Lexikon für Theologie und Kirche: „Im Anschluss an das AT (Dt 4,20; 9,29) wird das ganze christliche Volk als Anteil und Los Gottes bezeichnet... Im besonderen aber nannte man so den Anteil am geistlichen Dienst (Apg 1,17). In dieser engeren Bedeutung wurde Klerus schon bei Origenes (In Jr 11,3) zur festen Bezeichnung der Kirchendiener im Unterschied zum Laienstand".[178] Was hier belegt und wohl auch gerechtfertigt wird, ist eine Entwicklung innerhalb der Kirche, die um das dritte Jahrhundert begann. Das Wort „Klerus" ist also kein Neologismus. Vielmehr hat sich seine Bedeutung und Anwendungsform gewandelt. Aus unterschiedlichen Ursachen wurde der Anteil und das Erbe aller zum Besitzrecht und Privileg für eine kleine Gruppe erklärt

176 Num 18,20 beschreibt dies: „Der Herr sprach zu Aaron: Du sollst in ihrem Land keinen erblichen Besitz haben. Dir gehört unter ihnen kein Besitzanteil; ich bin dein Besitz und dein Erbteil mitten unter den Israeliten.

177 Küng, Hans: Die Kirche, Freiburg i. Breisgau 1967, 457.

178 Flatten, Heinrich: Klerus, in: LThK^2 Band 6, 337.

und als solches im Laufe der Geschichte ausgebaut, bis es sich für lange Zeit zum „pastoralen Grundschisma“[179] manifestierte. Wenngleich die Ekklesiologie des Zweiten Vatikanischen Konzils durch die Volk-Gottes- und Communio-Theologie ein erneuertes Grundverständnis von Kirche auf den Weg brachte, wird die Zwei-Stände-Kirche wohl noch einige Zeit im Bewusstsein vorhanden sein. Wie sich der Werdegang hin zum Klerus vollzog, skizziert das nächste Kapitel.

Entwicklungen zum Klerus

Ausgangspunkte: Von der ortsbezogenen Vielfalt zum Monepiskopat

„Da rief Jesus sie zu sich und sagte: Ihr wisst, dass die Herrscher ihre Völker unterdrücken und die Mächtigen ihre Macht über die Menschen missbrauchen. Bei euch soll es nicht so sein, sondern wer bei euch groß sein will, der soll euer Diener sein, und wer bei euch der Erste sein will, soll euer Sklave sein. Denn auch der Menschensohn ist nicht gekommen, um sich dienen zu lassen, sondern um zu dienen und sein Leben hinzugeben als Lösegeld für viele.“ Das Herrenwort aus Mt 20,25-28 (Mk 10,43-45; Lk 22,25-27 parr)[180] ist die Präambel für alle weiteren Überlegungen zum Thema Amt, Leitung und Priestertum. In der Treue zu dem, was Jesus verkündigt und vorgelebt hat, hat jegliches Amt und jegliche Funktion in der Kirche – in den christlichen Gemeinden – unter dem Vorzeichen des Dienstes zu stehen. Διακονία ist das entscheidende Tätigkeitswort für kirchliches Handeln im Namen Jesu.

Reflexionen und detaillierte Abhandlungen über die geschichtliche Entwicklung der Ämter in der Kirche sind mittlerweile in beinahe unübersehbarer Vielfalt vorzufinden.[181] Relativ konstant ziehen sich bei allen einige Grundlinien durch, die als gemeinsame Basis für weitere Detailforschungen Akzeptanz haben. Einige ausgewählte Beispiele sollen dies verdeutlichen:

- In den neutestamentlichen Zeugnissen zeigt sich – sowohl apostolisch als auch nachapostolisch – eine große Vielfalt in der Organisation und Struktur der damaligen Gemeinden. Unangefochtene Autorität in der Jerusalemer

179 Vgl. Zulehner, Paul Michael: Gemeindepastoral, 130-141.

180 Zitiert nach der Einheitsübersetzung.

181 Als kleine und keinesfalls vollständige Auswahl: Hoffmann, Paul: Priestertum und Amt im Neuen Testament. Eine Bestandsaufnahme, in: Ders. (Hrsg.): Priesterkirche, Düsseldorf 1987, 12-61 (Literaturhinweise); Blank, Josef: Kirchliches Amt und Priesterbegriff, in: Henrich, Franz. (Hrsg.): Weltpriester nach dem Konzil, München 1969, 13-52; Schmidt, Peter: Ämter im Neuen Testament und in der frühen Kirche, in: Kerkhofs, Jan/Zulehner, Paul M.: Europa ohne Priester, Düsseldorf 1995, 62-131; Hofrichter, Peter: Amt und Amtsverständnis in der Urkirche, in: HlD 45 (1991) 4-19; Schlier, Heinrich: Grundelemente des priesterlichen Amtes im Neuen Testament, in: Theologie und Philosophie 44 (1969) 161-180.

Gemeinde hatten „die Zwölf" unter der Leitung von Petrus. Eine Gruppe von Presbytern (Ältesten) scheint etwas später verantwortliche Positionen in der Jerusalemer Gemeinde bekleidet zu haben (vgl. Apg 11,30; 21,18). Ihnen oblag auch die Vertretung nach außen. Nachweisen lässt sich ebenfalls das Prophetenamt (Apg 11,27; 15,32), sowie die Gruppe der Sieben, die aus den Reihen der Hellenisten gewählt wurden (Apg 6,3). Sie gelten manchen nach heutiger Lesart als Prototyp des Diakons.

- In Antiochien, dem zweiten Zentrum neben Jerusalem, berichtet die Apostelgeschichte (13,1) von Propheten und Lehrern in den Gemeinden und in diesem Sinne nicht von einer „Leitung" wie in der Jerusalemer Gemeinde. In Verkündigung und Mission waren dort vor allem charismatische Wanderprediger (Propheten) tätig. „Ihre Aufgabe war es, von Ort zu Ort ziehend, die Gottesherrschaft zu verkündigen (Mt 10,7) und durch Dämonenaustreibungen und Krankenheilungen die Macht des Auferstandenen zu erweisen (Mt 10,8); sie verzichteten auf materielle Entlohnung und ließen sich lediglich von den Bewohnern der besuchten Orte in bescheidenem Maße verpflegen (Mt 10,9bf)."[182] Die Bezeichnung „Christen" für die Anhänger Jesu kommt aus diesem Raum.

- Eine ganz andere und eigene Sozialform wiederum kennzeichnet die Gemeinde von Korinth. Paulus unterscheidet in 1 Kor 12,28: erstens Apostel, zweitens Propheten, drittens Lehrer und des weiteren eine Vielzahl von Charismen, darunter auch die Führungsgaben. Im Philipperbrief hingegen werden im Präskript Episkopen und Diakone (jeweils im Plural) genannt.

- In den Pastoralbriefen ist das Amt des Episkopen (einer Einzelperson) und das dazugehörige Anforderungsprofil bereits klar konturiert (1 Tim 3,1ff). Die Entwicklung hin zu einem Monepiskopat zeichnet sich in ersten Umrissen ab. Die Lehrer und Propheten waren im Amt des Episkopen aufgegangen.

- Der nicht kanonische Brief des Klemens von Rom an die Korinther um ca. 96 n. Chr. kennt als Leitungsgremium der Gemeinde von Korinth Presbyter bzw. Episkopen sowie Diakone. Die Begriffe Presbyter/Episkopen werden von ihm synonym verwendet. Klemens weist in diesem Brief, in dem er gegen die erfolgte Absetzung von Presbytern interveniert darauf hin, dass die Verfassung und Ordnung der christlichen Gemeinden von den Aposteln stammt, deren Autorität zuletzt auf Gottes Willen (durch Christus) beruht.[183] Die Vorsteher sind unabsetzbar und grundsätzlich von

---

182 Roloff, Jürgen: Amt/Ämter/Amtsverständnis im Neuen Testament, in: TRE Bd. II, Berlin, New York 1978, 509-533, hier 515.

183 Klemens-Brief 42,1: „Die Apostel empfingen die frohe Botschaft für uns vom Herrn Jesus Christus; Jesus, der Christus, wurde von Gott gesandt. Christus kommt also von Gott, und die Apostel kommen von Christus her; beides geschah demnach in schöner Ordnung nach Gottes

den λαικοί unterschieden. Es gibt nur die streng rechtliche Amtsnachfolge auf dem Weg der Einsetzung durch andere Amtsinhaber.[184]

- Zu Beginn des zweiten Jahrhunderts zeigt sich in den Briefen des Ignatius von Antiochien ein dreistufiges Amt. Es gab einen Bischof, dem die Presbyter und Diakone zugeordnet waren, „wobei das Presbyterium das Gremium war, das zusammen mit dem Bischof die Gemeinde leitete und den Vorsitz bei der Eucharistie führte. Die Diakonen schienen vorwiegend mit Lehre und Verkündigung... sowie mit der Pflege der Verbindung zwischen den Gemeinden betraut gewesen zu sein“.[185]

Institutionalisierungsschübe für den Aufbau von Ordnungen und den Ausbau von Leitung kamen mit der Erkenntnis bzw. Einsicht, dass sich die Parusie nicht unmittelbar einstellen werde. Man musste sich auf eine längere Zeit „einrichten“ und benötigte Stabilität durch Strukturen. Institutionalisierung und damit Stabilisierung war auch durch das Auftreten starker „Zeitgeistströmungen“, wie z. B. der Gnosis, nötig. In Zeiten der stärkeren Bedrohung durch Irrlehren oder Häresien kam dem Amt zunehmend die Aufgabe zu, die authentische, überlieferte Lehre zu bewahren und darauf zu achten, dass grundlegendes Glaubensgut nicht verloren ging. Man legte Wert auf die Treue zum Ursprung und die lebendige Verbindung zu Anfängen. Die Amtsträger wurden damit sowohl zu Garanten der Tradition wie auch der Einheit der Gemeinde.

Entgrenzungen und Abgrenzungen

Wenn Paulus die Gemeindeglieder von Philippi, Rom oder Korinth als Heilige in Christus anredet, dann unterscheidet er nicht zwischen den Amtsträgern und den Gemeindemitgliedern, sondern meint alle. Es war innerhalb der Gemeinden geläufig, einander als Bruder und Schwester anzureden. Paulus differenziert jedoch folgendermaßen: „Jedem Menschen gilt die Haltung der ἀγάπη (Liebe), aber nur dem Bruder, dem Mitchristen gilt die φιλαδελφία (Bruderliebe). Die Anwendung dieses Begriffs über die Blutsverwandten hinaus scheint übrigens christliche Neuverwendung des Wortes zu sein. Sie zeigt aber nun gerade sehr deutlich, dass die christlichen Glaubensgenossen... von einem Geist geschwisterlicher Liebe zusammengehalten sind [oder sein sollen], der denjenigen der allgemeinen Agape noch übersteigt“.[186] In den Anfängen der Hauskirchen und kleinen Gemeinden zog man die Grenze zwischen Getauften und Nichtgetauften, Christusgläubigen und Heiden. Die Trennlinie verlief nicht gemeindeintern

---

Willen.“ Hier zeigt sich erstmals ausdrücklich der Gedanke der unmittelbaren Einsetzung des Amtes durch Christus, womit das Amt sehr stark heraus- und abgehoben wird.

184 Vgl. Der Klemens-Brief in: Fischer, Joseph A. (Hrsg.): Schriften des Urchristentums, erster Teil: Die apostolischen Väter, Darmstadt [6]1970, 24-107.

185 Roloff, Jürgen: Amt/Ämter/Amtsverständnis im Neuen Testament, 529f.

186 Ratzinger, Joseph: Die christliche Brüderlichkeit, München 1960, 52f.

sondern im Gegenüber zur heidnischen Welt. Innerhalb der Gemeinden galten auch die gesellschaftlichen bzw. sozialen Positionen nicht: der Sklave und der Herr waren einander Brüder in Christus (vgl. Phlm 1,12-15).

Die Ämter waren jeweils ganz auf die Gemeinde hingeordnet. Man wurde durch relative Ordination für immer an die Gemeinde gebunden. Dies hieß jedoch nicht, dass sich das Amt von der Gemeinde ableitete. Die Ernennung und Einsetzung in die Ämter erfolgte im Normalfall durch ein Wahlverfahren, verbunden mit der Handauflegung. Ab dem dritten Jahrhundert sind klare Regeln für die Besetzung bei den Episkopen überliefert. „Bei der Besetzung eines Bischofssitzes waren mehrere Autoritäten beteiligt, die zusammenwirken mussten, um den geeigneten Bischof festzustellen: der Ortsklerus, die Gemeindemitglieder, das Kollegium der Mitbischöfe und der Metropolit.“[187] Es zeigt sich damit bereits in dieser Zeit eine kollegiale Seite des Amtes, die sich bis heute durchträgt: Bei Bischofsweihen erfolgt die Handauflegung nicht durch einen, sondern durch mehrere Bischöfe. Die Gemeindemitglieder bestätigten die Wahl durch Akklamation. Dieser Part war unverzichtbar, denn ein Kandidat für ein Amt galt als abgelehnt, wenn er nicht die Zustimmung des Volkes hatte.

Die Traditio Apostolica, ein Werk, das in Rom im frühen dritten Jahrhundert entstanden ist, weist bereits eine eindeutige hierarchische Stufung – mit Über- und Unterordnung – in der dortigen Gemeinde aus. Die Bewertung der beiden angeführten Stände erfolgt über das Kriterium der Geistbegabung. Zum in sich gestuften Klerus gehören Bischof, Presbyter sowie Diakon. „Laien sind alle Gemeindeglieder, die nicht Klerus sind: Klerus sind jene, denen eine Ordination (Handauflegung, χειροτονία) zur Ausübung eines liturgischen Dienstes (λειτουργία) zuteil geworden ist. Die Ordination ihrerseits ist der liturgisch-institutionelle Ort der Geistmitteilung; die in ihr mitgeteilten, für jeden Stand spezifischen Geistesgaben begründen die Leitungsämter sowie ihre Abstufung. Die Gemeinde der TA steht trotz der auch ihr ausdrücklich zugesprochenen charismatischen Befähigung am Schluß der Charismenhierarchie.“[188] Damit war über eine pneumatologische Begründung eine Trennung und Unterscheidung erreicht, die sich in den verschiedenen Gemeinden in unterschiedlicher Geschwindigkeit vollzog, im Verlauf der Geschichte jedoch bei allen eintrat, sich ausbaute und verfestigte.

Die weitere Differenzierung zwischen Klerus und Laos, im Sinne einer trennenden Unterscheidung, stellte sich im Zuge der weiteren Institutionalisierung ein. Der einschneidendste und von seiner Wirkungsgeschichte her nachhaltigste Schritt im Westen erfolgte dazu im 4. Jahrhundert.

---

187 Pietri, Luce: Das Hineinwachsen des Klerus in die antike Gesellschaft, 639.

188 Saxer, Victor: Die kirchliche Organisation im 3. Jahrhundert, in: Brox, Norbert u. a. (Hrsg.): Die Geschichte des Christentums Band 2: Das Entstehen der einen Christenheit (250-430), Freiburg-Basel-Wien 1996, 23-54, hier 33f.

Von der (verfolgten) Minderheit zur Staatsreligion

Das Toleranzedikt, vom ursprünglich unerbittlichen Christenverfolger Kaiser Galerius im Jahr 311 erlassen, befreite die Christen u. a. vom Opferzwang für den Kaiser und erlaubte ihnen die unbehinderte Ausübung ihrer Religion. Der damit eröffnete Weg führte aus der Verborgenheit in die Öffentlichkeit. Die Christen befanden sich bis dahin in der Rolle der gesellschaftlichen Außenseiter. Sie hatten für ihren Glauben Nachteile in Kauf zu nehmen und waren eine diskriminierte Minderheit.[189] Der Nachfolger Galerians, Kaiser Konstantin, räumte der christlichen Kirche in der Folge einen gleichrangigen und gleichberechtigten Platz neben dem heidnischen Staatskult ein. Durch eine entsprechende Gesetzgebung unterstützt, verdrängte das Christentum diesen mit der Zeit erfolgreich. Zur Reichskirche avancierte es zwar erst durch ein Edikt im Jahre 380, zur Großkirche entwickelte das Christentum sich jedoch bereits in der Folge des Toleranzediktes. Die Integration war Anspruch und Auftrag für beide Seiten: Es galt, für die Kirche einen adäquaten Platz im Staat zu finden und für den Kaiser, der sich von jeher um den Kult zu kümmern hatte, einen Platz in der Kirche. Im Jahr 321 z. B. wurde von Konstantin eine kaiserliche Verordnung erlassen, „dass der Sonntag nicht durch Gerichtsverhandlungen oder handwerkliche Arbeit entweiht werden dürfe."[190] Das Christentum wurde staatsförmig und geriet aus einer Situation der Verfolgung oder der Duldung nun in eine staats- bzw. kulttragende Rolle. Damit stellten sich neuartige Anforderungen. Es wurden neue Rollen entwickelt und bisher „staatliche" bzw. staatskultische Rollen in den Raum der Kirche übernommen. Ein Vorgang, der sich nicht nur in der Außenwirkung zeigte, sondern auch die innere Struktur prägte und veränderte. Neben der Übernahme von Ämtern ergaben sich für den Klerus eine Vielzahl von Vor- und Sonderrechten, wie z. B. die Befreiung von Abgaben (munera patrimonii), von den Frondiensten (munera sordita) sowie von den öffentlichen Verpflichtungen zu Gunsten der Allgemeinheit (munera civilia), worunter das Eintreiben der Steuern gehörte. Der Klerus verbeamtete und bekam dadurch Sozialprestige. Die Bischöfe auf dem Boden des römischen Reiches wurden mit besonderen Privilegien und staatlichen Ehrenrechten ausgestattet und hatten Senatorenrang. „Der Bischof von Rom hatte seinen Rang neben dem Kaiser und übernahm die Funktion, die der oberste Priester in der römischen Religion innehatte. Er bekommt den Titel Pontifex Maximus im Raum der Gemeinschaft der Kirche, die ihrerseits als Imperium verstanden wurde und die ‚Imitatio imperii' als Aufgabe empfand."[191]

[189] Vgl. Söding, Thomas, Blick zurück nach vorn, 16ff.

[190] Stockmeier, Peter/Bauer Johannes B.: Die Eingliederung der christlichen Kirche und das Römische Reich, in: Lenzenweger, Josef (Hrsg.): Geschichte der katholischen Kirche, Graz ^{3}1995, 91-142, hier 96.

[191] Fries, Heinrich: Die katholische Lehre vom kirchlichen Amt, 192.

Differenzierungen und Verfestigungen

Der Klerus wird zum Ordo

Die ausdrückliche und auch nach außen hin sichtbare Unterscheidung zwischen Klerus und Laien vollzog sich im 4. Jahrhundert. „Der Klerus, in dessen Verantwortung in vielfältiger Weise die Leitung der größer werdenden Zahl der Christen lag, orientiert sich mehr und mehr an Vorbildern der nach Schichten und Ständen gegliederten spätantiken Gesellschaft, in der sich das Christentum einrichtete, und etablierte sich als eigener Stand *(ordo)* im rechtlichen Sinn.“[192]

Der Klerus war in sich gestuft in einen höheren und niederen Klerus. Bischöfe, Presbyter und Diakone waren dem höheren Klerus zugehörig. Zum niederen Klerus gehörten dagegen die Subdiakone, die Akolythen, Exorzisten, Lektoren und Ostiarii, die Türsteher, wobei jedoch nur die Existenz von Subdiakonen für alle Gemeinden bezeugt ist, während die anderen Dienste regional unterschiedlich vorhanden waren. Im Osten gab es zudem durch Handauflegung ordinierte Diakonissen, welche die Taufsalbung bei den Frauen verrichteten und von ihrer Rangstellung her eine Mittelposition zwischen dem Klerus und den Frauen der Gemeinde innehatten.[193] Durch das Anwachsen der Gemeinden, sowohl im Hinblick auf ihre Anzahl, als auch auf ihre Mitglieder, konnten die Bischöfe den für sie anfallenden Aufgaben nicht mehr alleine nachkommen. Sie delegierten deshalb einzelne ihrer Aufgaben an die außerhalb der Städte wirkenden Presbyter. Diese durften in Notfällen taufen sowie predigen und waren im Auftrag des Bischofs in der Glaubensunterweisung der Katechumenen tätig. Alles andere, wie die Weihe des Taufwassers, die Taufe, der Vorsitz bei der Feier des Herrenmahles, die Wiederaufnahme der Büßer in die Kirche sowie die Weihe des heiligen Chrisam blieb dem Bischof vorbehalten. Die Presbyter waren – so wie es auch das Zweite Vatikanische Konzil in LG 28[194] in einer kleinen, aber doch erkennbaren Nuance wieder aufnimmt – den Bischöfen an die Seite gestellt. Das Priestertum im oben genannte Sinne kam jedoch nach dem damaligen Verständnis dem Episkopos bzw. Bischof zu.

Das monastische Ideal der Weltabgewandtheit

Vorschriften gab es für den Klerus – und darin eingeschlossen für die Presbyter – vor allem hinsichtlich ihres Vorbildcharakters in der Lebensführung. Festmähler, Trinkgelage sowie die Teilnahme an Theateraufführungen waren den Klerikern verboten. „Von ihnen wurde gefordert, alle vom Evangelium verlangten Eigenschaften in sich zu vereinen und alle Verlockungen des weltlichen

[192] Pietri, Luce: Das Hineinwachsen des Klerus in die antike Gesellschaft, 633.

[193] Vgl. Pietri, Luce: Das Hineinwachsen des Klerus in die antike Gesellschaft, 636ff.

[194] „Die Priester haben zwar nicht die höchste Stufe der priesterlichen Weihe und hängen in der Ausübung ihrer Gewalt von den Bischöfen ab ...“ so ein Ausschnitt aus LG 28, der sich auf Cyprian von Karthago (249-258 n. Chr.) und Papst Innocenz I. (401-407 n. Chr.) bezieht.

Lebens zu meiden."[195] Ein erstes Gegenüber von „Welt" und Klerus wird damit sichtbar. Dieses weltabgewandte Ideal hat seine Wurzeln im damals bereits weit verbreiteten Mönchtum, das seine Anfänge Mitte des 3. Jahrhunderts bei den ägyptischen Anachoreten genommen hat. Das Mönchtum ist von seinen Ursprüngen her eine Laienbewegung, erwachsen durch aszetisch lebende Menschen in den Gemeinden, die sich ab einem bestimmten Zeitpunkt aus den Gemeinden zurückzogen und in der Einsamkeit ein Gott geweihtes Leben führten. Während im ägyptischen Bereich als leitende Norm für das aszetische Leben das „Maß halten" galt, überwogen in Syrien und Mesopotamien eher die Extreme: „Die syrischen Einsiedler legten sich schwere Bußen auf: Das Tragen von schweren Ketten, Fasten und lange Nachtwachen, Ablehnung jeglicher Körperpflege, stehend verharren (und zwar auf einem Bein), häufiges Sich-zu-Boden-Werfen." [196] Das Ideal, ein vollkommenes und einfaches Leben – fernab der Welt – zu führen hatte offensichtlich eine große Strahlkraft und ging in der Folge auf den Klerus über. „Es wurde die Forderung laut, dass die Amtsträger, die dem Altar und dem Heiligen dienten, den Geist und die Tugend eines Mönches haben und ein ganz Gott geweihtes Leben führen sollen. Die Priester sollen sich um ihren Bischof versammeln und als Klerikergemeinschaft einer Ordensfamilie ähnlich werden."[197] Aus der Konfluenz zwischen Klerus und Mönchtum speisen sich die weltabgewandten Ideale und die daraus resultierenden Überhöhungen eines spezifischen Verständnis des Klerus bis heute, was sich z. B. im Nachwort eines Rundschreibens der Kleruskongregation aus dem Jahr 1999 gut abbildet: „Die Gläubigen der Pfarre bzw. diejenigen, die an den verschiedenen pastoralen Aktivitäten teilnehmen, sehen – beobachten! – und vernehmen – hören! – nicht nur dann, wenn das Wort Gottes verkündet wird, sondern auch, ... wenn sie sehen, wie der Priester isst oder sich ausruht, und durch sein Beispiel der Enthaltsamkeit und Mäßigkeit erbaut werden; wenn sie ihn zu Hause aufsuchen und erfreut sind über die priesterliche Einfachheit und Armut, in der er lebt; ... wenn sie mit ihm auch über ganz allgemeine Themen sprechen und sich aufgerichtet fühlen durch die Bestätigung seiner übernatürlichen Sicht, seiner Behutsamkeit und seines menschlichen Stils, auf Grund dessen er auch die einfachsten Menschen mit echter, priesterlicher Vornehmheit behandelt."[198]

---

195 Pietri, Luce: Das Hineinwachsen des Klerus in die antike Gesellschaft, 641.

196 Maravall, Pierre: Das Mönchtum im Osten, in: Brox, Norbert u. a. (Hrsg.): Die Geschichte des Christentums, Band 2: Das Entstehen der einen Christenheit (250-430), Freiburg-Basel-Wien 1996, 816-847, hier 834.

197 Neuner, Peter: Der Laie, 58.

198 Sekretariat der Deutschen Bischofskonferenz (Hrsg.): Kongregation für den Klerus. Der Priester, Lehrer des Wortes, Diener der Sakramente und Leiter der Gemeinde für das dritte christliche Jahrtausend, Verlautbarungen des Apostolischen Stuhls Nr. 139, Bonn 1999, 49.

Trennung zwischen Welt und Kirche

Der von der Wirkungsgeschichte her entscheidende Schritt für die Trennung zwischen Klerus und Laien ergab sich in der Folge der gregorianischen Reform und des Investiturstreites. Die Kirche bzw. das Papsttum kämpfte um die libertas ecclesiae,[199] also um die Minderung des Einflusses auf die Kirche vor allem bei der Besetzung von wichtigen Ämtern, den der König oder Kaiser qua Amt hatte. Auf dieser Grundlage bewegte sich im Frühmittelalter die Balance zwischen Kirche und Reich. Durch das Königtum von Gottes Gnaden sowie die sakramentale Salbung kam dem Regenten des Reiches eine quasi-geistliche Stellung und damit verbunden eine entsprechende Machtfülle zu. Papst Gregor VII. untersagte im Jahr 1075 Kaiser Heinrich IV. die Investitur des Mailänder Erzbischofs.[200] Damit brach in der Frage der Besetzung kirchlicher Ämter ein Konflikt um die Vormachtstellung zwischen Kirche und Königtum, zwischen Klerus und Laien auf, der seine Befriedung oder vorläufige Lösung 1122 im Wormser Konkordat fand. Demgemäß verzichtet der König auf die Investitur der Bischöfe mit Ring und Stab, erhält aber das Recht auf die Belehnung mit dem Zepter; in Deutschland nach der Wahl und vor der Weihe des Bischofs; in Italien und Burgund nach der Weihe.

Papst Leo IX. (1049-1054) gilt als Wegbereiter der gregorianischen Reform. Seine Bestrebungen richteten sich vor allem gegen Simonie, Laieninvestitur sowie die Priesterehe. Unter seinem Pontifikat wurde aus der stadtrömischen Bischofsverwaltung die weltkirchliche Kurie, und es wurde durch einen engen Mitarbeiterkreis der Grundstock für das spätere Kardinalskollegium gelegt. Der von Papst Gregor VII. postulierte römische Primatsanspruch war für die Kirche folgenreich. Es kam zum einen zu einer zentralistischen Leitung der Kirche. Im „Dictatus papae" ist seine Sicht niedergelegt.[201] Demnach sind die Entscheidungen des Papstes unwiderruflich, er ist über jede Gerichtsbarkeit erhaben und keinem irdischen Gericht unterworfen. Der Papst besitzt als einziger eine universale Jurisdiktion, er kann neues Recht schaffen, Kaiser absetzen und Bischöfe ab-, ein- und versetzen. Damit prägte sich ein neues Kirchenbild aus, das von juridischen Gesichtspunkten bestimmt war. Alle Gewalt in der Kirche war nach dieser Auffassung Teilhabe an der päpstlichen Gewalt. Der Papst verkörperte nach der gregorianischen Reform die Kirche. Eine klare Unterscheidung von Laien und Klerus trug zu einer umfassenden Klerikalisierung des kirchlichen

---

[199] In anderer Lesart ging es Gregor VII. um die Oberhoheit des Papstes über Kirche und Reich. Vgl. Kempf, Friedrich: Die gregorianische Reform, in: Jedin, Hubert (Hrsg.): Handbuch der Kirchengeschichte Band II: Die mittelalterliche Kirche, Freiburg i. Breisgau 1966, 404-461, v. a. 421-441.

[200] Vgl. Bagliani, Agostini Paravicini: Reform und Erstarken des Papsttums, in: Engels, Odilo (Hrsg.): Die Geschichte des Christentums Band 5: Machtfülle des Papsttums (1054-1274), Freiburg-Basel-Wien 1994, 33-87, hier 46ff.

[201] Bagliani, Agostini Paravicini: Reform und Erstarken des Papsttums, 61f.

Lebens bei. Kardinal Humbert von Silva Candida schreibt: „Die Laien sollen nur *ihre* Dinge, nämlich das Weltliche, die Kleriker aber nur die ihren, nämlich die kirchlich-geistlichen, betreiben. Wie die Kleriker nicht Weltliches, so sollen die Laien nicht Kirchliches sich anmaßen.“[202]

Klerus und Laien standen sich als zwei streng voneinander unterschiedene Stände gegenüber. Der Klerus mit dem Papst an der Spitze war für alles verantwortlich, was die Kirche betraf, den Laien gehörte „die Welt“. Von Ivo von Chartres stammt die Differenzierung zwischen temporalia (materielle Belange) und spiritualia (geistliche Belange), die diese Scheidung nochmals unterstreicht. Die Zuschreibung der Kirche zum Klerus und damit für den „Heilsdienst“ und der Laien für den Weltdienst wurzelt in dieser geschichtlichen Phase. Es ist eine Unterscheidung, die sich bis in die Dokumente des Zweiten Vatikanischen Konzils hineinzieht.[203] Woran deutlich wird, wie sehr die Kirche, bei bestem Willen zur Korrektur von Fehlentwicklungen, immer ihre eigene Geschichte auf ihrem Weg durch die Zeit bei sich trägt.

Entwicklungen im Klerus

Der Einbruch des Eigenen: Sazerdotalisierung

„Man kann und darf das neutestamentliche Amt, das in Wahrheit neutestamentlicher Dienst ist, in keiner Weise mit dem religionsgeschichtlichen Phänomen des Priestertums, wie es in anderen Religionen auftritt, identifizieren. Es ist vom Wesen her etwas gänzlich anderes. Dass es faktisch, rein als Phänomen, immer wieder diesem gleicht, kommt nicht aus seinem Wesen, sondern kommt davon, daß die Erfüllung des Wesens in die konkrete Erscheinung hinein immer wieder unerfüllte Forderung bleibt, kommt also aus einem Einbruch des Eigenen, das nicht von Christus ist.“[204] Pointiert beschreibt Joseph Ratzinger, der damalige Ordinarius für Fundamentaltheologie an der Universität in Bonn, eine kirchliche Entwicklung, die sowohl das Erscheinungsbild der Kirche als auch die Ekklesiologie markant bestimmt hat und nach wie vor prägt. Das neutestamentliche Amt und darin vor allem das Priesteramt gleicht in einigen Erscheinungsformen dem heidnischen Priestertum, wenn sein wahres Wesen überlagert oder verstellt wird, so der Kern der zitierten Aussage. Diese Phänomenologie lässt sich am ehesten am Amtstyp des zeitlosen Klerikers festmachen. Das bedeutet nicht, dass sich zeitlose Kleriker vor allem im religionsgeschichtlichen Sinn als Priester verstehen. Es heißt vielmehr, dass sich die Spuren einer kirchlich gewachsenen Sazerdotalisierung in ihrem Amtsverständnis am deutlichsten niedergeschlagen haben. In den Dokumenten des Zweiten Vatikanischen Konzils wurde bewusst darauf geachtet, in den Begrifflichkeiten zwischen Presbytern

[202] Zitiert nach Neuner, Peter: Der Laie, 67.
[203] Vgl. LG Artikel 31 und AA Artikel 3.
[204] Ratzinger, Joseph: Die christliche Brüderlichkeit, 85.

und Sacerdotes zu differenzieren. Auf die „Titelgeschichte", also die Veränderungen bei der Benennung des Priesterdekretes wurde bereits im einleitenden Teil dieser Arbeit hingewiesen. „De Sacerdotibus" war dabei unter anderem in einer bestimmten Entwicklungsphase als Titel vorgeschlagen. Er wurde aus theologischen Gründen verworfen. Auch im Zuge der Rezeption des Zweiten Vatikanischen Konzils, das diese starke Schlagseite der Sazerdotalisierung in der wiedergewonnenen Treue zum Ursprung zumindest milderte, blieb beim zeitlosen Kleriker eine Dimension davon erhalten. Dies wird weiter unten anhand der empirischen Daten der Studie **PRIESTER 2000**© aufgewiesen.

Der Priester im religionsgeschichtlichen Verständnis versteht sich als Mittler zwischen Gott und Mensch. Im Gebet tritt er fürbittend für die Menschen vor Gott hin und legt als Repräsentant Gottes den Menschen das göttliche Wollen aus und ans Herz. Die Welt ist dem Pro-Fanum zugehörig, dem einsehbaren und gewöhnlichen, während der Priester den Bezirk des Heiligen (fanum) betreten darf. Der Zugang zu Gott läuft über ihn. Er steht vorrangig durch den Kult – seiner Hauptaufgabe – in Verbindung zum Numinosen. Wo sich der Priester befindet, dort ist heiliger Bezirk. „Insofern das Numen durch den Priester gepflegt wird, kann das Volk die Erwartung hegen, dass seine besonderen Wünsche von der Gottheit erfüllt würden. Regelmäßige Versöhnungsakte, ausgeübt von dazu ausgebildeten Offizianten, sollen Übel abwenden und Gesundheit, Macht, Reichtum, Fruchtbarkeit und Erfolg bringen."[205] Ein Verständnis des Priesters „als Träger eines heiligen Wissens und einer daran gebundenen heiligen Macht"[206] korrespondiert mit den Wünschen der Leutereligion.[207] Dahinter verbirgt sich zusammengefasst die Situation von Menschen, bevorzugt an den Zuspitzungen ihres Lebens; an den Lebensübergängen wie Geburt, Aufnahme einer partnerschaftlichen Lebensgemeinschaft, Tod, in der Konfrontation mit Leid und Krankheit. Kurzum: Wenn Menschen mit der Ambivalenz ihres Daseins zwischen Leben und Tod konfrontiert werden, suchen sie Schutz und Schild in der Religion, in der Zugehörigkeit zu einer Religionsgemeinschaft, verkörpert in der Person des Priesters und symbolisiert in den Zeichen und Riten der Religionsgemeinschaft. Dieses Schutzbedürfnis entspringt einem innersten Lebensbedürfnis. Es ist archaisch und verbindet sich von daher mit dem religionsgeschichtlichen Anteil des Priesterlichen. Jeglichem Feuer der Aufklärung hielt und hält es stand, geläutert möglicherweise, aber nicht vertilgt und verschwunden. Es ist, in der Formulierung von Joseph Ratzinger, der „Einbruch des Eigenen", das vom Menschen stammt. Dieser Einbruch ereignete sich in der

---

[205] Wach, Joachim: Religionssoziologie, Tübingen 1951, 413; Eliade, Mircea: Das Heilige und das Profane. Vom Wesen des Religiösen, Frankfurt a. Main 1984.

[206] Zulehner, Paul M.: Fundamentalpastoral, 121.

[207] Vgl. Zulehner Paul M.: „Leutereligion". Eine neue Gestalt des Christentums auf dem Weg durch die 80er Jahre?, Wien 1982; Berger, Peter L.: The sacred Canopy. Elements of a sociological Theory of Religion, New York 1969.

jungen christlichen Kirche, auf einer Zeitlinie von 2000 aus gerechnet, relativ früh.

Die meisten Autoren, die sich mit der geschichtlichen Entwicklung kirchlicher Ämter beschäftigen sind sich einig, dass die Presbyter aus den Anfängen der Kirche eine andere Rolle und Funktion hatten als diejenige, die sich nach heutigem Verständnis mit dem Begriff „Priester" verbindet.[208] Einigkeit besteht überdies in der Einschätzung, dass einige der Termini für die gemeindlichen Funktionen aus dem profanen Raum genommen wurden. Die Presbyter leiten sich aus dem Judentum hellenistischer Prägung her. Die Gemeindeältesten werden so bezeichnet. Dies bezog sich auf das tatsächliche Lebensalter, damit war ein Bündel an reflektierter Lebenserfahrung gewährleistet. Sie bildeten das Leitungsgremium der Synagoge.[209]

Der Episkopos ist ein Aufseher, Schirmherr oder Inspektor, ein Supervisor, der beim Bau oder auf dem Markt den Überblick hat. Es ist ein Begriff für einen Dienst, der in Griechenland für Staatsbeamte verwendet wird, aber auch in der Verwaltung angesiedelt ist. Diakone sind Tischdiener. In der antiken Welt war der Dienst generell eine Tätigkeit der Unfreien, die wenig galt. „Diakonia (Dienst) im umfassenden Sinne des Wortes ist weniger eine Amtsbezeichnung als eine grundsätzliche Wertung kirchlichen Amtes, ja christlichen Lebens überhaupt."[210] Von daher ist gerade diese Amtszuschreibung ein generelles Programm für die Menschen in den jungen christlichen Gemeinden, die sich in der Nachfolge Jesu Christi verstehen. Die Erkenntnis, dass die Begrifflichkeiten aus dem profanen Bereich genommen wurden und nicht aus einer kultischen Tradition stammen, trägt – so Herbert Vorgrimler – nichts dazu bei, den christlichen Gehalt dieser Dienste aufzuschließen.[211]

Wesentlich ist, dass man in den Jahren des Werdens sakral-kultische Assoziationen für sich selbst weder kannte noch benötigte. Für die missionarische Bewegung des Christentums gehörte es zum Grundselbstverständnis, keine Religionsgemeinschaft im herkömmlichen Sinne zu sein. Es brauchte zumindest in den Anfängen keine Abgrenzung zum jüdisch-levitischen Priestertum oder gegen die heidnischen Kultpriester/-innen, vor allem aus dem hellenistischen und römischen Bereich. „Es fehlte einfach der Ansatzpunkt, um auf den Gedanken zu kommen, man müsste in der eigenen Glaubensgemeinschaft Priester im kulti-

[208] Vgl. z. B. Vorgrimler, Herbert: Der theologische Ort des Priesters, in: Arnold, Franz X. u. a. (Hrsg.): Handbuch der Pastoraltheologie. Band IV, Freiburg-Basel-Wien 1969, 432-451; Bradshaw, Paul Frederick: Priester/Priestertum III/1. in: TRE Band XXVII, Berlin-New York 1997, 414-421; Zollitsch, Robert: Amt und Funktion des Priesters. Eine Untersuchung zum Ursprung und zur Gestalt des Presbyterats in den ersten 2 Jahrhunderten, Freiburg i. Breisgau 1974.

[209] Vgl. Leuninger, Ernst: Die Entwicklung der Gemeindeleitung, St. Ottilien 1996, 57f.

[210] Leuninger, Ernst: Die Entwicklung der Gemeindeleitung, 53.

[211] Vgl. Vorgrimler, Herbert: Der theologische Ort des Priesters, 437f.

schen Sinne haben, ἱερεύς, sacerdotes, wie im Judentum oder in den anderen Religionen.“[212]

Eine personal-priesterliche Zuweisung und Zuschreibung findet sich neutestamentlich ausschließlich im Hebräerbrief[213] und ist in dieser Weise einzig Jesus Christus vorbehalten. Als priesterlich gelten im Neuen Testament überdies diejenigen, die sich im Glauben zu Christus bekennen und durch die Taufe in den Bund mit ihm getreten sind. Das Volk Gottes partizipiert somit am Priestertum Christi und repräsentiert es als Ganzes. Entscheidend ist jedoch, was der Hebräerbrief zum Priestertum Christi entfaltet. Dieses ist dem Tempelpriestertum, wie es sich nach der Kultzentralisation unter König Joschija entwickelt hatte,[214] diametral entgegengesetzt. Es bewegt sich weder auf der Ebene der im Tempel herrschenden Theokratie, noch um die stets zu wiederholenden Tier- oder Speiseopfer, um Gott wohlgefällig zu sein und ihn zu versöhnen. Die Theologie bzw. Christologie des Hebräerbriefes zeigt auf der Folie des am Tempel angesiedelten Kultpriestertums, dass mit Jesus Christus alles Priestertum in der Form spätalttestamentlicher Praxis ein für allemal an sein Ende gekommen ist. „Nicht das ewig gültige Opfer wird zum Ausdruck gebracht, sondern das ewig gültige Priestertum Jesu: Er hat es auf der Basis seines einmaligen und stets ad modum interpellationis geltend gemachten Kreuzopfers und nicht im Modus fortwährender Opferwiederholung im himmlischen Sanctissimum.“[215] 1 Petr 2,9, die herausragende Belegstelle für das gemeinsame Priestertum aller Gläubigen, verstärkt dies. Es geht nicht darum, neue Opfer zu bringen, um die Gottheit zu versöhnen, sondern den Menschen die Rettung zu verkünden, weil sie in Jesus Christus geschehen ist: „Ihr aber seid ein auserwähltes Geschlecht, eine königliche Priesterschaft, ein heiliger Stamm, ein Volk, das sein besonderes Eigentum wurde, damit ihr die großen Taten dessen verkündet, der euch aus der Finsternis in sein wunderbares Licht gerufen hat.“

Die Sazerdotalisierung des Amtes war anfangs auf den Bischof beschränkt.[216] Erste Spuren dazu finden sich bereits am Ende des ersten Jahrhunderts bei Klemens von Rom. Dieser schreibt in seinem Brief an die Korinther vom Recht des Bischofs zur Darbringung der Opfer: „Denn es wird keine kleine Sünde sein,

---

212 Wulf, Friedrich: Kommentar zu Artikel 1-6, 141.

213 Dieser wird derzeit in die Zeit zwischen 80 – 95 n. Chr. datiert.

214 Zum biblischen wie altkirchlichen Opferbegriff vgl. Braulik, Georg: Durften auch Frauen in Israel opfern? Beobachtungen zur Sinn- und Festgestalt des Opfers im Deuteronomium, in: Studien zum Deuteronomium und seiner Nachgeschichte, Stuttgart 2001, 59-89.

215 Grässer, Erich: An die Hebräer. 2. Teilband Hebr 7,1-10,18. Evangelisch-Katholischer Kommentar zum Neuen Testament XVII/2, Zürich 1993, 229.

216 Guido Bausenhart geht davon aus, dass vom 4. bis zum 6. Jahrhundert ausschließlich die Bischöfe als sacerdotes bezeichnet wurden. Vgl. Bausenhart, Guido: Das Amt in der Kirche. Eine not-wendende Neubestimmung, Freiburg i. Breisgau 1999, 252.

wenn wir die, die untadelig und fromm die Opfer darbrachten, vom Bischofsamt absetzen."[217]

Anfang des dritten Jahrhunderts werden priesterliche Termini (ἱερεύς, ἀρχιερεύς) für die Amtsträger verwendet. Diese Entwicklung lässt sich sowohl im Osten als auch im Westen erkennen. Bei Cyprian von Karthago wird deutlich, dass es in Nordafrika zu seiner Zeit bereits Gewohnheit war, den Bischof als „sacerdos" zu bezeichnen.[218] Auch bei Origenes zeigt sich diese Umbildung sowie in der römischen Kirchenordnung des Hippolyt. In dieser wird der Bischof als einer beschrieben, der als Hoherpriester tätig ist, womit der unmittelbare Bezug zum spätalttestamentlichen Priestertum hergestellt war.[219]

Was der Grund für diese Übertragungen war, ist letztlich nicht geklärt. Die Argumentationsketten bzw. Hypothesen gehen von einem verstärkten Bedürfnis der Gemeinden nach „cultus" im Zusammenhang mit dem Verlöschen der Parusie hin zu Anpassungsbedürfnissen an die Umwelt, in der eine priesterlose Religion nicht vorstellbar war.[220] Demgemäss wäre die Sazerdotalisierung eine Form der Inkulturation gewesen. Am ehesten hängt die Zuspitzung des Amtes auf das Priesterliche mit dem Verständnis der Eucharistie als Opfer zusammen.[221] Priester und Opfer gehen gewissermaßen Hand in Hand. In dieser wechselseitigen Bedingtheit wird das Wesen des Priesteramtes zunehmend von der Eucharistie her definiert. Der Priester wird – aufgrund verschiedener Entwicklungen[222] – zum Messopferer. Die Sorge um den Kult, nach mittelalterlicher Auffassung Hauptaufgabe der Pfarrer, bezog sich vor allem auf die Feier der Messe. Bei dieser stand der Opfercharakter im Mittelpunkt. Ab dem 13. Jahrhundert galt als Höhepunkt des Gottesdienstes die Erhebung der Hostie und des Kelches bei der Wandlung. Ihr Anblick wurde zum Zentralpunkt für die „Mitfeiernden", die zu Zuschauern eines heiligen Spiels geworden waren: Messbesucher. Die Verkündigung verkümmerte oder verlagerte sich auf Predigtzyklen außerhalb der Messe. Die meist mehr schlecht als recht ausgebildeten Geistlichen trugen auch bei den sonntäglichen Predigten wenig zur religiösen Bildung der Menschen bei.

---

217 Klemens-Brief 44,4, in: Fischer, Joseph A. (Hrsg.): Schriften des Urchristentums.

218 Vgl. Grasmück, Ludwig: Vom Presbyter zum Priester. Etappen der Entwicklung des neuzeitlichen katholischen Priesterbildes, in: Hoffmann, Paul (Hrsg.). Priesterkirche, Düsseldorf 1987, 96-131, hier v. a. 105ff.

219 Vgl. Schmidt, Peter: Ämter im Neuen Testament und in der frühen Kirche, 117ff.

220 Vgl. Grasmück, Ludwig: Vom Presbyter zum Priester, 101ff.

221 Vgl. Moll, Helmut: Die Lehre von der Eucharistie als Opfer. Eine dogmengeschichtliche Untersuchung vom Neuen Testament bis Irenäus von Lyon, Köln-Bonn 1975.

222 Dazu gehören z. B. das irische Mönchspriestertum, das Eigenkirchenwesen, die Folgen der karolingischen Liturgiereform (Votivmessen, Privatmessen). Vgl.: Ratzinger, Joseph: Opfer, Sakrament und Priestertum in der Entwicklung der Kirche, in: Catholica 26 (1972) 108-125, v. a. 112ff.

In der Zeit vor dem Tridentinum, vor allem im Spätmittelalter, war die Lage des Klerus in mehrfacher Hinsicht sehr desolat. Das Lesen der Messe war für die Kleriker eine ihrer dürftigen Einnahmequellen. Zu viele Priester – im Normalfall der lateinischen (Liturgie-)Sprache kaum kundig und auch sonst nur sehr dürftig ausgebildet – versuchten wenigstens kleine Krumen des nicht sehr üppigen kirchlichen Kuchens zu erhalten. Glücklich schätzen konnte sich, wer ein Benefizium hatte oder den Zehnten für sich einfordern konnte.

Häufiger war es jedoch der Fall, dass eine große Zahl von Priestern keine Pfründe hatte, die der Grundversorgung dienten. Sie waren „Altaristen", hielten Votivmessen oder Messen für die Stifter von Spitälern oder Altären in den aufstrebenden Städten. Zudem wurde es Brauch, für die Seelenruhe von Verstorbenen Messstiftungen zu errichten, die gelesen werden mussten. Auch wenn der Messbedarf hoch war und zudem ergänzt wurde durch eine Vielzahl an Sakramentalien: Die Einkünfte aus den Messstipendien reichten im Normalfall kaum zum Leben. Wer zur Gruppe der Vikare oder Altaristen gehörte, musste sich für seinen Lebensunterhalt anderweitig verdingen. Diese Lebensumstände prägten das Amtsbild. Ein Teil des Klerus verkam und proletarisierte. Der Klerus war nach innen hin gespalten in den zahlenmäßig kleinen „hohen Klerus", der im Normalfall dem Adel entstammte und ein elitäres Leben führte, und den schlecht gebildeten niederen Klerus, der in Armut lebte und meist nur eine flache liturgische Grundbildung aufwies. Damit verbunden waren z. B. vermehrte Alkoholabhängigkeit, rohe Sitten, Konkubinat und mangelnde oder falsch gesetzte Akzente in der Glaubensunterweisung. Einzelbeispiele für das Darniederliegen des Klerus im 16. Jahrhundert wie das folgende illustrieren die Situation: „Bildungszustand und sittliche Lebensführung waren bei vielen Geistlichen an einem Tiefpunkt angelangt: der Herr Abt von Fürstenzell im Bistum Passau vermochte bei einer Visitation nicht einmal die sieben Sakramente aufzuzählen...[223]" Solch beschriebenen Missständen versuchte das Konzil von Trient entgegenzuwirken.

Ideale Priester durch ein Priesterideal

Die Auseinandersetzung mit den Reformatoren um das priesterliche Selbstverständnis war ein gewichtiger Inhalt des Konzils von Trient, wenngleich nicht der einzige. Im Schema III nahmen sich die Konzilsdelegierten um eine neue Form der Priesterbildung an. Indirekt damit verbunden war das Ziel, ein neues Priesterbild zu formen und zu gewinnen. Aus diesem Grund wurde 1563 das Seminardekret „Cum adolescentium aetas" erlassen.[224] Der Klerus sollte fortan in Seminaren zum Dienst ausgebildet und vorbereitet werden. Sie waren gedacht als Pflanzstätten im wahrsten Sinne des Wortes, um intellektuelle Bildung sowie

223 Baumgartner, Konrad: Der Wandel des Priesterbildes zwischen dem Konzil von Trient und dem II. Vatikanischen Konzil, 6.

224 Vgl. Jedin, Hubert: Das Leitbild des Priesters nach dem Tridentinum und dem Vaticanum II, in: Theologie und Glaube 60 (1970) 102-124.

wahre Frömmigkeit zu fördern und ein gewisses theologisches Grundniveau an Ausbildung zu gewährleisten. Dieses Dekret, das sich nur mühsam in den einzelnen Ländern und Bistümern umsetzen ließ,[225] war die Grundlage für ein sich formendes Einheitsbild vom Klerus bzw. Priester, wie im einleitenden Teil dieser Arbeit bereits beschrieben. Was in den Anfängen stark in der Hand der Jesuiten lag, nahm später, von Frankreich aus, eine spezifische spirituelle Prägung an. Diese wurde entscheidend von den Sulpizianern geformt. Gebet, zurückgezogenes Leben sowie Hingabe und Aufopferung waren dabei die angestrebten Ideale.

In Varianten gab es das aus gemeinsamer Erziehung resultierende einheitliche Priesterbild, mit landestypischen Einfärbungen, wohl bis in die Mitte des 20. Jahrhunderts. Ein Höhepunkt lässt sich in dieser Hinsicht im 19. Jahrhundert verzeichnen, als die Seminare – ob unmittelbar tridentinischer Herkunft oder nicht – in allen Bistümern der Normalfall für die Priesterausbildung waren. Für die Formung eines bestimmten Priesterbildes trugen neben den Seminarleitungen und starken Priesterpersönlichkeiten, die Vorbildcharakter hatten, auch Lehrbücher das ihre bei. Beachtlich verbreitet war z. B. das Werk von Johannes Opstraet mit dem Titel „Pastor bonus“ das mit seiner genauen Anleitung prägend wirkte.[226] Ein sehr reglementierter Tagesablauf, Gehorsam und strenge Disziplin wurde in den Seminaren praktiziert und eingeübt. Fromme, weltabgewandte, ausschließlich mit der cura animarum und der Verwaltung der Sakramente befasste Priester sollten herangebildet werden. Zudem moralisch hochstehend und einem weltpriesterlichen Vollkommenheitsideal nachstrebend: Solche Priester sollten die Kirche, darin aber vor allem aber Jesus Christus repräsentieren. Und solche Priester sollten – zumindest indirekt – auch dem Stand der Kleriker wieder zu Ansehen verhelfen. Eine wichtige Rolle für die Erneuerung des Priesterbildes im altbayerischen Raum spielte im 19. Jahrhundert der spätere Regensburger Bischof Johann Michael Sailer.[227] Er lehrte in Ingolstadt und dann in Landshut Pastoraltheologie und bewirkte mit seinem bibeltheologischen Ansatz eine Rückbindung der Pastoral an die Grundurkunde des Glaubens und damit eine vertiefte Sicht von Seelsorge. Sailer plädierte dringlich für die Ausbildung der künftigen Priester in Seminaren. „Glaube und Frömmigkeit auf der einen und gründliches Wissen auf der anderen Seite sollen die beiden Fundamente der klerikalen Bildung sein. Sittlichkeit allein genügt nicht.“[228] Karl Josef

225 Vgl. Gatz, Erwin: Der Weltpriesternachwuchs von der Säkularisation bis zum Zweiten Vatikanischen Konzil, in: Brandmüller, Walter (Hrsg.): Handbuch der Bayerischen Kirchengeschichte 3. Band: Vom Reichsdeputationshauptschluß bis zum Zweiten Vatikanischen Konzil, St. Ottilien 1991, 673-680, hier v. a. 675f.

226 Vgl. Schuchart, Alfred: Der „Pastor bonus“ des Johannes Opstraet. Zur Geschichte eines pastoraltheologischen Werkes aus der Geisteswelt des Jansenismus, Trier 1972.

227 Vgl. Zulehner, Paul M.: Pastoraltheologie Band 1, Fundamentalpastoral, Düsseldorf 1989, 41f.

228 Schwaiger, Georg: Das katholische Priesterbild der neueren Zeit, in: Mai, Paul (Hrsg.): 100 Jahre Priesterseminar in St. Jakob zu Regensburg 1872-1972, Regensburg 1972, 37-51, hier 44.

von Riccabona, als langjähriger Pfarrer ein erfahrener Seelsorger und Schüler Johann Michael Sailers, wurde 1827 zum Bischof von Passau geweiht. Er trug nach den tiefen Wunden, welche die Säkularisation im Bistum geschlagen hatte, aus dem durch Sailer geprägten Geist heraus Wesentliches zur Erneuerung der Seelsorge bei. Ein gut ausgebildeter und vorbildhaft lebender Klerus hatte dabei für ihn einen hohen Stellenwert. Die Wiederherstellung des Priesterseminars war eine notwendige Grundbedingung dafür und deshalb eines seiner vorrangigen Anliegen.[229]

Auf der Ebene der Weltkirche war es vor allem den Päpsten der pianischen Ära[230] ein stetes und dringliches Verlangen, den Priestern in Rundschreiben, Mahnworten und Enzykliken das Idealbild vor Augen zu stellen.[231] Durchgängig zeigt sich dabei die Betonung der Heiligkeit und des Tugendlebens des Priesters, die Mahnung, das Gebetsleben streng zu pflegen und auf die sittliche Bildung der Priesteramtskandidaten zu achten. Im Bereich Altbayerns gingen die Uhren zwar nicht grundlegend anders, aber etwas gemächlicher. Ein nach dem Ersten Vatikanischen Konzil erstarktes Papsttum mit der Tendenz, von Rom aus das kirchliche Leben zu regeln und zu kontrollieren, war für die Seelsorge ebenso prägend wie anderswo. Dennoch waren die Seelsorger in sittlichen und moralischen Fragen zwar streng, aber von ihrer Mentalität her tendenziell mehr volksnah denn weltabgewandt. Dem Leben und den Sorgen der bäuerlichen Menschen waren die Pfarrer in den Dörfern in guter Weise dadurch verbunden, dass sie zumeist selbst eine „Ökonomie“ zu bewirtschaften hatten. „Man hat den Eindruck, dass viele Priester die lebensfremden Papierweisheiten in der Erfahrung ihres Priesterlebens beiseitegeschoben und von sich aus gütiger zu ihrem Pfarrvolk wurden, das sie ja in allen Lebenslagen, auch im guten Willen genau kannten, gütiger, als es die strengen Vorschriften und Absolutionsanweisungen gestattet hätten.“[232]

---

229 Vgl. Rutz, Oswin: Obrigkeitliche Seelsorge. Die Pastoral im Bistum Passau von 1800 bis 1918, Passau 1984, 67ff.

230 Papst Johannes Paul II. hat diese Tradition wieder aufgegriffen bzw. fortgeführt. Vor allem im ersten Jahrzehnt seines Pontifikats machte er mit den Gründonnerstagsbriefen an die Priester deutlich, dass es ihm wesentlich darum geht, dass sich die Priester ihrer Sendung bewusst werden und ihre Berufung in Treue und Heroismus, auch gegen allen Widerstand und im Kontrast zur Welt, aufrichtig leben.

231 Vgl.: Papst Pius X.: Haerent animo. Mahnwort an den katholischen Klerus vom 4. August 1908; Papst Piux XII.: Menti nostrae. Apostolische Ermahnung vom 23. September 1950; Papst Pius XI.: Ad catholici sacerdotii. Rundschreiben vom 20. Dezember 1935. Alle in: Rohrbasser, Anton (Hrsg.): Sacerdotis imago. Päpstliche Dokumente über das Priestertum von Pius X. bis Johannes XXIII., Freiburg Schweiz 1962.

232 Schwaiger, Georg: Das katholische Priesterbild, 50f.

Der Mann der Sakramente

Dass Priester sich vorrangig als Spender der Sakramente sahen und sehen und dies in ihrer Pastoral auch so praktizier(t)en, hat seine entscheidende Grundlage im Konzil von Trient. In der Auseinandersetzung mit Martin Luther standen für die Konzilsväter die Sakramentalität der Ordination, der Opfercharakter der Eucharistie, die Einheit des Ordo sowie das Zueinander von amtlichem und allgemeinem – wie Martin Luther es formulierte – Priestertum auf dem Spiel. Die Ergebnisse der konfliktgeladenen Beratungen finden sich sowohl im Weihe-, im Mess- und im Eucharistiedekret als auch in den Reformdekreten. Diese entwickelten in der Verbreitung über den Catechismus Romanus, das römische Messbuch sowie das römische Brevier eine intensive Wirkungsgeschichte. Ihr Nachhall ist bis heute zu vernehmen. Der Angriff Martin Luthers auf die Sakramentalität des Ordo hat bewirkt, dass diese in der Folge besonders stark hervorgehoben wurde. Die Priesterweihe wurde schon seit dem Hochmittelalter als auf die Eucharistie hin ausgerichtet gesehen. Die Eucharistie, so der logische Umkehrschluss, ist die spezifisch priesterliche Feier. Dem Priester ist die Vollmacht gegeben „potestas offerre sacrificium Deo missamque celebrare“. Dies ist eine gängige Formulierung aus dem Pontificale Romano-Germanico. Die von den Reformatoren in Frage gestellten priesterlichen Vollmachten wurden vom Konzil von Trient derart hervorgehoben und betont, dass dies vor allem in der Folge zu einer ausgedünnten, weil einseitigen Vorstellung vom Priestertum führte. Die amtlichen Diener, so das Zweite Vatikanische Konzil „sollten in der Gemeinde der Gläubigen heilige Weihevollmacht besitzen zur Darbringung des Opfers und zur Nachlassung der Sünden und das priesterliche Amt öffentlich vor den Menschen in Christi Namen verwalten.“ Wenn in PO 2 dieses Amtsverständnis zitiert wird, wirkt dies nicht in dem Maß auf die kultisch-sazerdotale Seite verengt, weil es durch den einleitenden Abschnitt, der auf das gemeinsame Priestertum rekurriert, in einen ekklesiologischen Gesamtzusammenhang gestellt wird.

Der ekklesiologische Zusammenhang war Mitte des 16. Jahrhunderts in einer Zwei-Stände-Kirche ein ganz anderer. Das Amt war der Ausgangspunkt für die Verhältnisbestimmung von Amt und Kirche. Man konnte – auch auf dem Hintergrund der reformatorischen Infragestellungen – nicht anders, als die Kirche vom Amt her zu sehen, um den uneingeschränkten Stellenwert des Amtes zu behaupten. Es wurde in vielen einschlägigen Veröffentlichungen betont, dass das Konzil von Trient keine exklusive Definition des Priesteramtes geben wollte und konnte.[233] Heinrich Fries bringt das in die Formulierung: „Die Aussagen des

[233] Vgl. Fahrnberger, Gerhard: Amt und Eucharistie auf dem Konzil von Trient, in: Konfessionskundliche Schriften des Johann-Adam-Möhler-Instituts Nr. 10, Amt und Eucharistie, Paderborn 1973, 174-207; Freitag, Josef: Schwierigkeiten und Erfahrungen mit dem „Sacramentum ordinis“ auf dem Konzil von Trient, in: Zeitschrift für Katholische Theologie, 113 (1991) 39-51.

Konzils sind sensu positivo, non exclusivo zu verstehen."[234] Dennoch gewann im Zuge der Rezeption, flankiert durch die damalige Theologie, die exklusive Auffassung an Boden, dass der Priester vor allem ein Mann der Sakramente ist. Er wird in erster Linie als der gesehen, der durch die sakramentale Weihe ermächtigt ist, die Wandlungsworte zu sprechen und im Namen Gottes Sünden zu vergeben. Eucharistie und Bußsakrament traten in der nachtridentinischen Zeit in das Zentrum des priesterlichen Dienstes. Die Verkündigung hatte zwar auch ihren Stellenwert, war jedoch gegenüber den Sakramenten nachrangig. Zudem war man darauf bedacht, dem Wort keine zu hohe Bedeutung einzuräumen, um die Grenzziehung gegen die Kirchen der Reformation zu wahren. „Was allein der Priester kann" wurde von daher ein wichtiger Gesichtspunkt zur Beschreibung des priesterlichen Amtes. Bezeichnenderweise findet sich dieser Aspekt neuerdings wieder häufiger im Zusammenhang mit dem zunehmenden Pfarrermangel.[235] Er ist eine Konsequenz des verengten Blickwinkels, der den Priester einseitig auf die sakramentalen und liturgischen Vollmachten festlegt(e). Die Überlegung, was der Priester abgeben könne und was ihm (allein) vorbehalten sei, offenbart, dass das tridentinische Amtsverständnis und die Ekklesiologie des Zweiten Vatikanums bisweilen recht unverbunden nebeneinander subsistieren.

„Dem Wesen nach unterschieden": ontologische Differenzierungen

Die Repräsentatio Christi

94% aus der Gruppe der zeitlosen Kleriker stimmen der Aussage zu: „Das priesterliche Amt ist Repräsentation Christi". Dieses hohe Einvernehmen weist darauf hin, dass die Christusrelation für diejenigen an der Umfrage beteiligten Priester, die sich den zeitlosen Klerikern zuordnen lassen, eine elementare Wesensaussage über das priesterliche Amt darstellt.

Die Rede von der „repraesentatio Christi" wurde erst nach dem Zweiten Vatikanischen Konzil zunehmend als theologischer Terminus gebraucht.[236] Aussagen zur Repräsentation finden sich in den Konzilsdokumenten in unterschiedlicher Anwendung: auf den Papst, die Bischöfe und die Priester. Das dazu verwendete Sprachspiel ist vielfältig.[237] Gebräuchlich für die Repräsentation war vor dem Konzil die Formulierung: „in persona agere". Diese lässt sich auch in den Kon-

---

[234] Fries, Heinrich: Die katholische Lehre vom kirchlichen Amt, 200.

[235] Vgl. Sekretariat der Deutschen Bischofskonferenz (Hrsg.): Instruktion zu einigen Fragen über die Mitarbeit der Laien am Dienst der Priester. Verlautbarungen des Apostolischen Stuhls Nr. 129, Bonn 1997.

[236] Der Ausdruck von der „Repräsentation" entstammt der Rechtssprache. Anders als im theologischen Verständnis verbindet sich damit die Vorstellung von bevollmächtigter Stellvertretung oder der Ausübung einer Funktion im Auftrag eines anderen.

[237] Vgl. Peters, Klaus: Repräsentation nach der Lehre des II. Vatikanischen Konzils, Trier 1976, v. a. 79ff.

zilstexten vor allem an den Stellen erheben, an denen von der repraesentatio Christi in der Eucharistie die Rede ist.[238]

Der Amtsträger repräsentiert Christus aufgrund der Weihe. Diese betrifft den Repräsentanten in seinem inneren Sein, ist also nicht etwas, was wie ein Gewand aus- oder angezogen werden könnte. „Nicht sein eigenes (individuelles) Wort, nicht sein eigenes (individuelles) Verhalten macht Christus präsent, sondern die Ermächtigung durch die Weihe, kraft derer Christus selbst buchstäblich durch ihn handelt.“[239] Die Christusrepräsentation hat grundlegend funktionalen Charakter. Sie macht im amtlichen Handeln der Kirche deutlich, dass sie auf Christus verwiesen ist, dass sie sich Christus verdankt und dass er ihr Ursprung und Hirte in einem ist. Zentral für das Verständnis der repraesentatio Christi ist das Offenhalten der Differenz zwischen dem Repräsentanten und dem Repräsentierten. Nicht die Person als solche repräsentiert Christus, sondern Christus ist in ihrem amtlichen Handeln gegenwärtig.

Vor dem Zweiten Vatikanischen Konzil hatte sich ein Repräsentationsverständnis entwickelt, welches das Präsent-sein Christi nicht allein auf das Handeln bezog. Man verstand Repräsentation im Sinne einer permanenten, die Tätigkeit des Amtsträgers selbst überdauernden Vergegenwärtigung.[240] Dadurch entwickelte sich die statische Vorstellung einer „Quasi-Idenität“ zwischen Christus und dem Amtsträger. Das führte zu Überhöhungen sowohl im Weihe- als auch im Amtsverständnis. Die Weihe, so das folgende Zitat, „bewirkt eine Angleichung an Christus als dem mittlerischen und erlöserischen Haupt der Kirche (bzw. der Menschheit). Sie verähnlicht den Empfänger mit jenem Christus, der sein Priesteramt am Kreuz vollendete und der ein bleibendes Opfer für die Menschheit vor dem Vater darbrachte. Sie vermittelt so dem Geweihten die Teilhabe am mittlerischen und erlöserischen Leben Christi für die anderen, wie das in dieser spezifischen Weise bei den anderen Sakramenten nicht geschieht, ohne dass diese Sakramente in ihrer eigenen Bedeutung herabgesetzt würden, was deshalb unmöglich ist, wie ihnen ihr je eigenes gnadenhaftes Spezifikum eignet.“[241] Es ist unschwer nachzuvollziehen, dass damit die sakramentale Ordination über die anderen Sakramente gestellt wird. Der Priester ist damit qua Weihe der geheiligte Außenseiter, der höherstehende Hochwürden. Was hier übersehen wird, ist die Tatsache, dass der Repräsentant zu der Gemeinschaft dazugehört, für die und in der er Christus repräsentiert. Die Gefahr, sich deshalb nicht auch als Repräsentant der Gemeinschaft zu verstehen, ist in diesem exklu-

---

238 Vgl. SC Artikel 33, PO Artikel 2 und 13, LG Artikel 10 und 28.

239 Greshake, Gisbert: Priester sein in dieser Zeit. Theologie – pastorale Praxis – Spiritualität, Freiburg-Basel-Wien 2000, 103.

240 Vgl. Cordes, Paul Josef: „Sacerdos alter Christus?“ Der Repräsentationsgedanke in der Amtstheologie, in: Catholica 26 (1972) 38-49.

241 Scheffczyk, Leo: Die Christusrepräsentation als Wesensmoment des Priesteramtes, in: Catholica 27 (1973) 293-311, hier 308.

siven Verständnis von Repräsentation latent gegeben. Denn dass der Amtsträger in seinem Tun Christus repräsentiert, ist nur die eine Seite in der Theologie der Repräsentation. Das doppelte Repräsentationsverständnis, das konstitutiv zur Ekklesiologie des Zweiten Vatikanischen Konzils gehört, wird beim Amtsverständnis des zeitlosen Klerikers nicht berücksichtigt.

Der „character indelebilis“

Die Lehre vom „character indelebilis“ bezieht sich auf die Sakramente Taufe und Firmung sowie auf die Ordination. Letzteres hat das Konzil von Trient im Weihedekret betont.[242] Wer durch die Taufe (und damit verbunden durch die Firmung) in die Kirche aufgenommen wird, gehört bleibend zu Christus. Er oder sie ist unlösbar mit Christus verbunden. Niemand kann diese Prägung wegnehmen oder zerstören. Die mit dem unauslöschlichen Siegel bezeichneten Sakramente sind von daher weder befristet für eine bestimmte Zeitspanne gespendet noch wiederholbar. Dies ist das erste Kennzeichen der Rede von der „eingeprägten Prägung“. Für die Ordination gibt es noch ein Zweites, das seine Wurzeln im 5. Jahrhundert hat und in enger Verbindung mit der Frage der amtlichen Repräsentation Christi steht.

Im Donatistenstreit ging es u. a. darum, ob „traditores“, also Kleriker, die in Zeiten der Verfolgung heilige Geräte und Bücher ausgeliefert hatten, weiterhin gültig Sakramente spenden könnten. Daher musste klargelegt werden, ob die Gültigkeit der gespendeten Sakramente von der Unlauterkeit der Amtsträger abhängt oder nicht. Der gewichtige klärende Beitrag zu dieser Frage stammte von Augustinus, der betonte, dass nicht die Person des Amtsträgers im Vordergrund steht, sondern dass „Jesus Christus selbst es ist, der das Wort verkündet, die Sakramente spendet und als Hirte seine Kirche leitet und... durch den Amtsträger und im Grenzfall auch durch einen unwürdigen Priester wirkt.“[243] Die Einsicht, die jeweilige persönliche Disposition des Amtsträgers von der Heilswirksamkeit des Sakramentes abzukoppeln, brachte den Gläubigen Sicherheit und schützte sie vor moralischem Versagen von Amtsträgern. Zwischen Person und Handeln wurde differenziert. Der Amtsträger steht kraft seines Amtes für etwas, das nicht mit ihm identisch ist. Er musste z. B. nicht vor einer Eucharistiefeier „getestet“ oder befragt werden, ob sein Leben in jedem Fall dem entspricht, was er verkündet. In den Sakramenten handelt der erhöhte Christus selbst an den Menschen und wird Gottes heilende, versöhnende und bergende Nähe sichtbar. Durch den Amtsträger wird der Kirche in den Sakramenten das Wirken Christi erfahrbar. So gesehen weist der character indelebilis auf „die bleibende Differenz zwischen dem Amt und der persönlichen Heiligkeit hin.

[242] Vgl. DH 1767, 1774.

[243] Wieh, Hermann: Priester/Priestertum III/2, in: TRE Band XXVII, Berlin, New York 1997, 422-434, hier 425.

Character indelebilis meint keine persönliche Heiligung, meint nicht die Aussonderung und Absonderung von der Gemeinde, sondern die Zuordnung zur Gemeinde, die Institutionalisierung seiner Funktion unabhängig von seiner eigenen Heiligkeit, von seiner eigenen Person, deren Schwächen ihren Dienst nicht einfach in Frage stellen."[244]

Das Tridentinische Konzil spricht in den entsprechenden Passagen davon, dass der character indelibilis, neben Taufe und Firmung auch für die Ordination gilt. Die Art dieses characters wird keiner weiteren Reflexion unterzogen. Erst in der Folge des Tridentinums und im Zusammenhang mit der einseitig kultisch-sakramentalen Betonung des Priesteramtes wurde der character indelebilis im Blick auf die Priesterweihe mystifiziert. Eine seinsmäßige Umwandlung des Ordinierten hob ihn auf eine höhere und unverlierbare Stufe christlicher Existenz. Dieses Denken wurde von der Neuscholastik im 19. und 20. Jahrhundert intensiv gefördert,[245] in der Ausbildung gelehrt und durch die Priester selbst gepflegt, bis hin zum Papst. Pius X. z. B. schreibt in seinem Mahnwort „Haerent animo", das er aus Anlass seines fünfzigsten Weihejubiläums veröffentlichte: „Zwischen einem Priester und einem gewöhnlichen rechtschaffenden Menschen soll ein Unterschied sein, wie zwischen Himmel und Erde."[246]

Ähnliche Einstellungen zeigten sich jedoch genauso im Verständnis der einfachen Christen. Anschaulich ist dies z. B. daran nachzuvollziehen, mit welchem Aufwand in Vorbereitung und Feier Primizen begangen wurden,[247] welche Lyrik sich damit verknüpft[248] und dass die auch im ostbayerischen Raum gebräuchliche Formulierung, dass man für einen Primizsegen ein Paar Schuhe durchlaufen dürfe, zumindest den Ältesten der älteren Generation aus eigener Erfahrung noch geläufig ist.

Überhöhungen

Ideale müssen nicht notwendigerweise entmutigen. Doch verbindet sich mit ihnen, dass sie meist unerreichbar bleiben, weil der ihnen innewohnende Anspruch durchschnittliche menschliche Möglichkeiten meist übersteigt. Ideale produzieren – neben der Resignation, sie nicht verwirklichen zu können – aber

---

244 Schneider, Theodor: Zeichen der Nähe Gottes. Grundriß der Sakramententheologie, Mainz 1979, 261.

245 Vgl. Müller, Judith: In der Kirche Priester sein, 252.

246 Papst Pius X.: Haerent animo, in: Rohrbasser, Anton (Hrsg.): Sacerdotis imago, 85f.

247 Dies ist zumindest im altbayerischen Raum auch heutzutage noch der Fall. Darin verbergen sich Reste dieser Volksreligiosität. Die zunehmende Seltenheit und damit verbundene Besonderheit eines solchen Ereignisses spielt jedoch in den letzten Jahrzehnten auch mit eine Rolle. Näheres zur Feier von Primizen in (Alt-)Bayern findet sich bei: Wiebel-Fanderl, Oliva: Die Primiz, das Fest einer Lebenswende, in: Ostbayrische Grenzmarken 26 (1984) 145-162.

248 Vgl. Haunerland, Winfried: Die Primiz. Studien zu ihrer Feier in der lateinischen Kirche Europas, Regensburg 1997, v. a. 379-402.

auch Überhöhungen, unwirkliche Vorstellungen. Neigung zu Überhöhungen zeigt die Rede vom Priester als „sacerdos – alter Christus". Die Gleichsetzung des Priesters mit Jesus Christus im Sinne eines Höchstmaßes ontologischer Qualifizierung ist nachtridentinisch-neuscholastisches Erbe.[249] Jesus Christus und der Priester sind dabei beinahe identisch. Oft wurden diese Denkfiguren mit biblischen Zitaten unterlegt oder von ihnen hergeleitet. Häufig findet sich der Satz aus dem Hebr 5,1: „Denn jeder Hohepriester wird aus den Menschen ausgewählt und für die Menschen eingesetzt zum Dienst vor Gott, um Gaben und Opfer für die Sünden darzubringen." Auf die Priester angewendet liest sich dieses Wort folgendermaßen: „Der Kleriker ist als ein Mann zu betrachten, der aus dem Volk ausgesondert, in einzigartiger Weise mit höheren Aufgaben betraut und einer göttlichen Macht teilhaftig ist; mit einem Wort: er ist ein zweiter Christus... Er darf nicht mehr für sich selber leben und ebenso wenig ist es ihm gestattet, seiner Familie, seinen Freunden, und seinem Vaterland allein zu gehören... Er muß von Liebe zu allen beseelt sein. Sogar sein Denken, Wollen und Fühlen gehört nicht mehr ihm selber, sondern Jesus Christus, der sein Leben ist."[250]

Es ist nichts dagegen einzuwenden, dass Priester ihre Berufung aus ganzem Herzen leben und sich darum sorgen, ihre spirituellen Quellen in einer lebendigen Christusbeziehung zu pflegen. Dort, wo die Differenzierung zwischen Repräsentiertem und Repräsentant fehlt, wo Rolle und Person in keiner Weise mehr zu trennen sind, kann es zu folgenschweren Fehleinschätzungen und Fehlentwicklungen der eigenen Möglichkeiten kommen. So glitten die Überhöhungen bisweilen geradezu in Abwegigkeiten bis hin zu Häresien ab.[251] Ein Beispiel, in einem Katechismus zur Belehrung der Gläubigen niedergeschrieben, sei an dieser Stelle zur Illustration genannt: „Der Priester ist der Mittler zwischen Gott und den Menschen. (h. Laur. J.) Er ist ein Bote, der die Angelegenheiten der Menschen bei Gott vertritt. (h. Hier.) Er ist ein Engel des Herrn (Mal 2,7), d.h. ein Abgesandter Gottes an die Menschen, denen er den göttlichen Willen mittheilt. Der Priester ist von Gott gesandt, zu führen uns ins Vaterland. Der Priester ist der Stellvertreter Gottes oder ‚der bevollmächtigte Geschäftsträger Gottes.' (h. Chrys.) Daher wird jene Ehre, die wir den Priestern erweisen, Gott selbst erwiesen (h. Chrys.) Daher sagt Christus: ‚Wer euch hört, der hört mich und wer euch verachtet, der verachtet mich.' (Luk 16,16). Der liebe Gott folgt gleichsam dem Priester; denn was dieser auf Erden gerichtet hat, bestätigt jener

---

249 Vgl. Müller, Judith: In der Kirche Priester sein, 256.

250 Papst Pius XII.: Ansprache *Sull'esempio* an die Theologen des Regionalseminars von Apulien, vorbereitet für den 19. Oktober 1958, AAS L (1958) 966-967; zitiert nach Rohrbasser, Anton (Hrsg.): Sacerdotis imago, 214.

251 Ein oft zitiertes Beispiel findet sich im Catechismus Romanus, wo es heißt, dass die Priester und Bischöfe mit Recht nicht nur Engel, sondern auch Götter genannt werden, weil sie die Kraft und Hoheit des unsterblichen Gottes bei den Menschen vertreten.

im Himmel... (h. Pet. D.).“[252] Priesterbilder und -bildner in dieser Form sollten heute der Vergangenheit angehören.

Der Hauch letzter Reste von Überhöhungsspuren hat sich in nicht immer sehr geglückten Formulierungen in einigen Konzilsdokumenten niedergeschlagen. Karl Lehmann kritisiert z. B. sehr unmissverständlich die Aussage aus PO 5: „In jedem Vollzug der Sakramente ... werden sie [die Priester] auf verschiedene Weise mit dem Bischof hierarchisch verbunden und machen ihn so in den einzelnen Gemeinschaften der Gläubigen gewissermaßen gegenwärtig.“ Karl Lehmann sieht in solcher Formulierung wirklichkeitsfremde Romantik und übersteigerten Episkopalismus und meint, dass es wohl eher darum ginge, Christus denn den Bischof zu repräsentieren.[253] Im Missionsdekret „Ad Gentes“ Nr. 39 ist z. B. nachzulesen: „Die Priester sind Stellvertreter Christi und Mitarbeiter der Bischöfe in dem dreifachen heiligen Amt...“. In der Liturgiekonstitution findet sich in Artikel 41 die Aussage: „Im Bischof sehe man den Hohenpriester seiner Herde, von dem das Leben seiner Gläubigen in Christus gewissermaßen ausgeht und abhängt.“

Weiheformen: relativ-funktional – absolut-personal und damit verbundenes Amtsverständnis

Im Jahre 451 hatte das Konzil von Chalcedon in Kanon 6 ungebundene Weihen, also die absolute Ordination ausdrücklich untersagt.[254] Wer geweiht wurde, musste in Beziehung zu einer Stadt- oder Landgemeinde, einer Martyrerkapelle oder einem Kloster stehen. Ungebundene Weihen wurden für ungültig erklärt. Amtsgewalt und Weihegewalt waren durch die relative Ordination in eins. Diese Regelung verhinderte, dass es einen „freischaffenden“ Klerus gab, der ein Amt ohne Rückbindung an eine konkrete Gemeinde innehaben konnte. Zudem standen die Ordinationen in Relation zum Bedarf der Gemeinden. Es gab keinen „Überschuss“ an Ordinierten aber auch keinen Mangel. Wenngleich das Prinzip der Einheit von Aufgabe und Amt immer wieder unterlaufen wurde, hat sich der Grundsatz der „relativen Ordination“ mit einigen Ausnahmen[255] bei den Bischöfen erhalten. Die Weihe darf nur zugleich mit der Zuweisung eines bestimmten Amtes erfolgen, z. B. dass der Amtsinhaber Vorsteher einer Teilkirche wird, wie dies c. 368 CIC/1983 festlegt.

Für die Priester jedoch gilt dies so nicht mehr. Wer Kleriker wird, muss zwar in einem Bistum oder einer Ordensgemeinschaft inkardiniert sein, um zu vermei-

[252] Spirago, Franz: Katholischer Volks-Katechismus. Dritter Theil: Gnadenlehre, Trautenau 1898, 107f.

[253] Vgl. Lehmann, Karl: Zum Verständnis des Amtspriestertums, 154f.

[254] Vgl. Camelot, Pierre-Thomas: Ephesus und Chalcedon, in: Dumeige, Gervais/Bacht Heinrich: Geschichte der ökumenischen Konzilien. Band II, Mainz 1963, 264ff.

[255] Titularbischöfe (Koadjutoren und Auxiliarbischöfe) werden auf den Titel einer untergegangenen Diözese geweiht.

den, dass es zum „clericus vagus“ kommt. Seit dem 12. Jahrhundert kann die Ordination der Priester unabhängig von der Gemeinde erfolgen. Beim 3. Laterankonzil im Jahre 1179 wurde diese Praxis ausdrücklich gutgeheißen. Damit ist das Amt etwas in sich Stehendes und vor allem dem Bischof zugeordnet. Dem Amtsträger fehlt die unmittelbare Zugehörigkeit zu einer christlichen Gemeinde. Er wird durch seinen direkten Bezug zu Christus und durch die Vollmacht definiert, die ihm durch die Weihe zukommt. Sie ist an die Person und nicht an die Funktion gebunden. Diese Vollmacht wurde nochmals aufgespalten in die potestas ordinis, die sakramentale Weihegewalt, und die potestas iurisdictionis, die rechtliche Hirten- oder Leitungsgewalt. Die potestas ordinis kam dabei im allgemeinen Verständnis den Priestern zu, die Bischöfe wurden vor allem von der potestas iurisdictionis definiert und somit überwiegend auch darauf reduziert. Die höhere Autorität, die den Bischöfen durch die Leitungsgewalt und aufgrund der apostolischen Sukzession zukommt, war unumstritten. Das Bischofsamt galt jedoch nicht als sakramentale Weihestufe. Ab einer bestimmten Zeitphase sah man im Priester die Vollgestalt des geistlichen Amtes, wenngleich zu diesem Verständnis beim Tridentinum zwischen den Theologen Meinungsverschiedenheiten bestanden.[256] Der Priester war durch die Weihegewalt zu seiner höchsten Aufgabe ermächtigt: Er konnte die Wandlungsworte sprechen. Er hatte die Befähigung, Brot und Wein auf dem Altar in Leib und Blut Jesu Christi zu verwandeln. Diese priesterliche Funktion war nicht an die Anwesenheit einer Gemeinde gebunden. „Die Würde des Klerikers steht im Verhältnis zu der ihm übertragenen Amtsgewalt. Dogmatisch betrachtet ist die priesterliche Würde die denkbar höchste, eine durchaus eigenartige und wunderbare. Der Priester müsste bei abstrakter Betrachtung seiner Würde notwendig stolz werden.“[257] Diese Sätze wurden vor einhundert Jahren aufgeschrieben und belegen die Abstufungen: Die Kirche wurde in dieser Weise vom Amt her bestimmt und nicht das Amt von der Kirche.

Mit dem Zweiten Vatikanischen Konzil hat sich der Bogen wieder hin zu den Anfängen gespannt, ohne dass damit die absolute Ordination verändert worden wäre. Die Synthese zeigt sich insofern, als das Amt im Zusammenhang mit einer vertieften Ekklesiologie relational verstanden wird. Es bestimmt sich von der Kirche her und ist damit – unbeschadet aller bleibenden Wesenseigenschaften – den Veränderungen der Zeit genauso unterworfen, wie es die Kirche als geschichtliche Größe ist. Es trägt einen „Zeitindex“[258] in sich. Das priesterliche Amt basiert nach dem Verständnis des Zweiten Vatikanums auf dem gemeinsamen Priestertum aller Gläubigen. Es „kann seinen Dienst nur tun in Gemeinschaft mit allen anderen Gliedern der Gemeinde, man könnte sogar sagen: im

256 Vgl. Fahrnberger, Gerhard: Amt und Eucharistie auf dem Konzil von Trient, 174-207.

257 Clerus, in: Wetzer und Welte's Kirchenlexikon, Dritter Band, Freiburg i. Breisgau 1884, 537-547, hier: 545.

258 Vgl. Schneider, Theodor: Zeichen der Nähe Gottes, 238.

ständigen Ringen um die Zustimmung und Mitwirkung der Gemeinde"[259]. Diese Verhältnisbestimmung zwischen Amt und Gemeinde scheint bei den zeitlosen Klerikern nicht in dem Maß eingeholt zu sein wie bei den anderen Amtstypen, weil sich die zeitlosen Kleriker nicht dazu herausgefordert sehen. Zeitlose Kleriker setzen sich zwar ein,[260] aber wenig aus. Das Amt sieht sich eher nicht als inneren Bestandteil des kirchlichen Sauerteiges, der im Namen Jesu in der Welt steht, sie mit seiner Botschaft durchsäuert und in seinem Geist verändert. Im Vordergrund steht bei den zeitlosen Klerikern, so jedenfalls ist es bei einschlägigen Theologen nachzulesen, die Besonderheit des priesterlichen Amtes.[261] Betont wird vor allem der Wesensunterschied zwischen dem Amtspriestertum und dem gemeinsamen Priestertum aller Kirchenglieder. Zwischen den Zeilen spürbar ist die Angst, das amtliche Priestertum könnte zu einer reinen Funktion werden, die man zugesprochen bekommt und wieder abgeben kann.

Spezifische Ausprägungen dieses Amtstyps

Amtstheologische Vorlieben

Pastorale Prioritäten

Der zeitlose Kleriker ist in mancher Hinsicht der „Andere", der Priester aus den Tagen der Volkskirche, als die Subjektwerdung der Gläubigen und die Kirche des Volkes noch kein Thema waren. Das zeigt sich vor allem in der Reihung der Stärken des priesterlichen Dienstes, in der Gewichtung der priesterlichen Tätigkeit, aber auch bei den Items, in denen die Bereicherungen und Belastungen erfragt wurden.

---

259 Kasper, Walter: Neue Aspekte im Verständnis des Priesteramtes, in: ThPQ 122 (1974) 3-13, hier 7.

260 92% aus der Gruppe der zeitlosen Kleriker sehen das priesterliche Leben und Wirken als Lebenserfüllung; für 97% beansprucht das priesterliche Amt das ganze innerste Leben seines Trägers.

261 Vgl.: Scheffczyk, Leo: Die Verschiedenheit der Dienste: Laien – Diakone – Priester, in: IKZ Communio 25 (1996) 499-513; Cordes, Paul Josef: Zur priesterlichen Identität, in: Klerusblatt 77 (1997) 126-129; Schäfer, Theo: Diener der Einheit. Gedanken zum Priesterbild nach dem Konzilsdekret „Presbyterorum Ordinis", in: Hammans, Herbert u. a. (Hrsg.): Geist und Kirche. Studien zur Theologie im Umfeld der beiden Vatikanischen Konzilien. Gedenkschrift für Heribert Schauf, Paderborn 1990, 17-34.

Tabelle 14: Rangliste priesterlicher Tätigkeiten (Kleriker)

Sonntagsmesse mit der Gemeinde feiern	100%
taufen	96%
predigen	96%
seelsorgliches Gespräch	92%
Beichte	88%
trauen	73%
beerdigen	54%
caritative Tätigkeit	31%

Quelle: **PRIESTER 2000**© – Diözese Passau

Christus und seine lebensspendende Botschaft soll in Sakrament und Wort aus der ihnen eigenen Mächtigkeit (ex opere operato) unter den Menschen wirksam werden: das ist ein Hauptaugenmerk des zeitlosen Klerikers. Die Eucharistie steht dabei an herausragender Stelle in der Rangliste seiner priesterlichen Tätigkeiten. Unter den Sakramenten ist – anders als in der Gesamtstudie[262] – den zeitlosen Klerikern aus dem Bistum Passau die Taufe am Zweitwichtigsten. Dann folgen Predigt, seelsorgliches Gespräch und die Beichte. Nachgeordnet sind Hochzeit, Tod sowie die Diakonie. Die – im Vergleich zur Gesamtuntersuchung – unterschiedliche Reihung von Taufe und Buße hat vermutlich pragmatische Hintergründe und lässt sich mit der pastoralen Situation in der Diözese Passau erklären. Es wird bevorzugt, was stattfindet. Während sowohl das Bußsakrament als auch das Ehesakrament in seiner herkömmlichen Form in den letzten Jahrzehnten einen erdrutschhaften Einbruch erlitten hat, lassen im Passauer Bistum nach wie vor die meisten Eltern ihre Kinder taufen.[263]

Eucharistiefeier, Verkündigung und die Sorge um eine gestaltete Form für die Sakramentenspendung sind bei allen vier Amtstypen in der alltäglichen Reihung priesterlicher Aufgaben die drei Erstgenannten. Unterschiedlich bei den einzel-

[262] In der Gesamtstudie steht bei den zeitlosen Klerikern nach der Eucharistie an zweiter Stelle das Bußsakrament. Auf alle Befragten besehen – unabhängig vom konkreten Amtsverständnis – nimmt das Bußsakrament den vierten Rang in der Prioritätenliste ein. Vgl. Zulehner, Paul M.: Priester im Modernisierungsstress, 117.

[263] Die kirchliche Statistik weist für das Bistum Passau im Jahr 2000 5481 Taufen aus. Im Jahr 1999 waren es 5731. Quelle: Eckdaten des Kirchlichen Lebens in den Bistümern Deutschlands 2000. Die kirchlichen Trauungen hingegen gingen in der Zeit seit 1990 (2492) auf 1434 im Jahr 2000 zurück. In der statistischen Jahreserhebung der Deutschen Bischofskonferenz von 1999 heißt es zu diesem Trend: „Selbst wenn beide Partner katholisch waren, kamen... 1999 auf je 100 zivile Eheschließungen nur 53,7 katholische Trauungen. Die gesunkenen Trauquoten sind zum einen das Ergebnis der veränderten religiös-konfessionellen Landschaft in Deutschland... Hinzu kommt, dass einem Teil der Paare eine kirchliche Trauung verwehrt ist, weil mindestens ein Partner geschieden ist. Quelle: Sekretariat der Deutschen Bischofskonferenz: Katholische Kirche in Deutschland. Statistische Daten 1999, Bonn 2002, 1-28, hier 10.

nen Amtstypen ist jedoch der Grad der Wichtigkeit dieser Tätigkeiten, also: welchen Rang die jeweilige Aufgabe im Gesamt ihrer Handlungen einnimmt, was bevorzugt und was als weniger wichtig und damit als nachgeordnet betrachtet wird. Im Vergleich der Amtstypen ergibt sich für die fünf erstgeordneten Dienste (in der Rangfolge 1 und 2) folgendes Bild:[264]

Tabelle 15: Wichtigkeit der priesterlichen Handlungen (Kleriker)

	zeitloser Kleriker	zeitoffener Gottes-mann	zeitnaher Kirchen-mann	zeit-gemäßer Gemein-deleiter
Eucharistiefeier	100%	97%	100%	81%
Verkündigung	74%	75%	73%	50%
pastorale Gestaltung der äußeren Form der Sakramentenspendung	19%	11%	15%	13%
Religionsunterricht	13%	4%	3%	4%
Leitung und Mitarbeit in kirchlichen Vereinigungen	13%	8%	4%	7%

Quelle: **PRIESTER 2000**© – Diözese Passau

Eucharistiefeier und Verkündigung sind für den zeitlosen Kleriker die wichtigsten Seelsorgebereiche. Sie haben hohe Priorität in seiner Pastoral. Die Gestaltung der äußeren Form der Sakramentenspendung ist dem gegenüber weit nachgeordnet. Was auf den ersten Blick überrascht, ist der hohe Stellenwert des Religionsunterrichts beim zeitlosen Kleriker. Das kann möglicherweise daran liegen, dass Priester bevorzugt in den Erstkommunionklassen Unterricht halten und dies für sie eine wichtige Aufgabe darstellt. Dann müssten jedoch auch bei den anderen Amtstypen vergleichbare Werte vorzufinden sein. Eher korrespondiert diese hohe vergleichsweise Gewichtung wohl mit der starken Zustimmung zum Item: Es ist eine Stärke des priesterlichen Dienstes, Kindern und Jugendlichen die Welt des Glaubens zu erschließen. Diese Zuordnung gibt einen Hinweis auf den bevorzugten Seelsorgestil der zeitlosen Kleriker.

264 Weitere Vergleiche werden bei der Beschreibung der anderen Amtstypen präsentiert und gezogen.

Seelsorgestil

Die Wahrscheinlichkeit, dass es in Pfarrgemeinden, die von zeitlosen Klerikern geleitet werden, auch heutzutage noch Pfarrfamilienabende gibt ist wesentlich höher als bei Pfarrern, die zu anderen Amtstypen gehören.[265] Das hat seinen Grund u. a. darin, dass das familiäre Bild der Kirche, das familiale Verständnis der gemeindlichen Organisation mit einem „pater familias“ an der Spitze mit dem dazugehörigen Priesterideal korrespondiert: Menschen zu Gott zu führen. 96% betrachten dies als Stärke des priesterlichen Lebens. Zeitlose Kleriker sind dabei weniger die Wegbegleiter und die Mitgehenden, also diejenigen, die mit den Menschen in der Gemeinde zusammen auf einem Glaubensweg sind. Mit Menschen zusammen Gotteserfahrungen machen, reiht sich bei den zeitlosen Klerikern in die zweite Hälfte der als Stärke erlebten Seiten priesterlichen Dienstes ein. Ihnen geht es eher um die Einzelnen, weniger um die Gemeinde als Gesamte. Sie verstehen sich mehr als die Hinweisenden, die den Weg zeigen, der die Menschen zum Heil führt. Die Verkündigung ist den zeitlosen Klerikern ein wichtiges Handlungsfeld. Einen hohen Stellenwert hat darin, das Evangelium als Weg zu einem guten Leben zu verkünden: 96% sehen dies so.

Pastor sein: Menschen zu Gott führen

Das johanneische Bild vom guten Hirten, der die Seinen kennt, der für sie sorgt, mit ihnen gute und nahrhafte Lebensweiden sucht und den Verlorenen nachgeht, ist eine Gottesrede, die schon sehr früh auf die Amtsträger übertragen wurde und damit eine Entsprechung im Amt der Kirche fand. Die Lehre vom dreifachen Amt (lehren, leiten und heiligen) benennt das Leitungsamt ausdrücklich als Hirtenamt. Die Übertragung auf den Bischof und später auf die Gemeinde leitenden Pfarrer bot sich geradezu an. Mit diesem Bild ging jedoch die Benennung der Gemeindeglieder als „Schafe“ oder „Schäflein“ parallel. Hier bestimmt nicht nur der Blick der behutsamen Fürsorge die Deutung. Die Rollen verteilten sich asymmetrisch: Der Hirte galt als der Wegkundige und Wissende, derjenige, der die vielfältigen Gefahren kennt und seine Herde davor zu beschützen versucht. Die Schafe waren die namenlose und manchmal einfältige Herde, die sich vom Hirt einpferchen ließ und ihm gutwillig überall hin folgte. Wer aus eigenem Antrieb aus diesem Verbund ausbrach, galt als „schwarzes Schaf“, manche wurden als Sündenböcke stellvertretend aus der Herde entfernt. Gute Exegese und Theologie kann solch schematisierten Auslegungen und Deutungen viel entgegenstellen.[266] In der Phase der Kirchengeschichte, als die Laien zu unmündigen

---

[265] Bei diesen werden eher die von der Synode vorgeschlagenen Pfarrversammlungen den gemeindlichen Alltag bestimmen.

[266] Für das Verhältnis von König und Volk stehen im Alten Orient Hirt und Herde als Metapher. In Ezechiel 34,11-22 wird JHWH als der eigentliche Hirte Israels vorgestellt, der sich an die Stelle der unfähigen Hirten (Könige) setzt. „Die Metapher ‚Hirt‘ ist wohl von ihrem Ursprung her ein göttliches Prädikament, das zuerst für den sumerischen Gottkönig Dumuzi belegt ist,

Objekten seelsorglicher Betreuung gemacht worden waren, hatte das Hirt-Herde-Verständnis im vereinfachten Sinn eines Oben und Unten, Leiten und Geleitet-werden, Plausibilität.

Der gute Hirt ist ein pastorales Leitmotiv im Konzilsdekret über „Dienst und Leben der Priester". Damit haben die Konzilsväter ein Priesterideal aufgegriffen bzw. verstärkt, das sich im Zuge der Umsetzung des Konzils von Trient etabliert hatte: der gute Hirte als Archetyp priesterlicher Existenz. Je nach Zeitphase werden und wurden allerdings bei diesem Bild ganz unterschiedliche Akzente gesetzt bzw. wahrgenommen. Hubert Brosseder hat aus Predigtvorlagen ab 1850 auch das Motiv des guten Hirten und seine zeitgeschichtlichen Modifikationen analysiert. Der sich hingebende Hirte ist ein Thema der Jahre 1951-62, nach Brosseder die „personalistisch-dialogische" Phase.[267] Den Priester sieht Brosseder in dieser Zeit als „leidendes und handelndes Subjekt in seiner einsamen Verantwortung vor Gott und in seinem totalen pflichtbewussten Einsatz für die Gemeinde"[268]. Der Amtstyp des zeitlosen Klerikers verkörpert noch einiges von diesem Ideal des frommen Seelsorgers, der sich nicht so ohne weiteres unter die Seinen mischt, sondern wie ein guter Hirte den Seinen nachgeht, für sie bittet und darum besorgt ist, dass niemand verloren geht. Der zeitlose Kleriker versteht sich vor allem als Mitarbeiter Gottes, als Pastor, näherhin als „Pastor bonus".

Um des Auftrages willen die Welt ertragen

Dieses Bild kommt seinem Selbstverständnis sehr nahe. Zeitlose Kleriker tragen schwer an der unkirchlichen Welt und der verweltlichten Kirche, aber ertragen beides im Blick auf den Auftrag, der ihnen durch die Weihe unwiderruflich zugefallen ist. 68% aus der Gruppe der zeitlosen Kleriker sagen, dass sich nach ihrer Ansicht die Kirche zu sehr dem Zeitgeist angepasst habe. Sie empfinden das als Belastung. 69% wiederum meinen, die Kirche müsse sich von der Welt deutlicher unterscheiden. Eine Glaubenskrise diagnostizieren 80% derer, die nach der Umfrage zur Gruppe der zeitlosen Kleriker gehören. Gerade ihnen ist es daher ein großes Anliegen, Kindern und Jugendlichen die Welt des Glaubens

---

dann auf Enlil und Marduk übergegangen, aber auch schon in den Pyramidentexten für den blinden Himmelsgott Mechenti-irti bezeugt ist." Quelle: Fuhs, Hans Ferdinand: Ezechiel II 25-48, Würzburg 1988, 189.

Vgl. Stenger, Hermann: Im Zeichen des Hirten und des Lammes. Mitgift und Gift biblischer Bilder, Innsbruck 2000.

267 In der Zeit von 1850 bis 1920 steht der wachsame Hirte im Vordergrund, der über die Einhaltung der Gebote wacht. Das Bußsakrament ist das zentrale Instrument in den Händen des Priesters, um die Schafe wieder auf den „rechten Weg" zu bringen. Von 1921 bis 1950 ist der Priester als Hirte Werkzeug für die Stimme des guten Hirten Jesus Christus, der sich über die Stimme der Kirche vernehmbar macht. Vgl. Brosseder, Hubert: Das Priesterbild in der Predigt, 192-211.

268 Brosseder, Hubert: Das Priesterbild in der Predigt, 136.

zu erschließen. Dies hat in der Reihung der pastoralen Aufgaben, die als Stärken erlebt werden, mit 88% für sie Priorität. Als Stärken des priesterlichen Dienstes gelten den zeitlosen Klerikern vor allem:

Tabelle 16: Stärken im Leben der Priester (Kleriker)

den Sonntag mit einer Gemeinde feiern	100%
das Evangelium als Weg zu einem guten Leben verkünden	96%
Gottes Mitarbeiter sein	96%
ich kann Menschen zu Gott führen	96%
das priesterliche Leben und Wirken als Lebenserfüllung erleben	92%
Kindern und Jugendlichen die Welt des Glaubens erschließen	88%
ein Mann des Friedens und der Versöhnung sein	88%
Menschen an den für sie wichtigen Lebensübergängen begleiten	84%
Zeitgenossen, die sich mit Glauben schwer tun, das Evangelium erschließen	84%
den Menschen in ihren Sorgen zur Seite stehen	84%
Freude und Hoffnung, Trauer und Angst der Menschen von der Geburt bis zum Tod teilen	80%
mit Menschen zusammen Gotteserfahrungen machen	79%
die Zeichen der Zeit erkennen und an ihnen die Verkündigung des Evangeliums zu formen	79%
von der finanziellen Sorge um eine Familie frei, kann ich im Sinn des Evangeliums arm leben und mit meinen finanziellen Mitteln Armen helfen	72%
ein Anwalt der Schwachen und Bedrängten sein und diesen auch öffentlich (im Ort, in der Kirchengemeinde, in den Medien) eine Stimme zu verleihen	68%
von den Menschen als Mann Gottes wahrgenommen werden	64%
die Lust, Verantwortung für eine Gemeinschaft zu übernehmen	56%
mich prophetisch zu Missständen in Gesellschaft und Kirche äußern, gelegen oder ungelegen	52%
ich kann in meiner Arbeit weithin frei bestimmen, was ich tue	52%
weil ich nicht verheiratet bin, kann ich einsamen Menschen leichter Unterstützung geben	52%
ich stehe in der Öffentlichkeit, das macht mir Freude	28%

Quelle: **PRIESTER 2000**© – Diözese Passau

Die öffentliche Seite des Amtes macht am wenigsten Freude und wird damit am ehesten als Last erlebt. Einen hohen Stellenwert hat für den zeitlosen Kleriker auch die Einheitsfunktion des Amtes, die sich mit einer seiner pastoralen Stärken verbinden lässt: ein Mann des Friedens und der Versöhnung zu sein. Mit

88% Zustimmung hat dies ebenfalls dieselbe Wichtigkeit wie die Erschließung der Glaubenswelt für Kinder und Jugendliche.

Priesterkleidung

Auch der Codex von 1983 überlässt, wie schon sein Vorgänger, den Bischofskonferenzen nähere Vorgaben zur priesterlichen Kleidung, und spricht in der Kleiderfrage von Rücksicht auf „legitime lokale Gewohnheiten".[269] Die Kleruskongregation gibt 1994 für diesen Canon des Kirchenrechts allerdings eine klare Auslegung vor: „Dies bedeutet, dass diese Bekleidung, falls sie nicht der Talar ist, verschieden von der Art der Kleidung der Laien zu sein hat und konform der Würde und Sakralität des Amtes."[270] Dem entgegenstehende Praktiken, so die Kleruskongregation, müssen von den zuständigen Autoritäten abgeschafft werden. Unterscheidung wird also von römischer Seite eingeschärft und eine einheitliche, geziemende Kleidung. Man soll die Priester jederzeit und überall als solche erkennen. Wie sehen aber die Priester das für sich, vor allem dann, wenn die lokalen Gewohnheiten zumindest seit dem Zweiten Vatikanischen Konzil andere sind? Das ist immerhin ein Zeitraum, den das Recht als Gewohnheitsrecht anerkennt. „Sollte ihrer Meinung nach der Priester in der Öffentlichkeit deutlich an der Kleidung erkennbar sein?" Frage 12 der Studie eruiert auf diese Weise die Einstellung der befragten Priester zur klerikalen Kleidung. Das Ergebnis für die Diözese Passau ist aufschlussreich: 75% der Befragten antwortet mit Nein, 25% mit Ja. Auf die vier Amtstypen verteilt sich die Ablehnung bzw. Zustimmung folgendermaßen:

Tabelle 17: Sollte ihrer Meinung nach der Priester in der Öffentlichkeit deutlich an der Kleidung erkennbar sein? (nach Amttypen)

	zeitloser Kleriker	zeitoffener Gottesmann	zeitnaher Kirchenmann	zeitgemäßer Gemeindeleiter
ja	54%	31%	21%	5%
nein	46%	69%	79%	95%

Quelle: **PRIESTER 2000**© – Diözese Passau

Am offensichtlichsten ist die Zustimmung zur priesterlichen Kleidung bei den zeitlosen Klerikern; dennoch spricht sich auch aus dieser Gruppe nur jeder Zweite eindeutig dafür aus. Bei den anderen Amtstypen ist die Zustimmung klar fallend bis hin zu 5% bei den zeitgemäßen Gemeindeleitern; die Ablehnung steigend. Das Ergebnis der Diözese Passau unterscheidet sich in dieser Frage

[269] Vgl. c. 284 CIC/1983.

[270] Sekretariat der Deutschen Bischofskonferenz (Hrsg.): Kongregation für den Klerus. Direktorium für Dienst und Leben der Priester, Verlautbarungen des Apostolischen Stuhls Nr. 113, Bonn 1994, 58.

deutlich vom Ergebnis der Gesamtstudie: hier sagen 38% Ja zur Erkennbarkeit und 56% Nein. In Deutschland West liegt Passau allerdings ziemlich genau im Schnitt: 24% der befragten westdeutschen Priester stimmt der Frage nach der priesterlichen Kleidung zu, 75% lehnt ab, von 1% liegt keine Antwort vor. Lokale Gewohnheiten dominieren hier offensichtlich vor römischen Uniform(itäts)wünschen. Es war im Verlauf der Kirchengeschichte noch nie gelungen, alle Kleriker unter einen Hut – respektive in den gleichen priesterlichen Rock – zu bringen. Sowohl regionale Vorlieben als auch zeitgenössische Mode spielten in klerikalen Kleidungsfragen schon immer eine Rolle.[271] Die Zeiten der klerikalen Kleiderrevolte,[272] als sich die bewegten jungen Priester von den vermeintlich alten unbeweglichen Kollegen auch über die Kleidung absetzten, gehören jedoch der unmittelbaren Nachkonzilszeit an.[273] Am ehesten – so zeigen es die Ergebnisse der Studie – sind im Vergleich der Amtstypen die zeitlosen Kleriker dafür, sich in der normalen gesellschaftlichen Öffentlichkeit über die Kleidung auszuweisen. Sie bevorzugen auch hier das Gegenüber und nicht das Eintauchen.

Die Kleidung steht auch in Beziehung zur Rolle. Die Robe von Richtern oder Richterinnen, die Talare der Universitätsprofessoren, die weiße Dienstkleidung der Krankenschwestern, Ärzte und Ärztinnen signalisieren, dass diese Person „im Dienst" ist bzw. in amtlicher Funktion eine Aufgabe erfüllt. Auch die priesterliche Kleidung setzt solche Signale. Für einen klerikal gekleideten Mann gibt es keine Aufteilung und Trennung in beruflich und privat. Er zeigt, dass er immer im Dienst ist. Dies korrespondiert mit einem Item im Amtsverständnis, das bei den zeitlosen Klerikern mit 97% eine sehr hohe Zustimmung findet: „Das priesterliche Amt beansprucht das ganze innerste Leben seines Trägers."[274] Darin verbirgt sich neben der Aufgabe auch die Selbstaufgabe der Person zugunsten der Rolle. Diese werden jedoch von den Betroffenen in eins gesehen.

Gefährdungen

Zeitlose Kleriker, so zeigt es die Studie **PRIESTER 2000**©, stehen der modernen Welt eher skeptisch gegenüber. Die eingenommenen Positionen offenbaren Zwiespältigkeit. 46% sind in der Frage, ob sich die Kirche der modernen Welt mehr öffnen solle, unentschieden, 12% antworten uneingeschränkt mit Ja, 23% sagen eher ja, die restlichen 19% liegen bei eher nein. Die Aussage „Die Kirche

---

271 Vgl. Fahrner, Elke: Des Priesters Kleider und ein Blick darunter, Thaur 1998, 102-121.

272 Müller, Alois: Die klerikale Kleiderrevolte, in: Der Seelsorger 36 (1966) 260-264.

273 Die Passauer Ergebnisse bringen jedoch, nach Weihejahrgängen aufgeschlüsselt, zu Tage, dass die Zustimmung zur Priesterkleidung bei den Weihejahrgängen nach 1991 wieder ansteigt. Am geringsten ist sie bei den Jahrgängen zwischen 1971 und 1980, also der unmittelbaren Konzilsgeneration.

274 Zeitgemäße Gemeindeleiter stimmen hier nur mit 49% zu.

muss sich von der Welt deutlicher unterscheiden“ beantworten 69% der zeitlosen Kleriker mit ja und eher ja; 27% sind unentschieden, 4% lehnen die Unterscheidung eher ab.

Der zeitlose Kleriker begibt sich nicht in das Risiko, in die Moderne einzutauchen. Er ist mehr prä- denn antimodern, wohl aber damit beides. Die Gefährdung der zeitlosen Kleriker besteht darin, die „Welt“ vor allem von ihrer Nacht- und Schattenseite – die sie zweifelsohne hat – wahrzunehmen. 68% empfinden die Anpassung der Kirche an den Zeitgeist als starke Belastung, 16% als Belastung. Schwindenden Glaubensgeist im Volk erleben 68% aus der Gruppe der zeitlosen Kleriker ebenfalls als Belastung in ihrer Tätigkeit. Die Glaubensverkündigung sei unsicher geworden sagen 65%. Sie diagnostizieren von daher derzeit in erster Linie eine Glaubens- und nicht eine Kirchenkrise.[275] 80% sehen eine Glaubenskrise, 35% meinen, es handle sich um eine Kirchenkrise.

Wen die postmoderne Vielfalt und ihre damit verbundenen Ambivalenzen eher bedrohen als herausfordern, der sucht Lösungen möglicherweise in der Reduktion von Komplexität. Eindeutigkeit ist im Kontext postmoderner Vielfalt und Gleich-Gültigkeit eine notwendige und anerkennenswerte Eigenschaft. Wer sich aus den unzähligen Wahlmöglichkeiten für einen einzigen Weg oder eine bestimmte Form entscheidet, setzt sich dem Wahlzwang ungleich weniger aus und erlebt von daher weniger Alltagsstress. Die zeitlosen Kleriker verschaffen (sich) damit Sicherheit und Klarheit. Solche Komplexitätsreduktion bekommt jedoch spätestens dann ein negatives Vorzeichen, wenn sie in Fundamentalismus umschlägt. Gruppierungen dieser Art unter der Leitung oder Begleitung von Priestern gibt es in der katholischen Kirche nicht wenige.[276] Viele belegen in ihren „Gründungsurkunden“ Unzufriedenheit oder Protest gegen die zu weite Öffnung der Kirche zur Welt durch das Zweite Vatikanische Konzil, gegen die Reformen in der Liturgie, gegen Vielfalt und die Auslotung der Ekklesiologie auf Kirche als Volk Gottes. „Ein Zeichen für Rechtgläubigkeit sind einigen von ihnen die vorkonziliaren Formen – vor allem aber die traditionelle Form der Marienverehrung. Dabei geht es nicht um Maria, die Mutter Gottes an sich, sondern um die Verehrung, die sie vor dem Zweiten Vatikanischen Konzil und vor der Einordnung der Mariologie in die Kirchenkonstitution ‚Lumen gentium‘ genoss: Damals ergab sich ihre Bedeutung vor allem durch Erscheinungen, Wunder und apokalyptische Botschaften an die Menschheit. ... Neu hinzugekommen ist in unseren Tagen Marias Funktion als Zeugin für das ‚männliche‘ Amt in der Kirche, als dessen Verteidigerin sie ebenfalls bemüht sind.“[277] Die Konservativen werden so zu Konservierern eines in allen Ausfaltungen vermeintlich zeitlosen Kirchen- und Priesterbildes.

---

275 Vgl. Zulehner, Paul M.: Priester im Modernisierungsstress, 29.

276 Vgl. Hertel, Peter: Glaubenswächter. Katholische Traditionalisten im deutschsprachigen Raum; Allianzen – Instanzen – Finanzen, Würzburg 2000.

277 Hertel, Peter: Glaubenswächter, 16f.

Im Gegenüber zu sein ist eine Grundtendenz im Amtsverständnis der Zeitlosen. Abstand zur Moderne und zur Welt wird gesucht, Distanz. Dieses eher monolithische Gegenüber tangiert im praktischen Vollzug sowohl das Verhältnis von Amt und Gemeinde, als auch das Zueinander von hierarchischer und synodaler Struktur. Die Balance zwischen Vielfalt und Einheit verschiebt sich eher zu Gunsten der Einheit und zu Ungunsten der Vielfalt. Es besteht die Tendenz, das amtliche Priestertum für sich höher einzustufen und damit das gemeinsame Priestertum zu wenig wertzuschätzen und ihm nicht den grundlegenden Stellenwert, den es ekklesial hat, einzuräumen. Auf diese Weise wird z. B. das synodale Element unterbewertet, was wesentliche Konsequenzen für das Zusammenspiel innerhalb der Kirche selbst hat. Dies wird im folgenden Kapitel untersucht.

Character indelebilis, repraesentatio Christi und eine starke Präferenz des Sakramentes vor dem Wort hängen eng miteinander zusammen. Wer sich vor allem als Repräsentant Christi und kaum als Repräsentant der Gemeinde versteht, verengt seinen Blickwinkel und steht zumindest in der Versuchung, sich als Priester bisweilen oder nach wie vor auch in der Mittlerrolle zu begreifen. Der amtierende Bischof von Eichstätt, Walter Mixa belegt diese Vermutung. Er sagte in einem Gespräch „dass der Priester der Mittler zwischen Gott und den Menschen ist, und der getaufte und gefirmte Laie der Mittler zwischen Kirche und Welt. Diese Aussage stammt von Eugen Drewermann, der natürlich vom Religionsgeschichtlichen und vom Tiefenpsychologischen her gesehen durchaus recht hat, wenn er diese Berufe so richtig einordnet, und auch theologisch gesehen ist das nicht falsch. Wenn ich das nicht mehr sagen und bekennen darf, dann ich brauche ich mich natürlich nicht wundern, wenn eine zunehmende Vermengung und Vermischung in den kirchlichen Berufsbildern um sich greift."[278]

Christomonistisches Amtsverständnis

Hermann Josef Pottmeyer skizzierte vor zwanzig Jahren ein vor dem Konzil existierendes Kirchenmodell, „das einseitig von *einer* Linie bestimmt wird: von oben beginnend mit Christus, der Gründer und das Haupt der Kirche – sodann Petrus und die übrigen Apostel – als deren Nachfolger Papst, Bischöfe und Priester – schließlich ganz unten die Laien als gehorsame Empfänger der Christuswirklichkeit, die das Amt vermittelt"[279]. Er nennt dieses Modell das christomonistische. Christus, die Kirche und das Amt wurden in diesem Denken so miteinander verwoben, dass sich die Präsenz Christi nur noch monopolisiert im Amt zeigte. Juridisch-amtliches Denken steht im Vordergrund sowie eine formal

278 Mixa, Walter: Priester für die Welt: Bischof Walter Mixa im Gespräch mit Norbert Mattern, Augsburg 2000, 154f.

279 Pottmeyer, Hermann Josef: Der eine Geist als Prinzip der Einheit der Kirche in Vielfalt. Auswege aus einer christomonistischen Ekklesiologie, in: PThI 5 (1985) 253-284, hier 257.

amtliche Legitimation. Es entsteht dabei eine einseitige Fixierung auf Christus, die den trinitarischen Ursprung verdunkelt.

Die zeitlosen Kleriker haben im Amtsverständnis höhere Werte bei den Items die einen unmittelbaren Christusbezug aufweisen, als bei denjenigen, die etwas über den Gemeindebezug aussagen. Diese vier Nennungen stehen beim Amtsverständnis an den ersten Stellen: „Das priesterliche Amt ist von Christus eingesetzt, beansprucht das ganze innerste Leben seines Trägers, dient dem geistlichen Wachstum der Kirche, ist Repräsentation Christi". Theologen, die sich aufgrund verschiedener Aussagen den zeitlosen Klerikern zuordnen lassen, zeigen im Normalfall Aversionen, wenn von einer Funktionalisierung des priesterlichen Amtes die Rede ist, weil sie das mit Funktionalismus gleichsetzen.[280] Judith Müller hat dagegen überzeugend nachgewiesen, dass jegliches Amt eine Funktion in sich trägt, soll es sich nicht selbst ad absurdum führen.[281]

Der Christusbezug des zeitlosen Klerikers ist so ausgeprägt, dass man – in Anlehnung an Hermann Josef Pottmeyer – von einem christomonistischen Amtsverständnis sprechen kann. Sie repräsentieren den, der nach ihrem Verständnis das Amt eingesetzt hat. Die Christusrepräsentation, das augustinische „Für euch" hat bei ihnen einen wesentlichen höheren Stellenwert als das „Mit euch". Aufgrund dieser starken Christusbezogenheit sehen sich diejenigen aus der Umfrage, die zum Amtstyp des zeitlosen Klerikers gehören, vor allem im Gegenüber zur Gemeinde. In diesem primären Gegenüber verdeutlichen sie die Herkünftigkeit der Kirche von Christus und stehen dafür gerade, dass Jesu Botschaft nicht in einem, wie auch immer gearteten Zeitgeist, unter- und verloren geht. Die Unableitbarkeit des Amtes aus der Gemeinde, für die dieser Amtstyp steht, verweist die Gemeinde auf Christus zurück.

Joh 3,29-3,30 ist eine Schriftstelle, die das Selbstverständnis des zeitlosen Klerikers erschließen hilft: Wie Johannes der Täufer weist er von sich selber weg auf den hin, der Gott unter den Menschen sichtbar und erfahrbar macht. In der Übersetzung von Fridolin Stier lauten diese Verse so: „Wer die Braut hat, der ist der Bräutigam. Der Freund des Bräutigams aber, der dabeisteht und auf ihn hört: Er freut sich, hocherfreut, ob der Stimme des Bräutigams. Diese Freude nun – die meine – ist erfüllt. Jener muss wachsen, ich aber geringer werden." Zeitlose Kleriker sehen ihr Amt in hohem Maß im Dienst für das geistliche Wachstum der Kirche.

---

[280] Vgl. Ziegenaus, Anton: Zum Selbstverständnis des Priesters in den Zeiten des Umbruchs, in: Forum Katholische Theologie 2 (1986) 253-267; Ambaum, Jan: Die Identität des Priesters. Bemerkungen zum ontologischen und funktionalen Amtsverständnis, in: IKZ Communio 10 (1981) 421-434; Hernoga, Josef: Die Lehre des Zweiten Vatikanischen Konzils über das Priestertum. Offene Fragen als Herausforderung für die Theologie, in: Klerusblatt 77 (1997) 131-133.

[281] Vgl. Müller, Judith: In der Kirche Priester sein, 255f.

Position und Rolle in der Organisation

Institutionell hat der zeitlose Kleriker die Rolle des Wächters oder Hüters. Wie Alberich in der Nibelungensage oder der geheimnisvolle Wächter des Heiligen Grals aus dem Parzival versteht er sich als Aufseher über das „depositum fidei" und die reine und unverfälschte Tradition. Katechismen, Lehrbücher und traditionelle Formen der Spiritualität unterstützen diese Aufgabe. Nichts vom Schatz des Glaubens darf von der modernen Welt allzu sehr berührt werden, weil er sonst womöglich in ihr verloren ginge. Der zeitlose Kleriker verbürgt sich für die Überlieferung und macht sich dafür innerhalb der Kirche stark. Der Hüter des Horts der Überlieferung bewahrt vor Zersplitterung und Zerfallstendenzen. Er hält verbindlich zusammen, aber genau das beinhaltet eine zweite Möglichkeit: das Band des Zusammenhalts kann zur Fessel werden. Dann beginnt Verfestigung, in der es zur unbesehenen Tradierung auch solch vergangener Formen kommt, die leblos und fruchtlos geworden sind.[282] Problematisch wird es dort, wo man diese Formen divinisiert.

Die Rolle des Hüters ist in mancher Hinsicht undankbar. Sie macht einsam und ist anstrengend, weil man dem Wandel, den das Leben in sich trägt, permanent die Stirn bieten muss. Zudem ist die aufgebürdete Last der Verantwortung groß und schwer. Wer darum besorgt ist, die volle und unverkürzte Wahrheit zu tradieren, erlebt wenig Entlastung. Jedwede Entwicklung bedroht ihn – den Zeitlosen – tendenziell zuerst einmal. Veränderung verunsichert und Verunsicherungen durch Experimente, z. B. in der Liturgie, belasten ihn. Dies belegen wiederum die Daten aus der Studie: 42% fühlen sich davon sehr und ziemlich belastet; 31% etwas. Zeitlose Kleriker brauchen klare Orientierung, erkennbare Regeln und beschriebene Sicherheiten.

Sie sind weniger gelassene, denn eher ängstliche Wächter. Das Zweite Vatikanische Konzil hätte ihnen Entlastung angeboten. Eine erste findet sich zum Beispiel in der Rede von der Hierarchie der Wahrheiten, im Ökumenismusdekret Artikel 11. Nicht jede Glaubenswahrheit ist zu jeder Zeit gleich schwergewichtig, heißt die darin enthaltene Botschaft. Entscheidend ist die Nähe zum Mysterium Christi. Wenn also z. B. der Allerseelenablass in einer Pfarrgemeinde keine Resonanz mehr findet, dann ist damit noch nicht der Glaube der Menschen verdunstet.

Eine zweite Entlastung stellt LG 12 dar: das wiederentdeckte Vertrauen in den Glaubenssinn der Gesamtheit der Gläubigen. „Die Gesamtheit der Gläubigen, welche die Salbung von dem Heiligen haben (vgl. 1 Jo 2,20 und 27), kann im Glauben nicht irren." Beide kurz angetippten Themen treffen die Achillesferse des zeitlosen Klerikers. Es würde ihm innerhalb der Institution und auch per-

[282] Vgl. Betz, Otto: Die Kirche differenziert sich, in: Ders. (Hrsg): Gemeinde von morgen, München 1969, 37-52, hier 45.

sönlich gut tun, wenn er seine vermeintliche Schwäche – ganz paulinisch – als Stärke entwickeln könnte: darauf zu vertrauen, dass er nicht allein dafür verantwortlich ist, dass der Glaube und das Glaubensgut nicht „unter die Räder der Zeit“ geraten und dabei beschädigt werden. Papst Johannes XXIII. hat die freiheitliche Variante des Wächteramtes anlässlich der Eröffnung des Zweiten Vatikanischen Konzils in seiner vielbeachteten Rede folgendermaßen beschrieben: „Ja, diese sichere und beständige Lehre, der gläubig zu gehorchen ist, muss so erforscht und ausgelegt werden, wie unsere Zeit es verlangt. Denn etwas anderes ist das Depositum Fidei oder die Wahrheiten, die in der zu verehrenden Lehre enthalten sind, und etwas anderes ist die Art und Weise, wie sie verkündet werden, freilich im gleichen Sinn und derselben Bedeutung.“[283]

[283] Papst Johannes XXIII.: Das Zweite Vatikanische Ökumenische Konzil, Eröffnungsrede: in: HerKorr 17 (1962/63) 85-88, hier 86.

DER ZEITOFFENE GOTTESMANN

Der Name „Gottesmann“ ist kein alltägliches Wort und findet im Normalfall allenfalls in Prosa bei Geschichten Verwendung. In der Bibel trifft man auf diese Bezeichnung nur im Alten Testament und darin ausschließlich in den „Büchern der Geschichte“. Es handelt sich bei den so Betitelten einerseits um namenlose Männer wie z. B. in Ri 13,6 wo ein „Gottesmann“, ein Bote Gottes in diesem Fall, der Frau des Manoach die Geburt des Simson verheißt. Bei den „namenlosen“ Gottesmännern ist unwichtig wie sie heißen, weil sie einen Auftrag Gottes zu erfüllen haben. Der Auftrag und nicht die Person des Handelnden steht dabei im Mittelpunkt. Als Gottesmänner ausdrücklich benannt werden andererseits Mose, sowie die Propheten Elija und Elischa. Von Letzteren nimmt man an, dass sie zur Gruppe der sog. „Genossenschaftspropheten“ gehören und eine Ausbildung zum Propheten absolviert haben.[284] Diese biblischen Gottesmänner zeichnet vor allem der Beistand durch guten Rat und die heilende Wirkmacht für Bedrängte aus. In der Tradition der biblischen Gottesmänner in erweitertem Sinne steht Jesus von Nazareth.

Gottesmänner nennt die Überlieferung ferner fromme Rabbiner und Chassidim sowie die Derwische, die Mitglieder einer islamischen Sufi-Bruderschaft. Auch Ordensgründer oder Ordensmitglieder werden bisweilen so bezeichnet. Es sind also gewöhnlich Amtsträger, nicht im signifikant kirchlichen Sinn, sondern Männer, die als „Geistliche“ in spezifischer Weise einer Berufung nachkommen, indem sie sich ganz in den Dienst Gottes stellen. Aus diesem Grund könnte jeder der an der Umfrage beteiligten Priester ein „Gottesmann“ genannt werden.

Der Priestertyp, der beim Amtsverständnis in der Clusteranalyse als „Typ Zwei“ hervorgetreten ist, hat in der Zustimmung zum priesterlichen Amt bei einigen Items eine große Nähe zum Kleriker. Es sind dies diejenigen Aussagen, die eine starke Christusbezogenheit zeigen. Dies ist z. B. die Frage nach der persönlichen Berufung oder der repraesentatio Christi. In der Gemeindebezogenheit und vor allem in der Frage der Herkunft des Amtes gibt es jedoch bei diesem Amtstyp weit stärkere Zustimmungswerte als beim Kleriker. Der Unterschied zeigt sich hier deutlich.

Dass der zweite Amtstyp der Studie **PRIESTER 2000**© als zeitoffen bezeichnet wird, gründet darin, dass Priester die diesem Amtstyp zugehörig sind – anders als die zeitlosen Kleriker – nach dem empirischen Befund die geschichtliche Entwicklung des Amtes wahrnehmen. Sie gehen damit konform mit den Grundergebnissen der historisch-kritischen Exegese aus den letzten Jahrzehnten. 58%

[284] Vgl. Lang, Bernhard: Wie wird man Prophet in Israel? Aufsätze zum Alten Testament, Düsseldorf 1980, 31-58.

dieser Gruppe sehen das priesterliche Amt in seiner derzeitigen Ausprägung als Ergebnis eines geschichtlichen Prozesses an. Ein weiterer Grund für das Attribut „zeitoffen" ist die Haltung dieser Gruppe von Priestern zur modernen Welt. Diejenigen unter den Befragten, die sich als zeitoffene Gottesmänner verstehen, sind der Moderne zwar in Offenheit zugeneigt, erleben sich aber durchaus in Bewegung zwischen Kirche und Welt. „Kirche in der Welt von heute" heißt der Spannungsbogen in dem sie sich befinden: an der Seite der Menschen unter dem Zeichen des durch Menschen gekreuzigten Jesus Christus.

Der zeitoffene Gottesmann ist auch im Hinblick auf die moderne Zeit anders als der weltabgewandte Kleriker. Er ist weltzugewandt. Er steht in der Welt, ohne auf jeden aktuellen und damit modischen Trend aufzuspringen, er ist auf dem Laufenden, läuft aber deswegen nicht mit der Masse mit. Michael Schrom beschreibt seinen verstorbenen Heimatpfarrer in einer Weise, die diesen Amtstyp von seiner Grundeinstellung her ziemlich genau trifft. „Er war ein Mann, aber eben ein Mann Gottes. Nicht unbedingt ein demokratischer Teamleiter, auch kein Sprecher von Bürgerinitiativen; und wenig pflegte er den psychologisierenden Betroffenheitskult. Doch er war ein guter Zuhörer, präsent, politisch und spirituell wach, er vermittelte das Gefühl, dass Kirche, Politik und Gesellschaft zusammengehören und dass die religiöse Welt keine Sonderwelt neben der eigentlichen ist."[285]

Nach dem befragt, was sie als starke Seite des priesterlichen Lebens und Wirkens sehen, findet sich in der Gruppe der zeitoffenen Gottesmänner zu folgender Aussage eine Zustimmung von 73%: „von den Menschen als Mann Gottes wahrgenommen werden". Das wollen ausdrücklich bei den zeitgemäßen Gemeindeleitern vergleichsweise nur 13%.

Empirisches zum Amtsverständnis

Überkommenes aus der Priesterstudie von 1971

Fast alle Items zum Amtsverständnis sind dem Fragebogen der Priesterstudie entnommen, die 1971 in den Bistümern der Bundesrepublik Deutschland durchgeführt wurde, wurden in der Studie **PRIESTER 2000**© erneut vorgelegt. In der Auswertung der 71er Studie hat man die Items zu unterschiedlichen Amtsverständnissen gebündelt. Die größten Stücke des „Amtskuchens" fasste man in dem so benannten vertikalen sowie dem horizontalen Amtsverständnis zusammen. Diejenigen Items, die in der Faktorenanalyse dem horizontalen Amtsverständnis zugeordnet worden waren, sind von der Mehrheit der an Studie beteiligten Priester abgelehnt worden. Dennoch zeigte sich in der Umfrage, dass eine

---

[285] Schrom, Michael: Religiöse Seismographen. Das Priesteramt im Umbruch, in: CiG 52 (2000) 267-268, hier 267.

Minderheit diesem Amtsverständnis verbunden ist, „indem zugleich eine Kritik an der theologischen Begründung des Priesteramtes und den kirchlichen Strukturen zum Ausdruck kommt“[286]. Gerhard Schmidtchen ging bei der Auswertung davon aus, dass nicht nur eine theologische Position das Amtsverständnis ausmacht.[287] Was sich 1971 unter dem Stichwort des horizontalen Amtsverständnisses subsumierte, konnotierte in Ansätzen mit dem leichten Beigeschmack der Ausdünnung und Verflachung des priesterlichen Dienstes. Man befürchtete, dass die Vertreter des horizontalen Amtsverständnisses das priesterliche Amt lediglich als Produkt einer geschichtlichen Entwicklung sahen, das von daher in seiner Gestalt(ung) jederzeit verfügbar und veränderbar sei. In diesem Zusammenhang gab es auch die Vorstellung, das Priesteramt im „neuen Verständnis“ wäre primär auf Ziele hin orientiert, die sich im Mitmenschlichen erschöpfen würden.[288] Befürchtet wurde eine Einebnung des Amtsverständnisses und Reduktion auf puren Humanismus.

Was immer man mit dieser Aussage an Gefährdung verband: Man darf sie weder mit dem Blickwinkel eines Menschen in den Jahren um und nach 2000 lesen, noch auf der Folie von Mt 25. Im Hintergrund dieser damals geäußerten Bedenken standen einerseits wohl zeitgeschichtlich die Nachbeben der Studentenunruhen, andererseits auch die relativ neuen Sozialwissenschaften und sozialwissenschaftlichen Methoden, die Eingang in die Pastoral der Kirche suchten und fanden. Nicht zu überhören war auch der damals (noch) lautstark und vielfach geäußerte Wunsch nach einer stärkeren Modernisierung der Kirche und Demokratisierung der kirchlichen Strukturen.[289] Zudem begannen (junge) Christen das Evangelium weitaus stärker sozial denn herkömmlich moralisch zu interpretieren. Von Seiten der kirchlichen Jugendarbeit, in der sich viele junge Kapläne engagierten, kam es in dieser Zeit zunehmend zu Konflikten mit der Kirchenleitung. Die Bischöfe konnten mit der oft unbefangen geäußerten Kritik an der hierarchischen Verfassung der Kirche, die sie vor allem von Seiten des BDKJ und darin der Kath. Jungen Gemeinde zu hören bekamen, wenig Konstruktives anfangen. Man warf den Jugendlichen bzw. den gewählten Vorsitzenden vor, sie würden sich zu einseitig politisch engagieren und zu wenig mit der Kirche und deren grundlegenden Positionen identifizieren. Ein Beispiel für das Zeitgefühl dieser Phase ist der Slogan „Jesus ja – Kirche nein“: Unter damaligen Jugendlichen eine beliebte Formel, sich von der meist wenig zeitgemäß und jung erfahrenen (Institution) Kirche zu distanzieren. Die innere Zusammengehörigkeit von Kontemplation und Aktion, Spiritualität und Engagement, Mystik und

---

286 Schmidtchen, Gerhard: Priester in Deutschland, 48.

287 Vgl. Schmidtchen, Gerhard: Priester in Deutschland, 50.

288 Vgl. Hemmerle, Klaus: Funktionale Interpretation des priesterlichen Dienstes?, v. a. 28ff.

289 Vgl. Rahner, Karl: Strukturwandel der Kirche als Aufgabe und Chance, Freiburg i. Breisgau 1972; Hoefnagels, Harry: Die Krise der kirchlichen Autorität. Die Notwendigkeit einer Demokratisierung der Kirche, in: StdZ 182 (1968) 145-156; Lehmann, Karl: Zur dogmatischen Legitimation einer Demokratisierung der Kirche, in: Concilium 7 (1971) 171-181.

Politik[290] kam erst zu Beginn der Achtzigerjahre langsam ins Bewusstsein. Zu Zeiten der Priesterstudie 1971 gab es innerkirchlich erkennbar gepflegte Verschiedenheit. Zwischen den unterschiedlichen Gruppen bestand wenig konstruktiver Dialog. Karl Rahner sprach in diesem Zusammenhang von einer „Kirche der Polarisierung und Gruppierung".[291] Diese zeigte sich auch in den beiden Amtsverständnissen der Priesterstudie von 1971.

Karl Lehmann, der neben der Gefährdung des horizontalen Amtsverständnisses auch das Ungenügen des vertikalen sah und thematisierte, merkt beim horizontalen Amtsverständnis an, dass die Gefahr bestehe, „in der Identifikation mit der Welt und den Menschen einem konformistischen Trend zu erliegen und die Eigenart des amtlichen Auftrags zu verlieren"[292]. Das vertikal-objektive Amtsverständnis entsprach im Großen und Ganzen dem traditionellen Priesterbild, das die bisherige Zeit im Jahrhundert Geltung hatte. Es war christuszentriert, von der Priesterweihe getragen und von der damit verliehenen Autorität bestimmt. Für das vertikale Amtsverständnis standen folgende Sätze mit hoher Zustimmung: „Das priesterliche Amt ist Teilhabe am Priestertum Christi" (87%), „das priesterliche Amt ist von Christus eingesetzt" (87%), es „beansprucht das ganze Leben seines Trägers" (84%), „ist im Amt der Apostel begründet" (81%), „ist Voraussetzung für den Vollzug der Eucharistie" (80%), „ist Repräsentation Christi" (76%).

Theologisch befremdlich ist, dass 1971 die Aussage „das priesterliche Amt ist Repräsentation der Gemeinde" dem horizontalen Amtsverständnis zugeschrieben wurde.[293] Diese Zuschreibung verkennt, dass das Amt immer Amt der Kirche und für die Kirche und ihre Gemeinden ist. Und Kirche ist keine Institution die irgendwann entstanden ist, weil man „etwas" für die Kanalisierung der religiösen Bedürfnisse der Menschen brauchte. Sie ist sicherlich eine geschichtliche Größe, sie ist Institution, sie ist die Gemeinschaft des Volkes Gottes, sie stellt die Communio Gottes mit der Menschheit dar. Sie verdankt sich Gott und ist zugleich in ihrer jeweiligen geschichtlichen Erscheinungsform das Resultat des Handelns derer, die zu ihr gehören und sie sind.

Es gibt also viele Sichtweisen für Kirche. Sie kann vieldimensional wahrgenommen werden. Eine ganz wesentliche Dimension für die Kirche ist neben den oben genannten zentralen oder nebensächlicheren die der Sakramentalität. Kirche ist, so das Zweite Vatikanische Konzil, „in Christus gleichsam das Sakrament, das heißt Zeichen und Werkzeug für die innigste Vereinigung mit Gott

---

290 Vgl. Bischöfliches Ordinariat Rottenburg (Hrsg.): Beschlüsse der Diözesansynode Rottenburg-Stuttgart 1985/86. Weitergabe des Glaubens an die kommende Generation, Teil IV Jugendarbeit, Ostfildern 1986, 89-113.

291 Vgl. Rahner, Karl: Strukturwandel der Kirche, 42ff.

292 Lehmann, Karl: Bleibendes und Wandelbares im priesterlichen Amt, 19.

293 Vgl. Schmidtchen, Gerhard: Priester in Deutschland, 49.

wie für die Einheit der ganzen Menschheit"[294]. Sie ist Instrument des Handelns Gottes und Sakrament des Reiches Gottes.[295] Sie antizipiert als Sakrament das eschatologische Heil, jedoch vorläufig und zeichenhaft. In der Kirche und durch sie wird sichtbar, was Gott mit der Welt vorhat. Sie hält den heiligen Ursprung offen, dem sie entstammt, und ist als ganze in der Welt ein priesterliches Volk. Alle Getauften sind von daher in ihrem Wesen priesterliche Menschen. Die Repräsentation der Gemeinde beschreibt deshalb keine „horizontale" Dimension im Sinn des rein Mitmenschlichen, sondern eine zutiefst theologisch-ekklesiologische mit einem unlösbaren Gottesbezug. Repräsentation der Gemeinde stellt in diesem Kontext also weder eine juridische noch gesellschaftliche Funktion dar. Repräsentation durch den Amtsträger steht konstitutiv immer in doppelter Beziehung: „Die Sakramente, die der Priester feiert, sind nicht nur Sakramente Christi, sondern auch Feiern der Gemeinschaft, so dass es geradezu für deren Gültigkeit erforderlich ist, dass der Amtsträger die Intention hat, ‚zu tun, was die Kirche tut'".[296]

Ergebnisse aus der Umfrage

Die Gruppe der zeitoffenen Gottesmänner macht im Bistum Passau im Gesamt der Befragten 22% aus. Sie verteilt sich relativ gleichmäßig auf alle Weihejahrgänge mit Ausnahme des Konzilsjahrzehnts. Lediglich bei den zwischen 1961 und 1970 Geweihten ist der Anteil der zeitoffenen Gottesmänner mit 13% gering. Hängt dies damit zusammen, dass sich Priester dieser Dekade im Hinblick auf ihr Amtsverständnis womöglich stärker an den „Rändern" ansiedelten? Entweder konnte man die Veränderungen des Konzils wenig nachvollziehen und blieb eher ein zeitloser Kleriker, oder aber man konnte sie in hohem Maße nachvollziehen und neigte von daher dem zeitgemäßen Gemeindeleiter zu? Die integrative Seite, die den zeitoffenen Gottesmann vor allem auszeichnet, war vermutlich in der Zeit um das und unmittelbar nach dem Zweiten Vatikanischen Konzil weniger angesagt. Der zeitoffene Gottesmann ist den Daten nach ein Integrationstyp. Er positioniert sich in mehrerlei Hinsicht in der Mitte, ohne dadurch an Kontur zu verlieren und „mittelmäßig" zu sein.

Der zeitoffene Gottesmann hat hohe Werte bei den funktionalen Dimensionen des Amtes. Dass das priesterliche Amt dem geistlichen Wachstum der Kirche dient, ist mit 94% Zustimmung der „Spitzensatz." Die repraesentatio Christi hat den selben Stellenwert wie die Verantwortung für die synchrone Einheit. Der Leitungsdienst ist für ihn Dienst an der Einheit: Synchrone und diachrone Einheit stehen beim zeitoffenen Gottesmann – wie auch beim zeitlosen Kleriker – sehr nahe beieinander. Dass die funktionale Gestalt des Amtes in keinem Fall

---

294 LG Artikel 1.

295 Vgl. Wiedenhofer, Siegfried: Ekklesiologie, in: Schneider, Theodor (Hrsg.): Handbuch der Dogmatik Bd. 2, Düsseldorf [2]1995, 47-188, v. a. 90ff.

296 Greshake, Gisbert: Priester sein in dieser Zeit, 122.

funktionalistisch interpretiert werden kann, signalisieren die 92% des Items: „Das priesterliche Amt beansprucht das ganze innerste Leben seines Trägers". Für beinahe 4/5 aus der Gruppe der zeitoffenen Gottesmänner ist das priesterliche Amt, ganz im Sinne des Zweiten Vatikanischen Konzils, nicht nur repraesentatio Christi, sondern mit hohen Anteilen repraesentatio Ecclesiae. Obschon die persönliche Berufung für diesen Amtstyp wichtig ist (87%), hat die Ordination nicht den Stellenwert, das „Ein und Alles" für ihn zu sein. Im Vergleich zu den anderen drei Amtstypen ragt eine Position beim zeitoffenen Gottesmann besonders heraus: 27% sagen, dass sie sich von Amts wegen für eine versöhnte Koinonia in der Gemeinde verantwortlich fühlen. Das ist deswegen bedeutsam, weil Kirche in der Öffentlichkeit vielfach über ihre gelungene oder, für die Medien wesentlich interessanter, misslungene Konfliktkultur wahrgenommen wird. Wenn Amtsträger, und wohl nicht nur sie, sich dafür verantwortlichen fühlen, dass innerhalb der Gemeinde Konflikte nicht unter den Teppich gekehrt, sondern vielmehr offen verhandelt und ausgetragen werden, dann ist das nicht hoch genug wertzuschätzen.

Folgende Positionen zeichnen das Amtsverständnis des zeitoffenen Gottesmannes aus:

Abbildung 8: Der Amtstyp des zeitoffenen Gottesmannes

Das priesterliche Amt...

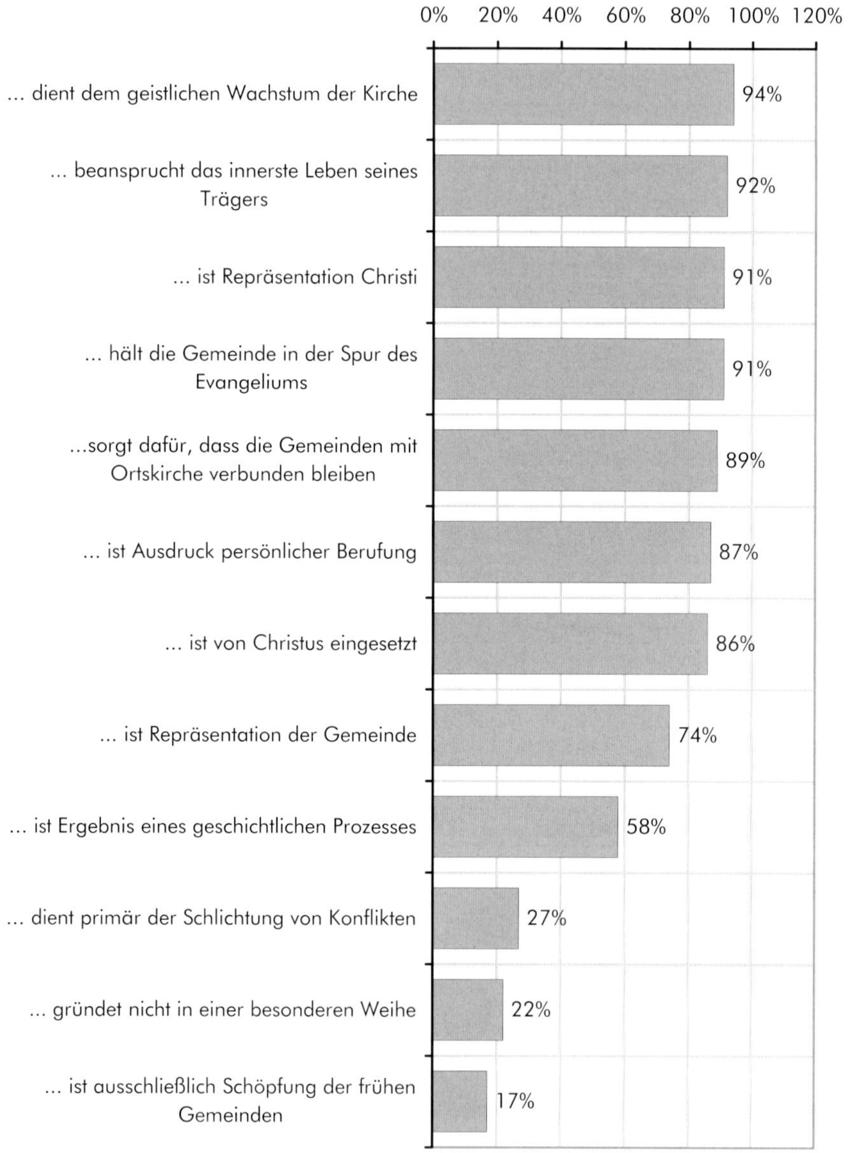

Quelle: **PRIESTER 2000**© – Gesamtstudie

Im Amtsverständnis des zeitoffenen Gottesmannes zeigen sich keine ausgesprochenen Extrempositionen. Die größte Ablehnung findet die Aussage, das priesterliche Amt wäre ausschließlich Schöpfung der frühen Gemeinden. Vergleicht man damit die Zustimmung zur geschichtlichen Entwicklung, ist möglicherweise das Adjektiv „ausschließlich" das Zünglein an der Waage der Ablehnung: Immerhin 25% der zeitoffenen Gottesmänner haben sich bei dieser Frage in der unentschiedenen Mitte platziert. Karl Lehmann warnte 1974 in der Auswertungspublikation der Priesterstudie davor, die damals vorliegenden beiden Amtsverständnisse gegeneinander auszuspielen und plädierte für das Finden einer neuen und radikalen Mitte.[297] Diese scheint sich nun im zeitoffenen Gottesmann zu personifizieren und zu zeigen.

Was die Ausgewogenheit im Amtsverständnis des zeitoffenen Gottesmannes von ihrer Herkünftigkeit bedeutet und was sie bewirkt, wird im folgenden Kapitel bearbeitet.

Herkunft und Wurzeln des Amtsverständnisses

Ekklesiologischer Ansatz für die Bestimmung des Amtes

Verkündigung als Erstaufgabe

Das Priesterbild, so ein Betroffener, wurde durch die Aufbrüche des Konzils, durch die gewandelten Grundanforderungen in der Seelsorge sowie durch gesellschaftlich-kirchliche Bewegungen und den weltkirchlichen Austausch umgepflügt.[298] Immerhin enthält das Bild des umgepflügten Feldes latent auch Aussaat, Wachstum und Ernte. Wo gepflügt wurde, gab es Umbruch. Es sind tiefere Schichten nach oben gekommen. So besehen trifft diese Metapher recht gut, was für die Amtsträger an Aufgaben durch das Konzil neu akzentuiert wurde: Der Priester ist nach dem Willen und in der Sichtweise der Konzilsväter nicht mehr in erster Linie der Mann der Sakramente, so wie es sich in der Folge des Tridentinischen Konzils als für lange Zeit einzig gültiges Amtsverständnis aus- und eingeprägt hatte. Die Verkündigung war in der Gewichtung der priesterlichen Aufgaben den Sakramenten und sogar den Sakramentalien nachgeordnet: Der Priester „gibt dem Volke die heiligen *Sakramente* zur Heiligung des Lebens der einzelnen. Er verwaltet die Fülle der *Sakramentalien* für die Durchheiligung

---

[297] Vgl. Lehmann, Karl: Bleibendes und Wandelbares im priesterlichen Amt – Das Verhältnis der neueren Entwürfe einer Theologie des kirchlichen Amtes zum empirischen Selbstverständnis der Priester, in: Forster, Karl: (Hrsg.): Priester zwischen Anpassung und Unterscheidung, Freiburg i. Breisgau 1974, 11-25, hier 19.

[298] Vgl. Drewes, Hans Leo: Die Kleidung des Priesters, in: Sekretariat der Deutschen Bischofskonferenz (Hrsg.): Priesterliche Lebensform, Arbeithilfen Nr. 36, Bonn 1984, 165-172, hier 167.

aller Bezirke des christlichen Daseins. Dafür werden die Hände des Priesters geweiht und geheiligt. Er spendet aus die Reichtümer des göttlichen *Wortes*, womit er ebenfalls Leben vermittelt, Trost, Licht und Kraft".[299] So eine priesterliche Aufgabenbeschreibung aus dem Jahr 1963.

In LG 25 findet sich als erster Satz: „Unter den hauptsächlichen Ämtern der Bischöfe hat die Verkündigung des Evangeliums einen hervorragenden Platz." In der Fußnote wird dabei Bezug auf die Reformdekrete des Konzils von Trient genommen. Der Dienst am Wort ist die erstrangige Aufgabe für den Bischof. Mit dieser Zuweisung knüpft das Konzil bei den Aposteln an. Sie sind die von Jesus Ausgesandten, deren erster Auftrag es war, den Menschen die lebensspendende Botschaft vom nahegekommenen Gottesreich zu verkünden.[300] „Denn der Messias" schreibt Paulus den Korinthern, „sandte mich nicht zum Taufen, sondern die Heilsbotschaft zu künden" (1 Kor 1,17a). Mit der Akzentuierung auf die Verkündigung wird die – dem Amt der Kirche innewohnende – missionarische Seite wieder in den Vordergrund gerückt.

Was für den Bischof gilt, gilt in gleicher Weise für die Priester. Das Dekret über Dienst und Leben der Priester „Presbyterorum ordinis" gewichtet deshalb die amtlichen priesterlichen Funktionen anders. Wichtig ist, dieses Dekret nicht für sich allein stehend zu betrachten. Es steht in engem Zusammenhang mit „Lumen gentium", der dogmatischen Konstitution über die Kirche, sowie „Sacrosanctum concilium", der Konstitution über die Heilige Liturgie. Erst in der Zusammenschau zeigt sich mehr als in der Summe der einzelnen Teile. In „Lumen Gentium" wird in weiterer Entwicklung zum Tridentinum das gemeinsame Priestertum aller Gläubigen an erster Stelle betont. Damit hat man – in Frieden – auf- und angenommen, was fünfhundert Jahre früher von den Reformatoren theologisch genau erkannt und den Konzilsvätern der damaligen Zeit aus vielerlei Gründen abgewehrt wurde.[301] Auf der Grundlage des gemeinsamen Priestertums, das allen durch die Taufe geschenkt wird, erfolgt die Differenzierung in die verschiedenen Ämter, sowie die signifikante Benennung des Dienstcharakters für das Weiheamt. Die Liturgiekonstitution wiederum verbindet den einseitigen Opferaspekt aus dem Messverständnis des Tridentinums mit dem Mahlcharakter. Die Eucharistie ist Opfergeschehen in der Form eines rituellen Mahlvorgangs. Und die Eucharistie stiftet Gemeinschaft: mit dem dreieinigen Gott und mit dem Leib Christi, das heißt, sie stiftet Kirche. Der Liturge ist Christus, der irdisch sichtbare „Liturge" die Kirche, die Gemeinschaft der Gläubigen als ganze, Priester und Laien. Dies ist eine deutliche Veränderung

[299] Rohner, Albert: Kirche und Priester, in: Bischöfliches Ordinariat Eisenstadt (Hrsg.): Der Priester im Anruf der Zeit, Wien 1963, 68-101, hier 98.

[300] Vgl.: Mk 16,15; Mt 10,16; Lk 10,3; Joh 20,21; Mt 28,19f.

[301] Otto Hermann Pesch meint, dass erst das Zweite Vatikanische Konzil das eingelöst hat, was im Tridentinum an Reformen eingefordert wurde. Vgl. Pesch, Otto Hermann: Das Zweite Vatikanische Konzil (1962-1965).

gegenüber dem Verständnis des Tridentinums und weist dem Vorsteher der Liturgie eine veränderte Rolle zu.[302]

So ist nur folgerichtig, dass im Priesterdekret die presbyteralen Aufgaben in anderer Schwerpunktsetzung beschrieben werden. Das priesterliche Amt wird von der sakramentalen Überbetonung entlastet und auf eine breitere Basis gestellt. An erster Stelle der „Aufgabenbeschreibung" für die Ordinierten steht nun die Verkündigung. Sie ist wie einer der zwei Brennpunkte einer Ellipse zu verstehen: in enger Beziehung zum sakramentalen Handeln. „Das Volk Gottes wird an erster Stelle geeint durch das Wort des lebendigen Gottes, das man mit Recht vom Priester verlangt. Da niemand ohne Glaube gerettet werden kann, ist die erste Aufgabe der Priester als Mitarbeiter der Bischöfe, allen die frohe Botschaft zu verkünden, um so in der Erfüllung des Herrenauftrags: ‚Gehet hin in alle Welt, und verkündet das Evangelium allen Geschöpfen' (Mk 16,15), das Gottesvolk zu begründen und zu mehren."[303]

Nach Friedrich Wulf zeigt sich in diesem Artikel von PO 4 in Ansätzen eine Theologie der Verkündigung, die sich aus der Ekklesiologie speist, womit wiederum die Verbindung hergestellt ist: Was der Priester verkündigt ist Verkündigung der Kirche. Das zu Verkündigende, die Botschaft, entstammt dem Glaubensschatz der Kirche, der Schrift und Tradition. Dieser Glaube wird in das Hier und Heute hinein gesprochen und mehrt und festigt sich damit oder wird bei den Menschen neu geweckt. „So ist die Verkündigung tatsächlich der Anfang allen priesterlichen Wirkens, zugleich aber auch seine Mitte; denn im Kerygma der Kirche als der Gemeinschaft der Glaubenden ist der Herr selbst, der Gekreuzigte und Erhöhte, als der alle im Glauben Einende und Einheit Stiftende wirksam."[304] Verkündigung ist in diesem Sinn nicht eingegrenzt auf den Predigtdienst oder auf Katechese, sondern umfassend zu verstehen als Heilsdienst, als Dienst am Heil der Menschen. Karl Rahner nennt Jesus Christus das Grundwort der Kirche, das in der Kirche eine bleibende Aktualität hat und das in allen Dimensionen des Menschen – gesellschaftlich und privat – gegenwärtig zu werden hat. Der Priester ist für ihn „der zum Dienst am Wort Bevollmächtigte"[305].

Handlungsbezogene amtliche Repräsentation in doppelter Weise

Das amtstheologische Proprium des zeitoffenen Gottesmannes ist die Balance im Verständnis der amtlichen Repräsentation. Er sieht eine deutliche Bezogenheit des Amtes auf Christus und seiner dienenden Vergegenwärtigung in der Gemeinde. Er begreift sich aber andererseits auch als Repräsentant der Gemein-

[302] Vgl. v. a. SC die Artikel 2; 5-13; 26-35; 47-56.
[303] PO Artikel 4.
[304] Wulf, Friedrich: Kommentar zu Artikel 1-6, 158.
[305] Rahner, Karl: Theologische Reflexionen zum Priesterbild von heute und morgen, in: Ders.: Schriften zur Theologie, Bd. IX, Einsiedeln-Zürich-Köln ^{2}1972, 373-394, hier 385.

de. 74% derjenigen Priester, die zu dieser Gruppe gerechnet werden können, stimmen diesem Item zu. Damit zeigt der Amtstyp des zeitoffenen Gottesmannes eine Facette, die zwar grundlegend zum Amt gehört, sich aber erst durch das Zweite Vatikanische Konzil wieder neu entfalten konnte.

Die Frage der amtlichen Repräsentation, näherhin der repraesentatio Christi, hatte im Laufe der Theologiegeschichte, wie bereits beim zeitlosen Kleriker beschrieben, eine durch verschiedene Umstände begünstigte Dynamik in die Richtung entwickelt, dass es zu einer Quasi-Identifikation des Amtsträgers mit Christus, und in Verbindung damit auch zu einer Gleichsetzung von Christus und der Kirche kam. Zeichen und Bezeichnetes wurden nicht mehr im notwendigen Maß unterschieden. Die repraesentatio Christi verlor damit ihr Kennzeichen der Differenzierung. Diese Differenzierung ist notwendig, weil Christus und die Kirche nie in eins gedacht werden können. Kirche steht stets unter dem Anspruch der Vorläufigkeit, sie ist Zeichen. Der Amtsträger sollte im differenzierenden Repräsentationsverständnis „deutlich machen, dass er nicht einer eigenen Sache vorstehe, sondern in seinem Vorstehen den eigentlichen Herrn zur Geltung bringe“[306]. Dadurch, dass sich die Wirklichkeit Christi in einer bestimmten Phase der Kirchengeschichte nur noch im Amt zeigte, kam es zum Ausfall der Differenzierung. Das Ergebnis war Identifikation. Diese Identifikation bedingte ein statisches Verständnis von Repräsentation. Der Priester galt als „alter Christus“ oder auch als Stellvertreter Christi – unabhängig von seinem Tun. Diese Vorstellung brachte in Verbindung mit der Lehre vom character indelebilis mit sich, dass der Priester auf eine andere und damit höhere Stufe des Seins gestellt wurde. Das Priestertum galt als Vollform des Christlichen (Katholischen).

In der amtlichen Repräsentation gab und gibt es jedoch eine in die erste verwobene, zweite Seite. Sie beinhaltet, dass das Amt in aller Sendung durch Christus auf die Kirche bezogen ist und die Amtsträger im Namen der Kirche handeln. „Sinn und Ziel allen amtlichen Wirkens ist die Kirche in ihrer Vollgestalt. Ernötigt ist dieser Dienst durch das Schon und Noch-nicht der eschatologischen Heilsgemeinde.“[307] Diese Auffassung gehörte in der Frage der Repräsentation von alters her bis in die Hochscholastik hinein zum festen Bezugspunkt. Sie verblasste und trat völlig in den Hintergrund, als die juridische Sichtweise von Kirche ab dem Spätmittelalter der überwiegende bzw. ausschließliche Blickwinkel wurde. Man verstand das Handeln als Kirche seit dieser Zeit in erster Linie als jurisdiktionellen Akt.[308]

---

306 Pottmeyer, Hermann Josef: Das Bleibende an Amt und Sendung des Presbyters, 46.
307 Hünermann, Peter: Marginalien zum Amtsverständnis, in: Geist und Leben 48 (1975) 285-299, hier 289.
308 Vgl. Greshake, Gisbert: Priestersein in dieser Zeit, 126ff.

In den Vierzigerjahren des letzten Jahrhunderts, also gut zwanzig Jahre vor dem Beginn des Zweiten Vatikanischen Konzils, das damals nicht in Ansätzen zu ahnen war, findet sich der Gedanke einer doppelten Repräsentation erstmals wieder in den von Papst Pius XII. herausgegebenen Enzykliken „Mystici Corporis“[309] und „Mediator Dei“.[310] Die doppelte Repräsentation wird darin auf die Eucharistiefeier bezogen und so begründet „dass nämlich der Priester nur deshalb an Stelle des Volkes handelt, weil er die Person unseres Herrn Jesus Christus vertritt, insofern dieser das Haupt aller Glieder ist und sich selbst für sie darbringt“[311]. Die repraesentatio Ecclesiae wird also von der doppelten Repräsentation hergeleitet, die Jesus Christus vor Gott und den Menschen innehat, wobei nach dem Duktus der Enzykliken die repraesentatio Christi der repraesentatio Ecclesiae vorgeordnet ist.

Das Zweite Vatikanische Konzil ging über diese wieder entdeckte Auffassung durch die erneuerte Ekklesiologie hinaus. So weitete sich das Amtsverständnis. Wesentlich war und ist, dass vor aller Differenzierung die Gemeinsamkeit aller Getauften in ihrer Zugehörigkeit zum Volk Gottes betont wurde. Damit geht einher die Sendung aller Kirchenglieder und der ihnen gemeinsame Anteil am Priestertum Christi. „Obzwar göttlicher Stiftung und darum nicht in der Verfügung des Kirchenvolkes, der Gemeinde, geht das priesterliche Amt doch aus dem priesterlichen Geheimnis der *Kirche* hervor; dort hat es seinen theologischen Ort.“[312] Das Amt ist immer und von jeher Amt der Kirche. Es hat „sein Wesen, seinen eschatologischen Charakter, seine Eigentümlichkeiten und Grenzen von der Kirche als ganzer und einer her“[313]. Es ist konstitutiv damit betraut, in vielfältiger Weise für den Aufbau des Leibes Christi tätig zu werden und den Menschen das Wort Gottes zu verkünden. Das Herrenwort aus Joh 15,5b „getrennt von mir könnt ihr nichts vollbringen“, das Priester manchmal scherzhaft für sich im Hinblick auf die Gemeinde verwenden, gilt streng genommen genau umgekehrt: Ohne Kirche, ohne Gemeinde ist kein Amt denkbar und vorstellbar. Niemand wird getauft, denn in eine Kirche hinein, niemand wird geweiht, ohne in den Dienst einer Kirche genommen zu werden. Der Priester handelt von daher in seinem amtlichen Tun stets auch im Namen der Kirche bzw. als Kirche. „Wenn ... der Pfarrer amtlich predigt oder der Eucharistie vorsteht, dann ist das ein noch einmal verdichtetes, qualifiziertes Tun der Kirche, durch welches sie

[309] Sie ist 1943 erschienen und setzt für die Ekklesiologie einen entscheidenden Impuls, das einseitig juridische Kirchenverständnis zu überwinden und Kirche – im biblischen Sinne – als Leib Christi zu verstehen.

[310] Die Enzyklika „Mediator Dei“ wurde im November 1947 veröffentlicht. Vgl. DH 3840-3855.

[311] DH 3850.

[312] Wulf, Friedrich: Stellung und Aufgabe des Priesters in der Kirche nach dem Zweiten Vatikanischen Konzil, in: Geist und Leben 39 (1966) 45-61, hier 47.

[313] Rahner, Karl: Theologische Reflexionen zum Priesterbild von heute und morgen, 379.

sich gleichsam selbst setzt."[314] Repraesentatio Christi und repraesentatio Ecclesiae können auf dem Boden der Ekklesiologie des Zweiten Vatikanischen Konzils nicht unabhängig voneinander gedacht werden. „Der Dienst des kirchlichen Amtes konkretisiert auf repräsentative und verbindlich (eben ‚amtliche') Weise den allgemeinen Dienst, das Heil Jesu Christi den Menschen zu verkünden, *seine* Sendung als Prophet, Priester und Hirte für die Menschen zu vergegenwärtigen. Insofern ist legitimes amtliches Handeln stets kirchliches Handeln, eben Handeln ‚in persona ecclesiae'."[315] Keinesfalls darf, bei allem Fokus dieser Arbeit auf die Amtsträger, übersehen werden, dass repraesentatio Christi durch alle Getauften geschieht. Überall dort, wo Menschen aus dem Geist Jesu heraus handeln, wo sie ihre Charismen in der ihnen geschenkten Weise einsetzen, wo sie Zeugnis ablegen von der Güte und Menschenfreundlichkeit Gottes, machen sie Jesus Christus sichtbar.

Die Repräsentationsfunktion des Amtsträgers ist nach der Sicht des Zweiten Vatikanums nichts Statisches, sondern handlungsbezogen. Sie ereignet sich, geistgewirkt und geistumfangen[316], im Tun der Amtsträger, in der Entfaltung des dreifachen Amtes durch Verkündigung, Sakrament und Leitung. Dies ist nach Karl Lehmann eine gewichtige Neuakzentuierung, weil der Priester nicht mehr von den Amtsbefugnissen her beschrieben wir, sondern von seiner Sendung.[317] In den Konzilsdokumenten wird deshalb kaum noch von repraesentatio gesprochen, sondern bevorzugt die Formulierung „in Persona Christi agere" verwendet.[318] Der Schwerpunkt liegt auf dem „agere". Bischof Franz Kamphaus kleidet diese Dynamik in das Bild des Darstellens. „Wir können Christus nicht herstellen, allenfalls darstellen. Wir können den Vorgang, dass er sich uns mitteilt, zur Darstellung bringen, symbolisieren, verleiblichen (wie in Zeichen der Liebe)... Unser Handeln als Priester ist im wesentlichen darstellender Art. Wir sind (etwa in der Liturgie) Zeichen für das, was nicht wir bewirken, sondern was uns von Christus geschenkt wird."[319] Guido Bausenhart spricht von einer Perichorese, einer gegenseitigen Durchdringung „beider Wirklichkeiten als Wirksamkeiten im Vollzug"[320].

Amtsträger, die sich in der Frage der amtlichen Repräsentation vor allem oder auch ausschließlich als Repräsentanten Christi begreifen, sehen das Amt nicht in der Weise ekklesial, wie es das Zweite Vatikanische Konzil für sich errungen

---

314 Zulehner, Paul M.: „Denn du kommst unserem Tun mit deiner Gnade zuvor..." Zur Theologie der Seelsorge heute. Paul M. Zulehner im Gespräch mit Karl Rahner, Düsseldorf 1984, 106.

315 Kehl, Medard: Die Kirche, 432f.

316 Vgl. Peters, Klaus: Repräsentation nach der Lehre des II. Vatikanischen Konzils, 110f.

317 Vgl. Lehmann, Karl: Das dogmatische Problem des theologischen Ansatzes zum Verständnis des Amtspriestertums, 157.

318 Vgl. Cordes, Paul Josef: „Sacerdos alter Christus"? Der Repräsentationsgedanke in der Amtstheologie.

319 Kamphaus, Franz: Priester aus Passion, Freiburg i. Breisgau 1993, 57f.

320 Bausenhart, Guido: Das Amt in der Kirche, 294.

hat. Dies betrifft diejenigen Amtstypen, welche die repraesentatio Christi als ausschließlichen konstitutiven Bestandteil für ihr Amtsverständnis sehen. Wer mit der Frage der amtlichen Repräsentation generell wenig anzufangen weiß, wie das beim zeitgemäßen Gemeindeleiter der Fall ist, steht in einer anderen und außerhalb der herkömmlichen Tradition laufenden Denkfigur, die nicht am Überkommenen anknüpft.

Als ein Beispiel unter vielen möglichen für die untrennbare Zusammengehörigkeit der doppelten Repräsentation gelte LG 10 wo es heißt: „Der Amtspriester... vollzieht in der Person Christi das eucharistische Opfer und bringt es im Namen des ganzen Volkes Gottes dar".[321] Beschränkt man sich im Wahrnehmen dieser Formulierung nur auf den ersten Teil, befindet man sich wieder beim tridentinischen Amtsverständnis. Erst der zweite Satzteil zeigt das Amt inmitten der Gemeinde und die Liturgie als Feier der Gemeinde in der Christus in vielgestaltiger Weise gegenwärtig ist.[322]

Die Gruppe der zeitoffenen Gottesmänner hat mit ihrem ausgeprägten Verständnis der doppelten Repräsentation eine Bewegung aufgenommen, die dem priesterlichen Amtsverständnis durch die Ekklesiologie des Zweiten Vatikanischen Konzils zugewachsen ist. Am zweiten Priestertyp der Studie **PRIESTER 2000**©, dem zeitoffenen Gottesmann, wird deutlich, wie Kirchenbild des Zweiten Vatikanums und priesterliches Amtsverständnis einander entsprechen. Priestern, die sich von ihrem Selbstverständnis her im Umkreis des Amtstyps des zeitoffenes Gottesmannes befinden, ist die geschichtliche Entwicklung des Amtes präsent. Die unmittelbare Einsetzung durch Christus spielt für sie keine gewichtige Rolle. Sie verstehen sich sowohl als (amtliche) Repräsentanten Christi wie auch der Gemeinde. Die spürbar stärkere Ausrichtung auf die Gemeinde und Zugehörigkeit zur Gemeinde, die sich durch die empirischen Daten beim zeitoffenen Gottesmann erkennen lässt, atmet zweifellos den Geist des Zweiten Vatikanums. Zeitoffene Gottesmänner weisen über ihr Amtsverständnis eine hohe Integrationskomponente aus. Sie verstehen ihr Amt einerseits als repraesentatio Christi, fühlen sich aber andererseits für die Einheit der Gemeinde verantwortlich. Das gemeinsame Priestertum hat – sichtbar an der hohen pastoralen Wertschätzung der Laien – für sie einen gewichtigen Stellenwert. Das amtliche Priestertum wird bei ihnen nicht (erheblich) höher bewertet als das gemeinsame Priestertum aller Getauften. Dadurch wird etwas eingeholt, was „auf dem Papier" durch das Zweite Vatikanische Konzil wieder gemeinsames Verständnis von Kirche wurde. Gültigkeit hat es dann, wenn es rezipiert wird. Das scheint derzeit bei der Gruppe der zeitoffenen Gottesmänner am ehesten der Fall zu sein, womit faktisch ein großer Schritt an Veränderung gesetzt ist.

---

321 LG Artikel 10.

322 Vgl. SC Artikel 7.

In der grundsätzlichen Gewichtung der priesterlichen Tätigkeiten, unabhängig vom eigenen Arbeitsbereich, tragen die zeitoffenen Gottesmänner des Bistums Passau dieser Akzentuierung in dem Sinne Rechnung, dass Sonntagsmesse und Predigt bei ihnen mit 100% Wichtigkeit denselben Stellenwert einnehmen.

„Kirche in der Welt von heute": Balance zwischen Vergegenwärtigung und Zeitgeist

94% aus der Gruppe der zeitoffenen Gottesmänner sehen es als Stärke des priesterlichen Dienstes an, Freude und Hoffnung, Trauer und Angst der Menschen von der Geburt bis zum Tod zu teilen. Dasselbe gilt für die Aussage: „es ist eine Stärke des priesterlichen Dienstes, die Zeichen der Zeit zu erkennen und an ihnen die Verkündigung des Evangeliums zu formen". Dem stimmen ebenfalls 94% der zeitoffenen Gottesmänner aus dem Bistum Passau zu.

Unschwer ist die Quelle dieser Aussagen auszumachen: die pastorale Konstitution über die Kirche in der Welt von heute „Gaudium et spes". „Freude und Hoffnung, Trauer und Angst der Menschen von heute, besonders der Armen und Bedrängten aller Art, sind auch Freude und Hoffnung, Trauer und Angst der Jünger Christi."[323] Mit dieser Ouvertüre schlagen die Konzilsväter im Vorspiel, dem prooemium der Konstitution die Grundtöne an, die ein neu zu gewinnendes Verhältnis der Kirche zur Welt beschreiben.

Hinwendung zur heutigen Welt

Welt ist nach GS Artikel 2 zu verstehen, als die vorfindbare Menschheit in all ihren Ambivalenzen und als Schauplatz der Geschichte. Welt meint im Sinne der Konzilsväter aber auch die Schöpfung Gottes, noch unvollendet zwar, aber durch Christus von der Herrschaft des Todes und des Bösen befreit und auf dem Weg zur neuen Schöpfung.[324] Es ging dem Konzil darum, „diese heutige Welt in den Blick zu nehmen und anzunehmen: eine Welt im Wandel, eine auf den Menschen hin zentrierte, technisierte Welt, voll von Gegensätzen und dramatischen Entwicklungen. Das Konzil akzeptiert diese Welt so, wie sie ist; es schwelgt nicht in der Erinnerung an angeblich bessere Zeiten, es orientiert sich auch nicht an einem unrealistischen Idealbild der Menschheit".[325]

Nicht mehr Abgrenzung und grundlegende Unterscheidung von der modernen Welt sind die entscheidenden Grundoptionen der Kirche, sondern ein bewusstes und zugleich prophetisch-kritisches Ja zur Welt und darin umfangen eine hohe Sensibilität für all das, was die Menschen dieser Welt bewegt und umtreibt.

[323] GS Artikel 1.
[324] Vgl. GS Artikel 2.
[325] Weismayer, Josef: Weltoffenheit und Weltverantwortung. Spirituelle Elemente der Pastoralkonstitution, in: Kremer, Jacob (Hrsg.): Aufbruch des Zweiten Vatikanischen Konzils heute, Innsbruck, Wien 1993, 103-129, hier 118.

Dieser von vielen erhoffte und erwartete Schritt nach vorne war grundlegend und ist irreversibel. Töne in diese Richtung klangen bereits bei der Eröffnungsrede des Konzils durch Papst Johannes XXIII. an, als er sich zu denjenigen äußerte, welche die Vergangenheit verklärten, in der Gegenwart nichts Gutes finden und an der Welt nichts Gutes lassen konnten. Johannes XXIII. nannte sie Menschen, die sein Ohr betrüben und die Dinge nicht richtig beurteilen können: „Sie meinen nämlich, in den heutigen Verhältnissen der menschlichen Gesellschaft nur Untergang und Unheil zu erkennen. Sie reden unablässig davon, dass unsere Zeit im Vergleich zur Vergangenheit dauernd zum Schlechteren abgeglitten sei... Wir aber sind völlig anderer Meinung als diese Unglückspropheten, die immer das Unheil voraussagen, als ob die Welt vor dem Untergang stünde.“[326]

Der in der Kirche lange Zeit dominierende kämpferische Antimodernismus war damit – jedenfalls bei der Mehrheit der Konzilsväter – an ein Ende gekommen. Hubert Wolf weist darauf hin, dass der Begriff „Modernismus“ in den Dokumenten des Zweiten Vatikanischen Konzils nicht mehr auftaucht. Gerade diese negative Folie ist für ihn bedeutsam weil das – so Wolf – „auffällige ‚Beschweigen‘ eines Themas, welches das kirchliche Leben noch bis kurz zuvor beherrscht hatte, bezeichnend scheint für die Wende, die das Konzil tatsächlich gebracht hat“[327].

Eine bewusste Hinwendung zur Welt und eine Positionierung in der Welt zeichnen die Kirche seit dem Zweiten Vatikanischen Konzil aus. Lineares Fortschrittsdenken und Euphorie im Blick auf die Entwicklungsmöglichkeiten von Welt und Menschheit, die sich in GS zeigen, waren, so ist man sich in der späteren Reflexion klar geworden, zeitbedingt.[328] Was deutlich macht, dass sich na-

---

[326] Papst Johannes XXIII.: Das Zweite Vatikanische Ökumenische Konzil, Eröffnungsrede, 86.

[327] Vgl. Wolf, Hubert: Vom Nutzen der Historie für die Interpretation des II. Vatikanums, in: Hünermann, Peter (Hrsg.): Das II. Vatikanum – christlicher Glaube im Horizont globaler Modernisierung. Einleitungsfragen, Paderborn 1998, 159-164, hier 162.

[328] Karl Rahner sagt zum Thema Euphorie: „Obwohl ich selber dabei war, als ‚Gaudium et spes‘ auf dem Konzil erarbeitet wurde, möchte ich nicht bestreiten, dass auch darin ein zu euphorischer Unterton in der Beurteilung des Menschen und seiner Situation gegeben ist, wenn auch alles wahr sein mag, was darin gesagt wird.“
Josef Ratzinger sieht die Euphorie vor allem im Zusammenhang mit der gesamten Arbeit der Konzilsväter: „Wer die Reden der letzten Konzilsperiode noch im Ohr hat, weiß, wie sehr die Väter nach Jahren des Streits um theologische Probleme nun von dem Verlangen bedrängt waren, etwas Konkretes, Sichtbares, Greifbares für die Menschheit zu tun. Das Gefühl, nun endlich müsse die Welt von Grund auf verändert, verbessert, vermenschlicht werden und sie könne es jetzt auch – dieses Gefühl hatte sich ihrer offensichtlich unwiderstehlich bemächtigt. Nach all den Überraschungen, die man im Bereich des eigentlich Theologischen zuwege gebracht hatte, herrschte ein Gefühl der Euphorie und Frustration zugleich. Euphorie, weil es schien, dass diesem Konzil nichts unmöglich sei, da es mit jahrhundertelang eingewurzelten Einstellungen zu brechen die Kraft hatte; Frustration, weil alles bisherige in der Menschheit nicht zu Buche schlug und eigentlich erst recht das Verlangen nach Freiheit, nach Weite, nach dem Ganz-anderen schürte. Quellen: Rahner, Karl: Christlicher Pessimismus? in: Ders.: Schriften

türlich die damalige Art und Weise, Leben und Welt zu sehen, in den Themen und den damit verbundenen Sichtweisen der Konzilsväter und Konzilsberater niedergeschlagen hat. Sie waren Menschen eben mit dem Zeitgefühl, das damals bestimmend war. Gibt das den Kritikern und Verzagten Recht, die befürchten und beklagen, das „aggiornamento" habe dem Zeitgeist in der Kirche Tür und Tor geöffnet?[329] Manchen war die vom Konzil eingeschlagene Richtung, von der sich in „Gaudium et spes" vieles abbildet, ein zu großer Schritt nach vorne. Wer sich aussetzt, muss sich auseinander setzen. Das „aggiornamento" kann, wie man heute weiß, eine doppelgesichtige Seite haben. Es kann „zugleich zeitgemäße lebendige Vergegenwärtigung und auch Anpassung an den Geist der Zeit sein"[330]. Die Alternative wird jedoch nicht im „herimento" liegen, sondern darin, bestmöglich die Balance zu halten. Wenn Kirche sich als Kirche in der Welt von heute versteht und das, was die Welt ausmacht, in ihrem Selbstwert achtet und schätzt, bedeutet das alles andere als unkritische Anpassung an die Welt. Wenn die Zeichen der Zeit im Lichte des Evangeliums gedeutet werden, dann ist das Evangelium die bleibend kritische Instanz für die Welt und für die Kirche. Beide bedürfen der steten Erneuerung durch den Geist Gottes. Die prophetische Kraft der Botschaft Jesu konstituiert in vielerlei Hinsicht ein bleibendes Gegenüber, ohne dass man sich damit anmaßt, sich als Kirche eine von der Menschheitsgeschichte völlig unabhängigen Kriteriologie für die Zeichen der Zeit zuschreiben zu können.[331] Die Kirche wird nie ganz in die Welt eintauchen können und dürfen. „Weder Umarmung noch Getto", so Josef Ratzinger, „können auf die Dauer das Problem der Neuzeit für den Christen lösen."[332] Der Anspruch bleibt: Kirche wird und muss sich immer eher als der Sauerteig verstehen, der den „Weltteig" durchsäuert, wie dies in GS 40 zum Ausdruck kommt.

Die Absicht des Konzils lässt sich erkennen, wenn man die Gesamtheit der in Kraft gesetzten Texte im Blick hat und nicht isoliert einen herausgreift. Unter dem Blickwinkel vom Ganzen her gilt: Mit der pastoralen Konstitution über die „Kirche in der Welt von heute", in Inhalt und Form eine Novität unter den Konzilsdokumenten, wurde ein Schritt vollzogen, der im wahrsten Sinne des Wortes das Leben in die Kirche hineinbrachte. „An die Stelle der abgrenzenden Konfrontation zur modernen Welt trat der Brückenschlag zu den Denkströmungen

zur Theologie, Bd. XVI., Zürich 1984, 206-214, hier 209; Ratzinger, Josef: Der Weltdienst der Kirche. Auswirkungen von „Gaudium et spes" im letzten Jahrzehnt, in: IKZ Communio 4 (1975) 439-454, hier 441.

329 Papst Paul VI. war sich nicht sicher, ob nicht gar der „Rauch Satans" in die Kirche eingedrungen sei. Vgl. Hauer, Nadine/Zulehner, Paul. M.: Aufbruch in den Untergang. Das II. Vatikanische Konzil und seine Auswirkungen, Wien 1991, 37.

330 Eichinger, Matthias: Zur Sakramentalität von Welt und Menschheit nach dem Zweiten Vatikanum. Anmerkungen zu einer postkonziliar vergessenen Thematik, in: Geerlings, Wilhelm/Seckler, Max (Hrsg.): Kirche sein: nachkonziliare Theologie im Dienst der Kirchenreform: für Hermann Josef Pottmeyer, Freiburg i. Breisgau 1994, 181-198, hier 190.

331 Vgl. Eichinger, Matthias: Zur Sakramentalität, 194.

332 Ratzinger, Josef: Der Weltdienst der Kirche, 451.

der Gegenwart, trat auch der Versuch des Dialogs mit allen Kräften guten Willens."[333]

Die Welt zu bejahen und damit auch die Gebrochenheit, Schuld und Sünde in ihr wahrzunehmen, die Zeichen der Zeit im Licht des Evangeliums zu deuten, wie es in GS 4 beschrieben wird, aus dieser Perspektive heraus auf die Fragen der Menschen nach dem Sinn des Lebens zu antworten, ihre Sehnsüchte aufzunehmen und zu behausen: Solches gehört nach dem Verständnis des Konzils wesentlich zu den Aufgaben der Kirche und damit auch zu den Aufgaben der Amtsträger.

Mit den Menschen in der Welt von heute auf dem Weg

Die Kirche hat sich durch das Zweite Vatikanische Konzil wieder als Volk Gottes erkannt und beschrieben, das unter dem Zeichen Jesu Christi gemeinsam auf dem Weg durch die Zeit ist. Kirche hat eine suchende Haltung eingenommen, als „Kirche in der Welt von heute" mit und zu den „Menschen in der Welt von heute". Dieses „in der Welt" sein, wirkt sich auf das priesterliche Amtsverständnis aus, wie die Studie **PRIESTER 2000**© zeigt. Es ist erkennbar in der Art und Weise, wie die Pastoral gestaltet wird, wie man mit Vielfalt umgeht, wie sich Synodalität in der Spannung zum Leitungsdienst formt, wo die Schwerpunkte für die Tätigkeiten gesetzt werden, was die Verkündigung kennzeichnet. Der zeitoffene Gottesmann hat – wie die Umfrage ausweist – seinen Grundstandort zwar in der Welt, aber nicht um jeden Preis. Er ist ein geistlicher Zeitgenosse, ohne dadurch ein Zeitgeistlicher zu sein. Er ist kirchlich kritisch-loyal und versucht im pastoralen Grundkonflikt[334] für sich Ausgewogenheit herzustellen, sich also tendenziell weder einseitig auf die Seite der Gesellschaft zu schlagen, ohne den kirchlichen Standpunkt mitzubedenken; noch unkritisch einen kirchlichen Standpunkt einzunehmen, ohne das Ohr bei den Menschen zu haben. Die Frage, „Zwischen den Forderungen der Kirche und den Nöten und Problemen der Gläubigen erfahre ich starke Spannungen" wird von den vier Amtstypen unterschiedlich beantwortet:

---

[333] Hausberger, Karl: Die gegenwärtige Kirchenkrise – ein Rückblick auf die Geschichte, in: Beinert, Wolfgang (Hrsg.): Kirchenbilder – Kirchenvisionen. Variationen über eine Wirklichkeit, Regensburg 1995, 13-42, hier 30.

[334] Der pastorale Grundkonflikt beschreibt die Spannung, in welche der Priester kommt, wenn sich die Erwartungen der Kirche, der er loyal verbunden sein will, nicht mit den Erwartungen der Menschen decken. Es handelt sich also um das Spannungsfeld zwischen kirchlich-christlichen und gesellschaftlichen Werten. „Von diesem ist jeder Träger eines kirchlichen Berufes, somit auch der Priester, unmittelbar betroffen." Vgl. Zulehner, Paul M.: Priester zwischen dem Auftrag Jesu und den Erwartungen der Menschen, in: Bischöfliches Ordinariat Linz (Hrsg.): Kirche und Priester zwischen dem Auftrag Jesu und den Erwartungen der Menschen. Ergebnisse der Umfragen des Instituts für kirchliche Sozialforschung Wien über „Religion und Kirche in Österreich" und „Priester in Österreich", Linz – Wien 1974, 145-244, hier 153.

Tabelle 18: Zwischen den Forderungen der Kirche und den Nöten und Problemen der Gläubigen erfahre ich starke Spannungen (nach Amtstypen)

	ja	eher ja	eher nein	nein
zeitloser Kleriker	40%	40%	20%	0%
zeitoffener Gottesmann	35%	52%	10%	3%
zeitnaher Kirchenmann	40%	53%	7%	0%
zeitgemäßer Gemeindeleiter	58%	42%	0%	0%

Quelle: **PRIESTER 2000**© – Diözese Passau

Von 80% erfahrener Spannung bei den zeitlosen Klerikern, von denen immerhin auch 20% sagen, das wäre eher nicht der Fall, steigt die erlebte Differenz über 87% bei den zeitoffenen Gottesmännern (13% eher keine oder keine Spannung), auf 93% bei der Gruppe der zeitnahen Kirchenmänner hin zu 100% bei den Gemeindeleitern. Je moderner ein Priestertyp ist, desto mehr Spannung zwischen den kirchlichen Forderungen und den Problemen der Menschen erlebt er: das ist eine Hypothese, die sich über weitere Auswertungen verifizieren lässt. In Frage 13 des Fragebogens findet sich eine Batterie an Fragestellungen, welche den Einschätzungen der religiös-kirchlichen Situation nachgeht. Je nach Standort zeigt sich über die Antworten zu diesen Fragen die Positionierung der Befragten zur Moderne.

Ob sich die Kirche der modernen Welt mehr öffnen solle oder sich deutlicher von der Welt unterscheiden: in dieser Frage kann sich die Gruppe der zeitoffenen Gottesmänner – im Unterschied zu den anderen Amtstypen – nicht eindeutig einer Position zuordnen. 45% sagen, die Kirche solle sich mehr öffnen, 41% sind unentschieden. Ebenfalls 45% meinen, die Kirche solle sich von der Welt deutlicher unterscheiden; unentschieden sind in dieser Frage nur 29%; 26% plädieren dafür, sich als Kirche nicht deutlicher von der Welt zu unterscheiden.

Ähnlich behutsam ist auch die Einschätzung bei der Gruppe der zeitoffenen Gottesmänner, ob es sich bei der derzeit spürbaren Krise eher um eine Glaubens- oder doch mehr um eine Kirchenkrise handele. Der Aussage des Fragebogens „Es gibt in unserem Land eine tiefe Glaubenskrise“ stimmen 81% der zeitoffenen Gottesmänner (mit ja und eher ja) zu. Hier zeigen sie eine ähnliche Einordnung wie die zeitlosen Kleriker: sie stimmen dieser Aussage mit 80% zu. Während aber die zeitlosen Kleriker vor allem von einer Glaubens- und kaum von einer Kirchenkrise ausgehen (35% ja und eher ja in der Frage der Kirchenkrise) meinen 2/3 der zeitoffenen Gottesmänner, dass sich nicht nur der Glaube, sondern auch die Kirche in einer tiefen Krise befinde: 66% sehen dies so.

Ein weiterer Indikator, der ebenfalls zum Frageblock der Frage 13 gehört, ist die Bewertung des Zweiten Vatikanischen Konzils, sowohl von den in den Dokumenten grundgelegten Möglichkeiten, als auch vom Erleben der faktischen Lage:

Tabelle 19: Zufriedenheit mit Entwicklungsperspektiven des Konzils (nach Amtstypen)

	ja	eher ja	unentschieden	eher nein	nein
zeitloser Kleriker	36%	48%	8%	8%	0%
zeitoffener Gottesmann	26%	26%	26%	19%	3%
zeitnaher Kirchenmann	13%	50%	19%	17%	2%
zeitgemäßer Gemeindeleiter	23%	44%	23%	10%	0%

Quelle: **PRIESTER 2000**© – Diözese Passau

Das Konzil trug für viele Kirchenglieder – je nach Standort – ambivalente Züge. Die einen erhofften möglichst viel Aufbruch, die anderen befürchteten ihn. Die eröffneten Perspektiven durch das Zweite Vatikanum sind das eine. Die zeitoffenen Gottesmänner sind hier diejenigen, bei denen sich – warum auch immer – am ehesten Unzufriedenheit zeigt (22%) und von allen mit 52% die wenigste Zufriedenheit. Vermutlich ist es schwierig, die Frage nach den 1965 eröffneten Perspektiven auf dem Erfahrungsboden der derzeitigen Situation retrospektiv zu beantworten. Prägt doch immer das Hier und Heute auch die Einschätzung dessen, was war: Entweder eher verklärend, weil die Gegenwart weniger gut erlebt wird als man die Vergangenheit bewertet; oder aber erleichtert, weil sich manche Befürchtung, die man auf Zukunft hin hegte, nicht bewahrheitet hat. So spielt die Gegenwart immer auch in die Vergangenheit hinein.

In Zeiten, in denen der permanente und rasante gesellschaftliche Wandel den Menschen zu schaffen macht und im Bereich des E-Commerce in schneller Abfolge Neuheiten am Markt erscheinen, die versprechen, alles noch schneller und effizienter zu erledigen, werden kleine und langsame Reformen in Institutionen kaum mehr registriert. In der Folge eines großen kirchengeschichtlichen Ereignisses wie dem Zweiten Vatikanischen Konzil braucht es Zeit, um in einer so differenzierten Großinstitution wie der Kirche die daraus resultierenden nachhaltigen Veränderungen zu implementieren. Trotz aller Geduld sind nachkonziliar, so meinen nicht wenige, viele Hoffnungen über die mögliche innerkirchliche Entwicklungen ins Leere gelaufen.[335] Ursachenforschung dazu ist nicht das

335 Vgl. Krätzl, Helmut: Im Sprung gehemmt. Was mir nach dem Konzil noch fehlt, Mödling 1998; Feichtlbauer, Hubert: Der Aufstand der Lämmer. Zu den Fragen des Kirchenvolks, Wien

Thema dieser Arbeit. Einiges steht wohl dennoch in Verbindung mit dem langen Pontifikat von Papst Johannes Paul II., das sich zum Zeitpunkt der Befragung im 21. Jahr befand. Papst Johannes Paul II. hat sich in vielen Bereichen, auch außerkirchlich und besonders in Fragen der Ökumene, hohes Ansehen erworben. Was anstehende innerkirchliche Reformen betrifft, war jedoch (nach Meinung der Verfasserin) wenig Veränderungspotenzial zu erkennen. Wie sehen die befragten Priester die Rezeption des Konzils? Wie zufrieden oder unzufrieden sind sie mit der tatsächlichen Entwicklung, welche die Kirche in den letzten fünfunddreißig Jahren ihrer Nachkonzilszeit gemacht hat?

Tabelle 20: Unzufriedenheit mit tatsächlicher nachkonziliarer Entwicklung (nach Amtstypen)

	ja	eher ja	unentschieden	eher nein	nein
zeitloser Kleriker	12%	27%	23%	31%	8%
zeitoffener Gottesmann	20%	27%	33%	17%	3%
zeitnaher Kirchenmann	11%	19%	40%	23%	6%
zeitgemäßer Gemeindeleiter	28%	46%	15%	8%	3%

Quelle: **PRIESTER 2000**© – Diözese Passau

In der Frage der Unzufriedenheit über die faktische Richtung, welche die Kirche in der nachkonziliaren Phase eingeschlagen hat, zeigen sich Ähnlichkeiten in der Einschätzung zwischen den zeitoffenen Gottesmännern und den zeitgemäßen Gemeindeleitern. Sie gehören, die Gemeindeleiter mit 76% erheblich mehr, zu den eher enttäuschten Konzilsreformern und offenbaren damit den bleibenden Wunsch nach dem „aggiornamento". Immerhin ein Drittel der Gottesmänner ist abwartend unentschieden. Bayerisch gesprochen würde die noch nicht endgültig zu gebende Antwort vermutlich heißen: „Na ja".

In der Frage der Modernität, so erbringen es die Analysen, ist der Platz des zeitoffenen Gottesmannes eher die Mitte, er ist kritisch modern. Kritisch ist dabei im Sinne von unterscheidend zu verstehen. Ob und wie sich das in der Seelsorge bemerkbar macht, in seinem Leitungsstil oder auch darin, wo er Prioritäten in der Pastoral setzt und was die Stärken dieses Amtstyps ausmachen, das wird im nächsten Kapitel bearbeitet.

1995; Plankensteiner, Thomas: Gottes entlaufene Kinder: zur Theologie des Kirchenvolks-Begehrens, Thaur 1996.

Spezifische Ausprägungen dieses Amtstyps

Amtstheologische Vorlieben

Pastorale Prioritäten

In der Frage des Amtsverständnisses ist der zeitoffene Gottesmann ein Novum der Umfrage **PRIESTER 2000**©. Der zeitlose Kleriker der 2000er Studie erinnert an manchen Punkten an das sog. vertikale Amtsverständnis der Studie von 1971. Beim zeitgemäßen Gemeindeleiter wiederum zeigen sich Ähnlichkeiten mit dem damaligen horizontalen Amtsverständnis. Für den zeitoffenen Gottesmann gibt es jedoch keine direkte Entsprechung, wenngleich es ihn möglicherweise auch schon zu Zeiten der Priesterumfrage 1971 gegeben haben mag. Er hat sowohl Anteile vom vertikalen als auch vom horizontalen Amtsverständnis und integriert diese Größen zu seinem unverwechselbaren Selbstverständnis: Er ist der Mann der Mitte, der darin Kontur zeigt. Befragt nach der grundlegenden Bedeutsamkeit einer Liste von acht zentralen priesterlichen Tätigkeiten ergibt sich beim Amtstyp des zeitoffenen Gottesmannes folgende Reihung:

Tabelle 21: Rangliste priesterlicher Tätigkeiten (Gottesmann)

Sonntagsmesse mit der Gemeinde feiern	100%
predigen	100%
seelsorgliches Gespräch	90%
Beichte	88%
taufen	84%
trauen	78%
beerdigen	72%
caritative Tätigkeit	61%

Quelle: **PRIESTER 2000**© – Diözese Passau

Eucharistie und Verkündigung in der Eucharistie stehen bei den befragten Priestern im Bistum Passau, die zur Gruppe der zeitoffenen Gottesmänner gehören, in der Reihung der priesterlichen Tätigkeiten an allererster Stelle. Sie haben mit 100% Priorität. Das seelsorgliche Gespräch ist mit dem dritten Platz nur ungleich stärker priorisiert als das Bußsakrament. Dann erst folgt die Pastoral zu den Lebenswenden sowie die Diakonie. Wort und Seelsorge hätten bei zeitoffenen Gottesmännern Vorrang vor den Kasualien. Der Konjunktiv wird deswegen verwendet, weil die Tabelle zur Rangliste lediglich etwas über die grundsätzliche Bedeutsamkeit aussagt. Die befragten Priester wurden im Fragenbogen gebeten, diese Akzentuierung unabhängig vom konkreten Dienst vorzunehmen.

Welche Reihung die priesterlichen Handlungen in der Praxis im Gesamt der pfarrlichen Aufgaben für die jeweiligen Amtstypen haben, zeigt nachfolgende Tabelle. Sie orientiert sich in der Rangfolge an der Gewichtung des zeitoffenen Gottesmannes:

Tabelle 22: Rangliste der priesterlichen Tätigkeiten

	zeitloser Kleriker	zeitoffener Gottesmann	zeitnaher Kirchen-mann	zeitgemäßer Gemeinde-leiter
Eucharistiefeier	100%	97%	100%	81%
Verkündigung	74%	75%	73%	50%
Sorge um die Armen und Kranken, caritative Tätigkeiten	5%	15%	9%	17%
pastorale Gestaltung der äußeren Form der Sakramentenspendung	19%	11%	15%	13%
Leitung und Mitarbeit bei kirchlichen Vereinigungen	13%	8%	4%	7%
Führung und Verwaltung einer Pfarrei	8%	8%	4%	15%
Religionsunterricht	13%	4%	2%	4%
persönliche Seelsorge bei kirchennahen Personen	5%	4%	9%	16%
persönliche Seelsorge bei Fernstehenden, Distanzierten	5%	4%	4%	14%
missionarisches Neugewinnen von Gläubigen	5%	4%	5%	4%
Repräsentation bei öffentlichen Anlässen	5%	0%	2%	4%

Quelle: **PRIESTER 2000**© – Diözese Passau

Wiederum liegt der Schwerpunkt bei allen vier Amtstypen auf Eucharistie und Verkündigung. Die Diakonie hat beim zeitoffenen Gottesmann wie auch beim zeitgemäßen Gemeindeleiter einen merklichen Vorrang vor der „pastoralen Gestaltung der äußeren Form der Sakramentenspendung“. Auch wenn dies nicht ausdrücklich näher beschrieben ist, dürfte es sich dabei wohl in erster Linie um die Initiationssakramente Erstkommunion und Firmung handeln, weil dafür erfahrungsgemäß die meiste Zeit investiert wird.

In einem Forum mit dem Titel „Als Priester leben“ wurden in der Zeitschrift „Diakonia“ im Jahr 1998 Priester unter anderem danach befragt, was sie in ihrem Leben und Wirken als Priester freue und was sie am meisten belaste. Ein

Pfarrer, der zu diesem Zeitpunkt schon in Pension war, dem aber seine aktive Zeit als Seelsorger noch sehr deutlich vor Augen stand, schrieb zum Thema Belastung: „Früher, als ich noch in der Pfarreiarbeit stand, waren es oft die administrativen Aufgaben, die ich persönlich erledigen musste. Ich fand deshalb viel zu wenig Zeit für die eigentlichen seelsorglichen Dienste. Mit zunehmendem Alter verspürte ich vermehrt die Mühe, einen der heutigen Jugend angepassten Religionsunterricht zu erteilen. Überdies empfand ich mit den Jahren eine stets größer werdende Frustration bei den zahlreichen Sitzungen, die sich bei der immer komplexer und vielschichtiger werdenden Pfarreiführung aufdrängten, die ich jedoch nicht selten als Leerläufe erlebte. Der Priester sollte alles können, ein Allround-Man sein."[336] Wenngleich nicht gesagt ist, dass der zitierte Pfarrer zur Gruppe der zeitoffenen Gottesmänner gehört, spiegelt sich in seinen Aussagen dennoch sehr deutlich, was sich in der Tabelle zur Rangliste der priesterlichen Tätigkeit abbildet: Administrative Tätigkeiten, Sitzungen und auch der Religionsunterricht sind der Eucharistie, der Verkündigung und der Diakonie weit nachgeordnet. Die ungeliebteste Tätigkeit für den zeitoffenen Gottesmann ist die Repräsentation bei öffentlichen Anlässen. Bei solchen Gegebenheiten zeigen sich – im für Passau bestimmenden altbayerischen Raum – noch allzu oft die Reste des alten volkskirchlichen Denkens, wonach der Pfarrer eben bei bestimmten Veranstaltungen dabei sein muss oder sollte. Von den Betroffenen wird dies manchmal auch so empfunden, dass sie den Eindruck haben, sie würden mehr der „Dekoration" dienen denn einen Dienst versehen.

Ein sehr spezifischer Blickwinkel, der die Ranglisten ergänzt bzw. auf Personen, Gruppierungen und Gemeinschaften hin fokussiert, ist der regelmäßige Zeiteinsatz für die verschiedenen Menschen in der Pfarrgemeinde, mit ihren je unterschiedlichen Bedürfnissen und Interessen, die sich über die jeweiligen Zugehörigkeiten zeigen. Beim Zeiteinsatz können – in einem bestimmten und natürlich auch begrenzten Rahmen – Akzente gesetzt werden. Die Priester haben die Möglichkeit, über die aufgewendete Zeit für sich pastorale Prioritäten zu setzen.

[336] Zürcher, Paul: Als Priester leben, in: Diakonia 29 (1998) 169-171, hier 170.

Tabelle 23: Zeiteinsatz für Gruppen und Personen in der Pfarrgemeinde (Gottesmann)

	(sehr) viel Zeit	unent-schieden	wenig (bis keine) Zeit
Pastoral zu Lebenswenden (Beerdigungen, Taufen, Trauungen)	89%	7%	4%
Kranke	71%	29%	0%
Dienstgespräche mit hauptamtlichen pastoralen Mitarbeitern/-innen	70%	25%	5%
Pfarrjugend	43%	31%	27%
einzelne in der Gemeinde, die nicht in einer Gruppe eingebunden sind	41%	44%	15%
Menschen in Krisensituationen	39%	43%	18%
Senioren	38%	55%	7%
Kinder (Jungschar, Ministrantinnen und Ministranten)	33%	52%	15%
Arme	31%	19%	50%
Kirchenverwaltung	31%	38%	32%
Laien im Pfarrgemeinderat	30%	57%	13%
verbandlich organisierte Jugend	28%	20%	52%
Familiengruppen	28%	22%	50%
Kleinkindergruppen	25%	15%	60%
Männerbewegung	24%	6%	71%
Frauenbewegung, Frauengemeinschaft	24%	52%	24%
Flüchtlinge	20%	13%	67%

Quelle: **PRIESTER 2000**© – Diözese Passau

Die Pastoral zu den Lebenswenden beansprucht bei den Befragten viel Zeit und Energie. Das ist gut so. Zunehmend sind für viele Kirchenglieder die eigenen Lebenswenden oder die von Familienangehörigen meist die einzigen Berührungspunkte mit der Pfarrgemeinde vor Ort. Dies erzeugt bei manchen Priestern ambivalente Gefühle und nicht alle können den Wunsch der Menschen nach Riten bzw. Ritualen mit dem verantworteten Umgang im Bereich der Sakramententheologie in eins bringen.[337] Umso besser, wenn hier zeitlich keine Abstriche gemacht werden, wenngleich im Bereich der Sakramentenpastoral unter den veränderten Bedingungen der zu Ende gehenden Volkskirche noch viel auf Zukunft hin bedacht werden muss. Die Pastoral zu den Lebenswenden hat vor

337 Vgl. Zulehner, Paul M.: Rituale und Sakramente, in: Ders./Auf der Maur, Hansjörg/Weismayer Josef (Hrsg.): Zeichen des Lebens. Sakramente im Leben der Kirchen – Rituale im Leben der Menschen, Ostfildern 2000, 13-22.

allem bei Krankheit und Tod – aber nicht ausschließlich – eine diakonale Tönung. Aufmerksamkeit für die Betroffenen ist gefordert und behutsame seelsorgliche Begleitung der Angehörigen. Im Umfeld des Todes kommt zumindest in den ländlichen Gebieten den Hinterbliebenen gegenüber fast immer viel offen oder still gezeigte Solidarität durch die Gemeinschaft zum Tragen. Aus Scheu, aus vermeintlichem Unvermögen oder Unsicherheit werden die Angehörigen jedoch meist dann ihrer Trauer alleine überlassen. Von daher ist die Einsicht wichtig, dass die Beerdigung „nicht nur in das liturgische Arbeitsfeld von Priestern gehört, sondern gehört ebenso sehr, wenn nicht stärker in den Bereich der seelsorglichen Begleitung und des diakonalen Dienstes“[338]. Viel Zeit wird für Kranke eingesetzt und auch für Dienstgespräche, damit für Planung und Reflexion. Menschen in Krisensituationen wird ebenso Zeit gewidmet, wie den Senioren und den in der Pfarrgemeinde heranwachsenden Kindern und Jugendlichen, die sich z. B. als Ministrantinnen und Ministranten engagieren.

Das Subsidiaritätsprinzip gilt auch auf Ortsebene und wird von den Priestern angewendet: Wer selber für sich sorgen kann, für den wird relativ wenig Zeit aufgewendet. Dies gilt – mit Ausnahme der Gruppe der Flüchtlinge[339] – z. B. für die Jugendlichen, die durch die verbandliche Jugendarbeit eine feste Einbindung über die Pfarrgemeinde hinaus haben und in den eigenen Strukturen Unterstützung bekommen. Ähnliches gilt für die Gruppen der Frauenbewegung bzw. des Frauenbundes, wozu im Bistum Passau die meisten dieser Ortsgruppen gehören. Kleinkindergruppen und Familiengruppen brauchen den Pfarrer normalerweise wenig, was sich in der Bilanz beim Zeiteinsatz bemerkbar macht. In der Diözese Passau gibt es mit Ausnahme der Marianischen Männerkongregation keine organisierte Männerarbeit. Das würde den drittletzten Platz in der Rangliste erklären, wenn sich nicht auch in der Gesamtstudie ein ähnlicher Befund zeigen würde.[340] Den Ursachen dafür nachzugehen würde weit über den Rahmen dieser Arbeit hinausführen.

Seelsorgestil

Der zeitlose Kleriker und der zeitoffene Gottesmann haben zwar in ihrer amtlichen Christusbezogenheit Gemeinsamkeiten aufzuweisen, in ihrem Seelsorgestil unterscheiden sie sich jedoch deutlich. Der zeitlose Kleriker ist eher der „kundige Bergführer“ oder auch der Reiseleiter bzw. Kapitän, also derjenige, der die Richtung kennt und andere unter seiner Führung ohne deren stärkeres Zutun ans Ziel bringen will. Der zeitoffene Gottesmann hingegen ist der Wegbegleiter,

---

338 Zulehner, Paul. M.: Priester im Modernisierungsstress, 118.

339 Ein sehr praktischer Grund, warum diese ganz am unteren Ende der Skala rangieren, dürfte sein, dass es im Bereich des Bistums Passau nur in ganz wenigen Orten Unterkünfte für Flüchtlinge oder auch Übersiedler aus Russland gibt. Zudem ist dann meist die Caritas institutionell mit der Obsorge für diese Menschen betraut.

340 Vgl. Zulehner, Paul M.: Priester im Modernisierungsstress, 125f.

einer der mit dem Evangelium als Wegweisung im Herzen und auf den Lippen mit Menschen zusammen unterwegs ist. Priester, die zur Gruppe der zeitoffenen Gottesmänner gehören, sehen es als Stärke des priesterlichen Dienstes an, das Evangelium als Weg zu einem guten Leben zu verkünden (94%), mit Menschen zusammen Gotteserfahrungen zu machen (90%) und den Menschen in ihren Sorgen zur Seite zu stehen (88%).

Wegbegleiter mit Freude an übernommener Verantwortung

In einem neueren Roman wird ein Priester, welcher der Charakterisierung nach dieser Provenienz zuzurechnen ist, vorgestellt und folgendermaßen beschrieben: „Er ist nicht modisch angepasst, er posiert nicht. Er ist weder ein Guru noch einer dieser Spenden sammelnden Manager, die in unserer Kirche neuerdings so gefragt sind. Er ist einfach er selbst – und bringt sich täglich ein. Er denkt nach, über andere Menschen, über sich selbst... er geht mit den Sakramenten in seiner kleinen schwarzen Tasche ins Krankenhaus. Er tauft, er traut Paare, er beerdigt und hört sich die Ängste und Beichten der Menschen an und ist sich nicht zu fein, auch von seinen Ängsten etwas mitzuteilen... Seine Predigten haben Substanz. Man hört, dass er lange gerungen hat – und er hält sie mit Überzeugung. Seine Gottesdienste sind voller Schönheit, er ruft einem in Erinnerung, dass es Aufgabe der Liturgie ist, uns mit dem ewigen Rhythmus des Lebens in Einklang zu bringen. Er ist ein sehr zugewandter Mensch, Ihr Vater. Er ist einsam und quält sich, wie wir alle, aber er nimmt sich für alles Zeit und versucht, alles richtig zu machen. Er lebt von der Gnade der täglichen Pflichten. Er ist wie die Priester in Büchern, die in der Realität heutzutage eine Seltenheit sind.“[341] Der zeitoffene Gottesmann, so ergeben die empirischen Daten, ist der „geborene Pfarrer“. Dies meint nicht eine priesterliche Berufung von Kindesbeinen an, sondern eine erhebbare Freude an der Gestaltungsmacht, der Zwillingsschwester jeglicher Positionsmacht. Die Positionsmacht haben Pfarrer qua Amt. Die Neigung und Lust, Verantwortung für eine Gemeinschaft zu übernehmen, also in einem Sozialgefüge schöpferisch das Zusammenleben zu gestalten und prägende Spuren zu hinterlassen, hat jedoch auch mit dem Amtsverständnis zu tun. Daneben spielen zweifellos Faktoren mit eine Rolle, die in der jeweiligen Persönlichkeitsstruktur der Befragten zu suchen sind. Offensichtlich befinden sich unter den Gestaltungsfreudigen viele Gottesmänner. Im Gesamt der Umfrage – nicht in der Verteilung auf die Amtstypen ausgewertet – sagen lediglich 19% der Befragten, dass es ihnen große Lust bereitet, als Priester Verantwortung für eine Gemeinschaft zu übernehmen, 30% stimmen dieser Aussage mit der Wertung 2 zu. Zusammen ergibt das 49%.[342] Von den zeitoffenen Gottesmännern aus der Diözese Passau sagen dies 71%. Der Aussage „ich stehe in der Öffentlichkeit,

341 Godwin, Gail: Im Schatten seiner Flügel, München 1993, 280.
342 Vgl. Zulehner, Paul, M.: Priester im Modernisierungsstress, 67.

das macht mir Freude“ stimmen 40% sehr stark bzw. stark zu.[343] Die Dimensionen, Verantwortung für eine Gemeinschaft zu übernehmen und dabei auch in der Öffentlichkeit zu agieren, haben miteinander zu tun. Folgende Reihung der starken und weniger starken Seiten des priesterlichen Lebens zeigt sich beim zweiten Amtstyp:

Tabelle 24: Stärken im Leben der Priester (Gottesmann)

den Sonntag mit einer Gemeinde feiern	97%
ein Mann des Friedens und der Versöhnung sein	96%
das Evangelium als Weg zu einem guten Leben verkünden	94%
Freude und Hoffnung, Trauer und Angst der Menschen von der Geburt bis zum Tod teilen	94%
die Zeichen der Zeit erkennen und an ihnen die Verkündigung des Evangeliums zu formen	94%
Kindern und Jugendlichen die Welt des Glaubens erschließen	90%
mit Menschen zusammen Gotteserfahrungen machen	90%
den Menschen in ihren Sorgen zur Seite stehen	88%
Menschen an den für sie wichtigen Lebensübergängen begleiten	83%
Zeitgenossen, die sich mit Glauben schwer tun, das Evangelium erschließen	81%
ein Anwalt der Schwachen und Bedrängten sein und diesen auch öffentlich (im Ort, in der Kirchengemeinde, in den Medien) eine Stimme zu verleihen	81%
das priesterliche Leben und Wirken als Lebenserfüllung erleben	80%
ich kann Menschen zu Gott führen	78%
Gottes Mitarbeiter sein	77%
von den Menschen als Mann Gottes wahrgenommen werden	74%
die Lust, Verantwortung für eine Gemeinschaft zu übernehmen	71%
von der finanziellen Sorge um eine Familie frei, kann ich im Sinn des Evangeliums arm leben und mit meinen finanziellen Mitteln Armen helfen	67%
ich kann in meiner Arbeit weithin frei bestimmen, was ich tue	66%
mich prophetisch zu Missständen in Gesellschaft und Kirche äußern, gelegen oder ungelegen	51%
weil ich nicht verheiratet bin, kann ich einsamen Menschen leichter Unterstützung geben	48%
ich stehe in der Öffentlichkeit, das macht mir Freude	40%

Quelle: **PRIESTER 2000**© – Diözese Passau

[343] Dies sagen bei den Passauer Befragten 27% der zeitnahen Kirchenmänner, 28% der zeitlosen Kleriker sowie 31% der zeitgemäßen Gemeindeleiter.

„Ein Anwalt der Schwachen und Bedrängten sein und diesen auch öffentlich (im Ort, in der Kirchengemeinde, in den Medien) eine Stimme zu verleihen“: die Zustimmung zu dieser Aussage ist bei der Gruppe der zeitoffenen Gottesmänner mit 81% die höchste von allen Amtstypen. Den Schwachen und Marginalisierten eine Stimme zu verleihen und sich für deren Belange (öffentlich) stark zu machen, ist ein Tun, das normalerweise eher den Propheten denn den Priestern zugeschrieben wird. Wenn man prophetische Seiten bei Priestern erlebt oder vermutet, dann tendenziell bei denjenigen, die mit Menschen leben und arbeiten, die es aus vielerlei Gründen schwer haben oder in materieller Not sind. Prophetisch werden von daher eher die eingeschätzt, die in der Sonderseelsorge an Brennpunkten tätig sind, weniger dagegen die „normalen“ Ortspfarrer. So ist dieses Ergebnis, das über die Umfrage zu Tage tritt, überraschend und ermutigend zugleich. Es zeigt, dass die in unseren Breiten häufig anzutreffende Verbürgerlichung der Religion[344] trotz aller bisweilen so erscheinenden Dominanz, die optierende Kraft des Vorbilds und der Botschaft Jesu nicht überformt und damit überdeckt.

Förderliche Leitungskultur

2/3 der befragten Priester, die in mehr oder weniger starker Ausformung ihr Amt als zeitoffene Gottesmänner verstehen und versehen, betrachten es als Stärke, in ihrer Arbeit weithin frei bestimmen zu können, was sie tun. Wer selber Akzente und Schwerpunkte setzt, ist weitaus stärker auf Feedback angewiesen, als jemand, dessen Arbeit sich in einem sehr engen und vorgegeben Rahmen abspielt. Von daher ist verständlich, dass dem zeitoffenen Gottesmann Rückmeldungen zu seinem Tun und die Anerkennung seiner Arbeit durch Vorgesetzte vergleichsweise wichtig sind. 67% sagen, es sei ihnen sehr wichtig bzw. wichtig, nur 3% äußern sich zu diesem Item ablehnend, der Rest weiß es nicht genau und ist unentschieden. Im Vergleich mit den anderen Amtstypen zeigt sich der Unterschied vor allem im Modus der Negation:

Tabelle 25: Mir ist die Anerkennung meiner Arbeit durch meine Vorgesetzten wichtig (nach Amstypen):

	stimme (völlig) zu	unentschieden	(eher) nein
zeitloser Kleriker	56%	24%	20%
zeitoffener Gottesmann	67%	30%	3%
zeitnaher Kirchenmann	45%	40%	15%
zeitgemäßer Gemeindeleiter	58%	24%	19%

Quelle: **PRIESTER 2000**©– Diözese Passau

344 Vgl. Metz, Johann Baptist: Jenseits bürgerlicher Religion. Reden über die Zukunft des Christentums, Mainz ^{4}1984.

Zunehmend hat man sich im kirchlichen Bereich vom einem lange bestimmenden Führungsmodell emanzipiert, das als feudales Leitungskonzept[345] in den westlichen Gesellschaften bis in die Nachkriegszeit durchgehend praktiziert worden war. Es funktioniert von den Abläufen her eindimensional über Anordnung und Ausführung mit inkludierter Sanktion. „Kommandieren, kontrollieren und korrigieren" sind die drei charakterisierenden Stichwörter. Das Bild des patriachalen Hausvaters hat darin seinen „Sitz im Leben". Dieser sorgt sich hingebungsvoll und aufopfernd um seine (Pfarr-)Familie. Er weiß, was sie braucht, ohne dass die davon betroffenen Menschen je darum gefragt werden. Dieses Leit-Bild verblasst und verschwindet zunehmend. Damit wird der (amtliche) Dienst nicht mehr in dem Übermaß als etwas Erhabenes mystifiziert, hinter dem die Person mit allen Grundwünschen nach Wertschätzung und Anerkennung völlig zurücktritt. Der Wunsch, mit dem, was man in der je eigenen Weise tut, geachtet und beachtet zu werden, ist in der Zustimmung auf das erste Item in Frage 51 deutlich artikuliert.

Wenngleich sich derzeit in einigen Organisationen ein der Postmoderne entspringendes, kontextuelles Leitungskonzept herausbildet, etabliert sich in der Kirche vorerst kooperative Führung. Die dazu gehörigen Leitungsaufgaben im Blick auf die Mitarbeitenden heißen „fordern, fördern und feedbacken". Ziele werden in diesem Führungskonzept im Normalfall gemeinsam vereinbart, Kommunikation und Motivation gehören eng zusammen. Wer sich den gestellten Anforderungen nicht gewachsen fühlt oder sich über seine Arbeitsfelder vor neue Herausforderungen gestellt sieht, wird gefördert. „So entstehen Weiterbildungssysteme, Supervision, Beratung, detaillierte Informationsnetze und dergleichen. Die Leitungsperson rückt immer stärker in eine begleitende, beratende, anregende Rolle."[346] Kooperative Führung bringt mehr Selbststeuerung in die Organisation, erhöht jedoch die Anforderungen an die kommunikativen Fähigkeiten und die soziale Kompetenz der Leitenden. Für die zeitoffenen Gottesmänner sind zwar gute menschliche Beziehungen zu den Gemeindemitgliedern sowie Erfolge bei der Arbeit eine Hilfe für ihren Beruf als Priester, dennoch signalisieren sie deutlich, wie die vorherige Tabelle zeigt, den Wunsch nach personbezogener Anerkennung durch die Diözesanleitung.

Anerkennung und Feedback

Wohl nur ganz wenige Menschen können in aller Freiheit von sich sagen, die Meinung anderer über sie würde sie weder interessieren und kümmern noch in irgendeiner Weise in ihrem Verhalten beeinflussen. Das lässt sich schon im Test sehr leicht widerlegen. Man konfrontiere z. B. eine Person, die mit einer ihr bisher unbekannten Gruppe von Menschen arbeiten muss, mit der Aussage, in

[345] Vgl. Schmidt, Eva Renate/Berg, Hans Georg: Beraten mit Kontakt, Offenbach 1995, 438ff
[346] Schmidt, Eva Renate/Berg, Hans Georg: Beraten mit Kontakt, 439.

dieser Gruppe sei großes Misstrauen gegen ihn oder sie vorhanden. Das gleiche gilt umgekehrt: Auch der Hinweis auf sehr viel freundschaftlichen Vertrauensvorschuss wird sich auf das Auftreten auswirken.

Das vermutete Fremdbild, das andere von einem haben könnten, hat vor allem im sozialen Bereich, also im Umgang untereinander, Gewicht. Wenn ich keine Reaktion auf das erlebe, was ich sage oder wie ich auftrete, verunsichert das auf die Dauer oder lässt Verhaltensweisen freie Bahn, die der Verkündigung oder dem Zusammenleben nicht immer dienlich sind. Umso wichtiger ist es, Feedback zu bekommen: erbeten oder unerbeten, wobei Ersteres nachhaltiger wirkt. „Von wem erhalten sie Feedback, Kritik und Rückmeldungen“ war eine der Fragen, die sich im Fragenbogen unter der großen Überschrift „Beheimatung und Einsamkeit“ findet:

Tabelle 26: Von wem erhalten Sie Feedback/Kritik/Rückmeldungen?[347] (nach Amtstypen)

	zeitloser Kleriker	zeitoffener Gottesmann	zeitnaher Kirchenmann	zeitgemäßer Gemeindeleiter
Pfarrmitglieder	85%	72%	78%	77%
befreundete Personen	62%	44%	65%	64%
hauptamtlich Mitarbeitende	27%	44%	27%	49%
Mitbrüder	42%	38%	20%	15%
vertraute Person	31%	38%	41%	46%
Pfarrhaushälterin	38%	31%	33%	36%
Verwandte/Bekannte	23%	25%	22%	28%
Vorgesetzter	23%	13%	10%	18%
Dekan	8%	6%	2%	5%
Bischof	8%	6%	8%	8%

Quelle: **PRIESTER 2000**©– Diözese Passau

„Resonanz erfahre ich vor allem dort, wo ich daheim bin“. So lautet die umschreibende Antwort auf diesen Frageblock. Alle befragten Priester bekommen die meiste und unmittelbarste Rückmeldung von den Pfarrmitgliedern. Für 72% der zeitoffenen Gottesmänner, 85% der zeitlosen Kleriker, 78% der zeitnahen Kirchenmänner und 77% der zeitgemäßen Gemeindeleiter ist dies eine offensichtlich selbstverständliche Erfahrung. Wie differenziert diese Stellungnahmen

347 Es waren bei dieser Frage Mehrfachnennungen möglich; ausgewiesen werden die zustimmenden Antworten.

sind und ob mehr das Positive oder das Kritische zur Sprache kommt, sei dahingestellt. Was an Rückmeldung über den Pfarrer noch in den Fünfzigerjahren eher über Theater, Literatur, Gesang, am Stammtisch oder im Karneval bzw. Fasching ein Ventil suchen musste, wird heute auf dem ganz normalen Weg kommuniziert. Die Zeit der „Dorfheiligen" ist längst zu Ende. Bürgermeister/-innen müssen sich bewähren, weil sie (ab)wählbar sind. Lehrer und Lehrerinnen haben ihre exponierte Stellung spätestens seit den Studentenunruhen Ende der Sechzigerjahre entweder selbst aufgegeben oder eingebüßt. Und den Pfarrern tut es allemal gut, wenn sie nicht mehr zu den „Unberührbaren" zählen, wenn ihnen gegenüber sowohl Schwierigkeiten benannt werden als auch Wertschätzung direkt erfahrbar wird.

Feedback bekommen die Priester des weiteren von den Personen, denen sie in Freundschaft verbunden sind. Auch sie gehören zur inneren Heimat und werden am zweithäufigsten genannt. Beim zeitoffenen Gottesmann finden sich gleichauf mit dem inneren Freundeskreis die hauptamtlich Mitarbeitenden. Die Pfarrer arbeiten also auf der Ebene der Pfarrgemeinde oder in ihrem unmittelbaren Arbeitsbereich mit Resonanz und orientierender Rückmeldung. Anders bestellt ist es jedoch mit der Anerkennung durch die Vorgesetzten, wie die 6% in der Tabelle „Feedback/Kritik/Rückmeldungen" zeigen.

Strukturell wären Vorgesetzte für den Pfarrer, soweit sie nicht Ordenspriester sind, der Dekan und der Bischof. Beim Dekan überwiegt wohl trotz einer differenzierten Aufgabenliste,[348] in der Feedbackelemente enthalten sind, eher die sanfte Form der Kollegialität. Diese beruht auf dem „archimedischen Prinzip": Noli turbare circulos meos. Frei übersetzt: Einer lässt den anderen in Ruhe und gewähren. Dekane leiten zwar die monatlichen Treffen des „Dies", nehmen den Pfarrern gegenüber jedoch nur in extremen Konfliktfällen Leitung wahr. Mitarbeitergespräche im Sinn moderner Leitungskultur führen sie nicht.

Eindeutig gilt jedoch der Bischof für die Priester und Pfarrer als Vorgesetzter. Ihm oder seinem „alter Ego", dem Generalvikar, kommt deshalb zunehmend die Aufgabe zu, die Pfarrer nicht nur zu „zitieren" sondern auch den Normalfall zu verbalisieren. Das bedeutet, einen konstruktiven Führungsstil bzw. Leitungsstil zu entwickeln, der eine aufbauende Feedbackkultur ermöglicht. Das Vorbild

[348] Das Statut für die Dekane des Bistums Passau sieht unter dem Punkt: „Leitung des Presbyteriums im Dekanat" folgende Aufgaben vor: Alle Mitarbeiter im Dekanat zu einer sachlichen Zusammenarbeit führen; spirituelle und kommunikative Gemeinschaft fördern; jüngere Mitbrüder beheimaten; sich um kranke Mitbrüder sorgen; bei Differenzen und Missstimmungen schlichten; bei Beanstandungen in Amts- und Lebensführung eines Geistlichen Gespräch führen; die Dienstaufsicht auf die ordentliche Seelsorge im Dekanat ausüben; alle vier Jahre die Visitation durchführen; verstorbene Mitbrüder beerdigen (Offiziator). Vgl: Statut für Dekane des Bistums Passau, in: Amtsblatt für das Bistum Passau 115 (1985) Folge 7 vom 1.9.1985; mit Ergänzungen und Erweiterungen: vgl. Amtsblatt für das Bistum Passau 125 (1995) Folge 3 vom 27.3.95 sowie Amtsblatt für das Bistum Passau 126 (1996) Folge 5 vom 30.7.96.

dafür findet sich beim Mönchsvater Benedikt. Die Correctio fraterna, die nüchterne gegenseitige Alltagskorrektur, wird bei ihm als gegenseitiger Dienst gesehen, der sich aus der Verantwortung füreinander herleitet und seine Wurzeln in der grundlegenden Achtung und Wertschätzung der Person hat. Im Maßnahmenkatalog des synodalen Vorgangs der Diözese Eisenstadt, der sich „Dialog für Burgenland“ nennt, wird unter Anliegen 701 formuliert: „Vertiefung der Beziehung des Bischofs zu den Priestern seiner Diözese“. Die dazu vorgeschlagene Maßnahme heißt: „Aufbauende, stützende, bestärkende, auch spontane Besuche bei Priestern (‚Correctio fraterna‘).“[349] Eine gute Anregung für die etwas größere, aber durchaus überschaubare Diözese Passau, die erwiesenermaßen der Gruppe der zeitoffenen Gottesmänner sehr entgegenkäme.

Versöhnte Koinonia

96% der Passauer zeitoffenen Gottesmänner sehen es als starke Seite des priesterlichen Lebens und Wirkens „ein Mann des Friedens und der Versöhnung zu sein“. Diese Zuordnung findet sich bei ihnen in der Rangfolge der Stärken an zweiter Stelle, nach der Feier des Sonntags in der Gemeinde. Für Frieden und Versöhnung einzustehen scheint den Priestern, die sich um den Amtstyp des zeitoffenen Gottesmannes gruppieren, sehr wichtig zu sein. Der hohe Stellenwert bei den Stärken korrespondiert mit der bei den zeitoffenen Gottesmännern auffallend hohen Zustimmung zum Item 11 bei Frage 21: „Das priesterliche Amt dient primär der Schlichtung von Konflikten, dem menschlichen Zusammenleben in der Gemeinde.“ Dem stimmen 27% aus dieser Gruppe der Befragten zu.[350] Damit nimmt der zeitoffene Gottesmann amtlicherseits auf, was grundlegend der (Praxis der) Kirche innewohnt. Die Feier der Versöhnung Gottes mit dem Menschen und die Sorge dafür, dass diese im alltäglichen Leben Gestalt annimmt, gehören eng zusammen. Die in der Eucharistie gestiftete und gefeierte Communio, der immer das versöhnende Handeln Gottes an uns in Christus vorausgeht, und der Auftrag, im Alltag aus dem Geist Gottes heraus zu tun, was feiernd stattfindet und dennoch eschatologisch vorweggenommen wurde, sind konstitutiv. „Kirche und Gemeinde sind wesentlich geschichtlich verfasstes Medium der Versöhnung: ihre Basis ist die Erfahrung von Versöhnung, ihre Praxis der Dienst der Versöhnung. Von daher ist Versöhnung die Urgeste, in der Kirche und Gemeinde gründen, und in der Konsequenz daraus ihre eigene.“[351] Wenn Versöhnung in dieser Weise, wenn auch möglicherweise unthematisch, Praxis der Gemeinde ist, steht der zeitoffene Gottesmann in per-

[349] Bischöfliches Ordinariat der Diözese Eisenstadt (Hrsg.): Dialog für Burgenland. Anliegen und Maßnahmen, Eisenstadt 2001, 31.

[350] Zum Vergleich: Bei den zeitlosen Klerikern hat dieses Item 7% Zustimmung, bei den zeitnahen Kirchenmännern 2% und bei den zeitgemäßen Gemeindeleitern 13%.

[351] Hobelsberger, Hans: Versöhnung – gemeindetheologisch: Grundlagen, Kriterien, Optionen, in: Garhammer, Erich u. a. (Hrsg.): ... und führe uns in Versöhnung. Zur Theologie und Praxis einer christlichen Grunddimension, München 1990, 197-206, hier 198.

sona dafür gerade: er ist daran interessiert, dass sie geschieht. In den Vereinigten Staaten von Amerika wurde in den Siebzigerjahren bei Konflikten ein lösungsorientierter Weg entwickelt, der sich Mediation nennt. Sie wird z. B. bei Scheidungsverfahren angewendet oder bei Konflikten in der Schule, in der Wirtschaft und zunehmend bei Spannungen am Arbeitsplatz oder auch bei Arbeitskämpfen zwischen Gewerkschaft und Arbeitgebern. Diejenigen, die solche Prozesse steuern und begleiten, nennen sich Mediatoren. Sie haben eine vermittelnde Rolle und sorgen dafür, dass die an Auseinandersetzungen Beteiligten zu weiterführenden Lösungen finden. Die Mediatorenrolle, also vermittelnd Menschen an einen Tisch zu bringen und Lähmungen, Verhärtungen und Erstarrungen wieder Bewegungsmöglichkeit zu verschaffen, ist dem zeitoffenen Gottesmann von seinem Amtsverständnis her nahe.

Gefährdungen

Die Gefährdung des zeitoffenen Gottesmannes ist schwer zu fassen. Brücken bauen und Verbindungen halten sind wesentliche Grundzüge im seinem Amtsverständnis. Er weiß sich für die Einheit verantwortlich und ist darauf bedacht, durch die Zeit dem Grundauftrag Jesu auf der Spur zu bleiben. Das heißt, den Menschen das nahe gekommene Reich Gottes zu verkünden, und mit Hilfe des Geistes Gottes Spuren davon erfahrbar werden zu lassen. Der Gottesmann versucht, die tragfähige Verbindung zwischen dem gemeinsamen und dem amtlichen Priestertum belastbar zu halten. Das Amtsverständnis zeigt ihn als einen, der sich ausstreckt zwischen Tradition und Situation. Ein solcher Brückenbau in heutiger Zeit braucht starke Pfeiler oder Träger. Kommt es zu überstarken Spannungen oder Belastungen kann es passieren, dass die Brücke einstürzt. Außerhalb der Metapher gesprochen heißt das, die Gefährdung des zeitoffenen Gottesmannes besteht darin, der Spannung zwischen Kultur und Evangelium auszuweichen und sich auf eine Seite zu schlagen. Dies allerdings nicht im Sinne einer Option, sondern einer einseitigen Positionierung. Seine Gefährdung manifestiert sich also im pastoralen Grundkonflikt, der in der Österreichischen Priesterstudie 1974 folgendermaßen beschrieben wurde: „Ausgeprägt unter vielen Priestern ist ein Spannungsfeld, das man als ‚pastoralen Konflikt' kennzeichnen kann. Naturgemäß steht ja der Priester (wie viele andere Sozialberufe) eingespannt zwischen den Erwartungen seiner Organisation, die ihn in Dienst nimmt, und den Erwartungen der Menschen, denen dieser Dienst gilt."[352]

Für 94% der zeitoffenen Gottesmänner ist eine starke Seite des priesterlichen Dienstes, die Zeichen der Zeit zu erkennen und an ihnen die Verkündigung des Evangeliums zu formen. Genau darin besteht der Grundkonflikt: die Balance zwischen Gottesnähe und Menschennähe so zu halten, dass man weder welt-

[352] Zulehner, Paul M.: Priester zwischen dem Auftrag Jesu und den Erwartungen der Menschen, 153.

fremd noch zeitgeistig wird. Es ist das „Kreuz des modernen Priesters“, ausgespannt zu sein zwischen Tradition und Situation und eingespannt in das Evangelium Christi. In dieser Weise ist der Dienst für das Reich Gottes für ihn bisweilen auch eine Gratwanderung. Das Pauluswort aus Gal 6,14 beschriebt dies treffend: „Ich aber will mich allein des Kreuzes Jesu Christi, unseres Herrn, rühmen, durch das mir die Welt gekreuzigt ist und ich der Welt“. Die Spannung, den Quellen der eigenen Tradition treu zu bleiben und die Zeichen der Zeit aus ihr heraus zu deuten, wird immer eine Gradwanderung bleiben, die sich im Amtsverständnis zeigt.

Solche Spannung kann in Bedrängnis bringen. Wer das nicht aushält, wird sich möglicherweise irgendwann auf festgelegte (amtliche) Positionen zurückziehen und sich dem Spannungsfeld der gemeinsamen Wahrheitssuche und des Dialogs entziehen. Damit wäre viel verloren. „Das Kreuz steht nicht im Sanctissimum des Tempels, im heiligen Kultbezirk, sondern draußen im Profanum der Welt, draußen vor der Stadt, wie der Hebräerbrief beziehungsreich sagt (Hebr 13,13).“[353] Die Herausforderung des Amtes besteht für den zeitoffenen Gottesmann darin, keiner zu werden, der vereinfacht und sich für die schnellen und glatten Lösungen – zu ungunsten der Vielfalt – entscheidet.

Der Weg aus der suchenden Spannung in die Einseitigkeit vorgefertigter Antworten ist eine Gefährdung beim zeitoffenen Gottesmann. Eine zweite Gefährdung und weitere Fluchtmöglichkeit aus der Spannung heraus heißt: „Ich versuche es möglichst allen recht zu machen“. Wenn sich jemand in dieser Weise zu sehr um Ausgleich bemüht, kann dies in Opportunismus abgleiten. Dann werden die guten Kompromisse, die man gemeinsam erringen muss, zu faulen, bei denen um des lieben Friedens willen nachgegeben wird. Es scheint alles „entspannt“ zu laufen und ist dabei zugleich spannungslos. Friedhofsruhe wird sich mit der Zeit breit machen. Das kann dem zeitoffenen Gottesmann drohen, wenn ihm seine spirituellen Kräfte ausgehen und seine menschlichen Tragnetze zerreißen.

Pontifikales Amtsverständnis

„Wo Gott selbst dem Menschen verborgen bleibt und einem ganzen Zeitalter nach dessen eigener Erfahrung entzogen zu sein scheint, liegt eine ganz elementare Aufgabe kirchlichen Dienstes darin, überhaupt das Bewusstsein von Sinn und Transzendenz in der menschlichen Gesellschaft wachzuhalten. Je schwieriger das Wort ‚Gott‘ deutbar und lesbar wird, desto dringender bedarf es des Interpreten und Künders. Da Gott an unsichtbarem ‚Ort‘ wohnt, bedurfte es

[353] Kasper, Walter: Glaube und Geschichte, Mainz 1970, 375.

schon immer eines ‚Pontifex', eines Brückenbauers vom Unsichtbaren zum Sichtbaren."[354]

Wer je erlebt hat, dass irgendwo eine Brücke nicht mehr existiert, die es vorher an dieser Stelle gab, kann ermessen, wie notwendig uns Brücken sind. Sie verbinden: Das ist ihre Hauptfunktion. Sie verhelfen dazu, dass schnelles und direktes Zueinander ohne beschwerliche und gefahrvolle Umwege möglich wird. Sie ermöglichen dadurch, dass es sie gibt, eine Vielzahl an Kontakten, Austausch, Verbindungen und damit Lebensmöglichkeiten. Wo vieles nebeneinander in großer Gleichzeitigkeit oder auch Ungleichzeitigkeit besteht, was derzeit ein Kennzeichen unserer Welt ist, wird Vermittlung und Verbindung nötiger denn je. Im Spätmittelalter gab es eine religiöse Vereinigung, die ihren Ausgangspunkt in Südfrankreich hatte und sich die „Brückenbrüder" nannte. Die Männer, die zu dieser Vereinigung gehörten, lebten nach der Augustinerregel und hatten den Auftrag, Brücken, Fähren, Straßen und Hospize zu errichten und für deren Erhaltung zu sorgen.[355]

Der zeitoffene Gottesmann hat ein pontifikales Amtsverständnis. In seiner pontifikalen Stärke baut er in seinem priesterlichen Dienst eine Brücke zwischen Christus und der Gemeinde, zwischen Gott und den Menschen, zwischen dem Zeitlosen und der geschichtlichen Entwicklung. Er zieht sich nicht heraus oder zurück, sondern steht gewissermaßen in der Kirchentür. Sein Platz ist die Schwelle zwischen dem sakralen und profanen Raum, wobei er nicht der Mittler zwischen den Welten ist, sondern derjenige, der die Tür offen hält. Ihm kann deswegen der Gegenwind von jeder Seite gehörig ins Gesicht blasen.

Position und Rolle in der Organisation

Jede Organisation braucht Menschen, die Aufgaben wahrnehmen, welche nicht nur der Umsetzung der Ziele dienen, welche die Organisation im Hinblick auf die Umwelt oder die „Kunden" hat, sondern die auch der Organisation selbst dienen: sei es, dass durch diese Menschen sehr viel Synergie zum Tragen kommt oder dass sie durch ihren situationsgerechten Führungsstil Wesentliches für ein gedeihliches Zusammenwirken beitragen.

Der zeitoffene Gottesmann hat auch in der Organisation die Position des Brückenbauers. Diese Funktion hat ihre Wurzeln im alten Rom. Der Tiber bildete damals für die aufstrebende Stadt ein natürliches Hindernis, das es zu überwinden galt, um die Handelsströme in Fluss und damit die Stadt am Leben zu halten. Dafür sorgten ursprünglich die „pontifices": fähige und kompetente Inge-

---

[354] Lehmann, Karl: in: Sekretariat der Deutschen Bischofskonferenz (Hrsg.): Priesterliche Lebensform, Arbeithilfen Nr. 36, Bonn 1984, 110.

[355] Vgl. Brücke - Brückenbau, in: Brockhaus-Enzyklopädie in vierundzwanzig Bänden, Vierter Band, Mannheim, [19]1987, 39.

nieure, welche die lebenswichtigen Brücken über den Tiber errichteten und instand hielten. Profunde Kenntnisse in Statik und ein gutes Gespür für die jahreszeitlichen Launen des Flusses gehörten zu ihrer Grundausstattung. Sie stiegen aufgrund ihrer wichtigen Aufgabe mit der Zeit zu Beratern des Kaisers auf und zählten in den Zeiten der Republik zum ranghöchsten Priesterkollegium. Der Bischof von Rom führt den Titel des Pontifex Maximus, der in der Zeit, bevor das Christentum zur Staatsreligion avancierte, dem Kaiser vorbehalten war.

Zeitoffene Gottesmänner sind in stärkerem Grad in leitenden Positionen (und) auf der mittleren Ebene zu finden. Darunter eine stattliche Anzahl von Dekanen. Dies ist ein Wahlamt, das anders als beim Priesterrat nicht das Presbyterium repräsentieren soll. Männer der Mitte finden in der Leitung des Dekanats am ehesten Akzeptanz, weil die pontifikalen Qualitäten und Stärken für diese Aufgabe gefragt und wichtig sind. Wie ein nicht repräsentativer Blitztest bei der Passauer Dekanekonferenz im Frühjahr 2001 erbracht hat, ist der Amtstyp der zeitoffenen Gottesmänner mit 41% überdurchschnittlich hoch unter dieser Gruppe vertreten.[356]

[356] 3% unter den Teilnehmern der Dekanekonferenz sind zeitgemäße Gemeindeleiter, 22% zeitlose Kleriker und 34% zeitnahe Kirchenmänner. Im Gesamt der befragten Passauer Priester machen die zeitoffenen Gottesmänner 22% aus; 18% gehören zu den zeitlosen Klerikern, 33% zu den zeitnahen Kirchenmännern sowie 27% zu den zeitgemäßen Gemeindeleitern.

DER ZEITNAHE KIRCHENMANN

„Wo soll ich anfangen? Am besten bei Deinen zahlreichen Beschäftigungen, denn ihretwegen habe ich am meisten Mitleid mit Dir. Ich kann allerdings nur Mitleid mit dir haben, wenn Du selbst Leid empfindest. Sonst müsste ich richtiger sagen, dass es mir um Dich leid tut. Denn wo einer kein Leid empfindet, kann man auch nicht mitleiden... Ich fürchte, sage ich, dass Du, eingekeilt in Deine zahlreichen Beschäftigungen keinen Ausweg mehr siehst und deshalb deine Stirn verhärtest. Es ist viel klüger, Du entziehst Dich von Zeit zu Zeit Deinen Beschäftigungen, als dass sie Dich ziehen und Dich nach und nach an einen Punkt führen, an dem du nicht landen willst. Du fragst, an welchem Punkt? An den Punkt, wo das Herz hart wird... Wenn Du Dein ganzes Leben und Erleben völlig ins Tätigsein verlegst und keinen Raum mehr für die Besinnung vorsiehst, soll ich Dich da loben? Darin lobe ich Dich nicht.

Auch du bist ein Mensch. Damit Deine Menschlichkeit allumfassend und vollkommen sein kann, musst Du also nicht nur für alle anderen, sondern auch für Dich selbst ein aufmerksames Herz haben. Denn was würde es Dir sonst nützen, wenn Du – nach dem Wort des Herrn (Mt 16,26) – alle gewinnen, aber als einzigen Dich selbst verlieren würdest? Wenn also alle Menschen ein Recht auf Dich haben, dann sei auch Du selbst ein Mensch, der ein Recht auf sich selbst hat. Warum solltest einzig Du selbst nichts von Dir haben?

Ja, wer mit sich selbst schlecht umgeht, wem kann der gut sein? Denk also daran: Gönne Dich Dir selbst. Ich sage nicht: tu das immer, ich sage nicht: tu das oft, aber ich sage: tu es immer wieder einmal. Sei wie für alle anderen auch für Dich selbst da, oder jedenfalls, sei es nach allen anderen.“ [357]

Diese wohlmeinende Ermahnung stammt aus der Feder des Bernhard von Clairvaux, der diese Reflexionen vor ziemlich genau 900 Jahren niedergelegt hat. Das Denken, das sich in seinen Zeilen zeigt, mutet modern an, wenngleich der Urheber des Textes sechs Jahre alt war, als Papst Urban II. 1095 den ersten Kreuzzug ausrief. Als modern kann man empfinden, dass der Ordensmann seinen ehemaligen Schüler Papst Eugen III. – in heutigen Termini gesprochen – vor einem beruflichen Burnout warnt und vor der selbst verursachten Ausbeutung der Kräfte, die oft zu innerer Erschöpfung führen. Bernhard von Clairvaux weiß aus eigener leidvoller Erfahrung, wovon er spricht, weil er häufig überlastet war und sich eingespannt zwischen Aktivität und Kontemplation erlebte. Die

[357] Wem dieser Text schon begegnet ist, hat sich entweder selbst darin entdeckt oder ein anderer Mensch (im kirchlichen Dienst) aus dem Freundes- bzw. Bekanntenkreis ist ihm/ihr dabei vor das innere Auge getreten. Er findet sich bei Schellenberger, Bernardin (Hrsg.): Bernhard von Clairvaux. Gotteserfahrung und Weg in die Welt, Olten 1982, Auswahl aus 73-77.

von ihm gelebte Mystik wird als ausgesprochen realistisch charakterisiert. Seine Sicht der Dinge kennzeichnet ihn – falls man ihn ohne Bruch in das Hier und Heute verpflanzen könnte – als einen, der in dieser Hinsicht dem dritten Amtstyp der Studie **PRIESTER 2000**© sehr nahe kommt. Der zeitnahe Kirchenmann ist einer, der mit wenig Pathos und viel Realismus an seine Arbeit herangeht. Ein Priester, der zum Umkreis dieses Amtstyps gehört, arbeitet zwar viel und beinahe zu viel und empfindet es durchaus als Belastung, wenig Zeit für sich selbst zu haben. Damit befindet er sich in guter Gesellschaft. Die meisten Leitenden in Firmen haben zwar entwickelte Führungskompetenz, aber nicht immer ein ungetrübtes Verhältnis zum Umgang mit der zur Verfügung stehen Arbeitszeit.[358] Wer zur Gruppe des Amtstyps „zeitnaher Kirchenmann“ gehört ist aber – entgegen der in einem pastoraltheologischen Handbuch noch Anfang der Sechzigerjahre ausgegebenen Devise, die zudem oft spirituell überformt und damit tendenziell unangreifbar war[359] – nicht immer im Dienst. Das, was als zur „Totalrolle“[360] zugehörig beschrieben wird, die alle Bereiche der Lebensgestaltung durchdringt, trifft für diesen Amtstyp nicht zu.

Wir nennen den dritten Amtstyp der Analysen aus der Studie **PRIESTER 2000**© Kirchenmann. Mit dieser Begrifflichkeit werden kirchliche Würdenträger, wie z. B. Bischöfe bisweilen in der Öffentlichkeit benannt. Sie werden damit als Vertreter der Kirche etikettiert, die bevollmächtigt sind, im Namen der Kirche sprechen. Der 1980 am Altar ermordete Bischof Oscar Romero aus San Salvador z. B. galt im öffentlichen Reden als Kirchenmann. Sein bischöflicher Wahlspruch „sentire cum Ecclesia“ machte deutlich, dass er sich auch in diesem Sinn verstand. Ansatzweise trifft dies für den dritten Amtstyp der Studie ebenso zu: Er versteht sich als Amtsträger der Kirche. Dies spitzt sich jedoch bei ihm nochmals in der Weise zu, dass sich in den entsprechenden Dimensionen seines Amtsverständnisses eine klare Tendenz bemerkbar macht, die Gemeinde zu Gunsten von Kirche „links liegen zu lassen“. Seine Bennennung konnotiert zudem ein wenig feudal und vornehm, worauf weiter unten noch detaillierter eingegangen wird.

Die näher präzisierende Charakterisierung „zeitnah“ soll die Ambivalenz in seiner Grundeinstellung zur modernen Welt offen legen. Wer zeitnah ist, lebt zwar durchaus am „Puls der Zeit“, befindet sich aber nicht in der „Herzkammer

---

358 Laut einer Grafik in „die Presse“ C11 vom 12. Jänner 2002 haben in Deutschland 51% der Führungskräfte, in Österreich 49% regelmäßig mit Terminproblemen zu kämpfen.

359 „Seelsorge ist ein christliches Vokabel. *Sorge* ist sein Grundwort. Der Seelsorger ist immer im ‚Dienst‘. *Opferbereitschaft* bis zum letzten und *Uneigennützigkeit* kennzeichnen ihn. Sein Meister gab das Leben für seine Schafe.“ So der renommierte Wiener Pastoraltheologie Michael Pfliegler in seinem pastoraltheologischen Lehrbuch, das viele Priestergenerationen in dieser Weise geprägt hat. Vgl. Pfliegler, Michael: Pastoraltheologie, Wien, Freiburg, Basel 1962, 33.

360 Vgl. Marhold, Wolfgang u. a.: Religion als Beruf. Band I: Identität der Theologen, Stuttgart 1977, 56.

der Moderne“, in der Trends kreiert, verworfen oder ausgemustert werden. Zeitnah beschreibt ein Verhältnis zur heutigen Zeit, das ein konservatives Element in sich birgt. Wer sich als zeitnah versteht, ist semimodern, weiß um das, was durch die Zeit bewahrenswert und schützenswert ist, und sieht auch die Nachteile und Probleme, die für die Einzelnen z. B. mit der radikalen Individualisierung und dem unablässigen Zwang zur Wahl in den meisten Lebensbereichen einhergehen.[361]

In ein Medienbild gesetzt meint „zeitnah“ nicht die Tageszeitung, die stets aktuell und auf dem neuesten Stand ist und sein muss, sondern mehr das monatlich erscheinende Magazin, das sich ebenfalls mit aktuellen Fragen beschäftigt und dabei hintergründiger und langatmiger sein kann. Was für den Inhalt gilt, trifft auch für die „Aufmachung“ bzw. für die „Außenseite“ zu. Wenn der zeitlose Kleriker als weltabgewandt bezeichnet wurde und der zeitoffene Gottesmann als weltzugewandt, dann gilt für den zeitnahen Kirchenmann, dass er eine sehr weltgewandte Seite hat.

Es ist der Priestertyp, der es zwar ablehnt, sich in eine Rolle zwängen zu lassen, in der er als pfarrliches Aushängeschild repräsentieren muss. In geschützter Öffentlichkeit und in seiner Umgebung mag und kann er sich jedoch sehen lassen und er ist zwischen Hors d'oeuvres und Digestiv durchaus zu mehr als einem Small Talk über Religion und Kirche fähig. Priester dieser (Lebens-)Art gab es zumal in Bayern sicher ab der Barockzeit oder dem Rokoko. Der barocke Dom – eine absolute Besonderheit – in der Bischofsstadt Passau symbolisiert ein wenig davon. „In der Heimatliteratur aller Länder kommen Priesterfiguren vor, die dem Volk nahe standen und bei den Leuten sehr beliebt waren. Der ideale Priester war herzlich und jovial, lebte schlicht, verschmähte andererseits aber auch kein gutes Glas Wein und kein gutes Mahl, wenn sich die Gelegenheit bot. So konnte er ohne Skrupel auch beim Baron dinieren. Die Leute aus dem Volk nahmen das in Kauf.“[362] Ein Teil der derzeitigen Passauer Priester, darunter am stärksten diejenigen, die sich den zeitnahen Kirchenmännern zuordnen lassen, hat sich einen sinnenfrohen und auch für sich lebensbejahenden Anteil bis heute erhalten. Die empirischen Daten belegen dies. In einem kleinen Teilabschnitt werden diese Ergebnisse weiter unten differenzierter dargeboten.

Wie sich das Amtsverständnis des zeitnahen Kirchenmannes in den unterschiedlichen Dimensionen entfaltet, worin es geschichtlich gründet, wie es sich im praktischen Vollzug veranschaulicht und wie sich damit die zeitnahen Kirchenmänner auch von den anderen Amtstypen unterscheiden, das wird im folgenden bearbeitet.

---

361 Vgl. Berger, Peter L.: Der Zwang zur Häresie. Religion in einer pluralistischen Gesellschaft, Frankfurt a. Main 1980.

362 Boudens, Robrecht: Der Gemeindepriester in historischer Sicht, in: Kerkhofs, Jan/Zulehner Paul. M. (Hrsg.): Europa ohne Priester, Düsseldorf 1995, 132-177, hier 156f.

Empirisches zum Amtsverständnis

Der Anteil der zeitnahen Kirchenmänner unter den befragten Priestern des Bistums Passau ist mit 33% ansehnlich hoch. Ein gutes Drittel der Befragten aus der Diözese Passau können – mit unterschiedlicher Nähe zu den markanten Aussagen – zu diesem Amtstyp gezählt werden. Auf die nach Dekaden aufgeschlüsselten Weihejahrgänge verteilen sie sich dabei folgendermaßen: Die Jahrgänge der vor 1960 Geweihten bestehen mit 32% zu einem Drittel aus Priestern dieses Amtstyps. Bei den zwischen 1961-70 Hinzugekommenen machen die zeitnahen Kirchenmänner ein knappes Drittel (30%) aus. Unter den in der Zeit von 1971-80 Geweihten sind die zeitnahen Kirchenmänner mit 41% eine dominante und damit die stärkste Gruppe. In den Achtzigerjahren geht ihr Anteil geringfügig auf 36% zurück, bei den Weihejahrgängen ab 1991 und der Zeit danach liegt er bei 32%.

Abbildung 9: Der Amtstyp des zeitnahen Kirchenmanns

Das priesterliche Amt...

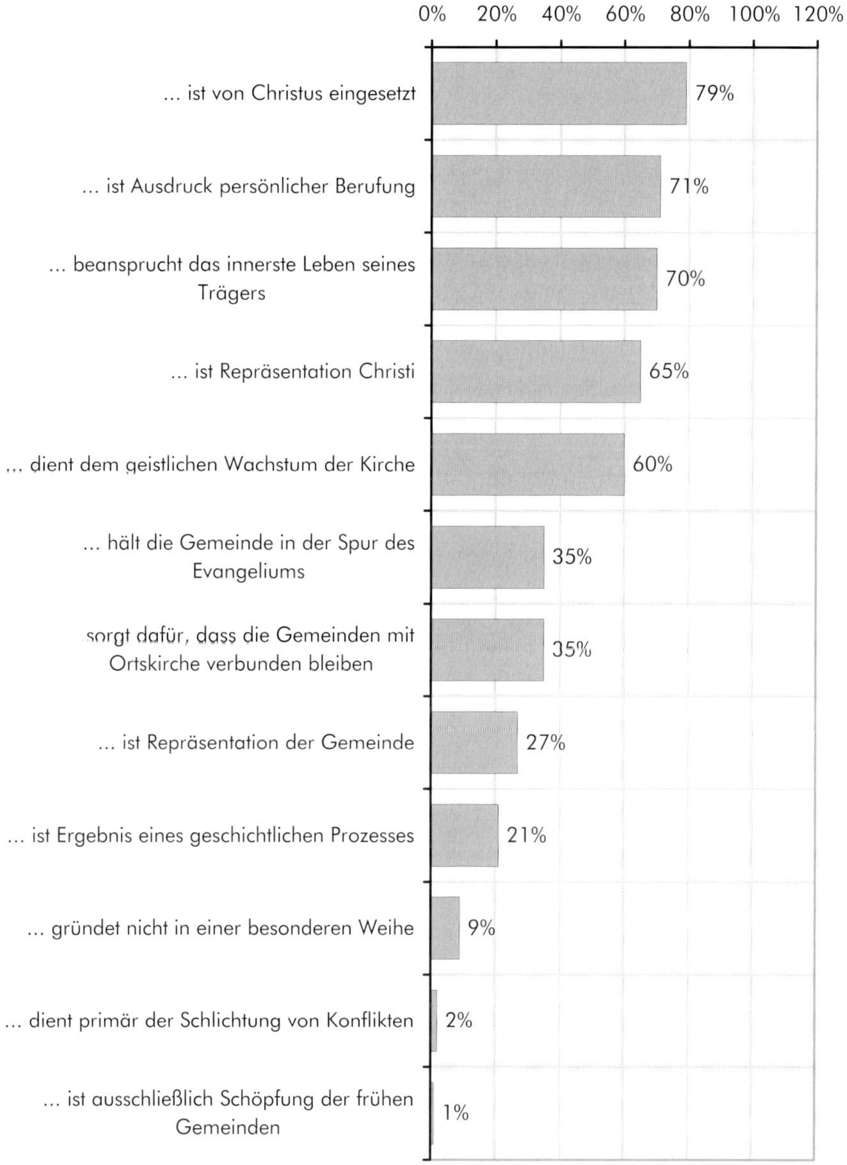

Quelle: **PRIESTER 2000**© - Gesamtstudie

Die Christusbezogenheit sowie die Christusherkunft des Amtes haben im Amtsverständnis des zeitnahen Kirchenmannes hohe Werte: entweder im Modus der Zustimmung oder der Ablehnung. 91% betonen in der Frage der Herkunft die Wichtigkeit der sakramentalen Ordination. 99% lehnen die Aussage ab, das priesterliche Amt sei ausschließlich Schöpfung der frühen Gemeinden. Dass das Amt von Christus eingesetzt wurde, ist 79% aus der Gruppe der zeitnahen Kirchenmänner für ihr Amtsverständnis zentral. Immerhin ebenfalls 79% können sich nicht mit der Aussage identifizieren, das Amt sei Ergebnis eines geschichtlichen Prozesses. Die Christusbezogenheit zeigt sich in der hohen Zustimmung zur Frage der persönlichen Berufung. Sie steht mit 71% an zweiter Stelle der positiv bewerteten Aussagen. Damit korrespondiert, dass das priesterliche Amt für die Befragten nicht etwas äußerliches ist, sondern vielmehr das innerste Leben seines Trägers beansprucht. 70% der zeitnahen Kirchenmänner empfinden dies so. Dass es dem geistlichen Wachstum der Kirche dient, davon sind 60% überzeugt. Für 65% spielt die amtliche repraesentatio Christi eine gewichtige Rolle. Die Gemeindebezogenheit des Amtes ist – so der empirische Befund – bei diesem Amtstyp den beiden anderen Dimensionen weit nachgeordnet. Er hat hier die niedrigsten Werte von allen. Das eher moderne Verständnis, dass dem Amt die Sorge und Verantwortung für die synchrone und diachrone Einheit obliegt, hat je 35% Zustimmung. Für nur gut ein Drittel der zeitnahen Kirchenmänner ist der Einheitsdienst somit konstitutiv für ihr Amtsverständnis. Die amtliche repraesentatio Ecclesiae hat bei (nur) 27% einen klaren Stellenwert. 2% der Befragten, die sich um das Amtsverständnis des zeitnahen Kirchenmanns gruppieren, halten die Schlichtung von Konflikten und die Sorge für das Zusammenleben in der Gemeinde für eine amtliche Aufgabe; 98% sehen das nicht so.

Sowohl der ausgeprägte Christusbezug, als auch die Werte in der Christusherkunft des Amtes zeigen eine Verbindung dieses Amtstyps zum zeitlosen Kleriker, wenngleich die prozentuale Zustimmung bzw. Ablehnung der einzelnen Items insgesamt geringer ist. Vor allem die relativ geringe Hinneigung zu den Ergebnissen der historisch-kritischen Exegese, die eine vielschichtige Entwicklung der Ämter in den Anfängen der unterschiedlichen Gemeinden plausibel aufzeigen, unterstreicht eine Verwandtschaft im Amtsverständnis zwischen dem zeitnahen Kirchenmann und dem zeitlosen Kleriker. Ein Schlüssel, wodurch sich die Gemeinsamkeiten erklären lassen, ist bei diesem Amtstyp die Verteilung auf die Weihejahrgänge. Die 32% derer, die zu den Weihejahrgängen gehören, die vor dem Zweiten Vatikanischen Konzil ihren Dienst begonnen haben, müssen an einigen Punkten getrennt von denen untersucht werden, die zu den Jahrgängen danach gehören. Das Item „das priesterliche Amt ist Ausdruck persönlicher Berufung", das beim zeitnahen Kirchenmann in seiner Zustimmungsliste den zweiten Stellenwert einnimmt, wird von daher besonders in den Blick genommen, um bestimmte Prägnanzen in der konkreten Ausformung des Amtsverständnisses zu erschließen.

Herkunft und Wurzeln des Amtsverständnisses

Der zeitnahe Kirchenmann, so eine aus dem empirischen Befund ableitbare These, macht die für ihn sehr wichtige Berufung zum Beruf. Mit dieser Aussage ist eine Richtung angegeben, der zu folgen sich lohnt, um den Besonderheiten im Amtsverständnis des zeitnahen Kirchenmannes – im Vergleich und in der Abgrenzung zu den anderen – auf die Spur zu kommen. Es geht dabei in erster Linie um das Thema der Professionalisierung.

Lexika sind zuverlässige und geduldige Zeitzeugen. Sie geben gewöhnlich Auskunft über das, was ist oder was war. Gibt es einen bestimmten Begriff in einem älteren Lexikon nicht, kann man davon ausgehen, dass das, was gemeint ist, entweder noch nicht oder nicht mehr existiert. So findet sich im Register des umfangreichen Lexikons des Handbuchs der Pastoraltheologie aus dem Jahre 1972 die in der Pastoral langsam gebräuchliche Arbeitsform des Projekts genauso wenig wie Gemeindeberatung, Wortgottesdienstleiter oder kooperative Pastoral. Wohl aber – neben vielen bekannten und altbewährten kirchlichen und pastoralen Termini – die zu dieser Zeit gerade „im Kommen" befindlichen Begriffe Organisationsentwicklung, Gruppendynamik, Rollenerwartung und Rollenkonflikte sowie das Stichwort von der Professionalisierung,[363] das in der zweiten Auflage des Lexikons für Theologie und Kirche aus dem Jahr 1963 noch nicht vorkommt. Professionalisierung wird im Lexikon des Handbuchs für Pastoraltheologie unter einer technisch-instrumentellen Bedeutung sowie vom sozialen Aspekt her beschrieben bzw. definiert und bezieht sich auf spezifische, durch Lern- und Erfahrungsprozesse erwerbbare Eigenschaften als Kriterien der Berufszuweisung.[364]

Dies trifft dies jedoch nur einen Aspekt dessen, worum es im Folgenden gehen wird. In der Frage der Professionalisierung, so wie sie in diesem Teil der Arbeit durchdacht werden soll, spielt nicht nur die individuelle, berufsbezogene Sichtweise eine Rolle, sondern auch die organisationale. In der finanziell gut ausgestatteten (west-)deutschen Kirche, aber auch in Österreich, der Schweiz und in den Niederlanden gab und gibt es nicht nur die innere Professionalisierung von Berufsbildern. Es fand vielmehr eine Professionalisierung der Organisation statt, mit allen damit verbundenen Vor- und Nachteilen.[365] Diese begann in den Diözesen der damaligen BRD, als sich in der Folge des Zweiten Vatikanischen

[363] Vgl. Klostermann, Ferdinand/Rahner, Karl/Schild Hansjörg (Hrsg.): Lexikon der Pastoraltheologie, Freiburg i. Breisgau 1972, XVIII-XXVII.

[364] Vgl. Wössner, Johannes: Professionalisierung, in: Klostermann, Ferdinand/Rahner, Karl/Schild Hansjörg (Hrsg.): Lexikon der Pastoraltheologie, 431f.

[365] Vgl. Bätz, Ulrich: Die Professionalisierungsfalle. Paradoxe Folgen der Steigerung glaubensreligiösen Engagements durch professionelles Handeln – dargestellt am Beispiel der Verwirklichung pfarrgemeindlicher ‚Verlebendigungsprogrammatiken' durch hauptamtliche Laientheologen, Freiburg Schweiz 1994.

Konzils neue Berufsgruppen entwickelten, die es in dieser Ausprägung vorher nicht gegeben hatte. Eine dieser Gruppen waren die ständigen Diakone, die (nicht nur) das berufliche Spektrum im Klerus erweiterten und verbreiterten: Seit der Wiedereinführung des ständigen Diakonats gibt es in der römisch-katholischen Kirche verheiratete Kleriker.[366]

Eine weitere Gruppe stellen die hauptamtlichen Laien, die ab einem bestimmten Zeitpunkt so benannten Gemeinde- und Pastoralreferenten/-innen. Genannt werden sollen auch die Sozialpädagogen und Sozialpädagoginnen und quantitativ in geringerem Umfang die Diplompädagogen und -padögoginnen, die in den verschiedenen Feldern der kirchlichen Jugendarbeit, den vielfältigen Beratungsdiensten, der kirchlichen Erwachsenenbildung und vor allem auch bei der Caritas ebenfalls einen gewichtigen Anteil zur Professionalisierung in der Kirche und der Kirche beigetragen haben und beitragen. Der Grazer Pastoraltheologe Rainer Bucher geht davon aus, dass durch die Professionalisierung der Caritas die Ausgliederung der Diakonie aus den Pfarrgemeinden stattgefunden hat.[367] So aufschlussreich es wäre, dieses Thema insgesamt weiter zu verfolgen: auch diese Berufsgruppen können – wie die ständigen Diakone – aus Gründen der Schwerpunktsetzung nicht näher in die Arbeit mit hereingenommen werden.

Im Folgenden wird von daher der Professionalisierung auf zwei Spuren nachgegangen: Zum einen wird die „innere Professionalisierung" des Priesterberufes[368] näher in den Blick genommen, zum anderen die Professionalisierung der Kirche durch die hauptamtlich pastoral Mitarbeitenden. Beides steht miteinander in Verbindung. Diese Verschränkungen, Verbindungen und dadurch bisweilen entstehenden Grauzonen werden bedacht. Was wichtig wäre, aber ebenfalls im Rahmen dieser Überlegungen kaum zum Zug kommen kann und wird, ist die Frage der Auswirkung der Professionalisierung auf die ehrenamtlichen Mitarbeiterinnen und Mitarbeiter.

Professionalisierung: zur Verwendung eines Begriffs

Im Lexikon für Soziologie findet sich zum Stichwort „Professionalisierung" eine allgemeine, berufsunabhängige Definition, die umfassend alle Bereiche enthält, die sich landläufig und nach dem neueren Stand der Erkenntnis damit verbinden. Für den aus soziologischer Perspektive reflektierenden Autor bedeutet Professionalisierung die „Spezialisierung und Verwissenschaftlichung von

366 Die Veränderungen im Klerus durch die ständigen Diakone werden nicht weiter bearbeitet, weil dies ein umfangreiches eigenes Thema ist, das den Rahmen dieser Arbeit weit überschreiten würde.

367 Vgl. Bucher, Rainer Maria: Das entscheidende Amt. Die Pluralität, das Konzil und die Pastoralreferenten, in: PThI 9 (1989) 263-294, hier 271.

368 Die Rede vom „Priesterberuf" würde z. B. von einem zeitlosen Kleriker abgelehnt werden, weil damit die für ihn zentrale ontologische Dimension des Priestertums zu wenig zum Vorschein kommt.

Berufspositionen aufgrund gestiegener Anforderungen an das für die Berufsausübung erforderliche Fachwissen, verbunden mit einer Höherqualifizierung der Berufsausbildung, der Einrichtung formalisierter Studiengänge, einer Kontrolle der Berufsqualifikation und des Berufszuganges durch Fachprüfungen, der Organisation der Berufsangehörigen in besonderen Berufsverbänden, der Kodifizierung berufsethischer Normen, der Zunahme universeller Leistungsorientierung und beruflicher Autonomie sowie einer Steigerung von Berufsprestige und -einkommen."[369] Ein Teil davon trifft auf die Priester zu: Sie stehen zunehmend unter dem Anspruch, sich sowohl für den wesentlich erweiterten administrativen Bereich, vor allem aber für die pastorale Praxis[370] Kompetenzen zu erwerben, die über das an der Universitat gelernte Wissen weit hinausgreifen. Der permanente Wandel in Gesellschaft und Arbeitswelt fordert auch den Priestern lebenslanges Lernen ab sowie die Bereitschaft, sich relativ flexibel auf neue Anforderungen einzustellen. Im Bereich der Pastoral handelt es sich jedoch dabei nicht vorrangig um vor allem kognitiv anzueignendes Wissen, sondern um ganzheitliche Persönlichkeitsbildung, die von spiritueller Bildung getragen und durchwirkt ist. Das 1990 von Isidor Baumgartner herausgegebene Handbuch der Pastoralpsychologie hat die Entfaltung pastoraler Kompetenz in ihren vielfältigen Facetten mit diesen Konnotationen zum Grundthema.[371]

Im kürzlich in der überarbeiteten Version editierten Lexikon für Theologie und Kirche bezieht sich Professionalisierung auf zwei Dimensionen. Es geht dabei um „die Systematisierung und Verwissenschaftlichung des Wissens, das im beruflichen Handeln zur Anwendung kommt, und die Orientierung und Verpflichtung des Berufs auf gesellschaftliche Belange und Wertbezüge"[372]. In den folgenden Abschnitten wird Professionalisierung – falls sie den personbezogenen Fokus betrifft – als erlernbare, erweiterbare bzw. vertiefbare Handlungskompetenz verstanden, welche kommunikative Kompetenz im Habermas'schen Sinne umschließt. Die für Seelsorger (und Seelsorgerinnen) erforderliche Handlungskompetenz ist „eine in hohem Maß personale und soziale Fähigkeit; Wahrnehmungsfähigkeit, Umgang mit eigenen und fremden Emotionen, die Freiheit, die man sich selbst nimmt, und die Freiheit, die man anderen zu gewäh-

---

[369] Büschges, Günter, Professionalisierung in: Fuchs-Heinritz, Werner u. a. (Hrsg.): Lexikon zur Soziologie, Opladen ^{3}1994, 521.

[370] Das betrifft unter anderem die seelsorgliche Gesprächsführung, ein Grundmaß an Beratungskompetenz, Leitungskompetenz im Umgang mit Ehren- und Hauptamtlichen, mit Gruppen und Einzelpersonen, Grundkenntnisse in Psychologie, Pädagogik und Didaktik, sowie hermeneutische Kompetenz in der seelsorglichen Begleitung von Menschen. Zu letzterer vgl. Scharfenberg, Joachim: Pastoralpsychologische Kompetenz von Seelsorgern/-innen, in: Baumgartner, Isidor (Hrsg.): Handbuch der Pastoralpsychologie, 135-152, v. a. 146ff.

[371] Vgl. Baumgartner, Isidor (Hrsg.): Handbuch der Pastoralpsychologie, Regensburg 1990.

[372] Gabriel, Karl: Professionalisierung, in: LThK^{3}, Achter Band, Freiburg-Basel-Rom-Wien 1999, 615.

ren vermag, spielen bei ihr eine entscheidende Rolle"[373]. Wer seinen Beruf professionell versteht, ist fähig, im Spektrum der beruflichen Handlungsfelder alle vier grundlegenden Dimensionen so zum Zug kommen zu lassen, wie es der evangelische Pastoraltheologe Manfred Josuttis vorschlägt.[374] Ihm ist wichtig, dass sich die institutionelle Dimension (in welchem gesellschaftlichen Kontext sich Verkündigung ereignet), die sachliche Dimension (zeitgemäße Verkündigung unter Wahrung der authentischen Tradition), die methodische Dimension (situationsgerecht und angemessen) sowie die personal-soziale Dimension (wie die je eigene Glaubens- und Lebensgeschichte das Handeln bestimmt) so in Balance befinden, dass die personal-soziale Dimension in jedem Fall zum Vorschein kommen kann. Insofern ist Professionalisierung kein technokratischer oder kalt funktionaler Begriff. Hermann Stenger nennt das hier gemeinte in seinen Schriften „Fähigkeitskompetenz".[375] Gerhard Schmidtchen, der in der Priesterumfrage auf das Thema der Professionalisierung gestoßen ist, versteht darunter „dass die berufliche Sicherheit durch Kompetenz erworben wird und nicht so sehr durch institutionelle Absicherung"[376].

Von der zugewiesenen zur erworbenen Kompetenz

In jeder in Ansätzen differenzierten Gesellschaft galt eine gute Ausbildung als Grundlage für ein gesichertes Erwerbsleben. Normalerweise genügte, was man während der Ausbildung als soliden Grundstock an beruflichem Wissen und Können erwarb, für die weitere Zeit der beruflichen Tätigkeit. Der Kern der Aussage in der Volksweisheit „Was Hänschen nicht lernt, lernt Hans nimmermehr" setzt voraus, dass es in jungen Jahren eine Lebensphase gibt, welche dem Lernen und Erlernen bestimmter Fertigkeiten dient, die dann für das weitere Leben genügen und ihren „Mann" nähren. Für vorwiegend agrarische und handwerklich strukturierte Gesellschaften war dies für lange Zeit eine gültige Regel. Wer einigermaßen ein Gespür für das Leben hatte, konnte die Erfahrungen, die ihm oder ihr im Laufe des Lebens zufielen, gut in das integrieren, was man ursprünglich gelernt hatte. Geschätzt wurde als Ratgeber, Lehrmeister bzw. Lehrmeisterin wer viel Erfahrung gesammelt hatte. Das hieß, dass die Älteren auch im beruflichen Kontext Wertschätzung erfuhren und nicht zum alten Eisen gehörten. Die Zeiten haben sich geändert, vor allem durch die rasante technische und wirtschaftliche Entwicklung, die eine grundlegende Spezialisierung und Differenzierung mit sich brachte.

---

373 Zerfaß, Rolf: Menschliche Seelsorge. Für eine Spiritualität von Priestern und Laien im Gemeindedienst, Freiburg i. Breisgau 1985, 121.

374 Vgl. Zerfaß, Rolf, Menschliche Seelsorge 121ff.

375 Vgl. Stenger, Hermann: Kompetenz und Identität. Ein pastoralanthropologischer Entwurf, in: Ders. (Hrsg.): Eignung für die Berufe der Kirche. Klärung – Beratung – Begleitung, Freiburg i. Breisgau 1988, 31-133, hier vor allem 47ff.

376 Schmidtchen, Gerhard: Priester in Deutschland, 65.

Bis weit in die Neuzeit und die Anfänge der Moderne hinein konnte in der katholischen Kirche als Regel oder ungeschriebenes Gesetz gelten: „Wenn einer zum Priester geweiht ist, dann kommt ihm damit eine (sakramentale) Kompetenz[377] zu, die manch mehr oder weniger offensichtliche „Unebenheit“ in seiner Person und Mängel in seiner (Aus-)Bildung jederzeit wett macht. Die Weihe ist das Entscheidende! Hinter dieser Aussage verbirgt sich einerseits das, was das opus operatum meint: Die „Wirksamkeit“ des sakramentalen Handelns durch den Amtsträger steht nicht in Verbindung mit seiner aktuellen Befindlichkeit und hängt nicht davon ab. Andererseits meinten jedoch sowohl manche Amtsträger als auch die „Leute“ bisweilen, die sakramentale Ordination und das dafür erforderliche Studium reiche aus, um den Ansprüchen des Amtes zu genügen und ein guter Seelsorger zu sein. Solange der Priester in erster Linie als „Mann der Sakramente“ galt, ging diese Rechnung wahrscheinlich sogar auf. Dass die sog. einfachen Leute mit ihrer sicheren Menschenkenntnis auch schon vor längerer Zeit etwas genauer differenzierten, belegt z. B. der Ausspruch eines Kleinhäuslers aus dem Bayerischen Wald aus der Zeit zwischen den beiden Weltkriegen.[378] Dieser fromme und kirchlich sehr wohlgesonnene Mann sagte über seinen damaligen Ortspfarrer: „Abgesehen von seiner Weihe ist er ja ein Hanswurst.“ Er brachte damit auf eine wenig zurückhaltende Weise zum Ausdruck, dass der dem Betroffenen durch die Weihe zugewiesene Status nicht ersetzt, was im konkreten Fall an beruflicher Kompetenz[379] und wohl vor allem auch menschlicher Reife fehlte.

Würde man die in einer „durchschnittlichen“ Woche anfallenden Tätigkeiten eines Pfarrers auf die diversen Tätigkeitsbereiche wie z. B. Arbeit mit Gruppen, Einzelseelsorge, Verwaltung, Sakramente verteilen, käme zum Vorschein, dass der größere Anteil am Kuchen gerade nicht den sakramentalen Bereich ausmacht. Und wäre es nur dieser: auch hier ist Kompetenz im Umgang mit Menschen, in der Gestaltung der Riten und Gespür für Symbole notwendig. Von daher kann schon länger als gesicherte Annahme gelten, „dass der Priester in den Augen der meisten Gläubigen seine Autorität nicht aus seiner sakramental-hierarchischen Stellung, sondern seiner personalen Kompetenz bezieht“[380]. Belegt und unterstützt wird dies auch durch messbare Veränderungen in der Langzeitstudie „Religion im Leben der Österreicher“ aus der mittlerweile Daten über einen Zeitraum von dreißig Jahren vorliegen.[381]

---

377 In diesem Zusammenhang meint Kompetenz die Zuständigkeitskompetenz.

378 Dieses Zitat verdanke ich dem Passauer Neutestamentler Prof. Dr. Otto Schwankl, von dessen Eltern diese Äußerung eines Nachbarn bisweilen erzählt wurde.

379 Kompetenz wird hier gebraucht im Sinne von „zu etwas fähig sein“.

380 Bucher, Rainer Maria: Das entscheidende Amt, 276.

381 Vgl. Zulehner, Paul M.: Religion im Leben der Österreicher. Dokumentation einer Umfrage, Wien 1981; Zulehner Paul M./Hager, Isa/Polak, Regina: Kehrt die Religion wieder? Religion im Leben der Menschen 1970-2000, Ostfildern 2001.

Den Befragten wurde als Situation vorgegeben, dass auf Zukunft hin viele Pfarrgemeinden wegen des Priestermangels keinen Pfarrer mehr haben werden, der am Ort lebt. Als Alternative dazu wurden zur Gemeindeleitung folgende Personengruppen vorgeschlagen: ein ehrenamtliches Kirchenmitglied, ein Diakon, eine Ordensfrau, ein Laie mit voller theologischer Hochschulausbildung (Pastoralassistent), ein Laie mit einer Ausbildung als Gemeindeassistent (ohne akademische Theologie), ein verheirateter Mann, der zum Priester geweiht wird, ein Priester, der geheiratet hat und zur Zeit sein Amt nicht ausüben kann (laisiert ist), oder eine Frau, die zum Priester geweiht wird. Hier wurde gefragt, mit welcher Lösung man unter keinen Umständen einverstanden sei. Auf dieser Frage baut die nächste auf, die folgendermaßen formuliert ist: „Manche sagen heute auch: Mir ist jede Person recht, wenn sie nur die entsprechende Fähigkeit und Einsatzbereitschaft hat. Inwieweit können sie dieser Ansicht zustimmen?“[382] Die Abstufung ging von 1 bis 5. 1 steht für: stimme völlig zu, 5 für: stimme überhaupt nicht zu.

Tabelle 27: Mir ist jede Person recht, wenn sie nur die entsprechende Fähigkeit und Einsatzbereitschaft hat (Österreich)

	1	2	3	4	5
Religion im Leben der ÖsterreicherInnen 1980	31%	20%	32%	9%	8%
Religion im Leben der ÖsterreicherInnen 1990	38%	21%	26%	9%	6%
Religion im Leben der ÖsterreicherInnen 2000	39%	28%	21%	7%	6%

Quelle: Sonderauswertung der AfkS 2002 – 1=stimme völlig zu, 5=stimme überhaupt nicht zu

Zieht man die Zustimmungsgrade von 1 und 2 zusammen, dann zeigt von 1980 ab eine Steigerung von 51% auf 67% im Jahr 2000. Abgenommen haben dabei die Unentschlossenen, die sich in der Mitte positionieren. Die Zahl derer, die der Vorstellung „jedermann“ könnte für die pfarrlichen Aufgaben vor Ort verantwortlich sein, ablehnend gegenüberstehen, blieb dagegen auf einem geringen Level sehr konstant. Die Tendenz ist eindeutig: Berufliche Qualifikation in Kombination mit der entsprechenden Freude und Einsatzbereitschaft wird zunehmend ein Kriterium für ein Aufgabengebiet, das früher ausschließlich den Priestern vorbehalten war. Insofern gilt auch für die Priester, dass als berufliche Qualifikation die Weihe allein nicht ausreicht.

1985 stellte der damalige Universitätsprofessor Christoph Schönborn bei einer Studientagung der Österreichischen Bischofskonferenz fest, dass nach seinem Eindruck den Priestern zu viel an kommunikativer Kompetenz zu Lasten der sakramentalen Seite abverlangt würde. Er sagte: „Wir sind heute wieder, so scheint mir, in einer Art donatistischen Krise: Am Priester zählt die persönliche

[382] Zulehner, Paul M.: Religion im Leben der Österreicher, 209.

Qualität mehr als die sakramentale Qualifikation, die subjektiven Fähigkeiten mehr als die objektive sakramentale Befähigung."[383] Er nimmt damit eine Entwicklung wahr, in der jedoch das eine nicht gegen das andere auszuspielen ist, weil es für die Priester in heutiger Zeit kein „Entweder-oder" mehr geben kann, auch wenn sich dieser Amtstyp unter den Befragten noch findet. Professionalisierung braucht sicherlich ein aufmerksames Herz, um nicht in die Profanisierung zu kippen. Und das ist wesentlich eine spirituelle Aufgabe.

Professionalisierung über Konzilien

So modern es klingt: Die Frage der Professionalisierung ist für die Kirche kein neues Thema, wenngleich es die längste Zeit nicht unter dieser Begrifflichkeit firmierte. Dass eine gediegene Ausbildung des Klerus eine Schlüsselfrage für die Zukunft der Kirche darstellte, begriff man spätestens nach den schmerzlichen Erfahrungen der Reformation, und zumindest die Institution Kirche hat sich dieses Wissen bis heute tief bewahrt. Es ist nicht zu leugnen, dass die Reformation unter anderem eine Ursache in der Proletarisierung eines Teils des Klerus hatte, wodurch sowohl Inhalt und Praxis der Verkündigung, als auch die Spendung der Sakramente in einer Weise „verkamen", dass der Reformbedarf geradezu mit Händen greifbar war.[384] Von daher war es um der Zukunft der Kirche willen angebracht, sich auf der damaligen Kirchenversammlung in Trient nicht nur mit den Reformatoren und ihren theologischen und ekklesiologischen Positionen auseinander zu setzen und sich – mangels damaliger Alternativen – disziplinarisch und dogmatisch gegen sie abzugrenzen. Ebenso entscheidend, weil zukunftsweisend, war, sich um die Bildung wenigstens derjenigen künftigen Kleriker zu sorgen, die aus einfachen Verhältnissen stammten. Vorbilder für eine gediegene Grundausbildung existierten bereits über die Orden.[385] Als dauerndes Nebenthema zeigte sich die Abgrenzung bzw. das Zueinander zwischen Seminar– und Universitätsausbildung.[386]

---

[383] Schönborn, Christoph: Auf die Zeichen der Zeit hören. Das Konzil über Kirche und Priester, in: Kirchliches Institut Canisiuswerk (Hrsg.): Leben und Dienst der Priester, Studientagung der Österreichischen Bischofskonferenz 1985, Wien 1986, 10-36, hier 25.

[384] Vgl. Parisse, Michael: Die Neuordnung des Weltklerus, in: Engels, Odilo u. a. (Hrsg.): Die Geschichte des Christentums Band 5: Machtfülle des Papsttums (1054-1274), Freiburg-Basel-Wien 1994, 253-289; Rapp, Francis: Deutschland, in: Smolinsky, Herbert (Hrsg.): Die Geschichte des Christentums Band 7: Von der Reform zur Reformation (1450-1530), Freiburg-Basel-Wien 1995, 305-329; Iserloh, Erwin: Martin Luther und der Aufbruch der Reformation (1517-1525), Ursachen der Reformation, in: Jedin, Hubert (Hrsg.): Handbuch der Kirchengeschichte IV: Reformation, Katholische Reform und Gegenreformation, 3-9.

[385] Jedin, Hubert: Domschule und Kolleg. Zum Ursprung der Idee des Trienter Priesterseminars, in: TThZ 67 (1958) 210-223.

[386] Vgl. Garhammer, Erich: Priesterbildung zwischen Seminar und Universität, in: Ders. (Hrsg.): Unnütze Knechte?: Priesterbild und Priesterbildung heute, Regensburg 1989, 24-52.

Das Seminardekret des Tridentinums

Das Seminardekret des Tridentinischen Konzils, in der 23. Session im Jahr 1563 verabschiedet, kann als erster Professionalisierungsanstoß für den damaligen Priesterstand gelten. Es war klar, wie ein (idealer) Kleriker zur Zeit der Gegenreformation zu sein hatte. Von daher waren die Ansprüche an die zukünftigen Seminaristen und an die Leiter der Seminarien eindeutig zu formulieren: „Damit sie aber in der kirchlichen Disziplin zweckmäßiger unterwiesen werden, werden sie sofort die Tonsur und immer geistliche Kleidung tragen und die Fächer Grammatik, Gesang, kirchliche Zeitrechnung und die anderen schönen Künste lernen; sie werden die Heilige Schrift, die kirchlichen Bücher, die Predigten der Heiligen und die Formen der Sakramentenspendung – besonders das, was für das Beichthören hilfreich erscheint – sowie die Formen der Riten und Zeremonien genau lernen. Der Bischof soll dafür Sorge tragen, dass sie täglich am Messopfer teilnehmen und wenigstens einmal im Monat ihre Sünden beichten, und dass sie nach dem Ermessen des Beichtvaters den Leib unseres Herrn Jesus Christus empfangen. Sie sollen in der Kathedralkirche und in den anderen Kirchen des Ortes an Festtagen ihren Dienst tun."[387]

Mit solchem „Curriculum" sollten große Mängel in der Bildung und Ausbildung der zukünftigen Kleriker über eine klar festgelegte äußere und innere Lebensordnung der Kandidaten ausgeglichen werden. In Deutschland erhoffte man sich – aufgrund des durch die Folgen der Reformation ausgelösten gravierenden Priestermangels – zudem einen Anstieg der Kandidaten, die auf diese Weise in ein geschlossenes, irritationsfreies konfessionelles Milieu und System „hineinsozialisiert" werden sollten. Das Seminarsystem „erzog nicht nur zur Treue gegenüber der kirchlichen Autorität, sondern auch zu einer klerikalen Mentalität und zu geschlossenem Denken und verband sich mit dem einseitigen institutionellen Bild der Kirche"[388]. So eine Sichtweise aus späterer Zeit, die der vor vierhundert Jahren stattgefundenen Intervention in die Personalentwicklung den damit angezielten Erfolg bescheinigte.

(Zu) Kleine Schritte der Anpassung

Priesterbildung bzw. Priesterausbildung ereignete sich bei aller Geschlossenheit in den Seminaren zwar meist fernab vom Alltag der Menschen, jedoch nicht isoliert von den zeitbedingten gesellschaftlichen Strömungen. Wegen der unterschiedlichen Kontexte lässt sich vom Seminardekret des Tridentinums zum Seminardekret des Zweiten Vatikanums kein Brückenschlag vollziehen, der un-

[387] Zitiert nach: Wieh, Hermann: Ideal und Auswahl. Vom Wandel der Kriterien bei der Ausbildung der Priester seit dem Konzil von Trient, in: Hillenbrand, Karl (Hrsg.): Priester heute, Würzburg 1990, 155-176, hier 159.

[388] Neuner, Josef: Dekret über die Ausbildung der Priester. Die Bedeutung und Geschichte des Dekrets, in: LThK^2 Bd. 13, Das Zweite Vatikanische Konzil II, Freiburg i. Breisgau 1967, 310-313, hier 310.

mittelbar von einem Beschluss an den anderen anknüpft bzw. darauf aufbaut. Stand das Seminardekret des Tridentinums stark unter dem Vorzeichen der beginnenden Gegenreformation,[389] wirkten sich später in Deutschland die Säkularisation, der Kulturkampf in Preußen, der kämpferische Antimodernismus sowie auch der durch das Erste Vatikanische Konzil geförderte Ultramontanismus jeweils spürbar auf die Ausbildung der Priester, das damit kolportierte Seelsorgeverständnis und das darin enthaltene Priesterbild aus. Zwischen diese großen geschichtlichen Bewegungen gehören einflussreiche theologische Lehrer wie Johann Michael Sailer oder Anton Graf aus Tübingen, die durch ihre (Pastoral-)Theologie wichtige Impulse für eine zeitnahe Priesterbildung auf den Weg gebracht haben.[390] Zwei verheerende Weltkriege haben den ersten fünfzig Jahren des vergangenen Jahrhunderts einen unauslöschlichen Stempel aufgedrückt, der den Blick der Menschen in spezifischer Weise vor allem auf das Überleben gerichtet hat. Im Nachhinein scheint es – trotz aller Not, Einschränkungen und politischen Widrigkeiten die durch die Kriegsjahre auftraten –, als wäre gerade in den ersten 50 Jahren des vergangenen Jahrhunderts die Priesterbildung sehr gleichförmig nach einem festen Schema verlaufen. Von kleineren zeitbedingten Veränderungen und Anpassungen der Seminarordnungen an den Lauf der Zeit abgesehen, mag dies so gewesen sein.[391] Ähnlich ruhig, fest in den neuscholastischen Rahmen eingefügt und reformfrei verlief auch die Ausbildung an den Universitäten.

Von daher war es nicht überraschend, dass in den Fünfzigerjahren die universitäre Ausbildung im Hinblick auf Umfang, zeitgerechte Sprache, Aufbereitung und Zielsetzung kritisch befragt wurde.[392] Sie sei eine Anhäufung unverbundener Einzeldisziplinen, aufgesplittert auf eine zunehmend große Anzahl von Fächern, ohne Mitte. Dadurch erhöhe sich der Umfang des Stoffes in einer Weise, dass es den betroffenen Theologen schlicht zu viel werde. „Er paukt sich öde und höchstens halb verstanden – sehr mittelschulmäßig – ein dürftiges Exzerpt von diesen wissenschaftlichen Stoffmassen ein, wobei er vor lauter Bäumen meist den Wald nicht sieht: und in den Examina sieht sich der arme gelehrte Professor gezwungen,... bei der Beurteilung der Leistungen mehr als milde Maßstäbe anzulegen, will er nicht einen zu großen Prozentsatz der Kandidaten

[389] Manche Kirchengeschichtler sprechen in diesem Zusammenhang lieber von der Katholischen Reform.

[390] Vgl. Zulehner, Paul M.: Fundamentalpastoral, 40ff.

[391] Vgl. Mühleck, Karl: Vom Gestern ins Heute. Grundlagen und pädagogische Konzepte der Priesterausbildung, in: Eder, Franz Xaver: 150 Jahre Priesterseminar St. Stephan in Passau 1878-1978. Festschrift, Passau 1978, 53-82.

[392] Vgl. Rahner, Karl: Gedanken zur Ausbildung der Theologen. Die Notwendigkeit, die Frage neu zu stellen, in: Orientierung 18 (1954) 149-152; sowie: Rahner, Karl: Zur Ausbildung der Theologen. Vermutungen über die einzuschlagende Richtung, in: Orientierung 18 (1954) 165-168.

durchfallen lassen."[393] So die Sichtweise eines Professors, der wusste, wovon er sprach. In eine ähnliche Richtung ging die Einschätzung des niederländischen Soziologen Osmund Schreuder, der den Priestern gravierenden gesellschaftlichen Statusverlust durch die professionelle Unterentwicklung ihres Berufes diagnostizierte. Für Schreuder war eine gewichtige Ursache für den Rückgang der Priesterweihen die mangelnde Professionalisierung.[394] An der Ausbildung kritisierte er insbesondere, „dass sie im Grunde genommen nur eine philosophisch-theologische und keine wirklich *professionell-pastorale Ausbildung* sei"[395]. Als Beleg dafür galt ihm: „die weitgehende Desintegration der Philosophie und Theologie im Studienprogramm, die Unterentwicklung der Pastoraltheologie, das Fehlen der Erfahrungswissenschaften, vor allem der Psychologie und der Soziologie, sowie das Fehlen von praktischen Übungen und von einem Praktikum, das in anderen höheren Berufsausbildungen – z. B. in Medizin und Psychiatrie – eine conditio sine qua non darstellt"[396]. Für ihn lag ein entscheidender Ansatzpunkt einer Veränderung ebenfalls in einer notwendigen Reform der Ausbildung begründet. So wurde die Frage nach einem zeitgemäßen priesterlichen „Anforderungsprofil" auf dem Weg zum Zweiten Vatikanum wieder virulent, vor allem aber in den Jahren danach.

Das Dekret über die Ausbildung der Priester „Optatam totius"

„Die erstrebte Erneuerung der gesamten Kirche hängt zum großen Teil vom priesterlichen Dienst ab, der vom Geist Christi belebt ist; dessen ist sich die Heilige Synode voll bewußt." Dieser erste Satz aus dem Vorwort des Seminardekrets macht deutlich, dass den Kirchenmännern, die für die Ausrichtung des Konzils verantwortlich zeichneten, die Schlüsselstellung der Priester in der Kirche sehr wohl bewusst gewesen ist. Den Priestern kam zweifelsohne in der Umsetzung der Beschlüsse des Zweiten Vatikanums und der dahinter stehenden Ekklesiologie eine zentrale Rolle zu. Nicht von ungefähr wurde deshalb von den Konzilsvätern ein eigenes Seminardekret erstellt und beschlossen, um die Priesterausbildung auf die gegebenen Verhältnisse hin zu erneuern. Es ging darum, die zukünftigen Priester in einer Weise auf ihren Dienst vorzubereiten, dass sie befähigt werden, auf der Basis einer tiefen Spiritualität, die im Evangelium gründet,[397] den Menschen so zu begegnen, dass diese von der Botschaft Jesu Christi in der Weise angerührt werden, dass sie den Weg der Nachfolge einschlagen oder darin bestärkt werden. In den Seminarien sollen sich deshalb spi-

---

393 Rahner, Karl: Gedanken zur Ausbildung der Theologen, 151.

394 Vgl. Schreuder, Osmund: Der professionelle Charakter des geistlichen Amtes, in: Der Seelsorger, 36 (1966) 320-335.

395 Schreuder, Osmund: Der professionelle Charakter des geistlichen Amtes, 327.

396 Ebd.

397 Vgl. OT Artikel 8.

rituelle, intellektuelle und pastorale Ausbildung so durchdringen,[398] dass reife Persönlichkeiten herangebildet werden.

Kapitel VI. des Dekrets beschäftigt sich mit der Förderung der pastoralen Ausbildung im engeren Sinn. Dabei werden – ohne damals die diözesanen Gegebenheiten zu reglementieren – Praktika vorgesehen. „Hier gibt das Konzil deutlich eine Neuorientierung gegenüber der weithin vorherrschenden Tendenz der Behütung. Der Seminarist soll sein zukünftiges Arbeitsfeld kennenlernen und sich für seine Arbeit schulen... Er [der Einsatz im Praktikum] soll zu priesterlicher Selbstverantwortung führen, die nur in konkreter Arbeit gelernt werden kann; er soll die Zusammenarbeit fördern, die in der modernen Seelsorge und im konziliaren Verständnis des kirchlichen Amtes unerlässlich ist."[399] Wie wichtig kommunikative Fähigkeiten für die zukünftigen Priester sind, beschreibt Artikel 19: „Überhaupt sollen die Eigenschaften der Alumnen ausgebildet werden, die am meisten dem Dialog mit den Menschen dienen, wie die Fähigkeit, anderen zuzuhören und im Geist der Liebe sich seelisch den verschiedenen menschlichen Situationen zu öffnen." Artikel 20 betont, dass die zukünftigen Priester Methodenkompetenz brauchen, um in den verschiedenen Situationen angemessen handeln und mit den Laien zusammenarbeiten zu können. „Im Gebrauch der pädagogischen, psychologischen und soziologischen Hilfsmittel sollen sie methodisch richtig und den Richtlinien der kirchlichen Autorität entsprechend unterrichtet werden, das apostolische Wirken der Laien anzuregen und zu fördern, sowie die verschiedenen und wirkungsvolleren Formen des Apostolats zu pflegen."[400]

Verstreute Ansätze in anderen Konzilsdokumenten

Die Konzilsväter zeigten von der Tendenz her große Aufgeschlossenheit für Fragen der Bildung und der Pflege der Kultur. Wem die beinahe über Jahrhunderte bestehende Frontstellung der Kirche zur modernen Kultur noch vor Augen war, der oder die kann ermessen, welche Bedeutung dieser Brückenschlag zur Versöhnung mit den Gegebenheiten der Freiheitsgeschichte hatte. Den Menschen wird z. B. in „Gaudium et spes" empfohlen, die absehbar zunehmend mehr zur Verfügung stehende Freizeit sinnvoll zu nutzen: zur Entspannung und zur Stärkung von Geist und Körper, durch Sport, Reisen, den Gebrauch neuer und kultureller Kommunikationsmittel und Bildung aller Art.[401] Diese Offenheit im Umgang mit Erkenntnissen neuerer Wissenschaft und Forschung schloss die Priester mit ein. Es finden sich deshalb auch in anderen Konzilsdokumenten

---

398 Vgl. Neuner, Josef: Einleitung und Kommentar zum Dekret über die Ausbildung der Priester, in: $LThK^2$ Bd. 13, Das Zweite Vatikanische Konzil II, Freiburg i. Breisgau 1967, 314-353, hier 322.

399 Neuner, Josef: Einleitung und Kommentar zum Dekret über die Ausbildung der Priester, 351.

400 OT Artikel 20.

401 Vgl. GS Artikel 61.

kleine Hinweise und Anregungen für die Priester, sich mit dem auseinander zu setzen, was die Ergebnisse der Humanwissenschaften an Förderlichem für den Umgang miteinander entdecken. Empfohlen wurde jedoch auch die fachliche Bildung, die sich vorrangig auf diejenigen Bereiche bezog, die für die Rezeption der Beschlüsse des Zweiten Vatikanums dringend erforderlich waren.

Liturgische und biblische Bildung des Klerus

Der „Erstling" der Konzilsbeschlüsse war die Konstitution über die Heilige Liturgie. Sie stellte zum einen hohe Ansprüche an die Priester, weil die erneuerte Ekklesiologie, die sich durch alle Dokumente des Konzils zieht, in ihr erstmals erkennbar wurde und durch sie auf den Weg kam. Zum anderen hieß es auch für alle Getauften, die von Gottesdienstbesuchern zu Mitfeiernden wurden, zu begreifen, was sich damit in neuer Weise an Sinn- und Feiergestalt der Eucharistie erschloss. Die grundlegendsten Linien sollen kurz skizziert werden.

Nach Artikel 7 ist jede Liturgie das Werk Christi, des Priesters und seines Leibes der Kirche. Das bedeutet, dass der eigentlich Handelnde Christus ist. Artikel 7 weist darauf hin, dass Jesus in der Person des Priesters, in den eucharistischen Gestalten, in den sakramentalen Handlungen, im Wort und in der Gemeinschaft anwesend ist (präsens adest). Auf der sichtbaren Ebene ist Subjekt die Gesamtgemeinde, also Gemeinde und Vorsteher zusammen. Sie sind die nach außen hin sichtbar Handelnden. Das ist die Konsequenz aus dem Artikel 14 von SC: „Die Mutter Kirche wünscht sehr, alle Gläubigen möchten zur vollen, bewussten und tätigen Teilnahme an den liturgischen Feiern geführt werden, wie das Wesen der Liturgie selbst verlangt, zu der das christliche Volk, „das auserwählte Geschlecht, das königliche Priestertum, der heilige Stamm, das Eigentumsvolk (1 Petr 2,9; vgl. 2,4-5) kraft der Taufe berechtigt und verpflichtet ist."

Die Feier der Liturgie ist eine gesamtmenschliche Partizipatio, eine Partizipatio an der Feier selbst, und nicht an der Liturgie des Priesters. Die Artikel 26-32 verweisen auf das wichtige Prinzip der Rollenteilung. Das ist deshalb bedeutsam, weil bis 1951[402] nur das als Liturgie galt, was der Vorsteher tat. Die Teilnahme der Gemeinde ist nicht nur äußerlich zu sehen, sondern in dem Sinn wie dies Artikel 48 beschreibt: dass die Gläubigen gemeinsam mit dem Priester die Opfergaben darbringen. Damit wurde eine alte Auffassung überwunden. Das erste Hochgebet formuliert jedoch (bis heute): „Für sie <d.h. die Gemeinde> bringen wir dieses Opfer des Lobes dar...."[403]

---

402 In diesem Jahr kam es unter Papst Pius XII. zu einer Erneuerung der Osternacht; 1956 wurde die Feier der Heiligen Woche erneuert. Das waren erste Reformschritte. Vgl. Meyer, Hans Bernhard (Hrsg.): Rezeption und Geschichte des Missale Romanum Pius V. bis zum Vaticanum II. in: Gottesdienst der Kirche Teil 4: Eucharistie. Geschichte, Theologie, Pastoral, Regensburg 1989, 264-272, hier 272.

403 Vgl. Die Feier der Gemeindemesse, Erstes Hochgebet, in: Gotteslob. Katholisches Gebet- und Gesangbuch mit dem Diözesanteil Passau, Stuttgart 1997, Nr. 367.

„Diese volle und tätige Teilnahme des ganzen Volkes ist bei der Erneuerung und Förderung der heiligen Liturgie aufs stärkste zu beachten, ist sie doch die erste und unentbehrliche Quelle, aus der die Christen wahrhaft christlichen Geist schöpfen sollen. Darum ist sie in der ganzen seelsorglichen Arbeit durch gebührende Unterweisung von den Seelsorgern gewissenhaft anzustreben."[404] Das bisherige Eucharistieverständnis saß sowohl bei den bis dahin entsprechend ausgebildeten Priestern, wie auch bei in dieser Weise „sozialisierten" Gemeindegliedern tief. Von daher war entscheidend, dass die liturgische Bildung nicht dem guten Willen der je einzelnen überlassen, sondern durch die Konstitution zumindest allgemein geregelt wurde. Artikel 15-19 von SC nehmen die verschiedenen Gruppierungen mit ihrem dazu gehörigen spezifischen „Bildungsauftrag" in den Blick. Darüber hinaus wird den Priestern angeraten, sich mit den Erkenntnissen der neueren Exegese auseinander zu setzen, um beispielsweise – so das Liturgiedekret – einen tieferen Zugang zu den Psalmen zu finden.[405]

Gelegenheit zur besseren Kenntnis der Seelsorgemethoden

Das Professionalisierungsthema kommt im Stil der Dokumentensprache auch im Dekret „Presbyterorum ordinis" vor. Im Artikel 19 heißt es dazu: „Außerdem sollen die Bischöfe einzeln oder gemeinsam nach geeigneteren Möglichkeiten suchen, dass alle ihre Priester regelmäßig, vor allem aber wenige Jahre nach der Priesterweihe, einen Kurs besuchen, der ihnen Gelegenheit bietet sowohl zu besseren Kenntnisnahme der Seelsorgemethoden und der theologischen Wissenschaft wie auch zur Stärkung des geistlichen Lebens und für einen seelsorglichen Erfahrungsaustausch mit den Brudern."

Die Ergebnisse der profanen Wissenschaften beachten und anwenden

Im Bereich der Theologie war den Konzilsvätern nicht nur interdisziplinäre, sondern auch interfakultäre Zusammenarbeit ein ausgesprochenes Anliegen. Immer ging es dabei darum, den Menschen in der Welt von heute die lebensstiftende Botschaft des Glaubens so nahe zu bringen, dass sich die Lebenswirklichkeit und der Glaube miteinander verschränken können.

„In der Seelsorge sollen nicht nur die theologischen Prinzipien, sondern auch die Ergebnisse der profanen Wissenschaften, vor allem der Psychologie und der Soziologie, wirklich beachtet und angewendet werden, so dass auch die Laien zu einem reineren und reiferen Glaubensleben kommen."[406]

Der umfangreiche Artikel 62 von GS betont, dass die theologische Forschung darum bemüht sein muss, die geoffenbarte Wahrheit tiefer zu verstehen und sie in die jeweilige Zeit hinein zu binden, um den Menschen damit die Möglichkeit

---

404 SC Artikel 14.
405 Vgl. SC Artikel 90.
406 GS Artikel 62.

zu einem umfassenderen Glaubensverständnis zu eröffnen. Eine zeitgemäße theologische Sprache wurde damit postuliert. „Dieses gemeinsame Bemühen wird auch für die Ausbildung der Seelsorger von größtem Nutzen sein, damit diese imstand sind, die Lehre der Kirche über Gott, den Menschen und die Welt den Menschen unserer Zeit in geeigneter Weise darzulegen, und so das Wort der Kirche von diesen auch bereitwilliger angenommen wird. Es ist sogar wünschenswert, dass einer großen Zahl von Laien eine hinreichende Bildung in der Theologie vermittelt werde und recht viele von ihnen die Theologie auch zum Hauptstudium machen und selber weiterfördern."[407] Diese beiden Aussagestränge waren für das Thema der Professionalisierung grundlegend. Geht es doch im Duktus der Aussageabsicht sowohl darum, dass die Priester eine weltoffene Ausbildung erhalten, als auch darum, dass verstärkt Laien zum Theologiestudium ermuntert werden und darin willkommen sind. Damit wurde – ungeahnt – das Thema der Professionalisierung der Kirche durch die dadurch ermöglichten neuen pastoralen Berufe angestoßen. Kardinal Lercaro formulierte die visionären Anliegen die in diesem Abschnitt von „Gaudium et spes" enthalten waren, bei der entsprechenden Konzilsdebatte folgendermaßen: „Es wäre wirklich etwas Neues in der kirchlichen Bildung, wenn wir unseren Laien nicht nur eine Schmalspurausbildung bieten, die etwa zweitrangigen theologischen Schulen entspricht, wenn wir nicht nur einige von ihnen zu den theologischen Fakultäten von Klerikern zulassen, sondern wenn wir ihnen den königlichen Weg von wirklichen wissenschaftlichen Forschungsinstituten, die sie selbst in ihrem Sinne leiten – natürlich unter der Führung der Hierarchie –, eröffnen. Nur dann werden die Bildungseinrichtungen der Kirche von Grund auf erneuert werden, wird die Pädagogik der Kirche dynamischer werden, ihre zentrale Leitung wird gleichsam ein neues Morgenrot sehen, und alle – Priester und Laien – werden so gebildet sein, dass sie die Welt verstehen können. Den Söhnen der Kirche selbst, die – wie das Schema wünscht – sich intensiv mit den Wissenschaften vom Menschen beschäftigen, wird eine wirksamere Hilfe gewährt werden, die Kultur unserer Zeit christlich zu durchdringen."[408]

Entwicklungen nach dem Konzil

In den Sechzigerjahren segelte die damalige bundesrepublikanische Gesellschaft auf der Welle hohen Wirtschaftswachstums in den Wohlstand. Das deutsche Wirtschaftswunder boomte. In der westlichen Welt war der Glaube an den technischen Fortschritt ein starker Antriebsfaktor für Expansion und Investitionen. Damit verband sich zugleich ein ungebrochener Optimismus, die Probleme von Armut und Hunger durch technische Entwicklung beseitigen zu können. Diese

[407] GS Artikel 62.

[408] Zitiert nach: Tucci, Roberto: Einleitung und Kommentar zum zweiten Kapitel des zweiten Teils der Pastoralkonstitution über die Kirche in der Welt von heute, in: LThK^2 Bd. 14, Das Zweite Vatikanische Konzil III, Freiburg i. Breisgau 1968, 447-485, hier 483.

Euphorie im Hinblick auf die möglichen geistigen Leistungen der Menschen und den daraus erwachsenden Segen lässt sich bis in das Konzilsdokument „Gaudium et spes“ hinein verfolgen. Als ein Beispiel für diesen heute beinah naiv anmutenden Zukunftsglauben gelte ein Auszug aus Artikel 5: „Die heute zu beobachtende Unruhe und der Wandel der Lebensbedingungen hängen mit dem umfassenden Wandel der Wirklichkeit zusammen, so dass im Bildungsbereich die mathematischen, naturwissenschaftlichen und anthropologischen Disziplinen, im praktischen Bereich die auf diesen Disziplinen aufbauende Technik ein wachsendes Gewicht erlangen. Diese positiv-wissenschaftliche Einstellung gibt der Kultur und dem Denken des Menschen ein neues Gepräge gegenüber früheren Zeiten. Schon geht die Technik so weit, dass sie das Antlitz der Erde selbst umformt, ja sie geht schon an die Bewältigung des planetarischen Raumes. Auch über die Zeit weitet der Geist des Menschen gewissermaßen seine Herrschaft aus; über die Vergangenheit mit Hilfe der Geschichtswissenschaft; über die Zukunft durch methodisch entwickelte Voraussicht und Planung. In ihrem Fortschritt geben Biologie, Psychologie und Sozialwissenschaften dem Menschen nicht nur ein besseres Wissen um sich selbst; sie helfen ihm auch, in methodisch gesteuerter Weise das gesellschaftliche Leben unmittelbar zu beeinflussen.“

Die Ressourcen der Erde schienen unbegrenzt zu sein. Dass durch die Industrialisierung und Ökonomisierung die Mitwelt beschädigt oder zerstört und das ökologische Gleichgewicht bedroht sein könnte, war für die meisten Menschen jenseits aller Vorstellungen. Diese Industriegesellschaft entwickelte sich zunehmend zur arbeitsteiligen Leistungsgesellschaft, die sich immer mehr differenzierte. Spezialisierung war und wurde ein wichtiges Stichwort. Die Auflösung der traditionellen geschlossenen Milieus der ständisch-agrarischen und handwerklichen Gesellschaft war damit endgültig vollzogen. Wer sich nicht spezialisierte, konnte der Konkurrenz meistens nicht standhalten. Es bestand somit auch ein wirtschaftlicher Zwang zum Spezialistentum. Der Trend ging von der ungelernten Beschäftigung zur Ausbildung, hin vom „Laien“ zum „Profi“, zum Fachmann bzw. zur Fachfrau. Wer mithalten wollte, musste sich dafür im Normalfall weiter qualifizieren, Zusatzausbildungen machen, Kurse belegen. Was Hänschen nicht gelernt hatte, musste Hans nun auf jeden Fall lernen. So ließe sich das oben zitierte Sprichwort in dieser Phase aktualisieren bzw. abwandeln. Durch die Bildungsoffensive, die Ende der Sechzigerjahre in Gang kam, wurden „zweite und dritte Bildungswege“ eröffnet, um z. B. Berufstätigen zu ermöglichen, dass sie die Mittlere Reife oder das Abitur nachholen konnten. Fachhoch- und Fachoberschulen entstanden als praxisorientierte Alternative zu langen und teilweise als zu theoretisch eingestuften Universitätsstudiengängen. Das in vielen Bundesländern eingeführte Telekolleg stammt aus dieser Zeit und gab damals vielen eine Chance, sich beruflich zu qualifizieren.

Professionalisierung in der Kirche

Das Thema der Professionalisierung und darin der Spezialisierung ließ erwartungsgemäß auch die Kirchen nicht unberührt. In der evangelischen Kirche scheint es eher Fuß gefasst zu haben als in der katholischen, wie das in Fragen der Modernisierung meist der Fall ist. Manche jungen Kapläne waren über das Theologiestudium hinaus mit den Human- und Sozialwissenschaften in Berührung gekommen oder aufgrund der in der Praxis erlebten „Leerstellen" in spezifischen Fragen der Zusammenarbeit daran sehr interessiert. Jean Greisch sieht das Interesse in der zunehmend auftretenden Rollenunsicherheit begründet, die sich in der Folge des Zweiten Vatikanums vor allem bei den Jüngeren eingestellt hatte.[409] Eine Reihe der jungen Kapläne begaben sich zum Teil in Zusatz- oder Zweitstudien. Psychologie, Pädagogik, Sozialpädagogik und Soziologie waren ab dem Beginn der Siebzigerjahre gefragte Studiengänge. Zumindest Grundkenntnisse in Psychologie und Pädagogik konnte man sich auch autodidaktisch über das Studium einschlägiger und meist populär aufbereiteter Fachliteratur erwerben, die dazu zunehmend am Markt erschien. Die Anforderungen und Erwartungen an die soziale und kommunikative Kompetenz der Seelsorger waren – wie es der gesellschaftliche Trend damals vorgab – im Steigen begriffen. Früher reichte dem Priester aufgrund der durch die Weihe unbestritten zugewiesenen herausragenden Stellung ein halbwegs vernünftiger Umgangsstil mit seinen Mitmenschen bzw. kam man als normales Gemeindemitglied auch gegen einen autoritären Polterer oder cholerischen Schreihals nicht an und musste ihn ertragen. Heute würde man dem Betroffenen in einem solchen Fall raten, dass jemand solchen Temperaments sich Einzelsupervision nehmen oder sich einem Kommunikationstraining unterziehen solle.

Theologische, liturgische und spirituelle Grundbildung allein genügten ab dem Zeitpunkt nicht mehr, als es in der Folge des gesellschaftlichen Umbruchs der späten Sechzigerjahre zu einer weitgehenden Auflösung des Katholizismus in seiner spezifischen Sozialform kommt.[410] Es ging darum, den wachsenden pastoralen Anforderungen einer differenzierten Seelsorge gerecht zu werden. Hinzu kam, dass bedingt durch eine neue Generation von selbstbewussten Ehrenamtlichen und der langsam wachsenden Schar der hauptamtlichen Mitarbeiter und Mitarbeiterinnen zunehmend Handlungskompetenz im Bereich der Konfliktlösung, der Kommunikation und Kooperation notwendig wurde. Vorausschauend hatte die Freisinger Bischofskonferenz 1969 – damals in erster Linie zur Unter-

---

409 Dies spricht nochmals für die Hypothese, dass es bei der Gruppe der zeitnahen Kirchenmänner hilfreich sein kann, zwischen den Weihejahrgängen zu differenzieren. Die um und nach dem Konzil Geweihten haben sich des Professionalisierungsthemas eher angenommen als die 32% dieses Amtstyps, die vor dem Konzil ihren Dienst als Priester antraten.

410 Vgl. Gabriel, Karl: Die Katholiken in den Fünfziger Jahren: Restauration, Modernisierung und beginnende Auflösung eines konfessionellen Milieus, in: Horstmann, Johannes (Hrsg.): Ende des Katholizismus oder Gestaltwandel der Kirche? Schwerte 1993, 37-57, hier 57.

stützung der Priester – die Möglichkeit einer institutionalisierten theologischen Fortbildung in Freising eingerichtet.[411]

Auch die Ansprüche an die Qualifikation derer, die in der Sonderseelsorge tätig waren, wuchsen. Hatte es z. B. lange genügt, dass man ältere Pfarrer, denen aus verschiedenen Gründen die Pfarrseelsorge nicht (mehr) möglich war, oder Ordensgeistliche für die Krankenhausseelsorge beauftragte, entwickelte sich nun eine differenzierte und anspruchsvolle klinische Seelsorgeausbildung, die von Amerika kommend, in den Sechzigerjahren in Deutschland langsam Fuß zu fassen begann.[412]

Die Professionalisierungsdebatte löste im Klerus unterschiedliche Reaktionen aus. Manche sahen eher die Vorteile. Leo Zirker führte z. B. an, dass die Professionalisierung dem Priester stärker bewusst macht, „dass er einen wirklichen Beruf ausübt. Und da der Beruf eine wesentliche Rolle in der Selbstverwirklichung des Menschen spielt, kann sich die Professionalisierung des Leitungsdienstes positiv auf das Selbstwertgefühl der Priester auswirken“[413]. Wer lernt, sich abzugrenzen – so ein weiteres Argument der Befürworter – und Freizeit und Arbeitszeit auseinander hält, wird in der Zeit, in der er den Menschen ungeteilt zur Verfügung steht, mehr leisten können und mit seinen unterschiedlichen Rollenanforderungen souveräner umgehen. Andere befürchteten gerade das, was den einen als Vorteil erschien: dass der Priesterberuf dadurch zu einem Beruf neben anderen Berufen werden könnte: nivelliert und verjobbt. Professionalisierung wurde von daher vielfach mit Entsakralisierung gleichgesetzt. Man könnte also Priester auf Zeit werden oder auch nebenberuflich als Priester tätig sein. Das wieder neu aufgenommene Experiment der Arbeiterpriester in Frankreich war für manche in dieser Hinsicht entweder ein gutes oder auch ein abschreckendes Beispiel.

Der Passauer Weg

Wenngleich im lange Zeit bäuerlich geprägten Bistum Passau die Uhren der Modernisierung etwas langsamer tickten, waren die Ansprüche an die Priester, sich fachlich weiterzubilden und persönlich zu bilden, immer formuliert.[414] Bis zum Jahr 1960 war den Priestern dreimal jährlich die Teilnahme an regionalen

---

[411] Vgl. Cornelissen, Rob: Institut für Theologische Fortbildung Freising: Fortbildungskonzeption und Praxis für den pastoralen Bereich, in: PThI 6 (1986) 269-274.

[412] Vgl. Hammers, Alwin J./Becher, Werner: Klinische Seelsorgsausbildung. Konzept, Aufbau der Kurse und Erfahrungen, in: Arens, Anton (Hrsg.): Pastorale Bildung. Erfahrungen und Impulse zur Ausbildung und Fortbildung für den kirchlichen Dienst, Trier 1976, 138-188.

[413] Zirker, Leo: Leben im Dialog. Perspektiven für ein zeitgemäßes Priesterbild, Mainz 1976, 166.

[414] Die folgenden inhaltlichen Linien stammen aus dem pastoralgeschichtlichen Teil der Dissertation von Dr. Franz Lummer, der den Werdegang und die Entwicklung der Geschichte der Passauer Pastoralkonferenzen ausführlich dokumentiert hat. Vgl. Lummer, Franz: Berufseinführung für Priester und Pastoralassistenten in der Diözese Passau. Praktisch-theologische Reflexion eines kirchlichen Handlungsmodells, St. Ottilien 1986, 3-18.

Pastoralkonferenzen vorgeschrieben, die diesem Anliegen dienten. Eingeführt hatte sie – mit relativ geringer Nachhaltigkeit – Bischof Heinrich von Hofstätter.[415] Neu aufgegriffen und mit Vehemenz umgesetzt wurden sie dann von Bischof Michael von Rampf, der das Bistum von 1889 bis 1901 leitete.[416] Diesem höchst umtriebigen Oberhirten war die Förderung des Klerus ein großes Anliegen. Er verpflichtete die Priester ab 1890 an den Pastoralkonferenzen teilzunehmen und gab einen methodisch wie inhaltlich reglementierten Ablauf vor. Der erste Teil diente – ganz im damaligen obrigkeitlichen Stil – dem „Transport" von römischen oder oberhirtlichen Beschlüssen, Dekreten bzw. Vorschriften. Ein zu referierendes Thema war jeweils vorgegeben und angeordnet. Interessant ist, dass der zweite Teil dieser Pastoralkonferenzen ab dem Jahr 1916 „supervidierenden" Charakter hatte. Das oberhirtliche Verordnungblatt legt dazu fest: „Nach Erledigung des offiziellen Teiles sollen praktische Fälle aus der Seelsorge, im Bezirke bestehende Schwierigkeiten und sonst für die Seelsorge bedeutsame Vorkommen besprochen und ein möglichst einheitliches Vorgehen in allen Fragen vereinbart werden."[417]

Grundlegung durch Diözesansynode 1960

Der gebürtige Niederbayer Josef Landersdorfer aus Neutenkam bei Geisenhausen, Simon mit Ordensnamen und Konrad – dieser Zweitname erweist dem Diözesanheiligen Bruder Konrad Reverenz – stand als Bischof Simon Konrad Landersdorfer OSB dem Bistum Passau 32 Jahre vor. Er war bis zu seinem bischöflichen Amtsantritt – auch noch als Abt von Scheyern – ein renommierter Exeget, der alten Sprachen kundig und wissenschaftlich rege tätig.[418] Von daher ist verständlich und plausibel, dass ihm die (theologische) Bildung des diözesanen Klerus ein Anliegen war. Ein guter Anstoß für eine zeitgemäße Erneuerung der Seelsorge durch eine deutliche Fokussierung auf die damals erkennbaren Brennpunkte kam durch die vom Bischof turnusgemäß einberufene Diözesansynode im Oktober 1960. Über „Die Seelsorge im Wandel der Gegenwart", wurde dabei genauso referiert, wie über das Thema „Schule und Erziehung", „Caritasfragen" oder die damalige Problematik der „Samstagstrauungen". „Der äußere Lebensstil des Weltpriesters von heute" stand ebenso im Mittelpunkt, wie Fragen „Zur geistigen und geistlichen Prägung des Weltpriesters in dieser Zeit".[419]

„Es dürfte klar sein", so Domkapitular Johann Sommer bei dieser Veranstaltung, „so wie die Zeit des alten Dorfbaders vorbei ist, der bei allen möglichen Krank-

415 Heinrich von Hofstätter war 1839-1875 Bischof von Passau.
416 Vgl. dazu Leidl, August: Kleine Passauer Bistumsgeschichte, Passau 1989, 74f.
417 Zitiert nach Lummer, Franz: Berufseinführung für Priester und Pastoralassistenten in der Diözese Passau, 6.
418 Vgl. Leidl, August: Kleine Passauer Bistumsgeschichte, 77-80.
419 Vgl. Bischöfliches Ordinariat Passau (Hrsg.): Diözesankonferenz zu Passau 1960, Passau 1961.

heiten Blutegeln ansetzte – so wie die Zeit des Sanitätsgefreiten vorüber ist, der bei allen körperlichen und seelischen Schmerzen Aspirin verabreichte –, so ist auch die Zeit des alten Dorfpfarrers vorbei... Manche altgewohnten Methoden, wie sie früher sicher gut und wertvoll waren, werden heute fragwürdig. Der zeitaufgeschlossene Seelsorger spürt das und versucht auf eigene Faust, neue Rezepte anzupreisen, oft ohne Studium der Zeit und der Menschen, die in ihr leben, ohne klare und theologisch fundierte Erkenntnis der Lage und ihrer Bedürfnisse, nach denen sich die Praxis orientieren müsste. So macht der eine etwas in Liturgie, sein Nachfolger im Dritten Orden, der Nachbarspfarrer im Mütterverein, ein anderer in Kernkreisen. Bei einer Anfrage an das Bischöfliche Ordinariat wird dann eine Antwort gegeben vom Augenblick her, ohne den großen Überblick und Zusammenhang und ohne größere Planung."[420] Domkapitular Johann Sommer, der spätere Leiter des Bischöflichen Seelsorgeamtes, hatte in seinem Referat die Vorzüge einer solch zentralen pastoralen Einrichtung sowohl für das Bistum wie auch für die Pfarreien anschaulich dargestellt. Unter anderem hatte er dafür geworben, dass durch (professionelle) Spezialisten auf Diözesanebene die Pfarrer vor Ort z. B. durch spezielle Seelsorgeangebote für bestimmte Zielgruppen oder durch Arbeitshilfen und direkte Beratung wesentliche Entlastung erfahren könnten.[421] Auf der Diözesansynode im Oktober 1960 wurde deshalb von den anwesenden Synodalen die Errichtung eines diözesanen Seelsorgeamtes begrüßt und befürwortet. Im folgenden Jahr wurde im Amtsblatt ein Priesterfortbildungskurs ausgeschrieben, der für die Weihejahrgänge 1958-1960 als verpflichtend galt und darüber hinaus allen anderen Priestern zur Teilnahme offen stand. Diese Fortbildung umfasste vier Tage Exerzitien, einen predigttheologischen Kurs, dogmatische Fragen aus der Ekklesiologie, Genesisexegese im Hinblick auf Predigt und Katechese sowie das Angebot, dass an den Abenden Aussprachemöglichkeit über dringende Fragen der Seelsorge und des priesterlichen Lebens möglich sei. Den Priestern, die zu dieser Fortbildung verpflichtet wurden, sollte damit eine Möglichkeit eröffnet werden, nach den ersten Jahren ihres Dienstes ein wenig zur Ruhe zu kommen und neue Impulse für die Pastoral aufzunehmen.[422]

Zentrale Pastoralkonferenzen

Ebenfalls 1960 hatte Bischof Simon Konrad angeordnet, dass es eine zweitägige zentrale Pastoralkonferenz geben solle, in der sich die Seelsorger außerhalb der pfarrlichen Beanspruchung Zeit nehmen, um sich mit einem wichtigen Thema gründlich zu setzen. Referat und danach folgende Aussprache waren der me-

420 Sommer, Johann: Das Seelsorgeamt, in: Bischöfliches Ordinariat Passau (Hrsg.): Diözesankonferenz zu Passau 1960, Passau 1961, 114-123, hier 115.

421 Vgl. Sommer, Johann: Das Seelsorgeamt, 114-123.

422 Vgl. Lummer, Franz: Berufseinführung für Priester und Pastoralassistenten in der Diözese Passau, 16f.

thodische Zweischritt, um eine genügende Aneignung und Reflexion zu ermöglichen. Dem Bischof war dabei – in heutiger Terminologie – auch die Vernetzung des Klerus ein offensichtliches Anliegen. Dass sich die Kleriker auf diese Weise besser kennen lernen und untereinander in Kontakt und Austausch treten konnten, war als angenehmer Nebeneffekt durchaus angezielt.[423] Diese Pastoralkonferenzen, das einzige offizielle und verpflichtende Fortbildungsangebot in der Diözese, gingen später in die Federführung des Seelsorgeamtes über, wo sie bis heute angesiedelt sind. Auch das hatte Domkapitular Sommer in seinem Referat bei der Diözesansynode bereits angesprochen: „In einer alljährlich stattfindenden Priesterkonferenz will das Seelsorgeamt durch eindrucksvolle Referate für seine Ideen, Ziele und Wünsche beim gesamten Klerus werben."[424]

Die Pastoralkonferenzen haben bis heute eine lange und reichhaltige Wirkungsgeschichte für das Bistum in der Weise entfaltet, dass grundlegende Linien für die Pastoral in ihrem Rahmen gezogen oder reflektiert werden konnten. Pastorale Bildung sollte sich jedoch – so ein weiterer Entwicklungsschritt im Zuge der Professionalisierung – dezentral entwickeln und ereignen. Insofern ging die Pastorale Entwicklung Passau (PEP) mit ihrem synodalen Weg zum Pastoralplan 2000 konsequent diese Spur weiter.

Berufseinführung durch Regelmäßige Begleitung (ReBe)

1977 gaben die Deutschen Bischöfe mit ihrer „Ordnung der pastoralen Dienste" einen ersten Rahmen vor, in dem den verschiedenen Ämtern und Diensten, die sich in den meisten Diözesen in den Jahren davor etabliert hatten, die vorrangigen Aufgabengebiete und Schwerpunkte abgesteckt wurden. Dieser „Ratio nationalis" war für die Priester bereits sieben Jahre vorher die „Ratio fundamentalis" vorausgegangen, in der sich die generellen Grundzüge für die Ausbildung der Priester – ohne nationale Besonderheiten – fanden.[425] Darin waren die ein Jahr später folgenden Rahmenordnungen für die einzelnen Berufsgruppen angekündigt.

Im Bistum Passau entstand, auf dem Hintergrund der Anordnung der Deutschen Bischöfe zu Fragen der Aus- und Fortbildung, die Berufseinführung für Kapläne und Pastoralassistenten zwischen der 1. und 2. Dienstprüfung. Es ging dabei vorrangig um die Entfaltung seelsorglicher Kompetenz auf der Grundlage reflektierter Praxis. Das Grundkonzept wurde vom damaligen Passauer Pastoraltheologen Paul M. Zulehner im Auftrag des Bischofs entwickelt. Die Berufsein-

---

423 Vgl. Lummer, Franz: Berufseinführung für Priester und Pastoralassistenten in der Diözese Passau, 10f.

424 Sommer, Johann: Das Seelsorgeamt, 121.

425 Vgl. Ratio Fundamentalis Insitutionis Sacerdotalis (Grundordnung für die Ausbildung der Priester) vom 6. Januar 1970 in: AAS 62 (1970) 321-384.

führung, so die erste Grundkonzeption „umfasst pro Jahr 18 Tage ‚Regelmäßige Begleitung', 6 Tage ‚Persönlicher Schwerpunkt' und zwei Intensivkurse von jeweils 3 Tagen Dauer"[426]. Das erste Team für die Berufseinführung bestand aus Prof. Paul M. Zulehner, dem Pastoralpsychologen des Priesterseminars Dr. Isidor Baumgartner, dem Subregens Josef Fischer sowie Franz Lummer für die Berufsgruppe der Pastoralreferenten. Es nahm im Herbst 1979 mit fünf Teilnehmern seine Tätigkeit auf.[427]

„Als flankierende Maßnahme dazu wurde ein Intervallkurs ‚Praxisbegleitung' angeboten, der die vorgesetzten Pfarrer als Mentoren begriff und sie zusammen mit anderen Mitarbeiterinnen und Mitarbeitern zur Zusammenarbeit und Führung befähigen wollte."[428]

Professionalisierung (in) der Kirche durch neue pastorale Berufe

„Man weiß eigentlich oft nicht so ganz, was man ist... Es ist so ein totales Mittelding zwischen Priester und Laie. Einerseits zu wissen, ich bin Laie, andererseits... Dass ich dort ja in so viele Bereiche rein komme, die sich mit dem Priesterbild überschneiden, dass das oft wirklich schwierig ist. Manchmal habe ich das Gefühl, das ist unheimlich schwer auszuhalten, diese Spannung von diesem Zwischenwesen."[429]

Eine Diagnose, erstellt von einer Pastoralassistentin[430] einer österreichischen Diözese, die mittlerweile seit über 10 Jahren hauptamtlich in der Gemeindepastoral tätig ist. Was sie anspricht, trifft ziemlich genau ins Zentrum des Problems. Die neuen pastoralen Berufe brachten für die Kirche einen erheblichen Zuwachs an gut ausgebildeten (jungen) Männern und Frauen, die sich mit ihren Fähigkeiten einbringen und möglichst frei entfalten wollten. Dass sich das Vorhandensein bzw. die quantitative Zunahme der sog. neuen pastoralen Berufe auf das (bisherige) Amtsverständnis von Priestern auswirkt, stand bzw. steht von daher außer Zweifel. Im Folgenden wird den zentralen Punkten nachgegangen, die sich im Zu- oder Nebeneinander entwickelt haben und die nicht nur die Ebene

[426] Baumgartner, Isidor: Pastoralpsychologische Ausbildung in der Diözese Passau, in: Stenger, Hermann (Hrsg.): Eignung für die Berufe der Kirche, 249-255, hier 253.

[427] Vgl. Lummer, Franz: Berufseinführung für Priester und Pastoralassistenten in der Diözese Passau, 36f.

[428] Fischer, Josef/Hennersperger, Anna/Höfl, Helmut A.: Roter Faden Vertrauen. Pastorale Entwicklungen im Bistum Passau, in: Baumgartner, Isidor/Friesl Christian/Máté-Tóth András (Hrsg.): Den Himmel offen halten. Ein Plädoyer für Kirchenentwicklung in Europa. Festschrift für Paul M. Zulehner, Innsbruck 2000, 322-333, hier 325.

[429] Friesl, Christian: Christsein als Beruf. Chancen und Problemfelder theologischer Karrieren, Innsbruck 1996, 44f.

[430] In Österreich wird bei der Berufsbezeichnung nicht – wie in Deutschland – in Gemeinde- oder Pastoralreferenten/-innen, bzw. in Assistenten/-innen und Referenten/-innen vor und nach der zweiten Dienstprüfung differenziert. Man unterscheidet zwischen akademischen Pastoralassistenten/-innen (Akadem. PAss) und nicht akademischen Pastoralassistenten/-innen (Dipl. PAss).

der Professionalisierung betreffen, sondern auch für die Ekklesiologie Anfragen stellen und einer Klärung über das bisher Geleistete hinaus bedürfen.

Das Zu- und Miteinander von Priestern und hauptamtlichen Laien

Ab Anfang der Siebzigerjahre und mit steigender Tendenz ab 1975 wurden in den meisten deutschen Diözesen Theologinnen und Theologen mit Hochschulabschluss in Pfarrgemeinden und vor allem den damals in Gründung befindlichen Pfarrverbänden eingesetzt. Die Leute der „ersten Stunde" waren meist junge, hochmotivierte, zum Teil von der kirchlichen Jugendarbeit und Jugendverbandsarbeit geprägte Frauen und Männer. Unter den Männern gab es sehr viele ehemalige Priesteramtskandidaten, die sich nicht auf die zölibatäre Lebensform verpflichten wollten bzw. konnten. Ihnen wurde damit die Möglichkeit eröffnet, einen pastoralen Beruf zu ergreifen. Dieser Weg war ihnen bis dato mit dem Austritt aus dem Seminar verwehrt gewesen.

Wo und wie die jungen Berufsanfänger/-innen ihre Arbeitsschwerpunkte setzten, was sich an den beruflichen Schnittstellen entwickeln würde: Im Zu- bzw. Ineinander oder auch in der Abgrenzung zu den amtlichen Aufgaben der Pfarrer, in der Kooperation und damit auch in der Frage des Rollenverständnisses im Blick auf Ehrenamtliche, all das befand sich in den Anfängen in Bewegung und Entwicklung. Vielleicht hatte der damalige Passauer Regens und spätere Bischof Franz X. Eder eine Vorahnung von sich anbahnenden Unklarheiten, als er in der Seminarchronik im Dezember 1970 notierte: „Das Bistum München bildet im diesjährigen Pastoralkurs zusammen mit den Diakonen erstmals sogen. ‚Pastoralassistenten' aus. Sie machen den halben Kurs aus und sind tatsächlich jene Alumnen, die sich nicht weihen lassen wollen. Da kommen Probleme auf uns zu."[431]

Das Ringen um die wesentlichen Aufgaben

Wohl von Anfang an zeigte sich, dass diejenigen Theologen und Theologinnen, die auf Gemeindeebene im Einsatz waren, auch in „Ersatzfunktion" standen und damit ungewollt zu – mit den verschiedensten Erwartungen besetzten – Platzhaltern wurden. „Häufig wurden leergewordene Kaplanstellen mit Pastoralreferenten besetzt, was natürlich dazu führte, dass sie auch in vieler Hinsicht und soweit wie möglich die Funktion des Kaplans übernehmen mussten."[432] Während einige die normative Kraft des Faktischen beschworen und darauf hofften, „die Grenzen des traditionellen Priesterbildes würden unter dem Druck der pas-

[431] Eder, Franz Xaver: Aus der Seminarchronik 1928-1978, in: Ders.: 150 Jahre Priesterseminar St. Stephan in Passau 1878-1978. Festschrift, Passau 1978, 127-200, hier 181.

[432] Fuchs, Ottmar: Laien in pastoralen Berufen der Kirche, in: Diakonia 10 (1979) 221-230, hier 226.

toralen Realität allmählich fließender werden"[433], wurde von amtlicher Seite Wert darauf gelegt, jegliches Ineinanderfließen zumindest präventiv zu kanalisieren.

So konnten die Betroffenen, aufgrund unterschiedlicher Ursachen, in den meisten Fällen wenig aus der eigenen Erfahrung in die Rollendefinition mit einbringen. Manches wurde den neuen Berufen durch die pastorale (Not-)Situation vorgegeben, auch durch den gerade erst einsetzenden Prozess der damals so benannten „Subjektwerdung" im Volk Gottes. In den ersten Anfängen des Übergangs von der Volkskirche zur Kirche des Volkes waren die „Versorgungserwartungen"[434] relativ stark vorhanden und war die Verlockung wohl auch da und dort groß, die „pastorale Lücke", die sich z. B. durch den fehlenden Kaplan aufgetan hatte, einfach durch vermehrtes eigenes Engagement zu schließen, statt auf die Förderung der vielen Charismen in der Gemeinde zu setzen und zu achten. Dabei bestand die Gefahr (und sie ist wohl auch noch nicht gänzlich vorbei, wenngleich sich die Rollendefinitionen der Gemeindereferenten/-innen und Pastoralreferenten/-innen[435] im Vergleich zu den Anfängen spürbar entwickelt haben), dass die Kleruskirche nahtlos in die Expertenkirche übergeht, die Betreuung weiterläuft und die Menschen in den Gemeinden sich dabei nicht sonderlich verändern (müssen).[436]

Die Laien und „ihr" Weltdienst

Vorgaben für das Berufsprofil und die ekklesiologische Verortung kamen jedoch nicht nur aus der je persönlichen Disposition und der pastoralen Situation der Pfarrgemeinden, sondern auch von Seiten der Bischöfe. Der Weg führte über den Synodenbeschluss „Die pastoralen Dienste in der Pfarrgemeinde" hin zu einer ersten Konkretisierung in den Grundsätzen und im Beschluss „Zur Ordnung der pastoralen Dienste", die am 2. März 1977 veröffentlicht wurden. Was darin, und auch im vorausgehenden Synodenbeschluss sowie den folgenden Schreiben wie ein Refrain wiederkehrt, ist der Rekurs auf LG 31: die besondere Zueignung des Weltcharakters für die Laien. Dies schließt zwar den Weltcharakter auch für die Amtsträger nicht aus.[437] Dennoch verbirgt sich dahinter wohl die lange und lange noch nicht überwundene kirchliche Trennungsgeschichte von Laien und Klerus. Diese, scheinbar nach wie vor in den Herzen und Köpfen bestehende Spaltung der Sendung (darum geht es vor allem) in Weltdienst für

433 Baumann, Urs: Pastoralreferent - Beruf mit Zukunft?, in: Greinacher, Norbert (Hrsg.): Christsein als Beruf. Von Berufs wegen im Dienst der Kirche, Zürich-Einsiedeln-Köln 1981, 19-48, hier 19.

434 Vgl.. Zulehner, Paul M: Priestermangel praktisch. Von der versorgten zur sorgenden Pfarrgemeinde, Düsseldorf 1983, 125ff.

435 Im weiteren GR/-innen und PR/-innen.

436 Vgl. Zulehner, Paul M./Fischer, Josef/Huber, Max: „Sie werden mein Volk sein". Grundkurs gemeindlichen Glaubens, Düsseldorf 1985, 68ff.

437 Vgl. Heimerl, Hans: Kirche, Klerus und Laien.

die Laien und Heilsdienst für die Priester ließ sich – trotz aller Volk-Gottes-Theologie – weiterhin in den Konzilsbeschlüssen erkennen.[438] LG 34 ist (mit seinen „auch") dafür ein anschauliches Beispiel.

Die Synode versuchte diese Sichtweise zwar eine kleine Nuance zu weiten und zu öffnen, indem sie z. B. formuliert: „Dennoch lassen sich Gottesdienst und Dienst am Menschen, Heilsdienst und Weltdienst nicht voneinander trennen; alle Dienste sind Gottesdienst, alle Dienste bauen Gemeinde auf, alle Dienste sind Dienst am Menschen."[439]

Wer seine Berufung aus der Teilhabe aller Getauften am dreifachen Amt Christi begründet, kann also einer Trennung zwischen Weltdienst und Heilsdienst nicht (mehr) zustimmen. Der Terminus vom „Weltdienst" scheint sich jedoch trotz aller theologischen und kanonistischen Uneindeutigkeit[440] weiterhin sehr gut für Abgrenzungen zu eignen und taucht deshalb folgerichtig gerade dort auf, wo Spannungspunkte sind und sich Nahtstellen zeigen.

Grenzziehungen

Pastoralreferenten/-innen sind Laien, ihre Sendung leitet sich von Taufe und Firmung her, ihre primäre Berufung ist die zum Weltdienst. So lautet die erste amtliche ekklesiologische Standortzuweisung. Die Ursache dieser klaren Grenzziehung zwischen Priestern und hauptamtlichen Laien lässt sich aus dem „Wortlaut der Grundsätze zur Ordnung der pastoralen Dienste" erheben: „Zu wehren ist einer Tendenz, dass das Profil des Pastoralassistenten/referenten in das Profil des Priesters übergeht."[441] Dies schien in einigen Punkten bzw. Arbeitsbereichen zu diesem Zeitpunkt schon der Fall zu sein. Wie anders wären eine solche Formulierung und weitere Aussagen in diese Richtung sonst zu erklären? Sie verweisen auf eine bereits stattfindende Entwicklung oder Befürchtungen in dieser Richtung, die ebenfalls benannt wurden: das „Amt ohne Weihe"[442]. Bestätigt wird dies durch die Ergebnisse einer Erhebung des Sekretärs der Deutschen Bischofskonferenz aus dem Jahre 1975. Er bezieht sich auf die unterschiedlichen diözesanen Statuten und kommt zum Ergebnis, dass „dort, wo der Einsatzbereich des Pastoralassistenten/referenten auf der Gemeindeebene gesehen wird – und zwar je unspezifischer umso mehr – bisher kaum Ansätze für ein eigenes Berufsprofil des Pastoralassistenten/referenten zu finden sind. An

438 Vgl. Seckler, Max: Über den Kompromiß in Sachen Lehre, in: Ders., Im Spannungsfeld von Wissenschaft und Kirche. Theologie als schöpferische Auslegung der Wirklichkeit, Freiburg i. Breisgau 1980, 99-109, mit Anmerkungen 212-215.

439 Gemeinsame Synode, Beschluss: Dienste und Ämter 2.4, in: Gesamtausgabe I, 606.

440 Vgl. Braunbeck, Elisabeth: Der Weltcharakter des Laien. Eine theologisch-rechtliche Untersuchung im Licht des II. Vatikanischen Konzils, Regensburg 1993.

441 Sekretariat der Deutschen Bischofskonferenz (Hrsg): Zur Ordnung der pastoralen Dienste, Bonn 1977, 18.

442 Ebd.

die Stelle einer spezifischen Bestimmtheit tritt ein Torso aus dem priesterlichen Berufsbild".[443] Dies führe, so Forster zum Wunsch, über eine quasisakramentale Einsetzung zu einer Teilhabe am kirchlichen (Weihe-)Amt zu gelangen, was aufgrund der Tätigkeitsmerkmale möglicherweise auch angebracht war.

Dem versuchte man – reaktiv – durch den Schutz der Priester entgegenzusteuern, um sie vor weiterem Identitätsverlust zu bewahren. Geschützt werden sollte das bestehende Priesterbild, damit verbunden jedoch vor allem die sakramentale Dimension des Amtes. „Um das Priesterbild nicht zu tangieren, wohl auch um den Zölibat zu bekräftigen, wollte man die Laien möglichst auf den Weltdienst festlegen, ihnen dort alle Freiheit zugestehen, den kirchlichen Bereich aber soweit als möglich dem durch Ordination verliehenen Amt vorbehalten."[444]

Sicherlich ging es auch darum, aber m. E. erst zweitrangig, den PR/-innen aufgrund ihrer in Taufe und Firmung begründeten Sendung und der im Studium erworbenen theologischen Fachkompetenz genuine Aufgabenfelder zu eröffnen und damit der Vielfalt der Charismen und Dienste Raum zu geben.

Institutionalisierungen

Strukturelle Weichenstellungen

Ungefähr 15 Jahre nach den ersten Anfängen ergab sich für alle neuen pastoralen Dienste ein starker Institutionalisierungsschub. Die Phase des vielfältigen Experimentierens in den einzelnen Bistümern wurde durch eine verbindliche größere Vereinheitlichung abgelöst. Auf der unveränderten Grundlage des Grundsatzpapiers „Zur Ordnung der pastoralen Dienste" erließ die Deutsche Bischofskonferenz im März 1987 sehr differenzierte „Rahmenstatuten und -ordnungen für Gemeinde- und Pastoral-Referenten/Referentinnen".[445] Diese lösten zugleich die Rahmenstatuten von 1978/79 ab, auf deren Grundlage diözesane Statuten entwickelt worden waren. Die Rahmenordnung für die Priesterbildung trat am 1. Dezember 1988 in Kraft.[446] Sie ersetzte die bisher gültige Rahmenordnung für die Priesterbildung vom Mai 1978. Verbindlich geregelt waren jetzt für alle Berufsgruppen Ausbildung, Berufseinführung, Fortbildung und Anstellungsvoraussetzungen sowie die Aufgabenbereiche. Über deren je-

443 Forster, Karl: Situationsbericht zur Ordnung der pastoralen Dienste, in: Sekretariat der Deutschen Bischofskonferenz (Hrsg.): Zur Ordnung der pastoralen Dienste, Bonn 1977, 45-64, hier 54.

444 Neuner, Peter: Das kirchliche Amt: Identität im Wandel, in: Kerkhofs, Jan/Zulehner, Paul M.: Europa ohne Priester, Düsseldorf 1995, 178-207, hier 198.

445 Sekretariat der Deutschen Bischofskonferenz (Hrsg.): Rahmenstatuten und -ordnungen für Gemeinde- und Pastoral-Referenten/Referentinnen, Bonn 1987.

446 Sekretariat der Deutschen Bischofskonferenz (Hrsg.): Rahmenordnung für die Priesterbildung, Bonn 1988.

weilige Beschreibung erfolgte die Abgrenzung zu den anderen Ämtern bzw. Diensten.

Offen blieb dennoch, das Zusammenspiel der vielen Dienste und Ämter genauer zu bedenken und die neuen Ämter, die man nach wie vor Dienste nennt, von der Grundamtlichkeit der Kirche her zu entfalten.[447] Der Duktus der mitunter überfürsorglichen Abgrenzung bestimmte, wie auch schon in der Ordnung der pastoralen Dienste, die Zuweisung der Aufgabenbereiche. Wenngleich der Arbeitsschwerpunkt bei den PR/-innen eher in der Begleitung und Förderung der Ehrenamtlichen gesehen wird, sind dennoch zwischen den Tätigkeiten von GR/-innen und PR/-innen „Grauzonen" auszumachen, was vor Ort auch spürbar ist. Die beauftragte Mitwirkung von PR/-innen in Aufgaben des kirchlichen Amtes wird bejaht, es ist jedoch „darauf zu achten, dass nicht durch eine Kumulierung von Aufgaben des kirchlichen Amtes bei Pastoralreferenten das Spezifische ihres Berufes und Dienstes verdeckt wird"[448]. Als Spezifikum der PR/-innen wird die eigenverantwortliche Übernahme einzelner pastoraler Sachgebiete gesehen; der Einsatz soll vor allem in größeren Seelsorgseinheiten erfolgen, in der Sonderseelsorge kann ein eigenes Aufgabenfeld übertragen werden.

Die Veröffentlichung der oben genannten Rahmenordnung markierte ein gewisses Maß an Konsolidierung. Die Anfangswogen der Rollenfindung hatten sich geglättet, die Berufsgruppe der Pastoralreferenten/-innen war zudem stattlich gewachsen.[449] Während Mitte der Siebzigerjahre ca. 200 Männer und Frauen als PR/-innen arbeiteten, waren 1990 bereits 1.542 PA/PR-innen im kirchlichen Dienst. Im Jahr 2000 weist die Statistik für die Bundesrepublik Deutschland 2.742 PA/PR-innen aus; 2.600 sind derzeit aktiv im Dienst.[450] Das entspricht in einem Zeitraum von 10 Jahren einem Zuwachs von 71,9%. Die nicht mehr ganz neue Berufsgruppe hat sich – trotz aller offenen Fragen – im Gefüge der neuen und herkömmlichen pastoralen Berufe etabliert; sie ist ein wichtiger Teil in der bunten Vielfalt der verschiedenen Berufsgruppen.

Mitarbeit der Laien am Dienst der Priester?

Einige Fragen zur Instructio

Neue Formen „pastoraler" Tätigkeiten, also – aus der guten Absicht entstandene – Praktiken von Laien, in Notsituationen großzügige Hilfe in der Pastoral zu leisten, haben schwerwiegende negative Folgen für das rechte Verständnis wah-

[447] Vgl. Zulehner, Paul M.: „Denn du kommst unserem Tun mit deiner Gnade zuvor ...", 82ff.
[448] Rahmenstatuten, 40.
[449] Die entsprechenden Zahlen finden sich bei Foitzik, Alexander: An der Schnittstelle. Pastoralreferenten zwischen Konsolidierung und Identitätssuche, in: HerKorr 48 (1994) 627-632, hier 629.
[450] Quelle: Sekretariat der Deutschen Bischofskonferenz, Referat Statistik, Bonn.

rer kirchlicher Communio mit sich gebracht. So ist sinngemäß die Diagnose in der im August 1997 veröffentlichten „Instruktion zu einigen Fragen über die Mitarbeit der Laien am Dienst der Priester"[451] (im weiteren Instructio) formuliert. Es gab viele kritische und umfassende Reaktionen auf dieses Schreiben. Alle Reflexionen zu den theologischen und rechtlichen Schwächen, zu Terminologie und Sprache, den ekklesiologischen Anachronismen, Ausrutschern und Ungereimtheiten, sowie den amtstheologischen Einseitigkeiten und Unzulänglichkeiten, aber auch einzelne zustimmende Beiträge sind in einer ersten Bibliografie von Jan-Heiner Tück zusammengefasst worden.[452] Sowohl Diagnose als auch Therapie sind nach Wolfgang Beinert ungenügend, weil sie sich aus einer Ekklesiologie speisen, die einen Rückfall hinter die Positionen des Zweiten Vatikanischen Konzils darstellt.[453]

Mittlerweile ist bekannt, dass mit der kryptischen Formulierung von „einigen Gebieten, in denen es diese Praktiken gibt"[454] nicht nur, aber vor allem die Schweiz gemeint war. Im Bistum Basel sind ca. 90 Laientheologen/-innen in der Gemeindeleitung tätig. Dort haben sich etliche deutliche Schieflagen – wie z. B. die Selbstbeauftragung von Laien zur Spendung der Krankensalbung – entwickelt, zu denen Bischof Kurt Koch in einem grundlegenden und ausführlichen Schreiben in Folge der Instructio Stellung bezieht.[455]

Das Problem im Hintergrund

Die Problemanzeige im Hintergrund der Instructio ist – bei aller Kritik am damit offenbarten (Amts-)Stil und Inhalt – aufmerksam wahrzunehmen. In ihr manifestiert sich eine sich abzeichnende tiefere Krise des Amtes[456], die vielerlei Ursachen hat, denen an dieser Stelle nicht nachgegangen werden kann. Der Versuch, all das, was sich nach dem Zweiten Vatikanischen Konzil entwickelt hat, in disziplinärer Form zurückzuweisen und längst nicht mehr existente Verhältnisse festschreiben zu wollen, hat sich selbst ad absurdum geführt. In der Amtsfrage ist Klärungsbedarf auf dem Weg des Dialogs erforderlich, zwischen den Ortskirchen, zwischen den Bischofskonferenzen, hin zur Leitung der Weltkir-

---

451 Sekretariat der Deutschen Bischofskonferenz (Hrsg.): Instruktion zu einigen Fragen über die Mitarbeit der Laien am Dienst der Priester.

452 Vgl. Tück, Jan-Heiner: Stellungnahmen zur Instruktion, in: Hünermann, Peter (Hrsg.): Und dennoch ... Die römische Instruktion über die Mitarbeit der Laien am Dienst der Priester. Klarstellungen - Kritik - Ermutigungen, Freiburg i. Breisgau 1998, 184-188.

453 Vgl. Beinert, Wolfgang: Amt - Tradition - Gehorsam. Spannungsfelder kirchlichen Lebens. Hören, was der Geist den Gemeinden sagt, Regensburg 1998, 127f.

454 Instructio, 8.

455 Vgl. Koch, Kurt: In Verantwortung für unser Bistum, Solothurn 1998.

456 Diese Krise wird vor allem von einem Teil unter den jüngeren Priestern und Priesteramtskandidaten wahrgenommen und zeigt sich in der Form des von Paul M. Zulehner so benannten sekundären Abwehrklerikalismus. Vgl. Zulehner, Paul M./Hennersperger, Anna: „Sie gehen und werden nicht matt" Jes 40,31, insb. 88-100.

che. Dies gilt auch im Hinblick auf den ekklesiologischen Ort der PR/-innen, der – wie auch die bisherige Entwicklung gezeigt hat – nicht unabhängig vom Amt bedacht werden kann.

Offenes

Vor allem im kategorialen Bereich, der wiederum nicht weiter in die Überlegungen einbezogen werden soll, haben und hatten viele PR/-innen ihre seelsorglichen, theologischen und pädagogischen Kompetenzen teilweise über Zusatzausbildungen ausgebaut und sich in ihren jeweiligen Arbeitsbereichen z. T. großes Ansehen und die entsprechende Anerkennung erworben. Gerade bei dieser Gruppe der Pastoralreferenten/-innen ist die Berufszufriedenheit ungleich höher[457] als bei ihren Kollegen/-innen, die zumeist als „Allrounder/-innen" in den Gemeinden arbeiten und zudem oft nur schwer plausibel machen können, worin sich ihre Tätigkeit von derjenigen der Gemeindereferenten/-innen unterscheidet. Ein offensichtlicher Unterschied liegt zwar in der Bezahlung, die sich jedoch nicht an der Tätigkeit bemisst, sondern am Ausbildungsabschluss. Gerade die unterschiedliche Bezahlung für teilweise gleiche Tätigkeit sorgt bei den Gemeindereferenten/-innen für zunehmenden Unmut. Angesichts dessen, dass es kein institutionalisiertes Anerkennungssystem und kaum Aufstiegsmöglichkeiten gibt, kann dieser Faktor zusätzlich demotivieren.[458]

Professionalisierung und Priester

Professionalisierung, so wurde bereits bedacht, hat in der Kirche zwei Dimensionen. Die eine betrifft die einzelnen Berufsgruppen in ihrem jeweiligen Handeln, in den Standards, die sie vorgeben und an denen sie messbar sind. Die andere Dimension betrifft die Professionalisierung der Kirche selbst, die sich aufgrund des quantitativen und qualitativen Zuwachses an Seelsorgespezialisten/-innen in den vergangenen dreißig Jahren ergeben hat. Dass es sich dabei nicht um Übergangserscheinungen oder Notlösungen handelt, zeigt der Verlauf der bisherigen Geschichte, mag an Entwicklungsmöglichkeiten auch lange noch nicht alles ausgeschöpft sein.

Die Professionalisierung ging nicht immer reibungslos vonstatten. Vor allem im Bereich der Kooperation entstanden und entstehen im praktischen Vollzug Fragen: Wie geht ein Pfarrer damit um, wenn in der Nachfolge eines nicht mehr zur Verfügung stehenden Kaplans ein/e theologisch auf dem aktuellen Stand und

457 Vgl. Volk, Hansjörg: Pastoralreferentinnen und Pastoralreferenten: Spezialisierung und übergemeindlicher Einsatz, in: LS 42 (1991) 365-368.

458 Vgl. Hochstaffl, Josef (Hrsg.): Von Beruf Gemeindereferent. Aufnahme eines Bestandes – Perspektive einer Zukunft, Paderborn 1985; Louis, Brigitte: Lebensgeschichtliche Erfahrungen und Berufszufriedenheit. Ergebnisse einer Pilotstudie mit Gemeindereferentinnen und -referenten, in: LS 49 (1998) 166-169; Rust, Andrea/Ehlen, Werner: Weniger GemeindereferentInnen. Ursachen für den Rückgang, in: Wegbereiter Heft 3, 49 (2001) 24.

methodisch kompetente/r und ausgebildete/r Laientheologe/in ihren bzw. seinen Dienst in der Pfarrgemeinde antritt? War vorher relativ klar, wie die Aufgabenteilung zwischen Pfarrer und Kaplan erfolgt, eröffnen sich nun für den/die Laientheologen/-in andere Gestaltungsmöglichkeiten: In der Begleitung von Ehrenamtlichen, in der außerschulischen Jugendarbeit, der Arbeit mit Kindern, in der Verkündigung, im Setzen pastoraler Schwerpunkte, im spirituellen Bereich außerhalb der Gottesdienste..., während der Pfarrer vor allem mit Sakramenten und Verwaltung beschäftigt ist. Dass sich die Laien vor allem die Rosinen aus dem Seelsorgekuchen herausholen würden, ist eine nicht sehr weiterführende Aussage, die jedoch etwas von der möglichen Spannung aufdeckt, die eine breite Palette an Handlungsmöglichkeiten auch in der Frage der Kooperation und Teamentwicklung eröffnet.

Die zeitnahen Kirchenmänner gehören unter den Befragten nicht zu denjenigen, die es als Belastung empfinden, keine Mitarbeiter/-innen zu haben. Sie kommen offensichtlich sehr gut ohne Kooperationspartner/-in zurecht:

Tabelle 28: Belastung: Ich habe keine Mitarbeitenden

	(sehr) stark	unentschieden	(eher) nicht
zeitloser Kleriker	13%	35%	52%
zeitoffener Gottesmann	20%	13%	67%
zeitnaher Kirchenmann	5%	20%	75%
zeitgemäßer Gemeindeleiter	11%	8%	81%

Quelle: **PRIESTER 2000**© – Diözese Passau

Leider geht aus der Fragestellung im Fragebogen nicht hervor, ob mit den „Mitarbeitenden" Haupt- oder Ehrenamtliche gemeint sind. Insofern sind hier zwei Interpretationsmöglichkeiten offen: Entweder empfinden es die befragten Priester als positiv, ohne Mitarbeitende solistisch ihren Dienst zu verrichten, oder aber sie können mit genügend Mitarbeitenden kooperieren und sind von daher mit der Situation zufrieden. 86% der Pfarrer aus der Gruppe der zeitnahen Kirchenmänner leiten entweder eine einzige Pfarrgemeinde oder stehen einem Doppelverbund mit zwei Pfarrgemeinden vor. Von daher ist es wahrscheinlich, dass – abgesehen von administrativen Diensten – der Anteil der hauptamtlichen Mitarbeiter/-innen in der Gemeindepastoral bei diesen Größenordnungen eher gering sein wird. Der Trend, sich weniger irgendwo einbinden zu lassen und tendenziell nicht den Zusammenschluss mit anderen zu suchen, zeichnet sich beim zeitnahen Kirchenmann so, wie sich im Mikrokosmos der Makrokosmos abbildet, an diesem kleinen Item ab. Sein pastorales Proprium, das seine Unverkennbarkeit im Vergleich mit den anderen Amtstypen der Studie **PRIESTER 2000**© ausmacht, wird im Folgenden ausführlich beschrieben.

Spezifische Ausprägungen dieses Amtstyps

Amtstheologische Vorlieben

Pastorale Prioritäten

Mit Ausnahme des zeitgemäßen Gemeindeleiters gehören bei allen Amtstypen die Feier der Sonntagsmesse mit der Gemeinde sowie die (dabei konstitutiven Bestandteil bildende) Predigt zu denjenigen priesterlichen Tätigkeiten, denen Vorrang vor allen anderen gegeben wird. Seelsorgliches Gespräch und Taufe haben ebenfalls für alle einen bedeutenden Stellenwert. Beim zeitnahen Kirchenmann fällt auf, dass seine Zuordnung ganz ähnlich der des zeitlosen Klerikers verläuft. Predigt und Taufe sind von den Plätzen her vertauscht. Die Taufe, das Sakrament der Wiedergeburt des Menschen aus dem Wasser und dem Heiligen Geist folgt beim zeitnahen Kirchenmann unmittelbar nach der sonntäglichen Eucharistiefeier. Mit 90% wird sie jedoch erkennbar höher bewertet als das seelsorgliche Gespräch.

Tabelle 29: Rangliste priesterlicher Tätigkeiten (zeitnaher Kirchenmann)

	Passau	Gesamtstudie
Sonntagsmesse mit der Gemeinde feiern	100%	98%
taufen	90%	83%
predigen	85%	87%
seelsorgliches Gespräch	79%	88%
Beichte	65%	79%
trauen	60%	63%
beerdigen	56%	46%
caritative Tätigkeit	46%	49%

Quelle: **PRIESTER 2000**© – Diözese Passau und Gesamtstudie

Aufschlussreich ist diese Rangordnung weniger in sich, sondern vor allem im Hinblick auf die Ergebnisse der Gesamtstudie. Der Vergleich bringt etwas über die spezifische Situation im Bistum Passau zutage. Volkskirchliche Anteile bestimmen die Pastoral der Pfarrer in den Pfarrgemeinden des Bistums offensichtlich (noch) deutlich und die Priester scheinen dies zu akzeptieren. Wie auch schon beim zeitlosen Kleriker zeigt sich in der Verteilung der Schwerpunkte eine gewisse Pragmatik, die den Unterschied zu denselben Amtstypen der Gesamtstudie ausmacht. Erkennbar wird dies wiederum am hohen Stellenwert der Taufe, die in der Gesamtstudie an vierter Stelle steht, nach dem seelsorglichen Gespräch und der Predigt. Dass die zeitnahen Kirchenmänner aus dem Bistum Passau die Beerdigung höher bewerten als in der Gesamtstudie, spricht für die

Aufmerksamkeit und den Stellenwert, dem gerade am Land die Vorgänge um Tod und Trauer nach wie vor zukommen.

Von der Praxis geformt

Die zeitnahen Kirchenmänner sagen deutlich, dass sie genug zu tun haben, jedoch nicht in der Weise überbeansprucht sind, dass es ihnen nicht möglich wäre, in der Seelsorge eigene Ideen und Initiativen verwirklichen zu können. Die Zahl der Pfarreien, für die Pfarrer aus der Gruppe dieses Amtstyps verantwortlich sind, hält sich in der Weise „in Grenzen", dass sie damit nicht das Bild vom „Blaulichtpfarrer" verkörpern, der von einem Gottesdienstort zum anderen nur noch unter Zuhilfenahme der Polizei fahren kann, um rechtzeitig zur nächsten Eucharistiefeier an Ort und Stelle zu sein.[459] Angesichts der auch in Passau zunehmend belastenden Situation durch den Pfarrermangel zeigt sich die Leitungsverantwortung der zeitnahen Kirchenmänner (noch) relativ moderat, wobei die Pfarreigrößen in dieser Tabelle nicht berücksichtigt sind.

Tabelle 30: Zeitnahe Kirchenmänner, die Pfarrer sind, sind verantwortlich für:

eine Pfarrei/Seelsorgestelle	48%
zwei Pfarreien/Seelsorgestellen	38%
drei Pfarreien/Seelsorgestellen	10%
vier Pfarreien/Seelsorgestellen und mehr	2%
eine Pfarrei zusammen mit einer anderen Aufgabe	0%
mehrere Pfarreien zusammen mit einer anderen Aufgabe	2%

Quelle: **PRIESTER 2000**© – Diözese Passau

86% unter den zeitnahen Kirchenmännern, die Pfarrer sind, tragen für eine bis zwei Pfarreien Leitungsverantwortung, 10% für drei Pfarreien und 2% für vier Pfarreien oder mehr. Wer die Alltäglichkeiten in einer Pfarrgemeinde kennt, weiß wie sehr das Kirchenjahr und die Kasualien im Normalfall die Abläufe bestimmen. Dennoch besteht die Möglichkeit, bestimmte pastorale Vorgänge mehr zu unterstützen, gewisse Aufgaben zu delegieren und anderes mit relativ geringem Aufwand am Laufen zu halten. „Ich kann in meiner Arbeit weitgehend frei bestimmen, was ich tue". Diese Aussage wird von knapp 2/3 der zeitnahen Kirchenmänner (63%) als Stärke des priesterlichen Berufes gesehen. Insofern ist eine Akzentuierung auch im Rahmen des Vorgegebenen möglich, die sich beim zeitnahen Kirchenmann folgendermaßen zeigt:

---

[459] Vgl. Zulehner, Paul M.: Priestermangel praktisch, 80.

Tabelle 31: Die Wichtigkeit priesterlicher Handlungen in der Ausübung des Priesteramtes (Kirchenmann)

Eucharistiefeier	100%
Verkündigung	73%
pastorale Gestaltung der äußeren Form der Sakramentenspendung	15%
Sorge um die Armen und Kranken; caritative Tätigkeiten	9%
persönliche Seelsorge bei kirchennahen Personen	9%
missionarisches Neugewinnen von Gläubigen	5%
Führung und Verwaltung einer Pfarrei	4%
persönliche Seelsorge bei Fernstehenden, Distanzierten	4%
Leitung und Mitarbeit in kirchlichen Vereinigungen	4%
Religionsunterricht	2%
Repräsentation bei öffentlichen Anlässen	2%

Quelle: **PRIESTER 2000**© – Diözese Passau

Die Eucharistiefeier hat auch in der Reihung der Tätigkeiten, so wie sie sich konkret aus dem Alltag heraus gestalten, für den zeitnahen Kirchenmann zweifelsohne den höchsten Stellenwert. Sie geht ihm über alles. Das lässt sich daraus ableiten, weil Werte mit 100% Zustimmung bei der Gruppe der zeitnahen Kirchenmänner selten vorkommen. Wer zu diesem Amtstyp gehört, wäre zur Zeit Jesu wohl nicht unter den Zeloten anzutreffen gewesen, also jenen, die sich für ihre Ideen bis zur Selbstaufgabe ereifern und einsetzen. Insofern sind die 100% für die Eucharistie gewichtig. Ihr folgt die Verkündigung des Evangeliums, die vergleichsweise ebenfalls einen hohen, wenn auch nachgeordneten Stellenwert aufweist. Auch in dieser Hinsicht ist die Gruppe der zeitnahen Kirchenmänner konform mit den zeitlosen Klerikern: die sakramentale Seite hat nach wie vor Vorrang vor der Verkündigung. Mag auch das je persönliche Selbstverständnis der Priester nicht mehr das sein, in erster Linie als Mann der Sakramente zu gelten, überformen die Not-Wendigkeiten (und hier spielt der Pfarrermangel eine gewichtige Rolle) wohlbedachte Überlegungen und Optionen. Hier hat wohl die Praxis das überformt, was von den Konzilsvätern gedacht war und in LG 28 niedergelegt wurde: Die Priester sind „zur Verkündigung der Frohbotschaft, zum Hirtendienst an den Gläubigen und zur Feier des Gottesdienstes geweiht und wirkliche Priester des Neuen Bundes". In der Reihenfolge der Aufgaben steht die Verkündigung an erster Stelle. „Von der religionsgeschichtlichen Sicht her würde sich der Vorrang der kultischen Funktion empfehlen, die auch ihren entsprechenden Akzent erhält. Aber die Verkündigung der Frohbotschaft steht mit Recht voran, weil das Heil mit der Offenbarung Gottes im Wort beginnt."[460]

Beachtenswert sind in diesem Zusammenhang auch die „ungeliebten" Aufgaben, die bei den zeitnahen Kirchenmännern deutlicher wahrzunehmen sind als bei ihren Kollegen, die sich um andere Amtstypen herum gruppieren. Die „Führung und Verwaltung einer Pfarrei" hat mit 4% einen sehr geringen Stellenwert und scheint eher ein ungeschätztes Anhängsel zu sein. Die persönliche Seelsorge bei Kirchenfernen bzw. Distanzierten ist mit 4% weit nach hinten gereiht. In dieser Liste völlig „abgeschlagen" ist der Religionsunterricht mit 2%. Hier von Priorität zu sprechen ist beinahe verwegen.

Gott und den Menschen nahe

„Es mag doch geeignete Priester geben, die ihre Stärke in der Beziehungsarbeit besitzen und gute Seelsorger in dem Sinne sind, dass sie Menschen die Geheimnisse des Glaubens erschließen und sie auf ihren Lebensweg begleiten."[461] Solch ein Priester muss nicht unbedingt ein Pfarrer sein. Wenn er es ist, dann wird er seine Kompetenzen vorrangig an den Stellen einbringen, an denen der Seelsorger „gefragt" ist. Beim zeitnahen Kirchenmann zeigen sich die erlebten beruflichen Stärken in folgender Reihung:

---

[460] Grillmeier, Aloys: Kommentar zu Artikel 28, in: LThK^2 Bd. 12, Das Zweite Vatikanische Konzil I, Freiburg i. Breisgau 1966, 247-255, hier 251f.

[461] Gärtner, Heribert W.: Der Seelsorger – ein Profi? Anmerkungen eines Organisationspsychologen, in: LS 43 (1992) 175-179, hier 177.

Tabelle 32: Stärken im Leben der Priester (Kirchenmann)

den Sonntag mit einer Gemeinde feiern	92%
das Evangelium als Weg zu einem guten Leben verkünden	92%
Freude und Hoffnung, Trauer und Angst der Menschen von der Geburt bis zum Tod teilen	88%
den Menschen in ihren Sorgen zur Seite stehen	86%
Menschen an den für sie wichtigen Lebensübergängen begleiten	83%
Kindern und Jugendlichen die Welt des Glaubens erschließen	79%
mit Menschen zusammen Gotteserfahrungen machen	79%
Gottes Mitarbeiter sein	77%
ich kann Menschen zu Gott führen	77%
die Zeichen der Zeit erkennen und an ihnen die Verkündigung des Evangeliums zu formen	77%
ein Mann des Friedens und der Versöhnung sein	75%
ein Anwalt der Schwachen und Bedrängten sein und diesen auch öffentlich (im Ort, in der Kirchengemeinde, in den Medien) eine Stimme zu verleihen	73%
das priesterliche Leben und Wirken als Lebenserfüllung erleben	63%
Zeitgenossen, die sich mit Glauben schwer tun, das Evangelium erschließen	63%
ich kann in meiner Arbeit weithin frei bestimmen, was ich tue	63%
mich prophetisch zu Missständen in Gesellschaft und Kirche äußern, gelegen oder ungelegen	48%
von der finanziellen Sorge um eine Familie frei, kann ich im Sinn des Evangeliums arm leben und mit meinen finanziellen Mitteln Armen helfen	47%
von den Menschen als Mann Gottes wahrgenommen werden	47%
die Lust, Verantwortung für eine Gemeinschaft zu übernehmen	38%
ich stehe in der Öffentlichkeit, das macht mir Freude	27%
weil ich nicht verheiratet bin, kann ich einsamen Menschen leichter Unterstützung geben	25%

Quelle: **PRIESTER 2000**© – Diözese Passau

Zu den starken Seiten seines Berufes gehören für den zeitnahen Kirchenmann Eucharistie und Verkündigung mit gleicher Gewichtung. Sie stehen an oberster Stelle. „Gott und den Menschen nahe“: auf diese Formel, die das Leitbild des Passauer Pastoralplans 2000 beschreibt,[462] kann gebracht werden, was den befragten Priestern, die zur Gruppe der zeitnahen Kirchenmänner gehören, als Seelsorger wichtig ist und was sie an ihrem Beruf schätzen. Sie wollen nicht nur

[462] Vgl. Der Bischof von Passau (Hrsg.): Passauer Pastoralplan 2000. Gott und den Menschen nahe, Passau 2000.

das Evangelium als Weg zu einem guten Leben verkündigen, sondern vielmehr das bezeugen was sie kundtun, indem sie nahe bei den Menschen sind: an deren Lebensübergängen, in den Sorgen des Lebens und auch in den guten Tagen.

Kindern und Jugendlichen (außerschulisch) die Welt des Glaubens zu erschließen hat für die zeitnahen Kirchenmänner denselben Stellenwert wie mit Menschen zusammen Gotteserfahrungen zu machen. Sehr begrenzt hingegen ist die Lust, Verantwortung für eine Gemeinschaft zu übernehmen. Hier hat der zeitnahe Kirchenmann mit 38% Zustimmung die geringste von allen Amtstypen. Dies korrespondiert mit den Daten, die den zeitnahen Kirchenmann als denjenigen ausweisen, der sich nur wenig für die Einheit der Gemeinde verantwortlich fühlt. Auch die öffentliche Seite des Amtes wird von nur 27% aus dieser Gruppe als Stärke erlebt. Wiederum ist es von allen Amtstypen die geringste Zustimmung.

Seelsorgestil

Die zeitnahen Kirchenmänner sind – auf der Basis der vier Amtstypen – zu denjenigen Priestern zu rechnen, die sich die Frage der Professionalisierung auf ihre Weise angehen ließen: sehr gemäßigt in ihrer Rolle als Pfarrer und damit Gemeindeleiter, da sind ihnen die zeitgemäßen Gemeindeleiter – wie weiter unten die Auswertung zeigt – ein gutes Stück voraus. Wer zum Amtstyp des zeitnahen Kirchenmannes gerechnet werden kann, liebt die Rolle des „Pfarrmanagers“ nicht.

Der beziehungsvolle Seelsorger

Ein zeitnaher Kirchenmann schätzt es vor allem, Seelsorger zu sein und kommt dieser Profession auch nach. „Manchmal würde ich gerne Menschen so eine Woche lang mitnehmen auf meinem Dienst durch die Pfarrei, damit manchem die Augen aufgehen, was sich so an Spannungen zwischen Trauer und Freude, Kranksein und Gesundheit, zwischen Kind und Altsein, zwischen Tiefe und Oberflächlichkeit des Lebens abspielt.“[463] So beschreibt ein Pfarrer aus dem Bistum Passau das Lebensgefüge, in dem sich sein Tun bewegt. Und er zeigt damit, dass er unterwegs ist und die Menschen aufsucht. Er soll damit nicht diesem Amtstyp „zugeordnet“ werden, steht aber mit seiner Aussage beispielhaft für viele andere. Der gemeindliche Zeiteinsatz zeigt, wo die Prioritäten der zeitnahen Kirchenmänner liegen:

---

[463] Steinbeißer, Kajetan: Spannend und sinngebend. Priester schreiben über ihren Beruf in: Passauer Bistumsblatt 65 (2000) Nummer 37, 2.

Tabelle 33: Zeiteinsatz für unterschiedliche Gruppen und Personen in der Pfarrgemeinde (Kirchenmann)

	(sehr) viel Zeit
Kranke	80%
Pastoral zu Lebenswenden (Beerdigungen, Taufen, Trauungen)	72%
Laien im Pfarrgemeinderat	47%
Senioren	47%
Kinder (Jungschar, Ministrantinnen und Ministranten)	44%
Kirchenverwaltung	36%
Menschen in Krisensituationen	34%
Einzelne in der Gemeinde, die nicht in einer Gruppe eingebunden sind	31%
Dienstgespräche mit hauptamtlichen pastoralen Mitarbeiter/-innen	30%
Pfarrjugend	29%
Frauenbewegung, Frauengemeinschaft	25%
verbandlich organisierte Jugend	18%
Arme	15%
Familiengruppen	10%
Kleinkindergruppen	10%
Flüchtlinge	6%
Männerbewegung	0%

Quelle: **PRIESTER 2000**© – Diözese Passau

Die Sorge um die Kranken gehört von Anfang an zu den Aufgaben, die in einer Gemeinde grundlegend sind. Neben der körperlichen Pflege ist gerade in Zeiten der Krankheit das Gefühl wichtig, in die Gemeinschaft mit den anderen eingebunden zu sein und Aufmerksamkeit und Zuwendung zu erfahren. Heribert Gärtner bezeichnet den Kranken(haus)seelsorger als „Beziehungs- und Deutungsspezialist an der bedrohlichen Grenze des Lebens, wo das Machen nicht mehr funktioniert“[464]. Einfühlsame Kompetenz ist auch an den Lebenswenden verlangt, die ebenfalls einen hohen Stellenwert im Zeitbudget des zeitnahen Kirchenmannes einnehmen. Senioren nicht das Gefühl zu geben, sie würden aus dem Beziehungsgefüge einer Pfarrgemeinde fallen, wird zunehmend eine wichtigere Aufgabe. Auch sie gehören zu denjenigen, denen Zuspruch und Zuwendung not und gut tut.

Von den „Gruppen“ ist es lediglich der Pfarrgemeinderat, für den der zeitnahe Kirchenmann viel Zeit aufbringt. Die Kirchenverwaltung beansprucht ebenfalls

[464] Gärtner, Heribert W.: Der Seelsorger – ein Profi?, 177.

einen guten Ausschnitt der Arbeitszeit. Auffallend ist der geringe Zeiteinsatz für Dienstgespräche mit hauptamtlichen pastoralen Mitarbeitern/-innen. Hier bieten sich zwei Vermutungen an: Entweder nimmt dieses Aufgabengebiet tatsächlich wenig Zeit in Anspruch, weil es gut miteinander läuft, oder aber die meisten der zeitnahen Kirchenmänner arbeiten ohne Team, was wahrscheinlicher zu sein scheint.

Fähigkeit zur Rollendistanz

„Schön ist mein Leben – immer nur geben". Dieser Spruch fand sich vor Jahren im Treppenhaus eines Exerzitienhauses im Wallfahrtsort Altötting, angeheftet an einem kleinen Brunnen, der dort als schmückendes Beiwerk aufgestellt worden war. Dass auch Brunnen aus dem schöpfen, was ihnen aus den Quellen zufließt, wurde dabei wohlweislich unterschlagen. Solch eine ungesunde, weil verformte Ausprägung von Spiritualität war in manchen Kreisen[465] lange Zeit durchaus gang und gäbe, hat heutzutage jedoch einem anderen Verständnis Platz gemacht. Nicht die Fähigkeit zur bedingungslosen Hingabe und Unterwerfung, sondern Kompetenz und Identität sind für Hermann Stenger die zentralen Schlüsselworte in der Frage der Eignung für eine pastorale Tätigkeit.

Identität ist ein Prozess, der sich unter verschiedenen altersspezifischen Variationen als Grundthema des Lebens durchspielt.[466] In der Vielfalt an Rollenerwartungen, in der jeder Mensch steht und die sich bei Berufen mit starker sozialer Ausrichtung ungleich stärker zeigen, wie in einer eher standardisierten Tätigkeit, gilt es, die Balance zwischen persönlicher und sozialer Identität zu finden und zu halten. „Rollen und Erwartungszumutungen können zu beträchtlichen äußeren und inneren Spannungen und Konflikten führen, die nur mit einer ichstarken Konflikttoleranz durchgehalten und ausgetragen werden können."[467] Abgrenzung und Rollendistanz sind von daher wichtige pastorale Fähigkeiten, um sich identisch und stimmig zu erleben.

Tabelle 34: Belastung – ständiges Geben-müssen, ohne bereichert zu werden (nach Amtstypen)

	(sehr) stark	unentschieden	(eher) nicht
zeitloser Kleriker	21%	44%	35%
zeitoffener Gottesmann	44%	10%	47%
zeitnaher Kirchenmann	30%	44%	27%
zeitgemäßer Gemeindeleiter	51%	31%	18%

Quelle: **PRIESTER 2000**© – Diözese Passau

465 Wohl nicht umsonst fand sich der besagte „Brunnen" in einem Haus, das von Nonnen geführt wird.

466 Vgl. Stenger, Hermann: Kompetenz und Identität, 31-133, hier v. a. 69ff.

467 Stenger, Hermann: Kompetenz und Identität, 113.

30% der zeitnahen Kirchenmänner spüren die beruflichen Anforderungen im Sinne einer Belastung sehr stark und stark. Die Zahl derer, die sich in dieser Hinsicht nicht genau zuordnen können oder wollen, ist bei den zeitnahen Kirchenmännern, wie auch bei den zeitlosen Klerikern hoch. Was die Quellen sind, die bereichern, muss offen bleiben. Spirituelle Hilfen könnten es für den zeitlosen Kleriker sein, für den zeitnahen Kirchenmann sind sie es im Blick auf die Gesamtstudie wohl weniger. Hier belegen die zeitnahen Kirchenmänner meist die unteren Positionen.[468] Insofern kann es sich hier um die Fähigkeit handeln, sich zu gegebener Zeit auch distanzieren zu können um nicht gänzlich den vielfältigen Erwartungen und Anforderungen zu entsprechen und damit auszupowern. Die Fähigkeit zur Rollendistanz zeigt sich auch daran, wo die Grenze der Loyalität gezogen wird, ohne dass sie in der Fragestellung in irgendeiner Weise inhaltlich gefüllt war.

Tabelle 35: Der Priester soll den Standpunkt der Kirche auch dann vertreten, wenn er persönlich nicht ganz dahinter steht

	(eher) ja	(eher) nein
zeitloser Kleriker	64%	36%
zeitoffener Gottesmann	63%	37%
zeitnaher Kirchenmann	39%	61%
zeitgemäßer Gemeindeleiter	5%	95%

Quelle: **PRIESTER 2000**© – Diözese Passau

Ein gutes Drittel aus der Gruppe der zeitnahen Kirchenmänner ist im Zweifelsfall eher loyal, zwei Drittel jedoch differenzieren zwischen persönlichen und der kirchlichen Standpunkten dort, wo Kollisionen auftreten die nicht das Gewicht von Gewissensentscheidungen haben.[469]

Liberalitas Bavarica

Der zeitnahe Kirchenmann ist mehr Seelsorger oder Priester denn Pfarrer. Die Daten weisen ihn an einigen Stellen als den geborenen Einzelgänger, den „einsamen Wolf" aus, der im klaren Gegensatz zum zeitgemäßen Gemeindeleiter nichts von Vernetzung hält. Er mag sich engagieren, kann aber auch „fünf gerade sein lassen". In Bayern subsummiert sich diese Eigenschaft unter dem hochbesetzten Stichwort der „Liberalitas Bavarica".[470] Näherhin meint das z. B. leben und leben lassen, die alltäglichen Vorkommnisse und kleinen Widrigkeiten

[468] Vgl. Zulehner, Paul M: Priester im Modernisierungsstress, 234.

[469] Die Fragestellung ist so gehalten, dass es um Positionen geht, bei denen man nicht ganz dahinter steht, also kein gravierender Dissens vorhanden ist.

[470] Vgl. Greipl, Egon Johannes: Liberalitas Bavarica, in: Zeitschrift für bayerische Landesgeschichte, 52 (1989) 145-151.

eher mit Gelassenheit betrachten, Vielfalt respektieren ohne das Eigene aufzugeben, den Zeitgeist akzeptieren, aber sich ihm nicht in jeder Hinsicht ausliefern, Land und Leuten in kritischer Loyalität zugetan sein und sich selber nicht für den Nabel der Welt halten. Es geht um weltoffene Toleranz, gepaart mit einem undogmatischen Bewusstsein für die eigenen Wurzeln. Ob dies allerdings nur spezifische Eigenheiten des bajuwarischen Volksstammes sind, mag dahingestellt sein.

Ein Hauch Barock

„Memento mori“ und „Carpe diem“: zwischen diesen beiden Gegensätzen bewegte sich das Grundgefühl der Menschen im 17. Jahrhundert. Was wir heute als „barockes Lebensgefühl“ bezeichnen, meint den unverstellten Zuspruch zum Hier und Heute, die Freude am Genuss und an den guten Seiten des Lebens. Die Menschen der Barockzeit wussten aus den Erfahrungen des überstandenen dreißigjährigen Krieges, der Pest und den Hungersnöten sehr genau um die Bedrohung und Hinfälligkeit des Lebens. Gerade deshalb war die Lust auf das pralle Leben umso größer, der Wunsch nach Heiterkeit, Unbeschwertheit und Sinnlichkeit in hohem Maß vorhanden. All das hat sich im Kirchenbau und generell der Architektur, in der Frömmigkeit, der damaligen Malerei, Musik und Dichtung, im Essen und Trinken und in der Kleidung ausgedrückt. Das bayerische Land ist vom Barock und dem nachfolgenden verspielten und leichtfüßigen Rokoko in unübersehbarer Weise allein schon durch alle aus dieser Zeit stammenden Bauten geprägt. Mehr als nur eine Erinnerung daran hat sich vornehmlich der „bayerischen Seele“ in der Grundeinstellung zum Leben erhalten; ein wenig davon zeigt sich auch bei den Passauer Pfarrern:

Tabelle 36: Man muss sich das Leben so angenehm wie nur möglich machen

	(eher) ja	unentschieden	(eher) nein
zeitloser Kleriker	4%	4%	92%
zeitoffener Gottesmann	3%	9%	88%
zeitnaher Kirchenmann	10%	6%	83%
zeitgemäßer Gemeindeleiter	5%	23%	72%

Quelle: **PRIESTER 2000**© – Diözese Passau

„Man muss sich das Leben so angenehm wie nur möglich machen“, sagen 10% der zeitnahen Kirchenmänner. 83% verneinen diese Aussage zwar, dennoch bekennt sich niemand aus den anderen Amtstypen in dieser Weise zu einer solchen Einstellung, die sich wohl vor allem nicht mit den Vorstellungen von einem Seelsorger vereinbaren lässt, die über Jahrhunderte das Priesterbild geformt und geprägt hat: Priesterleben ist Opferleben.[471] Die zeitgemäßen Gemeindeleiter erwecken bei diesem Item den Eindruck, dass sie sich nicht gestatten dürfen, was sie vielleicht auch gerne so sehen würden.

Ein zweites Ergebnis soll in diesem selten thematisierten Bereich mit hereingenommen werden. Es ging bei dieser Frage um das gesellschaftliche Ansehen. Auch hier gibt es unter den zeitnahen Kirchenmännern eine kleine Gruppe, die sich klar zu einer nach außen gerichteten Position bekennt. Aufschlussreich ist bei dieser Antwort die „Mittelposition“ der zeitoffenen Gottesmänner. Wie bei der Frage nach den angenehmen Seiten des Lebens die Gemeindeleiter, so sind hier die Gottesmänner auffallend unschlüssig, ob sie sich solch einen Gedanken offen zugestehen dürfen.

Tabelle 37: Der Sinn des Lebens besteht darin, eine angesehene Position zu gewinnen

	(eher) ja	unentschieden	(eher) nein
zeitloser Kleriker	0%	4%	96%
zeitoffener Gottesmann	0%	22%	78%
zeitnaher Kirchenmann	4%	2%	94%
zeitgemäßer Gemeindeleiter	0%	5%	95%

Quelle: **PRIESTER 2000**© – Diözese Passau

Auf das Gesamt gesehen ist auch hier die Zustimmung nicht auffallend oder besorgniserregend, sondern wahrscheinlich ein ehrliches Abbild dessen, was die einzelnen der Befragten dazu denken.

Eine Nuance Agnostik

Im Vorfeld der Studie **PRIESTER 2000**© hatte ein Bischof, der sich nicht dazu entschließen konnte, sich mit seinem Presbyterium an der Umfrage zu beteiligen, Sorge geäußert, was denn wäre, wenn als Ergebnis zum Vorschein käme, dass Priester Zweifel in bestimmten zentralen Glaubensfragen oder -wahrheiten äußern würden. Dass es Phasen von Zweifel und Anfechtung oder auch der Glaubensleere in unterschiedlicher Dichte und Dauer wohl in jeder Glaubensgeschichte gibt, ist eine spirituelle Erfahrung. Wenn nun in der Gruppe der zeitnahen Kirchenmänner ein ganz kleiner Teil die Grundbotschaft von der Auferstehung nicht glauben kann, ist das zwar im konkreten Vollzug ihres Dienstes ein schweres Handicap für diese Personen, aber vielleicht auch ein realistisches Ergebnis.

[471] Vgl. Brosseder, Hubert: Das Priesterbild in der Predigt, 174-185.

Tabelle 38: Mit dem Tod ist alles aus

	ja	eher nein	nein
zeitloser Kleriker	0%	0%	100%
zeitoffener Gottesmann	0%	3%	97%
zeitnaher Kirchenmann	4%	4%	92%
zeitgemäßer Gemeindeleiter	0%	3%	97%

Quelle: **PRIESTER 2000**© – Diözese Passau

Nur für die zeitlosen Kleriker ist in der Frage des Weiterlebens nach dem Tod 100%ige „Sicherheit" gegeben. Die jeweils 3% des „eher Nein" bei den Gemeindeleitern und Gottesmännern signalisieren mehr Hoffnung denn Zweifel. Viele Menschen die getauft sind und sich selbst als religiös bezeichnen, haben heute Schwierigkeiten, an ein Leben nach dem Tod – im christlichen Sinne – zu glauben. Die Befragten der Studie „Religion im Leben der ÖsterreicherInnen 2000" stimmen auf einer 4teiligen Skala (von: trifft sehr zu; bis: trifft gar nicht zu) der Frage „Es gibt eine Reinkarnation (eine Wiedergeburt) der Seele in einem anderen Leben" auf den Positionen 1 und 2 mit 40% zu. „Nach dem Tod ist alles endgültig aus" sagen 28%.[472] Und so ist vielleicht ein wenig (unbemerkte) Stellvertretung mit im Spiel, die auf diese Weise durch diese kleine Gruppe der Amtsträger aus den zeitnahen Kirchenmännern zum Vorschein kommt.

Gefährdungen

Eine Gefährdung des zeitnahen Kirchenmannes wurde bereits kurz angedeutet: Sie ist einerseits eine seiner Stärken, die zwar nicht generell vom Plus ins Minus, wohl aber auf den Nullpunkt fallen kann. Sie hat von daher etwas Janusgesichtiges an sich. Es handelt sich um die Fähigkeit, sich beizeiten zu distanzieren und innerlich auf Abstand zu gehen, was weiter oben als Rollendistanz beschrieben wurde. Sie kann zur Gleichgültigkeit werden, bei der man die Glut unter der Asche nur noch erahnt. Bei den zeitnahen Kirchenmännern fehlen, so bringt die Auswertung zutage, meist die scharfen Randpositionen. Ein wichtiger Indikator für die Modernität ist in der Auswertung der Umfrage die Einschätzung, wie sich Kirche und moderne Welt zueinander verhalten (sollen) und ob es sich bei der derzeitig spürbaren Krise eher um eine Glaubens- oder mehr um eine Kirchenkrise handle. 50% der zeitnahen Kirchenmänner diagnostizieren Glaubenskrise, 49% Kirchenkrise. Die Kirche soll sich der modernen Welt mehr öffnen, sagen 38%, sie solle sich deutlicher unterscheiden ist die Position von 48%. Es bewegt sich alles eher in der Mitte, nichts wird auch mal heiß gekocht, so eine Wahrnehmung aus dem empirischen Befund. Von daher kommt der Eindruck, dass die zeitnahen Kirchenmänner semimodern und etwas kryptokle-

[472] Vgl. Zulehner Paul M./Hager, Isa/Polak, Regina: Kehrt die Religion wieder?, 51.

rikal sind. Wer zur Gruppe der zeitnahen Kirchenmänner gehört, spürt von allen Amtstypen am wenigsten Belastung durch Konflikte mit der kirchlichen Autorität. 8% geben an, dass sie das als sehr belastend oder belastend empfinden. Von den Klerikern sagen dies 21%, aus der Gruppe der Gottesmänner 17% und von den Gemeindeleitern 15%.

Der zeitnahe Kirchenmann ist in seiner gut verstandenen „Liberalität" eher der individuelle Solist, der sich nicht gerne „in die Karten" schauen lässt. Bei allem Fortbildungswillen lehnt er beispielsweise Supervision tendenziell ab. Er kann sich – und das ist wohl seine stärkste Gefährdung – vom zeitnahen Kirchenmann zum „liberalen Pfarrherrn" zurückentwickeln. Dieser Pfarrherrentyp ist den ganz alten Menschen aus dem Bistum durchaus noch aus eigener Erfahrung bekannt und vertraut, den jüngeren eher aus alten Filmen. Es ist der Ökonomiepfarrer, den es früher am Land sehr häufig gegeben hat. Der „Pfarrhof" wurde damals seinem Namen gerecht und war ein meist nicht kleiner Bauernhof. Er bot die Lebensgrundlage für den Pfarrer und das Gesinde samt Pfarrersköchin, die der Pfarrherr kommandierte und denen er vorstand. Diese Pfarrherren alter Prägung kannten zwar die Lebensumstände der Menschen sehr gut, galten aber in den damaligen Dörfern meist als oberste moralische Instanz, die oft großen Druck ausübte und der man sich zu beugen hatte. In dieser Weise gibt es diesen Pfarrertyp natürlich längst nicht mehr. Ansätze autonomer Amtsführung dieser Provenienz lassen sich jedoch beim zeitnahen Kirchenmann erkennen. Zeitnahe Kirchenmänner lassen sich in bestimmten Fragen, wie die Auswertungen im folgenden Kapitel zeigen werden, nicht gerne dreinreden. Wenn seine Grundpositionen in der Pfarrgemeinde kritisch befragt werden oder der Pfarrgemeinderat andere Positionen als der Pfarrer einnimmt, dann kann der „einsame Wolf" durchaus zum Residenten mit selbstherrlichen Zügen werden, der den Pfarrgemeinderat arbeiten und Entscheidungen treffen lässt und dann dennoch tut, was er schon immer wollte. Er ist dann einer, der das Sagen hat, sich aber nichts sagen lässt: weder von den Leuten der Pfarrgemeinde, geschweige denn von den Verantwortlichen der Diözesanleitung. Dann ist mit dem Pfarrherren – wie der Volksmund sagt – nicht gut Kirschen essen.

Vokatives Amtsverständnis

Dass das priesterliche Amt Ausdruck persönlicher Berufung ist, dieser Aussage stimmen 71% aus der Gruppe der zeitnahen Kirchenmänner zu. Die Frage der Berufung ist ein tragendes Moment ihres Amtsverständnisses. Sie hat vergleichsweise den Stellenwert, den die repraesentatio Christi für den zeitlosen Kleriker hat.

Beruf und Berufung hängen nicht nur sprachlich eng miteinander zusammen. Max Weber hat erforscht, dass in der Bibelübersetzung von Martin Luther das Wort Beruf so verwendet wird, dass eine religiöse Vorstellung im Sinne „einer von Gott gestellten *Aufgabe* – wenigstens *mit*klingt und, je nachdrücklicher wir auf das Wort im konkreten Fall den Ton legen, desto fühlbarer wird“[473]. In der Wirkungsgeschichte dieser bewusst so angelegten Übersetzung entstand ein Berufsbegriff, der dem Verständnis der Alltagsarbeit religiöse Bedeutung verlieh. Einen Beruf auszuüben verband sich damit, Gott wohlgefällig zu leben. Die Arbeit wurde zum Beruf, dieser war mehr als ein Broterwerb. Im Beruf schwingt dann immer mit, einer Berufung zu folgen.

Für wen die Berufung eine gewichtige Rolle spielt, der kann seinem Beruf nachgehen, ohne sich in erster Linie in einer Gemeinde verankern zu müssen, und er braucht im Grunde seines Herzens keine Gemeinde, um sich als Priester zu verstehen. Er hat ein vokatives Amtsverständnis.[474] Der persönliche Ruf Gottes zum Dienst in der Kirche ist seine sichere Grundfeste. Jes 43,1 an Israel gerichtet, könnte – in der Übersetzung von Martin Buber – seine Schriftstelle sein: „Jetzt aber, so hat ER gesprochen, dein Schöpfer, Jaakob, dein Bildner, Jifsrael, fürchte dich nimmer, denn ich habe dich ausgelöst, ich habe dich mit Namen berufen, du bist mein“. Das beschreibt ein exklusives Verhältnis, das Kraft und Rückbindung schenkt.

Der empirische Befund legt nahe, dass es unter den zeitnahen Kirchenmännern Passaus zwei Verständnisse von Berufung gibt: ein eher exklusiv geprägtes und ein inklusives.

Das exklusive meint den ganz persönlich an ein Individuum ergangenen Ruf Gottes, Priester zu werden. Dieser Ruf ist im Sinne von Erwählung und Auserwählung zu verstehen, die nicht allen Menschen zukommt. Wer berufen ist, ist damit ein Geistlicher. Dieses exklusive Berufungsverständnis dürfte sich bei den Weihejahrgängen eher finden, die vor dem Konzil in den Dienst als Priester genommen wurden. „Christus der Herr hat mich zu seinem Priester berufen.“ Dieser Satz steht auf dem Primizbild eines Pfarrers aus der Diözese Passau, der 1951 geweiht wurde. Die Erfahrung einer Berufung – wie immer sich dieser Weg im einzelnen gestaltete – war die Ursache, Priester zu werden. Es kann vermutet werden, dass sich diese Priester das Professionalisierungsthema weniger angehen ließen, als ihre jüngeren Kollegen gleichen Amtstyps.

[473] Weber, Max: Die protestantische Ethik und der „Geist“ des Kapitalismus. Textausgabe auf der Grundlage der ersten Fassung von 1904/05 mit einem Verzeichnis der wichtigsten Zusätze und Veränderungen aus der zweiten Fassung von 1920 herausgegeben und eingeleitet von Klaus Lichtblau und Johannes Weiß, Weinheim ³2000, 34.

[474] Dieser Neologismus entspringt dem sprachlichen Einfallsreichtum des Passauer Neutestamentlers Prof. Dr. Otto Schwankl, mit dem ich in den Anfängen der Auswertung zu den Merkmalen des „Amtstyps 3“, wie er damals noch unbenannt hieß, ein längeres Gespräch geführt habe.

Das inklusive Verständnis von Berufung steht mehr auf dem Boden des gemeinsamen Priestertums aller Getauften. Alle sind Geistliche, so wie es gut paulinisch im Neuen Testament vielfach zu finden ist.[475] Einer kommt seiner Berufung im Dienst als Priester nach, andere in anderen Diensten – je nach Charisma. Wiederum ein Passauer Priester, 1968 geweiht, veranschaulicht mit seinem Primizspruch dieses inklusive Verständnis von Berufung. Auf seinem Primizbild – ohne Photo – ist nach einer Übersetzung von Jörg Zink zu lesen: „Jeder von Euch hat Gottes Ruf an einem bestimmten Platz, in einem Amt oder Beruf erreicht. Darum diene jeder Gott mit der Verantwortung in der er steht. (Paulus an die Gemeinde in Korinth)." Hier „kann man geradezu von einer Berufung zu einem kirchlichen Grundamt reden, das allen Gliedern der Kirche gemeinsam zukommt und das ihnen verliehen ist aufgrund der Taufe auf den Dreieinen Gott. Wie die Taufe das Fundament aller anderen Sakramente ist, so ist auch das mit der Taufe verliehene Amt der Bezeugung des Glaubens im alltäglichen Leben das Grundamt der Kirche, das alle in der Kirche – ob Laie, Diakon, Priester oder Bischof – am tiefsten miteinander verbindet."[476] Dieses Verständnis von Berufung wirkt sich im praktischen Vollzug vor allem im Bereich der Synodalität aus. Dies wird im nächsten Kapitel ausführlich dargestellt.

Wie wichtig die Berufung für ihr Amtsverständnis ist, zeigt bei den Daten der Studie, dass gerade die zeitnahen Kirchemänner am wenigsten Zweifel an ihrer Berufung haben:

Tabelle 39: Zweifel an der eigenen Berufung zum Priesteramt

	(sehr) stark	unentschieden	(eher) nicht
zeitloser Kleriker	9%	4%	87%
zeitoffener Gottesmann	10%	7%	83%
zeitnaher Kirchenmann	2%	8%	90%
zeitgemäßer Gemeindeleiter	6%	11%	83%

Quelle: **PRIESTER 2000**© – Diözese Passau

Nur bei 2% der zeitnahen Kirchenmänner gibt es Zweifel an ihrer Berufung zum Priesteramt. Die mittlere Position ist hier mit 8% erstaunlich gering. 90% sagen, dass sie keine Zweifel in dieser Frage haben. Insofern ist die Berufung eine ihrer ganz starken Seiten für ihren Dienst, der Authentizität und Grundstimmigkeit ermöglicht: „Langeweile und Sinnlosigkeit sind in meinem Beruf Fremdwör-

[475] Vgl. 1 Kor 12, Röm 12, Gal 3,26-4,7.
[476] Koch, Kurt: Berufung ist ein Lebensprogramm. Wegweisungen kirchlicher Berufungspastoral, in: Pastoralblatt 54 (2002) 3-13, hier 5.

ter. Dass es nicht immer leicht ist, mit Menschen umzugehen und sie an Gott heranzuführen, muss der Ehrlichkeit halber auch gesagt werden. Dass aber ein Beruf, der sich um, mit und für den Menschen abspielt, dem Leben näher ist als das Geld, Kommerz und Material, wird mir immer deutlicher. Und dass das gerade der Beruf ist, in den mich Gott gerufen hat, macht mich zufrieden und erfüllt."[477]

Position und Rolle in der Organisation

In der Organisation nimmt der zeitnahe Kirchenmann die Position des Handwerkers ein. Handwerker verstehen normalerweise etwas von ihrem Beruf, sie haben ihn von der Pike auf gelernt, sind ergebnisorientiert und – soweit die Spielräume dafür offen sind – kreativ. Größere Experimentierfreudigkeit über den vorgegebenen Rahmen hinaus entspricht dem Wesen von Handwerkern weniger, es sei denn, sie hätten eine Neigung zum Künstler. Das ist jedoch eine andere Profession. „Handwerker arbeiten hart. Sie machen Überstunden, wenn die Sache eilt, und wenn nicht, halten sie normale Arbeitszeiten ein... Sie tun, was immer sie selbst als notwendig für die Institution erachten – sie fühlen sich dem Erfolg des Unternehmens verpflichtet –, aber es ist immer ihre Entscheidung, ihr persönliches Urteil. Keine Regel. Sie bleiben nicht samstags am Schreibtisch sitzen, nur um andere Leute mit ihrem Fleiß zu beeindrucken. Ihr Verhalten ist berechenbar."[478]

Beim momentanen kirchlichen Organisationsklima, das Überarbeitung geradezu als Prämisse mit sich trägt, wird die Fähigkeit, nicht unentwegt im Dienst zu sein, nicht von Haus aus als Stärke gewertet. Wer weiß, wann die Arbeit zu Ende ist, wer (s)eine Grenze kennt, bringt Wichtiges für den Gesamtbetrieb ein, in dem berufliche Hingabe ein hoher, wenn nicht der höchste Wert ist. Zeitnahe Kirchenmänner relativieren: sich, ihre Arbeit und den Dienst. Das erhält sie gesund und macht sie weniger anfällig für die Berufskrankheit des Burnout. Die Priester dieses Amtstyps stehen für das Bodenständige und Realistische in der Institution Kirche. Wahrscheinlich werden sie lieber eine Kirchenrenovierung vorantreiben, als einen Leitbildprozess initiieren. „Handwerker kennen sich selbst. Sie wissen, dass sie keine großen Visionäre sind – sie haben eine mittelfristige Perspektive – , aber sie fühlen sich deshalb nicht deprimiert oder weniger wert... Sie kennen ihre Stärken, und sie kennen ihre Grenzen. Sie schätzen sich selbst genauso realistisch ein wie das Geschäft und das Leben im allgemeinen."[479] Wer relativieren kann, lässt den eschatologischen Vorbehalt zum Zug kommen, der der Kirche ins bibli-

---

477 Steinbeißer, Kajetan: Spannend und sinngebend, 2.

478 Pitcher, Patricia: Das Führungsdrama. Künstler, Handwerker und Technokraten im Management, Stuttgart 1997, 48.

479 Pitcher, Patricia: Das Führungsdrama, 56.

sche Stammbuch geschrieben und eingepflanzt ist und den sie manchmal nicht in aller Ernsthaftigkeit beachtet. Auch das ist ein Dienst, den der zeitnahe Kirchenmann der Kirche – still und leise – amtstheologisch leistet.

DER ZEITGEMÄSSE GEMEINDELEITER

Über Jahrhunderte hinweg war ein Pfarrer ein Pfarrer. Damit konnte ein bestimmtes Aufgabengebiet im wahrsten Sinne des Wortes umschrieben werden. Ein Pfarrer war für ein zugewiesenes Territorium zuständig und hatte in seiner Pfarrei dafür zu sorgen, dass den dort lebenden –im Bereich der Diözese Passau im Normalfall – zur katholischen Kirche gehörenden Menschen, die Sakramente gespendet wurden, dass er ihnen die Messe las und dass sie standesbezogene Glaubensunterweisung bekamen. Darüber hinaus kümmerte sich der Pfarrer auch um die Lebensnöte und Sorgen der Menschen, so sie ihn dafür brauchten. Im Zeitalter der Pfarrei,[480] das sich über einige Jahrhunderte hinzog, sprach man vom Pfarrer, wenn man den Leitenden meinte. Einen Übergang von der Pfarrei zur Gemeinde gibt es in diesem Sinne nicht. Seit dem Tridentinischen Konzil ist jede Diözese so strukturiert, dass sie sich in Pfarreien untergliedert. Pfarrei meint immer ein bestimmtes Territorium, das im Codex mit rechtlichen Kategorien beschrieben ist.

Der vierte Amtstyp der Studie **PRIESTER 2000**© wird jedoch Gemeindeleiter genannt. Diese Bezeichnung markiert einen gravierenden Verständniswandel in der Amts- wie Gemeindetheologie, dem schon vor dem Zweiten Vatikanischen Konzil der Boden bereitet wurde, der sich jedoch erst im Laufe der Nachkonzilszeit bei einer breiteren Schicht der Kirchenglieder vollzog. Dies war nicht immer so. „In der katholischen Kirche galt die Rede von der Gemeinde und ist diese Rede für manche auch heute noch verpönt. Die Gemeindeidee wird für eine ‚typisch' protestantistische Idee gehalten und von manchen schon deshalb abgelehnt."[481] Somit ist den evangelischen Kirchen mit ihrer Gemeindetheologie ein wichtiger Impuls zu verdanken. Im Bereich der katholischen Kirche kam es nach dem ersten Weltkrieg zu einer Renaissance des neutestamentlichen Gemeindegedankens, die ab 1925 vor allem von der Bibelbewegung und der Liturgischen Bewegung ausging und der Pfarrei eine theologisch eingefärbte Definition zuschrieb. Die Pfarrei wurde – ganz im Sinne der damals aufkommenden Leib-Christi-Ekklesiologie – als geistlicher Organismus verstanden, in dem der einzelne Christ ein Glied ist.[482] Im Zweiten Vatikanischen Konzil konkretisierte

---

[480] Erich Garhammer setzt dieses Zeitalter für das 7. bis 19. Jahrhundert an. Für das Pfarrprinzip gab es zeitbezogen je unterschiedliche Begründungsmuster, z. B. waren es nach dem Tridentinischen Konzil vor allem seelsorgliche, im Josephinismus pragmatische Aspekte, welche die Errichtung von Pfarreien bestimmten. Vgl. Garhammer, Erich: Dem Neuen trauen. Perspektiven künftiger Gemeindearbeit, Graz 1996, 57ff.; Fischer, Henry/Greinacher, Norbert/Klostermann, Ferdinand: Die Gemeinde. Pastorale. Handreichung für den pastoralen Dienst, Mainz ^{3}1971, v. a. 13-18.

[481] Zulehner, Paul M.: Gemeindepastoral, 46.

[482] Vgl. Garhammer, Erich: Dem Neuen trauen, 64-70.

sich diese Denkbewegung dann hin auf das biblische Verständnis von Gemeinde.[483]

Der Ortskirche wird innerhalb der Gesamtkirche Eigenstand bestätigt.[484] Die Gemeinde vor Ort gilt nicht mehr lediglich als rechtlich fassbares Strukturprinzip der Kirche, als territorial festgelegter Pfarrbezirk, dem man angehört, in dem zählt, was man an konkreten Zahlen nach- und aufrechnen kann: die „Kirchenbesucher/-innen" bzw. Mitfeiernden, die anfallenden Kasualien, die Beichtfrequenz, überprüfbar an den Osterbeichtzetteln oder auch der Zahl der Kommunionen. Statt Kommunionen zu zählen, zählt man auf die Communio des Geistes Gottes. Die Perspektive des Konzils verankert sich im ekklesiologischen Kontext und bringt damit eine durch lange Zeit gegenreformatorisch überlagerte Ebene[485] erneut zum Vorschein: Gemeinde ist in vollem Sinne Kirche. Sie ist ein „nicht austauschbares Subjekt des Handelns Gottes in der Welt"[486]. Was in den Pfarrgemeinden gefeiert, erfahren, bezeugt, gelitten und verändert wird, das ereignet sich als Kirche. Beschrieben wird dieser neue Stellenwert u. a. in LG 26: „Die Kirche Christi ist wahrhaft (vere adest) in allen rechtmäßigen Ortsgemeinschaften der Gläubigen anwesend, die in der Verbundenheit mit ihren Hirten im Neuen Testament auch selbst Kirchen heißen." Dieser Eigenwert der Ortsgemeinden basiert auf der Communio und schließt die Verbindung und Beziehung zu anderen Gemeinden, zum Bischof und somit auch zur Gesamtkirche mit ein. Die Gemeinde existiert also einerseits nicht „autistisch" für sich und vor sich hin, sie ist jedoch andererseits auch keine Zweigstelle der jeweiligen Diözesanzentrale, was immer auch für die Ortskirche im Verhältnis zur Universalkirche gilt.

Walter Kasper hat in verschiedenen Publikationen nach dem Konzil eine neue Verhältnisbestimmung von Amt und Gemeinde zu leisten versucht.[487] Er begründet das priesterliche Amt zwar auch herkömmlich christologisch, vor allem aber ekklesiologisch. Für ihn ist auf dem ekklesialen Hintergrund der Ausgangspunkt für die Wesensbestimmung des kirchlichen Amtes „das Charisma der Leitung und damit der Dienst an der Einheit der Kirche"[488]. Das priesterliche Amt hat somit, wie es das Zweite Vatikanum grundlegte, eine funktionale Dimension, die nicht im Sinne einer soziologischen Funktion missverstanden und verkürzt werden darf. Es geht bei der Rede vom Gemeindeleiter um mehr als nur

---

483 Wieh, Hermann: Konzil und Gemeinde. Eine systematisch-theologische Untersuchung zum Gemeindeverständnis des Zweiten Vatikanischen Konzils in pastoraler Absicht, Frankfurt a. Main 1978.

484 Vgl. LG Artikel 23 und 26.

485 Vgl. Zulehner, Paul M.: Gemeindepastoral, 45ff.

486 Zentralkomitee der Deutschen Katholiken, Kommission 8 (Pastorale Grundfragen): „Dialog statt Dialogverweigerung. Wie in der Kirche miteinander umgehen?", Bonn 1991, 27.

487 Vgl. Kasper, Walter: Kirche und Gemeinde. Zur Vielheit und Vielfalt in der Kirche, in: Der Seelsorger 38 (1968) 387-393; Ders.: Die Funktion des Priesters in der Kirche, 102-116.

488 Kasper, Walter: Neue Akzente im Verständnis des priesterlichen Dienstes, 167.

um eine zeitgemäßere Einkleidung von etwas bisher Bekanntem. Karl Lehmann merkt dazu an, dass es mit der Formulierung vom Gemeindeleiter nicht „nur" um ein anders akzentuiertes Priester*bild* gehe, sondern um die *Grundbestimmung* des priesterlichen Amtes überhaupt. „Wer diese Problemhöhe bei der Rede vom Priester *als* Gemeindeleiter nicht beachtet, verkennt in gleicher Weise die ekklesiologischen Voraussetzungen und die pastorale Stoßrichtung der ursprünglich dahinterstehenden Konzeption."[489] Der „Gemeindeleiter" ist nur auf dem Hintergrund und im Verbund mit der Ekklesiologie des Zweiten Vatikanums zu verstehen, sonst wird er tatsächlich zur austauschbaren Funktion und damit funktionalisiert.

Der vierte Priestertyp, den die dargestellten Analysen der Befragung zum Vorschein bringen und der aufgrund des empirischen Befundes Gemeindeleiter genannt wird, hat sich in ersten, damals noch relativ unscharfen Konturen bei der Umfrage 1971 – zumindest für Deutschland und Österreich – bereits abgezeichnet. Gerhard Schmidtchen subsummiert diese Ausprägung des Amtsverständnisses unter der in dieser Arbeit bereits öfter erwähnten Bezeichnung „horizontales Amtsverständnis"[490].

Klaus Hemmerle erhebt im Abwägen der direkten und indirekten Äußerungen aus der Studie von 1971 Elemente dieses Amtsverständnisses. Es zeigt sich für ihn vor allem an den Punkten, die mit einer Pastoral der zunehmenden Subjektwerdung in Beziehung stehen. Das ist eine weitere Dimension im Amtsverständnis des Gemeindeleiters und ein Ansatz, der zur damaligen Zeit erst langsam im Werden begriffen war. Bischof Hemmerle beschreibt dies so: „Wo der Mensch, so wie er ist, und nicht ein ihm vorgegebener Bezugspunkt normativer Art, handele es sich nun um ‚die Lehre' oder Person Gottes und Christi, im Vordergrund steht, da gewinnen jene Fähigkeiten, Erkenntnisse und Tätigkeiten an Rang, die der Aufschlüsselung und Bewältigung einer menschlichen Situation dienen; Funktionales gewinnt im gesamten Kontext priesterlichen Selbstverständnisses an Relevanz."[491]

Der zeitgemäße Gemeindeleiter ist geschichtlich der jüngste unter allen in der Studie zum Vorschein gekommen Amtstypen. Er ist derjenige, der am meisten Modernität und am wenigsten Kirchengeschichte an sich hat. Es gibt ihn erst seit dem Zweiten Vatikanischen Konzil. Alles Klerikale ist diesem Amtstyp fremd. Er kennt es höchstens im Modus der Negation. Seine amtstheologischen Wurzeln hat der zeitgemäße Gemeindeleiter zum einen in der Wiederentdeckung des

[489] Lehmann, Karl: Zur Theologie der Gemeindeleitung, in: PThI 1970, 2-31, hier 2.

[490] Vgl. Schmidtchen, Gerhard: Priester in Deutschland, 49.

[491] Hemmerle, Klaus: Funktionale Interpretationen des priesterlichen Dienstes?, in: Forster, Karl (Hrsg.): Priester zwischen Anpassung und Unterscheidung. Auswertungen und Kommentare zu den im Auftrag der Deutschen Bischofskonferenz durchgeführten Umfragen unter allen Welt- und Ordenspriestern in der Bundesrepublik Deutschland, Freiburg-Basel-Wien 1974, 27-40, hier 32.

gemeinsamen Priestertums. Die andere Quelle seines Amtsverständnisses ist das damit verbundene Wissen um die charismatische Struktur der Kirche. Sie kam ebenfalls durch das Zweite Vatikanum wieder in den Blick und hängt eng mit wiedergewonnen Stellenwert des gemeinsamen Priestertums zusammen.

In der Bandbreite derzeitigen priesterlichen Amtsverständnisses ist der Gemeindeleiter am signifikantesten ein „Kind seiner Zeit". Das zeigen Einzelergebnisse der Untersuchung, auf die an späterer Stelle genauer eingegangen wird. Er heißt zeitgemäß, weil er von den Strömungen des ausgehenden 20. Jahrhunderts am meisten geprägt und getragen ist. Er steht in aller Ambivalenz, die sich in dieser Aussage verbirgt, mitten in der Welt. Er ist nicht nur weltzugewandt wie der zeitoffene Gottesmann, sondern weltverwandt. Er ist ein Amtsträger, der die Zeichen der Zeit erspürt und wahrnimmt. Das heißt aber zugleich auch – was Fragen der bisweilen extremen Individualisierung und Privatisierung betrifft – dass er von allen Amtstypen am stärksten den Eigenheiten der Moderne ausgesetzt ist.

Das wird insbesondere am deutlichen Überhang der kirchenkritischen Position gegenüber einer weltkritischen Einstellung sichtbar[492]; ebenfalls an der erlebten Dissonanz zwischen alter Kirche und moderner Welt, die bei den zeitgemäßen Gemeindeleitern bei 66% liegt. Ein weiteres Kennzeichen für seine Grundpositionierung in der „Welt" ist die Haltung zur römischen Zentrale. Wer sich der Moderne zugehörig fühlt, zeigt sich – so der Befund der Studie – dem Vatikan und darin den von ihm veröffentlichten amtlichen Schriftstücken unterschiedlicher Gewichtung gegenüber skeptisch. 84% derer, die eine positive Grundeinstellung zur Welt haben, sind zugleich sehr romkritisch.

Das Zweite Vatikanische Konzil und die damit verbundene Ekklesiologie ist von daher *eine* Spur, den Ursprüngen des Amtsverständnisses des zeitgemäßen Gemeindeleiters auf den Grund zu gehen. So, wie jede Genese von verschiedenen Faktoren begünstigt oder behindert wird, lässt sich auch die Entwicklung bzw. Ausprägung eines konkreten Berufsverständnisses und Amtsbildes jedoch nicht an einem einzigen Phänomen stringent erklären und aufzeigen. Es wird immer ein verschlungenes Ineinander verschiedener Komponenten eine Rolle spielen. Deshalb muss auch beim zeitgemäßen Gemeindeleiter unterschiedlichen Fährten nachgegangen werden, die ihren – gewichtigen oder weniger gewichtigen – Beitrag zum Werden dieses Amtsverständnisses beigetragen haben.

[492] 69% der zeitgemäßen Gemeindeleiter sind sehr kirchenkritisch, bei den zeitlosen Klerikern sind dies nur 28%.

Empirisches zum Amtsverständnis

Unter den befragten Priestern der Studie **PRIESTER 2000**© ist der Anteil der zeitgemäßen Gemeindeleiter im Bistum Passau bedeutend. Im Gesamt belegen sie 27%. Sie verteilen sich von den Weihejahrgängen her vor allem auf die Jahrgänge der zwischen 1960-90 Ordinierten: 35% finden sich in den Konzilsjahrgängen 1961-70; 29% in der Dekade 1971-80. 36% der Priester aus den Weihejahrgängen 1981-90 zählen unter den Befragten ebenfalls zur Gruppe der zeitgemäßen Gemeindeleiter. 9% der befragten dieses Typs kommen aus den Weihejahrgängen vor 1960 und 22% wurden nach 1991 geweiht.

Abbildung 10: Der Amtstyp des zeitgemäßen Gemeindeleiters

Das priesterliche Amt...

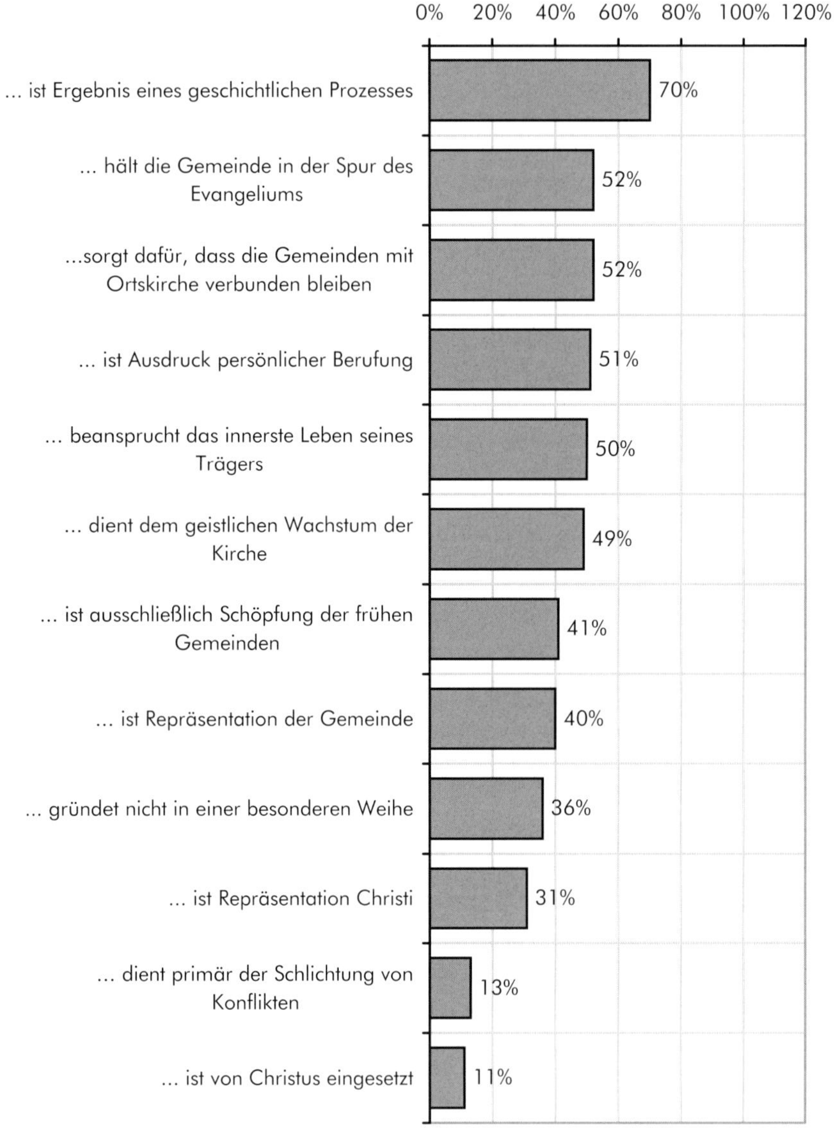

Quelle: **PRIESTER 2000**© – Gesamtstudie

Die Zuordnung der Items nach Zustimmung ist evident: Die für das herkömmliche Priesterbild als „klassisch" geltenden Zuschreibungen wie repraesentatio Christi oder Repräsentationstheologie generell, die Rückbindung des Amtes an Christus aufgrund der Einsetzung durch Christus, Berufung und Weihe, finden beim zeitgemäßen Gemeindeleiter kaum oder – im Vergleich zu den anderen Amtstypen – wenig Zuspruch. Den Spitzenwert in der Zustimmung hat beim Amtsverständnis die Aussage „das priesterliche Amt ist Ergebnis eines geschichtlichen Prozesses". 70% derer, die zu den zeitgemäßen Gemeindeleitern gehören, sehen dies so. Dann folgt die Verantwortung für die diachrone und synchrone Einheit. Für jeden zweiten aus der Gruppe der zeitgemäßen Gemeindeleiter gehört die Einheitsfunktion des Amtes zum Grundverständnis seines Amtes. Dass das Amt für die zeitgemäßen Gemeindeleiter nicht funktionalistisch missverstanden werden darf, zeigen die Items[493] „es ist Ausdruck persönlicher Berufung" (51% Zustimmung), „es beansprucht das innerste Leben seines Trägers" (50% Zustimmung) und „es dient dem geistlichen Wachstum der Kirche" (49% Zustimmung). Mit jeweils um die 50% Zustimmung gehören diese Aussagen zu den stärker bestimmenden Grundelementen des Amtsverständnisses der befragten Priester, die sich um den vierten Amtstyp gruppieren.

Auch bei diesem Priestertyp ist deshalb zu fragen, was seine Entwicklung bedingt und gefördert hat, aus welchen Quellen sich sein Amtsverständnis theologisch speist, was seine Stärken und Schwächen in heutiger Zeit bewirken und offen lassen und was als Kernpunkt seiner Weiterentwicklung im Zusammenspiel mit allen Amtsträgern und im Gesamt der Kirche angesehen werden kann. Diesen Themen wird im folgenden Kapitel nachgegangen.

Herkunft und Wurzeln des Amtsverständnisses

Fragmentarische Ansätze aus den Dokumenten des Zweiten Vatikanischen Konzils

Die bereits weiter oben beschriebene grundsätzliche Erneuerung des Kirchenverständnisses aus den Quellen der Schrift und der Väter war die Bedingung dafür, dass die Kirche durch das Zweite Vatikanische Konzil von einer Kirche des Klerus bzw. einer Priesterkirche[494] hin zu einer Kirche des Volkes Gottes auf den Weg kam. Diese Veränderung kann festgehalten werden, unbeschadet aller Wehen und Nachwehen, die sich in der noch immer andauernden Phase der Rezeption dazu in unterschiedlicher Intensität bemerkbar machen.

[493] Die Zuordnung stimme sehr stark zu (1) und stimme stark zu (2) sind dabei wieder zusammengefasst.

[494] Vgl. Hoffmann, Paul (Hrsg.): Priesterkirche, Düsseldorf 1987.

Der nachfolgende Fokus richtet sich zuerst auf wenige Ausschnitte von Konzilsdokumenten, die für das Amtsverständnis des zeitgemäßen Gemeindeleiters als Quelle gelten können. Es sind dies kleine Passagen aus der Kirchenkonstitution sowie die Erklärung über die Religionsfreiheit. In ihnen ist verdichtet festgeschrieben, was – entlang der Studie **PRIESTER 2000**© – im praktischen Vollzug des vierten Amtstyps zum Vorschein kommt.

Die Konstitution über die „Kirche": „Lumen Gentium"

LG 32,3: „...so waltet doch unter allen eine wahre Gleichheit"

„Wenn auch einige nach Gottes Willen als Lehrer, Ausspender der Geheimnisse und Hirten für die anderen bestellt sind, so waltet doch unter allen eine wahre Gleichheit in der allen Gläubigen gemeinsamen Würde und Tätigkeit zum Aufbau des Leibes Christi."[495]

Ohne nochmals tiefer in die Geschichte der Kirche zurückgreifen zu wollen, muss an dieser Stelle betont werden, dass die zitierte Aussage in LG 32,3 eine ganz entscheidende Veränderung im Selbstverständnis der Kirche markiert. Es ist eine Veränderung, die sich wirkmächtig zeigt und die – wo sie ernst genommen wird – sowohl eine neue Qualität der Koinonia begünstigt, als auch hohes Konfliktpotential beinhaltet, weil eine neue Kultur des Umgangs miteinander immer erst erlernt und stets aufs Neue errungen werden muss.

Schon die Gliederung und der Aufbau von „Lumen Gentium" geben wie ein Wegweiser die Richtung an, in der die eindeutigen Optionen der Ekklesiologie des Zweiten Vatikanums liegen. Dies gilt unbeschadet aller Halbherzigkeiten und nicht zufriedenstellender Kompromisse[496] die, wie man heute zur Genüge weiß, darin auch ihren Platz gefunden haben und bestimmten restaurativen und fundamentalistischen Gruppen zur Legitimation ihrer Interessen dienen.

Festzuhalten ist, dass – auch wenn es ursprünglich anders geplant und angelegt war[497] – das zweite Kapitel in der verabschiedeten Fassung des Dekretes über das Volk Gottes handelt. Es schließt nahtlos an jenen Teil an, der die Kirche als Mysterium beschreibt. Die Einheit des Volkes in Christus wird im zweiten Kapitel entfaltet. Erst dann erfolgt die Auffächerung und Differenzierung in den Kapiteln 3-6. Dadurch wird deutlich, dass die Ämter auf das Volk Gottes bezogen sind und im Dienst des Volkes Gottes stehen. „Die Einheit hat Vorrang vor der Unterscheidung; die Vielfalt der Ämter wird durch den pneumatologischen

---

495 LG Artikel 32, Absatz 3.

496 Vgl. Seckler, Max: Über den Kompromiß in Sachen Lehre,99-109.

497 Vgl. Philips, Gérard: Die Geschichte der Dogmatischen Konstitution über die Kirche „Lumen Gentium", in: LThK^2 Bd. 12, Das Zweite Vatikanische Konzil, Freiburg i. Br. 1966, 139-155.

und sakramentalen Reichtum des Geheimnisses der Kirche begründet und genährt."[498]

LG 32,3 fördert zu Tage und schreibt verbindlich fest, was durch die Jahrhunderte vergessen, verschüttet und durch verschiedene Zeitumstände überlagert wurde: Alle, die zur Kirche gehören, sind einander Bruder und/oder Schwester. Es gibt nicht mehr Hochwürdigere und Unwürdige: alle sind in der Zugehörigkeit zur Kirche durch die Initiationssakramente mit gleicher Würde begabt. Vergleicht man damit c. 107 des CIC/1917, der zum Zeitpunkt des Zweiten Vatikanischen Konzils gültiges Kirchen- bzw. Klerikerrecht war, wird der grundlegende Unterschied und damit die Intensität der Entwicklung deutlich. Der Text dieses Canons lautet: „Ex divina institutione sunt in Ecclesia clerici a laicis distincti, licet non omnes clerici sint divinae institutionis; utrique autem possunt esse religiosi." Die Kirche als juridisch so definierte Gesellschaft von Ungleichen gehört damit seit dem Zweiten Vatikanischen Konzil endgültig der Vergangenheit an. Für Hermann Stenger stellt deshalb LG 32,3 eine der bedeutendsten theologischen Leistungen des Konzils dar.[499]

Das wachsende Bewusstsein für die gleiche Würde läutete in der Folge den „Abschied von Hochwürden"[500] ein und begünstigte damit die vielfach beschriebene Krise des Priesteramtes. Nicht eine einzelne Ursache war Auslöser für die Krise, sondern das Zusammentreffen mehrerer Phänomene ergab ein Ursachenbündel. Anlass für die Krise war jedoch nicht – wie bereits weiter oben ausgeführt – die erneuerte Ekklesiologie. Neben umwälzenden gesellschaftlichen Veränderungen, auf die weiter unten eingegangen wird, lag es wohl vielmehr an der vom Zweiten Vatikanischen Konzil nicht mehr hinreichend geleisteten Verhältnisbestimmung von Amt und Gemeinde. Dass sich dieses Thema als wichtig erweisen würde, war jedoch vermutlich 1965 beim Abschluss des Konzils, als die Gemeindetheologie noch relativ in den Kinderschuhen steckte, noch nicht abzusehen.

Die geistgewirkte gleiche Würde gab jedenfalls der Vielfalt Raum und damit einem Amtstyp Wachstumsmöglichkeiten, der sich erst unter den durch das Konzil eröffneten freiheitlichen Bedingungen entwickeln konnte. Das festgefügte und über Jahrhunderte dominante Priesterbild des Tridentinums verlor damit seinen Absolutheitsanspruch. Mit dem Priesterrock wurde von vielen Priestern auch das herkömmliche Priesterbild an den Nagel gehängt: Es war nicht mehr von vornherein klar, wie ein Priester zu sein hat und was ihn ausmacht.

---

498 Forte, Bruno: Laie sein. Beiträge zu einem ganzheitlichen Kirchenverständnis, München 1987, 100.

499 Stenger, Hermann: Mehr Kompetenz - Mehr Zuversicht. Ein Plädoyer für die Verwirklichung des Canon 208, in: LS 45 (1994) 14-20, hier 15.

500 Zöller, Josef Othmar: Abschied von Hochwürden, Frankfurt a. Main 1969.

LG 12: „...verteilt unter den Gläubigen jeglichen Standes auch besondere Gnaden"

Charismen, so lässt sich im Kirchenlexikon von Wetzer und Welte aus dem Jahr 1884 nachlesen, gab es vor allem in der apostolischen Zeit, weil diese Phase – in jahreszeitlicher Allegorie betrachtet – der Frühling der Kirche war. Diese Charismen wurden der jungen Kirche geschenkt, um das Heidentum und das Judentum zu überwinden bzw. sich dagegen zu behaupten und sich in der damaligen Welt einen Platz als Kirche zu verschaffen; Empfänger der Charismen waren nicht alle Christen, sondern immer nur einzelne. Man unterschied zwischen Charismen, die für das innere Wachstum der Kirche notwendig waren, und Charismen, die für die Entfaltung der Kirche nach außen dienlich sind. Die Charismen für das innere Wachstum sind zugleich diejenigen, die zu kirchlichen Ämtern befähigen und daher nur den Amtsträgern zukommen.[501] Charismen, so muten diese Überlegungen an, sind etwas höchst Außergewöhnliches. Sie sind Gaben, die nur ganz besonderen und ausgesuchten Menschen zukommen, wie z. B. Amtsträgern oder Heiligen. Einem „normalen Christen" oder einer „normalen Christin" schienen sie nicht zugänglich zu sein.

Aus heutiger Perspektive wirkt diese vor 100 Jahren niedergeschriebene Auffassung höchst anachronistisch, überholt und fremd. Dass dies so empfunden wird, zeigt, wie sehr das neue Verständnis in dieser Frage bereits Raum gegriffen hat.

Es ist fürwahr so, dass die Charismenlehre in der Geschichte der Kirche lange Zeit zu den eher vergessenen Lehren zählte, bzw. die Charismen in erster Linie als zum Amt gehörig betrachtet wurden. Dieses Denken hatte sich tief in das Bewusstsein der Mitglieder des Volkes Gottes eingegraben. Dass es heute aufgebrochen und in Veränderung begriffen ist, verdankt sich einer längeren Vorgeschichte, die ihren vorläufigen Abschluss in den Konzilsdokumenten findet.

Ab ca. 1920 bis hinein in die Vierzigerjahre und mit neuem Schwung in der Nachkriegszeit, erwachten und erstarkten die verschiedenen Erneuerungsbewegungen: die Liturgische Bewegung, die Ökumenische Bewegung, die Bibelbewegung, das stark amtlich gestützte und geförderte Laienapostolat, aus dem sich die Katholische Aktion entwickelte, sowie die Jugendbewegung in breiter ständischer Vielfalt. „Einer der wichtigsten Punkte, in dem die von diesem ‚Frühling' hervorgebrachten Impulse mündeten, war – wie man es später charakterisierte – das erneuerte Bewusstsein von der Bedeutung der Kirche als Gemeinschaft der Gläubigen."[502] Dies war eine wichtige Grundlage, weil sich die Kirche rechtlich bis dahin als „Gesellschaft" definierte. Der Übergang von der „So-

[501] Vgl. Charismen, in: Wetzer und Welte's Kirchenlexikon, Dritter Band, Freiburg i. Breisgau 1884, 81-89.

[502] Alberigo, Guiseppe: Das II. Vatikanum und der kulturelle Wandel in Europa, in: Hünermann, Peter (Hrsg.): Das II. Vatikanum – christlicher Glaube im Horizont globaler Modernisierung. Einleitungsfragen, Paderborn 1998, 139-157, hier 143.

cietas“ zur „Communio“ war jedoch nicht nur eine Frage der äußerlichen Definition, sondern Frucht einer langsam und stetig gewachsenen Wahrnehmung einer neuen Gestalt von Kirche, die so auch ihren amtlichen Niederschlag fand. Sie zeichnete sich z. B. durch die 1943 von Papst Pius XII. verfasste Enzyklika „Mystici corporis“ bereits ab. Darin wird, wie beim zeitlosen Kleriker bereits beschrieben, durch das biblische Bild vom Leib Christi das überwiegend juridische Verständnis von Kirche aufgebrochen. Wichtig ist, dass dies von Seiten des obersten Lehramtes erfolgte. Der Geist Gottes wird als Lebens- und Kraftprinzip der Kirche beschrieben, zu der alle Glieder des Leibes gehören.[503] Dieser Geist Gottes – so eine logische Folgerung – bewirkt auch die Gaben, die dem Aufbau des Leibes Christi, der Kirche dienlich sind. Die paulinische Theologie kam nach einer langen Phase der ekklesiologischen Konzentration auf die Apostelgeschichte und die Pastoralbriefe wieder stärker ins Bewusstsein.[504] Mit dieser Wiederentdeckung wuchs wiederum das Gespür für die Alltäglichkeit und Vielfalt der Gaben, mit denen die Kirche von Gottes Geist ausgestattet ist. Charismen bzw. Begabungen sind kein Selbstzweck; sie sind Gaben für den Aufbau der Gemeinde und für den Dienst an anderen. Sie haben eine konstitutive Funktion. „Da alle Charismen von Gott und vom Geist kommen, müssen sie unentwegt auf den Geist und nicht einfach auf den Willen zur Selbstbehauptung, auf das Gemeinwohl und nicht auf das eigene Interesse bezogen werden.“[505]

Das war auch zu den Zeiten klar, als die Charismen überwiegend oder beinahe ausschließlich dem Amt zugeschrieben wurden. Sie waren jedoch – gleichsam wie ein Schwamm – von den Amtsträgern absorbiert,[506] die für die aktiven Seiten im Leben der Kirche verantwortlich waren, während die scheinbar unbegabten „Laien“ die passiv Hörenden, Empfangenden und Gehorchenden zu sein hatten.

Die Veränderung dieser Zweiteilung kam durch die Leute, im Verbund mit beherzten Priestern. Beide zusammen hatten in den oben genannten Bewegungen erste Erfahrungen eines neuen und anderen Miteinanders gemacht. Flankierend unterstützt wurden sie von den Theologen der sog. „Nouvelle théologie“, wozu z. B. Yves Congar, Henri de Lubac, Karl Rahner und Jean Daniélou gehörten. Ihnen war daran gelegen, den Extrinsezismus der Neuscholastik zu überwinden.

„Derselbe Heilige Geist..., teilt den Einzelnen ‚wie er will‘ (1 Kor 12,11), seine Gaben aus und verteilt unter den Gläubigen jeglichen Standes auch besondere Gnaden. Durch diese macht er sie geeignet und bereit, für die Erneuerung und den vollen Aufbau der Kirche verschiedene Werke und Dienste zu übernehmen

---

[503] Vgl. DH 3807.

[504] Vgl. Küng, Hans: Die charismatische Struktur der Kirche, in: Concilium 1 (1965) 282-290.

[505] Boff, Leonardo: Die Charismen aller Gläubigen und der besondere Dienst an der Einheit, in: Diakonia 16 (1985) 14-24, hier 19.

[506] Vgl. Zulehner, Paul M.: Priestermangel praktisch, 48-52.

gemäß dem Wort: ‚Jedem wird der Erweis des Geistes zum Nutzen gegeben' (1 Kor 12,7)."[507] Dieser Abschnitt aus dem Konzilsdekret über die Kirche markiert für die Ekklesiologie und darin die Charismenlehre einen bereichernden Rückgriff in die Schatztruhe der Schrift und Überlieferung. Für das Amtsverständnis des vierten Amtstyps spielt die Wiederentdeckung der allen geschenkten Charismen eine wichtige Rolle, weil für ihn die geschwisterliche Kooperation im konkreten Dienst eine wichtige Aufgabe darstellt, und er vom Grundverständnis her sehr synodal ausgerichtet ist.[508]

LG 10: „...unterscheiden sich zwar dem Wesen und nicht bloß dem Grade nach"

„Das gemeinsame Priestertum der Gläubigen aber und das Priestertum des Dienstes, das heißt das hierarchische Priestertum, unterscheiden sich zwar dem Wesen und nicht bloß dem Grade nach. Dennoch sind sie einander zugeordnet: das eine wie das andere nämlich nimmt je auf besondere Weise am Priestertum Christi teil."[509]

Diese Aussage in LG – selbst ein Zitat aus der Feder von Papst Pius XII. – hat wegen ihrer relativen Uneindeutigkeit schon immer starken Interpretationsbedarf hervorgerufen.[510] Die Geister scheiden sich mehr am „Wesen" (essentia). Es dürfte allerdings für die Deutung zudem das kleine Attribut „bloß" (tantum) eine gewichtige Rolle spielen, wäre doch ohne diese Beifügung zumindest die Tendenz der Aussage eindeutig. Diese Passage aus dem Konzilsdekret ist zwar dem quantitativen Umfang nach klein und für das Amtsverständnis nicht gerade „die Gretchenfrage". Sie ist jedoch bedeutungsvoll, wie die vielen Versuche der Auseinandersetzung mit ihr zeigen.

Auch wenn Karl Lehmann im oben zitierten Artikel ausdrücklich darauf hinweist, dass mit „essentia" nicht der metaphysische Wesensbegriff gemeint sei, der den Priester zu einem ganz anderen Menschen macht, könnte man dazu neigen, diesen Abschnitt doch als ontologische Aussage zu deuten. Der Satz birgt zweifelsohne – wie Peter Neuner feststellt – sehr viel Missverständlichkeit in sich. „Er steht in der Gefahr, den herkömmlichen Überlegensheitsanspruch des Klerus gegenüber den Laien dogmatisch zu untermauern."[511] Diese Über- und

---

507 LG Artikel 12, Absatz 2; inhaltlich gleich und sprachlich ganz ähnlich findet sich dieser Abschnitt auch im Dekret über das Laienapostolat AA Artikel 3, sowie sinngemäß im Dekret über Dienst und Leben der Priester, PO Artikel 9.

508 Die Synodalität wird im nächsten Kapitel untersucht und dargestellt.

509 LG 10.

510 Vgl. dazu: Lehmann, Karl: Das dogmatische Problem des theologischen Ansatzes zum Verständnis des Amtspriestertums, 121-175; Neuner, Peter: Der Laie und das Gottesvolk, 128f.; Hilberath, Bernd Jochen: Das Verhältnis von gemeinsamem und amtlichem Priestertum in der Perspektive von Lumen gentium 10, in: TThZ 94 (1985) 311-326; Beinert, Wolfgang: Autorität um der Liebe willen 49; Pesch, Otto Hermann: Das Zweite Vatikanische Konzil, 181f; Kehl, Medhart: Die Kirche, 113f.

511 Neuner, Peter: Der Laie und das Gottesvolk, 129.

Unterordnung sollte jedoch durch das Zweite Vatikanische Konzil faktisch überwunden werden: auf der Basis des gemeinsamen Priestertums, das allen Gläubigen grundlegend zukommt und sie miteinander verbindet, ohne damit das Priestertum des Dienstes in das gemeinsame Priestertum zu nivellieren.

Judith Müller veranschaulicht im Rückgriff auf die Herkunft der Formulierung, dass trotz eines veränderten Kontexts die Grundabsicht der Aussage, die Verschiedenheit zu betonen, erkennbar bleibt. Von daher sind nach ihrer Einschätzung Irritationen vorprogrammiert.[512] Da die genannte Formel ursprünglich verwendet wurde, um die exklusive Opfergewalt des Amtspriesters gegen Vereinnahmungen durch ein allgemeines Priestertum zu schützen und die Überlegenheit des kirchlichen Leitungsamtes zu verdeutlichen, trägt sie gerade in das zweite Kapitel von Lumen Gentium „jene Konzeption vom Priesteramt herein, die das Konzil eigentlich korrigieren wollte“[513]. So zeigt sich nach Müller vor allem in LG 10,2 die Tendenz, dass das königliche Priestertum der Gläubigen zum Priestertum der nicht Geweihten reduziert wird, das die Amtsträger nicht betrifft, weil diese – vor allem in der Eucharistie – das eigentliche Priestertum vollziehen. Damit wird das Priesteramt – entgegen der Grundausrichtung in PO – an dieser Stelle wieder von der traditionellen Konzeption der Konsekrationsvollmacht her beschrieben.

Es scheint wahrscheinlich, dass sich das in der Studie **PRIESTER 2000**© vorfindbare Amtsverständnis des zeitgemäßen Gemeindeleiters in bewusster oder unbewusster Opposition bzw. auch Negation zur zitierten Aussage aus LG 10 befindet.

Das Amtsverständnis des zeitgemäßen Gemeindeleiters kennt von der Grundausrichtung her keine ontologische Bestimmung der Person des Amtsträgers in dem Sinne, wie sie in LG 10 auch bei offenster Auslegung jedenfalls der Tendenz nach zum Ausdruck kommt. Der zeitgemäße Gemeindeleiter will sich gerade nicht wesentlich von den Gläubigen unterscheiden. Das belegt nicht nur der niedrige Wert im Amtsverständnis hinsichtlich der Repräsentation Christi,[514] sondern ebenso anschaulich die relativ geringe Zustimmung zur Repräsentation der Gemeinde,[515] die an dieser Stelle nur vom zeitnahen Kirchenmann unterboten wird, bei dem dies aber andere Ursachen haben dürfte, wie bereits ausgeführt wurde.

---

512 Vgl. Müller, Judith: In der Kirche Priester sein, 151-154.

513 Müller, Judith: In der Kirche Priester sein, 153f.

514 Aus der Gruppe „zeitgemäßer Gemeindeleiter“ stimmen der Aussage „das priesterliche Amt ist Repräsentation Christi“ 15,3% voll zu bzw. zu (Skala 1 und 2).

515 Bei diesem Wert liegt (auf den Mittelwert bezogen) der „zeitgemäße Gemeindeleiter“ mit dem „zeitlosen Kleriker“ gleichauf, obwohl diese beiden Amtstypen sonst im unmittelbaren Vergleich jeweils die zugespitztesten Eckpositionen besetzen.

Der zeitgemäße Gemeindeleiter weiß zwar sehr wohl um seine Ordination und die damit verbundenen Funktionen. Gut 2/3 aus der Gruppe dieses Amtstyps sind der Meinung, dass das priesterliche Amt in einer besonderen Weihe gründet. Priester, die zur Gruppe der zeitgemäßen Gemeindeleiter gehören, sehen sich dennoch nicht oder kaum im amtlichen Gegenüber, sondern in erster Linie als „Bruder unter Brüdern und Schwestern", beauftragt zum Dienst an und in der Gemeinde.

Die Erklärung über die „Religionsfreiheit": „Dignitatis humanae"

Die „Erklärung über die Religionsfreiheit" war das letzte Dokument, über das von den Teilnehmern des Zweiten Vatikanischen Konzils abgestimmt wurde. Auch wenn es „nur" den Status einer Erklärung hat, war es das Produkt eines langen Entstehungsweges, kontrovers diskutiert und bis zum Schluss der Abstimmung mit hoher Spannung aufgeladen. Der Weg bis zum endgültigen Text zog sich über sechs Vorlagen hin; erst die sechste Vorlage erhielt eine überwältigende Zustimmung, gehört jedoch auch zu den wenigen Dokumenten, die eine vergleichsweise hohe Zahl von Neinstimmen bekommen haben.[516] Es darf vermutet werden, dass eine stärkere Ablehnung anzeigt, dass hier ein Thema verhandelt wurde, das mit der Kirche und ihrer Positionierung im Verhältnis zur Welt oder zu anderen Religionen zu tun hat. Es geht also um Fragen der Toleranz und in mancher Hinsicht auch der geschichtlichen Bescheidung. In der derzeitigen innerkirchlichen Diskussion ist die Frage der Religionsfreiheit ohne stärkere Relevanz. Dennoch ist die Erklärung ein Dokument „von geschichtlicher Bedeutung für die Kirche wie für die Menschheit"[517].

Entscheidend für das Dokument ist, ohne auf Details einzugehen, dass es von großem Respekt vor der Freiheit und Selbstbestimmung des Subjekts getragen ist. Die Würde der menschlichen Person steht im Mittelpunkt, die Freiheit – vor allem auch die des Gewissens – wird als schützenswertes Gut beschrieben. Die Erklärung ist auch nach heutigem Empfinden von einem sehr freiheitlichen und damit auch modernen christlichen Menschenbild durchwirkt. Dies gilt als Anspruch und Herausforderung für heute: „Die Kirche wird nicht umhin können, einen veränderten Umgang mit der persönlichen Freiheit der einzelnen, mit ihrer Glaubens- und Gewissensentscheidung einzuüben. Sie kann nicht mehr einfach den traditionellen Vorgang für den Glauben und das sittliche Gewissen formal dekretieren und mit Sanktionen belegen, ohne sich kommunikativ verständlich zu machen und ohne den einzelnen bei ihrer Suche nach Selbstfindung, nach

---

516 Das Dekret über das Verhältnis der Kirche zu den nichtchristlichen Religionen bekam 88-Nein-Stimmen, die Erklärung über die Religionsfreiheit 70 non-placet. Auch „Gaudium et spes" verbuchte in der Endabstimmung immerhin 75 Nein und 7 ungültige Stimmzettel. Bei den meisten anderen Konzilsdokumenten waren im Normalfall die Zahl der Nein-Stimmen unter 10.

517 Pavan, Pietro: Einleitung und Kommentar zur Erklärung über die Religionsfreiheit, in: LThK² Bd. 13, Das Zweite Vatikanische Konzil, Freiburg i. Breisgau 1967, 704-748, hier 711.

Lebensgestaltung und nach Gewissensbildung wirklich freundschaftlich und kompetent zugleich beizustehen."[518]

Dieser notwendige Neuansatz – gepaart mit der Achtung vor der freien Entscheidung des Subjekts – verbindet sich in einigen Ansätzen mit dem Amtsverständnis des zeitgemäßen Gemeindeleiters. Ihm ist die persönliche Seelsorge bei Nah- und Fernstehenden ein wichtiger Bereich seiner priesterlichen Tätigkeit.[519] Er kann – so lässt sich aus seinen pastoralen Stärken schließen – mit gestufter Zugehörigkeit umgehen. Sein sehr synodal geprägter Amtsstil ermöglicht ein geschwisterliches Miteinander.

Wegweisendes aus der Synode

Gemeinden gründen und leiten

Vom 3. Januar 1971 bis zum 25. November 1975 tagte in Würzburg die Gemeinsame Synode der Bistümer in der Bundesrepublik Deutschland. Sie stand unter dem Auftrag, zur Rezeption der Ergebnisse des Zweiten Vatikanischen Konzils beizutragen. Zugleich sollte sie die Verortung und Transformation bzw. Inkulturation der Konzilsbeschlüsse in die spezifische Situation der Kirche in der Bundesrepublik Deutschland leisten.

Der Synodenbeschluss „Dienste und Ämter" gehört von daher ebenfalls in das Quellenstudium zum Selbstverständnis des vierten Amtstyps mit einbezogen. Er fußt auf den gemeindetheologischen Gedanken, die sich in LG 26 finden. Aus der großen Vielfalt der Synodenbeschlüsse wird deshalb das Augenmerk im Folgenden vor allem auf den neuen bzw. wiedergefundenen Stellenwert der Ortsgemeinde gelegt. Erste Reflexionen[520] über die wieder in den Blick gekommene Gemeindetheologie waren zu dieser Zeit bereits seit einigen Jahren publiziert. Sie verdankten sich inhaltlichen Vorreitern und -denkern wie dem Wiener Pastoraltheologen Ferdinand Klostermann, der 1965 erste Überlegungen in seinem Buch „Prinzip Gemeinde" niedergelegt hat.[521] Er formuliert darin – ohne es so zu benennen – ein neues Paradigma der Seelsorge: das der Gemeindekirche. Klostermann geht dabei in die Anfänge der Kirche zurück, die sich von Jesus her als Ekklesia, als Gemeinschaft der Berufenen und Gesandten verstehen darf. Die ganze Gemeinde ist somit Trägerin universeller Heilsverantwortung für die

518 Kehl, Medard: Die Kirche, 200.

519 In der Rangliste der priesterlichen Tätigkeit steht bei diesem Amtstyp die persönliche Seelsorge bei kirchennahen Personen bei ihm (als einzigem) mit 16% an vierter Stelle; die persönliche Seelsorge bei Fernstehenden, Distanzierten ist ihm vergleichsweise zu den anderen ebenfalls mit 14% ein Anliegen.

520 Eines der Vorläuferdokumente ist: Blöchlinger, Alex: Die heutige Pfarrei als Gemeinschaft, Einsiedeln 1962.

521 Vgl. Klostermann, Ferdinand: Prinzip Gemeinde. Gemeinde als Prinzip des kirchlichen Lebens und der Pastoraltheologie als der Theologie dieses Lebens, Wien 1965.

Verkündigung des Evangeliums. Durch die Gemeinde entsteht Verbindung untereinander und mit Jesus Christus, der die Glieder der Gemeinde in ein persönliches Verhältnis mit ihm gerufen hat. In dieser Weise ist die Gemeinde ein Gegenbild zum einsamen und individuellen Heilsstreben der Menschen, das in der Kirche lange Zeit prägend und bestimmend war. Gemeindekirche ist nach Klostermann der Weg, die überkommene Volkskirche zu überwinden.

Der Synodenbeschluss „Dienste und Ämter" nimmt die bereits in Entfaltung befindlichen gemeindetheologischen Gedanken auf und definiert Gemeinde[522] als geistgewirkten und behausenden Lebensraum derer, die zur Verherrlichung Gottes und zum Dienst an den Menschen be- und gerufen sind. Das biblische Bild vom Leib Christi ist dabei konstitutiv. Der amtliche Leitungsdienst akzentuiert sich darin nicht mehr in der Zuspitzung sakramental-missionarisch, sondern ekklesial-apostolisch. Amtliche Aufgabe ist demnach „die Gemeinde und ihre Glieder zu ihrem eigenen Dienst bereit und fähig machen, Gemeinden gründen und leiten, der Gemeinde neue Glieder zuführen und für deren Einheit in Christus Sorge tragen (vgl. Eph 4,12)"[523].

Damit war dem priesterlichen Amtsbild ein weiterer wichtiger Zweig hinzugewachsen: Der in einer Pfarrei tätige „Pfarrer" wird auch und immer mehr spezifisch als Gemeindeleiter wahrgenommen. Als seine Aufgabe wird jetzt zunehmend der Dienst an den Diensten gesehen, also die Förderung und Begleitung derjenigen Menschen, die ihre von Gott geschenkten Begabungen in der Gemeinde zur Entfaltung bringen wollen. Der Gemeindeleiter hat von diesem Ansatz in der Weise zu leiten, „indem er in einem Dienst unter anderen Diensten... die vielfältigen Begabungen und Funktionen seiner Gemeinde stimuliert, koordiniert und integriert"[524]. Ob dies für das Amtsverständnis als Anforderung grundlegend genügt, darauf wird weiter unten noch eingegangen.

Gemeindeentwicklung wurde in dieser und der folgenden Zeit zu einem zentralen Aufgabenbereich der Pastoral. Das lässt sich anschaulich z. B. über die Titel einschlägiger Literatur aus dieser Phase nachvollziehen.[525] Es schien, als würde nach dem Abschied von Hochwürden nun auch der endgültige und unumkehrbare Abschied von der Volkskirche eingeläutet werden. Eine nachdenkliche Anfrage an das bei den Teilnehmenden der Synode vorherrschende Kirchenbild

---

522 Vgl. Beschluss: „Die pastoralen Dienste in der Gemeinde", Nr. 2.3 und 2.5, Gesamtausgabe I, 605ff.

523 Beschluss: „Die pastoralen Dienste in der Gemeinde", Gesamtausgabe I, 607.

524 Küng, Hans: Wozu Priester? (Eine Hilfe), Zürich-Einsiedeln 1971, 90.

525 In der Folge der Synode wurde eine große Zahl von Büchern und Artikeln zum Thema Gemeinde veröffentlicht. Als exemplarische Beispiele können gelten: Lohfink, Norbert: Wie hat Jesus Gemeinde gewollt? Klostermann, Ferdinand: Gemeinde – Kirche der Zukunft, Freiburg 1974; Ders.: Wie wird unsere Pfarrei eine Gemeinde?, Wien 1979; Schulz, Heinz-Manfred: Damit Kirche lebt. Eine Pfarrei wird zur Gemeinde, Mainz 1975; Betz, Otto (Hrsg.): Gemeinde von morgen, München 1969.

stellt Wolfgang Seibel während der laufenden Beratungen. Er nimmt wahr, dass sich Tendenzen zeigen, die auf eine Freiwilligkeitskirche hinauslaufen, auf ein Gemeindebild, das sich auf die Entschiedenen, die Engagierten beschränkt. Die Realität der Volkskirche würde dabei, so Seibel, zu Gunsten eines Ideals, das sich noch nicht bewährt hätte, aufgegeben.[526]

Das Gefühl, sich in einem Aufbruch zu befinden, überwog. Man erhoffte sich mit einem beschleunigten Übergang von der (versorgten) Volkskirche zur gestalteten und gestaltenden Gemeindekirche einen starken Impuls für die Subjektwerdung der Kirchenglieder. Ein wichtiger Gesichtspunkt war deshalb das (Wieder-)Entdecken der unvertretbaren Kirchenberufung aller Getauften. Die erwünschte Folge: ein entschiedeneres Engagement für den Dienst an und mit den Menschen aus dem Geist des Evangeliums. Die dazu gehörige Aussage ist einer der am häufigsten zitierten Sätze der Synode geworden: „Aus einer Gemeinde, die sich pastoral versorgen lässt, muss eine Gemeinde werden, die ihr Leben im gemeinsamen Dienst aller und in unübertragbarer Eigenverantwortung jedes einzelnen gestaltet."[527] Die Kurzfassung „von der versorgten zur (selbst-)sorgenden Gemeinde" galt lange Zeit als geflügeltes Wort, das auch heutzutage bisweilen noch zitiert wird.

Das Zueinander von Priestern und neuen pastoralen Berufen

Ganz im Sinne dessen, was die Synode in der eben zitierten Aussage beschreibt, war es an der Zeit für ein nachkonziliares „Amts- und Charismenmanagement". Bei allem guten Willen: Die aus den Quellen des Konzils gespeisten vielfach sprudelnden und schäumenden Wildwasser des Aufbruchs waren noch kaum in ordentliches Flussbett zu bezähmen. Ein Gesamtkonzept aller pastoralen Dienste in den Gemeinden wurde zwar als notwendig betrachtet; die „Ordnung der pastoralen Dienste" war allerdings noch nicht in verbindlicher Form möglich.

Geklärt werden musste das Zusammenspiel der verschiedenen Ämter und Dienste. Diese begriffliche, offizielle Not-Unterscheidung wurde von der Deutschen Bischofskonferenz 1972 kreiert und hat sich bis heute durchgehalten.[528] Wie bei allen Neuaufbrüchen hatte sich Entwicklung einfach ereignet, zwar schon in einem gewissen Rahmen, aber doch so, dass man sich nicht ausdrücklich aufein-

---

526 Vgl. Seibel, Wolfgang: Die Synode und ihr Kirchenbild, in: StdZ 191 (1973) 73-74.

527 Gemeinsame Synode, Beschluss: „Die pastoralen Dienste in der Gemeinde", 1.3.2, in: Gesamtausgabe I, 602.

528 Wolfgang Beinert hat mit einem Rückgriff in die Etymologie aufgezeigt, dass Amt und Dienst aus derselben keltischen Wurzel stammen. Amt meint vom Ursprung her Dienststellung, womit die das Priesteramt schützende Unterscheidung nichts bringt. Vgl. Beinert Wolfgang: Autorität um der Liebe willen, 35. Auch während der Synode gab es ein Gutachten von Prof. Semmelroth, das aufwies, dass die Unterscheidung zwischen Amt und Dienst sprachlich unkorrekt, geschichtlich unrealistisch und angesichts des tatsächlichen Sprachgebrauchs von vorneherein vergeblich sei. Vgl. dazu: Kasper, Walter: Die pastoralen Dienste in der Gemeinde. Einleitung, in: Gesamtausgabe I, 581-596, hier 593.

ander bezog oder auch nicht die Notwendigkeit sah, sich gegeneinander abzugrenzen. Getragen vom Aufwind der konziliaren Reformen hatten sich neue gemeindliche Tätigkeitsfelder eröffnet; ehren- und hauptamtliche Laien suchten für ihre Charismen Entfaltungs- und Gestaltungsräume. Gemeinde und Amt profilierten sich als neue Schlüsselbegriffe, die nach guter Balance und einem stimmigen Zueinander verlangten.

Im „Zentrum des Reformtaifuns" befanden sich in dieser Zeit vor allem die Priester: je nach Einstellung verunsichert von der Reichweite der Konzilsreformen bis in ihr Selbstverständnis hinein oder aber unzufrieden mit dem subjektiv als zu langsam und zögerlich empfundenen Wandel. Die Situationsanalyse im Synodenbeschluss bringt diesen scharfen Konflikt behutsam zur Sprache: „Im Verständnis des kirchlichen Amtes und in der Verhältnisbestimmung von gemeinsamen und besonderem Priestertum stehen sich gegenwärtig sehr unterschiedliche Positionen gegenüber. Dadurch ist das Bild von der Kirche und ihren Diensten nach innen und außen undeutlich geworden."[529] Erste Ansätze von Aufgaben- oder Stellenbeschreibungen wurden zwar versucht, zu vieles war jedoch noch im Fluss und in Wachstumsbewegung. Die Pragmatik hatte zudem zeitgeschichtlich Vorrang vor der Reflexion.

Fragen nach dem Berufsprofil, nach Rollen und Funktion, nach Abgrenzung und Identität wurden zwar über die Synode erstmals deutlicher gesehen und beschrieben.[530] Die tiefere ekklesiologische Reflexion setzte allerdings erst im Laufe der Zeit ein. Sie versucht bis heute einzuholen und einzuordnen oder von „amtlicher Seite" auch bisweilen einzubremsen, was stets durch die Praxis bereits vorgespurt war und ist.

Der Pfarrermangel und die Amtsfrage

Wegen des bereits stark spürbaren Pfarrermangels befasste sich die Synode auch mit der Frage, ob es möglich sei, dass im Fall akuten Priestermangels bewährte Laien als örtliche Bezugspersonen wichtige Funktionen oder Aufgaben der Gemeindeleitung übernehmen könnten. Diese Frage wurde am Ende aus der Not der Situation und mangels anderer kirchenpolitisch möglicher Lösungen positiv beschieden.[531] Damit war der erste Schritt getan – zumindest in Modus der Überlegung – Gemeindeleitung vom Eucharistievorsitz zu entkoppeln.

---

[529] Beschluss „Die pastoralen Dienste in der Gemeinde", in: Gemeinsame Synode der Bistümer in der Bundesrepublik Deutschland. Beschlüsse der Vollversammlung. Offizielle Gesamtausgabe I, Freiburg i. Br. 1976, 598f.

[530] Vergleiche dazu den Beschluss „Die pastoralen Dienste in der Gemeinde" in: Gesamtausgabe I, 597-636.

[531] Die Synode befasste sich intensiv mit weitergehenden Lösungen und gab in diesen Fragen ein Votum an den Papst ab, das u. a. beinhaltete, die Frage zu prüfen, ob die Öffnung des Diakonats für Frauen möglich sei. Dies war eine – wegen der großen Widerstände und Bedenken, die es zu dieser Frage gab – abgeschwächte Version des Wunsches nach Zulassung der Frauen zum

Beinahe im selben Atemzug wurde dabei zwar immer auch betont, dass die geistliche Gemeindeleitung und der Eucharistievorsitz nicht voneinander zu trennen sind und die Gemeindeleitung als solche damit nicht zur Disposition stehe. Natürlich trifft zu, dass es aus ekklesiologischer Perspektive keine „priesterlose" Gemeinde gibt, weil sich jede Gemeinde zutiefst von der Eucharistie her konstituiert.

Es erhoben sich jedoch in der Folge warnende Stimmen vorausschauender Theologen,[532] die auf eine mögliche Beschädigung des Amtes hinwiesen. Sie zeigten die noch bestehende Fragilität des erst durch das Zweite Vatikanische Konzil neu akzentuierten Amtsverständnisses auf, das durch Notlösungen in Zeiten des Mangels Schaden erleiden könnte. Dies wird z. B. daran deutlich, dass sich bei der laufenden Ausgliederung amtlicher Funktionen Ordinierte von Nicht-Ordinierten dann nur noch dadurch unterscheiden, „dass nur sie die Sakramente der Eucharistie und der Buße (und der Krankensalbung) spenden können, während alle anderen priesterlichen Funktionen auch von hauptamtlichen Nicht-Priestern wahrgenommen werden können"[533]. Abgesehen davon, dass damit Weihe- und Jurisdiktionsvollmacht wieder in ein getrenntes Verhältnis kämen, wie dies vor dem Zweiten Vatikanum sehr lange der Fall war, würde auch das Amt wieder aus dem ekklesiologischen Kontext gerissen und auf die rein sakramentalen Funktionen zurückgestutzt.

Zur frühen Vorhut der Mahner gehörte u. a. auch Karl Rahner, der seine Überlegungen nicht von der faktischen Not, sondern vom Wesen des Amtes aus ansetzt.[534] Dem geht immer die Kirche als eine und ganze voraus; das Amtspriestertum ist eine Funktion an ihr. Für Rahner ist das Amt von seinem Wesen her vieldimensional und kann nicht auf den Kult der Kirche im engeren Sinn allein reduziert werden. Zum Ordo gehört ein Komplex an Aufgaben und Funktionen, die in der Kirche gegeben sein müssen. Einiges an diesem Aufgabenkomplex ist zeitgebunden und unterliegt somit dem Wandel, und manches kann auch ohne Ordination getan werden. Dennoch geht es in der Frage des Amtes nicht darum, was der Priester alleine kann und was abzugeben ist, sondern um die Frage ob das, was der Priester konkret in seinem Amt übernimmt und vollbringt, ein vom Wesen der Kirche selbst her sinnvoller Komplex von Aufgaben und Funktionen

Diakonat. Vgl. Beschluss „Die pastoralen Dienste in der Gemeinde", Voten, Anordnungen, Empfehlungen in: Gesamtausgabe I, 633f.

532 Vgl. Greshake, Gisbert: Der theologische Ort des Pastoralreferenten und sein Dienst, in: LS 29 (1978) 18-27, hier 23ff; Kasper, Walter: Die schädlichen Nebenwirkungen des Priestermangels, in: StdZ 102 (1977) 129-135; Hünermann, Peter: Ordo in neuer Ordnung? Dogmatische Überlegungen zur Frage der Ämter und Dienste in der Kirche heute, in: Klostermann, Ferdinand (Hrsg.): Der Priestermangel und seine Konsequenzen. Einheit und Vielfalt der kirchlichen Ämter und Dienste, Düsseldorf 1977, 58-94, hier 86f.

533 Brosseder, Hubert: Das Priesterbild in der Predigt. 190.

534 Vgl. Rahner, Karl: Theologische Reflexionen zum Priesterbild von heute und morgen, in: Henrich, Franz (Hrsg.): Weltpriester nach dem Konzil, München 1969, 91-118.

ist, der das Amt legitimiert, diesen Komplex als eine Einheit zu verstehen. Karl Rahner betont, „dass eine sakramentale Besiegelung und Bekräftigung amtlicher und institutionalisierter Funktionen in der Kirche sinnvoll ist und dem Wesen der Kirche entspricht, und zwar auch dann, wenn solche Funktionen und Aufgaben <an sich> auch ohne die Voraussetzung einer solchen Ordination möglich sind, ja auch de facto ausgeübt werden“[535]. Für Rahner ist von daher folgerichtig, dass Gemeindeleitung z. B. durch Pastoralassistenten zwangsläufig als spezifisch priesterlich wahrgenommen werden wird, auch wenn sich auf der theoretischen Ebene ein anderes Begründungskonstrukt entwickeln lässt. Denn ansonsten „reduziert sich das eigentlich Priesterliche des Amtspriesters auf die beiden ihm allein vorbehaltenen sakramentalen Vollmachten; der Priester wird reiner Kultfunktionär“[536].

Entsakralisierung als Übergangsphänomen

Die Anzeichen, dass sich als Gegenpol auf das zum Teil einseitig sakramental überhöhte Amtsverständnisses des Klerikers tridentinischer Tradition ein pragmatisch-funktionales Amtsverständnis entwickeln könnte, waren in der Priesterumfrage 1971 bereits erkennbar. Diese Entwicklung geschah sicher nicht aus irgendwelcher Absicht, sondern war Ergebnis einer Bewegung, die sich durch die Impulse des Zweiten Vatikanischen Konzils ergeben hatte. Es ging darum, sich als Kirche in vielen Bereichen und dabei vor allem in der zeitgemäßen Welt bewusst neu zu positionieren. Dies geht nicht in jedem Fall ohne Brüche und Verwerfungen. Dabei kann ein Phänomen auftreten, das Hermann J. Pottmeyer folgendermaßen beschreibt: „Indem sich die neue Gestalt zu einem Gegenbild der vorherigen Phasengestalt entwickelt, wird sie in genauer Umkehrung, in der Form des Widerspruchs nämlich, doch noch von jener Phase bestimmt, die sie ablösen will.“[537] Ob eine geschichtlich bestimmte Gegenabhängigkeit vom zeitlosen Kleriker beim zeitgemäßen Gemeindeleiter mit eine Rolle spielt, müsste gesondert untersucht werden. Die Entwicklung weg vom reinen „Gegenüber der Gemeinde“ lief auch unter dem Stichwort der „Entsakralisierung“. Damit sollte ein Priesterbild entfaltet werden, das geschwisterliche Nähe und Verbundenheit zu den Mitchristen in den Vorgrund stellt. Dies hat im Fall des zeitgemäßen Gemeindeleiters zu einem beinahe nivellierenden Eintauchen in die gemeindliche Gemeinschaft vor Ort geführt und erschwert in mancher Hinsicht das Ausbilden eines kantigeren Leitungsprofils. Leitung zeigt sich beim zeitgemäßen Gemeindeleiter vor allem als Sorge für die synchrone und diachrone Einheit und in der Notwendigkeit, Personalentwicklung (Charismen) zu fördern.

---

535 Rahner, Karl: Theologische Reflexionen zum Priesterbild, 103.

536 Rahner, Karl: Pastorale Dienste und Gemeindeleitung, in: StdZ 195 (1977) 733-743, hier 738.

537 Pottmeyer, Hermann J.: Ist die Nachkonzilszeit zu Ende? In: StdZ 203 (1985) 219-231, hier 222.

Gesellschaftliche Übergänge: Zwischen Prager Frühling und APO

Nicht nur in der Kirche waren die Zeiten ab der Mitte der Sechzigerjahre des ausgehenden 20. Jahrhunderts bewegt und von großen Umbrüchen gekennzeichnet. Das offene und bisweilen euphorische Reformklima der Kirche mag sich – einer These von Franz-Xaver Kaufmann folgend[538] – auch in die Gesellschaft hinein ausgewirkt haben. Aber vielleicht stimmt es gerade umgekehrt: Was sich an gesellschaftlichem Aufbruch ereignete, spielte sich ohne Zweifel auch in der Kirche ab, bzw. wirkte in die Kirche hinein. Die Geschichtsbücher neueren Datums bringen diese Phase gewöhnlich unter dem Stichwort der sog. „Studentenrevolte" auf den Punkt und beschreiben damit ein Phänomen, das die sichtbare Spitze seines Eisbergs vor allem im Jahr 1968 zeigte.

Es ist im Blick auf einige zentrale kirchliche Reformanliegen hilfreich, sie in den damaligen zeitgeschichtlichen Kontext zu stellen. Ein ausschnitthafter Blick[539] soll ein paar Themen skizzieren, die sich auch in je eigener Form in der Kirche bemerkbar machten.

„Anti" wurde in der damaligen Zeit zu einem wichtigen Präfix und spitzte sich zu in Antiautoritarismus, Antikapitalismus, dem Antiamerikanismus und darin nochmals dem Antiimperialismus gegen die USA. Es war Gegenbewegung zum herrschenden sog. bürgerlichen und politischen Establishment angesagt. Dieses verkörperte sich für die Protestierenden vor allem in den alten Institutionen, welche durch einen Marsch in sie hinein, und durch sie hindurch an die Leitungsspitzen reformiert und umgebaut werden sollten. Aber auch die bürgerliche Kleinfamilie und die vermeintlich damit verbundene Kleinkariertheit und verklemmte Sexualmoral wurde von offener Kritik nicht verschont. Die „berühmt-berüchtigte" Kommune I in Berlin versuchte sich zum anschaulichen Gegenmodell und Bürgerschreck in einem zu etablieren.

Auslöser für die Protestbewegung gab es mehrere. Einer davon war die aktive Verstrickung bzw. Intervention der USA in den Vietnamkrieg, der mit allen Mitteln – unter anderem mit Napalm und Entlaubung – zu gewinnen versucht wurde. Davon zeugten eindrückliche Bilder von verstümmelten und verletzten Kindern, die damals über die Medien in die ganze Welt gingen.

In Amerika kam es zur gleichen Zeit zu großen Unruhen im Zuge der Bürgerrechtsbewegung, die sich für die Abschaffung der Rassentrennung stark machte. Unter der Führung von Pastor Martin Luther King fand im August 1963 der berühmte Marsch auf Washington statt. King erhielt für seinen konsequent ge-

---

538 Vgl. Kaufmann, Franz-Xaver/Zingerle, Arnold (Hrsg.): Vatikanum II und Modernisierung. Historische, theologische und soziologische Perspektiven, Paderborn 1996.

539 Mehr zu dieser bewegten Phase ist u. a. nachzulesen in: Dutschke, Gretchen: Wir hatten ein barbarisches, schönes Leben, Köln 1996; sowie in Kraushaar, Wolfgang (Hrsg.): Frankfurter Schule und Studentenbewegung. Von der Flaschenpost zum Molotowcocktail, 3 Bände, Hamburg 1998.

waltlosen Widerstand 1964 den Friedensnobelpreis und wurde von einem (weißen) Fanatiker 1968 in Memphis erschossen.

Der „Prager Frühling", mit dem sich mit große Hoffnungen auf eine sanfte Revolution und dem Ende des Kommunismus verband, wurde in der damaligen CSSR 1968 von Truppen des Warschauer Paktes und sowjetischen Panzern gewaltsam beendet. Das staatliche System kehrte noch unabsehbar lange und – wie man heute weiß – für weitere zwanzig Jahre zur erstarrten „Eiszeit" zurück. In der BRD brandeten erste Unruhen auf, als der Student Benno Ohnesorge am 2. Juni 1967 bei einer an sich friedlichen Demonstration gegen den Besuch des persischen Schahs in Berlin durch eine Polizeikugel umkam. Erstmals scharf eskalierte der Protest der Straße jedoch nach dem Attentat auf den Studentenführer und führenden Kopf der APO Rudi Dutschke. Dieser wurde im April 1968 durch diesen Übergriff lebensgefährlich verletzt. In den sog. Osterunruhen 1968 versuchten Studenten – auch in gewaltsamen Übergriffen auf die Pressehäuser – gegen das Monopol der Springerpresse vorzugehen, der eine mediale Hetzkampagne gegen Dutschke vorgeworfen wurde. Des weiteren kam es im Mai desselben Jahres zu großen Demonstrationen gegen die verabschiedete Notstandsgesetzgebung des Deutschen Bundestages, dem durch die „Große Koalition", die seit Dezember 1966 bestand, eine interne Opposition fehlte. Diese organisierte sich außerparlamentarisch in der sog. „Außerparlamentarischen Opposition", kurz APO genannt.

Antiautoritäre Ziele und der Wunsch nach einem demokratischen Sozialismus, bei vielen auch nach purem Marxismus östlicher Prägung, standen im Vordergrund der vor allem studentisch getragenen Bewegung, der es letztlich nicht gelang, das arbeitende Volk bzw. die große Allgemeinheit für die eigenen Ziele zu gewinnen.

Emanzipation, Kollektivität und Solidarität sollten mit „sit-ins" und „teach-ins" nicht nur an den Universitäten zum Zug kommen. Eine Hochschulreform wurde gefordert und angestrebt. „Unter den Talaren der Muff von tausend Jahren" lautete z. B. ein Protestruf der Unireformer, denen es darum ging, die Studienbedingungen zu verbessern, die verstaubten Lehrinhalte zu modernisieren und gegen die uneingeschränkte und unkontrollierte Macht der Professoren demokratische Elemente an den Universitäten zu implementieren.

Den theoretischen und ideologischen Hintergrund des Protestes und der Auseinandersetzung bildete die sog. „Kritische Theorie" der Frankfurter Schule. Theodor Adorno, Max Horkheimer und Herbert Marcuse können mit ihrer Gesellschaftsphilosophie als deren geistige Väter betrachtet werden.

Ein großes Thema, das die junge kritische Generation ebenfalls bewegte, war die meist unaufgearbeitete faschistische Vergangenheit vor allem derer, die erneut in politischer Verantwortung standen. Als im Oktober 1969 die sozialliberale Koalition unter Bundeskanzler Willi Brandt an die Regierung kam, wuchs die Hoffnung auf echte Reformen, womit der offene Protest langsam abebbte.

Innerkirchliche Reformbestrebungen und -strömungen

Es wäre sehr ungewöhnlich gewesen, hätte diese unübersehbare gesellschaftliche Bewegung nicht auch Resonanz und Niederschlag in der nachkonziliaren Kirche gefunden.[540]

Die in der Zeit des Zweiten Vatikanischen Konzils und in den Jahren danach geweihten Männer waren zum Großteil stark von der Aufbruchstimmung des Konzils bewegt und brannten auf Veränderung und spürbare Reformen. Zudem hatten viele von ihnen auch in den „heißen Phasen" über die Seminarien hinaus die Unruhen an den Universitäten hautnah mitbekommen. Wer sich der modernen Zeit zugehörig und dem Wandel verpflichtet fühlte, war zugänglich für den damaligen gesellschaftlichen Diskurs und wünschte sich Demokratie sowie ein offenes Klima auch in der Kirche, wobei dies nicht unbedingt nur ein Anliegen der ganz jungen Priester gewesen ist. Was lag näher, als sich auch innerkirchlich um der Reformen willen zu solidarisieren?

Priestergruppen als organisierte Reformbewegung

Die Reformwünsche und Themen wurden deshalb im Normalfall nicht solistisch vorangetrieben. Vielmehr zeigt sich in der ersten Phase der Nachkonzilszeit ein erstaunliches und beachtenswertes Phänomen: Ungefähr um das Jahr 1968 entstanden in vielen deutschsprachigen Diözesen und auch darüber hinaus Priestergruppen, in die zu einem kleinen Teil auch Laien integriert waren. Diese Gruppen, die sich u. a. der Umsetzung des Konzils vor Ort verpflichtet wussten, hatten sich ca. zwei Jahre nach Beendigung des Zweiten Vatikanischen Konzils eher unbemerkt, zum Großteil auch völlig unabhängig voneinander, aber relativ flächendeckend in vielen westeuropäischen Bistümern gebildet.[541] Man kann fast von einem Myzel sprechen, das im Verborgenen wuchs und dem der Boden durch die für manche zu zögerliche Umsetzung des Konzils gut bereitet wurde.

Im Bistum Passau war dies der Kellberger Kreis, so benannt nach dem Ort seiner Gründung. Zu den mittlerweile noch immer existierenden und damit bekannteren Gruppen gehören u. a. der Bensberger Kreis, im Bistum Münster der Freckenhorster Kreis, die Solidaritätsgruppe im Bistum Paderborn (SOG) oder

---

[540] Vgl. Kaufmann, Franz-Xaver/Zingerle, Arnold (Hrsg.): Vatikanum II und Modernisierung.

[541] Priestergruppen gab es in Deutschland, Österreich, Holland, Frankreich, Schweiz, vor allem im flämischen Teil Belgiens sowie außerhalb Europas in den USA und im französischsprachigen Teil Kanadas. In den romanischen Ländern, vor allem in Spanien und Portugal war die Möglichkeit zur freien Organisation wegen der Verflechtung von Staat und Kirche und z. B. der spanischen Diktatur unter Franco erheblich schwieriger.

in Bayern, genauer in der Diözese Regensburg, der Aktionskreis Regensburg (AKR).

Der unmittelbare Gründungsanlass war bei den verschiedenen Vereinigungen durchaus unterschiedlich und auch die jeweiligen Arbeitsschwerpunkte zeigten ein vielfältiges Gesicht. „Die einen verfolgen vornehmlich Eigenziele, dienen nicht zuletzt auch der Wahrung beruflich-sozialer Interessen; die anderen zielen stärker auf kirchliche Reformen oder suchen nach einem veränderten Standort der Kirche in der Gesellschaft.“[542] Auch eher berufsständisch orientierte Forderungen zur Verbesserung des beruflichen Umfeldes spielten in der Arbeit der Solidaritätsgruppen mit eine Rolle. Dies war z. B. der Wunsch nach freier Wahl des Studienortes, Anspruch auf Berufseinführung und Bildungsurlaub, Mitversorgung der Pfarrhaushälterin durch die jeweilige Gemeinde usw.[543]

Da die Gruppen aber fast gleichzeitig entstanden waren, kann durchaus davon ausgegangen werden, dass sich dahinter ein Bündel ähnlicher Grundmotive verborgen hatte, die sich an je unterschiedlichen Themen festmachten. Allen gemeinsam war der Wunsch nach Reform und Modernisierung der Kirche. Es ging um eine neue Standortbestimmung nach innen und außen, im weitesten Sinne um eine deutliche Positionierung der Kirche in der Welt. Hinter diesen Anliegen und in ihnen verbarg sich auf Seiten derer, die dafür eintraten, große Energie. „Wer zu einer Priestergruppe gehört, zeigt damit, dass er nicht länger ‚an der Kirche leiden‘, auf Behörden schimpfen, sich auf ‚seine‘ Pfarrei zurückziehen will, dass er vielmehr bereit ist, Zeit, Geld, Energie, Arbeit in die Veränderung der Zustände zu investieren.“[544]

Zeitgerechte pastorale Prioritäten

Aus der Fülle des vorliegenden zeitgeschichtlichen Materials[545] lassen sich drei große Teilbereiche für die gewünschten Veränderungen erkennen, die sich wiederum unter den Oberbegriffen Humanisierung, Demokratisierung und Solidarisierung subsumieren.

Ein erster Komplex betrifft innerkirchlich-pastorale Themen und Überlegungen zur Bewältigung einer wahrnehmbaren Glaubenskrise. Zu ersteren gehören der

---

542 Was wollen die Priestergruppen?, in: HerKorr 23 (1969) 327-332, hier 327.

543 Vgl. Was wollen die Priestergruppen, hier vor allem 330.

544 Raske, Michael u. a. (Hrsg.): Eine freie Kirche für eine freie Welt. Delegiertenkonferenz europäischer Priestergruppen Rom 10.-16.Oktober 1969. Eine Dokumentation, Düsseldorf 1969, 19f.

545 Vgl. Werners, Hans: Priestergruppen – Konzeption und Erfahrung, in: Jahrbuch für christliche Sozialwissenschaften 12 (1971) 185-204; Holenstein, Carl: Der Protest der Priester, Zürich-Einsiedeln-Köln 1970; Schäfer, Klaus: Zum Thema Priestergruppen, in: StdZ 185 (1970) 34-46; Ders.: Nochmals: Zum Thema Priestergruppen, in: StdZ 185 (1970) 361-378; Rahner, Karl: Chancen der Priestergruppen, in: StdZ 185 (1970) 172-180; Stalin, Günter: Impulse zur Freiheit. Initiativen der Solidaritätsgruppen, Düsseldorf 1971.

Umgang mit Geschiedenen und Wiederverheirateten, die Mischehengesetzgebung und damit verbunden die Förderung der Ökumene, die Reaktionen auf die Enzyklika „Humanae vitae" zur Frage der Geburtenregelung, ein neuer Zugang zum Bußsakrament, aber auch die Forderung, dass die Menschenrechte in der Kirche Einzug halten sollen.

Vor allem an der Schnittstelle „Kirche-Welt" zeigte sich für die Mitglieder der Priestergruppen erhöhter Handlungsbedarf. Die sich abzeichnende Glaubenskrise wurde als Herausforderung gesehen, „weil Sprache und Verkündigungsart das Evangelium verdecken und für den heutigen Menschen nicht freigeben, auch der Praxisbezug dogmatischer Aussagen nicht erfahren werde"[546].

Demokratie und Partizipation

Als zweiter Bereich stand der als autoritär empfundene innerkirchliche Führungsstil bisheriger Prägung in Kritik, sowie die gesamte hierarchische Gestalt der Kirche. Es ging hierbei jedoch nicht nur um Strukturfragen, sondern um die Gestaltwerdung der Ekklesiologie des Zweiten Vatikanums. „Man möchte viel stärker eine unmittelbare und reale Entfaltung der Sendung und der Mitarbeit aller in der Kirche betonen; Mündigkeit und Emanzipation des Laien sollen nicht nur verbal beschworen werden, sondern sich umsetzen in neue Formen der Willens- und Meinungsbildung und der Teilnahme am Vollzug der Kirche.

Eine recht verstandene Demokratie soll auf allen Ebenen angestrebt werden; ebenso drückt man die Überzeugung aus, dass der theologische Begriff der Kollegialität als besondere Form der Realisierung der neutestamentlichen Brüderlichkeit nicht nur das Verhältnis von Papst zum Bischof bestimmen solle, sondern auf allen Ebenen der Kirche gelten müsse."[547] Die Forderung nach einer grundlegenden Demokratisierung der Kirche bezog sich durchaus auf neutestamentliche Gemeindemodelle oder den Rückgriff auf die frühkirchliche Tradition, z. B. wenn es um die Wahl von Bischöfen ging. Der Grundsatz von Papst Leo dem Großen: „Der allen vorstehen wird, soll von allen gewählt werden" ist ein bekanntes Beispiel dafür. Der Wunsch nach Demokratisierung war aber auch vom gesellschaftlichen Wandel beeinflusst, dabei weniger von der parlamentarischen Spielart der Demokratie und auch nicht im univoken Sinn zu verstehen. Es gab Grundideen, die von einer repräsentativen neu zu entwickelnden Form der Demokratisierung ausgingen, was zugleich wieder weitere Fragen aufwarf.

Das priesterliche Selbstverständnis mit allen dazu gehörigen Unsicherheiten und Anfragen kam wieder in den Blick. Diese waren z. B.: Welche Rolle und Funktion hat ein Priester in einer Kirche, in der in basisdemokratischer Weise jeder

[546] Werners, Hans: Priestergruppen – Konzeption und Erfahrung, 197.
[547] Werners, Hans: Priestergruppen – Konzeption und Erfahrung, 195.

Christ mitentscheidet und mitverantwortet, was in der Gemeinde, Diözese oder Gesamtkirche geschieht? Was ist darin seine zentrale Aufgabe?[548]

Priester und Politik

Ob und wie sich Priester politisch engagieren sollen – solche Überlegungen befremden heute eher. Am Ende der Sechzigerjahre war dies jedoch eine wichtige Grundfrage die sich stellte, weil es Priester gab, die ihren Platz in der Gesellschaft und damit mitten in der Welt suchten. Politisches Engagement meinte jedoch nicht parteipolitische Tätigkeit, sondern Einsatz für übergeordnete gerechte und humanitäre Ziele.

In der Frage des politischen Engagements ging der Blick vor allem nach Lateinamerika, das (auch) zu dieser Zeit ein Kontinent im Umbruch war. Die Menschen in den unterschiedlichen Staaten Lateinamerikas waren harten Zerreißproben ausgesetzt. Zum einen putschten sich in den verschiedenen Ländern immer wieder Militärs an die Macht und errichteten gnadenlose Diktaturen, die Tausenden von Unschuldigen durch Folter und Verfolgung anderer Art das Leben kosteten. Zum anderen hoffte man in der Suche nach einem eigenständigen (dritten) Weg, inspiriert durch das kubanische Vorbild, der Armut der breiten Mehrheit der Bevölkerung Herr zu werden. Chiles Weg zum Sozialismus unter dem demokratisch gewählten Präsidenten Salvador Allende war ein solcher Ansatz, der mit großen Hoffnungen auf die Verbesserung der Lebensumstände und Bildungsmöglichkeiten der Armen verbunden gewesen war. Ernesto ‚Che' Guevara Serna, genannt der „Comandante", galt nicht nur in Kuba als revolutionäres Idol einer ganzen Generation. Sein gewaltsamer Tod 1967 im bolivianischen Dschungel stilisierte ihn zusätzlich noch zum Märtyrer seiner Ideen. Die Frage nach gewaltsamer oder gewaltfreier Veränderung schied jedoch (gottlob) die Geister.

Der Priester Camillo Torres, der angesichts der gesellschaftlichen Ungerechtigkeit in Kolumbien zum Guerillero wurde und 1966 dabei umkam, warf dieses Thema – zumindest am Rande – auch für die Kirche auf, wenngleich in Europa natürlich nicht annähernd in der entsprechenden Schärfe, wie dies in Lateinamerika der Fall war. Die Theologie der Befreiung, die zu Beginn der Siebzigerjahre ihren ersten Aufschwung erlebte, fand den amtlichen Niederschlag in den Dokumenten der Lateinamerikanischen Bischofskonferenz von Medellin. Sie brachte mit ihrer Option für die Armen sowohl Impulse als auch Anfragen für Europa. Was die originäre Aufgabe eines Priesters in einer Basisgemeinde ist,

[548] Spätere Publikationen von Erfahrungen aus Gemeinden, in denen ein solcher Weg versucht wurde, geben Auskunft über die Suchbewegungen und die Ambivalenzen, die dieses Neuland barg. Vgl. Weß, Paul: Gemeindekirche – Zukunft der Volkskirche. Der Lernweg einer Pfarrgemeinde, Wien 1976; Mette, Norbert (Hrsg.): Wie wir Gemeinde wurden. Lernerfahrungen und Erneuerungsprozesse in der Volkskirche, Mainz 1982; Schulz, Heinz-Manfred: Ein Jahr in Gottes Werkstatt. Eine Gemeinde macht neue Erfahrungen, Mainz 1978.

wurde damit auch bei uns – wenigstens für einige Zeit – zu einer überlegenswerten Frage.

Anfragen zum Amtsverständnis

„Diese Kirche liegt nicht auf der Sandbank der Zerstörung, sondern auf der Werft der Erneuerung. Zugegeben, eine Werft ist keine idyllische Waldwiese. Dort kann es laut, windig, ungemütlich und gelegentlich gefährlich sein. Aber dort werden Schiffe nicht verschrottet, sondern ausgerüstet zu neuer Fahrt.“[549] Dieses plastische Bild, das von Julius Kardinal Döpfner stammt, ist an die Priester der Erzdiözese München-Freising adressiert. Es trifft für viele damals zu und markiert die Ambivalenzen einer Phase der Erneuerung und Veränderung der Kirche. Viele Priester sahen ihr Selbstverständnis in dieser Zeit des Übergangs durch das neu bestimmte Selbstverständnis der Kirche in Frage gestellt. Unsicherheiten, die durch die erneuerte Ekklesiologie des Zweiten Vatikanischen Konzils ausgelöst wurden, mussten ausgehalten werden. Die Anfragen waren sehr weitgehend und gingen tief. Bis dahin, dass „teilweise unklar wurde, ob und wie sich ein durch sakramentale Weihe herausgehobenes Amt theologisch begründen lässt“[550]. All das macht sich – wie ausrollende Wellen nach einem Sturm oder Seebeben – bis heute im Amtsverständnis der zeitgemäßen Gemeindeleiter bemerkbar.

Die Verunsicherung war, so eine Hypothese, wohl nicht nur darin begründet, dass sich durch die erneuerte Ekklesiologie des Zweiten Vatikanums so massive Umgewichtungen ergeben hätten, die alles aus dem Lot gebracht haben. Nach den vielen Jahrzehnten – und in einigen Bereichen beinahe Jahrhunderten – des Stillstands und der Verhärtung in der Frage innerkirchlicher Reformen gab es wohl eine Euphorie der Veränderung. Sie äußerte sich dergestalt, dass nun alles Bestehende, auch das gut Gewachsene kritisch befragt wurde und manchmal der Eindruck entstand, kein Stein könne mehr auf dem anderen bleiben.[551]

Ein kleiner Fragekatalog skizziert das unendlich weite Feld der damaligen Infragestellungen: Ist Priestertum auf Zeit oder auch in Teilzeit möglich, wie lässt sich die Aufhebung des verpflichtenden Zölibatsgesetzes erreichen? Welche Funktion kommt dem Priester in der Vielfalt der Ämter und Dienste der Kirche

---

549 Tewes, Ernst (Hrsg.): Kardinal Julius Döpfner, Weggefährte in bedrängter Zeit. Briefe an die Priester, München 1986, 96.

550 Ruh, Ulrich: Priesterkrise: Die Deutschen Bischöfe suchen nach Auswegen, in: HerKorr 46 (1992) 544-545, hier 544.

551 Der Umgang bei den Kirchenrenovierungen ab Mitte der Sechzigerjahre ist ein Beispiel dafür. In vielen Kirchen, die damals zur Renovierung anstanden, wurde im Bereich des Bistums Passau ziemlich radikal „ausgeräumt“. Dabei ging Kulturgut unwiederbringlich verloren. Das Ergebnis war in manchen Pfarrgemeinden z. T. ein befremdlich kahler Raum, in dem die Geborgenheit bietenden Nischen fehlten. Eine Verbindung zwischen Alt und Neu findet sich erst wieder ab den Achtzigerjahren.

zu, in welcher Weise kann das Amt den Anforderungen der heutigen Zeit entsprechen und was muss sich dazu weiterentwickeln? Wie muss ein Priester sein, dass er von den Jugendlichen akzeptiert und von der aufgeschlossenen Konzilsgeneration anerkannt wird? Wie muss sich der Priesterberuf entfalten, dass er auch für junge Männer anziehend und attraktiv bleibt?

In der Herder-Korrespondenz wurde schon 1969 kritisch nachgefragt, ob sich bei den inhaltlichen Schwerpunkten der Solidaritätsgruppen nicht eine zu starke Institutionsfixierung zeige, die nur die Institution und nicht den eigentlichen Bezugspunkt, nämlich die Verkündigung der Kirche, kritisch genug im Blick habe.[552] Diese damals erkennbare „Schlagseite" ins Innerkirchliche, an der sich viele immer wieder wundgerieben haben, zieht sich z. T. bis heute durch.

Manche der genannten Sachverhalte haben sich zwar mittlerweile gelöst oder verloren aufgrund anderer Entwicklungen ihre Aktualität und Brisanz. Einiges von dem jedoch, was schon vor über dreißig Jahren erwünscht oder gefordert wurde, harrt auch heute mehr denn je der Aufarbeitung. Dies machen Teilthemen der Ergebnisse der Studie **PRIESTER 2000**© verständlich.

Bleibender Reformbedarf

Der empirische Befund spricht eine sehr eindeutige Sprache, bzw. gibt eine klare Option zu erkennen: Zeitgemäße Gemeindeleiter sind nicht damit zufrieden, wie weit sich die Kirche bis heute der modernen Welt geöffnet hat:

Tabelle 40: Die Kirche soll sich der modernen Welt mehr öffnen

	(eher) ja	unentschieden	(eher) nein
zeitloser Kleriker	35%	46%	19%
zeitoffener Gottesmann	45%	41%	14%
zeitnaher Kirchenmann	38%	43%	19%
zeitgemäßer Gemeindeleiter	85%	10%	5%

Quelle: **PRIESTER 2000**© – Diözese Passau

Sie diagnostizieren zudem eher eine Kirchenkrise als eine Glaubenskrise:

Tabelle 41: Nicht der Glaube, sondern die Kirche ist in einer tiefen Krise

	(eher) ja	unentschieden	(eher) nein
zeitloser Kleriker	35%	27%	39%
zeitoffener Gottesmann	66%	19%	15%
zeitnaher Kirchenmann	49%	40%	11%
zeitgemäßer Gemeindeleiter	72%	26%	3%

Quelle: **PRIESTER 2000**© – Diözese Passau

[552] Vgl. Was wollen die Priestergruppen?, in HerKorr 23 (1969) 327-332, hier vor allem 331.

Damit verbindet sich die Forderung nach ausstehenden Reformen, die der weiteren oder überfälligen Modernisierung der Kirche dienlich sein sollen.

Der aufzulösende innerkirchliche Reformstau macht sich vor allem an folgenden Themen bzw. Bereichen fest: die Zulassung der Frauen zum Diakonat und zur Priesterweihe, die Freistellung (oder Aufhebung?) des Zölibats, die Weihe von bewährten verheirateten Männern („viri probati"), die Möglichkeit, den Ortsbischof wie in den Anfängen der Kirche wählen zu können. Mehr Demokratie, mehr Gleichberechtigung zwischen Frauen und Männern, das Recht auf freie Wahl der Lebensform: das scheint – jedenfalls auf den ersten Blick – mit den Kernpunkten übereinzustimmen, die 1995 auf der Liste der Reformwünsche des Kirchenvolks-Begehrens zu finden waren.[553]

Diese Kongruenz ist nicht zufällig, denn hier bündelt sich ein Katalog an Themen, die von bestimmten Gruppierungen innerhalb der Kirche schon sehr lange als zu verändernd angemahnt werden. Es zeigt sich, dass die Wurzeln bis in die Zeit hineinreichen, als sich große Hoffnung auf eine weitgehende Erneuerung an Haupt und Gliedern der Kirche und an ihrer geschichtlichen Gestalt mit dem Zweiten Vatikanischen Konzil verbanden. Die Unzufriedenheit mit der Umsetzung des Konzils zieht sich wie ein roter Faden seit seiner Beendigung durch, offensichtliche Rückschritte mit eingeschlossen. Dies betrifft nicht nur die Frage der Frauenordination, die unmittelbar nach dem Konzil noch nicht so stark in Diskussion war. Eingehender – nicht nur pastoraler Überlegungen – bedarf auch z. B. die nach wie vor ungelöste Frage der Stellung der Wiederverheiratet-Geschiedenen in der Kirche, von denen es aufgrund der derzeitigen Scheidungsrate ungleich mehr gibt als zu Beginn der Siebzigerjahre. Der Wunsch nach Kirchenreform steht, wie die Studie **PRIESTER 2000**© aufweist, in enger Verbindung mit der Konzilsunzufriedenheit.

Dabei geht es vor allem um die Dissonanz zur tatsächlichen nachkonziliaren Entwicklung, weniger um die durch das Konzil eröffneten Perspektiven. Mehr als fünfunddreißig Jahre nach Abschluss dieses Großereignisses kann realistisch eingeschätzt werden, wo sich tatsächlich Veränderungen zeigen und was noch der Einlösung bedarf. Am stärksten tangiert die Konzilsunzufriedenheit die Gruppe derjenigen Priester, die zu den zeitgemäßen Gemeindeleitern gehören:

---

[553] Vgl. Zulehner, Paul M.(Hrsg.): Kirchenvolks-Begehren. Kirche auf Reformkurs, Düsseldorf 1995, 16f.

Tabelle 42: Unzufriedenheit mit tatsächlicher nachkonziliarer Entwicklung

	ja	eher ja	unent-schieden	eher nein	nein
zeitloser Kleriker	12%	27%	23%	31%	8%
zeitoffener Gottesmann	20%	27%	33%	17%	3%
zeitnaher Kirchenmann	11%	19%	40%	23%	6%
zeitgemäßer Gemeindeleiter	28%	46%	15%	8%	3%

Quelle: **PRIESTER 2000**© – Diözese Passau

44% der zeitgemäßen Gemeindeleiter sind mit der nachkonziliaren Entwicklung der Kirche eher unzufrieden, 28% voll unzufrieden. Nur 11% stimmen dem Weg, der durch das Konzil in der Kirche faktisch begangen wurde, zu.

Spezifische Ausprägungen dieses Amtstyps

Amtstheologische Vorlieben

Pastorale Prioritäten

Der zeitlose Kleriker ist in mancher Hinsicht der „Andere", der Priester aus den Tagen der Volkskirche. So lautet der Einleitungssatz bei der Beschreibung der pastoralen Prioritäten des ersten Amtstyps. Demgegenüber ist der zeitgemäße Gemeindeleiter beinahe das Gegenteil, wie ein Blick auf seine Rangliste priesterlicher Tätigkeiten zeigt:

Tabelle 43: Rangliste priesterlicher Tätigkeiten (Gemeindeleiter und Kleriker)

	zeitgemäßer Gemeindeleiter	zeitloser Kleriker
seelsorgliches Gespräch	92%	92%
predigen	92%	96%
Sonntagsmesse mit der Gemeinde feiern	87%	100%
taufen	77%	96%
beerdigen	56%	54%
trauen	54%	73%
caritative Tätigkeit	54%	31%
Beichte	49%	88%

Quelle: **PRIESTER 2000**© – Diözese Passau

Dem seelsorglichen Gespräch kommt bei Klerikern und Gemeindeleitern mit 92% zwar dieselbe Gewichtung zu, jedoch nicht der gleiche Stellenwert. Priester, die zur Gruppe der zeitgemäßen Gemeindeleiter gehören, geben seelsorglichem Gespräch und Verkündigung in Form der Homilie Vorrang vor den sakramentalen Vollzügen des Amtes. Die Diakonie hat für sie eine höhere Reihung in der Rangliste als das Bußsakrament. So sieht jedenfalls die grundsätzliche Reihung aus, die nicht von den konkreten Erfordernissen der alltäglichen Praxis geformt und diktiert wird.

Diakonisch und menschennah

„Es ist einer Gemeinde/der Kirche nur zu wünschen, dass möglichst viele ein Auge haben für die Mitmenschen in leiblicher, seelischer und geistlicher Not. Dass der Mensch in Not auf keinen Fall übersehen wird, muss Sorge des Amtes sein."[554] Für die Priester aus der Gruppe der zeitgemäßen Gemeindeleiter trifft am ehesten zu, was durch die syrische Kirchenordnung überliefert von alters her zum Grundauftrag des Diakons gehört: mit dem Elend der Menschen vertraut sein, keine Berührungsängste haben, in der Hinwendung zu den Kranken, Armen und Benachteiligten Sinn-Bild für die ganze Kirche zu sein und zugleich Ratgeber für den Klerus, damit dieser seine Berufung nicht verfehlt.[555] Wenn man den Versuch unternehmen würde, die unterschiedlichen pastoraltheologischen Ansätze der letzten Jahrzehnte nicht jeweils als Paradigma für sich zu beschreiben, das ein je anderes ablöst und damit als überholt betrachtet, dann käme ein spannendes Nebeneinander zum Vorschein. Eine achtenswerte und beachtenswerte Gleichzeitigkeit würde sich zeigen, die abbildet, was in der Kirche an Vielfalt vorhanden ist, die nicht in jedem Fall miteinander vermittelt werden muss. Dem zeitgemäßen Gemeindeleiter würde dabei die Sozialpastoral in die pastorale Hand gelegt, bzw. auf den „Leib geschrieben".

---

[554] Müller, Judith: Im Dienst der Kirche Christi. Zum Verständnis des kirchlichen Amtes heute, Regensburg 2000, 97.

[555] Vgl. Zerfaß, Rolf: Wenn Gott aufscheint in unseren Taten, in: Zulehner, Paul M.: Das Gottesgerücht. Bausteine für eine Kirche der Zukunft, Düsseldorf ^{6}1989, 95-106.

Faktisch zeigt sich die Wichtigkeit der Tätigkeiten in folgender Reihenfolge:

Tabelle 44: Die Wichtigkeit priesterlicher Handlungen in der Ausübung des Priesteramtes (zeitgemäßer Gemeindeleiter)

Eucharistiefeier	81%
Verkündigung	50%
Sorge um die Armen und Kranken; caritative Tätigkeiten	17%
persönliche Seelsorge bei kirchennahen Personen	16%
Führung und Verwaltung einer Pfarrei	15%
persönliche Seelsorge bei Fernstehenden, Distanzierten	14%
pastorale Gestaltung der äußeren Form der Sakramentenspendung	13%
Leitung und Mitarbeit in kirchlichen Vereinigungen	7%
Religionsunterricht	4%
missionarisches Neugewinnen von Gläubigen	4%
Repräsentation bei öffentlichen Anlässen	4%

Quelle: **PRIESTER 2000**© – Diözese Passau

Neuerlich fällt auf, dass die Sorge um die Armen und Kranken, also die Diakonie beim zeitgemäßen Gemeindeleiter einen vergleichsweise hohen Stellenwert in der Reihung der Tätigkeiten einnimmt. Sie ist dicht gefolgt von der persönlichen Seelsorge bei denen, die zum Binnenraum einer Gemeinde gezählt werden können. Mit dem fünften Platz für die Aufgabe „Führung und Verwaltung einer Pfarrei" zeigt der zeitgemäße Gemeindeleiter bei weitem die stärkste Priorisierung von allen Amtstypen.[556] Dies hängt entweder damit zusammen, dass (im guten Vertrauen auf die Charismen in der Pfarrgemeinde) vieles von dem delegiert ist, was anderen Priestern im Bereich der Führung einer Pfarrgemeinde oft als Bürde erscheint und Mühe bereitet, z. B. der administrative Bereich wie Matrikel, Stipendien, Haushalt samt Abrechnungen, Pfründeverwaltung, Pfarrbrief usw. Oder für die Gemeindeleiter steht die Lust am (visionären) Führen stärker im Vordergrund, als die Last mancher damit verbundenen Aufgaben. Ein „Stiefkind" bei den Gemeindeleitern wie bei allen anderen Amtstypen auch – mit Ausnahme des zeitlosen Klerikers – ist der Religionsunterricht. Mehr als 2/3 sehen es zwar als eine Stärke ihres priesterlichen Dienstes „Kindern und Jugendlichen die Welt des Glaubens zu erschließen". Dies scheint sich jedoch auf den außerschulischen Bereich zu beziehen. Die Schule wird in dieser Hinsicht nicht als adäquate Chance wahrgenommen.

Menschennahe, lebensbegleitende Seelsorge hat für die Befragten, die zur Gruppe der zeitgemäßen Gemeindeleiter gehören, in ihrer persönlichen Priori-

[556] Beim zeitlosen Kleriker und zeitoffenen Gottesmann sind das jeweils 8%, beim zeitnahen Kirchenmann findet sich dieser Aufgabenbereich mit nur 4% im letzten Drittel der Liste.

tätenliste den höchsten Stellenwert. Das Evangelium ist die Grundlage, auf der die Verkündigung aufruht:

Tabelle 45: Stärken im Leben der Priester (Gemeindeleiter)

den Menschen in ihren Sorgen zur Seite stehen	97%
das Evangelium als Weg zu einem guten Leben verkünden	92%
Menschen an den für sie wichtigen Lebensübergängen begleiten	90%
Freude und Hoffnung, Trauer und Angst der Menschen von der Geburt bis zum Tod teilen	82%
den Sonntag mit einer Gemeinde feiern	79%
die Zeichen der Zeit erkennen und an ihnen die Verkündigung des Evangeliums zu formen	75%
Kindern und Jugendlichen die Welt des Glaubens erschließen	74%
mit Menschen zusammen Gotteserfahrungen machen	66%
ein Anwalt der Schwachen und Bedrängten sein und diesen auch öffentlich (im Ort, in der Kirchengemeinde, in den Medien) eine Stimme zu verleihen	62%
ich kann in meiner Arbeit weithin frei bestimmen, was ich tue	61%
ein Mann des Friedens und der Versöhnung sein	59%
Zeitgenossen, die sich mit Glauben schwer tun, das Evangelium erschließen	56%
ich kann Menschen zu Gott führen	54%
die Lust, Verantwortung für eine Gemeinschaft zu übernehmen	54%
Gottes Mitarbeiter sein	42%
mich prophetisch zu Missständen in Gesellschaft und Kirche äußern, gelegen oder ungelegen	41%
das priesterliche Leben und Wirken als Lebenserfüllung erleben	38%
ich stehe in der Öffentlichkeit, das macht mir Freude	31%
von der finanziellen Sorge um eine Familie frei, kann ich im Sinn des Evangeliums arm leben und mit meinen finanziellen Mitteln Armen helfen	20%
von den Menschen als Mann Gottes wahrgenommen werden	13%
weil ich nicht verheiratet bin, kann ich einsamen Menschen leichter Unterstützung geben	8%

Quelle: **PRIESTER 2000**© – Diözese Passau

Neben den starken Seiten, die große Zustimmung erfahren, zeigen sich vor allem beim Amtstyp des zeitgemäßen Gemeindeleiters Anteile im Amt, die abgelehnt oder ausdrücklich als schwache Seiten erlebt werden. Dies ist zum einen das Thema der zölibatären Lebensform, ersichtlich an den 8% des Items: „Weil ich nicht verheiratet bin, kann ich einsamen Menschen leichter Unterstützung geben“. 92% erleben dies für sich nicht als starke Seite. Das verzahnt sich sehr gut mit der hohen Zustimmung, mit der die Ehelosigkeit vor allem von den zeitgemäßen Gemeindeleitern als Belastung erlebt wird. 56% der Priester aus diesem Amtstyp empfinden dies so. Bei den zeitlosen Klerikern sind es dagegen nur 8%, bei den zeitnahen Kirchenmännern 15% und aus der Gruppe der zeitoffenen Gottesmänner geben 24% an, dass die Ehelosigkeit für sie eine Belastung darstelle. 87% der befragten zeitgemäßen Gemeindeleiter lehnen es zudem ab, von den Menschen als Mann Gottes wahrgenommen, also als „amtlich“ oder „Träger eines institutionellen Auftrags“ und damit nicht als einer der ihren betrachtet zu werden. Damit liegen sie im gesellschaftlichen Trend. „In der Einschätzung durch die Gesellschaft gilt...: Priester sind Repräsentanten einer nicht mehr sonderlich geachteten Institution und besitzen ein nicht mehr <öffentlich bevorzugtes und zugewiesenes> Rollenbild.“[557] Wer in die Welt eintauchen will, darf nicht sofort als einer identifiziert werden, der nach herkömmlicher Vorstellung einer Institution angehört, die nicht ganz von dieser Welt ist.

Ob die mit 20% schwache Zustimmung in der Frage der finanziellen Solidarität[558] mit dem Armen auch von der Form des Konditionalsatzes herrührt, kann nicht belegt werden. Es ist jedoch zu vermuten, dass dies der Grund ist, weil andererseits der Aussage „ein Anwalt der Schwachen und Bedrängten“ zu sein, in großem Maße zugestimmt wird.

Seelsorgestil

Der Seelsorgestil der den zeitgemäßen Gemeindeleiter auszeichnet, ist wesentlich geprägt von einer positiven Einstellung zur Vielgestaltigkeit der modernen Welt und der Menschen, die sich darin bewegen. Bei Predigten des vierten Amtstyps wird man davon ausgehen können, im Normalfall von depressiver und negativer Weltkritik verschont zu werden. Die Düsternis, Verderbtheit und Schlechtigkeit der Welt, ein Proprium der konservativen oder fundamentalistischen Kirchenblätter, ist für den zeitgemäßen Gemeindeleiter kein Thema. Auch wenn dies nicht verallgemeinert werden darf und kann: Zeitgemäße Gemeindeleiter gehören innerkirchlich zu denjenigen, die den sog. vorauseilenden Gehorsam praktizieren. Womöglich wurde dieser kreative Begriff sogar von einem dieser Amtstypen erfunden. Bei ihnen gab es vermutlich schon Ministrantinnen, als das weder römisch abgesegnet war, noch unter das Gewohnheitsrecht fiel. Auch die sog. „Laienpredigt“ ist zeitgemäßen Gemeindeleitern kein Problem. Wenn es Menschen in der Pfarrgemeinde gibt, die dieses Charisma und womöglich noch die Ausbildung dafür haben und von daher diesen Dienst qualifiziert ausüben können, dürfen sie das auch tun. Eine offen gestaltete Liturgie, auch mit Mut zum Experiment und zur Weiterentwicklung, gehört zu ihren Stärken: Kin-

---

[557] Feilzer, Heinz: Christsein als Priester – im Wandel der Kirche, in: Stubenrauch, Bertram (Hrsg.): Christsein als Priester: was verbindet und trägt, Trier 1999, 29-48, hier 32.

[558] Von der finanziellen Sorge um eine Familie frei, kann ich im Sinn des Evangeliums arm leben und mit meinen finanziellen Mitteln Armen helfen.

der haben darin genauso ihren aktiven Platz mit den entsprechenden Gestaltungsmöglichkeiten wie auch Jugendliche oder einzelne Gruppierungen in der Pfarrgemeinde. Vermutlich kann man in Gemeinden von zeitgemäßen Gemeindeleitern auch lernen und studieren, wie das Sakrament der Taufe vom randständigen Familienfest in die Mitte der Gemeinde kommen kann und welche Konflikte sich dabei entwickeln. Die Taufe hat in der sakramentalen Rangliste nach der Eucharistie den zweithöchsten Stellenwert für sie.

Der beziehungsreiche Seelsorger

Selber sehr stark davon bestimmt, sich in Beziehungen zu begeben ohne die „schützende Haut des Institutionellen", erleben sich Gemeindeleiter vor allem dort unterstützt, wo sie Vernetzung erfahren und wo sie mit anderen in Verbindung stehen. Zeitgemäße Gemeindeleiter sind interessiert an Netzwerken, einem Phänomen, das in den letzten zehn Jahren bedeutsam wurde und das seine vorläufige Aufgipfelung in „Internet" gefunden hat. Netzwerke wiederum sind konstitutiv auf gleicher Ebene. Sie stehen jeglicher Hierarchisierung diametral entgegen.

Tabelle 46: Was besonders als Hilfe erfahren wird, um den Beruf als Priester treu zu erfüllen

	zeitloser Kleriker	zeitoffener Gottesmann	zeitnaher Kirchenmann	zeitgemäßer Gemeindeleiter
mein persönlicher Glauben	96%	87%	98%	87%
gute menschliche Beziehungen zu den Gemeindemitgliedern	77%	83%	74%	82%
Vertrauen der Gemeinde	80%	84%	78%	76%
Erfolge bei der Arbeit	40%	70%	50%	69%
Gebet	97%	77%	77%	63%
Pfarrhausgemeinschaft	46%	58%	50%	36%
Kollegen und Mitbrüder	44%	36%	17%	35%
Wissen um die Berufung durch Gott	77%	74%	63%	26%
Bewusstsein der sakramentalen Berufung durch die Priesterweihe	73%	58%	32%	5%
Sendung durch den Bischof	52%	40%	23%	5%
die Ordnung, die im priesterlichen Lebensvollzug liegt	37%	35%	15%	0%

Quelle: **PRIESTER 2000**© – Diözese Passau

Mit Beziehungen hat der Glaube zu tun: Er steht an erster Stelle. Er trägt und knüpft das Beziehungsnetz zwischen Gott und Mensch und zwischen den glaubenden Menschen untereinander. Die Kontakte und Beziehungen zu den Menschen in der Gemeinde stehen mit 82% an zweiter Stelle, sowie das Vertrauen der Gemeinde, das ebenfalls eine große Bedeutung als „Unterstützungssystem" einnimmt. Erfolge bei der Arbeit spornen an und geben Sicherheit: das ist für 69% der zeitgemäßen Gemeindeleiter eine wichtige Erfahrung. Alles jedoch, was mit der amtlichen Seite des Priesterseins zu tun hat, wie die Sendung durch den Bischof oder die sakramentale Berufung durch die Ordination, läuft zwar mit, wird aber eher abgelehnt oder spielt für den „Support" keine Rolle.

Der brüderliche Weggefährte

Die starke Neigung zur personbezogenen Seelsorge, die sich aus den Ergebnissen für den zeitgemäßen Gemeindeleiter erheben lässt, passt gut mit der Wertschätzung des Individuums und der individuellen Freiheit zusammen, durch die moderne Menschen von heute bestimmt und geprägt sind. Zeitgemäße Gemeindeleiter investieren ihre Arbeitszeit weniger in gemeindliche Gruppen, sondern neben den Kasualien oder auch darin[559] für Menschen in sie bedrängenden Lebenslagen: Kranke, Menschen in Krisensituationen, aber auch für die hauptamtlich Mitarbeitenden im Team.

Tabelle 47: Zeiteinsatz für unterschiedliche Gruppen und Personen in der Pfarrgemeinde im Vergleich[560]

	zeitloser Kleriker	zeitoffener Gottesmann	zeitnaher Kirchenmann	zeitgemäßer Gemeindeleiter
Pastoral zu Lebenswenden (Beerdigungen, Taufen, Trauungen)	82%	89%	72%	89%
Kranke	59%	71%	80%	74%
Dienstgespräche mit hauptamtlichen pastoralen Mitarbeiter/-innen	61%	70%	30%	67%
Menschen in Krisensituationen	26%	39%	34%	61%

Quelle: **PRIESTER 2000**© – Diözese Passau

[559] Es ist empirisch erwiesen, dass Übergangssituationen jeglicher Art, auch solche mit als objektiv positiven Vorzeichen wahrgenommenen, wie Geburt oder Heirat, Krisen hervorrufen können. Vgl. Baumgartner, Isidor: Heilende Seelsorge in Lebenskrisen, Düsseldorf 1992, 18f.

[560] Geordnet nach den Abstufungen eins (dafür setze ich sehr viel Zeit ein) und zwei (dafür setze ich viel Zeit ein) die zusammengezogen wurden.

Sie sind da anwesend, wo sie gebraucht werden und zeigen sich dabei als mitfühlende Weggefährten. Auf diese Weise findet Verkündigung im jesuanischen Sinne statt. Zeitgemäße Gemeindeleiter waren schon als Notfallseelsorger tätig, bevor dieser Begriff zu einem Markenzeichen eines noch relativ jungen und gerade in der Entwicklung befindlichen seelsorglichen Handlungsbereichs wurde. Sie sind diejenigen unter allen anderen Amtstypen, die sich z. B. sehr gut für Sonderseelsorgebereiche eignen würden. Dies entspricht auch dem Wunsch einiger aus dem Umkreis dieses Amtstyps: Ein gutes Drittel (36%) der zeitgemäßen Gemeindeleiter würde gerne die jetzige Tätigkeit wechseln. 13% wünschen sich einen Arbeitsbereich in der Sonderseelsorge, 3% würden eine profane Tätigkeit bevorzugen, ebenfalls jeweils 3% gingen gerne in die Mission oder würden in die wissenschaftliche Laufbahn einschwenken. 5% haben den Wunsch, Pfarrer zu werden, 10% fühlen sich reif für die Pension.

Wer sich als Weggefährte versteht, hat ein anderes Leitungsverständnis als jemand, der Menschen den Weg weist. Zeitgemäße Gemeindeleiter leiten zwar gerne, wie der empirische Befund zeigt, aber nicht mit einem Stil, der sie in ein für sie möglicherweise unerwünschtes Gegenüber bringen könnte. Sie wollen in der Gemeinde stehen und dadurch vermeintlich keine Macht ausüben. Das Gegenüber ist jedoch dort gegeben, wo es zu Konflikten kommt.

Ihr bevorzugter Leitungsstil dürfte sich weniger an reifegradspezifischen Vorgegebenheiten ausrichten, sondern wohl eher beziehungsorientiert und integrativ sein.

Tabelle 48: „Leitung wahrzunehmen ist für mich ..."

	zeitloser Kleriker	zeitoffener Gottesmann	zeitnaher Kirchenmann	zeitgemäßer Gemeindeleiter
mühsam, da es mit Konflikten verbunden ist	46%	75%	56%	43%
eine Bereicherung, da ich dabei viel lerne	83%	73%	71%	81%
eine Freude, weil ich gerne leite	23%	43%	33%	58%
eine Belastung, da ich „viel lieber Seelsorger bin"	61%	64%	44%	32%
etwas, was ich meide, weil ich es nie gelernt habe	5%	25%	19%	22%
etwas, das ich ablehne, weil es Herrschaft bedeutet und damit der Geschwisterlichkeit widerspricht	5%	7%	10%	14%

Quelle: **PRIESTER 2000**© – Diözese Passau

Die zeitgemäßen Gemeindeleiter werden ihrer Benennung in der Frage der Leitung in jedem Fall gerecht. Sie leiten gerne, es ist ihnen eine Freude, sagen 58% aus dieser Gruppe. Zudem bringt ihnen die Leitungserfahrung einen Lernzuwachs, wie die Zustimmung von 81% zu dieser Aussage zeigt. In diesem Fall wird Leitung als kommunikativer Prozess verstanden und erlebt. Zeitgemäße Gemeindeleiter brauchen Leitung nicht zugunsten von Seelsorge auszuspielen. Für sie ist die Leitungsaufgabe – im Unterschied zu ihren anderen Kollegen – keine Tätigkeit, die zu Lasten der Seelsorge geht. Sie wollen nicht Seelsorger sein, sondern sie sind es und priorisieren diesen Arbeitsbereich entsprechend hoch, wie weiter oben bereits dargestellt.

„Angemessen leiten" ist ein Teilbeitrag im Handbuch der praktischen Theologie überschrieben.[561] Dabei werden herkömmliche Leitungsmodelle wie „Gemeinden managen", „Gemeinden vorstehen", „Gemeinden versorgen" relativ gnadenlos kritisiert und nur ein einziges als das wahre vorgestellt: „Teilnehmend leiten". So heißt die zukunftsträchtige Lösung der Autoren, die in idealtypischer Weise für alle Gemeinden gelten soll. Diese Vorstellung von Leitung, die ausdrücklich nicht als subtiler methodischer Trick dargestellt wird (damit unterstellt man es den anderen implizit), dürfte dem Leitungsverständnis der zeitgemäßen Gemeindeleiter sehr entgegenkommen. Segmente darin sind z. B. „den Teilnehmenden die Verantwortung für sich selbst und für die gemeinsame Aufgabe immer mehr überlassen, um deren Selbstleitung zu stärken; unterschiedliche Begabungen in einer Gruppe oder Gemeinde entdecken, anerkennen und fördern; diese für den kommunikativen Prozess fruchtbar werden lassen"[562].

Der Charismenliebhaber

Solches Verständnis von Leitung und/oder Führung entspricht den zeitgemäßen Gemeindeleitern. Sie haben eine Vorliebe für die charismatische Struktur der Kirche. Vielfalt ist erwünscht und angezielt. Diese Vielfalt wie ein Gärtner zu hegen, zu pflegen, zu düngen – weniger zu beschneiden – und dabei viele unterschiedliche Begabungen zur Entfaltung zu bringen: So verstehen sie ihren Dienst. Es ist ein Dienst, der sich von den anderen Ämtern und Diensten in der Gemeinde quantitativ, nicht aber wesentlich oder qualitativ unterscheidet.

Zeitgemäße Gemeindeleiter begünstigen mit ihrer Vorliebe zur charismatischen Struktur der Kirche „korinthische Verhältnisse": selbstbewusste Gemeindeglieder, die ihre Charismen kennen und gewohnt sind, sie mehr oder weniger lang in den Dienst der Gemeinde zu stellen. Männer und noch mehr Frauen, die ihrer Berufung auf der Spur sind, die deutlich sagen, was sie wollen, und ihre Interes-

---

[561] Hilberath, Bernd Jochen/Scharer, Matthias/Haslinger, Herbert: Konkretion: Leitung, in: Haslinger, Herbert (Hrsg.): Handbuch Praktische Theologie, Band 2 Durchführungen, Mainz 2000, 494-510, hier 498.

[562] Hilberath, Bernd Jochen/Scharer, Matthias/Haslinger, Herbert: Konkretion: Leitung, 500f.

sen so artikulieren, dass dabei durchaus Konflikte riskiert werden. Gemeinden, denen ein solcher Pfarrer längere Zeit vorsteht, können bei einem Pfarrerwechsel ein „harter Brocken" für einen Nachfolger eines gänzlich anderen Typs sein. Wer sich damit schwer tut, sollte sich präventiv um Supervision oder Gemeindeberatung bemühen. Möglicherweise heißt es z. B. für zeitlose Kleriker, sich nicht in die unmittelbare Nachfolge eines Pfarrers zu begeben, der zum vierten Amtstyp gehört. Das gilt allerdings auch umgekehrt. Ein zeitgemäßer Gemeindeleiter kann in einer Pfarrgemeinde, die eine deutliche Führung hatte, (zumindest anfänglich) ein irritierendes Leitungsvakuum hervorrufen.

Gefährdungen

Nur 4% der zeitgemäßen Gemeindeleiter stimmen der Aussage zu, dass das Amt von Christus eingesetzt ist. Für 71% ist das Amt in der jetzigen Form Ergebnis eines geschichtlichen Prozesses. Dieser hohe Zustimmungswert bejaht die Erkenntnisse der historisch-kristischen Exegese in der Frage der Amtsentwicklung. Interessant ist jedoch die Tatsache, dass fast 45% aus der Gruppe der zeitgemäßen Gemeindeleiter das Amt als ausschließliche Schöpfung der frühen Gemeinden betrachten. Für sie leitet sich – so eine Hypothese aus diesem Befund – somit das Amt von der Gemeinde ab.

Dabei wird eine deutliche Differenz zum herkömmlichen Ordinationsverständnis deutlich. Nach der gängigen Auffassung wird durch sie zum Ausdruck gebracht, dass das Amt in Christus gründet. Es befindet sich damit in einem gewissen Gegenüber zur Gemeinde.

Wer meint, dass damit ein „oben" und „unten" konstituiert wird, liegt mit dieser Annahme nicht richtig. Denn das ist eine Frage des konkreten Amtsstils, der zwar mit dem Amtsverständnis korrespondiert, aber weit mehr mit zu erlernender Leitungskompetenz zu tun hat. Das theologische (und nicht das menschliche) Gegenüber des amtlichen Leiters, das dem zeitgemäßen Gemeindeleiter weitgehend fehlt, soll vielmehr verdeutlichen, dass die Sinnspitze allen amtlichen Tuns darauf zielt, „die Gemeinde auf Christus, als ihren Ursprung und ihr Haupt, auf ihr bleibendes Gegenüber und in ihr handelndes Subjekt, hin offenzuhalten"[563].

Julius Kardinal Döpfner beschreibt in einem Brief aus dem Jahr 1968 an die Priester seiner Erzdiözese in verblüffender Klarheit Anteile aus dem Amtsverständnis des zeitgemäßen Gemeindeleiters. „Wenn das Priestertum Christi zunächst einmal und grundlegend der Kirche als solcher, dem Volk Gottes als Ganzem mitgeteilt ist (so betonen die einen), dann steht der Priester nicht so sehr den Gläubigen gegenüber, er ist durch sein Amt weniger herausgehoben,

---

[563] Pottmeyer, Hermann Josef: Amt als Dienst - Dienst als Amt, in: LS 33 (1982) 153-158, hier 157.

sondern ist einer von ihnen, Bruder unter Brüdern; er steht mitten in der Gemeinschaft. Das wird bisweilen so stark in den Vordergrund gestellt, dass die Unterscheidung zwischen Priester und Nicht-Priestern fast zum Verschwinden gebracht wird. Dass eine solche Sicht des Priestertums den Priester unsicher machen muss, liegt auf der Hand. Zur Unterstützung dieser Sicht wird häufig angeführt, dass man in der Vergangenheit die Weihe vor allem seinshaft-statisch auffasste und ihr eine den Priester umwandelnde, mit besonderen Kräften ausstattende Kraft beimaß; das habe den Klerikalismus begründet. Da sich aber diese Begründung als fragwürdig gezeigt habe, falle auch die Sonderstellung des Priesters fort."[564]

Für den zeitgemäßen Gemeindeleiter steht das Amt vor allem inmitten der Gemeinde. Wer mitten drin ist, kann mitunter auch den Überblick verlieren. Wenn jedoch „der Dienst an der Auferbauung von mündigen Gemeinden"[565] zum ausschließlichen Proprium des Amtes wird, dann verflacht das Amt zur „Wellnesspastoral". Die größte Gefährdung des zeitgemäßen Gemeindeleiters ist, dass er seine amtlichen Aufgaben nicht mehr profiliert. Natürlich ist das Gegenübersein nicht die vorrangige oder gar einzige amtliche Aufgabe des Priesters. In dieser Hinsicht ist auch auf die Propheten und Prophetinnen in der Gemeinde Verlass. Doch muss der Priester aufschreien, wenn ein Pfarrvolk ähnlich fremdenfeindlich wird wie große Teile der Bevölkerung des eigenen Landes. Er muss im Namen Jesu und in seiner Nachfolge Auge und Ohr sein und eindeutig optieren, wenn Menschen an den Rand gedrängt und zu „Modernisierungsverlierern"[566] gemacht werden und dies in den bürgerlichen Gemeinden hingenommen wird. Er muss protestieren, wenn es Gewalt gegen Frauen und Kinder gerade bei erzkatholischen Männern gibt. Die Klippe im Amtsverständnis des zeitgemäßen Gemeindeleiters kann heißen: Verlust der prophetischen Funktion.

Eine weitere implizite Gefährdung besteht darin, auch dann nicht mehr amtlich auftreten zu können, wenn z. B. die synchrone oder diachrone Einheit der Gemeinde auf dem Spiel steht. Es gibt ja immer wieder mal kleine Gruppierungen in den Gemeinden – ob im linken oder rechten Lager angesiedelt – die ihre Weltanschauungen „ex cathedra" verstanden haben wollen, mit der Unfehlbarkeit, die das I. Vatikanische Konzil dem Papst zuschreibt. Solche Situationen oder auch Konflikte anderer Art verlangen jedoch ein klares und mutiges Gegenüber. Das Amtsverständnis des zeitgemäßen Gemeindeleiters wird sich an der Frage entscheiden, wie das Zueinander von Amt und Charisma so gestaltet werden kann, dass das Amt zwar als ein Charisma unter den anderen begriffen,

---

564 Tewes, Ernst (Hrsg.): Kardinal Julius Döpfner, Weggefährte in bedrängter Zeit, 99.

565 Mette, Norbert: Von der „Priesterkirche" zur priesterlichen Gemeinde, in: Eicher, Peter (Hrsg.): Der Klerikerstreit. Die Auseinandersetzung um Eugen Drewermann, München 1990, 200-210, hier 205.

566 Vgl. Zulehner, Paul M.(Hrsg.): Solidarität. Option für die Modernisierungsverlierer, Innsbruck ^{2}1997.

dadurch jedoch nicht den genuinen Aufgaben enthoben wird. Das amtliche Charisma ist im Zusammenspiel der Vielfalt unersetzlich und kann durch kein anderes ausgetauscht oder ersetzt werden.[567]

Funktional-ekklesiales Amtsverständnis

Der Befund der Studie **PRIESTER 2000**© legt nahe, beim Priestertyp „zeitgemäßer Gemeindeleiter" von einem funktional-ekklesialen Amtsverständnis auszugehen, das zudem eine starke diakonische Ausrichtung aufweist. Dies ist eine der starken Seiten der zeitgemäßen Gemeindeleiter. Ihnen liegt daran, dienstbar zu sein. Ganz in dem Sinn, wie es Walter Kasper formuliert, wenn er davon spricht, dass Gemeindeleitung von ihrer Funktion her ein Dienst unter anderen Diensten und ein Dienst für die anderen Dienste ist.[568]

Die Aussage in LG 30, dass sich alles, was über das Volk Gottes gesagt wurde, in gleicher Weise (aequaliter) an Laien, Ordensleute und Kleriker richtet, scheint von daher gerade für zeitgemäße Gemeindeleiter kein unbedeutender Nebensatz zu sein. Das Suchen und Finden der Wahrheit, die Kirche und Gemeinde zuinnerst trägt und verbindet, ist für sie in erster Linie ein gemeinsamer Weg. Jeder Amtsträger – wie immer sein Amtsverständnis akzentuiert ist – ist „darauf angewiesen, die Stimme Christi in der Gemeinde und durch die Gemeinde zu hören. So verstand die alte Kirche das ‚sentire cum ecclesia'. Wo ein Amtsträger ein solches Hinhören auf das, ‚was sich in der Kirche tut', unterlässt, da kann er nach der mittelalterlichen Lehre schismatisch werden."[569]

Die Wertschätzung des gemeinsamen Priestertums ist in Zeiten einer Tendenz zur Re-Klerikalisierung eine wichtige Grundposition, weil damit ein Anspruch an die innerkirchliche Entwicklung offen gehalten wird, der im Zuge der Rezeption des Zweiten Vatikanums längst noch nicht in aller Breite eingelöst ist. Dies gilt für die Laien gleichermaßen wie auch für die Amtsträger. Der gemeinsame Weg der Kirche als Volk Gottes ist manchmal noch holprig und wenig vorgespurt. Die Tendenz, erneut in eine Kirche des Klerus und der Laien auseinander zu fallen, ist eine strukturelle und geschichtlich gewachsene Versuchung. Zeitgemäße Gemeindeleiter sind, so die Ergebnisse der Studie, Platzhalter und amtliche Einmahner gegen diesen Trend.

Christifideles nennt das Kirchenrecht von 1983 die Gläubigen, wenn es vor aller Differenzierung in Ämter, durch Weihen oder Beauftragungen, alle Glieder der Kirche meint. Das Bewusstsein zu fördern, einander ohne Über- und Unterordnung im Vertrauen auf die gemeinsame Zugehörigkeit zu Christus Bruder und

[567] Vgl. Legrand, Hervé: Die Gestalt der Kirche, in: Eicher, Peter (Hrsg.): Neue Summe Theologie Band 3: Der Dienst der Gemeinde, Freiburg i. Breisgau 1989, 87-181.

[568] Vgl. Kasper, Walter: Glaube und Geschichte, 363.

[569] Kasper, Walter: Glaube und Geschichte, 387.

Schwester zu sein, sehen Priester dieses Amtstyps als ihre Aufgabe. Sie machen ernst mit der fundamentalen Gleichheit aller Kirchenglieder, wie sie in „Lumen Gentium“ 32 beschrieben wird, ohne dass sie dabei in irgendeiner Weise kryptoklerikal sind. Das Pauluswort aus 2 Kor 1,23 trifft in besonderem Maße auf sie zu: „Es ist ja nicht so, dass wir über euren Glauben Herren sein wollen. Nein: Werkgenossen sind wir an eurer Freude; ihr steht ja fest im Glauben.“ Dieses Zutrauen eines festen Glaubens, der nicht in Form einer Neuevangelisierung unter die Leute gebracht werden muss, gehört zu den Grundlagen ihres Amtsverständnisses: Der Geist Gottes wirkt, er begabt und schafft damit Leben und Bewegung.[570]

Position und Rolle in der Organisation

In der Organisation kommt dem zeitgemäßen Gemeindeleiter die Position des oft anstößigen Grenzgängers zu. Das ist – ähnlich wie das Wächteramt beim zeitlosen Kleriker – eine undankbare Aufgabe. Grenzgänger befinden sich immer an den Rändern des Systems. Sie sind neugierig und wagemutig, mit nur lockerer Verbindung zu den Machtzentren.

Ältere Menschen aus dem Bayerischen Wald wissen noch davon zu erzählen, wie früher der Schmuggel in den Grenzgebieten des Dreiländereckes zwischen Böhmerwald, Bayerischem Wald und dem österreichischen Mühlviertel „fröhliche Urstände“ gefeiert hat. Ein in den letzten Jahren eingerichteter Schmuggelsteig in den Donauhängen ist ein Anreiz für den Fremdenverkehr in der Grenzregion und eine nachträgliche Hommage an die waghalsigen Schwärzer und Pascher, welche die grüne Grenze für ihre unerlaubten Aktionen nutzten. Abgesehen von der strafrechtlichen Komponente, die nicht verniedlicht werden darf, fand auf diese Weise ein reger (Waren-)Austausch zwischen den zwar verwandten, aber dennoch verschiedenen Kulturen statt.

Wer grenzgängig ist, hat Interesse zu erkunden, was sich jenseits des Bekannten und Vertrauten abspielt, und macht dabei Erfahrungen, die „diesseits der Grenze“ in dieser Weise nicht möglich wären. Der forscherische Blick kann im Nachbarland unverstellter und vorbehaltloser aufnehmen, was ihm unterkommt und was sich auf dem Weg ergibt.[571]

---

[570] Vgl. Fischer, Josef: Von der Chance, Bruder unter Brüdern und Schwestern zu werden, in: Hoffmann, Paul (Hrsg.) Priesterkirche, 307-316.

[571] Der Passauer Rudolf Klaffenböck ist nach der Wende, ab Herbst 1994, beinahe 100 Tage die österreichische Staatsgrenze an der Seite entlang gegangen, an der sie die ehemals unter kommunistischer Herrschaft zumeist nicht zugänglichen Grenzbereiche in Tschechien, der Slowakei, Ungarn und Slowenien berührt. Seine eindrucksvollen Grenzerfahrungen sind schriftlich in Form eines Tagesbuches mit schwarz-weiß Fotos als Buch erhältlich. Klaffenböck, Rudolf: GRENZ*gehen*. Eine Wanderung entlang der österreichischen Staatsgrenze zu Tschechien, der Slowakei, Ungarn und Slowenien, Passau ^{2}1999.

Organisationale Grenzgänger suchen die Begrenzungen der Organisation durch bewusste Grenzübertritte auszuweiten. Als Grenzgänger sind sie experimentierfreudig und damit anstößig. Das bringt ihnen im Normalfall Kritik und meist auch Sanktionen ein. Für eine unbewegliche Großorganisation wie die Kirche sind jedoch die Grenzgänger unbedingt vonnöten. Sie bergen und sehen das Reformpotential, das den leitenden Hütern oder auch den Pontifikalen natürlicherweise aufgrund ihrer Position nicht in dem Maße bekannt ist. Die Grenzgänger wissen darum, was sich außerhalb der Grenzen an „Wahrem und Gutem" und damit als Gabe Gottes an die Kirche[572] verbirgt und befindet.

„Karriere- bzw. Laufbahnplanung", in der Wirtschaft eine Selbstverständlichkeit, gehört im kirchlichen Raum und erfahrungsgemäß auch im Bistum Passau zu den tendenziell tabuisierten Themen. Hinter vorgehaltener Hand wird zwar über andere gesprochen, dass sie „was werden" wollen. Wer sich von sich aus um Aufstiegsmöglichkeiten bemüht, ist den anderen meist eher suspekt. Das Krabbenkorbsyndrom,[573] das herkömmlich Frauen(-gruppen) zugeschrieben wird, gilt im kirchlichen Bereich für alle. Aufgrund ihrer grenzgängerischen Positionen und Aktionen haben es vor allem die zeitgemäßen Gemeindeleiter schwer, innerkirchlich Karriere zu machen. Das belastet jedenfalls einen Teil aus dieser Gruppe, zwar nicht auffallend, aber im Vergleich zu den anderen Amtstypen lässt sich dennoch ein kleiner Unterschied feststellen:

Tabelle 49: Belastung durch geringe Aufstiegsmöglichkeiten

	(sehr) stark	unentschieden	weniger	nicht
zeitloser Kleriker	4%	4%	18%	74%
zeitoffener Gottesmann	3%	17%	7%	73%
zeitnaher Kirchenmann	0%	6%	25%	69%
zeitgemäßer Gemeindeleiter	8%	10%	21%	61%

Quelle: **PRIESTER 2000**© – Diözese Passau

Die zeitlosen Kleriker, denen erfahrungsgemäß wegen ihrer amtstheologischen Dispositionen eher Aufstiegsmöglichkeiten eröffnet werden, wie auch die zeitoffenen Gottesmänner, die diese Möglichkeiten vor allem auf der mittleren Ebene haben, erleben in Fragen ihrer Laufbahnplanung kaum Belastung. Die zeitoffenen Kirchenmänner tangiert diese Frage überhaupt nicht, wie das Ergebnis zeigt, die zeitgemäßen Gemeindeleiter schon.

---

572 Vgl. Lumen Gentium, Artikel 16.

573 Dieses Syndrom lässt sich folgendermaßen beschreiben: Wenn gefangene Krabben in einem Korb gehalten werden, dann bedürfen sie keinerlei Aufsicht. Denn jede von ihnen, die sich auf den Weg (nach oben) macht und den Rand des Korbes erreichen möchte, um zu entkommen, wird von den anderen gepackt und zurückgehalten bzw. zurückgezogen.

ZUSAMMENSPIEL MIT LAIEN

Es ist zu erwarten, dass sich die im vorherigen Kapitel beschriebenen Amtsverständnisse in der alltäglichen Zusammenarbeit mit den ehren- und hauptamtlichen Mitarbeitenden in den Gemeinden unterschiedlich zeigen. Eine Hypothese zu diesem Themenblock, der im Folgenden nachgegangen wird, lautet: Je weltzugewandter sich ein Priester versteht, desto stärker trifft er gemeinsam mit den Gemeindegliedern seine Entscheidungen. Die Intensität der Partizipation bestimmt sich weniger vom Amt an sich, sondern vielmehr vom Amtsverständnis her. Das Amtsverständnis wiederum, so zeigen es die Analysen, ist in enger Verbindung mit der modernen Kultur zu betrachten, die durch die Lebensgeschichte der Priester vermittelt wird. Die Haltung zur modernen Kultur ist entweder wohlwollend oder ablehnend. Wie die Ergebnisse zum Amtsverständnis zeigen, sind die Priester entweder weltabgewandt, weltzugewandt, weltgewandt oder weltverwandt. Je ablehnender, desto weltabgewandter und je offener in der Grundeinstellung zur modernen Kultur, desto weltzugewandter zeigen sich die Priester. Zur modernen Kultur gehört eine hohe Empfindsamkeit für das Subjekt, das heißt auch dafür, in Bereichen die jemanden betreffen, mitbestimmen und mitgestalten zu können. Partizipation, also Teilhabe, ist in modernen, demokratisch geprägten Gesellschaften ein wichtiger Grundwert. Partizipation ereignet sich – in die Sprache der Theologie übersetzt – in Prozessen der Synodalität. Je nach Weltoffenheit oder Weltabwendung wird somit erwartbar das Verhältnis eines Priesters zur Synodalität in der Kirche ein anderes sein.

Die Einschätzung über den ekklesiologischen Ort der Laien, sowie das Zu- und Miteinander von Amt und Laien wurde im Fragebogen der Studie **PRIESTER 2000**© anhand folgender Themen nachgegangen.

- Am vorgelegten Beispiel bestimmter katechetisch-mystagogischer und sakramentaler Tätigkeiten sowie solcher in Verkündigung und Verwaltung wurde gefragt, ob Priester oder Laien diese Dienste jeweils glaubwürdiger verrichten. Die Frage der Glaubwürdigkeit bezog sich darauf, wie nach Einschätzung der Befragten von Seiten der Gesellschaft, also von „außen her", kirchliches Handeln von Priestern oder Laien in den jeweiligen Bereichen erlebt wird.
- Ob Priester vor Ort lieber mit einem Kleriker zusammenarbeiten oder Laien mit unterschiedlicher Ausbildung als hauptamtlich Mitarbeitenden den Vorrang geben, war ein weiterer Frageblock zu diesem Bereich.
- Eingestreut in den Fragebogen finden sich zudem Aussagen darüber, welchen Stellenwert die befragten Priester generell dem Engagement von

Laien in der Kirche beimessen und wie sie darin spezifisch die Rolle der Frauen erleben.

Die Kooperation mit den Ehrenamtlichen war in einem Fragenbündel zusammengefasst:

- Ein gewichtiger Block betrifft den Stellenwert des Pfarrgemeinderates: Welche Erfahrungen haben Pfarrer mit diesem Gremium gemacht, wie schätzen sie den Pfarrgemeinderat (ein)?
- Wie die befragten Priester ihre Rolle in diesem gewählten Laiengremium sehen und erleben und wie sie das Engagement der gewählten Frauen und Männer bewerten, sind weitere Aspekte in diesem Feld.

Einige Fragen tasten die Einstellung der Befragten zu möglichen oder denkbaren innerkirchlichen Zukunftsszenarien ab:

- Eine kleine Fragebatterie versuchte zu eruieren, wie die befragten Priester zum Mitspracherecht von Gemeinden bei der Bestellung ihres Pfarrers stehen: also wie viel Zuwachs an Synodalität in diesem Bereich für sie vorstellbar ist.
- Erkundet wurde, in welchen Bereichen nach Ansicht der Befragten – falls die rechtlichen Möglichkeiten dafür geschaffen werden würden – gewählten Laiengremien mehr Entscheidungskompetenzen eröffnet werden sollten.
- Zur Entlastung der Priester kann es zunehmend notwendig sein, (hauptamtlichen) Laien weitere Aufgaben- und Tätigkeitsbereiche zu eröffnen und sie dafür – soweit dies rechtlich möglich ist – amtlich zu beauftragen. Was die betroffenen Priester zu solchen Beauftragungen denken, wurde anhand einiger Aufgabenkreise erforscht.

Die Auswertung dieses Schwerpunktes aus der Studie **PRIESTER 2000**© erfolgt themenbezogen und wird jeweils nach Amtstypen differenziert.

Kirchliches und amtliches Handeln

Von Karl Rahner stammt die Unterscheidung, dass es in jeder Gemeinschaft Vollzüge der Gemeinschaft gibt (quae agit), und Vollzüge, in denen die Gemeinschaft als Gemeinschaft handelt (qua).[574] Auf die Kirche übertragen zeigt sich dies für Karl Rahner folgendermaßen: „Diese Tätigkeiten sind also für die Gemeinschaft zwar konstitutiv, aber es sind eben nicht Vollzüge, in denen sich die Gemeinschaft, sich als solche setzend, vollzieht. Insofern wären dann die

[574] Vgl. Zulehner, Paul M.: Denn du kommst unserem Tun, 105f.

Charismen der Kirche unentbehrliche Vollzüge, die in dieser Gemeinschaft der Kirche geschehen, auf die sie nie und nimmer verzichten kann, sind also Vollzüge, der ‚ecclesia quae agit'. Wenn aber der Pfarrer amtlich predigt oder der Eucharistie vorsteht, dann ist das ein noch einmal verdichtetes, qualifiziertes Tun der Kirche, durch welches sie sich gleichsam selbst setzt. Natürlich gibt es zwischen diesen zwei Möglichkeiten fließende Übergänge."[575]

Die Differenzierung zwischen kirchlichem Handeln Einzelner und dem amtlichen Handeln als Kirche erscheint für die folgenden Punkte hilfreich, weil dadurch die übliche Trennung in amtlich und nicht amtlich in der Weise vermieden wird, dass sich jegliches Tun der Kirchenglieder aus der einen und untrennbaren Grundamtlichkeit der Kirche herleitet, an der alle qua Taufe und Firmung in unterschiedlicher Weise partizipieren. Wenn also im Folgenden der Frage nachgegangen wird, wer bei bestimmten Vorgängen glaubwürdiger handeln könne, betrifft dies die Außenseite der Kirche.

In der österreichischen Priesterumfrage 1971 wurde u. a. die Frage gestellt, wer nach Einschätzung der Befragten in bestimmten Bereichen der Seelsorge glaubwürdiger handle: ob Priester oder Laien oder beide gleich. Hinter dieser Fragestellung verbarg sich die Hypothese, dass Priester, weil sie mit Kirche identifiziert werden, in bestimmten (kirchenfernen) Milieus keine Akzeptanz erleben. Man sprach von Entfremdung zwischen Kirche und Gesellschaft und sah die Ursachen darin begründet, „dass bestimmte Autoritätsvorstellungen und ein traditionelles Kirchen- und Amtsverständnis in einer nicht-kirchlichen Öffentlichkeit eher auf Ablehnung stoßen"[576]. Laien könnten von daher in bestimmten Bereichen möglicherweise glaubwürdiger handeln als die Amtsträger.

---

[575] Zulehner, Paul M.: Denn du kommst unserem Tun, 106.

[576] Institut für kirchliche Sozialforschung: Priester in Österreich IV. Ergebnisse der Hauptauswertung einer Untersuchung zu Amtsverständnis und Amtsvollzug von Welt- und Ordenspriestern, Wien 1973, 26.

Tabelle 50: Was Priester/Laien glaubwürdiger tun können (1971)

	Priester glaub-würdiger	beide gleich	Laien glaub-würdiger
Taufspendung	78%	19%	0%
Assistenz bei Eheschließungen	78%	19%	1%
Glaubensgespräche mit kirchennahen Personen	32%	60%	5%
Wort- und Kommuniongottesdienste	57%	38%	2%
Predigt	71%	26%	1%
Religionsunterricht	24%	65%	8%
Verwaltung der Diözese	21%	47%	29%
Anleitung von kirchlichen Gruppen in Glaubensfragen	43%	47%	6%
Glaubensgespräche mit Fernstehenden	18%	52%	28%
SUMME	422	373	80

Quelle: Priester in Österreich 1971

Zwei Bereiche ragen bei diesem Ergebnis heraus: Taufspendung, Assistenz bei Eheschließung, sowie Predigt und Wort- und Kommuniongottesdienste werden von Priestern 1971 als ihre zentralen Tätigkeiten gesehen. Die Verwaltung der Diözese und Glaubensgespräche mit Fernstehenden sind zwei Felder, bei denen man den Laien am ehesten zutraut, dass sie in einer Weise handeln, die rezeptiv ist; mit 29% für die Verwaltung und 28% bei den Glaubensgesprächen mit Fernstehenden sind dies jedoch sehr vorsichtige Einschätzungen, die hier durch die befragten Priester erfolgen. In der österreichischen Umfrage wurde zwischen Priestern unterschieden, die sich mehr an der Tradition orientieren und einer zweiten Gruppe, die als reformbedacht beschrieben wurde. Während die an der Tradition orientierten Priester im Durchschnitt mehr Tätigkeiten dem Priester allein zuschreiben als Priestern und Laien gemeinsam, ist bei der anderen Gruppe „eine deutliche Verschiebung vom Priester in Richtung auf ‚beide (Priester und Laien) sind gleich glaubwürdig' zu beobachten"[577]. Der Religionsunterricht (65% Zustimmung), Glaubensgespräche mit kirchennahen (60%) und der Kirche fernstehenden Personen (52%) wurde von den Befragten als Tätigkeiten gesehen, die von ihrer Anerkennung her nicht amtlich legitimiert sein müssen, um bei den Menschen Akzeptanz zu finden. In der hohen Zustimmung beim Religionsunterricht spielt sicher eine Rolle, dass bereits seit den Fünfzigerjahren Laien (meist überwiegend Männer) als Religionslehrer ihren Dienst versahen und durch die Missio canonica dazu amtlich beauftragt waren.

[577] Zulehner, Paul M.: Priester zwischen dem Auftrag Jesu und den Erwartungen der Menschen, 180.

In der Zeit nach den Umfragen von 1971 wurde viel in den Bereich der Gemeindeentwicklung, in die Förderung und Entdeckung der Charismen und das Bewusstsein für die unvertretbare Berufung der einzelnen Kirchenglieder investiert. Dies hat die Einschätzung in einigen Bereichen spürbar verändert. Der unmittelbare Vergleich ist zwar nicht möglich,[578] Tendenzen lassen sich aber über einen Zeitraum von dreißig Jahren dennoch aufzeigen.

Tabelle 51: Was Priester/Laien glaubwürdiger tun können (2000)

	Priester glaubwürdiger	beide gleich	Laien glaubwürdiger
Taufspendung	65%	35%	0%
Assistenz bei Eheschließungen	59%	38%	3%
Glaubensgespräche mit kirchennahen Personen	24%	74%	2%
Wortgottesdienste	6%	63%	31%
Predigt	36%	62%	2%
Religionsunterricht	7%	70%	23%
Verwaltung der Diözese	3%	44%	53%
Anleitung von kirchlichen Gruppen in Glaubensfragen	23%	67%	10%
Glaubensgespräche mit Fernstehenden	11%	63%	26%
SUMME	234	516	150

Quelle: **PRIESTER 2000**© – Diözese Passau

Die grundsätzliche Verteilung – ohne Differenzierung in Amtstypen – zeigt, dass die Passauer Priester sakramentales Handeln in erster Linie den Priestern zuweisen, so wie dies auch 1971 bereits der Fall war. Ganz eindeutig trifft dies auf die Taufspendung zu: Hier halten 65% den Priester für den authentischen Spender, die Assistenz bei Eheschließungen sehen 59% vorrangig als priesterliche Aufgabe. Verändert hat sich die Einschätzung der Befragten im Hinblick auf die Predigt: 36% halten hier den Priester für glaubwürdiger, 62% beide gemeinsam. Das ist im Vergleich zu 1971 ein eindeutiger Trend zur Mittelposition. Religionsunterricht, Glaubensgespräche mit Fernstehenden, Wortgottesdienste und die Verwaltung der Diözese werden in der Studie **PRIESTER 2000**© nur zu einem sehr geringen Teil als ausschließlich priesterliche Aufgaben gesehen. Für sie gilt, dass Laien diese Aufgaben genauso gut, wenn nicht besser, wie das explizit für die Verwaltung der Diözese gilt, ausfüllen können.

578 Die kulturellen Unterschiede zwischen der Kirche von Österreich und Passau sind nicht so gravierend, wie sie es zwischen Kroatien und Passau oder Polen und Passau sind, dennoch verbietet sich ein direkter Vergleich. Es sollen jedoch Trends aufgezeigt werden.

Vergleicht man bei beiden Tabellen die Summenwerte, dann zeigt sich eine erfreuliche und erstaunliche Entwicklung, die sich in den letzten dreißig Jahren manchmal offenkundiger, manchmal unbemerkter ereignet hat:

Tabelle 52: Summenwerte Glaubwürdigkeit

	Priester glaubwürdiger	beide gleich	Laien glaubwürdiger
Summe Priester in Österreich 1971	422	373	80
Summe Priester in Passau 2000	234	516	150

Quelle: Sonderauswertung der AfkS 2002

Die Überzeugung, dass ausschließlich Priester in bestimmten – nicht sakramentalen – Bereichen glaubwürdiger im Sinne der Kirche handeln, hat sich von 422 Punkten auf 234 Punkte hin verändert. Zugenommen hat zum einen das Vertrauen in die gemeinsame Kompetenz, dass also Laien in den vorgelegten Bereichen gleichwertig gut handeln wie die Priester. Das sichere Gespür dafür, dass in einigen Fragen die Laien überzeugender auftreten, hat sich beinahe verdoppelt. Insofern signalisiert dieses Ergebnis – entgegen manch anderer Eindrücke, die auch ihre Begründung haben – dass die Rezeption des Zweiten Vatikanischen Konzils im Hinblick auf die Volk-Gottes- oder Communio-Ekklesiologie nicht nur bei den Laien, sondern genauso bei den Priestern auf gutem Weg vorangeht.

Ausbildung und Beauftragung festigt Zutrauen und Vertrauen

Eine signifikante Passauer Besonderheit ist die Einschätzung der Befragten zum Bereich „Wortgottesdienste“. Die Daten der Gesamtumfrage bringen folgendes Ergebnis zu Tage: 16% der Befragten sagen, dass Priester glaubwürdiger Wortgottesdienste feiern, 71% sind der Meinung, das könne von Priestern und Laien gleichermaßen glaubwürdig getan werden, 13% denken, Laien wären darin glaubwürdiger.[579] Von den befragten Passauer Priestern meinen hingegen 6%, Priester würden glaubwürdiger als Laien Wortgottesdiensten vorstehen, nicht ganz 2/3 (63%) halten Priester und Laien für gleich glaubwürdig, 31%, also 18% mehr als der Schnitt aus der Gesamtumfrage, halten Laien in dieser Hinsicht für glaubwürdiger. Nach Amtstypen aufgeschlüsselt ergibt dies folgendes Bild:

[579] Zulehner, Paul M.: Priester im Modernisierungsstress, 138.

Tabelle 53: Wer kann Wortgottesdiensten glaubwürdiger vorstehen?

	Priester glaubwürdiger	beide gleich	Laien glaubwürdiger
zeitloser Kleriker	4%	65%	31%
zeitoffener Gottesmann	10%	65%	25%
zeitnaher Kirchenmann	8%	67%	25%
zeitgemäßer Gemeindeleiter	3%	53%	44%

Quelle: **PRIESTER 2000**© – Diözese Passau

Die Mittelposition (beide gleich) ist mit 65% bei den zeitlosen Klerikern und zeitoffenen Gottesmännern ähnlich bepunktet, von den zeitnahen Kirchenmännern meinen 67%, dass die Feier von Wortgottesdiensten sowohl durch Priester als auch durch Laien gleich glaubwürdig erfolge, bei den zeitnahen Gemeindeleitern sehen dies 54% so, aus dieser Gruppe sind jedoch 44% der Meinung, Laien wären hier glaubwürdiger.

Die solide Ausbildung von Wortgottesdienstleitern und -leiterinnen hat in der Diözese Passau bereits eine kleine Tradition. Der stark ansteigende Pfarrermangel veranlasste die Diözesanleitung, nach gründlicher Überlegung sowie dem Einholen von Erfahrungen aus anderen Bistümern, ab Ende der Achtzigerjahre in dieser Frage auf ehrenamtliche Frauen und Männer zu setzen. Dies war keine Notlösung, sondern ein amtlicher Anschub in der Frage der participatio actuosa, der Entfaltung von Charismen und damit auch der Gemeindeentwicklung. „Die gegenwärtige Situation zwingt dazu, den Anspruch auf vollständige, gottesdienstliche Versorgung durch die Priester aufzugeben. Um so größer wird die Verpflichtung und die Chance der Ortsgemeinde, für ihre Identität als gottesdienstfeiernde Gemeinde selber besorgt zu sein. In der letzten Zeit haben sich für die Gestaltung der Gottesdienste viele Begabungen bereits entwickelt: Kantoren und Chöre, Lektoren und Kommunionhelfer, Liturgiekreise und Bibelrunden. Mit der Ausbildung von Wortgottesdienstleitern soll die aktive Mitfeier der Gemeinde noch mehr betont werden. Aus diesem Grunde zielt die Ausbildung von Wortgottesdienstleitern in erster Linie darauf, die Vielfalt der Wortgottesdienste zu beleben. Die Feier eines Wortgottesdienstes am Sonntag kann zwar die hl. Messe nicht voll ersetzen, sie ermöglicht aber doch einer Gemeinde ohne Priester, sich zum sonntäglichen Gottesdienst zu versammeln. Deshalb sind Wortgottesdienstleiter eine Gabe für eine lebendige Kirche."[580]

Die Vorbereitung und Sensibilisierung der Gemeinden erfolgte über ein bischöfliches Wort am Beginn der Fastenzeit 1988, das für die Nacharbeit in den

[580] Leitlinien zur Ausbildung von Wortgottesdienstleiterinnen und -leitern der Diözese Passau, in: Bischöfliches Ordinariat Passau (Hrsg.): Amtsblatt für das Bistum Passau 122 (1992) Folge 10, 105-107, hier 105.

Gemeinden in Form einer kleinen Broschüre mit Impulsfragen erschienen war.[581] Die Leitlinien für die Ausbildung wurden im Amtsblatt des Bistums veröffentlicht.[582] Wichtig war, geeignete Frauen und Männer zu finden, sie durch eine intensive Ausbildung zu qualifizieren und durch bischöfliche Aussendung für diesen Dienst zu legitimieren. „Wer als Wortgottesdienstleiter vor die Gemeinde hintritt, muss nicht nur ‚fromm' sein, sondern neben einer gesunden Gläubigkeit auch ein Ansehen haben in der Öffentlichkeit wie im privaten Leben."[583]

Die erste Aussendung von Wortgottesdienstleiter/-innen in der Diözese Passau fand durch den damaligen Bischof Franz X. Eder im Jahr 1993 statt. Mittlerweile ist ihre Zahl auf 548 angewachsen. Diejenigen Frauen und Männer im Bistum, die sich für diesen Dienst ausbilden ließen, versehen ihn mit großer Verantwortung und Umsicht und wachsender Akzeptanz durch die Gemeindeglieder. „Sie sind überzeugte und überzeugende Leute aus dem Volk Gottes. Sie tun einen Dienst, der nichts anderes will, als dass sich Menschen um Gott sammeln, ihn hören und in seinem Geist ihr Leben aufbauen."[584] Dass sie sich bewähren und bewährt haben, zeigt die positive Einschätzung dieses Dienstes durch die befragten Priester. Die erfolgte Ausbildung im Verbund mit der Sendung durch den Bischof festigt zum einen das Zutrauen der Leute in die je eigenen Charismen, zum anderen das Vertrauen der Priester in die Kompetenzen der Gemeindeglieder.

Erwünschte Hauptamtliche

Wie bereits in den vorhergehenden Kapiteln dargelegt, wurde durch das Zweite Vatikanische Konzil das innerkirchliche Zueinander zwischen Ordo und Volk Gottes neu bestimmt. Durch die den Konzilsdokumenten implizit innewohnende Communio-Theologie kam – wie bei kommunizierenden Röhren – eine Suchbewegung im Verhältnis von Kirche – Laien – Priester in Gang, die bis heute ihre stimmige Balance nicht in jedem Fall gefunden hat.

In der Folge der aus den biblischen Quellen und der Tradition schöpfenden grundlegenden Vertiefung der Ekklesiologie konnten sich u. a. die sog. neuen pastoralen Berufe entwickeln. Sie waren und sind – und das macht einen we-

---

581 Die Einführung sonntäglicher Wortgottesdienste ohne Priester: Brief des Bischofs von Passau an alle Katholiken des Bistums mit Impulsfragen, Passau 1988.

582 Leitlinien zur Ausbildung von Wortgottesdienstleiterinnen und -leitern der Diözese Passau, 105-107.

583 So Domkapitular Eduard Pletl und der damalige Seelsorgeamtsleiter Max Huber in einem (nicht zur Veröffentlichung gedachten) Grundsatzpapier zur Aktion „Ausbildung von Wortgottesdienstleitern", aus dem Jahr 1987.

584 Höfl, Helmut A.: Was geschieht da eigentlich im Bistum, in: Passauer Bistumsblatt 61 (1996) Nr. 31, 2.

sentlichen Unterschied zum Verständnis bis hin zum Zweiten Vatikanum aus – ausdrücklich erwünscht und wurden nicht in erster Linie als Notlösung für die Zeiten periodisch mehr oder weniger starken Priestermangels betrachtet. Als solche verstand man bis dahin die Laientheologen im schulischen Dienst, auch wenn dies offiziell nicht so gesagt wurde. Man konnte es aber beispielsweise im Lexikon für Theologie und Kirche nachlesen: „Das Laienkatechetentum, in der Kirche immer existierend, ist unentbehrlich geworden und nimmt am Lehr-, Priester- und Hirtenamt der Kirche in der ihm möglichen Weise teil. Der Priester bleibt die ideale Vollform des Katecheten."[585]

Wie aus der Not eine ekklesiale Notwendigkeit wurde

Die eigentliche Zeit der haupt- bzw. nebenamtlichen Laientheologen[586] begann nach dem Zweiten Weltkrieg. Vorher studierten vereinzelt Frauen Theologie im Haupt- oder Nebenfach, soweit ihnen das überhaupt möglich bzw. erlaubt war. In Münster – bedingt durch eine starke Förderung bzw. Schirmherrschaft von Prof. Dr. Michael Schmaus – geht man z. B. in der Zeit zwischen 1935 und 1944 von ca. 10 bis 20 Theologiestudentinnen aus.[587] Der Normalfall jedoch war, dass Männer Theologie studierten und Priester wurden.

So war die „Laientheologie – ein neuer Weg"[588] für diejenigen, die sich im Zuge der langsamen gesellschaftlichen und kirchlichen Konsolidierung nach den äußeren und inneren Zerstörungen des Zweiten Weltkrieges für dieses Studium entschieden. Vor allem aber waren sie ein neues und (wohl bis heute) nicht klar einzuordnendes Phänomen für die Kirche, der damit eine relativ differenzierte Gruppe[589] theologisch-akademisch qualifizierter Christen zuwuchs.

Unproblematisch war es in den ersten Anfängen bei denjenigen Absolventen und Absolventinnen, die das Studium aus allgemeinem theologischem Interesse oder aus Gründen theologischer Vertiefung gewählt hatten, da daraus keine weiteren Wünsche oder Ansprüche entstanden, beruflich im Raum der Kirche einen Platz zu finden, den es so – auch aufgrund der damaligen Verfasstheit und Selbstdefinition der Kirche – noch nicht gegeben hätte. Ähnlich verhielt es sich auch für die, die „weltliche" Berufe ergriffen. Es gab Theologen, die z. B. als speziell ausgebildete Fachleute für Theologie und theologische Fragen in einschlägigen Verlagen arbeiteten, andere waren als Redakteure und Redakteurinnen bei Rundfunk und Zeitungen oder Zeitschriften tätig, oder sie „bestückten"

---

585 Fischer, Gérard: Katechet, in: LTHK^2 Band 6, Freiburg i. Breisgau 1961, 33-34, hier 34.

586 Gemeint sind damit Personen, die ein akademisches Studium der Theologie an einer Theologischen Hochschule oder Katholisch-Theologischen Fakultät erfolgreich abgeschlossen haben, ohne ein Weiheamt anzustreben oder anstreben zu können, wie das bei den Frauen der Fall ist.

587 Vgl. Karrer, Leo: Von Beruf Laientheologe? Kritisches Plädoyer, Wien 1970, 22.

588 Vgl. Stachel, Günter: Laientheologie – ein neuer Weg, in: Hochland, 49 (1956/57) 341-351.

589 Vgl. Karrer, Leo: Werden die Laientheologen zu einer Chance für die Kirche?, in: ThPQ 128 (1980) 147-156, hier 147.

als wissenschaftliche Assistenten in den theologischen Fakultäten den Mittelbau. Einzelne fanden als Referenten/-innen in verschiedenen Fachbereichen von kirchlichen Verbänden bzw. Abteilungen der Ordinariate eine Anstellung.

Einige aus den Reihen der Laientheologen aber gingen in den Schuldienst und übernahmen somit nach dem Studium Tätigkeiten, die eigentlich und selbstverständlich (noch) eine Domäne der Kleriker waren. Die Zahlen bei den Neupriestern gingen in den Fünfzigerjahren bereits – für damalige Verhältnisse – erkennbar zurück und man akzeptierte notgedrungen, dass Laientheologen, meist in Kombination mit einem Zweitfach, Religionsunterricht erteilten. Dies erklärt u. a. die 1971 bereits relativ hohe Zustimmung zu der Aussage, dass Priester und Laien in gleicher Weise „glaubwürdig" Religionsunterricht erteilen können. Die hauptamtlichen Laien, die in großer Vielfalt nach dem Zweiten Vatikanischen Konzil durch einen Arbeitsvertrag zu Dienstnehmern der Kirche und durch bischöfliche Aussendung amtlich für diesen Dienst beauftragt wurden, befinden sich in einer anderen Situation als ihre Kollegen und Kolleginnen vor dem Konzil. Mit der „Ordnung der pastoralen Dienste" haben die deutschen Bischöfe ein klares Zeichen gesetzt, das nach Einschätzung von Rolf Zerfaß folgendermaßen zu verstehen ist: „Wir wollen in Zukunft nicht nur Priester und Diakone, wir wollen auch hauptamtliche Laien im pastoralen Dienst, und zwar sind für uns diese Laiendienste nicht nur eine Ersatzlösung für den Priestermangel, sondern ein Strukturelement der Gemeinde von morgen. Wir wollen nicht nur Männer, sondern auch Frauen im pastoralen Dienst... Wir wollen schließlich neben Akademikern auch Nichtakademiker im pastoralen Dienst. Wir widersetzen uns einer unbedachten Akademisierung der kirchlichen Arbeit, wie sie sich vom Trend der heutigen Bildungspolitik her nahe legt."[590]

Wunschvorstellungen für die Zusammenarbeit

Darüber sind nun beinahe dreißig Jahre ins Land gegangen. Es bestehen von Seiten der Pfarrer vielfältige Erfahrungen in der Zusammenarbeit mit den verschiedenen Berufsgruppen. Neben den konkreten Wahrnehmungen gibt es wohl auch mündliche Überlieferung zum Thema Hauptamtliche, sowie spezifisches Sondergut, das bisweilen unter den „Chefs" tradiert und ausgetauscht wird. Dies ist die eine Seite. Auf der anderen Seite stehen die unterschiedlichen pastoralen Erfordernisse in den Gemeinden, die nach differenzierten Anforderungsprofilen verlangen, denen kaum nachgekommen wird.

[590] Zerfaß, Rolf: Menschliche Seelsorge, 74.

Tabelle 54: Wenn in einer Pfarrei neben dem Pfarrer zusätzlich jemand hauptamtlich für die Pastoral angestellt werden soll, wer wäre Ihnen da am liebsten?[591]

	zeitloser Kleriker	zeitoffener Gottes-mann	zeitnaher Kirchen-mann	zeit-gemäßer Gemein-deleiter
Kaplan / Vikar / Kooperator	92%	93%	88%	68%
ständiger Diakon	67%	65%	56%	53%
Pastoralassistent/-referent (mit akademischer Ausbildung)	42%	55%	52%	58%
Pastoralassistentin/-referentin (mit akademischer Ausbildung)	41%	67%	57%	70%
Gemeindereferent/ Pastoralassistent (ohne akademische Ausbildung)	29%	52%	50%	60%
Gemeindereferentin/ Pastoralassistentin (ohne akademische Ausbildung)	29%	57%	48%	75%
seelsorglich erfahrener Laie (Frau) als Teilzeitkraft	42%	33%	29%	58%
seelsorglich erfahrener Laie (Mann) als Teilzeitkraft	37%	34%	25%	43%

Quelle: **PRIESTER 2000**© – Diözese Passau

Wie sehr Kooperationswünsche aus geglückten Erfahrungen resultieren oder Veränderungswünsche beinhalten, weil die bisherige Erfahrung mit einer bestimmten Berufsgruppe eher problematisch war, muss in der Auswertung dieses Subthemas offen bleiben.

Mit Ausnahme der zeitgemäßen Gemeindeleiter, deren Rangfolge aus dem Rahmen der anderen fällt und die von daher eigens bedacht werden, wünschen sich alle befragten Pfarrer – in großer Einmütigkeit – an erster Stelle einen Kaplan als hauptamtlichen Mitarbeiter. Mit ihm lässt sich die Last der Arbeit in jedem Bereich teilen, er kann abgesehen von denjenigen Aufgaben, die ausdrücklich an das Pfarramt gebunden sind, alle Tätigkeiten in gleicher Weise ausüben. Dies betrifft z. B. das Bußsakrament und in erster Linie die Eucharistie. Hier ist eine Aufgabenteilung weder mit den zum Klerus zugehörigen Diakonen noch allen anderen Hauptamtlichen möglich. Ob mit der starken Zustimmung zu einem Kaplan auch das Gefühl einhergeht, einen Mitbruder an

[591] Die Fragestellung umfasste eine fünfteilige Skala. In der vorliegenden Tabelle wird der Grad der Zustimmung dargestellt, wobei die 1= völlig ja und 2= ja addiert wurden.

der Seite zu haben und damit in bestimmter Weise „vita communis" zu leben, kann im Bereich des möglichen liegen, aber nicht belegt werden.

Die zeitlosen Kleriker bevorzugen Männer als Mitarbeiter: Dem ständigen Diakon, einem Kleriker wie sie, kommt mit 67% Zustimmung hohe Wertschätzung zu. An dritter Stelle käme für sie mit 42% ein Pastoralreferent als Mitarbeiter im Team in Frage, dieselbe Zustimmung erhält auch eine seelsorglich erfahrene Frau, also eine Frau ohne theologische und pastorale Ausbildung, die als Teilzeitkraft in der Gemeinde arbeiten würde. Eine Pastoralreferentin können sich 41% aus der Gruppe der zeitlosen Kleriker als Mitglied im Seelsorgeteam vorstellen. Ein seelsorglich erfahrener Mann als Teilzeitkraft steht mit 37% Zustimmung an sechster Stelle der Reihung. Die Berufsgruppe der Gemeindereferenten – sowohl Männer als auch Frauen – steht bei den zeitlosen Klerikern auf der „Wunschliste" der hauptamtlich Mitarbeitenden mit jeweils 29% an letzter Stelle. Dass die theologische (Aus-)Bildung für die zeitlosen Kleriker nicht das entscheidende Kriterium bei der Wahl der Mitarbeitenden ist, zeigt die große Akzeptanz der „seelsorglich erfahrenen Frau", die ihre Kompetenz aus ihrem vorherigen (ehrenamtlichen) Engagement in der Seelsorge bezieht, sowie die hohe Zustimmung für den ständigen Diakon.

Relativ ähnlich zeigen sich die Vorstellungen der zeitoffenen Gottesmänner sowie der zeitnahen Kirchenmänner. Ihre „Favoriten" in der Zusammenarbeit sind neben dem Kaplan an erster Stelle jeweils eine Pastoralreferentin in zweiter Reihung, sodann folgt der ständige Diakon. Die zeitoffenen Gottesmänner ziehen eine Gemeindereferentin (57%) einem Pastoralreferenten (55%) sowie einem Gemeindereferenten (52%) vor. Bei den zeitnahen Kirchenmännern ist hier die Reihenfolge umgedreht: sie wünschen sich zuerst einen Pastoralreferenten (52%) oder einen Gemeindereferenten (50%), dann erst käme für sie eine Gemeindereferentin als Mitarbeiterin in Frage (48%). Ein seelsorglich erfahrener Mann bzw. eine seelsorglich erfahrene Frau sind für beide Amtstypen an vorletzter bzw. letzter Stelle gereiht. Sie kämen als Hauptamtliche (nach dem Grad der geringen Zustimmung) wohl eher als Lückenbüßer in Frage, was eine Abwertung ihrer Erfahrung darstellen würde.

Im Vergleich zu den anderen Amtstypen nimmt sich die Reihung der zeitgemäßen Gemeindeleiter unkonventionell aus. Sie würden mit 75% Zustimmung (also 3/4 aus ihrer Gruppe sehen dies so) in erster Linie am liebsten mit einer Gemeindereferentin zusammenarbeiten. Dann folgen in ihrer Reihung die Pastoralreferentin (70%) und der Kaplan (68%). Einen Gemeindereferenten als hauptamtlichen Mitarbeiter wünschen sich die zeitgemäßen Gemeindeleiter mit 60% an vierter Stelle, einen Pastoralreferenten erst in fünfter Reihung (58%). Vor dem ständigen Diakon (53%) steht noch die seelsorglich erfahrene Frau als Teilzeitkraft (58%). Das Schlusslicht bildet der seelsorglich erfahrene Mann (43%) auf Teilzeitbasis. Zeitgemäße Gemeindeleiter wünschen sich vor allem Frauen als Mitarbeitende in der Seelsorge. Kleriker sind für sie ebenso nachgereiht wie theologisch gebildete Laien. Aufgrund dieser Reihung ist anzunehmen, dass diejenigen Priester, die zur Gruppe der zeitgemäßen Gemeindeleiter gehören, die Rolle der Frauen in der Kirche anders bewerten, als dies bei ihren Kollegen, die anderen Amtstypen zuneigen, der Fall sein wird. Dies wird im Folgenden erhoben.

Zur Rolle der Frauen aus der Sicht der Priester

Während der Klerus nur aus Männern besteht, gehören zu den Laien Frauen und Männer. Eine Selbstverständlichkeit. Dennoch soll sie an dieser Stelle an- und ausgesprochen werden, weil es allzu oft vorkommt, dass die Frauen nicht vorkommen.[592] Das zeigt sich sowohl in der „brüderlich" geprägten und nur sehr sukzessiv inklusiv werdenden Sprache, als auch in der Liturgie. Frauen sind kaum Mitglieder von Gremien die Entscheidungen treffen, wie z. B. der Kirchenverwaltung. Man findet unter den Hauptamtlichen wenig Frauen in leitenden Positionen, in diözesanen Referaten oder Abteilungen. Die wenigen Frauen, die solche Aufgaben hauptamtlich innehaben, werden eher wie weiße Raben denn wie der Normalfall betrachtet. Allerdings befindet sich die Kirche in dieser Frage – was dennoch den Nachholbedarf nicht rechtfertigt – in „guter Gesellschaft". Der Frauenanteil für Leitungspositionen ist sowohl in der Wirtschaft, in der Politik, als auch in Forschung und Lehre insgesamt noch sehr ausbaufähig.[593]

Dass Frauen nicht explizit genannt werden oder kaum vorkommen, zeigt sich auch in den Texten des Zweiten Vatikanischen Konzils. Innerkirchlich ist von Ordens- und Ehefrauen die Rede, einmal werden Frauen bei den Katechisten angeführt,[594] sowie in Lumen Gentium zweimal beim Stichwort Laien ausdrücklich erwähnt.[595] Im Dekret über das Laienapostolat werden sie ebenfalls zweimal genannt[596] und sind bei allen anderen Artikeln, bei den es um die Laien geht „mitgemeint". Ansonsten spielt die Frauenfrage innerkirchlich keine weitere und im Hinblick auf die gesellschaftliche Stellung der Frau eine eher marginale Rolle. Die Pastoralkonstitution „Gaudium et spes" nimmt einige kleine Ansätze auf, bei denen es um eine Veränderung der Rollen zwischen Mann und

592 Vgl. Schmidt, Eva-Renate: Ehrenamtliche Arbeit von Frauen. Den Männern die Ehre, den Frauen die Schattenarbeit?, in: Wege zum Menschen 44 (1992) 18-26.

593 Am höchsten ist der Anteil weiblicher Führungskräfte in der Politik: 31,5% aller Bundestagsabgeordneten in Deutschland sind Frauen; ihr Anteil in der Bundesregierung beträgt 36,8%. In den Hochschulen hingegen liegt der Frauenanteil bei den C-4-Lehrstühlen bei 6,3%. In der Wirtschaft gilt nach wie vor die Regel: Je höher die Hierarchiestufe, desto geringer der Frauenanteil. Beim Top-Management in Großunternehmen beträgt der Anteil an Frauen in Leitungspositionen 5%, im Mittelstand 8%.

594 Vgl. AG Artikel 17.

595 Vgl. LG Artikel 30 und 31.

596 Vgl. AA Artikel 9, sowie Artikel 32.

Frau geht,[597] sowie um Fragen der Gerechtigkeit: um die Anerkennung der gleichen Würde der Frauen und ihre rechtliche Gleichstellung mit den Männern.[598] Sabine Pemsel-Maier weist darauf hin, dass Papst Johannes XXIII. im Jahr 1963 in seiner Enzyklika „Pacem in terris" die Frauenfrage mit prophetischer Weitsicht zu den Zeichen der Zeit gerechnet hat, das Konzil die Stellung der Frauen in der Kirche jedoch kaum im Blick hatte.[599] Gesellschaftlich wurde die wichtige Rolle der Frauen zwar von Seiten der Kirche zunehmend wahrgenommen, innerkirchlich nahm sich erstmals die Synode der Bistümer in der Bundesrepublik Deutschland darum an. Der Synodenbeschluss „Die pastoralen Dienste in der Gemeinde" thematisiert eigens den Dienst der Frau. Es heißt darin u. a.: „Um der Frau eine solche dem Evangelium wie der veränderten gesellschaftlichen Situation entsprechende Stellung zu geben, müssen die Gemeinden, die Kirchenleitungen und die Frauen selbst beitragen:

In den Gemeinden ist durch Katechese, Predigt, Erwachsenenbildung darauf hinzuarbeiten, dass überholte Vorstellungen und Leitbilder von Wesen und Rolle der Frau abgebaut werden. Durch entsprechende Bewusstseinsbildung sollen Berufungen von Frauen geweckt und soll erreicht werden, dass die Dienste der Frau in allen kirchlichen Bereichen angenommen und mitgetragen werden. Die Priester und die Kirchenleitungen sollen sich für die partnerschaftliche Mitarbeit der Frau öffnen und sie wirksam fördern.

Bei der Verteilung liturgischer Dienste (z. B. Lektoren, Kommunionhelfer), der Übertragung von ehrenamtlichen, haupt- und nebenberuflichen Diensten in der Gemeinde, bei den Wahlen zu den Pfarrgemeinderäten und bei Bildungsangeboten ist auf eine angemessene Berücksichtigung der Frauen zu achten.

Bei der Aufstellung von Stellenplänen und bei Stellenbesetzungen soll Frauen der Zugang auch zu leitenden Positionen eröffnet werden; dabei sollten Frauen nicht nur für die Zielgruppe Frauen, sondern in allen Bereichen tätig sein (vgl. Anordnung 1).

Die Frauen selbst sollen ihren Auftrag im Dienst der Gemeinde erkennen und von den neuen Möglichkeiten der Mitarbeit Gebrauch machen."[600]

Viele Frauen haben diesen Auftrag angenommen und nehmen ihn ernst. Dass Frauen sich mit viel Engagement und großem Zeiteinsatz ehrenamtlich in der Kirche engagieren, hängt wohl vor allem damit zusammen, dass sie etwas von

---

597 Vgl. GS Artikel 8.

598 Vgl. GS Artikel 9, 29, 52 und 60.

599 Vgl. Pemsel-Maier, Sabine: Nicht Lückenbüßerinnen, sondern theologisch legitimiert. Seelsorge von Frauen im Sinne des Zweiten Vatikanischen Konzils, in: Dies. (Hrsg.): Zwischen Alltag und Ausnahme: Seelsorgerinnen. Geschichte, Theologie und gegenwärtige Praxis, Ostfildern 2001, 81-105, hier v. a. 90ff.

600 Beschluss: „Die pastoralen Dienste in der Gemeinde", Nr. 3.2.3, Gesamtausgabe I, 612.

ihrer Berufung verstanden haben. Dazu kommt, dass das in der Kirche in erster Linie vorherrschende soziale Ehrenamt traditionell eher Sache von Frauen ist, weil es sich stärker als das politische Ehrenamt, das Männer bevorzugen, zwischen Haus- und Erwerbsarbeit ansiedelt.[601]

Frauen sind mit zunehmender Tendenz Vorsitzende von Pfarrgemeinderäten,[602] sie setzen sich in umfassender Weise im Bereich der Diakonie ein. Sie begleiten Kinder in der Vorbereitung auf die Sakramente, besonders bei Erstkommunion und Firmung. Sie leiten Bibelkreise, singen in Kirchenchören, führen Kinder- und Ministrantengruppen, sorgen sich um Pfarrbüchereien, um Besuchsdienste bei alten und kranken Menschen in der Pfarrgemeinde, bringen die Krankenkommunion. Sie sind Seelsorgerinnen, Nachbarschaftshelferinnen, tragen über die Verbände, wie z. B. den Frauenbund, Wesentliches zum Leben und zur Gemeinschaft der Pfarrgemeinden bei und sind vielfach die „guten Geister" im Hintergrund. Diese Liste ließe sich durchaus noch verlängern. „Denn de facto sind es die Frauen, die in ihrer Präsenz in den Gottesdiensten die Mehrheit stellen, die sich (mehr als die Männer) in der Diakonie und in der Katechese engagieren, die somit eigentlich und letztlich das kirchliche Leben in den Gemeinden tragen."[603]

Tabelle 55: Die neue Rolle der Frauen im kirchlichen und seelsorglichen Leben heute bereichert das Leben der Kirche

	wenig	etwas	ziemlich	sehr
zeitloser Kleriker	23%	12%	35%	31%
zeitoffener Gottesmann	10%	22%	23%	45%
zeitnaher Kirchenmann	0%	25%	35%	40%
zeitgemäßer Gemeindeleiter	0%	13%	34%	53%

Quelle: **PRIESTER 2000**© – Diözese Passau

Wenngleich aus der Fragestellung nicht hervorgeht, was mit der neuen Rolle der Frauen exakt gemeint ist, kann davon ausgegangen werden, dass sich das oben beschriebene vielfältige Engagement von Frauen darunter verbirgt und die befragten Priester sehr wohl wissen, wovon hier die Rede war. Eindeutig ist, dass die Fragestellung auf die innerkirchliche Rolle der Frauen rekurriert. Von den zeitlosen Klerikern meinen 23%, dass die Frauen das Leben der Kirche wenig bereichern würden, auch 10% der zeitoffenen Gottesmänner sind dieser Ansicht.

601 Vgl. Buchholz, Nicole: „Macht unsichtbare Arbeit sichtbar!", in: LS 50 (1999) 151-153.

602 In der Diözese Passau überwog bei den Pfarrgemeinderatswahlen im März 2002 der Frauenanteil. 53% Frauen und 47% Männer wurden als Pfarrgemeinderatsmitglieder gewählt. Quelle: IOP, Bistum Passau vom 12.04.2002.

603 Belok, Manfred: Frauen in der Männerkirche. Leiden, Aufbruch und neues Bewusstsein in Theorie und Praxis, in: LS 41 (1990) 350-355, hier 350.

Die Kurve der deutlich wahrnehmbaren belebenden Vielgestaltigkeit durch die Frauen im kirchlichen und seelsorglichen Leben gewinnt vom zeitlosen Kleriker zum zeitgemäßen Gemeindeleiter hin erkennbar an Zustimmung und deckt sich in etwa mit der Einstellung, wie sehr eine Frau als Teammitglied erwünscht ist.

Die Wertschätzung der hauptamtlichen Frauen wurde im vorherigen Abschnitt bereits dargelegt. Theologinnen, in diesem Fall Pastoralreferentinnen, haben – warum auch immer – bei einem Teil der befragten Passauer Priester[604] mehr Akzeptanz als in gleicher Weise ausgebildete Theologen. Gemeindereferentinnen werden in der Zusammenarbeit mehr geschätzt als deren männliche Kollegen. Die vermutlich vielschichtigen Gründe dafür zu erheben, wäre ein spannendes eigenes Forschungsthema, das den jeweiligen Berufsorganisationen anempfohlen werden kann.

Der Reichtum der Kirche sind ihre Begabungen

Im Fragebogen der Studie **PRIESTER 2000**© finden sich zwei Fragen bei denen es – im Sinne der kommunizierenden Röhren – um die Verhältnisbestimmung zwischen Priestern und Laien geht. Die eine Frage war den Bereicherungen zugeordnet, die andere Frage den Belastungen. Erfragt werden sollte, wie die Priester, unabhängig von konkreten Funktionen, generell die Rolle der Laien im kirchlichen Leben sehen und wie sie das Engagement der Laien im Zusammenspiel zu und mit ihren Amtsaufgaben erleben.

Wertschätzung des ehrenamtlichen Engagements

Das Jahr 2001 wurde von den Vereinten Nationen zum „Internationalen Jahr der Freiwilligen" ausgerufen. Alle 123 Länder, die sich dieses Thema zu eigen machten, haben sich verpflichtet, die Freiwilligenarbeit in stärkerem Maße (öffentlich) anzuerkennen.[605] Nach einer Studie der Bundesregierung aus dem Jahr 1999 engagieren sich in Deutschland 22 Millionen Bürgerinnen und Bürger in ihrer Freizeit ehrenamtlich in Parteien, Verbänden, Vereinen, Kirchen, Selbsthilfeorganisationen, Bürgerbewegungen, bei Feuerwehr und Erster Hilfe, zu Wasser und auf dem Land. Auch die Kirche lebt wesentlich vom Ehrenamt, was häufig von den (Haupt-)Amtlichen wenig genug gewürdigt wird. Dennoch verhält es sich im Raum der Kirche nochmals anders mit den „Ehrenamtlichen" als z. B. bei einer politischen Partei, weil alle, die sich in irgendeiner Weise im kirchlichen Bereich einbringen, dies nicht für die Kirche tun, sondern als Kirche. Jeder Getaufte und jede Getaufte ist Glied dieser Kirche und steht somit in tiefer

604 Eine offensichtliche Ausnahme sind die zeitlosen Kleriker, die lieber mit Männern zusammen arbeiten.

605 So gibt es z. B. den Vorschlag, Schülerinnen und Schülern, die sich in ihrer Freizeit ehrenamtlich engagieren, einen entsprechenden Vermerk ins Zeugnis einzutragen.

Verbundenheit mit Christus als dem Herrn der Kirche, der die Seinen in seinen Dienst nimmt. „Pflicht und Recht zum Apostolat haben die Laien kraft ihrer Vereinigung mit Christus dem Haupt. Denn durch die Taufe dem mystischen Leib Christi eingegliedert und durch die Firmung mit der Kraft des Heiligen Geistes gestärkt, werden sie vom Herrn selbst mit dem Apostolat betraut. Sie werden zu einer königlichen Priesterschaft und zu einem heiligen Volk ... geweiht, damit sie durch alle ihre Werke geistliche Opfergaben darbringen und überall auf Erden Zeugnis für Christus ablegen."[606] Dieses Apostolat, so Artikel 5 des Dekrets über das Laienapostolat, gilt Kirche und Welt. Es ist im Sinne einer gegenseitigen Durchdringung zu verstehen.

„Noch nie gab es in der Kirche von Passau so viele Frauen und Männer wie heute, die bereit sind, ihre Kraft, Phantasie und Zeit einzubringen. Sie tun dies in der Überzeugung, dadurch einen Beitrag zu einer christlichen und damit auch zu einer menschlicheren Welt zu leisten. Sie erfahren dabei Anerkennung und entdecken nicht selten neue Sinnperspektiven für ihr eigenes Leben."[607] Diese Sätze finden sich im Pastoralplan des Bistums, der ohne die unverzichtbaren Beiträge der „Ehrenamtlichen" im Zusammenspiel mit den „Hauptamtlichen", also den Priestern und allen in der Pastoral Tätigen, nicht in dieser Weise hätte entstehen können. Allen, die sich an seiner Genese beteiligt haben, verdankt er seine unverwechselbare Gestalt. Wie Passaus Priester das in den letzten Jahrzehnten gewachsene innerkirchliche Miteinander (ein-)schätzen, wird über die Auswertung der folgenden Frage sichtbar. Das Linearergebnis zur Frage, ob das ehrenamtliche Engagement von Laien das Leben der Kirche bereichert, zeigt folgende Werte: 1% der Befragten ist der Ansicht, das Leben der Kirche würde davon nicht bereichert, 1% meint, es sei wenig der Fall; 7% positionieren sich in der Mitte: das ehrenamtliche Engagement von Laien bereichert die Kirche etwas. 22% sagen, es bereichert ziemlich und 69% erleben das Engagement der Ehrenamtlichen als starke Bereicherung für die Kirche. Diejenigen unter den Befragten, die das ehrenamtliche Engagement in keiner Weise als Bereicherung erleben, sind beruflich nicht in der Pfarrei sondern auf kategorialer Ebene tätig.

---

606 AA Artikel 3.

607 Passauer Pastoralplan 2000, 24.

Differenzierter stellt es sich über die Aufteilung nach Amtstypen dar:

Tabelle 56: Das ehrenamtliche Engagement von Laien bereichert das Leben der Kirche heute

	nicht	wenig	etwas	ziemlich	sehr
zeitloser Kleriker	0%	0%	23%	12%	65%
zeitoffener Gottesmann	0%	3%	3%	13%	81%
zeitnaher Kirchenmann	2%	0%	4%	31%	63%
zeitgemäßer Gemeindeleiter	0%	0%	3%	26%	71%

Quelle: **PRIESTER 2000**© – Diözese Passau

Mit Ausnahme der zeitlosen Kleriker, die sich in dieser Frage zurückhaltender als ihre Kollegen dartun, zeigt sich ein erfreuliches Ergebnis. Wenn man die Positionen „ziemlich" und „sehr" auf der fünfstelligen Skala addiert, erleben 97% der zeitgemäßen Gemeindeleiter, 94% der zeitnahen Kirchenmänner und genauso viele aus der Gruppe der zeitoffenen Gottesmänner, sowie 77% der zeitlosen Kleriker den Einsatz der ehrenamtlichen Frauen und Männer als Bereicherung für die Kirche. 2% der zeitnahen Kirchenmänner und 3% der zeitoffenen Gottesmänner haben in Bezug auf die Aktivitäten der Ehrenamtlichen offenbar schlechte Erfahrungen gemacht. Bei den 23% unter den zeitlosen Klerikern, die sich in der Mittelposition eingereiht haben, hat die Reserve mehr mit ihrem Amtsverständnis denn mit gehäuftem Auftreten von „schwierigen Ehrenamtlichen" zu tun.

Leichte Ambivalenzen

7% der befragten Priester aus der Studie von 1971 erlebten „die neue Stellung des Laien" zur damaligen Zeit als berufliches Hindernis.[608] Wie bereits weiter oben dargestellt, waren die Siebzigerjahre innerkirchlich eine große Zeit des Umbruchs, die für viele Priester bisher Selbstverständliches im Hinblick auf Amt, gesellschaftlichen Status und Rolle in Frage stellten. Auch die neue Rolle der Laien gehörte zu den Ursachen dieses Umbruchs.

Identität hat mit Stimmigkeit und mit Übereinstimmung zu tun. Sie ist nach Erikson[609] ein lebenslanger Reifungsprozess, der sich in drei große Phasen gliedern lässt: die Grundlegung der Identität vom Beginn des Lebens bis zum Schulalter, die Gestaltung der Identität in der Adoleszenz und die Vollendung der Identität vom frühen Erwachsenenalter an bis in die Zeit der reifen Jahre.

[608] Schmidtchen, Gerhard: Priester in Deutschland, 82. Dies war ein sehr positives Ergebnis, weil z. B. die als beruflich extrem eingestuften Amtsträger „mangelnde Brüderlichkeit" (52%) oder „veraltete Pastoralstrukturen" (43%) als weit hinderlicher betrachteten.

[609] Vgl. Stenger, Hermann: Kompetenz und Identität, 70.

Jede Lebensphase ist dabei von einem bestimmten Thema geprägt, in dem der Mensch kompetent werden muss. Der Bogen spannt sich von der Hoffnung über die Treue bis zur Weisheit. Ich-Identität beruht darauf, „dass wir (und das heißt jeder von uns) im Fluss unserer Erfahrung im Zentrum stehen und nicht an irgendeiner Peripherie herumgeschleudert werden; dass die Handlungen, die wir planen, von uns ausgehen und wir nicht herumgestoßen werden; und schließlich, dass wir aktiv sind, andere aktivieren und uns von anderen aktivieren lassen“[610].

Berufliche Identität lässt sich von der Ich-Identität nicht abkoppeln. Sie hängt damit zusammen, welche gesellschaftlichen Rollenerwartungen an einen bestimmten Beruf herangetragen werden und wie die einer Berufsgruppe Zugehörigen diese Rollenerwartungen als kongruent empfinden und damit umgehen oder zurecht kommen. Die Frage ist, inwieweit berufliches Selbstverständnis und Fremderwartungen übereinstimmen oder aneinander vorbeigehen. Priesterliche Identität ist derzeit nicht mehr in der Weise klar zu beschreiben, wie das noch vor fünfzig Jahren der Fall gewesen ist. Dennoch wissen die Leute auch heutzutage, was ein Priester ist, welche Erwartungen man an einen Priester herantragen kann und was die wesentlichen Aufgaben von Priestern sind. Insofern ist ihr Berufsbild weitaus kantiger als das der Hauptamtlichen, die manchmal bereits Mühe damit haben, ihre Berufsbezeichnungen plausibel zu machen.[611]

Im Schreiben der Deutschen Bischöfe zum priesterlichen Dienst aus dem Jahr 1992 werden in den einleitenden Seiten sehr offen vier Problembereiche benannt, die den Priestern nach Einschätzung der Bischöfe zu schaffen machen. Neben dem Rückgang des religiösen Lebens und der kirchlichen Glaubenspraxis ist es an zweiter Stelle der spürbare Einbruch in der gesellschaftlichen Bedeutung der Kirche, der dritte der genannten Problembereiche sei im Folgenden zitiert. „Ein weiteres, für manche zermürbendes Problem ergibt sich aus der verantwortlichen Mitarbeit von Laien im pastoralen Dienst: das der eigenen Identität. Wer bin ich eigentlich als Priester, was ist Mitte und Schwerpunkt meines Tuns, wenn Laien ohnehin fast alles können und tun sollen? Es kommt noch hinzu, dass bei einer Reihe von Mitbrüdern die Zuständigkeits- und Fähigkeitskompetenz auseinander klaffen. Als Priester tragen sie letzte Verantwortung für die Seelsorge in ihrer Gemeinde; aber sie erfahren, dass Laien manches besser können als sie. Und so kommt es nicht selten zu Spannungen zwischen Priestern und den Gremien in den Gemeinden ... Manche Priester wissen zudem nicht recht, wie sie mit den Laientheologinnen und Laientheologen umgehen sollen. Sie stehen vor der Notwendigkeit, Zusammenarbeit in einer Weise zu lernen und einzuüben, wie sie bisher nicht notwendig war. Und dieses Lernen ist

[610] Erikson, Erik H.: Dimensionen einer neuen Identität, Frankfurt a. Main 1975, 170.

[611] Es passiert z. B. immer wieder, dass Menschen bei der Berufsbezeichnung „Gemeindereferent/in“ meinen, es handle sich dabei um jemanden, der bei der kommunalen Gemeinde angestellt sei. Was sich hinter Pastoralreferentin oder -referent an beruflichen Aufgaben verbirgt, wissen ebenfalls gerade einmal gemeindliche Insider.

für beide Seiten schwierig."[612] Wie das Zusammenspiel zwischen Priestern und Laien von den befragten Passauer Priestern im Hinblick auf ihre priesterliche Identität gesehen wird, zeigt die folgende Tabelle.

Was belastet sie derzeit in Ihrem Leben und wie stark?

Bitte stufen sie fein ab zwischen: 1 = das belastet mich sehr, 5= das belastet mich überhaupt nicht

Tabelle 57: Ich fühle mich durch die zunehmende Tätigkeit von Laien in meiner priesterlichen Identität in Frage gestellt

	sehr stark	stark	unent-schie-den	kaum	nicht
zeitloser Kleriker	4%	9%	4%	26%	57%
zeitoffener Gottesmann	7%	3%	10%	13%	67%
zeitnaher Kirchenmann	0%	6%	8%	34%	52%
zeitgemäßer Gemeindeleiter	0%	5%	3%	15%	77%

Quelle: **PRIESTER 2000**© – Diözese Passau

13% der zeitlosen Kleriker sowie 10% aus der Gruppe der zeitoffenen Gottesmänner bereitet die Tätigkeit von Laien im Hinblick auf ihr berufliches Selbstverständnis Unbehagen. Sie fühlen sich sehr stark bzw. stark dadurch in Frage gestellt. Auf sie trifft genau das zu, was die Deutschen Bischöfe – wie oben beschrieben – in großer Klarheit diagnostiziert haben. Dass dies überhaupt nicht der Fall sei, sagen 77% der zeitgemäßen Gemeindeleiter, 67% der zeitoffenen Gottesmänner, 57% der zeitlosen Kleriker und 52% von den zeitnahen Kirchenmännern. Hier zeigen sich zwischen den Amtstypen offenkundig unterschiedliche Wahrnehmungen. Sich „kaum in Frage gestellt" zu empfinden bedeutet immerhin, dass hier Anfragen vorhanden sind und die Balance nicht in jedem Fall stimmt. Bei den zeitnahen Kirchenmännern ist das ein gutes Drittel, die es so erleben, auch die 10% „Unentschiedenen" bei den zeitoffenen Gottesmännern signalisieren Reflexionsbedarf.

Die synodale Dimension von Kirche: Der Pfarrgemeinderat

Die Wahlen zum Pfarrgemeinderat, die alle vier Jahre stattfinden, zeigen sich im Normalfall als sehr routinierter, gut eingespielter und selbstverständlicher Vorgang. Es ist zwar für die dafür Verantwortlichen meist nicht ganz einfach, Men-

[612] Sekretariat der Deutschen Bischofskonferenz (Hrsg.): Schreiben der deutschen Bischöfe über den priesterlichen Dienst, Bonn 1992, 5f.

schen zu gewinnen, die sich zur Wahl stellen, und auch die Wahlbeteiligung befriedigt mit Größenordnungen um die 20% bis höchstens 30% nicht alle, die sich im Vorfeld engagiert haben.[613] Berechnet man die Wahlbeteiligung von den Personen her, die normalerweise am Sonntag den Gottesdienst mitfeiern, dann ergibt sich jedoch meist ein anderes Bild.

Der Pfarrgemeinderat ist in den allermeisten Pfarrgemeinden eine feste Institution, ein wichtiger Faktor und Motor für das Leben der Pfarrgemeinde: für die Diakonie ebenso wie für den Bereich der Liturgie, für die gesellige Dimension gleichermaßen wie für die Weltverantwortung und die zeitgemäße Glaubensverkündigung.

Die Pfarrgemeinderäte sind – wie viele andere Errungenschaften synodaler Dimension[614] – eine Folge des Zweiten Vatikanischen Konzils. Der Pfarrgemeinderat als solcher kommt zwar in den verabschiedeten Konzilsdokumenten nicht vor, war aber ursprünglich in einigen Entwürfen als „Consilium paroeciae" vorgesehen.[615] Die entscheidenden Grundlagen finden sich deshalb nicht in einem bestimmten Artikel eines Konzilsdokuments, sondern verstreut über unterschiedliche Beschlüsse. Weniger häufig zitiert wird z. B. der zweite Absatz des zehnten Artikels aus dem Dekret über das Laienapostolat, der die gemeinsame Sendung in den Vordergrund stellt: „Die Laien mögen sich daran gewöhnen, aufs engste mit ihren Priestern vereint in der Pfarrei zu arbeiten; die eigenen Probleme und die der Welt sowie die Fragen, die das Heil der Menschen angehen, in die Gemeinschaft der Kirche einzubringen, um sie dann in gemeinsamer Beratung zu prüfen und zu lösen; endlich jede apostolische und missionarische Initiative der eigenen kirchlichen Familie nach Kräften zu unterstützen." Im Normalfall wird Artikel 26 im Dekret für das Laienapostolat,[616] sowie in „Christus Dominus", dem Dekret über die Hirtenaufgabe der Bischöfe in der Kirche Artikel 27 als Grundlegung betrachtet.[617] Wichtig ist an der Aussage von Artikel 26 im Laienapostolatsdekret, dass durch die Einrichtung von beratenden Gremien die apostolische Tätigkeit der Kirche unterstützt werden soll. Nicht wenige

---

613 Vgl. Eichelberger, Hanns-Werner: Zwischen Aufbruch und Verengung. Ergebnisse einer Studie zur Mitarbeit im Pfarrgemeinderat, in: Pastoralblatt 52 (2000) 148-154.

614 Dazu gehören die Bischofsynoden, auf der Diözesanebene sowohl der Priesterrat, den der Bischof verpflichtend einrichten muss, wie auch der Pastoralrat.

615 Vgl. Conrad, Matthias: Der Pfarrgemeinderat im 2. Vatikanischen Konzil und in den nachkonziliaren Dokumenten, in: ÖAfKR 37 (1987/88) 240-264.

616 Es heißt hier folgendermaßen: „In den Diözesen sollen nach Möglichkeit beratende Gremien eingerichtet werden, die die apostolische Tätigkeit der Kirche im Bereich der Evangelisierung und Heiligung, im caritativen und sozialen Bereich und in anderen Bereichen bei entsprechender Zusammenarbeit von Klerikern und Ordensleuten mit den Laien unterstützen."

617 CD Artikel 27 empfiehlt die Einrichtung von Pastoralräten, dies gilt auch für die Ebene der Pfarrgemeinde: „Es ist sehr zu wünschen, dass in jeder Diözese ein besonderer Seelsorgerat eingesetzt wird, dem der Diözesanbischof selbst vorsteht und dem besonders ausgewählte Kleriker, Ordensleute und Laien angehören."

PGR-Mitglieder, aber auch manche Pfarrer meinen nach wie vor, ganz auf der Spur des alten Verständnis der Pfarrausschüsse, der Pfarrgemeinderat sei in erster Linie dazu da, eine Hilfe für den Pfarrer zu sein.[618] Dass dies eine Nuance im Gesamten sein mag, ist unbestritten. Die Aufgaben des Pfarrgemeinderates sind jedoch umfassender angelegt: „Der Pfarrgemeinderat dient dem Aufbau einer lebendigen Gemeinde und der Verwirklichung des umfassenden Heilsauftrages der Kirche. Seine Aufgabe ist es, in allen Bereichen der Pfarrgemeinde beratend bzw. beschließend mitzuwirken, ebenso für die Einheit in der Pfarrgemeinde sowie mit dem Bischof und der Weltkirche Sorge zu tragen.“[619] Eine detaillierte Aufgabenbeschreibung folgt dieser grundsätzlichen Aussage.

Für viel Zündstoff im Vorfeld sorgte bei einigen Klerikern § 3 der Neufassung der Passauer Satzung 2000. Er behandelt die Rechte des Pfarrgemeinderates im Bereich der Pastoral, wobei es sich hier nicht um Beispruchsrechte im Sinne des c. 127 CIC handelt. Es geht vielmehr darum, dass Pfarrgemeinderäte in verschiedenen grundlegenden gemeindlichen Fragen, wie z. B. der Erstellung eines Pastoralplanes, mitbestimmen oder aber in anderen Bereichen gehört bzw. informiert werden. Dass die Frage, ob ein Pfarrgemeinderat Rechte haben könne, die Gemüter mancher Priester erhitzt hat, zeigt ein wenig von den Spannungen, welche die Rezeption der konziliaren Ekklesiologie bis heute in sich trägt. „Bei der Frage der Mitentscheidung der Laien in der Kirche handelt es sich in der Tat um den entscheidenden Ernst- und Testfall für die Kirche der Zukunft, der es zudem allein zu verhindern vermag, dass die konziliare Wiedereinsetzung des Volkes Gottes in seine fundamentale kirchliche Würde nicht weiterhin auf halbem Wege stehenbleibt, sondern mutig vorankommt und konsequent zu Ende gedacht und vor allem in die kirchliche Praxis des Alltags in glaubwürdiger Weise übersetzt wird.“[620]

Die deutschen Pfarrgemeinderäte haben eine Doppelstruktur: Sie sind zum einen der in „Christus Dominus“ empfohlene Pastoralrat der Pfarrgemeinde, zum anderen aber „Organ des Laienapostolats.“ Wo der Pfarrgemeinderat als Pastoralrat der Pfarrgemeinde fungiert, hat nach geltendem Recht der Pfarrer den Vorsitz inne. Das ist in dieser Weise nach Diözesen modifiziert in Österreich der Fall und erklärt einige Items im Fragebogen der Studie **PRIESTER 2000**©, die für Passau nicht ausgewertet werden, weil sie die Situation nicht unmittelbar tref-

618 Vgl. Eckart, Joachim: Pfarrgemeinderat und kooperative Pastoral. Eine pastoraltheologische Untersuchung am Beispiel der Diözese Speyer, St. Ottilien 1998, 131f.

619 Diözesanrat der Katholiken im Bistum Passau (Hrsg.): Ordnung für das Apostolat der Laien im Bistum Passau, Passau 2000, 15.

620 Koch, Kurt: Kirche der Laien? Plädoyer für die göttliche Würde des Laien in der Kirche, Freiburg i. d. Schweiz 1991, 52.

fen.[621] Aufgrund spezifischer Entwicklungen in der deutschen Kirchengeschichte gilt der Pfarrgemeinderat als Pastoral- und Laienrat in einem. „Die Deutschen Bischöfe und das Zentralkomitee der deutschen Katholiken sind sich einig, dass die von der Synode und den Diözesen festgelegten Partikularrechtlichen Bestimmungen über den Pfarrgemeinderat weiterhin gültig bleiben und auch durch den neuen Codex nicht außer Kraft gesetzt sind."[622] Diesem Partikularrecht gemäß wird der oder die Vorsitzende des Pfarrgemeinderates von den Mitgliedern gewählt.

Ein geschätztes, fest eingewurzeltes Gremium

1968 fanden in den meisten deutschen Bistümern zum ersten Mal Wahlen für den Pfarrgemeinderat statt. Das war damals – sowohl für die Pfarrer wie auch für die Gemeindeglieder – meist absolutes Neuland.[623] Nicht alle Pfarrgemeinden fanden am Anfang genügend Kandidaten und Kandidatinnen, und man wusste in den ersten Jahren nicht genau, was denn der Pfarrgemeinderat nun zu tun habe. Das Selbstverständnis ist zwar immer noch im Fluss;[624] einen Pfarrgemeinderat gibt es jedoch so gut wie allen Pfarrgemeinden der befragten Pfarrer. Dies zeigen die jeweils 100% Zustimmung bei dieser Frage quer durch alle Amtstypen. Lediglich aus der Gruppe der zeitnahen Gottesmänner sagen 2%, es gäbe keinen, was immer auch die Ursache dieses Fehlens sein mag. Die faktische Existenz des Pfarrgemeinderates als gewähltem Forum für die Nöte und Belange der Menschen in der Pfarrgemeinde ist eine (Tat-)Sache. Eine andere hingegen ist, für wie wichtig oder notwendig die Befragten den Pfarrgemeinderat halten, wie es sich also mit der grundsätzlichen Anerkennung dieses Gremiums bei den Pfarrern verhält. In der Umfrage von 1971 haben 39% der befragten Priester die Arbeit in den Pfarrgemeinderäten für unbedingt notwendig gehalten. „Von der Notwendigkeit der Pfarrgemeinderäte sind die jungen Priester zur 70 Prozent überzeigt, die älteren Priester jedoch nur zu 11 Prozent."[625] Ganz anders sieht das im Bistum Passau 30 Jahre später aus:

[621] Dies sind in der Frage 31 die Items: „Priester haben zu wenig gelernt einen Pfarrgemeinderat so zu leiten, dass möglichst alle mitwirken und überprüfbare Beschlüsse gefasst werden", sowie „Die Leitung des Pfarrgemeinderates sollte immer ein Priester haben."

[622] Roos, Klaus: Damit Gemeinde lebt. Ein Grundkurs für die Arbeit im Pfarrgemeinderat, Mainz 1990, 82.

[623] Vgl. Oertel, Ferdinand: Pfarrgemeinderat ernst genommen, Limburg 1970.

[624] Vgl. Roos, Klaus: Damit Gemeinde lebt, 108ff.; Eckart, Joachim: Pfarrgemeinderat und kooperative Pastoral, 130-144; Schuster, Norbert: „Der alte König ist krank". Vom Selbstverständnis der Pfarrgemeinderäte, in: LS 45 (1994) 124-128.

[625] Schmidtchen, Gerhard: Priester in Deutschland, 52.

Tabelle 58: Ich halte den Pfarrgemeinderat für notwendig

	(völlig) ja	unentschieden	(ganz) nein
zeitloser Kleriker	97%	3%	0%
zeitoffener Gottesmann	87%	13%	0%
zeitnaher Kirchenmann	85%	11%	4%
zeitgemäßer Gemeindeleiter	100%	0%	0%

Quelle: **PRIESTER 2000**© – Diözese Passau

Das Ergebnis ist eindeutig: Der Pfarrgemeinderat hat sich in der (kirchengeschichtlich) kurzen Geschichte seiner Existenz nach Ansicht der befragten Passauer Priester zu einer unentbehrlichen Einrichtung etabliert. Ein Gremium wie den Pfarrgemeinderat halten lediglich 4% aus der Gruppe der zeitnahen Kirchenmänner nicht für notwendig; 13% der zeitoffenen Gottesmänner sowie 11% wiederum aus der Gruppe der zeitnahen Kirchenmänner sind unentschieden und positionieren sich in der Mitte. Auffallend hoch ist die uneingeschränkte Zustimmung zum Pfarrgemeinderat bei den zeitlosen Klerikern sowie bei den zeitgemäßen Gemeindeleitern. Wie die nachfolgende Tabelle zeigen wird, hängt diese Einschätzung auch mit den Erfahrungen zusammen, die Pfarrer mit dem Pfarrgemeinderat verbinden. Diese Offenheit der Pfarrer für das synodale Gremium in der Pfarrgemeinde ist auch deswegen interessant, weil Fremd- und Selbsteinschätzung der Pfarrgemeinderäte hier offensichtlich differieren. Wenn man bisweilen mitverfolgen muss, mit welcher Larmoyanz vor allem von den Dekanatsratsvorsitzenden im Bistum die eigene Rolle im Hinblick auf die Pfarrer gesehen wird, dann spürt man geradezu „eine Verliebtheit ins Defizit",[626] der die objektiven Zahlen diametral entgegen stehen. Die befragten Pfarrer sehen hier manches anders und sind in ihrer Einschätzung auf den Pfarrgemeinderat hin sehr differenziert. Interessant ist auch in diesem Fall wieder die Beurteilung der Pfarrgemeinderäte durch die Pfarrer aus der Studie von 1971: „Die Erfahrungen mit dem Pfarrgemeinderat sind großenteils positiv, wenngleich Schattierungen der positiven Einstellungen den Pfarrgemeinderäten gegenüber nicht zu verkennen sind. Immerhin berichtet auch 13 Prozent der Priester rundheraus von schlechten Erfahrungen, und 17 Prozent der Priester, die im Pfarrdienst tätig sind. Besonders kritische Erfahrungen scheinen Kapläne und Vikare zu machen. Sie sind zu 24 Prozent mit den Pfarrgemeinderäten unzufrieden."[627] Wie sich das Erfahrungsspektrum im Jahr 2000 präsentiert, eröffnet das folgende Item:

---

626 Jacobs, Christoph: Vom Überleben zum Leben. Sechs vordringliche Gestaltungsaufgaben des Wandels in der Pastoral, in: Klasvogt, Peter/Koch, Kurt: Priester – Visionär und Realist: zur prophetischen Dimension des geistlichen Amtes, Paderborn 2001, 89-106, hier 102.

627 Schmidtchen, Gerhard: Priester in Deutschland, 54.

Tabelle 59: Wie ist Ihre Erfahrung mit dem Pfarrgemeinderat?

	sehr gut	gut	befriedigend	ausreichend	nicht ausreichend
zeitloser Kleriker	27%	42%	12%	12%	7%
zeitoffener Gottesmann	8%	42%	35%	4%	11%
zeitnaher Kirchenmann	14%	42%	35%	5%	4%
zeitgemäßer Gemeindeleiter	18%	45%	24%	11%	2%

Quelle: **PRIESTER 2000**© – Diözese Passau

In dieser Hinsicht hat sich im Vergleich zu 1971, als die Pfarrgemeinderäte noch ein sehr junges Gremium waren, einiges verändert. Über die besten Erfahrungen mit dem Pfarrgemeinderat verfügen die zeitlosen Kleriker. Zieht man die Position 1 und 2 zusammen, kommt man auf 69%. Das heißt, dass 2/3 der zeitlosen Kleriker den Pfarrgemeinderat grundlegend positiv erleben, 12% sind zufrieden. Bei 7% gehen die Erwartungen an den Pfarrgemeinderat im Vergleich dazu, wie sie die Zusammenarbeit erlebt haben, offensichtlich nicht konform. Von den Befragten, die zur Gruppe der zeitgemäßen Gemeindeleiter gehören, sagen 63%, sie hätten sehr gute bzw. gute Erfahrungen mit dem Pfarrgemeinderat. Im Rahmen der akzeptablen Zufriedenheit zeigen sich die Erfahrungen für ein Viertel der zeitgemäßen Gemeindeleiter, für 11% geht es gerade so und 2% haben keine guten Erfahrungen gemacht. Die ambivalentesten Erfahrungen mit Pfarrgemeinderäten haben die zeitoffenen Gottesmänner. Jeder zweite hat zwar sehr gute oder vor allem gute Erfahrungen, 35% bewegen sich im Mittelfeld, 4% auf der Neigung zur Schattenseite und auffallende 11% sagen, dass sie keine guten Erfahrungen mit dem Pfarrgemeinderat haben. Das erklärt zwar nicht, was die Auslöser für diese schlechten Resonanzen sind, macht aber die kleinen Vorbehalte, die sich in der vorherigen Tabelle abbilden, verständlich. Die Erfahrungen der zeitnahen Kirchenmänner mit dem Pfarrgemeinderat sind eher positiv: 56% sagen, dass sie sehr und gut seien, 35% bewegen sich im akzeptablen Rahmen, bei 5% unter den zeitnahen Kirchenmännern gibt es weniger gute Erlebnisse in der Zusammenarbeit mit dem Pfarrgemeinderat, und eine kleine Gruppe von 4% hat Grund zur Klage.

Lebendiges Miteinander

Dass es bei grundlegender Akzeptanz dennoch zu Konflikten und Spannungen zwischen dem Pfarrer und den Mitgliedern des Pfarrgemeinderates kommt oder kommen kann, ist ein evidentes Lebenszeichen. Konflikte erzeugen ja nicht nur Lähmungen oder Verhärtungen, sondern haben auch positive Wirkungen: Sie bilden die Voraussetzung dafür, dass in der Organisation Wandel stattfinden kann, dass Identität und Identifikation entsteht und Kräfte mobilisiert werden.[628] Würde hier – von Seiten der Befragten – nur pure Harmonie ausgewiesen, könnte man zu Recht vermuten, dass die Pfarrgemeinderäte von den Pfarrern als völlig bedeutungsloses Gremium angesehen werden, mit dem sich keine Auseinandersetzung lohnt.

Tabelle 60: Die Zusammenarbeit mit den Ehrenamtlichen erlebe ich als problemfrei

	(völlig) ja	unentschieden	(ganz) nein
zeitloser Kleriker	44%	48%	8%
zeitoffener Gottesmann	67%	23%	10%
zeitnaher Kirchenmann	68%	23%	9%
zeitgemäßer Gemeindeleiter	69%	26%	5%

Quelle: **PRIESTER 2000**© – Diözese Passau

Auf der zustimmenden Seite zeigt sich, dass ca. 2/3 aus der Gruppe der zeitoffenen Gottesmänner, der zeitnahen Kirchenmänner sowie der zeitgemäßen Gemeindeleiter – mit kleinen Differenzierungen – die Kooperation mit den gewählten Ehrenamtlichen tendenziell problemfrei erlebt. Ein Viertel kennt häufiger die Erfahrung, dass es miteinander bisweilen schwierig werden kann. 10% der zeitoffenen Gottesmänner, 9% der Kirchenmänner und 5% der zeitgemäßen Gemeindeleiter erleben deutliche Differenzen in der Zusammenarbeit mit den Mitgliedern des Pfarrgemeinderates. Bei den zeitlosen Klerikern stellt sich das Ergebnis anders dar als bei ihren Mitbrüdern, die anderen Amtstypen angehören. Nicht ganz die Hälfte erlebt die Zusammenarbeit mit den Pfarrgemeinderäten von der grundsätzlichen Ausrichtung her störungsfrei; fast die Hälfte (48%) reiht sich hier jedoch in der Mitte ein: Zeitlose Kleriker erfahren in der Zusammenarbeit mit den Ehrenamtlichen weitaus mehr Spannungen oder Störungen als ihre Kollegen, was jedoch nicht heißt, dass sich das auf die Wertschätzung des Pfarrgemeinderates als solchen in irgendeiner Weise negativ auswirken würde.

[628] Vgl. Lörsch, Martin: Systemische Gemeindeentwicklung. Ein Beitrag zur Erneuerung der Gemeinde im Geist des Zweiten Vatikanischen Konzils, Frankfurt a. Main 1999, 205ff; Schmidt, Eva Renate/Berg, Hans Georg: Beraten mit Kontakt, 317.

Tabelle 61: Der priesterliche Dienst ist inhaltlich ärmer geworden, seit Laien in der Kirche mitarbeiten

	(völlig) ja	unentschieden	(ganz) nein
zeitloser Kleriker	15%	4%	81%
zeitoffener Gottesmann	6%	20%	74%
zeitnaher Kirchenmann	2%	13%	85%
zeitgemäßer Gemeindeleiter	3%	3%	94%

Quelle: **PRIESTER 2000**© – Diözese Passau

Ein kleiner Teil aus der Gruppe der zeitlosen Kleriker hat den Eindruck, dass der priesterliche Dienst zu der Zeit, als die Laien (noch) im Auftrag des Klerus handelten, bunter und umfassender war als jetzt. Der Blick in den Hintergrund offenbart bei dieser Antwort, dass dies bei den zeitlosen Klerikern vor allem die Weihejahrgänge 1951-1965 so sehen sowie die nach 1991 Geweihten.

Die „Unentschiedenen" unter den zeitoffenen Gottesmännern in dieser Frage gehören den Weihejahrgängen bis 1960 an. Priester dieser Weihejahrgänge mussten in ihrer beruflichen Biografie am meisten umlernen; nicht alle konnten sich wohl mit ungeteiltem Herzen von dem verabschieden, was ihnen in einer frühen Phase als Proprium des priesterlichen Dienstes vermittelt wurde. Bei den zeitnahen Kirchenmännern hingegen lassen sich diejenigen, die sich unter „unentschieden" eingereiht haben, nicht einer bestimmten Subgruppe zuordnen. Unter ihnen finden sich Priester quer durch alle Weihejahrgänge.

Die Rolle des Pfarrers im Pfarrgemeinderat

Die Rolle des Pfarrers im Pfarrgemeinderat ist im Normalfall vom Zu- und Miteinander bestimmt. So, wie es in der Satzung grundgelegt ist, kommt dem Pfarrer im Pfarrgemeinderat insofern eine besondere Rolle zu, als er der amtlich bestellte und beauftragte Leiter der Gemeinde ist und damit für die diachrone und synchrone Einheit der Gemeinde Verantwortung trägt. Der Pfarrer steht im Pfarrgemeinderat für das hierarchische Prinzip, während die gewählten und berufenen Mitglieder des Pfarrgemeinderates das synodale Prinzip einbringen. Dem Pfarrgemeinderat würde ohne Pfarrer genauso Entscheidendes fehlen, wie dem Pfarrer ohne Pfarrgemeinderat. Nur gemeinsam verkörpern sie das Ganze: die Pfarrgemeinderäte stärker die pneumatologische, der Pfarrer stärker die christologische Dimension von Kirche. Ihr gemeinsamer Grundauftrag besteht darin, dem Aufbau einer lebendigen Gemeinde zu dienen, in der sich die von Gott geschenkten Charismen entfalten können, Raum bekommen und Spuren und Ahnungen des Reiches Gottes zwischen den Menschen erfahrbar werden. „Das Ineins von synodaler und ‚hierarchischer' Verfassung gehört nach dem Verständnis der Tradition und auch des 2. Vatikanischen Konzils als Strukturprinzip sowohl theologisch wie empirisch zum konstitutiven Selbstvollzug der katholischen Kirche.“[629] Insofern ist es folgerichtig, dass sich die Deutschen Bischöfe darauf geeinigt haben, dass es in jeder Pfarrgemeinde einen Pfarrgemeinderat geben soll. Nicht der Pfarrer hat deshalb zu entscheiden, ob er es zulässt, dass es einen Pfarrgemeinderat gibt, also ob er sich beraten lässt oder nicht.

Dass der Pfarrgemeinderat in bestimmten Fragen „nur“ beratende Funktion hat, wird von vielen als starke Einschränkung empfunden. Unbeschadet dessen, dass die Mitwirkungsmöglichkeiten sicher noch ausbaufähig sind, wird der Stellenwert des Rates dabei aber oft zu gering bewertet. LG Artikel 37 betont: „Entsprechend dem Wissen, der Zuständigkeit und hervorragenden Stellung, die sie[630] einnehmen, haben sie die Möglichkeit, bisweilen auch die Pflicht, ihre Meinung in dem, was das Wohl der Kirche angeht, zu erklären. Gegebenenfalls soll das durch die dazu von der Kirche festgesetzten Einrichtungen geschehen, immer in Wahrhaftigkeit, Mut und Klugheit, mit Ehrfurcht und Liebe gegenüber denen, die aufgrund ihres geweihten Amtes die Stelle Christi vertreten.“ Dies hat auch im CIC seinen Niederschlag gefunden; c. 212 § 3 hat diesen Artikel in einer nicht unwesentlich modifizierten Formulierung übernommen, die das Anliegen verstärkt: „Entsprechend ihrem Wissen, ihrer Zuständigkeit (competentia) und ihrer hervorragenden Stellung haben sie das Recht (ipsis ius est) und bisweilen sogar die Pflicht, ihre Meinung in dem, was das Wohl der Kirche angeht, den geistlichen Hirten mitzuteilen und sie unter Wahrung der Unversehrtheit des Glaubens und der Sitten und der Ehrfurcht gegenüber den Hirten und unter Beachtung des allgemeinen Nutzens und der Würde der Personen den übrigen Gläubigen kundzutun.“ Das Wohl der Kirche steht hier also im Vordergrund, und darum geht es grundlegend auch im Pfarrgemeinderat und nicht um die Interessen einzelner Gruppen. C. 127 CIC beschreibt die elementare Bedeutung des Rates und betont die Verpflichtung eines Oberen, den Rat des jeweiligen Gremiums einzuholen. Unterlässt der Obere dies bei geforderter Einberufung, ist, so gemäß c. 127 § 2.2, seine Handlung rechtsunwirksam. Auch wenn der Obere nicht verpflichtet ist, nach übereinstimmender Stellungnahme zu handeln, so dieser Canon weiter, darf er nicht ohne sehr gewichtige Gründe anders entscheiden, als das Beratungsgremium ihm vorgeschlagen hat. Wer ohne Grund einen Rat – zumal einen einmütigen – ausschlägt, verletzt demnach sowohl das Recht als auch das Vertrauen. „Damit wird jenseits rechtlicher Verpflichtungen ein moralischer Appell an alle diejenigen gerichtet, die einen Rat anzuhören haben: Sie dürfen nicht mutwillig, unüberlegt zumal von einer einhelligen Stellungnahme des Ratsgremiums abweichen, sondern es bedarf hiezu wohl überlegter Gründe. Der kodikarische Gesetzgeber leistet hier einen, wie es scheint,

629 Kehl, Medard: Die Kirche, 104.
630 Gemeint sind hier die Laien.

nicht unbedeutenden Beitrag zur Pflege einer Gesprächskultur zwischen Verantwortungsträgern und ihren Ratsgremien."[631]

Wie sich der Pfarrer im Pfarrgemeinderat sieht und versteht und welche Rolle der Pfarrgemeinderat für ihn hat, wird in letzter Konsequenz dennoch sehr stark von seinem grundsätzlichen Amtsverständnis abhängen.

Priesterthemen?

Ein Item in Frage 31 war der österreichischen Priesterumfrage von 1971 entnommen: „Viele Laien diskutieren heute über Fragen, über die nur die Priester berufenerweise sprechen können."[632] Um welche Fragen es sich dabei handelt, war nicht näher inhaltlich bestimmt. Das Kirchenbild, das sich hinter dieser Fragestellung verbirgt, zeigt eine starke Tendenz zum alten, überkommenen Denken, das Jahrhunderte vorgeherrscht hat. Demgemäß kommt den Priestern die fachliche Kompetenz in allen die Kirche betreffenden Fragen zu, die Laien hatten dazu nichts zu sagen bzw. durften es nicht und mussten deshalb vor allem belehrt werden. Der Duktus der Fragestellung insinuiert ein wenig Anmaßung von Seiten der Laien, die sich da um Themen annehmen, die sie nichts angehen. Von der Verantwortung des ganzen Gottesvolkes für die Sendung der Kirche kommt hier nichts zum Vorschein.

Die Linearergebnisse der österreichischen Umfrage von 1971 zeigen in dieser Frage erstaunliche Ressentiments gegen die Laien und bringen damit zu Tage, wie sehr sich das geschichtliche Erbe der Über- und Unterordnung in den Herzen und Köpfen festgesetzt hat.

Tabelle 62: Viele Laien diskutieren heute über Fragen, über die nur die Priester berufenerweise sprechen können (1971)

	Prozent
stimmt völlig	37%
stimmt weitgehend	24%
unentschieden	15%
stimmt kaum	12%
stimmt überhaupt nicht	12%

Quelle: Priester 1971 – Österreich

Zieht man auf der fünfteiligen Skala Nummer 1 und 2 zu einer Aussage zusammen, ergibt sich folgendes Bild: Beinahe 2/3 (61%) der befragten österreichi-

[631] Primetshofer, Bruno: Kanonistische Bemerkungen zu den österreichischen Pfarrgemeinderats- und Pfarrkirchenordnungen, in: ÖAfKR 42 (1993) 156-177, hier 161.

[632] Institut für kirchliche Sozialforschung, Österreichische Priesterbefragung, Wien 1971, Frage Nr. 66.

schen Priester war vor dreißig Jahren der Meinung, dass es Themen gibt, welche den Priestern vorbehalten sind und in die sich die Laien „nicht einmischen" sollen. Es kann vermutet werden, dass es sich dabei um Fragen der Lehre und des Lehramtes handelt. Die Enzyklika „Humanae vitae", die von Papst Paul VI. 1968 veröffentlicht wurde, hatte bei vielen Gläubigen wegen ihrer Haltung zur Geburtenregelung großen Unmut bis hin zu offenem Protest hervorgerufen. Solches Verhalten war innerkirchlich relativ neu. Möglicherweise spielte auch dieses Thema mit eine Rolle. Ein Viertel der befragten Priester (24%) hatte keine Probleme damit, dass die Laien sich um alle Themen annahmen, 15% waren unentschieden.

Die Linearergebnisse der Passauer Studie **PRIESTER 2000**© zeigen ein deutlich anderes Ergebnis als 1971. Wie bereits einmal angeschnitten, ist ein direkter Vergleich zwischen den österreichischen Priestern einerseits und den Passauer Priestern andererseits nicht ohne Risiko. Im Gesamt der Studie **PRIESTER 2000**© hat sich jedoch z. B. gezeigt, dass die Umfrageergebnisse der Diözesen Linz und Passau relativ große Ähnlichkeit aufweisen.[633] Da auch die Linzer Linearergebnisse von 1971 in dieser Frage mit den Gesamtösterreichischen beinahe identisch sind,[634] soll ein Vergleich versucht werden, weil zumindest Entwicklungen aufgezeigt werden können, die sich faktisch ereignet haben:

Tabelle 63: Viele Laien diskutieren heute über Fragen, über die nur die Priester berufenerweise sprechen können (2000)

	Prozent
stimmt völlig	9%
stimmt weitgehend	18%
unentschieden	22%
stimmt kaum	17%
stimmt überhaupt nicht	34%

Quelle: **PRIESTER 2000**© – Diözese Passau

Das Ergebnis hat sich im Vergleich zu 1971 beinahe auf den Kopf gestellt: 27% der befragten Passauer Priester sehen es auch im Jahr 2000 so, dass nicht alle Fragen und Themen, die für Christen und in der Kirche relevant sind, von allen besprochen werden dürfen. 22% sind in der Mittelposition und 51% (also jeder Zweite unter den Befragten) ist nicht der Meinung, dass sich die Laien um Themen annehmen würden, für die sie keine Kompetenz haben, bzw. die den Pries-

633 Vgl. Zulehner, Paul M.: Priester im Modernisierungsstress, 133-164.

634 Die Einstellung der Linzer Diözesanpriester zu Frage 66 im Fragebogen ergab folgendes Bild: stimmt völlig (1): 35%, stimmt weitgehend (2): 24%, unentschieden (3): 17%, stimmt kaum (4): 12%, stimmt überhaupt nicht (5): 12%. Quelle: Institut für kirchliche Sozialforschung Wien, Österreichische Priesterbefragung Diözese Linz, Wien 1971, XLIII.

tern vorbehalten sind. Auf Amtstypen verteilt zeigt sich die Haltung in dieser Frage folgendermaßen:

Tabelle 64: Viele Laien diskutieren heute über Fragen, über die nur Priester berufenerweise sprechen können (nach Amtstypen)

	völlig ja	ja	unent-schie-den	nein	ganz nein
zeitloser Kleriker	19%	15%	28%	15%	23%
zeitoffener Gottesmann	17%	23%	27%	13%	20%
zeitnaher Kirchenmann	4%	23%	24%	21%	28%
zeitgemäßer Gemeindeleiter	3%	8%	12%	18%	59%

Quelle: **PRIESTER 2000**© – Diözese Passau

Die zeitoffenen Gottesmänner sind diejenigen, die am stärksten davon überzeugt sind, dass es Themen gibt, die den Priestern vorbehalten sind und von denen die Laien nichts verstehen. 40% aus dieser Gruppen sagen, dass nach ihrer Einschätzung die Laien über Fragen diskutieren, über die nur berufenerweise Priester sprechen können; 35% der zeitlosen Kleriker sind ebenfalls dieser Ansicht, solches gilt auch für 27% der zeitnahen Kirchenmänner und 11% der zeitgemäßen Gemeindeleiter. Unter den zeitgemäßen Gemeindeleitern meinen jedoch 77%, dies sei nicht der Fall, bei den zeitnahen Kirchenmännern sind dies 49%, unter den zeitlosen Klerikern 38%. Von den zeitoffenen Gottesmännern stimmen 33% der Aussage zu, dass es keine Fragen gibt, über die „berufenerweise" nur die Priester sprechen können. So geschätzt die Laien auch in anderen Fragen bei den Priestern sind, hier zeigt sich doch eine interessante Differenzierung, an der ein innerkirchliches Gefälle deutlich wird. Am geschwisterlichsten offenbaren sich die zeitgemäßen Gemeindeleiter, eine deutliche klerikale Zäsur markieren die zeitoffenen Gottesmänner.

Diese Einstellung ist als solche zur Kenntnis zu nehmen, sie offenbart jedoch Entwicklungsbedarf im Hinblick darauf, wie die Konzilsväter in dieser Frage vorausgedacht haben.

Nach 1 Petr 2,9 sind die Gläubigen ein priesterliches Gottesvolk, und 1 Kor 2,16 betont, dass die Gläubigen den Sinn besitzen, der sie in die Wahrheit einführen wird. Christoph Böttigheimer reflektiert das Zueinander von Gottes Volk und Gottes Wort anhand des Artikels 10 von „Dei Verbum": „Die Heilige Überlieferung und die Heilige Schrift bilden den einen der Kirche überlassenen heiligen Schatz des Wortes Gottes. Voller Anhänglichkeit an ihn verharrt das ganze heilige Volk, mit seinen Hirten vereint, ständig in der Lehre und Gemeinschaft der Apostel, bei Brotbrechen und Gebet (vgl. Apg 2,42 griech.), so dass im Festhalten am überlieferten Glauben, in seiner Verwirklichung und seinem Bekenntnis ein einzigartiger Einklang herrscht zwischen Vorstehern und Gläubigen." Hier wird die Unterscheidung zwischen Amtsträgern und Laien in der Weise umfangen, dass die Kirche als heiliges Volk bezeichnet wird. Entscheidend ist für Christoph Böttigheimer, dass in einem lehramtlichen Text damit erstmals zum Ausdruck kommt, „dass sich die Kirchlichkeit des Wortes Gottes nicht allein auf das kirchliche Lehramt, sondern auf die Glaubengemeinschaft als Ganzes bezieht, weshalb ihr eine unersetzliche Funktion gegenüber dem Wort Gottes zuerkannt wird. Der konziliaren Worttheologie zufolge sind es also nicht mehr allein die Amtsträger, denen es zukommt, das Wort Gottes zu empfangen, zu bezeugen und weiterzugeben, vielmehr sind alle Getauften Subjekt des innerkirchlichen Wortgeschehens."[635] Auf der Grundlage dieses Verständnisses gibt es keine Fragen, über die bestimmte Gruppen sprechen dürfen und andere nicht, weil allen die Offenbarung des Geistes geschenkt wird, damit sie anderen nützt.[636]

Veto-Recht und Grundverantwortung

Das „Veto-Recht" des Pfarrers im Pfarrgemeinderat steht eher in schlechtem Ruf, weil vielfach damit die Ansicht verbunden ist, die Pfarrgemeinderäte hätten sich so zu verhalten, wie es der Pfarrer will, denn andernfalls könnte der Pfarrer jegliche Vorhaben oder Ideen, die ihm nicht zusagen, durch sein Vetorecht unterbinden. Die Pfarrgemeinderäte seien also nichts anderes als die „Handlanger des Pfarrers".[637] Wie oft Pfarrer vom Vetorecht Gebrauch machen, ist schwer zu erheben. Im Normalfall kommt es wahrscheinlich meistens gar nicht so weit, weil die Mitglieder der Pfarrgemeinderäte im Konfliktfall eher zurückziehen, als ein Zerwürfnis mit dem Pfarrer zu riskieren. „So ist die Haltung der Pfarrgemeinderäte gegenüber ihrem Pfarrer meist wohlwollend, auch dort, wo es zu Auseinandersetzungen kommt. Denn die Pfarrgemeinräte treten... in den Bereichen, die herkömmlicherweise dem Priester zugesprochen werden, in der Regel nicht in Konkurrenz zu ihrem Pfarrer."[638] Rückzug, Flucht oder Vermeidung sind in kirchlichen Gremien weit häufiger praktizierte Konfliktstile als Konfrontation und offene Auseinandersetzung.

Ein mögliches Veto – so sieht es die Satzung vor – muss begründet werden und bezieht sich auf die durch das Amt gegebene pastorale Verantwortung des Pfarrers und nicht darauf, ob ihm persönlich etwas nicht entspricht.[639] Anlass für ein

---

635 Böttigheimer, Christoph: Mitspracherecht der Gläubigen in Glaubensfragen, in: StdZ 214 (1996) 547-554, hier 549.

636 Vgl. 1 Kor 12,7.

637 Vgl. Boekholt, Peter: Der Pfarrgemeinderat – mehr als nur ein „Handlanger" des Pfarrers. Verunsichert das neue kirchliche Gesetzbuch den rechtlichen Status? in: Anzeiger für die Seelsorge 93 (1984) 316-320.

638 Eckart, Joachim: Pfarrgemeinderat und kooperative Pastoral, 119.

639 In § 7 Absatz 3 heißt es: „Erklärt der Pfarrer förmlich aufgrund der durch sein Amt gegebenen pastoralen Verantwortung und unter Angabe der Gründe, dass er gegen einen Antrag stimmen

Veto wäre z. B., wenn ein nicht sehr pluralitätsfreundlicher Pfarrgemeinderat beschließen würde, dass Flüchtlinge oder Asylbewerber/-innen in der Pfarrgemeinde keinesfalls Aufnahme finden, weil das „den Frieden vor Ort" stört, oder dass der Krankenbesuchsdienst eingestellt wird, weil er zu viel Zeit beansprucht.

Nach Norbert Schuster gibt es folgende drei unantastbare Grundgegebenheiten, über die in einer Gemeinde nicht durch Beschlüsse verfügt werden kann. Für ihn hat eine Gemeinde aufgrund ihres Auftrages kein Recht, die eigene Auflösung zu debattieren, sich aus der Communio der Ortskirche abzuspalten oder zu isolieren. „Es steht nicht in der Beliebigkeit von Menschen, die an einem zufälligen historischen Punkt in der Geschichte dieser Gemeinde leben, entscheiden und handeln, diesen Auftrag für beendet zu erklären."[640] Zweitens darf keine Gemeinde jemals die Verkündigung des Evangeliums und das Bekenntnis ihres Glaubens in Wort und Tat aufgeben. Und weil die Gemeinde Werkzeug in den Händen Gottes ist, darf sie drittens niemals die Feier der Sakramente einstellen, die Gottes heilendes Handeln an den Menschen sichtbar machen. Um diese Fragen und um das, was mit ihnen in unmittelbarer Verbindung steht, geht es beim sog. Vetorecht des Pfarrers. Abgesehen davon, dass wohl kaum ein Pfarrer will, dass der Pfarrgemeinderat nicht wirksam oder aktiv werden kann, würde das Vetorecht missbraucht, wenn es das Instrumentarium dafür wäre, dass der Pfarrer all das nicht zulässt, was mit seiner Meinung nicht übereinstimmt.

Tabelle 65: Der Pfarrer muss gegenüber seinem Pfarrgemeinderat ein Veto-Recht haben

	(völlig) ja	unentschieden	(ganz) nein
zeitloser Kleriker	77%	8%	15%
zeitoffener Gottesmann	50%	17%	33%
zeitnaher Kirchenmann	58%	19%	23%
zeitgemäßer Gemeindeleiter	18%	21%	61%

Quelle: **PRIESTER 2000**© – Diözese Passau

Wie sehr sich die befragten Priester *in* der Gemeinde oder vor allem ihr *gegenüber* sehen, zeigt das Ergebnis bei der Frage nach dem Vetorecht. Nicht ganz 2/3 der zeitgemäßen Gemeindeleiter und ein Drittel der zeitoffenen Gottesmänner sind in der Frage des Vetorechts ganz auf Seiten der Gemeinde. Sie vertrau-

muss, so ist in dieser Sitzung eine Beschlussfassung nicht möglich. Die anstehende Frage ist im Pfarrgemeinderat in angemessener Frist erneut zu beraten. Kommt auch hier eine Einigung nicht zustande, kann die Schlichtungsstelle angerufen werden." Quelle: Ordnung für das Apostolat der Laien im Bistum Passau, 22.

640 Vgl. Schuster, Norbert: Letztverantwortung – Betrachtung über einen Un-begriff, in Müller, Josef/Schuster, Norbert (Hrsg.): Die Sorge um die Gemeinden. Beiträge zu einer Seelsorge in der Welt von heute, Waldkirch 1990, 65-73, hier 72.

en darauf, dass die tragenden Kräfte der Gemeinde in der Weise wirksam sind, dass Entscheidungen über Meinungsbildungsprozesse zustande kommen, in denen es keine Gewinner und Verlierer gibt. Ein Pfarrgemeinderat ist kein Pfarrparlament, in dem es Kampfabstimmungen um Richtungen gibt, sondern eine „Communio personarum, der selbstherrliche Personen oder selbstherrliche Mehrheiten schaden“[641]. Wo ein tendenziell integrativer Führungsstil gepflegt wird, werden die gemeinsamen Anliegen im Normalfall im wertschätzenden Dialog und im Hören aller auf den Geist Gottes bedacht und behandelt. Dennoch sehen die zeitlosen Kleriker ihre Rolle im Pfarrgemeinderat deutlich anders als die zeitgemäßen Gemeindeleiter: 77% aus der Gruppe der zeitlosen Kleriker sind der Meinung, dass der Pfarrer dem Pfarrgemeinderat gegenüber ein Vetorecht haben muss. Diese Position vertreten 58% der zeitnahen Kirchenmänner und jeder Zweite (50%) aus der Gruppe der zeitoffenen Gottesmänner. Bei den zeitgemäßen Gemeindeleitern ist der Anteil derer, die vom Vetorecht überzeugt sind, mit 18% im Vergleich zu denen aus der eigenen Subgruppe, die es ablehnen, vergleichsweise gering.

Die nicht sehr glückliche Sprachregelung von der „Letztverantwortung des Pfarrers“ und das Vetorecht im Pfarrgemeinderat stehen miteinander in Verbindung. Eine mögliche Übersetzung liest sich folgendermaßen: Der Pfarrer als amtlich bestellter Leiter der Pfarrgemeinde muss dafür gerade stehen, dass die Gemeinde um ihren tragenden Grund weiß: dass sie sich in letzter Weise Jesus Christus verdankt und das Leben in der Gemeinde so gestaltet wird, dass die Botschaft Jesu Christi in Worten und Taten aufscheint. So gesehen wäre es der Ekklesiologie des Zweiten Vatikanischen Konzils entsprechend angemessen, die Rede von der Letztverantwortung kritisch zu überprüfen, denn sie vermischt soziologisches und das theologisches Verständnis von Leitung in der Weise, dass es missverständlich werden kann. Michael Böhnke schlägt vor – veranschaulicht über das Bild eines Kuchens, der nicht in Stücke aufgeteilt, sondern horizontal durchgeschnitten wird –, den Terminus der Letztverantwortung durch den der Grundverantwortung zu ersetzen. Die Gesamtverantwortung für die Pastoral teilt sich dann in die Grundverantwortung des Pfarrers und die Handlungsverantwortung all derer auf, die in der Pastoral für einen Bereich Leitungsverantwortung tragen. „Der Begriff Grundverantwortung verweist auf die Kirche als Grundsakrament und damit auf die sakramentale Verfasstheit von Kirche in der Sendung von Jesus Christus her insgesamt. Der Begriff Grundverantwortung bezeichnet das Spezifikum des Weiheamtes, und zwar nicht in Konkurrenz zu anderen kirchlichen Berufsgruppen, wie etwa der Begriff Leitung. Der Begriff Grundverantwortung gibt Raum für Handlungsverantwortung, die eine echte Teilhabe an der pastoralen Verantwortung ermöglicht.“[642]

[641] Schuster, Norbert: Pfarrgemeinderat und Gemeindeleitung, 251.

[642] Böhnke, Michael: „Grundverantwortung“ – ein Begriff steht zur Diskussion, in: Pastoralblatt 48 (1996) 119-120, hier 120.

Es ist keine Frage, dass in einer pluralen und vielschichtigen Organisation wie einer Pfarrgemeinde viele Menschen in unterschiedlicher Weise Verantwortung tragen und damit an der Leitung beteiligt sind. „Wer von Leitung spricht, spricht nicht nur von dem *Einen*, er muss vielmehr von vielen Menschen reden, von einem System wechselseitig voneinander abhängiger Elementen und Beziehungen, von einer hoch komplexen Angelegenheit“[643]. Soweit in einer Pfarrgemeinde ein Hauptamtlichenteam vorhanden ist, wird darin Gemeindeleitung eine Rolle spielen, schon allein dadurch, dass Ziele vereinbart und Arbeitsschwerpunkte festgelegt werden. Eine der Hauptgruppen, der – neben der Kirchenverwaltung – Leitungsverantwortung zukommt, ist der Pfarrgemeinderat. Pfarrer, die synodal ausgerichtet sind, haben mit einem Leitungsverständnis keine Schwierigkeiten, das den Pfarrgemeinderat in dieser Rolle sieht. „Ich kann gleich von mir aus sagen, dass ich einen Pfarrgemeinderat brauche, ein Gremium, das mit mir für das Leben einer christlichen Pfarrgemeinde Verantwortung trägt. Zuerst einmal spüre und erlebe ich, dass ich als Pfarrer nicht allein bin, dass andere binden und von innen her mit mir glauben, mit mir den Glauben teilen und ein christliches Leben für andere erschließen.“[644]

Tabelle 66: Die letzte Verantwortung für die Leitung einer Gemeinde muss immer ein Priester haben

	(völlig) ja	unentschieden	(ganz) nein
zeitloser Kleriker	93%	4%	3%
zeitoffener Gottesmann	60%	30%	10%
zeitnaher Kirchenmann	74%	15%	11%
zeitgemäßer Gemeindeleiter	28%	23%	49%

Quelle: **PRIESTER 2000**© – Diözese Passau

In der Frage der „Letztverantwortung“ in der Gemeindeleitung sind die zeitlosen Kleriker eindeutig: 93% sagen, dass diese beim Priester liegt. Auch 74% der zeitnahen Kirchenmänner zeigen mit dieser hohen Zustimmung eine klare Position. Bei den zeitlosen Klerikern ist der Prozentsatz der Unentschiedenen und derer, die nicht meinen, der Priester müsste die letzte Verantwortung für die Leitung einer Gemeinde haben, sehr gering. Bei den zeitnahen Kirchenmännern sagen 15%, dass sie sich nicht sicher sind, 11% lehnen es ganz oder weitgehend ab, qua Amt allein in der Letztverantwortung zu stehen. Am meisten in Bewegung ist in der Frage der Meinungsfindung die Gruppe der zeitoffenen Gottesmänner. Möglicherweise hängt es mit ihrem pontifikalen Amtsverständnis zu-

643 Schuster, Norbert: Theologie der Leitung. Zur Struktur eines Verbundes mehrerer Pfarrgemeinden, Mainz 2001, 108.

644 Ebner, Alfred: Kaum 25 Jahre jung - und schon unentbehrlich. Warum ich als Pfarrer einen Pfarrgemeinderat brauche, in: Die Lebendige Zelle 36 (1993) 114.

sammen, dass 30% der zeitoffenen Gottesmänner nicht eindeutig sagen, wohin sie in dieser Frage tendieren und sich in der Mitte einreihen. 60% sind klar der Meinung, dass die letzte Verantwortung für die Leitung einer Gemeinde immer ein Priester haben muss, 10% lehnen diese Position für sich ab. Deutlich sind auch die grundsätzlichen Optionen der zeitgemäßen Gemeindeleiter: 49%, also beinahe jeder Zweite sieht sich nicht von Amts wegen allein in die letzte Verantwortung für die Leitung einer Gemeinde gestellt, 23% sind unschlüssig und 28% sagen klar, dass sie sich als Letztverantwortliche verstehen.

Ausgewählte Zukunftsszenarien

Antonyme zu Entwicklung sind Abbau, Regression und Rückschritt. Wo keine Entwicklung in Form von wie auch immer gearteten Veränderungen mehr stattfindet, geht Leben zu Ende. Das gilt für Lebewesen in gleicher Weise wie für Organisationen. Entwicklung ist nicht dem Wachstum gleichzusetzen, weil Wachstum eine quantitative Veränderung beschreibt, welche im Normalfall die Grundstrukturen nicht antastet. Entwicklung ist stärker qualitativ zu verstehen. „Entwicklung hat mit Krisen zu tun, die durchgearbeitet und durchlitten werden müssen und aus denen Personen und Strukturen keineswegs immer, wie Phönix aus der Asche, größer und strahlender hervorgehen, sondern oft auch kleiner, bescheidener, zum Verzicht auf Omnipotenzphantasien bereit.“[645] Weil auch Organisationen – wie die darin arbeitenden Menschen – dazu neigen, sich einzurichten, auf Bestehendem zu beharren und sich so wenig wie möglich dem Wandel auszusetzen, bedürfen sie Initiativen, um in Bewegung und damit in Entwicklung zu bleiben. Die Balance zwischen der Treue zum Ursprung und einem der Situation angemessenen Handeln ist für die Kirche unter dem Blickwinkel der Organisation ein dauernder Anspruch, „sich selbst permanent spirituell und strukturell bzw. organisational zu erneuern und sich als Institution bzw. Organisation in schöpferischer Treue zu ihrem wesentlichen Auftrag fortzugestalten“[646]. Weitsichtig und vorausschauend muss deshalb die Kirche um der jeweiligen Gegenwart willen die Zukunft im Blick haben. Einige ausgewählte Themen, die das mögliche zukünftige Verhältnis von Priestern und Laien betreffen, waren Gegenstand der forschenden Erkundung in der Studie **PRIESTER 2000**©. Sie werden nachfolgend vorgestellt.

---

[645] Hage, Ulrich: Auf dem Weg zur Organisationsentwicklung, in: Industrielle Organisation 49 (1980) 13-16, hier 14.

[646] Fürst, Walter/Severin, Burkhard: Organisationsentwicklung – Überlebensstrategie für die Kirche? in: PThI 20 (2000) 51-76, hier 68.

Ausweitung der Kompetenzen der Pfarrgemeinderäte

Ein erster Blick galt dem Ausbau bzw. der Stärkung des synodalen Prinzips. Ausgehend von der von Michael Böhnke vorgeschlagen Begrifflichkeit der Handlungsverantwortung, die all jene tragen, die sich aufgrund von Taufe und Firmung aus dem Glauben heraus vielfältig engagieren, ist der Mitbestimmungsrahmen für die Mitglieder der Pfarrgemeinderäte ausbaufähig. „Laien können... durchaus auch bei der pastoralen Entscheidungsfindung mit beschließendem (und nicht bloß beratendem) Stimmrecht ausgestattet werden, ja, es ist sogar *kollegiale Beschlussfassung* eines aus Klerikern und Laien bestehenden Gremiums denkbar. Wenn das gegenwärtige Kirchenrecht dies nicht vorsieht, so ist das kein Beweis dafür, dass Derartiges mit den Strukturen der Kirche grundsätzlich unvereinbar wäre.“[647]

Den befragten Priestern wurden wesentliche Bereiche vorgelegt und daraufhin untersucht, inwieweit eine Ausweitung der Kompetenzen der Pfarrgemeinderäte vorstellbar wäre.

Angenommen, Sie könnten die weltkirchlichen Rechtsnormen weiterentwickeln: welche Kompetenzen sollten gewählte Laiengremien auf den folgenden Gebieten haben?

Bitte kreuzen sie in jeder Zeile das Entsprechende an! Entscheidung, nur Beratung, gar nichts[648]

Tabelle 67: Entscheidungskompetenz gewählter Laiengremien auf folgenden Gebieten:

	zeitloser Kleriker	zeitoffener Gottes-mann	zeitnaher Kirchen-mann	zeit-gemäßer Gemeinde-leiter
Gestaltung der Liturgien	0%	13%	13%	36%
Gottesdienstordnung	23%	33%	29%	62%
Ziele der Seelsorge	4%	50%	35%	62%
Begegnung mit anderen Kirchen	16%	53%	31%	62%
Verwaltung der Gemeinde	62%	67%	75%	87%
Finanzen	73%	73%	81%	95%
Personal	54%	33%	40%	56%
SUMME	232	322	304	460

Quelle: **PRIESTER 2000**© – Diözese Passau

[647] Primetshofer, Bruno: Kanonistische Bemerkungen zu den österreichischen Pfarrgemeinderats- und Pfarrkirchenordnungen, 161f.

[648] Die Antwort „gar nichts“ ist nur von einer sehr geringen Minderheit gewählt worden und wird deshalb im Folgenden nicht weiter aufgeschlüsselt und besprochen.

Der administrative Bereich, näherhin die Verwaltung der Gemeinde sowie die Finanzen sind mit Abstand die favorisierten Gebiete, für die sich die an der Umfrage beteiligten Passauer Priester einen Zuwachs an Entscheidungskompetenz für die Pfarrgemeinderäte vorstellen könnten. Die große Offenheit, gewählten Laiengremien in Finanzfragen Entscheidungskompetenz zuzuschreiben, hängt mit den Erfahrungen zusammen, die es über die Arbeit der Kirchenverwaltung gibt. In diesem (gewählten) Gremium ist der Pfarrer nur in dem Sinn in einer Sonderrolle, als ihm bei Beschlüssen, in denen es Stimmengleichheit gibt, die Entscheidung obliegt. Ansonsten ist er – ohne Vetorecht – überstimmbar.[649] In der Frage der Entscheidungskompetenz bei Personalentscheidungen hingegen unterscheiden sich die verschiedenen Amtstypen stärker: Die zeitoffenen Gottesmänner und die zeitnahen Kirchenmänner betrachten Personalfragen eher als einen Beratungsgegenstand, während die zeitlosen Kleriker sowie die zeitgemäßen Gemeindeleiter hier den Pfarrgemeinderäten eine Ausweitung ihrer Entscheidungsbefugnisse zusprechen.

Relativ große Einigkeit besteht in bestimmten Fragen der Pastoral, wie das folgende Ergebnis zeigt:

Tabelle 68: Ausschließlich Beratung durch gewählte Laiengremien auf folgenden Gebieten:

	zeitloser Kleriker	zeitoffener Gottes-mann	zeitnaher Kirchen-mann	zeit-gemäßer Gemeinde-leiter
Gestaltung der Liturgien	92%	83%	88%	64%
Gottesdienstordnung	69%	63%	65%	38%
Ziele der Seelsorge	96%	47%	65%	36%
Begegnung mit anderen Kirchen	84%	40%	63%	36%
Verwaltung der Gemeinde	38%	33%	25%	13%
Finanzen	27%	23%	19%	5%
Personal	38%	63%	58%	44%
SUMME	444	352	383	236

Quelle: **PRIESTER 2000**© – Diözese Passau

[649] Artikel 19 der Ordnung für kirchliche Stiftungen sieht vor: „Die Kirchenverwaltung wird durch Beschlussfassung tätig. Sie fasst ihre Beschlüsse mit der Mehrheit der zu ihren Sitzungen erschienen Mitglieder. Bei Stimmengleichheit entscheidet die Stimme des Kirchenverwaltungsvorstandes. Kein anwesender Stimmberechtiger darf sich der Stimme enthalten." Quelle: Fahr, Friedrich u. a. (Hrsg.): Ordnung für kirchliche Stiftungen. Satzungen und Wahlordnungen für die gemeindlichen und gemeinschaftlichen kirchlichen Steuerverbände in den bayerischen (Erz-)Diözesen, München-Augsburg [13]1988, 17.

Die an der Umfrage beteiligten Passauer Priester betrachten vor allem die Gestaltung der Liturgie in ihrer ganzen Vielfalt als ihre Materie und zugleich Domäne. Die Ausgestaltung der Liturgien ist der Bereich, der für sie auf der Ebene der Gestaltungsmacht nicht zur Disposition steht und in den sie sich, auch auf Zukunft hin, am wenigsten „dreinreden“ lassen wollen. Im Bereich der Liturgie haben auch die zeitgemäßen Gemeindeleiter mit 64% relativ hohe Werte, womit sie sich vom Trend nicht von ihren Kollegen unterscheiden. Auffallend ist, dass die zeitlosen Kleriker die Ziele der Seelsorge sehr ausschließlich in ihrer Entscheidungsbefugnis sehen wollen. Auch 65% der zeitnahen Kirchenmänner zeigen hier ein ähnliches Verständnis, während die zeitoffenen Gottesmänner und die zeitgemäßen Gemeindeleiter in dieser Frage mehr auf die Übereinstimmung mit den Pfarrgemeinderäten setzen. Ein empfindlicher Bereich, so lassen die Ergebnisse vermuten, scheint die Gottesdienstordnung zu sein. Mit Ausnahme der zeitgemäßen Gemeindeleiter will hier die Mehrheit der befragten Priester die Pfarrgemeinderäte nicht entscheiden lassen. In der Tat kann die Frage der Gottesdienstordnung ein heißer Konfliktpunkt sein, wenn es z. B. in einem neu gegründeten Pfarrverband darum geht, wo und wann am Sonntag die Eucharistiefeier stattfindet. Hier geht bei den befragten Priestern die Vorsicht vor der Synodalität.

Mitspracherecht der Gemeinden bei der Bestellung des Pfarrers

Für Bischof Cyprian von Karthago (†258) gibt es keine Entscheidung, die nicht auf der Grundlage einer Beratung durch die Presbyter und Diakone stattfindet und der Annahme durch das Volk bedarf. Diese Grundmaxime benennt er in einem Brief an die Presbyter und Diakone seiner Gemeinden: „Auf die Zuschrift aber, welche unsere Mitpriester Donatus und Fortunatus und Novatus und Gordius gerichtet haben, habe ich nicht allein antworten können, weil ich vom Beginne meines bischöflichen Amtes an beschlossen habe, nichts ohne euren Rat und ohne des Volkes Beistimmung bloß auf meine Ansicht hin zu unternehmen.“[650]

In der Frage der Beistimmung des Volkes gibt es in der römisch-katholischen Kirche sehr unterschiedliche Traditionen und nicht nur ein Modell. Während es in der Schweiz als selbstverständlich gilt, dass die Gemeinde gefragt wird, wer ihr als Pfarrer vorstehen soll, werden in Deutschland die Mitglieder der Pfarrgemeinden im Normalfall vor vollendete Tatsachen gestellt. Die Entscheidungen treffen einerseits die Priester über das Bewerbungsschreiben und andererseits der Bischof, der die Ernennungsurkunden ausstellt und unterzeichnet. Ob das Volk den ihm vor-gesetzten Pfarrer akzeptiert, stellt sich meistens im Laufe der Zeit heraus. Der Passauer Pastoralplan greift im Projekt 8 die Frage der Mitspra-

[650] Cyprian von Karthago, Ep. XIV., in: Thalhofer, Valentin (Hrsg.): Bibliothek der Kirchenväter. Cyprian's sämmtliche Briefe, Zweiter Band, Kempten 1879.

che auf, die als vielfaches Anliegen auf dem Weg zum Pastoralplan von den beteiligten Gruppierungen und Pfarrgemeinden geäußert wurde: „Bei der Besetzung von Seelsorgestellen in den Pfarreien (Pfarrer, hauptamtliche Laien) wird die Anhörung und angemessene Mitbeteiligung der Pfarrei (Pfarrgemeinderat und Kirchenverwaltung) gewährleistet.“[651]

Tabelle 69: Unabhängig von der derzeitigen kirchenrechtlichen Lage: sollte die Gemeinde ein Mitspracherecht bei der Bestellung ihres Pfarrers haben?

	zeitloser Kleriker	zeitoffener Gottesmann	zeitnaher Kirchenmann	zeitgemäßer Gemeindeleiter
durch Wahl aus Bewerbern, wobei der Bischof zur Gültigkeit die Wahl bestätigen muss	0%	10%	10%	39%
durch Wahl aus Bewerbern, wobei der Bischof die Wahl nicht bestätigen muss	4%	3%	0%	5%
durch Wahl aus den vom Bischof vorgeschlagenen Kandidaten	19%	26%	15%	13%
durch das Recht der Gemeinde, Vorschläge zu machen	27%	32%	44%	36%
SUMME	50	71	69	93
nein, keines davon	50%	29%	31%	8%

Quelle: **PRIESTER 2000**© – Diözese Passau

Wenn die befragten Priester ein Mitspracherecht befürworten, dann am ehesten in der Form eines Vorschlagrechts durch die Gemeinde: Dies könnten sich 44% der zeitnahen Kirchenmänner vorstellen, 36% der zeitgemäßen Gemeindeleiter, 32% der zeitoffenen Gottesmänner und 27% der zeitlosen Kleriker. Eine Wahl der Gemeinde, die der Bischof bestätigen soll, erscheint lediglich den zeitgemäßen Gemeindeleitern als eine Möglichkeit; die Wahl ohne Bestätigung findet bei allen Amtstypen – weil ekklesiologisch mehr als eigenwillig – so gut wie keine Zustimmung. Dass es so bleiben soll, wie es ist, sagen 50% der zeitlosen Kleriker, 31% der zeitnahen Kirchenmänner, 29% der zeitoffenen Gottesmänner und geringe 8% der zeitgemäßen Gemeindeleiter. Die Antworten bei dieser Frage machen zwei Grundeinstellungen – die sich an vielen Themen der Studie **PRIESTER 2000**© zeigen – deutlich. Die befragten Priester tendieren entweder zu

[651] Passauer Pastoralplan 2000, 29.

einer gemeindeorientierten synodalen Grundausrichtung oder zu einer priesterzentrierten klerikalen Haltung. Priester mit einer klerikalen Grundhaltung sind in der Frage der Mitbestimmung von Laien stringent zurückhaltend: „Dann soll nicht nur die Leitung der Gemeinde in den Händen des Priesters sein, und der Priester soll im Pfarrgemeinderat ein Vetorecht haben; dazu kommt auch, dass die Einführung demokratischer Vorgänge eher abgelehnt wird – bei der Bestellung eines Pfarrers oder bei der Frage, ob der Pfarrgemeinderat künftig in einer Reihe von Angelegenheiten nicht nur beraten, sondern auch entscheiden soll. Priester mit einer priesterzentriert-klerikalen Grundhaltung tendieren dazu, den gestaltenden Einfluss von Laien niedrig zu halten."[652]

Weitere amtliche Beauftragung von hauptamtlichen Laien

Beauftragung für amtliche Dienste

Das Kirchenrecht sieht auf der Grundlage von LG Artikel 33 vor, dass der Bischof bei Bedarf Laien zur Übernahme liturgischer Dienste oder für den Verkündigungsdienst beauftragen kann. Die Grundlage dafür bildet c. 228 § 1: „Laien, die als geeignet befunden werden, sind befähigt, von den geistlichen Hirten für jene kirchlichen Ämter und Aufgaben herangezogen zu werden, die sie gemäß den Rechtsvorschriften wahrzunehmen vermögen." Dazu gehören u. a. die Canones 766, 1112 sowie 1168, welche die Zulassung zur Predigt, die Eheschließungsassistenz sowie die Spendung von Sakramentalien zum Inhalt haben. Was in vielen Diözesen übliche Praxis ist, nämlich dass Laien mit der Leitung von Trauer- und Beerdigungsgottesdiensten beauftragt werden, wird in Passau derzeit noch so gut wie nicht praktiziert. Im Zuge einer Entlastungsoffensive könnte diese Möglichkeit jedoch Wirklichkeit werden. Darüber hinaus wurden in der Studie **PRIESTER 2000**© zwei weitere Dienste daraufhin fokussiert, ob sich die befragten Priester vorstellen können, dass Laien mit der Ausübung dieser Dienste amtlich beauftragt werden.

[652] Zulehner, Paul M.: Priester im Modernisierungsstress, 164.

Wenn wegen des Priestermangels (gestützt auf CIC can 517 § 2) zunehmend Laien mit der Wahrnehmung von Seelsorgsaufgaben betraut werden: Sollten sie in Zukunft folgende Aufgaben übertragen bekommen?

Bitte kreuzen sie in jeder Zeile das Entsprechende an!

Tabelle 70: Laien sollen beauftragt werden

	zeitloser Kleriker	zeitoffener Gottesmann	zeitnaher Kirchenmann	zeitgemäßer Gemeindeleiter
zu trauen	67%	63%	65%	84%
zu beerdigen	88%	80%	94%	95%
in der Eucharistiefeier zu predigen	80%	72%	85%	100%
SUMME	235	215	244	279

Quelle: **PRIESTER 2000**© – Diözese Passau

In nur ganz wenigen Fragen sind sich Passaus Priester – unabhängig von allen sonstigen Differenzierungen im Amtsverständnis – einiger als in dieser, in der es um ihre Entlastung geht. Die durch die Beauftragungen vermutete Entlastung scheint hoch zu sein, vor allem was die Beerdigungen betrifft, die unplanbar sind und damit ein hohes Maß an Zeit und Flexibilität in der Planung beanspruchen. Diese Last mit anderen zu teilen erscheint allen eine relativ gleichermaßen erwünschte Angelegenheit. In der Frage der Beauftragung für kirchliche Trauungen, die quantitativ eher rückläufig sind, zeigen sich am ehesten kleine Vorbehalte. Jedoch sind jeweils fast oder mehr als 2/3 der zeitlosen Kleriker, zeitoffenen Gottesmänner und zeitnahen Kirchenmänner dafür, Hauptamtlichen die Beauftragung für diesen Dienst auszusprechen. Die zeitgemäßen Gemeindeleiter signalisieren mit 84% in diesem Teilbereich die höchste Zustimmung. Auch für die Beauftragung zur Predigt in der Eucharistiefeier gibt es nur ganz geringe Einschränkungen in der Zustimmung. Die zeitlosen Kleriker, die von Amts wegen im Normalfall sehr korrekt auf die römischen Verlautbarungen achten, sagen zu 80%, dass sie sich eine Beauftragung vorstellen können. Die zeitgemäßen Gemeindeleiter sind zu 100% davon überzeugt, die zeitnahen Kirchenmänner zu 85% und die zeitoffenen Gottesmänner wünschen sich das mit 72%. Gerade bei der Homilie war es lange Zeit selbstverständlich, dass auch die (dafür ausgebildeten) Hauptamtlichen diesen Dienst in der Eucharistiefeier versehen. Die Menschen in den Pfarrgemeinden sind im Normalfall über die Vielfalt der Zeugnisse und die Abwechslung in der Art und Weise der Auslegung dankbar. Bei den Priestern – so zeigen die Ergebnisse – gibt es ebenfalls keine stärkeren Einwände gegen eine solche Praxis.

Beauftragung mit der „Wahrnehmung der Seelsorgsaufgaben"

Was in anderen Diözesen schon weit mehr praktiziert wird, nämlich dass hauptamtliche Frauen und Männer vom Bischof mit der „Gemeindeleitung" nach c. 517 § 2 beauftragt werden, ist in der Diözese Passau bisher kaum der Fall. Zwar hat sich den deutschsprachigen Bistümern, in denen Laien in gemeindeleitender Funktion tätig sind, noch keine einheitliche Benennung ergeben; auffallend ist aber, dass der Leitungstitel meist vermieden wird. Pfarrkurator (Innsbruck), Pfarramtsleiter/-in (Salzburg), Pfarrbeauftragte (Limburg und München-Freising), Pfarrassistent/-in (Linz), das ist eine kleine Auswahl aus diesem Spektrum. Drei Pastoralreferenten versehen derzeit in Passau diesen Dienst. Im Schematismus werden sie – wie in Limburg und in der Erzdiözese München-Freising – als Pfarrbeauftragte bezeichnet. Einer dieser Pastoralreferenten, der am längsten als Gemeindeleiter tätig ist, sieht seine Rolle und Funktion dabei so: „Meine Aufgabe als Leiter von drei Pfarreien ist spannend, aber eine reine Notlösung. In einer Zeit des Übergangs kann der Einsatz von hauptamtlichen Laien als Gemeindeleiter durchaus seine Berechtigung haben und dazu beitragen, diesen Übergang zu fördern. In diesem Sinne sehe ich meine Arbeit: Die Gemeinden fähig zu machen, selbst Verantwortung in allen Bereichen zu übernehmen bis hin zum Vorsteher einer Eucharistiefeier."[653]

Es ist unbestritten, dass es sich bei der Gemeindeleitung durch Laien nicht um eine rein soziologische Form der Leitung handelt. Sie ist sowohl Notlösung, Übergangsregelung, wie auch Experiment; denn es könnten sich durch die Praxis neue Perspektiven erschließen (Gemeindeleitung in Kooperation, ein Presbyterium aus der Gemeinde erwachsen,[654] Leitungsteams in neuer Formation, ...)[655] wie dies kirchengeschichtlich schon öfter der Fall gewesen ist. Aus diesem Grund unterscheidet sich die Qualität dieses Dienstes nochmals in signifikanter Weise von der Beauftragung zu den oben aufgezählten Diensten, in denen bereits seit längerer Zeit durch Laien gute Arbeit geleistet wird.

---

653 Aigner, Max: Teilt das Los der Pfarrer. Die Leitung von drei Pfarrgemeinden, in: Schuster, Norbert/Wichmann, Martin (Hrsg.): Die Platzhalter, 47-56, hier 55f.

654 Vgl. Frankemölle, Hubert: Gemeindeleitung in Zeugnissen der neutestamentlichen Urgemeinden und der frühen Kirche, in: Garhammer, Erich/Zelinka, Udo (Hrsg.): Gemeindeleitung heute – und morgen? Paderborn 1998, 19-43.

655 Vgl. Lobinger, Fritz: Wie Gemeinden Priester finden. Ein Weg aus dem Pfarrermangel, Graz-Wien 1998.

In den nächsten Jahren werden viele Pfarrgemeinden keinen Pfarrer mehr haben, der im Ort lebt. So sucht man nach Personen, die für die Gemeindeleitung mitverantwortlich sind. Mit welcher der folgenden Lösungen wären sie unter keinen Umständen einverstanden?

Mehrfachnennungen sind möglich

Tabelle 71: Auf keinen Fall sollte mit der Gemeindeleitung nach c. 517 § 2 beauftragt werden:

	zeitloser Kleriker	zeit-offener Gottes-mann	zeitnaher Kirchen-mann	zeit-gemäßer Gemeinde-leiter
ein ehrenamtliches Kirchenmitglied	31%	34%	31%	46%
ein Leitungsteam	38%	22%	27%	41%
ein Diakon	31%	22%	25%	28%
eine Ordensfrau	38%	22%	24%	28%
ein Laie (Mann oder Frau) mit einer akademischen Ausbildung (Pastoralassistentin/ referentin, -assitent/-referent)	31%	31%	31%	26%
ein Laie mit einer Ausbildung als Gemeindeasisstent/in (ohne akademische Theologie)	35%	22%	14%	36%
ein Priester, der geheiratet hat und zur Zeit sein Amt nicht ausüben darf (laisiert ist)	50%	25%	35%	28%

Quelle: **PRIESTER 2000**© – Diözese Passau

Da bei diesen Antworten die starken Randpositionen mit sehr hohen oder sehr geringen Prozentsätzen fehlen, werden die Ergebnisse danach aufgeschlüsselt, welcher Vorschlag für eine Gemeindeleitung nach c. 517 § 2 von jedem Amtstyp am stärksten und am wenigsten abgelehnt wird. Dies folgt der Fragestellung, die negativ abgegrenzt war und eruierte, wer für eine solche Lösung nach Meinung der Befragten am wenigsten in Frage kommt.

Die zeitlosen Kleriker lehnen es unter allen Amtstypen am stärksten ab, dass auf Zukunft hin ein laisierter Priester mit der Gemeindeleitung beauftragt wird (50%); am wenigsten abgelehnt wird von ihnen die Idee, damit einen Mann oder eine Frau mit akademischer Ausbildung, also mit einer Qualifikation als Pastoralreferentin/-referent (31%) zu beauftragen. Die zeitoffenen Gottesmänner können sich am wenigsten vorstellen, dass ein ehrenamtliches Kirchenmitglied (34%) mit der Gemeindeleitung nach c. 517 § 2 beauftragt wird. Die geringsten Vorbehalte bestehen bei den zeitoffenen Gottesmännern gegen eine/n Gemeindereferentin/en, also eine fachlich qualifizierte Person mit einem Fachhochschulstudium, das sehr praxisorientiert ausgerichtet ist. Diejenigen Priester unter den Befragten, die zur Gruppe der zeitnahen Kirchenmänner gehören, gehen in der Frage der Beauftragung für Gemeindeleitung mit den zeitlosen Klerikern konform: Auch sie würden es am stärksten ablehnen, wenn ein laisierter Priester (35%) mit diesem Dienst beauftragt wird; die wenigsten Einsprüche haben sie, wie auch die zeitoffenen Gottesmänner, gegen die Beauftragung einer Gemeindereferentin oder eines Gemeindereferenten (14%). Die zeitgemäßen Gemeindeleiter wiederum würden es – analog zu den zeitoffenen Gottesmännern – am stärksten ablehnen, wenn ein ehrenamtliches Kirchenmitglied (46%) mit der Gemeindeleitung beauftragt werden würde; die geringsten Bedenken bestehen von ihrer Seite gegen eine Pastoralreferentin oder einen Pastoralreferenten (26%).

Laien und das Sakrament der Krankensalbung

In der Diözese Passau sind in der Krankenhausseelsorge hauptamtlich überwiegend Frauen und Männer tätig, die zur Berufsgruppe der Pastoral- bzw. Gemeindereferenten/-innen gehören, wobei die Pastoralreferenten/-innen die Mehrheit bilden. Diese Seelsorger/-innen haben eine Zusatzqualifikation für ihren Dienst erworben, befinden sich kontinuierlich in Supervision und halten in ihrem anspruchsvollen Seelsorgebereich ein qualitativ hohes Niveau. Viele erleben es als schmerzliche Grenze, wenn es ihnen – nach langer und intensiver Begleitung kranker und sterbender Menschen – verwehrt bleibt, diesen die liebende und heilende Zuwendung Gottes über das Sakrament der Krankensalbung erfahrbar zu machen. Die Not hat in diesem Fall auch solche Blüten getrieben, dass es z. B. im Bistum Basel, wie bereits weiter oben erwähnt, zu sog. Selbstbeauftragungen – nicht nur – im Bereich der Krankensalbung gekommen ist.[656] Die Diskussion, ob eine speziell auf diesen Dienst bezogene Beauftragung für Krankensalbung erteilt werden sollte oder erteilt werden kann, bzw. ob dies (wegen der von Konzil von Trient so festgeschriebenen sündenvergebenden Wirkung) weiterhin unbedingt an die Priesterweihe gebunden ist, befindet sich noch im Gang.[657] Sie soll an dieser Stelle nicht weiter inhaltlich entfaltet werden. Interessant ist im Zusammenhang mit dieser Thematik jedoch nicht nur, wie die davon betroffenen Krankenhausseelsorger/-innen dies sehen, sondern auch wie die befragten Passauer Priester darüber denken. Für sie, so bringt die Studie **PRIESTER 2000**© zu Tage, ist eine solche Beauftragung von der Tendenz her vorstellbar.

---

656 Vgl. Koch, Kurt: In Verantwortung für unser Bistum, 28ff.

657 Vgl. Böttigheimer, Christoph: Krankensalbung und Spendungsvollmacht, in: StdZ 216 (1998) 607-617; Riedel-Spangenberger, Ilona: Das Gewohnheitsrecht in der katholischen Kirche. Zur Spendung der Krankensalbung durch Diakone und Laien, in: TThZ 103 (1994) 188-201; Haunerland, Winfried: Krankenpastoral und sakramentaler Heilsdienst: ein Diskussionsbeitrag, in: HlD 51 (1997) 216-225; Foitzik, Alexander: Klärungsbedarf: Bischof Kasper betont: Die Krankensalbung spendet gültig nur der Priester, in: HerKorr 50 (1996) 438-439.

Tabelle 72: Laien, die mit der Kranken(haus)seelsorge beauftragt werden, sollen auch die Krankensalbung spenden können

	(eher) ja	(eher) nein
zeitloser Kleriker	48%	52%
zeitoffener Gottesmann	64%	36%
zeitnaher Kirchenmann	82%	18%
zeitgemäßer Gemeindeleiter	95%	5%

Quelle: **PRIESTER 2000**© – Diözese Passau

Die Zustimmung zur Spendung der Krankensalbung steigt nach Amtsbild: ungefähr jeder zweite aus der Gruppe der zeitlosen Kleriker könnte sich mit einer solchen Regelung einverstanden erklären, von den zeitoffenen Gottesmännern sind es 64%, die sich eine Beauftragung vorstellen können, 82% der zeitnahen Kirchenmänner befürworten die Spendung der Krankensalbung durch diejenigen Personen, welche die kranken Menschen als Seelsorger/-innen begleiten, und 95% der zeitgemäßen Gemeindeleiter.

Tabelle 73: Wenn Laien in der Kranken(haus)seelsorge mit der Krankensalbung beauftragt werden sollten, müssten sie dazu auch geweiht werden

	(eher) ja	(eher) nein
zeitloser Kleriker	48%	52%
zeitoffener Gottesmann	31%	69%
zeitnaher Kirchenmann	35%	65%
zeitgemäßer Gemeindeleiter	26%	73%

Quelle: **PRIESTER 2000**© – Diözese Passau

„Weil Gott ... Menschen braucht, um sein Heilswerk zu verwirklichen, und weil die Feier der Sakramente nur durch konkrete und sichtbare Menschen geschehen kann, muss die Einweisung und Beauftragung zu einem pastoralen Dienst selbst sakramental vollzogen werden.“[658] Dieses sakramentale Grundverständnis zieht sich durch die zweite Nuance dieser Fragestellung. Wie auch im ersten Teil der Frage zeigen sich nach Amtstypen bestimmte Tendenzen: Zeitlose Kleriker sind eher verhalten in ihrer Zustimmung zur Beauftragung von Laien mit der Spendung der Krankensalbung: 48% meinen, dafür müsste eine Beauftragung in Form der Weihe erfolgen, womit es sich bei den Spendern/-innen dann nicht mehr im herkömmlichen Sinne um Laien handeln würde. Ein wenig mehr als die

[658] Koch, Kurt: Amtszuständigkeit für die Sakramente – und die Pastoralassistenten?, in: Zulehner, Paul M./Auf der Maur, Hansjörg/Weismayer Josef (Hrsg.): Zeichen des Lebens, 199-222, hier 119.

zeitoffenen Gottesmänner (31%) sprechen sich auch die zeitnahen Kirchenmänner (35%) in der Frage der Krankensalbung für eine Weihe der Spender/-innen aus und 26% der zeitgemäßen Gemeindeleiter sehen das ebenfalls so.

Im Ausbau der Synodalität liegt die Zukunft

Der Amtsstil eines Priesters offenbart, ob er sich eher klerikal oder eher synodal versteht. Ein sensibler Punkt darin ist ohne Frage die Zusammenarbeit mit den ehren- und hauptamtlichen Laien. Dabei geht es nicht um eine äußere Form im geregelten Ablauf, also ob es in der Pfarrgemeinde einen Pfarrgemeinderat gibt, ob in der Liturgie Rollenvielfalt zum Tragen kommt, ob Kinder und Jugendliche einen Platz in den pfarrlichen Räumen bekommen usw. Es geht um die innere Disposition, wie jemand generell sein Amt versteht, welche Theologie der Leitung ihn prägt und damit auch bewegt. Das zeigt sich z. B. daran, ob sich ein Amtsträger eher mit anderen zusammen als Kirche auf dem Weg erlebt oder ob er sich mehr in der Rolle dessen sieht, dem aufgrund der Weihe der Weg in anderer Weise eröffnet ist als den anderen, die dann geführt werden müssen. Es zeigt sich ferner darin, ob ein Priester die Menschen in der Gemeinde vorrangig als Gottes Mitarbeiter sieht oder eher als seine Mitarbeiter, ob er daran interessiert ist, dass sich möglichst viele Charismen entfalten oder nur die, die er für notwendig hält. Die innere Disposition zeigt sich in der Pflege der Vielfalt und der Wertschätzung des Dialogs genauso wie in der Ausprägung des Autoritarismus.

Bildet man aus den vorausgegangen Analysen Summenwerte, dann kommen – fernab von allen verbalen Zustimmungen – die inneren Gestimmtheiten zum Vorschein. An ein paar Beispielen in der Frage der Zusammenarbeit mit Laien wird dies im Folgenden aufgezeigt. Die klerikale Dimension nimmt dabei Aussagen auf, die stark die alleinige Verantwortung des Pfarrers betonen:

Tabelle 74: Klerikale Dimension

	zeitloser Kleriker	zeitoffener Gottes-mann	zeitnaher Kirchen-mann	zeit-gemäßer Gemein-deleiter
Priester handeln glaubwürdiger	326	301	220	140
ausschließlich Beratung durch den Pfarrgemeinderat	444	352	383	236
kein Mitspracherecht der Gemeinden bei der Bestellung des Pfarrers	50	29	31	8
Summe klerikal	820	682	634	384

Quelle: **PRIESTER 2000**© – Diözese Passau

In dieser Zusammenfassung zeigen sich deutliche Unterschiede, vor allem zwischen den Randpositionen: die zeitlosen Kleriker haben in Summe mehr als doppelt so hohe Anteile im klerikalen Bereich als die zeitgemäßen Gemeindeleiter. Der Amtstyp des zeitoffenen Gottesmannes sowie des zeitnahen Kirchenmannes unterscheiden sich in dieser Frage kaum, sie vertreten jedoch zwischen den scharfen Außenpositionen die Mitte.

Tabelle 75: Synodale Dimension

	zeitloser Kleriker	zeitoffener Gottes-mann	zeitnaher Kirchen-mann	zeit-gemäßer Gemein-deleiter
Priester und Laien handeln gleich glaubwürdig	301	489	548	560
mehr Entscheidungskompetenz für die Pfarrgemeinderäte	232	322	304	460
Beauftragung von Laien für weitere amtliche Dienste	235	215	244	279
Mitspracherecht der Gemeinden bei der Bestellung des Pfarrers	50	71	69	93
Summe Synodalität	818	1097	1165	1392

Quelle: **PRIESTER 2000**© – Diözese Passau

Im Bereich der synodalen Dimension unterscheiden sich der zeitlose Kleriker und der zeitgemäße Gemeindeleiter wiederum sehr deutlich voneinander, jedoch nicht in der Schärfe, wie in der klerikalen Dimension. Der zeitoffene Gottesmann und der zeitgemäße Gemeindeleiter nehmen auch hier die Mittelposition ein: Der zeitoffene Gottesmann ist deutlich synodaler als der zeitlose Kleriker;

der zeitnahe Kirchenmann hat mehr Summenwerte in der Frage der Synodalität als der zeitoffene Gottesmann.

Auf Amtstypen verteilt stellen sich die Ergebnisse der Studie narrativ umgesetzt z. B. auf die Bedeutung des Pfarrgemeinderates folgendermaßen dar:

Der zeitlose Kleriker:

- Die Eucharistiefeier und Verkündigung sind für mich die wichtigsten priesterlichen Tätigkeiten. Ich möchte möglichst viele Menschen gewinnen, das Angebot Gottes anzunehmen und bin davon überzeugt, dass nur ein Priester die Menschen in rechter Weise zu Christus führen kann. Eine Beteiligung von Laien geht hier nicht. Deshalb schätze ich zwar den Pfarrgemeinderat als ratgebendes Organ für den Pfarrer, meine jedoch, er sollte nicht mehr Entscheidungskompetenz bekommen. Mir ist wichtig, im Pfarrgemeinderat ein Vetorecht zu haben, denn ich trage die letzte Verantwortung für die Leitung der Pfarrgemeinde.

Der zeitoffene Gottesmann:

- Der Pfarrgemeinderat ist ein wichtiges Beratungsgremium für mich. Er soll in Fragen, die das Wohl der Gemeinde betreffen, mehr Entscheidungsmöglichkeit bekommen. So weit wie möglich kooperiere ich mit den Pfarrgemeinderat in wichtigen Fragen. Es ist mir wichtig, die Ziele der Seelsorge in der Pfarrgemeinde zusammen mit den Mitgliedern des Pfarrgemeinderates festzulegen, auch in der Frage der Ökumene und bei den Finanzen setze ich sehr auf Partizipation. Es gibt jedoch Bereiche, in die ich mir – aufgrund meiner amtlichen Leitungsfunktion – nicht hineinreden lasse, dazu gehören z. B. die Gestaltung der Liturgie oder Personalentscheidungen.

Der zeitnahe Kirchenmann:

- Die Mitarbeit der Laien und die Zusammenarbeit mit ihnen schätze ich. Vor allem im Bereich der Verwaltung der Pfarrgemeinde und der Verwendung der Finanzen sollte der Pfarrgemeinderat eine weitaus stärkere Mitsprachemöglichkeit bekommen. Ein Vetorecht des Pfarrers im Pfarrgemeinderat hat theoretisch seine Berechtigung, ist auf der Grundlage eines stimmigen Dialogs für mich nicht in jedem Fall nötig. Man kann in fairer und gelassener Auseinandersetzung mehr klären, als über Beschlüsse, in deren Folge sich oftmals Konflikte entzünden.

Der zeitgemäße Gemeindeleiter:

- Der Pfarrgemeinderat ist ein Gremium, das bei der inhaltlichen Schwerpunktsetzung für die Pastoral der Gemeinde große Verantwortung und Gestaltungsmöglichkeit hat. Die Mitglieder des Pfarrgemeinderates sind meine Partner, sowohl in der Gemeindeleitung als auch in der Suche nach zeitgerechten Wegen für die Verkündigung. Das Vetorecht des Pfarrers ist für

> mich ein Relikt aus den monarchisch-hierarchischen Zeiten der Kirche, die nach meinem Amtsverständnis längst der Vergangenheit angehören. Ich bin daran interessiert und setze mich dafür ein, dass die rechtlichen Möglichkeiten zur Mitbestimmung für Laien grundlegend verbessert werden und mehr Demokratie Raum gewinnt.

Kardinal König hatte 1964, als die Beratungen über die Dokumente des Zweiten Vatikanischen Konzils noch in vollem Gange waren, bei einem Vortrag eine weitsichtige Vorausschau gegeben: „Jeder neue Weg, auch der neue Weg des Konzils ist bis zu einem gewissen Grad Ungewissheit und Wagnis. Wenn wir uns in dieses Wagnis einlassen, so nicht im Vertrauen auf unsere Klugheit, sondern in demütigem Vertrauen auf den Beistand des Heiligen Geistes. In diesem Vertrauen glauben wir auch, dass wir heute ein großes Atemholen der Geschichte miterleben. Aber so wie das Atemholen das Einatmen und Ausatmen einschließt, so wie der Wellenschlag aus einem Vorrollen und Rückrollen besteht, so wird diese Phase der Geschichte der Kirche einmal wieder von einer anderen abgelöst werden. Dem Ausströmen wird ein Einholen folgen, dem Gespräch wieder die Definition, der Auflockerung wieder die Verfestigung.“[659]

Derzeit mag es so scheinen, als befinde sich die Kirche in Fragen der Kollegialität und Synodalität in einer Phase der Verfestigung und Beharrung. Der Weg in die Zukunft wird sich jedoch nicht in der Weise gestalten, dass die Amtsträger vorausgehen und alle anderen, oder die wenigen dann noch verbliebenen ihnen hinterher. Er wird sich nur als gangbarer Weg eröffnen, wenn das ganze Volk unter der kundigen Führung des Geistes Gottes gemeinsam unterwegs ist, wenn weiterhin unverbrüchlich darauf gebaut wird, dass die Kirche Communio ist, Zeichen und Werkzeug Gottes in einem. Eine Gemeinschaft, in der allen Getauften die gleiche Würde zukommt und in der alle ihre Berufung einbringen können. Es hängt viel davon ab, wie die amtlich bestellten Gemeindeleiter und alle in ihren jeweiligen Arbeitsbereichen tätigen Priester den weiteren Ausbau der Synodalität fördern.

Keiner unter den befragten Passauer Priestern ist nur klerikal oder nur synodal. Es gibt jedoch eine Grunddisposition für eine bestimmte Ausrichtung, die von vielen Merkmalen bestimmt wird. Von der eigenen Disposition her haben vor allem diejenigen Entwicklungsbedarf, die sehr stark die klerikalen Anteile verkörpern und vertreten und ihren Amtstil entsprechend gestalten. In einer demokratisch geformten Kultur wird sich langfristig ein Führungsstil nur dann bewähren, wenn er auf Integration und Kooperation setzt. Der emeritierte Innsbrucker Bischof Reinhold Stecher nennt das den integrativ-motivierenden Führungsstil, der für ihn von bestimmten Grundhaltungen bestimmt ist. „Eine Autorität könnte man als ‚integrativ‘ bezeichnen, wenn sie sich nicht auf dem einsamen

---

[659] Barta, Richard: Franz Kardinal König, in: Männer des Konzils, Würzburg 1965, 175-204, hier 203.

Thron ihrer Sendung sondern *in das Ganze eingewoben* weiß. In der Kirche heißt das, dass man sich immer wieder bewusst machen muß, in einem vielfältigen, umfassend-tröstlichen, bewahrenden und doch immer wieder zu neuen Ufern aufbrechenden Walten des Geistes zu stehen. Im Walten eines liebenden Heiligen Geistes, der sehr wohl dem Amtsträger eine unverwechselbare Rolle zuspricht und ihm dazu auch Beistand leistet, aber der gleichzeitig im Wachsen der Erkenntnis und des Glaubens keine Einbahnstraßen und Monopole kennt."[660] Ein bestimmter Führungsstil ist nicht angeboren und damit wie ein unabänderliches Schicksal vorgegeben. Er ist erlernt und daher entwicklungs- und veränderungsfähig. In der Frage der Führung und des Führungsstils können personbezogene Fortbildung oder auch Supervision wertvolle Unterstützung leisten.

In welchen Bereichen und für welche Aufgaben die befragten Priester für sich Fortbildungsbedarf reklamieren und wie weit sich das mit dem Ausbau der Synodalität deckt, wird im folgenden Kapitel untersucht.

---

[660] Stecher, Reinhold: Integrieren und motivieren: Gedanken eines Bischofs zum Führungsstil in der Kirche, in: HerKorr 47 (1993) 511-514, hier 513.

FORTBILDUNGSBEDARF

Zur Begriffsklärung

Im Fragebogen der Studie **PRIESTER 2000**© ist durchgängig von Weiterbildung die Rede, wenn der Bereich gemeint ist, der in dieser Auswertung Fortbildung genannt wird. Nach gängigem Verständnis sind Fort- und Weiterbildung folgendermaßen zu unterscheiden:

- Von Fortbildung wird gesprochen, wenn sich jemand in einem Teilbereich seines Fachgebietes, in dem er/sie eine Ausbildung absolviert hat, vertiefende Kenntnis aneignet. Wenn also z. B. eine Pastoralreferentin, die in der Krankenhausseelsorge tätig ist, an einem Kurs zur Begleitung Sterbender oder zum Umgang mit Trauernden teilnimmt. Fortbildung meint weiterhin, wenn ein Pfarrer ein einwöchiges Seminar belegt, das die „ars celebrandi" zum Inhalt hat, oder bei dem neuere Ergebnisse der alt- oder neutestamentlichen Exegese vorgestellt und bearbeitet werden. Fortbildung will also „die Berufausbildung festigen, vertiefen und im Kontext der Praxis weiterführen"[661].
- Als Weiterbildung hingegen gilt, wenn sich jemand im bisherigen Berufsfeld spezialisiert oder eine Zusatzausbildung absolviert. Zur Veranschaulichung: Ein Gemeindereferent, dessen Einsatzgebiet bisher Schule und Pfarrgemeinde waren, erhält eine kategoriale Stelle in der Klinikseelsorge. Um diesen Dienst kompetent ausüben zu können, ist eine klinische Seelsorgsausbildung von Nöten. Diese Zusatzqualifikation gilt als Weiterbildung. Eine Religionslehrerin in der Hauptschule wird zunehmend bei Konfliktlösungen zwischen Schülern als Vertrauensperson herangezogen. Sie nimmt – um auf diesem Gebiet angemessen arbeiten zu können – an einer Weiterbildung teil, nach deren Abschluss sie den Titel einer Mediatorin führen darf. Zur Weiterbildung zählen ferner z. B. Ausbildungen zum/zur Supervisior/in, für sozialtherapeutisches Rollenspiel, im Bereich Gemeinde- und Organisationsentwicklung, in der Exerzitienbegleitung, in der Ehe-Familien- und Lebensberatung, im Bibliodrama, oder für den Religionsunterricht an Förderschulen. Wer in einem solchen oder einem anderen hier nicht genannten Gebiet eine Weiterbildung durchlaufen hat, kann dann wiederum für dieses Fachgebiet eine Fortbildung belegen um fachlich auf dem laufenden zu bleiben oder bestimmte Aspekte zu vertiefen.

Im kirchlichen Raum wird zwischen Fort- und Weiterbildung meist wenig differenziert. Amtliche römische Verlautbarungen nennen im Normalfall Weiterbil-

[661] Schalk, Hans: Aus-, Fort- und Weiterbildung, in: Bitter Gottfried/Miller, Gabriele (Hrsg.): Handbuch religionspädagogischer Grundbegriffe 1, München 1986, 231-237, hier 237.

dung, was Fortbildung im oben definierten Sinn meint, auch bei verschiedenen Publikationen ist der Terminus „Weiterbildung" zu finden, wenn es sich eigentlich um Fortbildung handelt. Anders die Deutschen Bischöfe: In der Rahmenordnung für die Priesterbildung werden Ausbildung, Berufseinführung sowie Fortbildung als drei unterschiedliche Bildungsphasen vorgestellt. Für bestimmte Ämter und Aufgaben die einer zusätzlichen Qualifikation bedürfen, wird den Diözesen empfohlen die betroffenen Priester in diesem Fall zu einer Weiterbildung zu verpflichten.[662]

Fortbildung: sich in Entfaltung halten

„Die Notwendigkeit von Fort- und Weiterbildung heute eigens begründen zu wollen, hieße fast ‚Eulen nach Athen zu tragen'."[663] In der differenzierten Gesellschaft am Beginn des 21. Jahrhunderts, die schnellem Wandel ausgesetzt ist und große Flexibilität erfordert, ist lebenslanges Lernen beinahe zum selbstverständlichen Grundanspruch geworden.

In jedem Beruf, der sich konstitutiv im Dialog und in Beziehung vollzieht und der daraus lebt, ist nicht nur fachliches oder methodisches Wissen gefragt. Es geht daher im pastoralen Dienst in erster Linie um die Person: in ihrer Identität und ihrer spirituellen, persönlichen, sozialen und fachlichen Kompetenz. Die Rahmenordnung für die Priesterbildung definiert als generelles Ziel von Fortbildung „die Befähigung der Priester, die ihnen geschenkten und in den ersten beiden Bildungsphasen[664] grundgelegten menschlichen, geistlichen und beruflichen Fähigkeiten weiterzuentwickeln und so ihre priesterliche Persönlichkeit zu entfalten. Sie sollen in der Lage sein, den in der Priesterweihe übernommenen Auftrag Christi für die Menschen ihrer Zeit in der sich wandelnden pastoralen Situation glaubwürdig und wirksam ein Leben lang wahrzunehmen"[665]. Damit wird Fortbildung als Prozess verstanden, der zuallererst das Handeln und die Entfaltung der Person im Blick hat. Drei zusammengehörige Dimensionen sind dabei für die Deutschen Bischöfe entscheidend: geistliches Leben und menschliche Reifung, theologische Bildung und nicht zuletzt pastorale Befähigung.[666]

Im Frühjahr 1999 stand die Diözese Passau stark im Zeichen von Kirchengesprächen. Diese fanden im Rahmen des synodalen Weges hin zu einem gemeinsamen Leitbild statt, das sich in einem Pastoralplan elementarisieren und verdichten sollte. Menschen aus allen Ebenen der Diözese begaben sich in Klausur, um die Stärken und Schwächen ihrer Kirchenerfahrungen zu benennen und

---

[662] Vgl. Rahmenordnung für die Priesterbildung.

[663] Groß, Hermann Josef: Fort- und Weiterbildung von Seelsorgern. Ein Entwurf aus der Sicht der praktischen Theologie, Würzburg 1989, 11.

[664] Zum Verständnis: Damit sind die in der Rahmenordnung ausführlich aufgeschlüsselten Phasen der Ausbildung, der Hinführung zur Weihe sowie der Berufseinführung gemeint.

[665] Rahmenordnung für die Priesterbildung, 77.

[666] Vgl. Rahmenordnung für die Priesterbildung, 72-74.

Weiterführendes zu heben. Über dreihundert dieser sogenannten PEP-Klausuren fanden innerhalb von acht Monaten statt: angeregt durch ein einladendes Schreiben des Bischofs, aber bewegt von der Eigeninitiative der einzelnen Gruppen. Alle Klausuren mündeten in ein schriftliches Ergebnis, ein Protokoll in dem die jeweils fünf wichtigsten Sätze zu den Kategorien „uns stört und hindert", „uns stärkt und fördert" und „uns führt weiter" festgehalten wurden.

Bei der Auswertung dieser Klausuren wurde deutlich, dass den Menschen des Bistums im Blick auf die Personen vor allem die Qualität des Handelns am Herzen liegt.[667] „Die vielen Menschen wollen keine tausend neuen Dinge in der Kirche – sie wünschen Qualität! Dialog und Kommunikation, Spiritualität und echte Gläubigkeit, eine gottes- und menschennahe Seelsorge."[668] Dies impliziert eine hohe Verantwortung der Hauptamtlichen – Laien wie Priester – sich beständig um die vielfältige Weiterentwicklung ihrer unterschiedlichen Kompetenzen anzunehmen.

Wachsende Beheimatung in der Tiefe

Der priesterlichen Spiritualität wird innerhalb dieser Arbeit aus Gründen der Eingrenzung kein eigenes Kapitel gewidmet, wenngleich sie im Rahmen der Umfrage selbstverständlich thematisiert wurde.[669] Sie ist für Dienst und Leben der Priester die erste Grundlage, aus der heraus sich das Handeln speist und gestaltet. Es genügt daher nicht, in allen Methoden erfahren zu sein und sie stets situationsbezogen richtig einzusetzen. Es genügt nicht das sachgerechteste Konfliktmanagement zu beherrschen, exzellent vorbereitete Mitarbeitergespräche zu führen, größtmögliche Kooperation zu praktizieren, auf Vorschläge anderer aufzubauen, für die Beteiligung aller zu sorgen, Unterschiede deutlich zu machen, Menschen geduldig zu begleiten, für Entlastung zu sorgen, exegetisch durchdachte und rhetorisch geschliffen vorbereitete Predigten zu halten und die Balance zwischen Vielfalt und Einheit zu gewährleisten, wenn dies alles ohne die Liebe, also ohne lebendige Gottesbeziehung geschehen würde. Die seelsorgliche Begleitung von Menschen ist einem Großteil der Befragten ein wichtiges

---

[667] Einige wenige Beispiele aus den Protokollen sollen dies anschaulich machen. Gewünscht werden: „Glaubwürdige kompetente Seelsorger/innen"; „Eine zweijährige praxisorientierte Priesterausbildung mit kompetenter Anleitung, Supervision und Frauen im Ausbildungsteam"; „Lebensnähe und lebensnahe Predigten des Pfarrers"; „Wenn Seelsorger/innen in Aus- und Fortbildung zur Rede von Gott und zum Dialog mit den Menschen befähigt werden"; „Mehr Unterstützung, Begleitung und Fortbildung haupt- und ehrenamtlicher Mitarbeiter – gezielte Weckung der Charismen"; „Eine stärkere Einbindung, mehr Mitbestimmung, größere Anerkennung und bessere Förderung der ehrenamtlichen Laien"; „Förderung, Anerkennung und Unterstützung der Kompetenz und des Engagements des Volkes Gottes (Laien)". Quelle: Der Bischof von Passau (Hrsg.): Pastorale Entwicklung Passau. Zwischenstand Mai 1999. Dokumentation der Klausurtage, Passau 1999.

[668] Höfl, Helmut A.: Pastorale Entwicklung Passau – kurz vor dem ersten großen Etappenziel. Entwurf für eine Pressemeldung, Burghausen 2000.

[669] Vgl. Fragebogen Forschungsbericht Priester 2000: die Fragen 58-64.

Anliegen in ihrer Pastoral. Dies setzt voraus, sich selber in einem Gottesverhältnis zu wissen.

Mit wachsender Beheimatung in der Tiefe des eigenen Inneren wächst nach Teresa von Avila zugleich die Fähigkeit „den anderen Menschen zu begegnen, sie zu verstehen und auf ihrem Weg zu begleiten. Wer den Weg zu den eigenen Tiefen wagt, wird ihn auch zu den anderen finden. Menschen mit Tiefgang sprechen eben auch in anderen Tiefenschichten an. Wer dagegen den Zugang zu sich selbst nicht sucht oder auch nicht finden kann, wird immer in Gefahr sein, sich zu verstecken. Er baut Fassaden auf, die Begegnung verhindern"[670]. Gelebte Spiritualität ist kein „Mittel zum Zweck". Jedoch kann sie der Wurzelgrund sein, der festen Halt gibt und Sicherheit vermittelt so zu handeln, dass es den Menschen im Sinne Jesu zum Leben gereicht und zum Leben verhilft.

Für Papst Johannes Paul II. gehört die Frage der kontinuierlichen Fortbildung der Priester in den Bereich der Metanoia. In seinem ersten Gründonnerstagsbrief an alle Priester der (katholischen) Kirche bezeichnet er sie als Stütze der pastoralen Tätigkeit. „Es genügt nicht, bei dem stehenzubleiben, was wir einmal im Seminar gelernt haben, selbst wenn wir damals auf Universitätsniveau studiert haben... Dieser Prozess der geistigen Bildung muss das ganze Leben hindurch weitergehen, zumal in der heutigen Zeit... Für die Menschen... müssen wir *Zeugen* Jesu Christi *mit entsprechender Qualifikation* sein."[671]

Im nachsynodalen apostolischen Schreiben „Pastores dabo vobis" ist das ganze Kapitel VI dem Thema „Weiterbildung" gewidmet. Es steht unter der biblischen Überschrift aus 2 Tim 1,6: „Ich rufe dir ins Gedächtnis: Entfache die Gnade Gottes wieder, die dir zuteil geworden ist."[672]

Wenn sich pastorales Handeln mit Spiritualität verbindet bzw. aus ihr speist, dann vergrößert sich die Wahrscheinlichkeit, dass es geistvoll bleibt und nicht gnadenlos wird. Gnadenlos im Hinblick darauf, dass es nur ein „entweder –

---

670 Kamphaus, Franz: Priester aus Passion, 47.

671 Sekretariat der Deutschen Bischofskonferenz (Hrsg.): Schreiben Seiner Heiligkeit Papst Johannes Paul II. an alle Priester der Kirche zum Gründonnerstag 1979, Verlautbarungen des apostolischen Stuhls Nr. 7, Bonn 1979, 23f.

672 Das apostolische Schreiben untergliedert sich in theologische Gründe für die Weiterbildung, was der tiefere Sinn der Weiterbildung ist, nämlich im Geist Jesu und nach seiner Art zu wirken und zu handeln. Ein dritter Gesichtspunkt behandelt Lebensalter und damit verbundene Lebensthemen. Hier zeigen sich deutliche Parallelen zur deutschen Rahmenordnung für die Priesterbildung, die möglicherweise als Vorlage gedient haben mag. Die Kirche als Gemeinschaft wird in ihrer Verantwortung für die Weiterbildung der Priester im vorletzten Punkt in den Blick genommen. Das Kapitel zur Fort- bzw. nach dem vatikanischen Sprachspiel zur Weiterbildung schließt mit konkreten Anregungen und Hinweisen zu Zeiten, Formen und Möglichkeiten zur Weiterbildung ab. Vgl.: Sekretariat der Deutschen Bischofskonferenz (Hrsg.): Nachsynodales Apostolisches Schreiben Pastores dabo vobis von Papst Johannes Paul II. an die Bischöfe, Priester und Gläubigen über die Priesterbildung im Kontext der Gegenwart, Verlautbarungen des apostolischen Stuhls Nr. 105, Bonn 1992, 121-141.

oder" geben darf und die vielen leisen und lauten Zwischentöne fehlen, die notwendigerweise zur Melodie des Lebens gehören. Wer gnadenlos ist, nimmt meist wenig Rücksicht auf Umstände, Gegebenheiten und Besonderheiten. Die Ostkirchen kennen z. B. gnadenvolles und umsichtiges Handeln in der Anwendung κατ' οἰκονομίαν. Der Ausdruck beschreibt eine schillernde Bedeutungspalette. Diese reicht von der Diplomatie über Rücksichtnahme, bis dahin auch manchmal das kleinere Übel zu wählen, statt nichts zu tun. Aus Liebe zu den Menschen kann mit der Regelung κατ' οἰκονομίαν in Konfliktfällen nach einer freien Lösung gesucht werden, ohne tragende Grundsätze zu verletzen. Suchbewegungen wohnt die Möglichkeit auch fehl zu gehen konstitutiv inne. Man kann das alte Wort Buße auch mit „Revisionsbereitschaft" übersetzen, schreibt Eva-Renate Schmidt. „Wenn es an Revisionsbereitschaft fehlt, wird aus den Erfahrungen und Irrtümern der Vergangenheit nicht gelernt. Unbußfertige Erneuerung verhindert Fehlertoleranz... Doch Fehlertoleranz ist der Nährboden für Wertschätzung, ohne die haupt- und ehrenamtliche MitarbeiterInnen nicht gefordert und gefördert werden können."[673] Die Option für ein fehlertolerantes Klima in der kirchlichen Organisation lässt sich leichter auf dem Hintergrund einer Spiritualität treffen, welche um die Mühe und Vergeblichkeit weiß und diese vor Gott hinlegen kann, ohne müde, zynisch oder resigniert zu werden.[674]

Zufriedenheit mit dem Ist-Stand

In vielen deutschen Diözesen gibt es Fortbildungsbeauftragte, die sich entweder um spezifische Fortbildungsangebote für die unterschiedlichen Berufsgruppen kümmern oder auch übergreifende Kurse organisieren, zu deren Teilnahme alle in der Pastoral Tätigen gleichermaßen eingeladen sind.

Im Bistum Passau ist die Berufseinführung für alle Berufsgruppen verbindlich geregelt, der Fortbildungsbereich jedoch eher dem Zufall denn der gezielten Intervention überlassen. In der Diözese Passau zählen die jährlichen Pastoraltagungen zu den lange institutionalisierten Fortbildungsangeboten, das Religionspädagogische Seminar offeriert spezifische Kurse zur Qualifizierung im Schulbereich. Fortbildungsträger sind ebenfalls – untereinander wenig koordiniert – einzelne Referate des Bischöflichen Seelsorgeamtes und das Referat Ehe und Familie sowie zum Teil die Bildungshäuser der Diözese. Spezifisch auf Priester zugeschnitten ist der sog. „Pfarramtskurs", den alle absolvieren müssen, die zum ersten Mal eine Pfarrstelle antreten. In dieser Fortbildung geht es um

673 Schmidt, Eva Renate: Das Innovationspotential von Frauen in der Kirche, in: Arbeitsgemeinschaft Frauen in der Evangelischen Kirche in Hessen und Nassau (Hrsg.): Frauenschritte in die Zukunft Nr. 1, Darmstadt 2001, 5-19, hier 6.

674 Vgl. Brantzen, Hubertus: Lebenskultur des Priesters. Ideale – Enttäuschung – Neuanfänge, Freiburg i. Breisgau 1998, 184ff.; Fuchs, Gotthard: Das Sakrament der Niederlage. Karsamstagliche Lebenspraxis, in: LS 45 (1994) 296-301.

die Einführung in die administrativen Belange, die mit der Leitung einer Pfarrei verbunden sind. Seit 1997 wird im Auftrag des Generalvikariats unter der Federführung der Gemeindeberatung ein Kurs „Führung und Kooperation“ angeboten, bei dem es um die Förderung der Leitungskompetenz geht. Wer darüber hinaus nach spezifischen Fortbildungsangeboten sucht, kann sich am Institut für theologische und pastorale Fortbildung in Freising kundig machen oder die Angebote anderer Träger nutzen. Es gibt zwar im Bistum einen Beauftragten für Priesterseelsorge und Rekollektionen; eine spezielle Priesterfortbildung oder eine diözesane Stelle zur Fortbildung und Qualifizierung von Hauptamtlichen jedoch existiert in der Diözese nicht. Ob und mit welcher Frequenz die Priester die unterschiedlichen Fortbildungsangebote der verschiedenen Träger in- und außerhalb des Bistums nutzen, war nicht stimmig zu eruieren.

Wie die Befragten das diözesane Fortbildungsangebot bewerten, zeigt nachfolgende Tabelle:

Tabelle 76: Ich bin mit dem Weiterbildungsangebot meiner Diözese zufrieden – Linearergebnis

	Prozent
trifft völlig zu	9%
trifft eher zu	41%
unentschieden	27%
trifft kaum zu	21%
trifft überhaupt nicht zu	2%

Quelle: **PRIESTER 2000**© – Diözese Passau

Die Hälfte der befragten Passauer Priester, also jeder zweite, ist mit dem zufrieden, was in der Diözese im Bereich der Fortbildung für sie angeboten wird. Ein gutes Viertel bewegt sich in der ambivalenten Mitte und ein Viertel ist mehr oder weniger nicht zufrieden. Die Bilanz ist also nahezu zweigeteilt: Jeder zweite der an der Umfrage beteiligten Priester ist mit dem derzeitigen Angebot im Bereich der Fortbildung zufrieden. Es gibt jedoch auch die Gruppe derer, die im Hinblick auf die diözesane Fortbildung zumindest Entwicklungsbedarf signalisieren. Das ist die andere Hälfte.

Legt man die Passauer Ergebnisse auf die Gesamtstudie an, wird deutlich, dass die Priester in anderen Kirchenregionen auf der fünfteiligen Skala eine weitaus stärkere Zustimmung im ersten Feld haben, als es in Passau der Fall ist. In Linz und Eisenstadt sagen 31% bzw. 38% der Priester, sie seien sehr zufrieden. Auch Limburg mit 12% sowie Paderborn mit 11% liegt vor den Passauer Ergebnissen. Gleichauf ist die Diözese Magdeburg mit ebenfalls 9%, aus dem Bistum Erfurt geben 19% der befragten Priester an, sehr zufrieden zu sein.

Noch einmal differenzierter zeigt sich die Einschätzung der Passauer Priester nach Verteilung auf die vier Amtstypen:

Tabelle 77: Ich bin mit dem Weiterbildungsangebot meiner Diözese zufrieden – nach Amtstypen

	völlig	eher	unentschieden	kaum	nicht
zeitloser Kleriker	8%	38%	38%	12%	4%
zeitoffener Gottesmann	19%	49%	16%	16%	0%
zeitnaher Kirchenmann	4%	46%	31%	17%	2%
zeitgemäßer Gemeindeleiter	5%	34%	24%	34%	3%

Quelle: **PRIESTER 2000©** – Diözese Passau

Die zufriedenste Gruppe unter den Befragten im Bereich der Fortbildung sind die zeitoffenen Gottesmänner: 68% (also mehr als 2/3) von ihnen sagen, dass ihnen die diözesanen Fortbildungsmöglichkeiten genügen; 1/3 ist unentschieden bzw. weniger von den Angeboten angesprochen. Am ehesten unzufrieden mit den Fortbildungsangeboten auf Diözesanebene sind diejenigen Priester, die zum Amtstyp der zeitgemäßen Gemeindeleiter gehören. 37% aus dieser Gruppe ordnen sich auf der fünfteiligen Skala unter vier (trifft kaum zu) und fünf (trifft überhaupt nicht zu) ein. 1/4 ist unentschieden, und für 39% decken sich die Angebote mit den Bedürfnissen. Die zeitnahen Kirchenmänner, sowie die zeitlosen Kleriker nehmen in der Frage der Zufriedenheit die Mittelpositionen ein. Es ist anzunehmen, dass eine Korrelation zwischen den gewünschten Fortbildungsinhalten und der Zufriedenheit mit den tatsächlichen Angeboten besteht.

Gewünschte Schwerpunkte

Der Fragebogen zur Studie **PRIESTER 2000©** erkundete in Frage 38, was nach Meinung der Befragten inhaltliche Akzente in einer zeitgemäßen Priesterausbildung sein sollten. Dieselben vorgelegten zwanzig Schwerpunkte wurden auch im Hinblick auf Fort- und Weiterbildung befragt. In der folgenden Auswertung wird lediglich berücksichtigt, was den befragten Priestern zum Thema Fortbildung relevant erscheint.[675] Die befragten Gebiete lassen sich in folgende fünf Felder systematisieren:

[675] Bedauerlicherweise gibt es in dieser Frage keine Vergleichsdaten aus der Umfrage von 1971. Damals wurde lediglich erhoben, worauf bei der Ausbildung besonders Gewicht gelegt werden soll. Vgl. Schmidtchen, Gerhard: Priester in Deutschland, Frage 67.

- Ein erstes Feld betrifft den Bereich der „theologischen Fortbildung“, in dem es um die grundlegenden theologischen Disziplinen geht. Dazu gehören die systematische Theologie, biblische Theologie, Kirchengeschichte und Einführung in den Ökumenismus.
- Das zweite Feld wird mit „zeitgemäßer pastoraler Praxis“ überschrieben. Es beinhaltet zeitgemäße Glaubensbegründung, praktische Theologie, Einübung in die pastorale Praxis, Sozialpraktika, Einführung in die kirchliche Verwaltung sowie der Umgang mit Medien.
- Dem Stichwort „Personalentwicklung“ lassen sich folgende Bereiche zuordnen: Menschenführung und Gruppenarbeit, Kommunikations- und Konfliktmanagement, Leitung und Teamarbeit, Zeit- und Selbstmanagement.
- „Seelsorgliche Kompetenz“ beinhaltet: Persönlichkeitsbildung, Psychologie und Pädagogik, Einführung in die Spiritualität und seelsorgliche Begleitung.
- Ein fünftes Feld sind die „modernen Grenzwissenschaften“. Darunter fallen Wirtschafts- und Sozialwissenschaften sowie Naturwissenschaften und Technik[676].

Die im Fragebogen aufgeführten Schwerpunkte wollen und können keinesfalls das gesamte Spektrum möglicher Fortbildungsinhalte abdecken. So fehlt z. B. der gesamte Bereich der Religionspädagogik, der alle Pfarrer in der Weise betrifft, dass sie normalerweise in begrenztem Rahmen Religionsunterricht erteilen. Es handelt sich bei den im Fragebogen vorgelegten Themen um ausgewählte Gebiete, die exemplarisch veranschaulichen, in welchen Feldern die befragten Priester vor allem Unterstützung über eine qualifizierte Fortbildung erwarten. Die befragten Priester sollten aus einer Liste von zwanzig Vorschlägen die sieben für sie wichtigsten ankreuzen.

---

[676] Der Name „Grenzwissenschaften“ bezieht sich hier auf Wissenschaften, die an die Theologie angrenzende Gebiete behandeln. Er hat nichts mit dem landläufigen Sinn von „Esoterik“, „Parapsychologie“ etc. zu tun.

Tabelle 78: Rangliste der Fortbildungswünsche

Feld		%
Personalentwicklung	Leitung und Teamarbeit	60%
seelsorgliche Kompetenz	seelsorgliche Begleitung	56%
zeitgemäße pastorale Praxis	zeitgemäße Glaubensbegründung	55%
Personalentwicklung	Menschenführung und Gruppenarbeit	53%
zeitgemäße pastorale Praxis	kirchliche Verwaltung	51%
zeitgemäße pastorale Praxis	pastorale Praxiseinführung	45%
Personalentwicklung	Kommunikations- und Konfliktmanagement	45%
seelsorgliche Kompetenz	Spiritualität	40%
Personalentwicklung	Zeit- und Selbstmanagement	38%
seelsorgliche Kompetenz	Persönlichkeitsbildung	36%
theologische Fortbildung	Biblische Theologie	32%
zeitgemäße pastorale Praxis	Praktische Theologie	26%
seelsorgliche Kompetenz	Psychologie und Pädagogik	25%
zeitgemäße pastorale Praxis	Umgang mit Medien	25%
theologische Fortbildung	Einführung in den Ökumenismus	14%
theologische Fortbildung	Systematische Theologie	10%
zeitgemäße pastorale Praxis	Sozialpraktika	9%
moderne Grenzwissenschaften	Wirtschafts- und Sozialwissenschaften	7%
moderne Grenzwissenschaften	Naturwissenschaften und Technik	7%
theologische Fortbildung	Kirchengeschichte	4%

Quelle: **PRIESTER 2000**© – Diözese Passau

Das Linearergebnis zu den Fortbildungswünschen lässt eine klare Gewichtung erkennen. Die im Normalfall theologisch gut ausgebildeten Priester wünschen sich mehrheitlich Fortbildungsmöglichkeiten vor allem im Bereich der Personalentwicklung, in der Vertiefung der seelsorglichen Kompetenz sowie im Hinblick auf eine zeitgemäße pastorale Praxis. Leitung und Teamarbeit stehen dabei mit 60% an erster Stelle. Seelsorgliche Begleitung und zeitgemäße Glaubensbegründung nehmen Platz zwei und drei ein. Menschenführung und Gruppenarbeit, mit 53% auf den vierten Platz gereiht, korrespondiert mit dem Thema Leitung und Teamarbeit und unterstreicht damit nochmals die Dringlichkeit, in diesem Bereich Unterstützung über Fortbildung zu erfahren. Um die Verwaltung nicht als Last zu erleben, wird mit relativ hoher Gewichtung (51%) Fortbildung auch in diesem Bereich erwünscht. Unter den theologischen Fächern steht die biblische Theologie an erster Stelle.

Die intensivere Auseinandersetzung mit den modernen Grenzwissenschaften[677] ist zum einen eine Interessensfrage und wird wohl angesichts bedrängenderer Themen auch deshalb an den Schluss gereiht. Was die an der Umfrage beteiligten Passauer Priester am wenigsten interessiert, ist die Kirchengeschichte. Das vorliegende Linearergebnis differenziert sich jedoch nochmals im Blick auf das Lebensalter der Befragten, wie weiter unten aufgezeigt wird.

Das Sein bestimmt das Bewusstsein

Dieses Zitat aus der Feder von Karl Marx wird hier auf den lebensgeschichtlichen Kontext umgelegt. Es ist eine Binsenweisheit, dass die Lebenssicht vom Lebensalter geprägt wird und die verschiedenen Lebensphasen unterschiedliche Herausforderungen mit sich bringen. In der Frage der Identitätsbildung wurde dies weiter oben bereits dargelegt. An dieser Stelle wird ein weiterer Aspekt in die Überlegungen mit hereingenommen.

In den späten Fünfziger- und vor allem in den Sechzigerjahren gab es zeitgeschichtlich bedingt in der Gesellschaft der Bundesrepublik Deutschland eine stärkere Spannung und Unterscheidung zwischen der sog. Kriegs- und der Nachkriegsgeneration. Die Nachkriegsgeneration konnte oder wollte nicht nachvollziehen, was die anderen in der Zeit vor und während des Krieges erlebt hatten und wie durch geschichtliche Ereignisse in dramatischer Weise Biografien unvorhersehbare und prägende Wendungen nahmen. Die Kriegsgeneration stand den Jüngeren gegenüber zum Teil unter Legitimationsdruck wegen ihrer Rolle im Nationalsozialismus und dem damit verbundenen Holocaust. Zudem konnten die prägenden existentiellen Erfahrungen von Krieg, Flucht, Bombardement, Hunger, Entbehrung... nur schwer vermittelt werden. Diese starke Spannung hat sich in der Gesellschaft der Bundesrepublik Deutschland am Anfang der Achtzigerjahre aufgrund verschiedener Gegebenheiten aufgelöst. Sie zeigt sich jedoch in einer anderen Spielart durch die Wiedervereinigung von BRD und DDR in der Folge des Zusammenbruchs der kommunistischen Staaten.

Innerkirchlich gibt es dazu eine kleine Parallele. Man kann bei Priestern – und natürlich nicht nur bei ihnen – zwischen der Konzilsgeneration, der Nachkonzilsgeneration und den ganz jungen Weihejahrgängen unterscheiden. Die letzt Genannten heben sich nochmals von der unmittelbaren Nachkonzilsgeneration ab, so wie die ab 1970 Geborenen von den Nachkriegsjahrgängen. Christoph Jacobs ordnet der Konzilsgeneration diejenigen zu, deren Studium und Weihe zwischen 1960 und 1975 stattgefunden hat. „Die heute 50- bis 60-Jährigen haben überwiegend während des Konzils und unmittelbar danach studiert. Sie waren sehr selbstverständlich mit der vorkonziliaren Zeit herangewachsen und mussten sich die konziliare Wende persönlich hart erarbeiten. Sie haben im Se-

677 Grenzwissenschaften ist hier gemeint als Wissenschaften, die an die Theologie angrenzende Gebiete berühren. Nicht in dem landläufigen Sinn von Parapsychologie, Esoterik u. ä.

minar große Auseinandersetzungen und Absetzungsprozesse von der vorkonziliaren Zeit erlebt. Ihre persönliche Stellungnahme von damals (‚progressiv‘ oder ‚konservativ‘) wirkt bei vielen heute noch. Die meisten von ihnen sind geprägt durch große Erwartungen an das Konzil und den damit verbundenen Aufbruch. Bis heute sind sie im Habitus eher empfindlich für alles, was ‚konservativ‘ klingt; für zahlreiche von ihnen wirken die aktuellen Generationen der Priesteramtskandidaten und Weihekandidaten geradezu bedrohlich.“[678] Der Trend ist hier sicher gut beobachtet. Dennoch kann dieser pauschalen Zuordnung einer ganzen Priestergeneration zur „progressiven“ Seite, die im herkömmlichen Sprachgebrauch das Pendant zur konservativen Seite darstellt, über das empirische Ergebnis nur zum Teil zugestimmt werden. Es ist richtig, dass die Zahl der zeitlosen Kleriker nach dem Konzil abgenommen hat; jedoch tragen auch die zeitoffenen Gottesmänner und zeitnahen Kirchenmänner einiges an konservativen Anteilen mit sich, fühlen sich der Tradition und der Kontinuität näher als der Innovation.

Und überdies wissen sich nicht alle aus der Konzilsgeneration generell dem konziliaren Aufbruch verpflichtet. Es gibt einige, die es geradezu als ihre Mission betrachten, vor allem die Unterschiede zwischen den Amtsträgern und den Kirchengliedern zu betonen. Sie verwenden viel Energie darauf und sind darum besorgt, dass sich keine Partizipation entwickeln kann, weil diese ihrer Einschätzung nach in einem für die Kirche schädlichen Demokratieverständnis wurzelt.

Wie wohl noch nie vorher in der Geschichte der Kirche mussten sich die Konzilsgeneration und wahrscheinlich noch weit mehr diejenigen Priester, die vor dem Konzil geweiht worden sind, mit Veränderungen auseinander setzen, die ihnen sowohl kirchlich als auch gesellschaftlich zugemutet wurden, ob sie das wollten oder nicht.[679] Die vier Amtstypen der Studie **PRIESTER 2000**© zeigen, dass die notwendige Auseinandersetzung mit der modernen Welt zu unterschiedlichem Verhalten in ihr oder ihr gegenüber geführt hat. Veränderung und Umlernen ist für die Konzilsgeneration ein permanenter Imperativ. Ein Anspruch, der sie in ihrer kirchlichen Sozialisation geprägt und in ihren beruflichen Etappen begleitet hat. Manche sind voller Interesse und Elan diesem Anspruch nachgekommen, andere haben sich verschlossen und auf die vermeintlich amtlichen Bastionen zurückgezogen. „Es gibt nicht wenige Priester, die vor die Auforderung gestellt, Kompetenzen zu entwickeln, auf ihre Weihe verweisen. Damit versuchen sie, die Zumutung zu fort- und weiterbildenden Maßnahmen abzuwehren. Was dabei herauskommt ist ein dumpfer, ziemlich schrulliger

---

[678] Jacobs, Christoph: Priester-Männer zwischen 40 und 60. Zum Verständnis einer wichtigen Gruppe in der Kirche, in: Diakonia 31 (2000) 349-356, hier 352.

[679] Vgl. Werners, Hans: Wandel des Priesterbildes – Wandel der Anforderung; Berger, Willem J.: Die vom Priester heute geforderte „Trauerarbeit“ und Lernbereitschaft, in: Diakonia 6 (1975) 231-238.

halbmagischer Klerikalismus.“[680] Ob es im Konfliktfall genügt, mit der Weihevollmacht zu argumentieren? Ob diejenigen, die auf ihrem gelernten Standpunkt stehen geblieben sind, im Lauf der Zeit wohl auch mehr oder weniger deutlich die Not gespürt haben, manchen Anforderungen nicht (mehr) gewachsen zu sein?

Mag es auch bei den älteren Jahrgängen unter den Priestern Vorbehalte gegen stärker personenorientierte Vorgänge wie z. B. Supervision geben,[681] hat Fortbildung dennoch bei den meisten von ihnen einen hohen Stellenwert im Hinblick auf die grundsätzliche Bereitschaft, sich mit dem Wandel auseinander zu setzen und sich in kritischer Weise dem Wandel auszusetzen. Wilhelm Zauner, lange Jahre Pastoraltheologe in Linz, gehört als einer, der 1952 zum Priester geweiht wurde, zur Vorkonzilsgeneration. Er meint zum Thema Fortbildung: „Ein (schon verstorbener) österreichischer Bischof hat einmal gesagt: ‚Wenn man in Rom studiert hat, braucht man später keine Bücher mehr zu lesen.‘ Er dürfte diesen Vorteil genützt haben und ist in seiner Zeit verhältnismäßig gut damit durchgekommen. In den letzten Jahrzehnten wurde es aber schwierig für jene, die keine Bücher lasen, keine theologischen Zeitschriften verfolgten und die Priesterfortbildung schwänzten. Wenn diese auch noch immer hinter den beispielsweise in der Wirtschaft üblichen Systemen zurückbleibt, so wurde doch schon viel aufgebaut, was einem aufgeschlossenen Priester helfen kann. Der Wille zum permanenten Lernen gehört nicht nur zum Ethos, sondern auch zur Spiritualität des Priesters.“[682]

Fortbildungsinhalte und Lebensalter

Von der Lebensenergie eines Menschen her betrachtet ist davon auszugehen, dass die Bereitschaft für berufsbezogene Fortbildung mit zunehmendem Lebensalter abnimmt. Wer das Ende seiner aktiven beruflichen Phase absehen kann, wird vermutlich nicht mehr so viel Zeit in (berufliche) Fortbildung investieren als jemand, der oder die in den Anfängen einer beruflichen Laufbahn steht. In der Rahmenordnung für die Priesterbildung werden drei Lebensphasen unterschieden, die jeweils unterschiedliche Themen angeben, welche für die inhaltliche Konzeption einer spezifisch auf eine bestimmte Lebensphase zugeschnittene Fortbildung, aber auch genauso in der Supervision zu berücksichtigen sind.[683]

Positive Kräfte sind zu Beginn der Berufstätigkeit u. a., dass viele Möglichkeiten eröffnet sind, die eigenen Ideen umzusetzen, und den Berufsanfängern meist

680 Zulehner, Paul M./Lobinger Fritz: Um der Menschen und der Gemeinden willen. Plädoyer zur Entlastung von Priestern. Weitere Folgerungen aus der Studie Priester 2000, Ostfildern 2002, 30.

681 Die empirischen Daten dazu werden weiter unten dargestellt.

682 Zauner, Wilhelm: Leben mit einem wandelbaren Priesterbild, 151.

683 Vgl. Rahmenordnung für die Priesterbildung, 76f.

viel Vertrauen entgegengebracht wird. Als Problem kann sich eine Theorie-Praxis-Dilemma zeigen, sowie Divergenzen mit der Kommunikations- und Kooperationskultur des neuen Arbeitsfeldes. Zudem können Gefühle von Überforderung und Einsamkeit auftreten und Spannungen zwischen den Erwartungen der Gemeinde und den je eigenen Rollenvorstellungen.

In der mittleren Lebensphase werden vor allem die Erfahrungen als positiv beschrieben, die sich über die Jahre durch eine reflektierte Praxis entwickelt haben: „Wissen um das eigene Können, die eigene Belastbarkeit und ihre Grenzen; wachsende Gewandtheit und Sicherheit; Standfestigkeit; im Rückblick auf den Verlauf des eigenen Lebens und viele Begegnungen ein Gespür für die Führung Gottes; aufgrund gelungener Entfaltung der eigenen Fähigkeiten die Möglichkeit zu neuen, nüchtern geplanten Aktivitäten."[684]

Gefährdungen stellen in dieser Phase möglicherweise erkannte Diskrepanzen zwischen den Visionen der Anfangszeit und dem bisher Erreichten dar. Es kann sein, dass jüngere Mitarbeiter/-innen neue Ideen und fachliche Kompetenz ins Spiel bringen, welche bisherige Arbeitsweisen und vielleicht auch einige pastorale Ziele in Frage stellen. Das Gefühl der pastoralen Erfolglosigkeit kann die Neigung begünstigen, sich ausschließlich um sichtbare Erfolge zu bemühen, indem z. B. aus dem Pfarrer ein mehr oder weniger kunstsinniger Bauherr wird.

Ein Kapital reicher beruflicher Erfahrungen hat sich im Alter angesammelt. Durch erfahrenes und gereiftes Vertrauen in das Wirken Gottes, gepaart mit Menschenkenntnis und Geduld, Gelassenheit und Verantwortungsbewusstsein können Menschen in dieser Lebensphase andere ermutigen und begleiten. „Der alte Priester dient der Kirche und dem Presbyterium, indem er den geistigen und geistlichen Ertrag seines Lebens einbringt und ein Mann von Gelassenheit und Weisheit wird, den man gern aufsucht und dessen Rat man schätzt."[685] So die gelingende Sichtweise.

Die Erfahrung von Gebrechlichkeit, Resignation, Verhärtung in Standpunkten, Skepsis gegenüber der nachkommenden jungen Generation sowie Angst und Sorge angesichts des herannahenden Ende des Lebens sind die mögliche Kehrseite des Alters. Auch sie sollen in der Fortbildung vorkommen und Raum haben.

Für die Auswertung der Studie **PRIESTER 2000**© war deshalb der Blickwinkel des Lebensalters im Hinblick auf gewünschte Fortbildungsinhalte von Interesse.

---

684 Rahmenordnung für die Priesterbildung, 76.
685 Rahmenordnung für die Priesterbildung, 81.

Tabelle 79: Fortbildungswünsche nach Lebensalter (nach Summen)

		-29	30-39	40-49	50-59	60-69	70-79
A	Theologische Fortbildung	0	52	63	80	81	124
B	Zeitgemäße pastorale Praxis	16	108	66	134	189	87
C	Personalentwicklung	8	102	79	98	86	27
D	Seelsorgliche Kompetenz	10	70	55	87	117	61
E	Moderne Grenzwissenschaften	0	70	20	20	50	40
	SUMMEN	34	402	283	419	523	339

Quelle: **PRIESTER 2000**© – Diözese Passau

Wenn dieses Ergebnis graphisch dargestellt wird, ergibt sich folgendes Bild:

Abbildung 11: Fortbildungswünsche nach Feldern und Alter

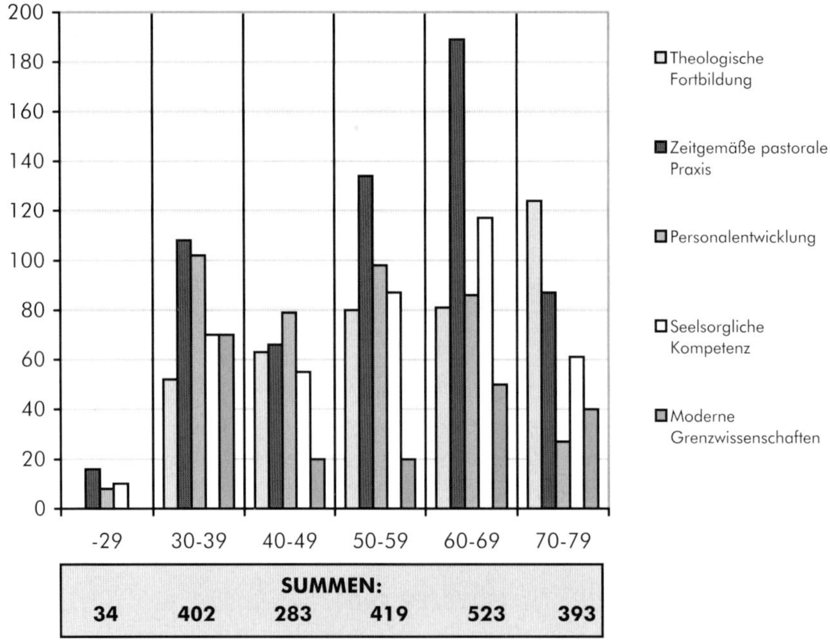

Quelle: **PRIESTER 2000**© – Diözese Passau

Den stärksten Fortbildungsbedarf bzw. die deutlichste Fortbildungsbereitschaft signalisiert mit einem Summenwert von 523 die Gruppe der 60- bis 69-Jährigen Priester. Sie sind vor allem interessiert an zeitgemäßer pastoraler Praxis sowie an der Förderung ihrer seelsorglichen Kompetenz. Personalentwicklung, theologische Fortbildung sowie die modernen Grenzwissenschaften sind diesen Erstinteressen nachgereiht.

Die 50- bis 59-jährigen Priester wünschen sich ebenfalls vor allem Fortbildungsangebote im Bereich der zeitgemäßen pastoralen Praxis. Personalentwicklung und darin vor allem Zeit- und Selbstmanagement, Unterstützung im Umgang mit Konflikten genauso wie Leitung und Teamarbeit werden als vorrangige Themen in diesem Feld genannt. Im Bereich der theologischen Fortbildung sind die Priester zwischen 50 und 59 Jahren vor allem an biblischer Theologie interessiert.

Diejenigen Priester unter den Befragten, die zur Altersgruppe der 30- bis 39-Jährigen gehören, übernehmen im Normalfall in dieser Lebensphase Verantwortung für die Leitung einer Pfarrgemeinde. Sie wechseln also vom Status des Kaplans, der sich in bestimmten Zuständigkeitsbereichen im Windschatten des Pfarrers bewegen darf, in die Leitungsposition. Von daher ist verständlich, dass sie vorwiegend nach Fortbildungsangeboten suchen, durch die sie in ihrer Leitungsrolle unterstützt werden: Die Felder „zeitgemäße pastorale Praxis" sowie „Personalentwicklung" haben für sie in der Fortbildung Priorität.

Die pensionierten Priester, welche die Abkürzung i. R.[686] meist wiedergeben als „in Reichweite" sind in Fortbildungsfragen weiterhin sehr interessiert. Der Summenwert von 339 zeigt beachtliche Energie. Für diese Gruppe hat die theologische Fortbildung den höchsten Stellenwert unter den fünf Feldern. Unter den im Fragebogen aufgeführten Themenbereichen ist vor allem die Kirchengeschichte gefragt. Verbirgt sich dahinter womöglich die Erfahrung, dass der Blick auf die Geschichte Gelassenheit mit kleineren Ungereimtheiten und Versäumnissen lehrt und sich manches erst im Blick auf die zurückgelegte Wegstrecke zuordnen und erklären lässt? Systematische Theologie, mit Ausnahme der 40- bis 49-Jährigen von den anderen Altersgruppen weniger angefragt, steht bei den pensionierten Priestern in der Reihung ebenfalls weit vorne. Fragen der Personalentwicklung sind naturgemäß für die pensionierten Priester kein bewegendes Thema mehr, da sie nicht mehr in Leitungsverantwortung stehen.

Die 40- bis 49-Jährigen unter den Befragten zeigen gedämpften Fortbildungsbedarf. Das kann mehrere Ursachen haben. Möglicherweise schöpfen sie zum Teil noch aus dem Fundus am Kompetenz, den sie über Ausbildung und Berufseinführung erworben haben. Oder es trifft mehr die folgende Hypothese zu: Die 40- bis 49-Jährigen gehören der Nachkonzilsgeneration an, der die pastorale Erneuerung vergleichsweise unwichtig ist, weil der Übergang von der vorkonziliaren in die konziliare Kirchengestalt für sie „Kirchengeschichte" ist. „Die Nachkonzilsgeneration lebt eine mehr und mehr plurale Form von priesterlichem und kirchlichem Selbstverständnis in einer primär positiv wahrgenommenen Realität...

686 Herkömmlich: im Ruhestand.

Wichtig ist der eigene Weg als Priester, weniger wichtig im Vergleich zur Vorgängergeneration ist die Veränderung der Realitäten von Kirche und Gesellschaft. Hier beginnt die Entwicklung hin zur heutigen postmodernen individualisierten Priestergeneration.“[687] Ein dritter vermuteter Grund für die geringe Fortbildungsbereitschaft soll noch genannt werden: Es kann sein, dass sich Priester dieser Altersgruppe wenig Auszeit für Fortbildung zugestehen. 80% von ihnen sind Pfarrer, ein Großteil ist für mindestens zwei und mehr Pfarrgemeinden verantwortlich. Gerade ihnen würde es gut tun, sich nicht nur zu investieren, sondern dazwischen auch aufzutanken. Fortbildungsbedarf signalisieren Pfarrer aus dieser Altersgruppe vorwiegend im Bereich der Personalentwicklung.

Das Ergebnis der befragten Priester, die zur Altersgruppe der bis 29-Jährigen zählen ist höchst aufschlussreich. Der Summenwert von 34 zeigt: Für sie ist Fortbildung (noch) kein Thema. Sie haben reichlich Theologie studiert, im Pastoraljahr unter der reflektierenden Begleitung von Mentoren/-innen praktische Erfahrungen gesammelt und in den ersten drei Jahren ihrer Berufstätigkeit „Regelmäßige Begleitung“ (ReBe) sowie schulische Qualifizierung für den Religionsunterricht erfahren. Dies macht das Ergebnis verständlich: es gibt keine Nachfrage für theologische Fortbildung. Wenn überhaupt, dann interessieren sich die jungen Priester allenfalls und in einem sehr begrenzten Umfang für zeitgemäße pastorale Praxis.

Fortbildungswünsche nach Amtstypen

Die tiefere Reflexion zu den vier Amtstypen hat gezeigt, dass sie sich nicht nur in den Grundoptionen im Hinblick auf die Moderne unterscheiden, sondern genauso im Seelsorgestil, in der Synodalität und in den handlungsleitenden Zielen, aus denen heraus die jeweiligen pastoralen Schwerpunkte entstehen. Fortbildung dient der weiteren Qualifikation und baut im Normalfall auf dem auf, was die einzelnen über Studium und Praxis, durch Begabung und spezielle Interessen und Neigungen verstärkt an Kompetenz mitbringen. Von daher kann berechtigt angenommen werden, dass die verschiedenen Amtstypen je eigene Erwartungen an Fortbildungsinhalte haben werden. Eine erste Auswertung nach Amtsbildern bringt folgendes Ergebnis:

---

[687] Jacobs, Christoph: Priester-Männer zwischen 40 und 60, 353.

Abbildung 12: Fortbildungswünsche nach Amtsbildern

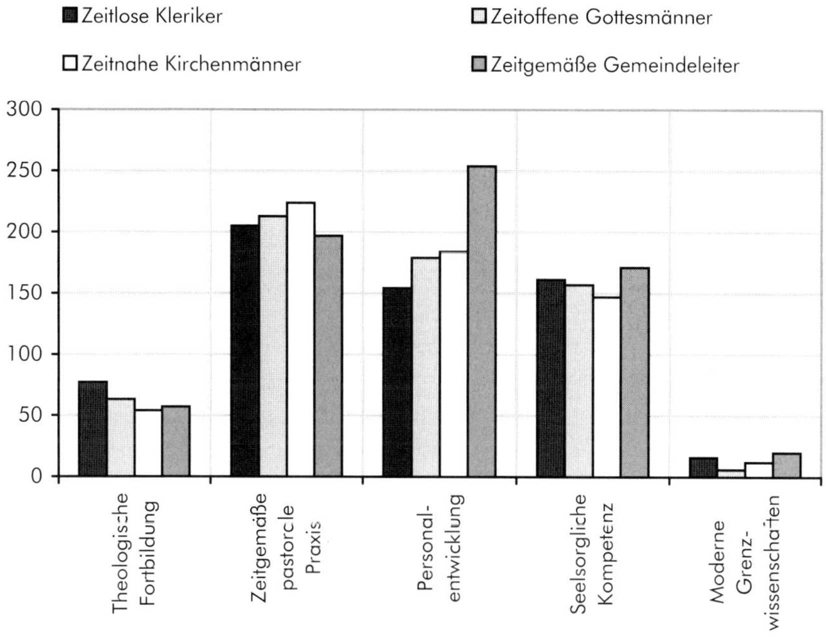

Quelle: PRIESTER 2000© Diözese Passau

Es zeigt sich, dass sich die fachspezifischen Interessen relativ gleichmäßig verteilen. In keinem der fünf Felder lassen sich zwischen den Amtstypen gravierende Abweichungen oder Unterschiede feststellen. Die modernen Grenzwissenschaften sind bei allen in der Dringlichkeit weit nach hinten gereiht. Auch die theologische Fortbildung im Sinne der fachlichen Bildung spielt für alle Amtstypen eine nachrangige Rolle. Fortbildungsbedarf wird vor allem für diejenigen Bereiche signalisiert, welche sich auf die Praxis beziehen: Zeitgemäße pastorale Praxis nimmt dabei den ersten Rang ein, an zweiter Stelle folgt die Personalentwicklung. Die Förderung der seelsorglichen Kompetenz rangiert etwas geringer bepunktet an dritter Stelle.

Kleine Auffälligkeiten auf den ersten Blick sind:

- dass die zeitlosen Kleriker von allen Amtstypen die stärkste Neigung zur theologischen Fortbildung erkennen lassen;
- die zeitnahen Kirchenmänner wiederum machen einen kleinen Überhang im Vergleich zu den anderen Amtstypen im Feld „zeitgemäße pastorale Praxis" sichtbar.

- Personalentwicklung ist ein deutliches Anliegen der zeitgemäßen Gemeindeleiter. Sie haben hier offenkundig mehr Wünsche als ihre Kollegen, die sich um die anderen Amtstypen herum gruppieren.
- Fortbildungs- bzw. Qualifizierungswünsche zur seelsorglichen Kompetenz werden am offenkundigsten ebenfalls von den zeitgemäßen Gemeindeleitern geäußert, dies ist jedoch auch ein Bedürfnis für diejenigen Priester, die zu den zeitlosen Klerikern gehören.

Im Folgenden werden die Fortbildungspräferenzen der vier Amtstypen der Studie **PRIESTER 2000**© gesondert dargestellt und mit ihrem weiter vorne beschriebenen Seelsorgeverständnis in Beziehung gesetzt.

Der zeitlose Kleriker: den Menschen das Evangelium nahe bringen

Ein zentrales Anliegen des zeitlosen Klerikers ist es, der „Welt" die frohe Botschaft des Evangeliums zu bringen, also die Menschen zu evangelisieren. Präziser geht es wohl um Neuevangelisierung. Ganz in dem Sinn, wie es Papst Johannes Paul II. in vielen seiner Reden und Ansprachen immer wieder betont, und wie er dies auch beim Ad-limina-Besuch der süddeutschen Bischöfe 1992 formuliert hat: „Die Neuevangelisierung beginnt mit der klaren und nachdrücklichen Verkündigung des Evangeliums, das sich an jeden Menschen wendet. Nur aus einer persönlichen Verbundenheit mit Jesus kann sich eine wirkliche Evangelisierung entfalten."[688] Für die zeitlosen Kleriker hat der Religionsunterricht einen hohen Stellenwert; bei den Stärken des priesterlichen Dienstes geben 96% an, dass es ihnen wichtig ist, das Evangelium als Weg zu einem guten Leben zu verkünden. Für 88% der zeitlosen Kleriker ist es zudem zentral, Kindern und Jugendlichen die Welt des Glaubens zu erschließen.

Sehr oft wird von Erwachsenen, aber genauso von Jugendlichen darüber geklagt, dass die kirchliche Sprache unverständlich sei. Begriffe wie z. B. „Gnade", „Heil", „Unterpfand" oder „Sakrament" werden meist nicht mehr verstanden bzw. verknüpfen sich nicht unmittelbar mit der Lebenswirklichkeit der Hörenden. Formulierungen in Predigten oder auch in Hirtenworten werden als Worthülsen empfunden, die nichts zum Klingen bringen. Symbole erschließen sich oft nur schwer. Teilweise trifft dies auch auf die Liturgie zu. Von daher ist – nicht nur – die sprachliche Not zum Teil groß, die befreiende und lebensspendende Botschaft Jesu den Menschen von heute in einer Weise aufzuschließen, dass sie darin mit dem Geheimnis Gottes und dem Geheimnis ihres Lebens in Berührung kommen. „Der künftige Christ wird ein Zeuge sein, oder er wird bald

[688] Ansprache des Heiligen Vaters an die Bischöfe aus Süddeutschland, in: Sekretariat der Deutschen Bischofskonferenz (Hrsg.): Ansprachen von Papst Johannes Paul II. aus Anlaß der Adlimina-Besuche der deutschen Bischöfe. Verlautbarungen des Apostolischen Stuhls Nr. 108, Bonn 1992, 15-23, hier 18.

nicht mehr sein. Als Zeuge vermittelt er und ist selbst jemand, der hinter seiner Sache zurücktritt, aber gerade dadurch wirkt."[689] Verkündigung ist nicht nur eine Frage der „Verpackung", also der Sprache, der Methoden oder auch der Plausibilität. Entscheidend ist immer noch der Inhalt und sind diejenigen, welche die Botschaft durch ihr Leben in Wort und Tat verkündigen.[690] Aus diesem Grund steht der Wunsch, sich in der Fortbildung mit zeitgemäßer Glaubensbegründung auseinander zu setzen, mit 58% an erster Stelle der Liste von zwanzig vorgelegten Möglichkeiten, aus denen sieben auszuwählen waren.

[689] Lehmann, Karl: Die christliche Botschaft für das 21. Jahrhundert. Was ist heute lebendige Seelsorge?, in: LS 51 (2000) 5-12, hier 11.

[690] Vgl. Armbruster, Klemens: Von der Krise zur Chance. Wege einer erfolgreichen Gemeindepastoral, Freiburg i. Breisgau 1999, v. a. 20ff.

Abbildung 13: Fortbildungswünsche: zeitloser Kleriker

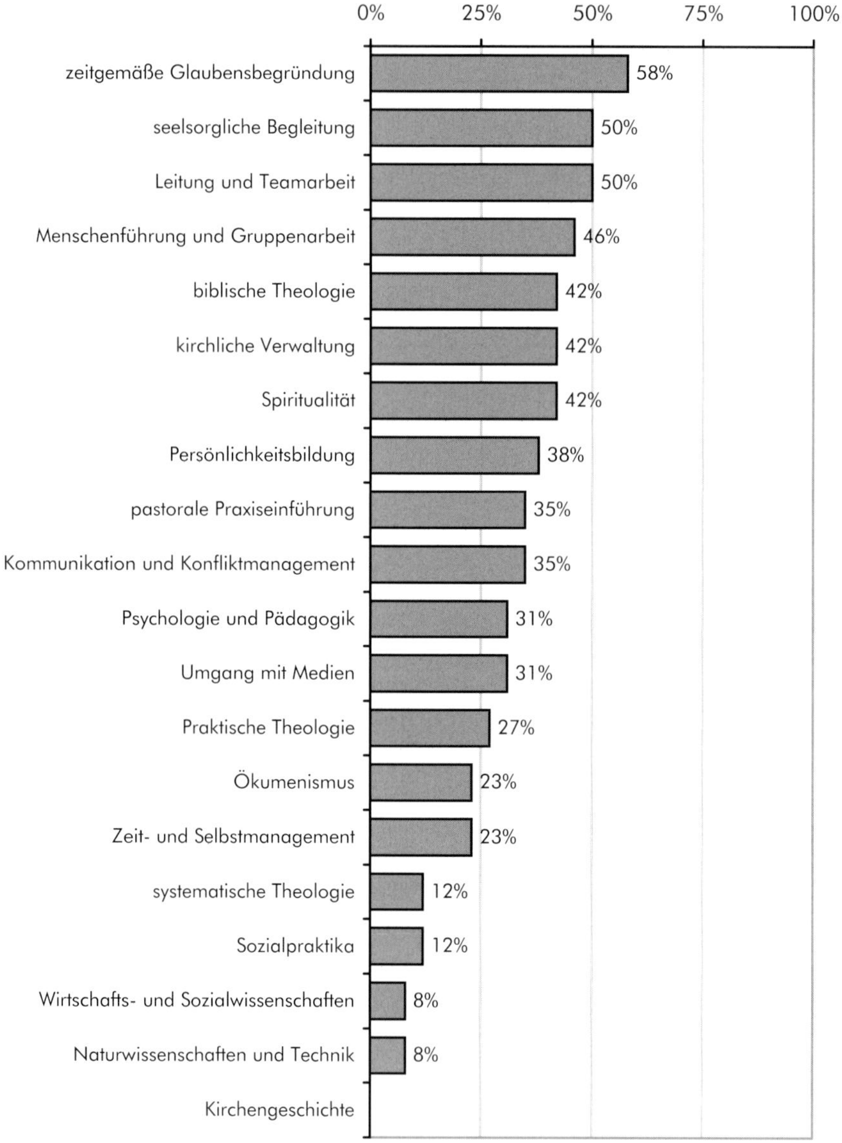

Quelle: **PRIESTER 2000**© – Diözese Passau

Menschen an den für sie wichtigen Lebensübergängen zu begleiten und ihnen in ihren Sorgen zur Seite zu stehen, ist denjenigen Priestern, die zu den zeitlosen Klerikern zählen, in ihrer seelsorglichen Arbeit ein deutliches Anliegen. 50% wünschen sich von daher in seelsorglicher Begleitung Fortbildungsmöglichkeiten und würden diese wohl auch nutzen. Fragen der Personalentwicklung wie Leitung und Teamarbeit (50%) und Menschenführung und Gruppenarbeit folgen an nächster Stelle. Das Anliegen, in biblischer Theologie auf „soliden Füßen" zu stehen, das 42% der zeitlosen Kleriker weit vorne in der Fortbildungsliste reihen, korrespondiert mit dem Inhalt zeitgemäßer Glaubensbegründung. Moderne Grenzwissenschaften sowie Kirchengeschichte sind für den zeitlosen Kleriker Themen, zu denen er nach dem empirischen Befund wohl keine Fortbildung belegen würde.

Der zeitoffene Gottesmann: Kirche zur Welt bringen

Das Zweite Vatikanische Konzil, so kann man bisweilen lesen, hat Kirche und Welt wieder zusammengeführt und damit einen irreversiblen Schritt vollzogen. Unabdingbar damit verbunden ist, dass sich Christen im Namen des Evangeliums in die Welt einmischen. Dieser Auftrag ist an alle gerichtet. „Wer Menschen für das Reich Gottes begeistern will, muss sich unter die Menschen wagen, muss sich in ihre Nöte, Ängste, Hoffnungen und Begeisterungen hineintrauen, um sie zu verstehen und in ihrer Sprache, unter ihrem Verstehenshorizont die Freundschaft mit Jesus Christus zu verkünden und anzubieten. Welt ist... die Welt, in die hinein Gott seine Wünsche und Pläne spricht. Die ‚Zeichen der Zeit' und deren oft verschlüsselten Sehnsüchte geben Aufschluss darüber, welche Wege Gott mit einer Generation gehen möchte."[691] Die zeitoffenen Gottesmänner benennen als Stärke des priesterlichen Dienstes und Lebens mit der hohen Zustimmung von 94%, Freude und Hoffnung, Trauer und Angst der Menschen von der Geburt bis zum Tod teilen zu wollen. Die Zeichen der Zeit zu erkennen und an ihnen die Verkündigung des Evangeliums auszurichten, hat mit ebenfalls 94% denselben Stellenwert. In diese Triade gehört nach dem empirischen Befund desgleichen die Aussage (94%), das Evangelium als Weg zu einem guten Leben verkünden zu wollen. Dass über zwei Drittel aus der Gruppe der zeitoffenen Gottesmänner an die erste Stelle ihrer Fortbildungswünsche zeitgemäße Glaubenbegründung gesetzt haben, deckt sich mit dem, was ihnen in der Pastoral wichtig ist: die Kirche zur Welt bringen. Diese Welt, in der Verkündigung heute stattfindet, ist vor allem plural und vielschichtig. Es gibt Versuche, Deutungskategorien zu entwickeln, um die Vielfalt einzufangen. Ein nicht mehr ganz neuer und von daher wohl auch nicht mehr ausreichender Fokus

---

[691] Brantzen, Hubertus: Lebenskultur des Priesters, 252.

ist die Beschreibung als „Erlebnisgesellschaft" oder aus einer anderen Perspektive als Risikogesellschaft.[692]

Die Erlebnisgesellschaft ist gekennzeichnet durch eine Ästhetisierung des Alltagslebens in kaum miteinander vermittelten Erlebnis-Milieus, die sich voneinander scharf abgrenzen und gegenseitig nicht wertschätzen. Gerhard Schulze beschreibt fünf dieser Milieus: das Niveaumilieu, zu dem sich Menschen über 40 Jahre zugehörig fühlen, die einen höheren Bildungsabschluss haben. Zum Harmoniemilieu gehören Menschen mit unteren Bildungsabschlüssen, das Integrationsmilieu umfasst Menschen ab der Lebensmitte mit mittlerem Bildungsgrad. Jüngere Menschen fühlen sich entweder dem Selbstverwirklichungsmilieu (mit höherer Grundbildung) oder dem Unterhaltungsmilieu – für die unteren Bildungsabschlüsse – zugehörig.[693] Michael Ebertz. der davon ausgeht, dass die herkömmlichen Pfarrgemeinden von einigen wenigen Milieus bestimmt und dominiert werden, fragt kritisch an, ob sich die Kirche der Herausforderung stellt, „neue Wege zu jenen anderen ‚Erlebnisgemeinschaften', nicht zuletzt zu den Jugendlichen und jungen Erwachsenen zu suchen, und... ob diese Wege überhaupt noch durch die verengten Formen der traditionellen Gemeindepastoral führen können"[694]. Zeitgemäße Glaubensbegründung bzw. zeitgemäße Verkündigung ist von daher eine vehemente Herausforderung für die Kirche. Der Spagat bewegt sich zwischen prophetischem Widerstand zum Zeitgeist und Offenheit für die Fragen und das Suchen moderner Menschen in einer Gesellschaft, die wesentlich durch religiösen Indifferentismuns und Individualisierung gekennzeichnet ist.

---

692 Vgl. Beck, Ulrich: Risikogesellschaft. „Auf dem Weg in eine andere Moderne", Frankfurt a. Main 1986.

693 Vgl. Schulze, Gerhard: Die Erlebnisgesellschaft. Kultursoziologie der Gegenwart, Frankfurt a. Main 1992, 277ff.

694 Ebertz, Michael N.: Kirche in der Gesellschaft an der Schwelle zum 3. Jahrtausend – Trends in religionssoziologischer Sicht, in: Reifenberg, Peter u. a. (Hrsg.): Licht aus dem Ursprung. Kirchliche Gemeinschaft auf dem Weg ins 3. Jahrtausend, Würzburg 1998, 158-187, hier 171.

Abbildung 14: Fortbildungswünsche: zeitoffener Gottesmann

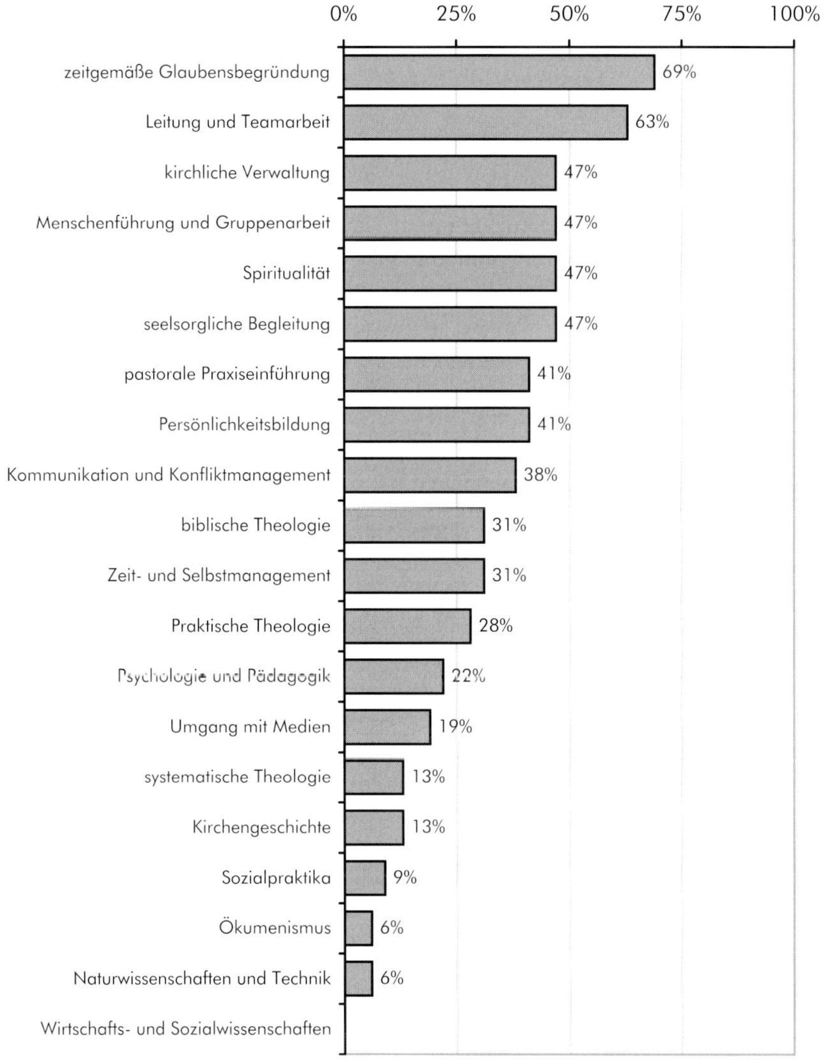

Quelle: **PRIESTER 2000©** – Diözese Passau

70% der zeitoffenen Gottesmänner sagen, sie würden sehr viel bzw. viel Zeit für Dienstgespräche mit den hauptamtlichen pastoralen Mitarbeiterinnen und Mitarbeitern investieren. Das macht den mit 63% deutlichen Wunsch nach Fortbildung in Leitung und Teamarbeit verständlich. Leitung muss gelernt sein, soll sie dazu verhelfen, dass die Gemeinde „am Leben“ bleibt und die Menschen darin mit ihren je unterschiedlichen Interessen und Begabungen einen Ort finden können, in dem sie Beziehung erleben und Heimat erfahren. Leitung hat die Aufgabe „die verschiedenen Gaben des Geistes, mit denen Gott die in der Gemeinde lebenden Menschen begabt und beschenkt hat, zu entdecken und anzuerkennen, ihnen Raum zu geben und sie zu fördern“[695].

Der zeitnahe Kirchenmann: sein Handwerk verstehen

Pfarrer Hans Wittmann, der über lange Jahre in der Diözese Regensburg im Haus Werdenfels eine überaus gefragte Möglichkeit für eine praxisbezogene und spirituell geprägte Priesterfortbildung entwickelt hatte, ermuntert dazu, Fortbildung in einer Weise anzulegen, dass die einzelnen damit rechnen dürfen, dass sie dabei etwas lernen und davon profitieren. „Wenn Fortbildung wirksam sein soll, so darf sie keine Pflichtübung sein, kontrolliert durch Anwesenheitslisten, angelockt durch Dienstbefreiung und Übernahme aller finanziellen Kosten. Sie muß vielmehr so angelegt sein, sowohl vom Inhalt als auch von den Methoden her, dass der einzelne sich gern dafür Zeit nimmt und dass er bereit ist, dafür auch Opfer an Zeit und Geld zu bringen.“[696]

Zeitnahe Kirchenmänner, so der empirische Befund, haben einen gewissen Hang zur Pragmatik. Die Führung und Verwaltung einer Pfarrei steht in ihrer Rangliste priesterlicher Tätigkeiten mit einer Gewichtung von 4% – gegenüber Eucharistiefeier (100%) sowie Verkündigung (73%) – weit im Schatten anderer Tätigkeiten, die ihnen wichtiger sind oder auch mehr Freude bereiten. Mit etwas, was einem wenig behagt, aber getan werden muss, weil sich Teile davon nicht delegieren lassen, geht ein professioneller zeitnaher Kirchenmann in der Weise um, dass er sich dafür Kompetenz verschafft. Diese Hypothese, die sich aus dem empirischen Befund heraus verifizieren lässt, erklärt, warum die kirchliche Verwaltung mit 59% auf der Fortbildungswunschliste an erster Stelle steht.

695 Belok, Manfred: Leiten von Gemeinden, in: Diakonia 31 (2000) 188-193, hier 189.
696 Wittmann, Hans: 3x5 Anfragen aus Werdenfels an die Priesteraus- und -fortbildung, in: LS 41 (1990) 102-109, hier 107.

Abbildung 15: Fortbildungswünsche: zeitnaher Kirchenmann

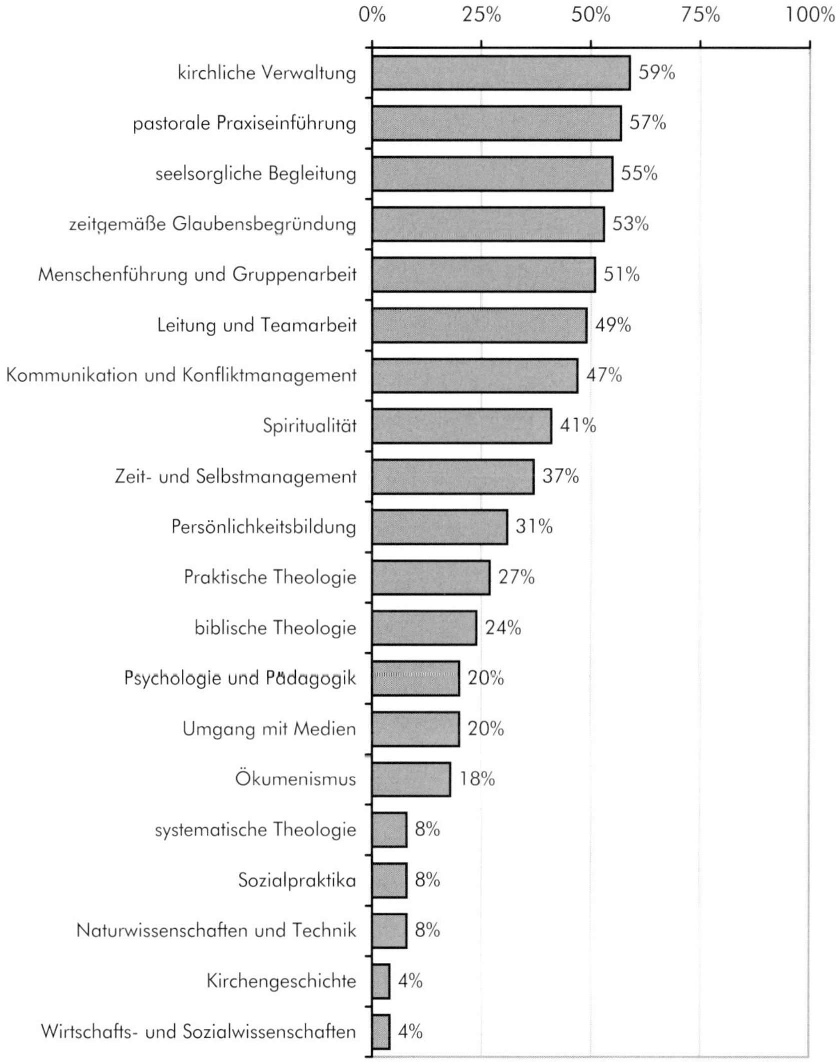

Quelle: **PRIESTER 2000**© – Diözese Passau

Wer sein Handwerk versteht, findet normalerweise Anerkennung. Alles, was sich im Bereich der 50% befindet, wird von den zeitnahen Kirchenmännern als wichtig für Fortbildung betrachtet, weil es Entlastung bringt und für die Praxis unterstützend sein kann: pastorale Praxiseinführung (57%), seelsorgliche Begleitung (55%), zeitgemäße Glaubensbegründung (53%) und Menschenführung und Gruppenarbeit (51%). Die theologische Fortbildung bezieht sich allenfalls auf praktische und biblische Theologie. Diese interessiert jedoch nur mehr ein knappes Viertel aus der Gruppe der zeitnahen Kirchenmänner. Alle anderen Teilbereiche spielen als gewünschte Fortbildungsinhalte keine Rolle mehr. Das gilt auch für die modernen Grenzwissenschaften.

Der zeitgemäße Gemeindeleiter: leiten als primus inter pares

Zeitgemäße Gemeindeleiter haben, so zeigt es der empirische Befund, Lust auf Leitung. 58% sagen, dass es ihnen Freude macht zu leiten, 81% stimmen der Aussage zu, dass Leitung eine Bereicherung darstellt, weil sie viel dabei lernen. So ist es einerseits erstaunlich, dass das Thema „Leitung und Teamarbeit" mit 77% bei den zeitgemäßen Gemeindeleitern an erster Stelle gereiht ist. Andererseits ist verständlich, dass sich diejenigen Priester, die zum Amtstyp des zeitgemäßen Gemeindeleiters gehören, gerade für die Leitungsrolle Unterstützung und Erweiterung ihrer Kompetenz über Fortbildung erwarten und erhoffen.

Die Leitungsrolle ist eine, wenn nicht die zentrale Rolle für die zeitgemäßen Gemeindeleiter. Ihnen, die sich als Vorsteher der Gemeinde sehr geschwisterlich verstehen, geht es in der Frage der Fortbildung zum Thema Leitung wohl vor allem darum, die Leitungsaufgabe in der Pfarrgemeinde so zu gestalten, dass sie der Communio dient und in einer Weise geschieht, die andere ermächtigt. Thomas Kellner nennt als inhaltliche Bestimmungen von Gemeindeleitung fünf Aufgaben, die gelernt sein wollen. Für ihn heißt Gemeinde leiten Gestaltungsprozesse zu moderieren, Personalentwicklung zu betreiben, soziale Prozesse zu steuern, Strukturen zu beobachten und zu verändern und Konfliktmanagement zu betreiben.[697] Amtliche Gemeindeleitung, theologisch besehen besteht natürlich nicht nur in diesen organisationsentwicklerischen Anteilen. Doch handelt es sich bei den beschriebenen Feldern um herausfordernde Aufgaben, die nicht nur eine entsprechende Begabung erfordern, sondern auch Professionalität, die eigenes Verhalten kritisch reflektiert. Die zeitgemäßen Gemeindeleiter bevorzugen vor allem Fortbildungsangebote, welche der Selbst- und Personalentwicklung zuzurechnen sind: Zeit- und Selbstmanagement (56%), Menschenführung und Gruppenarbeit (67%), Kommunikation und Konfliktmanagement (54%). Seelsorgliche Begleitung, ebenfalls ein zentraler Punkt in ihrem persönlichen Prioritätenkatalog, hat mit 69% den zweiten Rang auf der Fortbildungsliste. Auch hier geht es wohl weniger darum, die Grundlagen seelsorglicher Begleitung zu lernen, sondern die je eigene Praxis zu vertiefen und für Qualitätssicherung zu sorgen. Zeitgemäße Glaubensbegründung – bei den anderen Amtstypen ein be-

---

[697] Kellner, Thomas: Auf neue Art Pfarrer sein. Die Communio-Theologie und die Praxis einer kommunikativen Gemeindeleitung, in: Schreer, Werner/Steins, Georg: Auf neue Art Kirche sein: Wirklichkeiten – Herausforderungen – Wandlungen; Festschrift für Bischof Dr. Josef Homeyer, München 1999, 193-202, hier 198-201.

vorzugter Fortbildungsinhalt – ist für den zeitgemäßen Gemeindeleiter nachgereiht. Ihm, der der modernen Welt sehr zugeneigt ist, erwachsen in diesem Bereich vermutlich nicht in dem Maß Vermittlungschwierigkeiten wie seinen Kollegen anderer Amtstypen. Möglicherweise könnte es sogar hilfreich sein, zu diesem Bereich einen interkollegialen Austausch in Gang zu bringen und das Potential der zeitgemäßen Gemeindeleiter in dieser Frage zu nutzen.

Abbildung 16: Fortbildungswünsche zeitgemäßer Gemeindeleiter

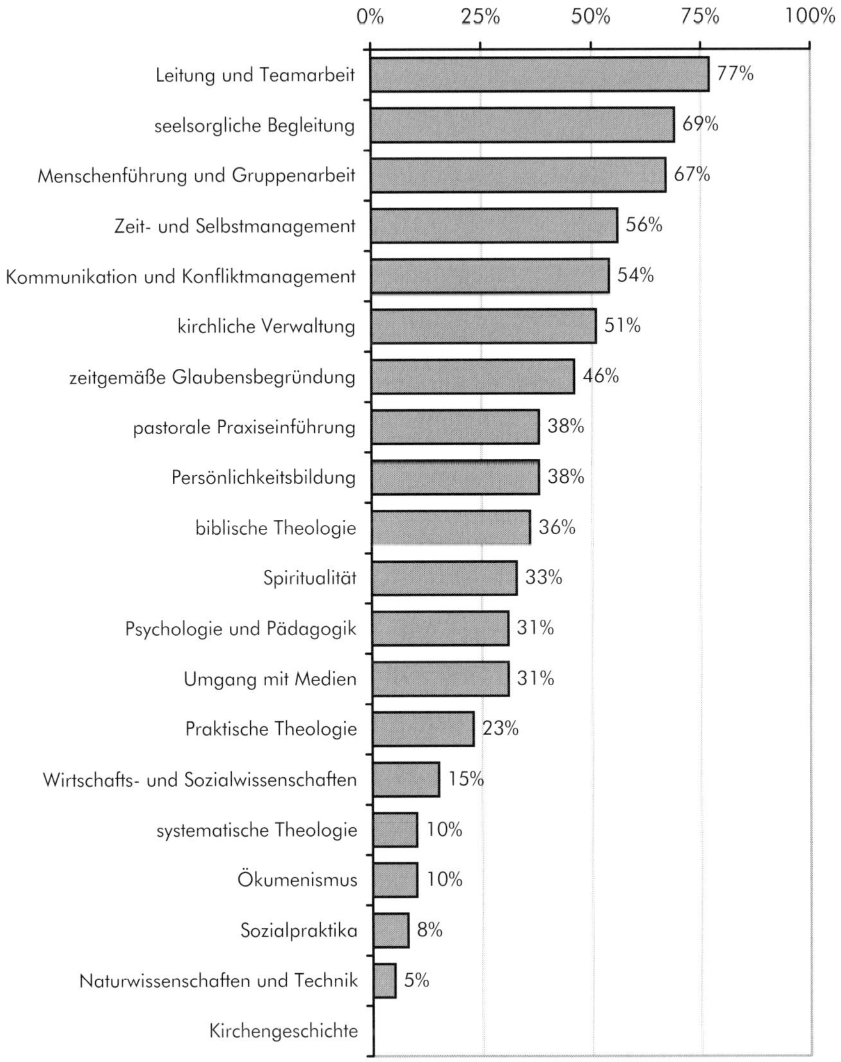

Quelle: **PRIESTER 2000**© – Diözese Passau

Moderne Grenzwissenschaften und systematische Theologie wecken bei den zeitgemäßen Gemeindeleitern keinen Eros, eine Fortbildung zu diesen Themen zu belegen. Interessanterweise haben sowohl der zeitlose Kleriker als auch der zeitgemäße Gemeindeleiter keinerlei Interesse an Fortbildung, welche Kirchengeschichte zum Inhalt hat. So unterschiedlich sich ihre amtstheologischen Positionen auch zeigen: Könnte es sein, dass die Vertreter beider Amtsverständnisse sich insgeheim darin einig sind, sich möglichen Verunsicherungen ihres Denkens über einen historisch-kritischen Blick in die Geschichte von vorneherein nicht auszusetzen?

Supervision als ständige Fortbildung

Supervision und Sozialarbeit bzw. Sozialpädagogik stehen in enger Verbindung. miteinander. Die Wurzeln der supervisorischen Profession lassen sich in Amerika Ende des 19. Jahrhunderts aufspüren. In den deutschsprachigen Ländern Westeuropas etablierte sich Supervision langsam nach dem zweiten Weltkrieg und fand im Laufe der Fünfziger- und Sechzigerjahre einen festen Platz in der Ausbildung von Sozialarbeiter/-innen an den Fachhochschulen.

Im kirchlichen Raum wurde Supervision anfangs unter der Bezeichnung „Praxisberatung" oder „pastorale Praxisberatung" eingeführt und damit langsam akzeptiert.[698] Supervision gehört in den Kontext der zunehmenden Professionalisierung, die zu Beginn der Siebzigerjahre in einigen Diözesen gezielt gefördert und vorangetrieben wurde.[699] Ein Vorreiter war das Bistum Münster, das bereits 1972 in der Ausbildung der pastoralen MitarbeiterInnen Supervision standardisierte.

Supervision geht es um die Verbesserung der beruflichen Kompetenz, damit verbunden um die Entwicklung der eigenen Persönlichkeit und Reflexion des beruflichen Handelns. Supervision verhilft dazu, dass das berufliche Handeln zielgerichteter gestaltet werden kann und sich von daher die Arbeitszufriedenheit erhöht. Im Normalfall verändert sich durch Supervision die Kultur des Umgangs mit Problemen oder auch die Zusammenarbeit in Teams.[700] Supervision ist weder Organisationsberatung noch Therapie, mögen die Grenzen bisweilen auch etwas fließend sein. Supervision ist überdies keine Kompensation für zu reformierende Strukturen und auch keine Medizin gegen Überbelastung von

---

698 Vgl. Andriessen, Hermann: Praxisberatung für Seelsorger, in: LS 35 (1984) 308-315; Ders.: Pastorale Supervision – Praxisberatung der Kirche, München 1978.

699 Vgl. Ernsperger, Bruno: Erfahrungen mit pastoraler Praxisberatung. Beschreibung eines Weges, in: LS 35 (1984) 334-337.

700 Vgl. Der Beitrag von Supervision für das Lernen der Organisation Kirche. Standpunkte, Erfahrungen und Möglichkeiten, in: Isenberg, Wolfgang (Hrsg.): Kirche als lernende Organisation. Supervision in einem von Tradition und Entwicklung geprägten System. Bensberger Protokolle 103, Bensberg 2000, 235-262.

Seelsorgern, die daraus resultiert, dass es zu wenig Priester gibt und daher den wenigen vieles aufgelastet wird.

„Das Augenmerk der Supervision richtet sich ganz allgemein darauf, den Wachstumsprozeß der SupervisandInnen zu fördern, vornehmlich und in erster Linie im beruflichen Handeln. Sie will ihre Handlungskompetenz verbessern und fördern. Dies versucht sie, indem sie den SupervisandInnen einen ganzheitlich-personalen Lernprozeß ermöglicht. Ziel ist es, die Fähigkeiten, personbezogen zu kommunizieren, wirklichkeitsbezogen zu handeln und (eine Besonderheit der pastoralen Supervision) botschaftsbezogen mit Symbolen umzugehen, weiterzuentwickeln."[701]

Es geht also im Rahmen von Supervision um Zusammenarbeit, um Leitung, um zielgerichtetes Arbeiten. Geschärft wird die „Säge beruflichen Handelns". Dabei geschieht persönliche Entfaltung. Menschen entwickeln sich, diese Entwicklung ereignet sich im kirchlichen Feld auch in der Wirklichkeit von Transzendenz und Spiritualität.

Im Bereich der kirchlichen Jugendarbeit in der Diözese Passau gehört Supervision zum festen Bestandteil der Personalentwicklung. Theoretisch wäre die Möglichkeit für Supervision auch für Priester und hauptamtliche Mitarbeiter/innen auf der Basis einer finanziellen Eigenbeteiligung eröffnet, sie wird jedoch kaum genutzt. Wie sehen die befragten Passauer Pfarrer den Bedarf an Supervision sowohl für sich selbst als auch generell für alle, die hauptamtlich in der Seelsorge tätig sind?

Tabelle 80: Ich halte Supervision für alle, die im pastoralen Dienst stehen, für unverzichtbar

	völlig	eher	unentschieden	kaum	nicht
zeitloser Kleriker	8%	20%	36%	32%	4%
zeitoffener Gottesmann	4%	24%	31%	24%	17%
zeitnaher Kirchenmann	15%	13%	30%	29%	13%
zeitgemäßer Gemeindeleiter	29%	21%	29%	21%	0%

Quelle: **PRIESTER 2000**© – Diözese Passau

Auf den ersten Blick fällt bei diesem Ergebnis auf, dass die Zahl derer, die sich als unentschieden einstufen, quer durch alle Amtstypen hoch ist. Es ist zu vermuten, dass hier der Faktor des Unbekannten mit eine Rolle spielt. Wer nicht weiß, wozu Supervision gut ist, was sie bewirkt und im positiven Sinn verändert, kann sich nicht dazu äußern. Die anderen Positionen decken sich mit den

[701] Baßiere, Norbert: Pastorale Praxisberatung und Supervision, in: Baumgartner, Isidor: Handbuch der Pastoralpsychologie, Regensburg 1990, 195-213, hier 201.

bisher erhobenen empirischen Daten und stehen in Zusammenhang mit der Haltung der Befragten zur Personalentwicklung. 28% ist der einhellige Befund der Zustimmung zu Supervision sowohl bei den zeitlosen Klerikern, den zeitoffenen Gottesmännern als auch den zeitnahen Kirchenmännern. Von den zeitgemäßen Gemeindeleitern befürwortet hingegen jeder Zweite Supervision für sich und andere; 21% halten dies nicht für förderlich. Der Grad der Ablehnung ist bei den zeitlosen Klerikern mit 36% am moderatesten ausgeprägt. Gegen Supervision sprechen sich jedoch 41% der zeitoffenen Gottesmänner sowie 42% der zeitnahen Kirchenmänner aus.

Supervision erzeugt Ressentiments. Norbert Baßiere vermutet, dass diese in der aufklärerischen Funktion von Supervision begründet liegen,[702] also im Sinne von Immanuel Kant dem damit verbundenen Auszug aus der selbst verschuldeten Unmündigkeit. Es kann jedoch auch sein, dass bei älteren kirchlichen Mitarbeitern/-innen bzw. Priestern Supervision zu sehr mit den Vorgängen verbunden wird, welche sich in den Siebzigerjahren in gruppendynamischen Kursen ereignet hatten. Diese Kurse galten – manchmal mit teilweise fragwürdigen Methoden – als bevorzugtes Instrumentarium der Selbsterfahrung, die grundsätzlich für Menschen in sozialen Berufen ein unerlässlicher Baustein in der Ausbildung sein sollte. Es kam jedoch auch vor, dass die Übergänge fließend waren und Supervision, psychoanalytisch ausgerichtet, in manchen Fällen aufdeckte, was eher seinen Ort in der Therapie haben müsste. Solche schmerzlichen Erfahrungen gehören längst der Vergangenheit an, halten sich aber bisweilen im Hintergrund hartnäckig wie ein unausrottbares Gerücht.

Supervision lohnt sich nach Einschätzung einer erfahrenen Supervisorin „immer dann, wenn die Aufrechterhaltung unguter Zustände mehr Kraft kostet als deren Beseitigung. Sie hat sich auch dann gelohnt, wenn der Klient gelernt hat, die richtigen Fragen zu stellen, sich besser zu organisieren, seinen Anteil am Geschehen realistisch einzuschätzen und mit Engagement und Distanzierung mehr Freude an seinen Ressourcen und seiner Arbeit zu finden.“[703] Solche Erfahrungen wären den Befragten zu wünschen.

---

[702] Vgl. Baßiere, Norbert: Pastorale Praxisberatung und Supervision, 201f.

[703] Hürter, Elisabeth: Supervision – gute Sicht für Seelsorger, in: Anzeiger für die Seelsorge Heft 4, 111 (2002) 18-20, hier 20.

ERGEBNISSE UND KONSEQUENZEN

Die Fülle des bearbeiteten empirischen Materials macht es notwendig, ein paar der wichtigsten Ergebnisse auf den Punkt zu bringen. Stichwortartig werden deshalb im Folgenden zentrale Erkenntnisse aus der Auswertung der Daten zusammengefasst und in ersten Ansätzen auf ihre Konsequenzen für die Personalentwicklung in der Diözese Passau bedacht.

Amtsverständnis im Plural

Vielfalt bestimmt das Bild

So einfach und plausibel es wäre, von nur einem Priesterbild auszugehen, welches derzeit das kirchliche Erscheinungsbild prägt: die Realität zeigt sich naturgemäß vielfältiger und vielschichtiger. Es existieren bei den befragten Passauer Priestern nicht nur vier Amtsverständnisse, sondern wohl so viele, als es Priester im Bistum gibt, weil die meisten Priester Anteile aus mehreren Amtsverständnissen mit unterschiedlicher Akzentuierung bei sich tragen werden. Man kann von daher eher von einer Tendenz zu einem bestimmten Typ sprechen, als dass diesen jemand in „Reinform" verkörpert. Das wird bei den allerwenigsten der Befragten der Fall sein.

So, wie Menschen jeder Generation eine breite Basis tradierten Wissens und Verhaltens vorfinden und darauf aufbauen bzw. damit weiterarbeiten, so halten auch die unterschiedlichen Amtsverständnisse in lebendiger Erinnerung, was die Kirche im Laufe ihrer Existenz amtsgeschichtlich errungen hat. Die Vielgestaltigkeit der Amtsverständnisse macht erkennbar, dass sich das Amt in der Kirche in einem ständigen legitimen Wandlungs- und Wachstumsprozess befindet. Dabei muss die Entwicklung keinesfalls immer geradlinig verlaufen und nur Fortschritt darstellen. Insofern die unterschiedlichen Amtsverständnisse ihren jeweiligen amtsgeschichtlichen Ort auch auf der Zeitlinie der Kirche haben, ist ihnen ein fragmentarischer Charakter eigen. Keines der anzutreffenden individuellen Amtsverständnisse kann deshalb für sich beanspruchen, „vollständig" und damit für immer das einzig legitime bzw. verbindliche zu sein.

Wegen ihres fragmentarischen Charakters tragen die konkreten Amtsverständnisse ekklesiale und pastorale Einseitigkeiten und damit Gefährdungen in sich. Diese Einseitigkeiten werden sich nicht aufheben lassen. Anzustreben ist jedoch ein versöhnter Umgang mit den eigenen Unebenheiten und Eingefahrenheiten, ohne diese zu verstecken noch exzessiv darstellen zu müssen.

Amtsverständnisse gründen in einem Bündel von Herkunftswurzeln

Bei der Entwicklung des konkreten Amtsverständnisses spielen nicht nur theologieinterne Kräfte eine Rolle. Nachhaltig prägend ist vor allem die Auseinandersetzung der Priester mit der jeweiligen (modernen) Kultur: Akzeptanz, kritische Loyalität oder Verwerfung machen sich über das Amtsverständnis elementar bemerkbar und werden im Vollzug wirksam. Die Einstellung zur (modernen) Kultur wiederum ist biographisch geprägt. Auch der jeweilige Tätigkeitsschwerpunkt und das Lebensalter können das Amtsverständnis zwar nicht generell verändern, aber dennoch mehr oder weniger kräftig konturieren. Wer z. B. als Jugendseelsorger tätig ist, wird in anderen Grundkompetenzen angefordert und muss sich unter einem spezifischeren Blickwinkel mit der Moderne auseinander setzen als jemand, der eine bunte Pfarrgemeinde leitet oder ein Bildungshaus.

Ein ein(z)iges Presbyterium

Wer die Konzilsdokumente studiert, dem oder der fällt auf, dass Priester bzw. Presbyter darin im Normalfall nur im Plural vorkommen. Eine Ausnahme bilden diejenigen Teile in den Dokumenten, bei denen Priester in ihrer Rolle als Vorsteher der Liturgie bzw. Eucharistie beschrieben werden. Ansonsten gibt es für die Konzilsväter nur einen Priester: Jesus Christus. Die anderen sind nach der Beschreibung der Konzilsväter Presbyter, die sich – zusammen mit dem Bischof – dem Presbyterium einer Diözese zugehörig wissen. Damit ist analog zur Kollegialität der Bischöfe[704] die Kollegialität der Priester ausgesagt. Das Priesteramt ist ein Dienst der Kirche und damit relational; es ist kein solistischer Dienst. Priester ist man immer zugleich mit anderen in dem einen Presbyterium einer Diözese, in das man mit der Weihe aufgenommen wird.

Der Pluralismus der Neuzeit als „ein lebensmächtiger und gesunder Drang zu einer natürlichen Vielfalt des Glaubens und des kirchlichen Lebens“[705], zeigt sich von daher auch in der Vielfalt der priesterlichen Amtstypen. Nur alle vier Amtstypen zusammen ergeben das einzige Presbyterium. Findet ein bestimmter Amtstyp darin keine grundlegende Akzeptanz, bringt sich das Presbyterium um einen wichtigen Teil seiner selbst: „Als sorgsame Mitarbeiter, als Hilfe und

---

[704] Vgl. Ratzinger, Joseph: Die pastoralen Implikationen der Lehre von der Kollegialität der Bischöfe, in: Concilium 1 (1965) 16-29.

[705] Berkel, Karl/Zirker, Leo: Leben – nicht bloß überleben. Schlüsselqualifikationen für pastorale Dienste, in: Weber, Franz u. a. (Hrsg.): Im Glauben Mensch werden. Impulse für eine Pastoral, die zur Welt kommt. Festschrift für Hermann Stenger zum 80. Geburtstag, Münster 2000, 173-186, hier 178.

Organ der Ordnung der Bischöfe bilden die Priester, die zum Dienst am Volke Gottes gerufen sind, in Einheit mit ihrem Bischof ein einziges Presbyterium."[706]

Einheit in versöhnter Verschiedenheit

Das ökumenische Modell der „versöhnten Verschiedenheit" kann in analoger Weise auf das Presbyterium einer Diöezse angewendet werden, dessen Grundzug es ist, dass sich darin unterschiedliche Amtstypen vorfinden. Dabei besteht immer die Gefahr, dass ein Typ die anderen dominieren will oder dass die unterschiedlichen Typen einander entweder aufreiben, ignorieren oder geringschätzen. Es ist sicher wichtig, einander klar und differenziert wahrzunehmen. Ein Leitsatz aus der Organisationsentwicklung lautet: „Erst differenzieren, dann intergrieren". Das eine steht dabei aber nicht über dem anderen und ist ihm somit nicht qualitativ vorgeordnet. Beides ist notwendig und gleichwertig und beides hat einen hervorragenden Stellenwert. „Es müsste heute das größte Anliegen der Hauptverantwortlichen in der Kirche sein, die verschiedenen Gruppen und Denkrichtungen zur ‚Versöhnung' zu bringen, das heißt, dass sie sich in ihrer Andersartigkeit annehmen, sich jeweils als Teil des Ganzen fühlen und bereit sind, voneinander zu lernen. Die Zukunft der Kirche wird nicht in ‚Uniformität' liegen, sondern in einer ‚versöhnten Verschiedenheit'."[707] Die deuteropaulinische Mahnung an die Gemeinde von Ephesus (Eph 4,1-3) kann analog auch dem Presbyterium zugeschrieben werden: „Ich ermutige euch nun... in aller Niedrigkeit und Sanftmut, in Langmut einander ertragend in Liebe, bereitwillig die Einheit aus dem Geiste durch das Band des Friedens zu wahren". Der Einheitspunkt ist Christus; die Einheit in ihm ermöglicht das Einbringen der ganzen Vielfalt und Unterschiedenheit.[708]

Der Dienst des Bischofs an der Einheit

Auch ein Ortsbischof ist mit hoher Wahrscheinlichkeit einem der vier Amtstypen stärker zugeneigt und könnte von daher in Versuchung geraten, nur den Typ, dem er sich am nächsten fühlt, zu fördern bzw. anzuerkennen. Das fordert jedoch heraus, „pluralitätstolerant" zu sein und keinen aus dem Boot zu werfen. Einheit entsteht weder durch Integralismus noch durch Einforderung von Gehorsam. Einheit ist vielmehr ein Geschenk des Geistes Gottes.[709] Die amtliche Sorge für die Einheit besteht für den Bischof deshalb nicht darin, möglichst große Einheitlichkeit oder gar Unformität anzustreben, sondern ein vielfältiges, produktives Miteinander zu Gunsten der einen Ortskirche zu fördern.

---

706 LG Artikel 28.
707 Krätzl, Helmut: Im Sprung gehemmt, 204.
708 Vgl. Kehl, Medhard: Die Kirche, 456.
709 Vgl. Kehl, Medhard: Die Kirche, 389.

Zeitgemäß verkündigen – synodal leiten

Eine der großen Herausforderungen für die Priester wird es sein, das anvertraute Evangelium in angemessener Weise in die moderne Kultur einzuweben. Dazu braucht es nicht nur eine gediegene Kenntnis der Kultur (über Theater, Kunst, Poesie, Wissenschaft, Medien), sondern einen intensiven Dialog zwischen Kultur und Evangelium. Solcher ist durch eine Vielfalt an Fortbildungsmaßnahmen vorrangig zu fördern.

Auf dem gemeinsamen Boden der Taufe unabdingbar aufeinander verwiesen

Die Wertschätzung der Laien ist eng an das Amtsverständnis gebunden. Da in der heutigen Kirche – sowohl im theologischen Verständnis wie in der Pastoral – Priester und Laien unabdingbar aufeinander verwiesen sind und beide Unersetzliches für die Arbeit der Kirche zu leisten haben, müssen diejenigen Priester, die ein laienabweisendes bis -abwertendes Amtsverständnis zeigen, „ohne Wenn und Aber" umlernen. Nicht selten geht das laienabwertende Amtsverständnis auch mit einem frauenabwertenden konform. Dagegen braucht es eine gediegene ekklesiologische Fortbildung, die nicht nur kognitiv, sondern auch erfahrungsbezogen ansetzt. In ähnlicher Weise müssen sich auch jene Priester, die in ihrem Amtsverständnis „laikal" sind, damit auseinander setzen, was das Spezifische ihrer priesterlichen Rolle im Gesamt der Kirche ausmacht.

Je nach Amtsverständnis besteht unter den unter Priestern unterschiedliche Bereitschaft und Offenheit dafür, dass Laien in den verfassten Gremien nicht nur beratend, sondern in bestimmten Bereichen auch entscheidend mitbestimmen und tätig werden. Dies erhöht nicht nur die Wertschätzung der Laien, sondern fördert zudem deren Identifikation mit der Pastoral und damit das Bewusstsein, dass alle gemeinsam Kirche sind.

Eine Kultur des Dialogs ausbauen und pflegen

„Die Kirche wird kraft ihrer Sendung, die ganze Welt mit der Botschaft des Evangeliums zu erleuchten und alle Menschen aller Nationen, Rassen und Kulturen in einem Geist zu vereinigen, zum Zeichen jener Brüderlichkeit, die einen aufrichtigen Dialog ermöglicht und gedeihen lässt. Das aber verlangt von uns, dass wir vor allem in der Kirche selbst, bei Anerkennung aller rechtmäßigen Verschiedenheit, gegenseitige Hochachtung, Ehrfurcht und Eintracht pflegen, um ein immer fruchtbareres Gespräch zwischen allen in Gang zu bringen, die das eine Volk Gottes bilden, Geistliche und Laien".[710] Nicht nur aus theologischen Gründen (Offenbarung ereignet sich dialogisch, die Kirche ist ihrem Wesen nach dialogisch), sondern auch wegen der Affinität der Pastoral zur demo-

[710] GS Artikel 92.

kratischen Kultur braucht Leitung (ebenso wie Verkündigung) eine ausgereifte Dialogkultur. Diese ist auf allen Ebenen zu fördern und (nicht nur) in Fortbildungsmaßnahmen einzuüben.

Leitung und Synodalität sind kein Widerspruch, sondern bedürfen einander geradezu. Je mehr Synodalität, desto mehr angemessene Leitung ist erforderlich. Leitung lässt sich umgekehrt besser ausüben, wenn sie personal, kollegial und synodal geschieht.

Personalentwicklung als Führungsaufgabe

Jegliche Organisationsentwicklung kann nicht ohne Personalentwicklung vor sich gehen (und umgekehrt). Gezielte Personalentwicklung ist im Bereich der katholischen Kirche erst langsam im Kommen. Personalverwaltung allein – ein lange bewährtes Konzept – genügt angesichts gestiegener Anforderungen und der Verknappung sowohl der finanziellen als auch der personellen Ressourcen nicht mehr. Zunehmend wächst unter den Verantwortlichen die Einsicht, dass dem Verkündigungsauftrag der Kirche in angemessener Weise nur entsprochen werden kann, wenn die Menschen, die im Dienst des Evangeliums stehen, motiviert sind und sich den vielfältigen Anforderungen gewachsen fühlen. Menschen zu fördern, damit sie ihre Fähigkeiten entfalten und einbringen können, ist ein Ziel von Personalentwicklung. Personalentwicklung macht ernst mit der Grundannahme, dass das „kostbarste Gut" in Organisationen die Menschen, die darin arbeiten, sind. Wenn es durch aufmerksame Personalentwicklung gelingt, dass sich in der Organisation jede und jeder am richtigen Platz erlebt, dann profitieren beide Seiten von Investitionen in die Personen: die Organisation, die durch zufriedene und motivierte Mitarbeitende ihre Ziele verwirklichen kann, und die Mitarbeitenden, die sich als wesentliche Teile der Organisation erleben und mit ihrem Engagement und ihren Ideen ernst genommen werden.

Personalentwicklung ist wesentlich eine Führungsaufgabe. In der Kirche sind bestimmte Aufgaben an das Leitungsamt gebunden, das von der rechtlichen Verfassung her fast ausschließlich den ordinierten Amtsträgern vorbehalten ist.[711] Diesen Leitungspersonen hat von daher mehr Aufmerksamkeit zu gelten, weil sie für Qualität, Menschlichkeit und einen förderlichen Umgang mit den Menschen, denen sie Vorgesetzte sind, Sorge tragen müssen.

Das Amtsbild eines Priesters bildet sich biographisch aus. Es kann und soll sich auch lebensgeschichtlich weiterentwickeln. „Priesterliche Identität wird weniger durch die Beteiligung Nichtgeweihter am amtlichen Handeln gefährdet als durch den Ausfall von Erfahrungen geistlicher und pastoraler Gemeinschaft im Pres-

---

[711] Vgl. Schmal, Andreas/Bartmann, Sandra: Der Pfarrer als Führungskraft, in: Diakonia 31 (2000) 194-198.

byterium und durch die Brüchigkeit von Communio-Erfahrungen in der Gemeinde."[712] Es gehört zur Fürsorgepflicht des Bischofs für die Priester, vielfältige Maßnahmen zu setzen oder zu unterstützen, welche die Entwicklung der beruflichen Identität der Priester fördern.

Vor allem der Bereich der Konfliktkultur erweist sich nach wie vor als unterentwickelt – es gibt in dieser Hinsicht bei den Priestern relativ viel Unsicherheit, wie die Ergebnisse der Studie zeigen. Die innerkirchlichen Konflikte werden jedoch absehbar nicht abnehmen, sondern eher häufiger auftreten. Selbstbewusste Frauen und Männer, sowohl in den Pfarrgemeinderäten als auch darüber hinaus, die ihre Kirchenberufung entdecken und einbringen, wollen und werden sich vorhersehbar in ihrem jeweiligen Bereich deutlich positionieren. Dass dabei Ziel- oder Wertkonflikte auftreten können, zeigt die Erfahrung. Zudem spielen sich zwischen Pfarrgemeinden die in Pfarrverbände zusammengeschlossen werden, bisweilen „Verteilungskämpfe" um Gottesdienstzeiten oder auch um die Zeitressourcen Hauptamtlicher ab. Auch solche Vorgänge verlangen von den verantwortlichen Personen einen sensiblen Umgang und fundierte Kenntnis im Bereich Konflikte. Unentfaltet ist auch immer noch die Leitungskultur, einschließlich der Leitung von Gottesdiensten (ars celebrandi). In diese Aspekte priesterlicher Tätigkeit wird in der nächsten Zeit vorrangig zu investieren sein.

Mit Vielfalt förderlich umgehen

Priester, die lernen, ihr eigenes Amtsverständnis als eines unter mehreren anzunehmen und dieses im Zusammenspiel mit anderen Amtsverständnissen weiterzuentwickeln, werden es leichter haben, mit einer ähnlichen Vielfalt von Christinnen und Christen in den anvertrauten Gemeinden förderlich umzugehen. Vielfalt ist anregend und befruchtend. „Die Dienste sind nicht monoton, sondern polyphon von Gott gedacht. Nicht Abschottung, sondern das Zusammenspiel lässt den Glauben wachsen. Kooperative Pastoral wird Frauen und Männer brauchen, die einander anerkennen und sich freuen über das, was sie beim anderen an ‚Früchten' reifen sehen."[713]

In der Ausbildung Entwicklungsanreize eröffnen

In der Zeit der Ausbildung und Berufseinführung, also bereits während des Pastoraljahres, ist es angebracht, dass der Weihekandidat dieses bei einem Pfarrer absolviert, der nach Möglichkeit nicht von seiner Art ist, also ein anderes Amtsverständnis aufweist. Das fördert die Möglichkeit der positiven Auseinandersetzung und der Entwicklung. Vorausgesetzt ist dabei, dass der Praktikumspfarrer über hohe kommunikative Kompetenz und Selbststärke verfügt. Vorteilhaft wird

---

712 Emeis, Dieter: Leben mit dem Weihemangel (II), in: Anzeiger für die Seelsorge 109 (2000) 99-105, hier 100.

713 Kamphaus, Franz: Zur Identität des Priesters, in: Klerusblatt 77 (1997) 219-222, hier 221.

es in der nächsten Zeit sein, dass die Praktikumspfarrer „zeitoffene Gottesmänner" sind, weil diese für die nachwachsenden Jungpriester, die mehr den „zeitlosen Klerikern" zuneigen, einen moderaten und verkraftbaren Entwicklungsanreiz bieten.

Personalentwicklung institutionalisieren

Zur Durchführung der personalentwicklerischen Aufgaben lohnt es sich, eine eigene Dienststelle einzurichten, welche die vielfältigen Anforderungen bündelt und fortlaufend im vernetzten Dialog mit den Betroffenen den Fortbildungsbedarf erhebt. Personalentwicklung im umfänglichen Sinn muss Fort- und Weiterbildung genauso umfassen, wie die Förderung von MitarbeiterInnengesprächen, langfristiger Nachfolgeplanung für Schlüsselpositionen, Laufbahnplanung und Personalmarketing. Wichtig ist, dass Fortbildung immer mehr „arbeitsnah" (im Modus von Supervision) geschieht.

Ebenso wichtig wird es sein, dass Priester sich einerseits zu spezifischen Fortbildungsgruppen zusammenfinden in denen es vorrangig um ihre Themen geht, andererseits aber mindestens ebenso darauf geachtet wird, dass der Dialog und das gemeinsame Lernen aller Hauptamtlichen gepflegt und gefördert wird. Im Hinblick darauf, dass zukünftig noch wesentlich stärker in Pfarreinetzwerken gearbeitet werden wird, ist das Lernen von Kooperation nötiger denn je und auf Zukunft hin unabdingbar. Solches Lernen geschieht im Vertrauen darauf, dass Gott selbst mit seinem unbändig schöpferischen Geist zu aller Zeit in der Kirche am Werk ist und ihr den Weg in die Zukunft weist.

ABKÜRZUNGEN

Dokumente des Zweiten Vatikanischen Konzils

AA „Apostolicam actuositatem", Dekret über das Apostolat der Laien, 18. November 1965.

AG „Ad gentes", Dekret über die Missionstätigkeit der Kirche, 7. Dezember 1965.

CD „Christus Dominus", Dekret über die Hirtenaufgabe der Bischöfe in der Kirche, 28. Oktober 1965.

DH „Dignitatis humanae", Erklärung über die Religionsfreiheit, 7. Dezember 1965.

DV „Dei Verbum", Dogmatische Konstitution über die göttliche Offenbarung, 18. November 1965.

GS „Gaudium et spes", Pastorale Konstitution über die Kirche in der Welt von heute, 7. Dezember 1965.

LG „Lumen gentium", Dogmatische Konstitution über die Kirche, 21. November 1964.

OT „Optatam totius", Dekret über die Ausbildung der Priester, 28. Oktober 1965.

PO „Presbyterorum ordinis", Dekret über Dienst und Leben der Priester, 7. Dezember 1965.

SC „Sacrosanctum Concilium", Konstitution über die heilige Liturgie, 4. Dezember 1963.

UR „Unitatis redintegratio", Dekret über den Ökumenismus, 21. November 1964.

Weitere Abkürzungen

AAS	Acta Apostolicae Sedis. Commentarium Officiale [Offizielles Gesetzes- und Verordnungsblatt des Papstes und der römischen Kurie].
Gesamtausgabe I	Gemeinsame Synode der Bistümer in der Bundesrepublik Deutschland. Beschlüsse der Vollversammlung.
CIC/1917	Codex Iuris Canonici von 1917.
CIC/1983	Codex Iuris Canonici von 1983.
CiG	Christ in der Gegenwart.
HerKorr	Herder-Korrespondenz.
LThK^2	Lexikon für Theologie und Kirche, 2. Auflage, Freiburg i. Breisgau 1957-1967.
LThK^3	Lexikon für Theologie und Kirche, 3. Auflage, Freiburg i. Breisgau 1993-2001.
LS	Lebendige Seelsorge.
ÖafKR	Österreichisches Archiv für Kirchenrecht.
ThPQ	Theologisch praktische Quartalschrift.
TRE	Theologische Realenzyklopädie.
KathBl	Katechetische Blätter.
HID	Heiliger Dienst.
BiLi	Bibel und Liturgie.
DH	Heinrich Denzinger: Enchiridion symbolorum definitionum et declarationum de rebus fidei et morum. Kompendium der Glaubensbekenntnisse und kirchlichen Lehrentscheidungen. Lateinisch-Deutsch, Freiburg i. Breisgau ^{37}1991.
PThI	Pastoraltheologische Informationen.
TThZ	Trierer Theologische Zeitschrift.

LITERATURVERZEICHNIS

Aigner, Max: Teilt das Los der Pfarrer. Die Leitung von drei Pfarrgemeinden, in: Schuster, Norbert/Wichmann, Martin (Hrsg.): Die Platzhalter. Erfahrungen von Gemeindeleiterinnen und Gemeindeleitern, Mainz 1997, 47-56.

Alberigo, Guiseppe: Das II. Vatikanum und der kulturelle Wandel in Europa, in: Hünermann, Peter (Hrsg.): Das II. Vatikanum – christlicher Glaube im Horizont globaler Modernisierung. Einleitungsfragen, Paderborn 1998, 139-157.

Ambaum, Jan: Die Identität des Priesters. Bemerkungen zum ontologischen und funktionalen Amtsverständnis, in: IKZ Communio 10 (1981) 421-434.

American Priests. A Report of the National Opinion Research Center, Chicago 1971.

Andràs, Emmerich: Probleme der Priesterausbildung in Ungarn, in: UKI-Berichte, Wien, München 1970, 3-21.

Andriessen, Hermann: Pastorale Supervision – Praxisberatung der Kirche, München 1978.

Andriessen, Hermann: Praxisberatung für Seelsorger, in: LS 35 (1984) 308-315.

Antweiler, Anton: Der Priester heute und morgen. Erwägungen zum 2. Vatikanischen Konzil, Münster 1967.

Antweiler, Anton: Zur Problematik des Pflichtzölibats der Weltpriester. Kritische Erwägungen zur Enzyklika Papst Pauls VI. über den priesterlichen Zölibat, Münster 1968.

Armbruster, Klemens: Von der Krise zur Chance. Wege einer erfolgreichen Gemeindepastoral, Freiburg i. Breisgau 1999.

Arnold, Franz X:. Der Laie in der Kirche – Bindung und Freiheit, in: Geist und Leben 31 (1958) 411-423.

Audet, Jean-Paul: Priester und Laie in der christlichen Gemeinde. Der Weg in die gegenseitige Entfremdung, in: Der priesterliche Dienst I: Ursprung und Frühgeschichte (QD 46), Freiburg i. Breisgau 1970, 115-175.

Auer, Johann: Dogmatische Gedanken zum Priesterbild von heute, in: Geist und Leben 40 (1967) 423-442.

Bagliani, Agostini Paravicini: Reform und Erstarken des Papsttums, in: Engels Odilo (Hrsg.): Die Geschichte des Christentums Band 5: Machtfülle des Papsttums (1054-1274), Freiburg-Basel-Wien 1994, 33-87.

Balthasar, Hans Urs von: Der Laie in der Kirche, in: Sponsa Verbi. Skizzen zur Theologie II, Einsiedeln 1961, 332-348.

Balthasar, Hans Urs von: Der Priester in der Kirche, in: LS 23 (1972) 4-15.

Barta, Richard: Franz Kardinal König, in: Männer des Konzils, Würzburg 1965, 175-204.

Baßiere, Norbert: Pastorale Praxisberatung und Supervision, in: Baumgartner, Isidor: Handbuch der Pastoralpsychologie, Regensburg 1990, 195-213.

Bätz, Ulrich: Die Professionalisierungsfalle. Paradoxe Folgen der Steigerung glaubensreligiösen Engagements durch professionelles Handeln – dargestellt am Beispiel der Verwirklichung pfarrgemeindlicher ‚Verlebendigungsprogrammatiken' durch hauptamtliche Laientheologen, Freiburg/Schweiz 1994.

Baumann, Urs: Pastoralreferent – Beruf mit Zukunft? in: Greinacher, Norbert (Hrsg.): Christsein als Beruf. Von Berufs wegen im Dienst der Kirche, Zürich, Einsiedeln, Köln 1981, 19-48.

Baumgartner, Isidor (Hrsg.): Handbuch der Pastoralpsychologie, Regensburg 1990.

Baumgartner, Isidor: Heilende Seelsorge in Lebenskrisen, Düsseldorf 1992.

Baumgartner, Isidor: Pastoralpsychologische Ausbildung in der Diözese Passau, in: Stenger, Hermann (Hrsg.): Eignung für die Berufe der Kirche, 249-255.

Baumgartner, Konrad: Der Wandel des Priesterbildes zwischen dem Konzil von Trient und dem II. Vatikanischen Konzil, München 1978.

Bausenhart, Guido: Das Amt in der Kirche. Eine not-wendende Neubestimmung, Freiburg i. Breisgau 1999.

Beck, Ulrich: Risikogesellschaft. „Auf dem Weg in eine andere Moderne", Frankfurt a. Main 1986.

Beinert, Wolfgang: Amt – Tradition – Gehorsam. Spannungsfelder kirchlichen Lebens. Hören, was der Geist den Gemeinden sagt, Regensburg 1998.

Beinert, Wolfgang: Autorität um der Liebe willen. Zur Theologie des kirchlichen Amtes, in: Hillenbrand, Karl (Hrsg.): Priester heute, Würzburg 1990, 32-66.

Der Beitrag von Supervision für das Lernen der Organisation Kirche. Standpunkte, Erfahrungen und Möglichkeiten, in: Isenberg, Wolfgang (Hrsg.): Kirche als lernende Organisation. Supervision in einem von Tradition und Entwicklung geprägten System. Bensberger Protokolle 103, Bensberg 2000, 235-262.

Belok, Manfred: Frauen in der Männerkirche. Leiden, Aufbruch und neues Bewusstsein in Theorie und Praxis, in: LS 41 (1990) 350-355.

Belok, Manfred: Leiten von Gemeinden, in: Diakonia 31 (2000) 188-193.

Berger, Peter L.: Der Zwang zur Häresie. Religion in einer pluralistischen Gesellschaft, Frankfurt a. Main 1980.

Berger, Peter L.: The sacred Canopy. Elements of a sociological Theory of Religion, New York 1969.

Berger, Willem J.: Die vom Priester heute geforderte „Trauerarbeit" und Lernbereitschaft, in: Diakonia 6 (1975) 231-238.

Berkel, Karl/Zirker, Leo: Leben – nicht bloß überleben. Schlüsselqualifikationen für pastorale Dienste, in: Weber, Franz u. a. (Hrsg.): Im Glauben Mensch werden. Impulse für eine Pastoral, die zur Welt kommt. Festschrift für Hermann Stenger zum 80. Geburtstag, Münster 2000, 173-186.

Berufungspastoral konkret: Neupriester 1983-1999, in: Berufung. Zur Pastoral der geistlichen Berufe 2000, Heft 38, Freiburg i. Breisgau 2000, 36.

Betz, Otto (Hrsg.): Gemeinde von morgen, München 1969.
Betz, Otto: Die Kirche differenziert sich, in: Ders. (Hrsg): Gemeinde von morgen, München 1969, 37-52.
Biemer, Günther: Hat der Klerus noch eine Zukunft?, in: Diakonia 4 (1969) 23-35.
Bischöfliches Ordinariat der Diözese Eisenstadt (Hrsg.): Dialog für Burgenland. Anliegen und Maßnahmen, Eisenstadt 2001.
Bischöfliches Ordinariat Passau (Hrsg.): Diözesankonferenz zu Passau 1960, Passau 1961.
Bischöfliches Ordinariat Passau (Hrsg.): Handbuch des Bistums Passau, Passau 1981.
Bischöfliches Ordinariat Rottenburg (Hrsg.): Beschlüsse der Diözesansynode Rottenburg-Stuttgart 1985/86. Weitergabe des Glaubens an die kommende Generation, Teil IV Jugendarbeit, Ostfildern 1986, 89-113.
Der Bischof von Passsau, Franz Xaver Eder: Die Einführung sonntäglicher Wortgottesdienste ohne Priester: Brief des Bischofs von Passau an alle Katholiken des Bistums mit Impulsfragen, Passau 1988.
Der Bischof von Passau (Hrsg.): Passauer Pastoralplan 2000. Gott und den Menschen nahe, Passau 2000.
Der Bischof von Passau (Hrsg.): Pastorale Entwicklung Passau: Kirche neu erfahren. Zwischenstand Mai 1999. Dokumentation der Klausurtage, Burghausen 1999.
Blank, Josef: Kirchliches Amt und Priesterbegriff, in: Henrich, Franz. (Hrsg.): Weltpriester nach dem Konzil, München 1969, 13-52.
Blöchlinger, Alex: Die heutige Pfarrei als Gemeinschaft, Einsiedeln 1962.
Böckle, Franz: Der Zölibat. Erfahrungen, Vorschläge, Mainz 1968.
Boekholt, Peter: Der Pfarrgemeinderat – mehr als nur ein „Handlanger" des Pfarrers. Verunsichert das neue kirchliche Gesetzbuch den rechtlichen Status? in: Anzeiger für die Seelsorge 93 (1984) 316-320.
Boff, Leonardo: Die Charismen aller Gläubigen und der besondere Dienst an der Einheit, in: Diakonia 16 (1985) 14-24.
Böhnke, Michael: „Grundverantwortung" – ein Begriff steht zur Diskussion, in: Pastoralblatt 48 (1996) 119-120.
Böhnke, Michael: Pastoral in Gemeinden ohne Pfarrer. Interpretation von c. 517 § 2 CIC/1983, Essen 1994.
Böttigheimer, Christoph: Krankensalbung und Spendungsvollmacht, in: StdZ 216 (1998) 607-617.
Böttigheimer, Christoph: Mitspracherecht der Gläubigen in Glaubensfragen, in: StdZ 214 (1996) 547-554.
Böttigheimer, Christoph: Pastorale Not und kooperative Pastoral, in: Anzeiger für die Seelsorge 109 (2000) 82-83.
Böttner, Brigitte: Aufbruch ins Ungewisse. Zum Stand der kooperativen Pastoral in deutschen Diözesen, in: HerKorr 54 (2000) 624-628.

Boudens, Robrecht: Der Gemeindepriester in historischer Sicht, in: Kerkhofs, Jan/Zulehner Paul. M. (Hrsg.): Europa ohne Priester, Düsseldorf 1995, 132-177.

Bradshaw, Paul Frederick: Priester/Priestertum III/1 in: TRE Band XXVII, Berlin, New York 1997, 414-421.

Brantzen, Hubertus: Lebenskultur des Priesters. Ideale – Enttäuschung – Neuanfänge, Freiburg i. Breisgau 1998.

Brasilien: Eine Kirche in Erneuerung, in: Pro Mundi Vita 24 (1968).

Braulik, Georg: Durften auch Frauen in Israel opfern? Beobachtungen zur Sinn- und Festgestalt des Opfers im Deuteronomium, in: Studien zum Deuteronomium und seiner Nachgeschichte, Stuttgart 2001, 59-89.

Braunbeck, Elisabeth: Der Weltcharakter des Laien. Eine theologisch-rechtliche Untersuchung im Licht des II. Vatikanischen Konzils, Regensburg 1993.

Brosseder, Hubert: Das Priesterbild in der Predigt. Eine Untersuchung zur kirchlichen Praxisgeschichte am Beispiel der Zeitschrift *„Der Prediger und Katechet"* von 1850 bis zur Gegenwart, München 1978.

Brücke - Brückenbau, in: Brockhaus-Enzyklopädie in vierundzwanzig Bänden, Vierter Band, Mannheim [19]1987, 39.

Bucher, Rainer Maria: Das entscheidende Amt. Die Pluralität, das Konzil und die Pastoralreferenten, in: PThI 9 (1989) 263-294.

Buchholz, Nicole: „Macht unsichtbare Arbeit sichtbar!", in: LS 50 (1999) 151-153.

Burgalassi, Silvano: Preti in Crisi? Tendenze sociologiche del Clero italiano, Fossano 1970.

Büschges, Günter, Professionalisierung in: Fuchs-Heinritz, Werner u. a. (Hrsg.): Lexikon zur Soziologie, Opladen [3]1994, 521.

Camelot, Pierre-Thomas: Ephesus und Chalcedon, in: Dumeige, Gervais/Bacht, Heinrich: Geschichte der ökumenischen Konzilien. Band II, Mainz 1963.

Campenhausen, Hans Freiherr von: Kirchliches Amt und geistliche Vollmacht in den ersten drei Jahrhunderten, Tübingen [2]1963.

Centro Bellarmino (Hrsg.): El sacerdote Chileno. Estudio Sociologico, Santiago de Chile 1971.

Charismen, in: Wetzer und Welte's Kirchenlexikon, Dritter Band, Freiburg i. Breisgau 1884, 81-89.

Clerus, in: Wetzer und Welte's Kirchenlexikon, Dritter Band, Freiburg i. Breisgau 1884, 537-547.

Codex Iuris Canonici, auctoritate Ioannis Pauli PP. II promulgatus. Codex des kanonischen Rechtes: Lateinisch-deutsche Ausgabe, Kevelaer 1983.

Codex Iuris Canonici, Pii X Pontificis Maximi iussu digestus Benedicti Papae XV auctoritate promulgatus, Typis Polyglottis Vaticanis, MCMLXV.

Congar, Yves: Der Laie. Entwurf einer Theologie des Laientums, Stuttgart 1957.

Conrad, Matthias: Der Pfarrgemeinderat im 2. Vatikanischen Konzil und in den nachkonziliaren Dokumenten, in: ÖAfKR 37 (1987/88) 240-264.

Cordes, Paul Josef: „Sacerdos alter Christus“? Der Repräsentationsgedanke in der Amtstheologie, in: Catholica 26 (1972) 38-49.

Cordes, Paul Josef: Zur priesterlichen Identität, in: Klerusblatt 77 (1997) 126-129.

Cordes, Paul-J.: Dekret über Dienst und Leben der Priester. Kommentar zu Artikel 7-11, in: $LThK^2$ Band 14, Das Zweite Vatikanische Konzil, Freiburg i. Breisgau 1968, 170-198.

Cornelissen, Rob: Institut für Theologische Fortbildung Freising: Fortbildungskonzeption und Praxis für den pastoralen Bereich, in: PThI 6 (1986) 269-274.

Crottogini, Jakob: Priesterberuf in der Krise, in: Der Seelsorger 35 (1965) 242-251.

Crottogini, Jakob: Werden und Krise des Priesterberufes. Eine psychologisch-pädagogische Untersuchung über den Priesternachwuchs in verschiedenen Ländern Europas, Einsiedeln 1955.

Denz, Hermann: Einführung in die empirische Sozialforschung, Wien-New York 1989.

Diözesanrat der Katholiken im Bistum Passau (Hrsg.): Ordnung für das Apostolat der Laien im Bistum Passau, Passau 2000.

Döpfner, Julius Kardinal: Das Bleibende und Sich-wandelnde im Priestertum der Kirche, in: Holenstein, Carl (Hrsg.): Churer Dokumente. Bischofs-Symposion 7. bis 10. Juli 1969. Texte der Bischöfe und Priester im Wortlaut, Zürich 1969, 13-25.

Döpfner, Julius Kardinal: Priesterliche Existenz in der Gegenwart, in: HerKorr 18 (1963/64) 485-489.

Doppler, Klaus: Organisationsentwicklung und ihre Werte, in: Schulz, Ehrenfried (Hrsg.): Den Menschen nachgehen: offene Seelsorge als Diakonie in der Gesellschaft, St. Ottilien 1987, 273-280.

Drewes, Hans Leo: Die Kleidung des Priesters, in: Sekretariat der Deutschen Bischofskonferenz (Hrsg.): Priesterliche Lebensform, Arbeitshilfen Nr. 36, Bonn 1984, 165-172.

Dutschke, Gretchen: Wir hatten ein barbarisches, schönes Leben, Köln 1996.

Ebertz, Michael N.: Kirche im Gegenwind. Zum Umbruch der religiösen Landschaft, Freiburg i. Breisgau 1997.

Ebertz, Michael N.: Kirche in der Gesellschaft an der Schwelle zum 3. Jahrtausend – Trends in religionssoziologischer Sicht, in: Reifenberg, Peter u. a. (Hrsg.): Licht aus dem Ursprung. Kirchliche Gemeinschaft auf dem Weg ins 3. Jahrtausend, Würzburg 1998, 158-187.

Ebner, Alfred: Kaum 25 Jahre jung - und schon unentbehrlich. Warum ich als Pfarrer einen Pfarrgemeinderat brauche, in: Die Lebendige Zelle 36 (1993) 114.

Eckart, Joachim: Pfarrgemeinderat und kooperative Pastoral. Eine pastoraltheologische Untersuchung am Beispiel der Diözese Speyer, St. Ottilien 1998.

Eder, Franz Xaver: 150 Jahre Priesterseminar St. Stephan in Passau 1878-1978. Festschrift, Passau 1978.

Eder, Franz Xaver: Aus der Seminarchronik 1928-1978, in: Ders.: 150 Jahre Priesterseminar St. Stephan in Passau 1878-1978. Festschrift, Passau 1978, 127-200.

Eichelberger, Hanns-Werner: Zwischen Aufbruch und Verengung. Ergebnisse einer Studie zur Mitarbeit im Pfarrgemeinderat, in: Pastoralblatt 52 (2000) 148-154.

Eichinger, Matthias: Zur Sakramentalität von Welt und Menschheit nach dem Zweiten Vatikanum. Anmerkungen zu einer postkonziliar vergessenen Thematik, in: Geerlings, Wilhelm/Seckler, Max (Hrsg.): Kirche sein: nachkonziliare Theologie im Dienst der Kirchenreform: für Hermann Josef Pottmeyer, Freiburg i. Breisgau 1994, 181-198.

Eliade, Mircea: Das Heilige und das Profane. Vom Wesen des Religiösen, Frankfurt a. Main 1984.

Emeis, Dieter: Leben mit dem Weihemangel (II), in: Anzeiger für die Seelsorge 109 (2000) 99-105.

Enzler, Franz (Hrsg.): Priester – Presbyter. Beiträge zu einem neuen Priesterbild, Luzern 1968.

Erikson, Erik H.: Dimensionen einer neuen Identität, Frankfurt a. Main 1975.

Ernsperger, Bruno: Erfahrungen mit pastoraler Praxisberatung. Beschreibung eines Weges, in: LS 35 (1984) 334-337.

Erzbischöfliches Generalvikariat Paderborn (Hrsg.): Gott umarmt uns durch die Wirklichkeit. Bericht zur Priesterumfrage der Diözese Paderborn 1998, Paderborn 1999.

Fahr, Friedrich u. a. (Hrsg.): Ordnung für kirchliche Stiftungen. Satzungen und Wahlordnungen für die gemeindlichen und gemeinschaftlichen kirchlichen Steuerverbände in den bayerischen (Erz-) Diözesen, München-Augsburg ^{13}1988.

Fahrnberger, Gerhard: Amt und Eucharistie auf dem Konzil von Trient, in: Konfessionskundliche Schriften des Johann-Adam-Möhler-Instituts Nr. 10, Amt und Eucharistie, Paderborn 1973, 174-207.

Fahrner, Elke: Des Priesters Kleider und ein Blick darunter, Thaur 1998.

Faivre, Alexander: Klerus, Kleriker, in: LThK^3 Band 6, Freiburg i. Breisgau 1997, 131-133.

Feichtlbauer, Hubert: Der Aufstand der Lämmer. Zu den Fragen des Kirchenvolks, Wien 1995.

Feilzer, Hans: Leben in der Kirche: Erinnerungen – Wandlungen – Hoffnungen, in: TThZ 104 (1995) 241-255.

Feilzer, Heinz: Christsein als Priester – im Wandel der Kirche, in: Stubenrauch, Bertram (Hrsg.): Christsein als Priester: was verbindet und trägt, Trier 1999, 29-48.

Fichter, Joseph H.: America's Forgotten Priests – What they are saying, New York 1968.

Fischer, Alfons: Pastoral in Deutschland nach 1945, Band I: Die „Missionarische Bewegung" 1945-1962, Würzburg 1985.

Fischer, Alfons: Pastoral in Deutschland nach 1945, Band III: Kirche und Seelsorge in der Ära des Konzils und der Kulturrevolution, Würzburg 1990.

Fischer, Gérard: Katechet, in: LTHK² Band 6, Freiburg i. Breisgau 1961, 33-34.

Fischer, Henry/Greinacher, Norbert/Klostermann, Ferdinand: Die Gemeinde. Pastorale 2. Handreichung für den pastoralen Dienst, Mainz ³1971.

Fischer, Josef/Hennersperger, Anna/Höfl, Helmut A.: Roter Faden Vertrauen. Pastorale Entwicklungen im Bistum Passau, in: Baumgartner, Isidor/Friesl Christian/Máté-Tóth, András (Hrsg.): Den Himmel offen halten. Ein Plädoyer für Kirchenentwicklung in Europa. Festschrift für Paul M. Zulehner, Innsbruck 2000, 322-333.

Fischer, Josef: Von der Chance, Bruder unter Brüdern und Schwestern zu werden, in: Hoffmann, Paul (Hrsg.): Priesterkirche, Düsseldorf 1987, 307-316.

Flatten, Heinrich: Klerus, in: LThK² Band 6, Freiburg i. Breisgau 1961, 336-339.

Foitzik, Alexander: An der Schnittstelle. Pastoralreferenten zwischen Konsolidierung und Identitätssuche, in: HerKorr 48 (1994) 627-632.

Foitzik, Alexander: Klärungsbedarf: Bischof Kasper betont: Die Krankensalbung spendet gültig nur der Priester, in: HerKorr 50 (1996) 438-439.

Forster, Karl: Priester zwischen Anpassung und Unterscheidung. Auswertungen und Kommentare zu den im Auftrag der Deutschen Bischofskonferenz durchgeführten Umfragen unter allen Welt- und Ordenspriestern in der Bundesrepublik Deutschland, Freiburg i. Breisgau 1974.

Forster, Karl: Situationsbericht zur Ordnung der pastoralen Dienste, in: Sekretariat der Deutschen Bischofskonferenz (Hrsg.): Zur Ordnung der pastoralen Dienste, Bonn 1977, 45-64.

Forte, Bruno: Laie sein. Beiträge zu einem ganzheitlichen Kirchenverständnis, München 1987.

Frankemölle, Hubert: Gemeindeleitung in Zeugnissen der neutestamentlichen Urgemeinden und der frühen Kirche, in: Garhammer, Erich/Zelinka, Udo (Hrsg.): Gemeindeleitung heute - und morgen? Paderborn 1998, 19-43.

Freitag, Josef: Schwierigkeiten und Erfahrungen mit dem „Sacramentum ordinis" auf dem Konzil von Trient, in: Zeitschrift für Katholische Theologie, 113 (1991) 39-51.

Fries, Heinrich: Die katholische Lehre vom kirchlichen Amt, in: Pannenberg, Wolfhart (Hrsg.): Lehrverurteilungen – kirchentrennend? III. Materialien zur Lehre von den Sakramenten und vom kirchlichen Amt, Freiburg i. Breisgau 1990, 187-215.

Friesl, Christian: Christsein als Beruf. Chancen und Problemfelder theologischer Karrieren, Innsbruck 1996.

Fuchs, Gotthard: Das Sakrament der Niederlage. Karsamstagliche Lebenspraxis, in: LS 45 (1994) 296-301.

Fuchs, Ottmar: Laien in pastoralen Berufen der Kirche, in: Diakonia 10 (1979) 221-230.

Fuhs, Hans Ferdinand: Ezechiel II 25-48, Würzburg 1988.

Fürst, Walter/Severin, Burkhard: Organisationsentwicklung – Überlebensstrategie für die Kirche? in: PThI 20 (2000) 51-76.

Gabriel, Karl: Christentum zwischen Tradition und Postmoderne, Freiburg i. Breisgau 1992.

Gabriel, Karl: Die Katholiken in den Fünfziger Jahren: Restauration, Modernisierung und beginnende Auflösung eines konfessionellen Milieus, in: Horstmann, Johannes (Hrsg.): Ende des Katholizismus oder Gestaltwandel der Kirche? Schwerte 1993, 37-57.

Gabriel, Karl: Lebenswelten unter den Bedingungen entfalteter Modernität. Soziologische Anmerkungen zur gesellschaftlichen Situation von christlichem Glauben und Kirche, in: PThI 8 (1988) 93-106.

Gabriel, Karl: Professionalisierung, in: LThK[3], Achter Band, Freiburg, Basel-Rom-Wien 1999, 615.

Galli, Mario von/Moosbrugger, Bernhard: Das Konzil und seine Folgen, Luzern 1966.

Garhammer, Erich: Dem Neuen trauen. Perspektiven künftiger Gemeindearbeit, Graz 1996.

Garhammer, Erich: Priesterbildung zwischen Seminar und Universität, in: Ders. (Hrsg.): Unnütze Knechte?: Priesterbild und Priesterbildung heute, Regensburg 1989, 24-52.

Garhammer, Erich: Unnütze Knechte?: Priesterbild und Priesterbildung heute, Regensburg 1989.

Gärtner, Heribert W.: Der Seelsorger – ein Profi? Anmerkungen eines Organisationspsychologen, in: LS 43 (1992) 175-179.

Gatz, Erwin: Der Weltpriesternachwuchs von der Säkularisation bis zum Zweiten Vatikanischen Konzil, in: Brandmüller, Walter (Hrsg.): Handbuch der Bayerischen Kirchengeschichte 3. Band: Vom Reichsdeputationshauptschluß bis zum Zweiten Vatikanischen Konzil, St. Ottilien 1991, 673-680.

Gatz, Erwin: Priesterausbildungsstätten der deutschsprachigen Länder zwischen Aufklärung und Zweitem Vatikanischen Konzil. Mit Weihestatistiken der deutschsprachigen Diözesen, Rom-Freiburg-Wien 1994, 268-276.

Gemeinsame Synode der Bistümer in der Bundesrepublik Deutschland. Beschlüsse der Vollversammlung. Offizielle Gesamtausgabe I, Freiburg i. Breisgau 1976.

Godijin, Walter: Rollenkonflikte des Priesters in der modernen Gesellschaft, in: LS 17 (1966) 136-138.

Godwin, Gail: Im Schatten seiner Flügel, München 1993.

Gotteslob. Katholisches Gebet- und Gesangbuch mit dem Diözesanteil Passau, Stuttgart 1997.

Grasmück, Ludwig: Vom Presbyter zum Priester. Etappen der Entwicklung des neuzeitlichen katholischen Priesterbildes, in: Hoffmann, Paul (Hrsg.): Priesterkirche, Düsseldorf 1987, 96-131.

Grässer, Erich: An die Hebräer. 2. Teilband Hebr 7,1-10,18. Evangelisch-Katholischer Kommentar zum Neuen Testament XVII/2, Zürich 1993.

Greinacher, Norbert (Hrsg.): Christsein als Beruf. Von Berufs wegen im Dienst der Kirche, Zürich, Einsiedeln, Köln 1981.

Greinacher, Norbert: Amt ohne Berufsbild. Situation und Image des Priesters, in: Ders. (Hrsg.): Bilanz des deutschen Katholizismus, Mainz 1966.

Greipl, Egon Johannes: Liberalitas Bavarica, in: Zeitschrift für bayerische Landesgeschichte, 52 (1989) 145-151.

Greshake, Gisbert: Der theologische Ort des Pastoralreferenten und sein Dienst, in: LS 29 (1978) 18-27.

Greshake, Gisbert: Priester sein in dieser Zeit. Theologie – pastorale Praxis – Spiritualität, Freiburg-Basel-Wien 2000.

Grillmeier, Aloys: Kommentar zu Artikel 28, in: $LThK^2$ Band 12, Das Zweite Vatikanische Konzil I, Freiburg i. Breisgau 1966, 247-255.

Grillmeier, Aloys: Kommentar zur Dogmatischen Konstitution über die Kirche, in: $LThK^2$ Band 12, Das Zweite Vatikanische Konzil, Freiburg i. Breisgau 1966, 156-209.

Groß, Hermann Josef: Fort- und Weiterbildung von Seelsorgern. Ein Entwurf aus der Sicht der praktischen Theologie, Würzburg 1989.

Gründe für den Nachwuchsmangel im Priester- und Ordensstand, in: HerKorr 5 (1951/52) 308-309.

Haag, Herbert: Worauf es ankommt. Wollte Jesus eine Zwei-Stände-Kirche? Freiburg-Basel-Wien 1997.

Hage, Ulrich: Auf dem Weg zur Organisationsentwicklung, in: Industrielle Organisation 49 (1980) 13-16.

Hainz, Josef (Hrsg.): Kirche im Werden. Studien zum Thema Amt und Gemeinde im Neuen Testament, München 1976.

Hammers, Alwin J./Becher, Werner: Klinische Seelsorgsausbildung. Konzept, Aufbau der Kurse und Erfahrungen, in: Arens, Anton (Hrsg.): Pastorale Bildung. Erfahrungen und Impulse zur Ausbildung und Fortbildung für den kirchlichen Dienst, Trier 1976, 138-188.

Häring, Bernhard: Heute Priester sein. Eine kritische Ermutigung, Freiburg i. Breisgau 1995.

Haslinger, Herbert (Hrsg.): Handbuch Praktische Theologie, Band 2 Durchführungen, Mainz 2000.

Hauer, Nadine/Zulehner, Paul. M.: Aufbruch in den Untergang. Das II. Vatikanische Konzil und seine Auswirkungen, Wien 1991.

Haunerland, Winfried: Die Primiz. Studien zu ihrer Feier in der lateinischen Kirche Europas, Regensburg 1997.

Haunerland, Winfried: Krankenpastoral und sakramentaler Heilsdienst: ein Diskussionsbeitrag, in: HlD 51 (1997) 216-225.

Hausberger, Karl: Die gegenwärtige Kirchenkrise – ein Rückblick auf die Geschichte, in: Beinert, Wolfgang (Hrsg.): Kirchenbilder – Kirchenvisionen. Variationen über eine Wirklichkeit, Regensburg 1995, 13-42.

Heimerl, Hans: Der Zölibat. Recht und Gerechtigkeit, Wien 1985.

Heimerl, Hans: Kirche, Klerus und Laien. Unterscheidungen und Beziehungen, Wien 1961.

Hemmerle, Klaus: Funktionale Interpretationen des priesterlichen Dienstes? in: Forster, Karl (Hrsg.): Priester zwischen Anpassung und Unterscheidung. Auswertungen und Kommentare zu den im Auftrag der Deutschen Bischofskonferenz durchgeführten Umfragen unter allen Welt- und Ordenspriestern in der Bundesrepublik Deutschland, Freiburg-Basel-Wien 1974, 27-40.

Henrich, Franz (Hrsg.): Existenzprobleme des Priesters, München 1969.

Henrich, Franz (Hrsg.): Weltpriester nach dem Konzil, München 1969.

Hernoga, Josef: Die Lehre des Zweiten Vatikanischen Konzils über das Priestertum. Offene Fragen als Herausforderung für die Theologie, in: Klerusblatt 77 (1997) 131-133.

Hertel, Peter: Glaubenswächter. Katholische Traditionalisten im deutschsprachigen Raum. Allianzen – Instanzen – Finanzen, Würzburg 2000.

Hierzenberger, Gottfried (Hrsg.): Priester gestern, Priester morgen. Kritische Perspektiven, Wien 1969.

Hilberath, Bernd Jochen/Scharer, Matthias/Haslinger, Herbert: Konkretion: Leitung, in: Haslinger, Herbert (Hrsg.): Handbuch Praktische Theologie, Band 2 Durchführungen, Mainz 2000, 494-510.

Hilberath, Bernd Jochen: Das Verhältnis von gemeinsamem und amtlichem Priestertum in der Perspektive von Lumen gentium 10, in: TThZ 94 (1985) 311-326.

Hillenbrand, Karl: Der Dienst des Priesters in der kooperativen Pastoral, in: Klerusblatt 79 (1999) 247-252.

Hillenbrand, Karl (Hrsg.): Priester heute, Würzburg 1990.

Hobelsberger, Hans: Versöhnung – gemeindetheologisch: Grundlagen, Kriterien, Optionen, in: Garhammer, Erich u. a. (Hrsg.): ... und führe uns in Versöhnung. Zur Theologie und Praxis einer christlichen Grunddimension, München 1990, 197-206.

Hochstaffl, Josef (Hrsg.): Von Beruf Gemeindereferent. Aufnahme eines Bestandes – Perspektive einer Zukunft, Paderborn 1985.
Hoefnagels, Harry: Die Krise der kirchlichen Autorität. Die Notwendigkeit einer Demokratisierung der Kirche, in: StdZ 182 (1968) 145-156.
Hoffmann, Lutz: Der frustrierte Klerus. Über einige Erfahrungen junger Priester, in: KathBl 93 (1968) 597-610.
Hoffmann, Paul (Hrsg.): Priesterkirche, Düsseldorf 1987.
Hoffmann, Paul: Priestertum und Amt im Neuen Testament. Eine Bestandsaufnahme, in: Ders. (Hrsg.): Priesterkirche, Düsseldorf 1987, 12-61.
Höfl, Helmut A.: Pastorale Entwicklung Passau – kurz vor dem ersten großen Etappenziel. Entwurf für eine Pressemeldung, Burghausen 2000.
Höfl, Helmut A.: Was geschieht da eigentlich im Bistum, in: Passauer Bistumsblatt 61 (1996) Nr. 31, 2.
Hofrichter, Peter: Amt und Amtsverständnis in der Urkirche, in: HlD 45 (1991) 4-19.
Holenstein, Carl: Der Protest der Priester, Zürich-Einsiedeln-Köln 1970.
Hünermann, Peter (Hrsg.): Heinrich Denzinger: Enchiridion symbolorum definitionum et declarationum de rebus fidei et morum. Kompendium der Glaubensbekenntnisse und kirchlichen Lehrentscheidungen. Lateinisch-Deutsch, Freiburg i. Breisgau ^{37}1991.
Hünermann, Peter: Marginalien zum Amtsverständnis, in: Geist und Leben 48 (1975) 285-299.
Hünermann, Peter: Ordo in neuer Ordnung? Dogmatische Überlegungen zur Frage der Ämter und Dienste in der Kirche heute, in: Klostermann, Ferdinand (Hrsg.): Der Priestermangel und seine Konsequenzen. Einheit und Vielfalt der kirchlichen Ämter und Dienste, Düsseldorf 1977, 58-94.
Hürten, Heinz: Aufbau, Reform und Krise: 1945 – 1967, in: Brandmüller, Walter (Hrsg.): Handbuch der bayerischen Kirchengeschichte, Band 3: Vom Reichsdeputationshauptschluss bis zum Zweiten Vatikanischen Konzil, St. Ottilien 1991, 393-425.
Hürter, Elisabeth: Supervision – gute Sicht für Seelsorger, in: Anzeiger für die Seelsorge Heft 4 111 (2002) 18-20.

Institut für kirchliche Sozialforschung (Hrsg.): Österreichische Priesterumfrage. Linearergebnisse, Wien 1971.
Institut für kirchliche Sozialforschung Wien, Österreichische Priesterbefragung Diözese Linz, Wien 1971.
Institut für kirchliche Sozialforschung: Priester in Österreich IV. Ergebnisse der Hauptauswertung einer Untersuchung zu Amtsverständnis und Amtsvollzug von Welt- und Ordenspriestern, Wien 1973.
Iserloh, Erwin: Martin Luther und der Aufbruch der Reformation (1517-1525), Ursachen der Reformation, in: Jedin, Hubert (Hrsg.): Handbuch der Kir-

chengeschichte IV: Reformation, Katholische Reform und Gegenreformation, Freiburg i. Breisgau 1967, 3-9.

Jacobs, Christoph: Priester-Männer zwischen 40 und 60. Zum Verständnis einer wichtigen Gruppe in der Kirche, in: Diakonia 31 (2000) 349-356.
Jacobs, Christoph: Vom Überleben zum Leben. Sechs vordringliche Gestaltungsaufgaben des Wandels in der Pastoral, in: Klasvogt, Peter/Koch, Kurt: Priester – Visionär und Realist: zur prophetischen Dimension des geistlichen Amtes, Paderborn 2001, 89-106.
Jedin, Hubert: Das Leitbild des Priesters nach dem Tridentinum und dem Vaticanum II, in: Theologie und Glaube 60 (1970) 102-124.
Jedin, Hubert: Das Zweite Vatikanische Konzil, in: Handbuch der Kirchengeschichte Band VII: Die Weltkirche im 20. Jahrhundert, Freiburg im Breisgau 1985, 97-151.
Jedin, Hubert: Domschule und Kolleg. Zum Ursprung der Idee des Trienter Priesterseminars, in: TThZ 67 (1958) 210-223.

Kamphaus, Franz: Priester aus Passion, Freiburg i. Breisgau 1993.
Kamphaus, Franz: Zur Identität des Priesters, in: Klerusblatt 77 (1997) 219-222.
Karrer, Leo: Von Beruf Laientheologe? Kritisches Plädoyer, Wien 1970.
Karrer, Leo: Werden die Laientheologen zu einer Chance für die Kirche?, in: ThPQ 128 (1980) 147-156.
Kasper, Walter: Das priesterliche Dienstamt. Bemerkungen zu der Vorlage für die Bischofssynode 1971, in: Diakonia/Der Seelsorger 2 (1971) 222-232.
Kasper, Walter: Die Funktion des Priesters in der Kirche, in: Geist und Leben 42 (1969) 102-116.
Kasper, Walter: Die pastoralen Dienste in der Gemeinde. Einleitung, in: Gesamtausgabe I, 581-596.
Kasper, Walter: Die schädlichen Nebenwirkungen des Priestermangels, in: StdZ 102 (1977) 129-135.
Kasper, Walter: Glaube und Geschichte, Mainz 1970.
Kasper, Walter: Kirche – wohin gehst du? Die bleibende Bedeutung des II. Vatikanischen Konzils, Paderborn 1994.
Kasper, Walter: Kirche und Gemeinde. Zur Vielheit und Vielfalt in der Kirche, in: Der Seelsorger 38 (1968) 387-393.
Kasper, Walter: Neue Akzente im dogmatischen Verständnis des priesterlichen Dienstes, in: Concilium 5 (1969) 164-170.
Kasper, Walter: Neue Aspekte im Verständnis des Priesteramtes, in: ThPQ 122 (1974) 3-13.
Kaufmann, Franz-Xaver/Zingerle, Arnold (Hrsg.): Vatikanum II und Modernisierung. Historische, theologische und soziologische Perspektiven, Paderborn 1996.

Kaufmann, Franz-Xaver: Kirche begreifen. Analysen und Thesen zur gesellschaftlichen Verfassung des Christentums, Freiburg i. Breisgau 1979.
Kaufmann, Franz-Xaver: Religion und Modernität, Tübingen 1989.
Kehl, Medard: Die Kirche. Eine katholische Ekklesiologie, Würzburg ^{2}1993.
Kellner, Thomas: Auf neue Art Pfarrer sein. Die Communio-Theologie und die Praxis einer kommunikativen Gemeindeleitung, in: Schreer, Werner/Steins, Georg: Auf neue Art Kirche sein: Wirklichkeiten – Herausforderungen – Wandlungen; Festschrift für Bischof Dr. Josef Homeyer, München 1999, 193-202.
Kempf, Friedrich: Die gregorianische Reform, in: Jedin, Hubert (Hrsg.): Handbuch der Kirchengeschichte Band II: Die mittelalterliche Kirche, Freiburg i. Breisgau 1966, 404-461.
Kerkhofs Jan/Zulehner, Paul M. (Hrsg.): Europa ohne Priester, Düsseldorf 1995.
Kerkhofs, Jan: Das Amt in der Kirche. Übersicht und Vergleich neuester Umfragen unter Priestern, in: Concilium 8 (1972) 767-773.
Kertelge, Karl: Gemeinde und Amt im Neuen Testament, München 1972.
Klaffenböck, Rudolf: GRENZ*gehen*. Eine Wanderung entlang der österreichischen Staatsgrenze zu Tschechien, der Slowakei, Ungarn und Slowenien, Passau ^{2}1999.
Klasvogt, Peter/Koch, Kurt: Priester – Visionär und Realist: zur prophetischen Dimension des geistlichen Amtes, Paderborn 2001.
Klemens von Rom: Der Klemens-Brief in: Fischer, Joseph A. (Hrsg.): Schriften des Urchristentums, erster Teil: Die apostolischen Väter, Darmstadt ^{6}1970, 24-107.
Klostermann, Ferdinand/Rahner, Karl/Schild, Hansjörg (Hrsg.): Lexikon der Pastoraltheologie, Freiburg i. Breisgau 1972.
Klostermann, Ferdinand: Gemeinde – Kirche der Zukunft, Freiburg 1974.
Klostermann, Ferdinand: Müssen die Priester aussterben? Überlegungen zur Lösung der derzeitigen Amtskrise in der katholischen Kirche, in: ThPQ 123 (1975) 356-367.
Klostermann, Ferdinand: Priester für morgen, Innsbruck 1970.
Klostermann, Ferdinand: Prinzip Gemeinde. Gemeinde als Prinzip des kirchlichen Lebens und der Pastoraltheologie als der Theologie dieses Lebens, Wien 1965.
Klostermann, Ferdinand: Wie wird unsere Pfarrei eine Gemeinde? Wien 1979.
Kluge, Friedrich/Götze, Alfred: Etymologisches Wörterbuch der deutschen Sprache, Berlin ^{14}1948.
Koch, Kurt: Amtszuständigkeit für die Sakramente – und die Pastoralassistenten? in: Zulehner, Paul M./Auf der Maur, Hansjörg/Weismayer, Josef (Hrsg.): Zeichen des Lebens, Ostfildern 2000, 199-222.
Koch, Kurt: Berufung ist ein Lebensprogramm. Wegweisungen kirchlicher Berufungspastoral, in: Pastoralblatt 54 (2002) 3-13.

Koch, Kurt: Glauben und Leben nicht auseinanderdividieren. Weltdienst der Laien und Heilsdienst des Klerus? in: StdZ 121 (1996) 519-533.
Koch, Kurt: In Verantwortung für unser Bistum, Solothurn 1998.
Koch, Kurt: Kirche der Laien? Plädoyer für die göttliche Würde des Laien in der Kirche, Freiburg i. d. Schweiz 1991.
Kraemer, Konrad W./Schuh, Karlheinz: Priesterbild im Wandel, Essen 1970.
Krätzl, Helmut: Im Sprung gehemmt. Was mir nach dem Konzil noch fehlt, Mödling 1998.
Kraushaar, Wolfgang (Hrsg.): Frankfurter Schule und Studentenbewegung. Von der Flaschenpost zum Molotowcocktail, 3 Bände, Hamburg 1998.
Krenn, Kurt: Vorwort, in: Schmid, Werner: Das verschwiegene Konzil. Entscheidende Texte des Zweiten Vatikanischen Konzils, Kleinhain 1999.
Küng, Hans: Die charismatische Struktur der Kirche, in: Concilium 1 (1965) 282-290.
Küng, Hans: Die Kirche, Freiburg i. Breisgau 1967.
Küng, Hans: Wozu Priester? (Eine Hilfe), Zürich, Einsiedeln 1971.

La consultation générale des prêtres séculiers africains au Congo Kinshasa. Note Spéciale, in: Pro Mundi Vita 16 (1971).
Lang, Bernhard: Wie wird man Prophet in Israel? Aufsätze zum Alten Testament, Düsseldorf 1980, 31-58.
Lechner, Martin: Weltdienst als pastoraler Dienst. Ein Plädoyer für die Qualität des Laienapostolats, in: Die lebendige Zelle, Heft 4, 44 (2001) 7-10.
Lécuyer, Joseph: Dekret über Dienst und Leben der Priester. Die Geschichte des Dekrets, in: LThK^2 Band 14, Das Zweite Vatikanische Konzil III, Freiburg i. Breisgau 1968, 128-247.
Lécuyer, Joseph: Priester in Ewigkeit. Das Sakrament der Weihe, Aschaffenburg 1958.
Legrand, Hervé: Die Gestalt der Kirche, in: Eicher, Peter (Hrsg.): Neue Summe Theologie Band 3: Der Dienst der Gemeinde, Freiburg i. Breisgau 1989, 87-181.
Lehmann, Karl: Bleibendes und Wandelbares im priesterlichen Amt – Das Verhältnis der neueren Entwürfe einer Theologie des kirchlichen Amtes zum empirischen Selbstverständnis der Priester, in: Forster, Karl: (Hrsg.): Priester zwischen Anpassung und Unterscheidung, Freiburg i. Breisgau 1974, 11-25.
Lehmann, Karl: Das dogmatische Problem des theologischen Ansatzes zum Verständnis des Amtspriestertums, in: Henrich, Franz (Hrsg.): Existenzprobleme des Priesters, München 1969, 123-175.
Lehmann, Karl: Die christliche Botschaft für das 21. Jahrhundert. Was ist heute lebendige Seelsorge? in: LS 51 (2000) 5-12.
Lehmann, Karl: in: Sekretariat der Deutschen Bischofskonferenz (Hrsg.): Priesterliche Lebensform, Arbeithilfen Nr. 36, Bonn 1984, 110.

Lehmann, Karl: Zur dogmatischen Legitimation einer Demokratisierung der Kirche, in: Concilium 7 (1971) 171-181.
Lehmann, Karl: Zur Theologie der Gemeindeleitung, in: PThI 1970, 2-31.
Leidl, August: Kleine Passauer Bistumsgeschichte, Passau 1989.
Leist, Fritz: Zölibat, Gesetz oder Freiheit. Kann man ein Charisma gesetzlich regeln? München 1968.
Leitlinien zur Ausbildung von Wortgottesdienstleiterinnen und -leitern der Diözese Passau, in: Bischöfliches Ordinariat Passau (Hrsg.): Amtsblatt für das Bistum Passau 122 (1992) Folge 10, 105-107.
Leuninger, Ernst: Die Entwicklung der Gemeindeleitung, St. Ottilien 1996.
Lindner, Traugott/Lentner, Leopold/Holl, Adolf: Priesterbild und Berufswahlmotive. Ergebnisse einer sozialpsychologischen Untersuchung bei den Wiener Mittelschülern, Wien 1963.
Lobinger, Fritz: Wie Gemeinden Priester finden. Ein Weg aus dem Pfarrermangel, Graz-Wien 1998.
Lohfink, Norbert: Wie hat Jesus Gemeinde gewollt? Freiburg i. Breisgau 1982.
Lörsch, Martin: Systemische Gemeindeentwicklung. Ein Beitrag zur Erneuerung der Gemeinde im Geist des Zweiten Vatikanischen Konzils, Frankfurt a. Main 1999.
Louis, Brigitte: Lebensgeschichtliche Erfahrungen und Berufszufriedenheit. Ergebnisse einer Pilotstudie mit Gemeindereferentinnen und -referenten, in: LS 49 (1998) 166-169.
Lummer, Franz: Berufseinführung für Priester und Pastoralassistenten in der Diözese Passau. Praktisch-theologische Reflexion eines kirchlichen Handlungsmodells, St. Ottilien 1986.

Maravall, Pierre: Das Mönchtum im Osten, in: Brox, Norbert u. a. (Hrsg.): Die Geschichte des Christentums, Band 2: Das Entstehen der einen Christenheit (250-430), Freiburg-Basel-Wien 1996, 816-847.
Marhold, Wolfgang u. a.: Religion als Beruf. Band I: Identität der Theologen, Stuttgart 1977.
Martin, Jochen: Die Genese des Amtspriestertums in der frühen Kirche. Der priesterliche Dienst III, Freiburg i. Breisgau 1972.
Mautsch, Fritz: Priester und Kirche. Eine empirische Untersuchung zum beruflichen Selbstverständnis katholischer Priester in der Bundesrepublik, Köln 1972.
Mette, Norbert: Von der „Priesterkirche“ zur priesterlichen Gemeinde, in: Eicher, Peter (Hrsg.): Der Klerikerstreit. Die Auseinandersetzung um Eugen Drewermann, München 1990, 200-210.
Mette, Norbert (Hrsg.): Wie wir Gemeinde wurden. Lernerfahrungen und Erneuerungsprozesse in der Volkskirche, Mainz 1982.

Metz, Johann Baptist: Gotteskrise – Kirchenkrise, in: Reifenberg, Peter u. a. (Hrsg.): Licht aus dem Ursprung. Kirchliche Gemeinschaft auf dem Weg ins 3. Jahrtausend, Würzburg 1998, 201-214.

Metz, Johann Baptist: Jenseits bürgerlicher Religion. Reden über die Zukunft des Christentums, Mainz [4]1984.

Meyer, Hans Bernhard (Hrsg.): Die Messreform des Vaticanum II. und das Missale Romanum Paul VI. in: Gottesdienst der Kirche Teil 4: Eucharistie. Geschichte, Theologie, Pastoral, Regensburg 1989, 305-392.

Meyer, Hans Bernhard (Hrsg.): Rezeption und Geschichte des Missale Romanum Pius V. bis zum Vaticanum II. in: Gottesdienst der Kirche Teil 4: Eucharistie. Geschichte, Theologie, Pastoral, Regensburg 1989, 264-272.

Mixa, Walter: Priester für die Welt: Bischof Walter Mixa im Gespräch mit Norbert Mattern, Augsburg 2000.

Moll, Helmut: Die Lehre von der Eucharistie als Opfer. Eine dogmengeschichtliche Untersuchung vom Neuen Testament bis Irenäus von Lyon, Köln-Bonn 1975.

Mühleck, Karl: Vom Gestern ins Heute. Grundlagen und pädagogische Konzepte der Priesterausbildung, in: Eder, Franz Xaver: 150 Jahre Priesterseminar St. Stephan in Passau 1878-1978. Festschrift, Passau 1978, 53-82.

Müller, Alois: Die klerikale Kleiderrevolte, in: Der Seelsorger 36 (1966) 260-264.

Müller, Alois: Priester – Randfigur der Gesellschaft. Befund und Deutung der Schweizer Priesterumfrage, Einsiedeln 1974.

Müller, Judith: Im Dienst der Kirche Christi. Zum Verständnis des kirchlichen Amtes heute, Regensburg 2000.

Müller, Judith: In der Kirche Priester sein. Eine Analyse des Priesterbildes in der deutschsprachigen katholischen Dogmatik des 20. Jahrhunderts, Würzburg 2001.

Neuner, Josef: Dekret über die Ausbildung der Priester. Die Bedeutung und Geschichte des Dekrets, in: LThK[2] Band 13, Das Zweite Vatikanische Konzil II, Freiburg i. Breisgau 1967, 310-313.

Neuner, Josef: Einleitung und Kommentar zum Dekret über die Ausbildung der Priester, in: LThK[2] Band 13, Das Zweite Vatikanische Konzil II, Freiburg i. Breisgau 1967, 314-353.

Neuner, Peter: Das kirchliche Amt: Identität im Wandel, in: Kerkhofs, Jan/Zulehner, Paul M.: Europa ohne Priester, Düsseldorf 1995, 178-207.

Neuner, Peter: Der Laie und das Gottesvolk, Frankfurt am Main 1988.

Oertel, Ferdinand: Pfarrgemeinderat ernst genommen, Limburg 1970.

Oficina de Sociología y Estadística de la Iglesia, in: Pro Mundi Vita Regionalstudien 37 (1971).

Papst Johannes XXIII.: Das Zweite Vatikanische Ökumenische Konzil, Eröffnungsrede: in: HerKorr 17 (1962/63) 85-88.
Papst Johannes Paul II: Ansprache des Heiligen Vaters an die Bischöfe aus Süddeutschland, in: Sekretariat der Deutschen Bischofskonferenz (Hrsg.): Ansprachen von Papst Johannes Paul II. aus Anlass der Ad-limina-Besuche der deutschen Bischöfe. Verlautbarungen des Apostolischen Stuhls Nr. 108, Bonn 1992, 15-23.
Papst Pius X.: Haerent animo. Mahnwort an den katholischen Klerus vom 4. August 1908, in: Rohrbasser, Anton (Hrsg.): Sacerdotis imago. Päpstliche Dokumente über das Priestertum von Pius X. bis Johannes XXIII., Freiburg Schweiz 1962.
Papst Pius XI.: Ad catholici sacerdotii. Rundschreiben vom 20. Dezember 1935, in: Rohrbasser, Anton (Hrsg.): Sacerdotis imago. Päpstliche Dokumente über das Priestertum von Pius X. bis Johannes XXIII., Freiburg Schweiz 1962.
Papst Pius XII.: Ansprache *Sull'esempio* an die Theologen des Regionalseminars von Apulien, vorbereitet für den 19. Oktober 1958, AAS L (1958) 966-967.
Papst Pius XII.: Menti nostrae. Apostolische Ermahnung vom 23. September 1950, in: Rohrbasser, Anton (Hrsg.): Sacerdotis imago. Päpstliche Dokumente über das Priestertum von Pius X. bis Johannes XXIII., Freiburg Schweiz 1962.
Parisse, Michael: Die Neuordnung des Weltklerus, in: Engels, Odilo u. a. (Hrsg.): Die Geschichte des Christentums Band 5: Machtfülle des Papsttums (1054-1274), Freiburg-Basel-Wien 1994, 253-289.
Pavan, Pietro: Einleitung und Kommentar zur Erklärung über die Religionsfreiheit, in: LThK^2 Band 13, Das Zweite Vatikanische Konzil, Freiburg i. Breisgau 1967, 704-748.
Pemsel-Maier, Sabine: Nicht Lückenbüßerinnen, sondern theologisch legitimiert. Seelsorge von Frauen im Sinne des Zweiten Vatikanischen Konzils, in: Dies. (Hrsg.): Zwischen Alltag und Ausnahme: Seelsorgerinnen. Geschichte, Theologie und gegenwärtige Praxis, Ostfildern 2001, 81-105.
Pesch, Otto Hermann: Das Zweite Vatikanische Konzil (1962-1965). Vorgeschichte, Verlauf – Ergebnisse, Nachgeschichte, Würzburg 1993.
Peters, Klaus: Repräsentation nach der Lehre des II. Vatikanischen Konzils, Trier 1976.
Pfliegler, Michael: Pastoraltheologie, Wien-Freiburg-Basel 1962.
Philips, Gérard: Der Laie in der Kirche, Salzburg 1955.
Philips, Gérard: Die Geschichte der Dogmatischen Konstitution über die Kirche „Lumen Gentium", in: LThK^2 Band 12, Das Zweite Vatikanische Konzil, Freiburg i. Breisgau 1966, 139-155.
Pietri, Luce: Das Hineinwachsen des Klerus in die antike Gesellschaft, in: Brox, Norbert u. a. (Hrsg.): Die Geschichte des Christentums, Band 2: Das Entstehen der einen Christenheit (250-430), Freiburg- Basel-Wien 1996, 633-666.

Pietsch, Leo: Das Laienapostolat und die Verantwortung des Priesters diesem Apostolat gegenüber, in: Der Laie in der Kirche. Seckauer Diözesansynode 1960. Beiträge und Referate, Graz 1961, 197-213.

Pitcher, Patricia: Das Führungsdrama. Künstler, Handwerker und Technokraten im Management, Stuttgart 1997.

Plankensteiner, Thomas: Gottes entlaufene Kinder: zur Theologie des Kirchenvolks-Begehrens, Thaur 1996.

Pleithner, Franz Xaver: Kirchenverfassung, in: Buchberger, Michael (Hrsg.): Kirchliches Handlexikon. Ein Nachschlagebuch über das Gesamtgebiet der Theologie und ihrer Hilfswissenschaften, München 1912, 385-386.

Ponce, Garcia/Uzín, Fernandez: El Clero en Bolivia, La Paz 1969.

Pottmeyer, Hermann Josef: Amt als Dienst – Dienst als Amt, in: LS 33 (1982) 153-158.

Pottmeyer, Hermann Josef: Das Bleibende an Amt und Sendung des Presbyters. Die ekklesiologische Einordnung des Priesteramtes als Anliegen gegenwärtiger Theologie, in: LS 21 (1970) 39-48.

Pottmeyer, Hermann Josef: Der eine Geist als Prinzip der Einheit der Kirche in Vielfalt. Auswege aus einer christomonistischen Ekklesiologie, in: PThI 5 (1985) 253-284.

Pottmeyer, Hermann Josef: Ist die Nachkonzilszeit zu Ende? in: StdZ 203 (1985) 219-231.

Pottmeyer, Herman Josef: Die zwiespältige Ekklesiologie des Zweiten Vaticanums – Ursache nachkonziliarer Konflikte, in: TThZ 92 (1983) 272-283.

Primetshofer, Bruno: Kanonistische Bemerkungen zu den österreichischen Pfarrgemeinderats- und Pfarrkirchenordnungen, in: ÖAfKR 42 (1993) 156-177.

Rahner, Karl/Vorgrimler, Herbert: Kleines Konzilskompendium. Sämtliche Texte des Zweiten Vatikanums mit Einführungen und ausführlichem Sachregister, Freiburg i. Breisgau [17]1984.

Rahner, Karl: Chancen der Priestergruppen, in: StdZ 185 (1970) 172-180.

Rahner, Karl: Christlicher Pessimismus? in: Ders.: Schriften zur Theologie, Bd. XVI., Zürich 1984, 206-214.

Rahner, Karl: Der Zölibat des Weltpriesters im heutigen Gespräch, in: Geist und Leben 40 (1967) 122-138.

Rahner, Karl: Friedliche Erwägungen über das Pfarrprinzip, in: Ders., Schriften zur Theologie II, Einsiedeln-Zürich-Köln 1955, 299-337.

Rahner, Karl: Gedanken zur Ausbildung der Theologen. Die Notwendigkeit, die Frage neu zu stellen, in: Orientierung 18 (1954) 149-152.

Rahner, Karl: Pastorale Dienste und Gemeindeleitung, in: StdZ 195 (1977) 733-743.

Rahner, Karl: Strukturwandel der Kirche als Aufgabe und Chance, Freiburg i. Breisgau 1972.

Rahner, Karl: Theologische Reflexionen zum Priesterbild von heute und morgen, in: Ders.: Schriften zur Theologie, Bd. IX, Einsiedeln-Zürich-Köln [2]1972, 373-394.

Rahner, Karl: Theologische Reflexionen zum Priesterbild von heute und morgen, in: Henrich, Franz (Hrsg.): Weltpriester nach dem Konzil, München 1969, 91-118.

Rahner, Karl: Über das Laienapostolat, in: Ders., Schriften zur Theologie Bd. II, Einsiedeln 1955, 339-373.

Rahner, Karl: Zur Ausbildung der Theologen. Vermutungen über die einzuschlagende Richtung, in: Orientierung 18 (1954) 165-168.

Rapp, Francis: Deutschland, in: Smolinsky, Herbert (Hrsg.): Die Geschichte des Christentums Band 7: Von der Reform zur Reformation (1450-1530), Freiburg-Basel-Wien 1995, 305-329.

Raske, Michael u. a. (Hrsg.): Eine freie Kirche für eine freie Welt. Delegiertenkonferenz europäischer Priestergruppen Rom 10.-16. Oktober 1969. Eine Dokumentation, Düsseldorf 1969.

Ratio Fundamentalis Institutionis Sacerdotalis (Grundordnung für die Ausbildung der Priester) vom 6. Januar 1970 in: AAS 62 (1970) 321-384.

Ratschow, Carl Heinz: Amt/Ämter/Amtsverständnis VIII in: TRE Bd. II, Berlin-New York 1978, 593-622.

Ratzinger, Josef: Der Weltdienst der Kirche. Auswirkungen von „Gaudium et spes" im letzten Jahrzehnt, in: IKZ Communio 4 (1975) 439-454.

Ratzinger, Joseph: Die christliche Brüderlichkeit, München 1960.

Ratzinger, Joseph: Die pastoralen Implikationen der Lehre von der Kollegialität der Bischöfe, in: Concilium 1 (1965) 16-29.

Ratzinger, Joseph: Opfer, Sakrament und Priestertum in der Entwicklung der Kirche, in: Catholica 26 (1972) 108-125.

Ratzinger, Joseph: Zur Frage nach dem Sinn des priesterlichen Dienstes, in: Geist und Leben 41 (1968) 347-376.

Recent Evolution of Priestly Vocations in Europe. Confidential Note, in: Pro Mundi Vita 7 (1969).

Recherche sur les prêtres. La vie et le ministère des prêtres, Bujumbara 1970.

Riedel-Spangenberger, Ilona: Das Gewohnheitsrecht in der katholischen Kirche. Zur Spendung der Krankensalbung durch Diakone und Laien, in: TThZ 103 (1994) 188-201.

Rohner, Albert: Kirche und Priester, in: Bischöfliches Ordinariat Eisenstadt (Hrsg.): Der Priester im Anruf der Zeit, Wien 1963, 68-101.

Rohrbasser, Anton (Hrsg.): Sacerdotis imago. Päpstliche Dokumente über das Priestertum von Pius X. bis Johannes XXIII., Freiburg/Schweiz 1962.

Roloff, Jürgen: Amt/Ämter/Amtsverständnis im Neuen Testament, in: TRE Bd. II, Berlin-New York 1978, 509-533.

Roos, Klaus: Damit Gemeinde lebt. Ein Grundkurs für die Arbeit im Pfarrgemeinderat, Mainz 1990.

Ruh, Ulrich: Priesterkrise: Die Deutschen Bischöfe suchen nach Auswegen, in: HerKorr 46 (1992) 544-545.
Rust, Andrea/Ehlen, Werner: Weniger GemeindereferentInnen. Ursachen für den Rückgang, in: Wegbereiter Heft 3, 49 (2001) 24.
Rutz, Oswin: Obrigkeitliche Seelsorge. Die Pastoral im Bistum Passau von 1800 bis 1918, Passau 1984.

Saxer, Victor: Die kirchliche Organisation im 3. Jahrhundert, in: Brox, Norbert u. a. (Hrsg.): Die Geschichte des Christentums Band 2: Das Entstehen der einen Christenheit (250-430), Freiburg-Basel-Wien 1996, 23-54.
Sayer, Josef: Sozialer Wandel in der Kirche. Eine empirische Untersuchung zur Sozialisation beim Priesterberuf, Düsseldorf 1976.
Schäfer, Klaus: Zum Thema Priestergruppen, in: StdZ 185 (1970) 34-46.
Schäfer, Klaus: Nochmals: Zum Thema Priestergruppen, in: StdZ 185 (1970) 361-378.
Schäfer, Theo: Diener der Einheit. Gedanken zum Priesterbild nach dem Konzilsdekret „Presbyterorum Ordinis“, in: Hammans, Herbert u. a. (Hrsg.): Geist und Kirche. Studien zur Theologie im Umfeld der beiden Vatikanischen Konzilien. Gedenkschrift für Heribert Schauf, Paderborn 1990, 17-34.
Schalk, Hans: Aus-, Fort- und Weiterbildung, in: Bitter Gottfried/Miller, Gabriele (Hrsg.): Handbuch religionspädagogischer Grundbegriffe 1, München 1986, 231-237.
Scharfenberg, Joachim: Pastoralpsychologische Kompetenz von Seelsorgern/-innen, in: Baumgartner, Isidor (Hrsg.): Handbuch der Pastoralpsychologie, 135-152.
Scheffczyk, Leo: Die Christusrepräsentation als Wesensmoment des Priesteramtes, in: Catholica 27 (1973) 293-311.
Scheffczyk, Leo: Die Verschiedenheit der Dienste: Laien – Diakone – Priester, in: IKZ Communio 25 (1996) 499-513.
Schellenberger, Bernardin (Hrsg.): Bernhard von Clairvaux. Gotteserfahrung und Weg in die Welt, Olten 1982.
Schillebeeckx, Edward: Der Amtszölibat. Eine kritische Besinnung, Düsseldorf 1967.
Schlier, Heinrich: Grundelemente des priesterlichen Amtes im Neuen Testament, in: Theologie und Philosophie 44 (1969) 161-180.
Schmal, Andreas/Bartmann, Sandra: Der Pfarrer als Führungskraft, in: Diakonia 31 (2000) 194-198.
Schmidt, Eva Renate/Berg, Hans Georg: Beraten mit Kontakt, Offenbach 1995.
Schmidt, Eva Renate: Das Innovationspotential von Frauen in der Kirche, in: Arbeitsgemeinschaft Frauen in der Evangelischen Kirche in Hessen und Nassau (Hrsg.): Frauenschritte in die Zukunft Nr. 1, Darmstadt 2001, 5-19.
Schmidt, Eva Renate: Ehrenamtliche Arbeit von Frauen. Den Männern die Ehre, den Frauen die Schattenarbeit?, in: Wege zum Menschen 44 (1992) 18-26.

Schmidt, Peter: Ämter im Neuen Testament und in der frühen Kirche, in: Kerkhofs, Jan/Zulehner, Paul M.: Europa ohne Priester, Düsseldorf 1995, 62-131.
Schmidtchen, Gerhard: Priester in Deutschland. Forschungsbericht über die im Auftrag der Deutschen Bischofskonferenz durchgeführte Umfrage unter allen Welt- und Ordenspriestern in der Bundesrepublik Deutschland, Freiburg i. Breisgau 1973.
Schneider, Gert: Kooperative Seelsorge aus der Sicht einer kritischen Priestergruppe, in: BiLi 71 (1998) 117-123.
Schneider, Theodor: Zeichen der Nähe Gottes. Grundriß der Sakramententheologie, Mainz 1979.
Schönborn, Christoph: Auf die Zeichen der Zeit hören. Das Konzil über Kirche und Priester, in: Kirchliches Institut Canisiuswerk (Hrsg.): Leben und Dienst der Priester, Studientagung der Österreichischen Bischofskonferenz 1985, Wien 1986, 10-36.
Schreuder, Osmund (Hrsg.): Der alarmierende Trend. Ergebnisse einer Umfrage beim gesamten holländischen Klerus, München-Mainz 1970.
Schreuder, Osmund: Der professionelle Charakter des geistlichen Amtes, in: Der Seelsorger 36 (1966) 320-335.
Schrom, Michael: Religiöse Seismographen. Das Priesteramt im Umbruch, in: CiG 52 (2000) 267-268.
Schuchart, Alfred: Der „Pastor bonus" des Johannes Opstraet. Zur Geschichte eines pastoraltheologischen Werkes aus der Geisteswelt des Jansenismus, Trier 1972.
Schulz, Heinz-Manfred: Damit Kirche lebt. Eine Pfarrei wird zur Gemeinde, Mainz 1975.
Schulz, Heinz-Manfred: Ein Jahr in Gottes Werkstatt. Eine Gemeinde macht neue Erfahrungen, Mainz 1978.
Schulze, Gerhard: Die Erlebnisgesellschaft. Kultursoziologie der Gegenwart, Frankfurt a. Main 1992.
Schuster, Norbert/Wichmann, Martin (Hrsg.): Die Platzhalter. Erfahrungen von Gemeindeleiterinnen und Gemeindeleitern, Mainz 1997.
Schuster, Norbert: „Der alte König ist krank". Vom Selbstverständnis der Pfarrgemeinderäte, in: LS 45 (1994) 124-128.
Schuster, Norbert: Gemeindeleitung und Pfarrgemeinderat. Theorie und Praxis, München 1994.
Schuster, Norbert: Kooperative Pastoral: ein Konzept für mehr Kooperation in der Pastoral? in: Pastoralblatt 50 (1998) 174-182.
Schuster, Norbert: Letztverantwortung – Betrachtung über einen Un-begriff, in Müller, Josef/Schuster, Norbert (Hrsg.): Die Sorge um die Gemeinden. Beiträge zu einer Seelsorge in der Welt von heute, Waldkirch 1990, 65-73.
Schuster, Norbert: Theologie der Leitung. Zur Struktur eines Verbundes mehrerer Pfarrgemeinden, Mainz 2001.

Schwaiger, Georg: Das katholische Priesterbild der neueren Zeit, in: Mai, Paul (Hrsg.): 100 Jahre Priesterseminar in St. Jakob zu Regensburg 1872-1972, Regensburg 1972, 37-51.

Seckler, Max: Über den Kompromiß in Sachen Lehre, in: Ders., Im Spannungsfeld von Wissenschaft und Kirche. Theologie als schöpferische Auslegung der Wirklichkeit, Freiburg i. Breisgau 1980, 99-109, mit Anmerkungen 212-215.

Seibel, Wolfgang: Die Synode und ihr Kirchenbild, in: StdZ 191 (1973) 73-74.

Sekretariat der Deutschen Bischofskonferenz (Hrsg): Zur Ordnung der pastoralen Dienste, Bonn 1977.

Sekretariat der Deutschen Bischofskonferenz (Hrsg.): Instruktion zu einigen Fragen über die Mitarbeit der Laien am Dienst der Priester. Verlautbarungen des Apostolischen Stuhls Nr. 129, Bonn 1997.

Sekretariat der Deutschen Bischofskonferenz (Hrsg.): Kongregation für den Klerus. Der Priester, Lehrer des Wortes, Diener der Sakramente und Leiter der Gemeinde für das dritte christliche Jahrtausend, Verlautbarungen des Apostolischen Stuhls Nr. 139, Bonn 1999.

Sekretariat der Deutschen Bischofskonferenz (Hrsg.): Kongregation für den Klerus: Direktorium für Dienst und Leben der Priester, Verlautbarungen des Apostolischen Stuhls Nr. 113, Bonn 1994.

Sekretariat der Deutschen Bischofskonferenz (Hrsg.): Nachsynodales Apostolisches Schreiben „Pastores dabo vobis“ von Papst Johannes Paul II. an die Bischöfe, Priester und Gläubigen über die Priesterbildung im Kontext der Gegenwart, Verlautbarungen des apostolischen Stuhls Nr. 105, Bonn 1992.

Sekretariat der Deutschen Bischofskonferenz (Hrsg.): Rahmenordnung für die Priesterbildung, Bonn 1988.

Sekretariat der Deutschen Bischofskonferenz (Hrsg.). Rahmenstatuten und -ordnungen für Gemeinde- und Pastoral-Referenten/Referentinnen, Bonn 1987.

Sekretariat der Deutschen Bischofskonferenz (Hrsg.): Schreiben der Bischöfe des deutschsprachigen Raumes über das priesterliche Amt. Eine biblisch-dogmatische Handreichung, Bonn 1970.

Sekretariat der Deutschen Bischofskonferenz (Hrsg.): Schreiben der deutschen Bischöfe über den priesterlichen Dienst, Bonn 1992.

Sekretariat der Deutschen Bischofskonferenz (Hrsg.): Schreiben Seiner Heiligkeit Papst Johannes Paul II. an alle Priester der Kirche zum Gründonnerstag 1979, Verlautbarungen des apostolischen Stuhls Nr. 7, Bonn 1979.

Sekretariat der Deutschen Bischofskonferenz: Katholische Kirche in Deutschland. Statistische Daten 1999, Bonn 2002, 1-28.

Semmelroth, Otto: Das priesterliche Volk und seine amtlichen Führer, in: Concilium 4 (1968) 41-47.

Severin, Burkhard: Transformation als Wesensmerkmal von Kirchwerdung, in: Isenberg, Wolfgang (Hrsg.): Kirche als lernende Organisation. Supervision

in einem von Tradition und Entwicklung geprägten System. Bensberger Protokolle 103, Bensberg 2000, 215-232.
Söding, Thomas: Blick zurück nach vorn. Bilder lebendiger Gemeinden im Neuen Testament, Freiburg i. Breisgau 1997.
Sommer, Johann: Das Seelsorgeamt, in: Bischöfliches Ordinariat Passau (Hrsg.): Diözesankonferenz zu Passau 1960, Passau 1961, 114-123.
Spirago, Franz: Katholischer Volks-Katechismus. Dritter Theil: Gnadenlehre, Trautenau 1898.
Stachel, Günter: Laientheologie – ein neuer Weg, in: Hochland, 49 (1956/57) 341-351.
Stalin, Günter: Impulse zur Freiheit. Initiativen der Solidaritätsgruppen, Düsseldorf 1971.
Stampfl, Josef: Das Selbstverständnis des Südtiroler Priesters. Eine empirische Untersuchung zum Priestersein, Innsbruck 1980.
Statut für Dekane des Bistums Passau, in: Amtsblatt für das Bistum Passau 115 (1985) Folge 7 vom 1. 9. 1985; mit Ergänzungen und Erweiterungen in: Amtsblatt für das Bistum Passau 125 (1995) Folge 3 vom 27. 3. 95 sowie Amtsblatt für das Bistum Passau 126 (1996) Folge 5 vom 30. 7. 96.
Stecher, Reinhold: Integrieren und motivieren: Gedanken eines Bischofs zum Führungsstil in der Kirche, in: HerKorr 47 (1993) 511-514.
Steinbeißer, Kajetan: Spannend und sinngebend. Priester schreiben über ihren Beruf in: Passauer Bistumsblatt 65 (2000) Nummer 37, 2.
Stenger, Hermann (Hrsg.): Eignung für die Berufe der Kirche. Klärung – Beratung – Begleitung, Freiburg i. Breisgau 1988.
Stenger, Hermann: Im Zeichen des Hirten und des Lammes. Mitgift und Gift biblischer Bilder, Innsbruck 2000.
Stenger, Hermann: Kompetenz und Identität. Ein pastoralanthropologischer Entwurf, in: Ders. (Hrsg.): Eignung für die Berufe der Kirche. Klärung – Beratung – Begleitung, Freiburg i. Breisgau 1988, 31-133.
Stenger, Hermann: Mehr Kompetenz – Mehr Zuversicht. Ein Plädoyer für die Verwirklichung des Canon 208, in: LS 45 (1994) 14-20.
Stockmeier, Peter/Bauer, Johannes B.: Die Eingliederung der christlichen Kirche und das Römische Reich, in: Lenzenweger, Josef (Hrsg.): Geschichte der katholischen Kirche, Graz ^{3}1995, 91-142.
Stryckman, Paul/Gaudet, Robert: Priests in Canada 1971. A report on English-speaking Clergy, Quebec 1971.
Stryckman, Paul: Les Prêtres de Québec aujourd'hui, Bd. I, Centre des Recherches en Sociologie Religieuse, Quebec 1970.
Stubenrauch, Bertram (Hrsg.): Christsein als Priester: was verbindet und trägt, Trier 1999.
Sustar, Alois: Das Priesterbild des Zweiten Vatikanischen Konzils, in: Enzler, Franz (Hrsg.): Priester – Presbyter. Beiträge zu einem neuen Priesterbild, Luzern – München 1968, 37-51.

Das Synodendokument über das priesterliche Dienstamt, in: HerKorr 25 (1971) 584-591.

Tewes, Ernst (Hrsg.): Kardinal Julius Döpfner, Weggefährte in bedrängter Zeit. Briefe an die Priester, München 1986.
Thalhofer, Valentin (Hrsg.): Bibliothek der Kirchenväter. Cyprian's sämmtliche Briefe, Zweiter Band, Kempten 1879.
The Priest of 1971 in Search of his Identity. Special Note, in: Pro Mundi Vita 18 (1971) 8-9.
Trippen, Norbert: Entwicklungen im Klerus seit 1914, in: Jedin, Hubert/Repgen, Konrad (Hrsg.): Handbuch der Kirchengeschichte, Band VII: Die Weltkirche im 20. Jahrhundert, Freiburg i. Breisgau 1985, 338-355.
Tucci, Roberto: Einleitung und Kommentar zum zweiten Kapitel des zweiten Teils der Pastoralkonstitution über die Kirche in der Welt von heute, in: $LThK^2$ Band 14, Das Zweite Vatikanische Konzil III, Freiburg i. Breisgau 1968, 447-485.
Tück, Jan-Heiner: Stellungnahmen zur Instruktion, in: Hünermann, Peter (Hrsg.): Und dennoch ... Die römische Instruktion über die Mitarbeit der Laien am Dienst der Priester. Klarstellungen – Kritik – Ermutigungen, Freiburg i. Breisgau 1998, 184-188.

Venetz, Hermann Josef: So fing es mit der Kirche an. Ein Blick in das Neue Testament, Zürich-Einsiedeln-Köln ^{3}1981.
Venetz, Hermann-Josef: Vielfältige Leitungsmodelle im Neuen Testament, in: LS 46 (1995) 188-193.
Volk, Hansjörg: Pastoralreferentinnen und Pastoralreferenten: Spezialisierung und übergemeindlicher Einsatz, in: LS 42 (1991) 365-368.
Volk, Hermann: Priestertum heute, in: IKZ Communio 1 (1972) 498-517 sowie 2 (1973) 45-58.
Vorgrimler, Herbert: Der theologische Ort des Priesters, in: Arnold, Franz X. u. a. (Hrsg.): Handbuch der Pastoraltheologie. Band IV, Freiburg-Basel-Wien 1969, 432-451.

Wach, Joachim: Religionssoziologie, Tübingen 1951.
Was wollen die Priestergruppen?, in: HerKorr 23 (1969) 327-332.
Weber, Leonhard M.: Muß sich auch das Priesterbild wandeln? in: Schild, Hansjörg (Hrsg.): Pastorale Impulse. Aufsätze und Vorträge, Freiburg i. Breisgau 1971, 179-203.
Weber, Max: Die protestantische Ethik und der „Geist" des Kapitalismus. Textausgabe auf der Grundlage der ersten Fassung von 1904/05 mit einem Verzeichnis der wichtigsten Zusätze und Veränderungen aus der zweiten Fassung von 1920 herausgegeben und eingeleitet von Klaus Lichtblau und Johannes Weiß, Weinheim ^{3}2000.

Weismayer, Josef: Weltoffenheit und Weltverantwortung. Spirituelle Elemente der Pastoralkonstitution, in: Kremer, Jacob (Hrsg.): Aufbruch des Zweiten Vatikanischen Konzils heute, Innsbruck-Wien 1993, 103-129.

Werners, Hans: Priestergruppen – Konzeption und Erfahrung, in: Jahrbuch für christliche Sozialwissenschaften 12 (1971) 185-204.

Werners, Hans: Wandel des Priesterbildes – Wandel der Anforderung, in: Diakonia 21 (1990) 259-263.

Weß, Paul: Gemeindekirche – Zukunft der Volkskirche. Der Lernweg einer Pfarrgemeinde, Wien 1976.

Weß, Paul: Ihr alle seid Geschwister. Priester und Gemeinde, Mainz 1983.

Wie sie Priester wurden, in: HerKorr 8 (1954/55) 367-373.

Wiebel-Fanderl, Oliva: Die Primiz, das Fest einer Lebenswende, in: Ostbayrische Grenzmarken 26 (1984) 145-162.

Wiedenhofer, Siegfried: Ekklesiologie, in: Schneider, Theodor (Hrsg.): Handbuch der Dogmatik Bd. 2, Düsseldorf ^{2}1995, 47-188.

Wiederkehr, Dietrich: „Volk Gottes“: theologische und kirchliche Hausaufgaben *nach* Vaticanum II, in: Diakonia 23 (1992) 294-303.

Wieh, Hermann: Ideal und Auswahl. Vom Wandel der Kriterien bei der Ausbildung der Priester seit dem Konzil von Trient, in: Hillenbrand, Karl (Hrsg.): Priester heute, Würzburg 1990, 155-176.

Wieh, Hermann: Konzil und Gemeinde. Eine systematisch-theologische Untersuchung zum Gemeindeverständnis des Zweiten Vatikanischen Konzils in pastoraler Absicht, Frankfurt a. Main 1978.

Wieh, Hermann: Priester/Priestertum III/2, in: TRE Band XXVII, Berlin-New York 1997, 422-434.

Wittmann, Hans: 3x5 Anfragen aus Werdenfels an die Priesteraus- und -fortbildung, in: LS 41 (1990) 102-109.

Wittstadt, Klaus: Perspektiven einer kirchlichen Erneuerung – Der deutsche Episkopat und die Vorbereitungsphase des II. Vatikanums, in: Kaufmann, Franz-Xaver/Zingerle, Arnold (Hrsg.): Vatikanum II und Modernisierung. Historische, theologische und soziologische Perspektiven, Paderborn 1996, 85-106.

Wolf, Hubert: Vom Nutzen der Historie für die Interpretation des II. Vatikanums, in: Hünermann, Peter (Hrsg.): Das II. Vatikanum – christlicher Glaube im Horizont globaler Modernisierung. Einleitungsfragen, Paderborn 1998, 159-164.

Wössner, Johannes: Professionalisierung, in: Klostermann, Ferdinand/Rahner, Karl/Schild, Hansjörg (Hrsg.): Lexikon der Pastoraltheologie, Freiburg i. Breisgau 1972, 431-432.

Wulf, Friedrich: Dekret über Dienst und Leben der Priester. Kommentar zu Artikel 1-6, in: LThK^{2} Band 14, Das Zweite Vatikanische Konzil, Freiburg i. Breisgau 1968, 141-169.

Wulf, Friedrich: Stellung und Aufgabe des Priesters in der Kirche nach dem Zweiten Vatikanischen Konzil, in: Geist und Leben 39 (1966) 45-61.

Zauner, Wilhelm: Leben mit einem wandelbaren Priesterbild, in: Diakonia 29 (1998) 145-152.

Zentralkomitee der Deutschen Katholiken, Kommission 8 (Pastorale Grundfragen): „Dialog statt Dialogverweigerung. Wie in der Kirche miteinander umgehen?“, Bonn 1991.

Zerfaß, Rolf: „... damit Gemeinde lebt – und wir“: Perspektiven und Kriterien einer kooperativen Pastoral, in: BiLi 71 (1998) 84-92.

Zerfaß, Rolf: Menschliche Seelsorge. Für eine Spiritualität von Priestern und Laien im Gemeindedienst, Freiburg i. Breisgau 1985.

Zerfaß, Rolf: Wenn Gott aufscheint in unseren Taten, in: Zulehner, Paul M.: Das Gottesgerücht. Bausteine für eine Kirche der Zukunft, Düsseldorf ^{6}1989, 95-106.

Ziegenaus, Anton: Zum Selbstverständnis des Priesters in den Zeiten des Umbruchs, in: Forum Katholische Theologie 2 (1986) 253-267.

Zirker, Leo: Leben im Dialog. Perspektiven für ein zeitgemäßes Priesterbild, Mainz 1976.

Zöller, Josef Othmar: Abschied von Hochwürden, Frankfurt a. Main 1969.

Zollitsch, Robert: Amt und Funktion des Priesters. Eine Untersuchung zum Ursprung und zur Gestalt des Presbyterats in den ersten 2 Jahrhunderten, Freiburg i. Breisgau 1974.

Zulehner, Paul M./Hager, Isa/Polak, Regina: Kehrt die Religion wieder? Religion im Leben der Menschen 1970-2000, Ostfildern 2001.

Zulehner, Paul M.: „Leutereligion“. Eine neue Gestalt des Christentums auf dem Weg durch die 80er Jahre? Wien 1982.

Zulehner, Paul M. (Hrsg.): Kirchenvolks-Begehren. Kirche auf Reformkurs, Düsseldorf 1995.

Zulehner, Paul M. (Hrsg.): Solidarität. Option für die Modernisierungsverlierer, Innsbruck ^{2}1997.

Zulehner, Paul M./Fischer, Josef/Huber, Max: „Sie werden mein Volk sein“. Grundkurs gemeindlichen Glaubens, Düsseldorf 1985.

Zulehner, Paul M./Hennersperger, Anna: „Sie gehen und werden nicht matt“ Jes 40,31. Priester in heutiger Kultur, Ergebnisse der Studie **PRIESTER 2000**©, Ostfildern 2001.

Zulehner, Paul M./Lobinger, Fritz: Um der Menschen und der Gemeinden willen. Plädoyer zur Entlastung von Priestern. Weitere Folgerungen aus der Studie Priester 2000, Ostfildern 2002.

Zulehner, Paul M.: „Denn du kommst unserem Tun mit deiner Gnade zuvor...“ Zur Theologie der Seelsorge heute. Paul M. Zulehner im Gespräch mit Karl Rahner, Düsseldorf 1984.

Zulehner, Paul M.: Das Gottesgerücht. Bausteine für eine Kirche der Zukunft, Düsseldorf ^{6}1989.

Zulehner, Paul M.: Für Kirchenliebhaber*innen*. Und solche, die es werden wollen, Ostfildern ³2000.

Zulehner, Paul M.: Pastoraltheologie Band 1: Fundamentalpastoral. Kirche zwischen Auftrag und Erwartung, Düsseldorf ²1991.

Zulehner, Paul M.: Pastoraltheologie Band 2: Gemeindepastoral. Orte christlicher Praxis, Düsseldorf 1989.

Zulehner, Paul M.: Priester im Modernisierungsstress. Forschungsbericht der Studie **PRIESTER 2000©**, Ostfildern 2001.

Zulehner, Paul M.: Priester zwischen dem Auftrag Jesu und den Erwartungen der Menschen, in: Bischöfliches Ordinariat Linz (Hrsg.): Kirche und Priester zwischen dem Auftrag Jesu und den Erwartungen der Menschen. Ergebnisse der Umfragen des Instituts für kirchliche Sozialforschung Wien über „Religion und Kirche in Österreich" und „Priester in Österreich", Linz-Wien 1974, 145-244.

Zulehner, Paul M.: Religion im Leben der Österreicher. Dokumentation einer Umfrage, Wien 1981.

Zulehner, Paul M.: Rituale und Sakramente, in: Ders./Auf der Maur, Hansjörg/Weismayer Josef (Hrsg.): Zeichen des Lebens. Sakramente im Leben der Kirchen – Rituale im Leben der Menschen, Ostfildern 2000, 13-22.

Zulehner, Paul M: Priestermangel praktisch. Von der versorgten zur sorgenden Pfarrgemeinde, Düsseldorf 1983.

Zürcher, Paul: Als Priester leben, in: Diakonia 29 (1998) 169-171.

Das Zweite Vatikanische Konzil. Konstitutionen, Dekrete und Erklärungen. Lateinisch und Deutsch, in: LThK² Ergänzungsbände 12-14, Freiburg i. Breisgau 1966-1968.

ABBILDUNGEN UND TABELLEN

Abbildungen

Tabellen

146 ANTWORTEN ZU EINER FRAGE

„Wenn mich jemand fragt, ob er Priester werden soll, dann würde ich ihm sagen ..."[714]

Ein schöner, aber persönlich fordernder Beruf.

Fragestellung.

Überlege es dir gut!

Ich bin gern Priester, ob Du Priester werden sollst, musst du im Gebet herausfinden. Wenn du berufen bist, wird Gott dich schon dort hin bringen, wo er dich haben will.

Überlege es dir gut!

Beten Sie zum Heiligen Geist!

Schau die Aufgabe und Dich gut an.

Es ist's wert!

Wage es!

Wenn du Dir traust, kannst Du es wagen!

Ich freue mich; wenn du willst, schaffst du es.

Prüfe Deine Berufung!

Ich würde ihm erst nach einem längeren Gespräch einen Rat geben.

Bete, frage, überlege.

Überlege gut die ganze Tragweite.

Es lohnt sich, die Menschen für Gott offen zu halten.

Ja.

Ein Beruf, der dich fordert, aber deinem Leben Erfüllung und Sinn gibt.

Prüfe Dich, wie Du Persönliches einem höheren Ziel/Wert unterordnen kannst und wie Du mit Frustration umgehst.

Wenn er glaubt berufen zu sein, ist es der schönste Beruf.

---

[714] Frage 42 im Fragebogen **PRIESTER 2000**© war als offene Frage konzipiert. Die Antworten der Passauer Priester zu dieser Frage finden sich im folgenden der Reihe nach aufgelistet.

Ja.

Mach es, wenn du gerne mit Menschen zusammenarbeitest!

Ja.

Prüfe Dich und lass dich prüfen!

Du musst spüren, dass du von Gott berufen bist.

Quid agis prudenter agas et respice finem!

Gehe mit dir und mit anderen zu Rate, prüfe dich in der Praxis!

Mache dich auf den Weg!

Fühlst Du Dich dazu wirklich berufen? Informiere Dich über den Alltag des Priesters!

Ja, tun sie es!

Informiere dich; schau dir das Leben eines Priesters an!

Prüfe Dich: warum nicht? Bete Dich durch!

Es macht Sinn für Gott und Menschen dazusein.

Es gehört Mut dazu und eine lebendige Christusbeziehung, die auf einem tiefen Vertrauen in Gott gründet.

Dass der Priester mit der Einsamkeit fertig werden muss.

Ja, natürlich!

Der großartigste Beruf.

Das kann man nicht so schnell entscheiden!

Eine Aufgabe, in der Du Dich optimal entfalten und verwirklichen kannst, wenn Dir eine tiefe, regelmäßig gepflegte Christusbeziehung den Zölibat bejahen und leben lässt.

Überlege es Dir gut! Ein Dienst, der dir Erfüllung bringt.

Wie steht es um Deinen Glauben und Deine Gottesliebe!? Prüfe Dein Gewissen! Vertraue auf Gottes Gnade!

Ja, wenn du dazu eine Berufung verspürst.

Ja.

Informiere Dich gut! Die Sache ist es wert!

Sprechen wir ausführlich darüber!

Ja! Finde ich toll, aber beginn erst einmal mit dem Studium und hinterfrage dich immer wieder und lass dich auch von Freunden hinterfragen.

Gut überlegen und in Pfarreiarbeit hineinschnuppern.

Prüfe, ob Du berufen bist. Wenn ja, nimm die Sache ernst!

Ja! Ein Beruf mit vielen Möglichkeiten, persönlich spirituell zu leben und mit Menschen umzugehen.

Ja, habe den Mut!

Ja.

Überlege es nochmals und bete!

Wenn deine Motive stimmen – ja!

Warum nicht?

Vertrauen Sie auf die Gnade Gottes.

Das ist ein schöner Wunsch, willst du etwas von mir wissen, wie kann ich dir helfen?

Überlegen.

Gehe für ein Jahr ins Kloster und prüfe Dich.

Überlege es dir ganz gut!

Hab keine Angst, Gott ist mit Dir.

Er braucht viel Mut und muss sich auf Einsamkeit einstellen.

Ein großartiger Beruf!

Ja.

Gute Überlegung!

Ein interessanter Beruf! – Warum für dich?

Es lohnt sich wahrlich, als Handlanger Gottes zu arbeiten.

Entscheide Dich, wenn Du Dich eingeübt hast!

Überlege Dir, ob du als Priester die jahrelange Einsamkeit aushalten kannst!

Ja, und stärke Dich selber – dann erst die anderen.

Probiere es! Mach dich auf den Weg!

Mach das!

Ja, das ist gut! Lebe in einer Gemeinde mit, ob dir der Beruf gefällt, mach zuerst viele Erfahrungen mit Menschen.

Das würde ich mir noch gut überlegen!

Der Priesterberuf ist mehr als abwechslungsreich. Die Vielfalt der Möglichkeiten in diesem Beruf fordert heraus zu umfassender Vorbereitung (Studium und Welterfahrung!) Gesundheit und Belastbarkeit sind eine große Hilfe – unverzichtbar ist aber eine starke Beziehung zu Jesus.

Ich freue mich darüber!

Trau Dir.

Lern erst mal einen Beruf! Dann prüfe, ob du von Gott berufen bist, oder ob du aus anderen Gründen Priester werden willst. Wenn ja – welche?

Ja, wenn du dich berufen fühlst.

Prüfe dich gut – denn wenn du es machst, musst du es ganz und richtig machen.

Dass es dazu ein langes Gespräch braucht.

Meine Wahl war richtig – wage es!

Überlege es gut. Wenn Du dich berufen glaubst, ja.

Schön, dass du auf diesen Gedanken kommst. Begib dich einmal auf diesen Weg!

Wir brauchen Priester.

Ein schöpferischer Beruf, einer, der alle Talente brauchen kann. Was ist interessanter, als den Menschen mit dem Abenteuer „Gott" in Berührung zu bringen? Weil es solche geben muss die den Menschen sagen: der Mensch braucht „Höhe", er braucht den Himmel, Transzendenz. Das den Menschen zu verkünden, und dass es dabei um den Gott der Liebe geht, den Sinn unseres Lebens, ist schon ein Berufsleben im Sinne des Priesteramtes wert, das einen ganz ausfüllen kann, mehr vielleicht als eheliche Gemeinschaft.

Überlege es Dir sehr gut!

Er soll es versuchen.

Überleg's Dir gut – und dann mach's!

Wenn du dich mit den Aufgaben identifizieren kannst.

Wenn du dir es vorstellen kannst, wage es!

Ja, wenn du glaubst, dass Gott dich will.

Mir macht die Unsicherheit - was ist die Rolle des Priesters, seine Identität - Probleme. Wenn du das aushältst und Dir sicher bist - tue es! Dann ist es sehr schön.

Ja.

Wer's fassen kann, der fasse es!

Überleg's Dir gut!

Ich will dir nicht abraten. Aber überlege es dir gut.

Er soll den Mut haben, eine Entscheidung heranreifen zu lassen.

Versuche es!

Es ist einer der schönsten, vielseitigsten Berufe.

Prüfe dich und probiere es!

Ja, ich würd' mich einfach mal drauf einlassen!

Komm, und sieh!

Lass dich auf den Weg ein, aber gehe ihn nicht ohne Begleitung!

Wage es!

Es gibt keine(n) schönere(n) Berufung.

Überlege es dir gut – und doch ist es ein schöner Beruf.

Schau genau und prüfe, ob das dein Weg ist! Ich helfe dir!

Überlege dir das sehr gut!

Geh deinen Weg, den Du gehen kannst und willst!! Wage es!!

Ja, überlege, bete und entscheide dich.

Ja, wenn du dich berufen fühlst.

Längeres Gespräch nötig.

Wenn du ein sinnerfülltes Leben willst, dann werde Priester.

Ich persönlich stehe auch heute noch gern zu meiner Entscheidung!

Wenn du Christus liebst, wenn dir der Glaube etwas bedeutet, wenn du Freude an der Eucharistie und am Leben der Kirche hast, wenn du Menschen gern hast, wenn du nicht zuerst an Besitz und Prestige denkst und wenn du dir zutraust, ehelos zu leben, dann werde Priester. Ich bin glücklich in diesem Beruf.

Wenn du die Berufung spürst, werde es!

Probier's!

Die Lebensform (Ehelosigkeit) ist schlecht, der Beruf ist gut.

Das freut mich. Es ist ein sehr schöner Beruf.

Wie belastungsfähig bist du?

Ja. – Leben kennenlernen – Glauben prüfen.

Komm und sieh.

Da müsste ich wissen, wer...

Der Beruf ist außerordentlich interessant. Weiß nicht, ob es einen vergleichbaren gibt.

Überlege gut. Es ist anstrengend. Aber höchst spannend und wertvoll.

Es kann für Sie ein glückliches, sinnvolles Leben werden.

Mach es, ich hab's keine Sekunde bereut.

FRAGEBOGEN

PRIESTER 2000

Eine Aktion der AfkS – Arbeitsstelle für kirchliche Sozialforschung in Wien

mit Unterstützung Ihrer Diözese

AfkS

Arbeitsstelle für kirchliche Sozialforschung

Bitte nehmen Sie sich ein wenig Zeit
und füllen Sie diesen Fragebogen in Ruhe aus!

Bitte benutzen Sie zum Ausfüllen einen normalen Kugelschreiber oder einen schwarzen Stift. Bitte verwenden Sie keinen roten Stift! Da der Bogen halbautomatisch eingelesen wird, setzen Sie bitte Ihre Kreuzchen direkt in die dafür vorgesehenen Kästchen: ☒

Wenn Sie die Blätter ausgefüllt haben, dann entnehmen Sie diese bitte der Hülle und geben sie einfach in den beigelegten Rücksendeumschlag. Keinesfalls sollten Sie die Blätter zusammenklammern!

Danke für Ihre Mitarbeit!

Dringliche Bitte um Mitarbeit

Lieber Mitbruder im priesterlichen Amt!

Das Leben und Wirken der Priester hat sich in den Jahren nach dem Zweiten Vatikanischen Konzil erheblich verändert. Ehren- und hauptamtliche Laien haben auf Grund der Beschlüsse dieses Konzils in erfreulicher Weise begonnen, ihre unvertretbare Eigenverantwortung für die Kirche und ihre Gemeinden sowie auch für Gemeinschaften zu übernehmen. Während nun die engagierten Laien mehr geworden sind, wurden gleichzeitig in unseren Kirchenregionen die verfügbaren Priester immer weniger. Diese Entwicklung wird sich in den nächsten Jahren auch dann verschärfen, wenn, was wir sehr erbitten und wünschen, mehr Menschen den priesterlichen Dienst als ihre Lebensaufgabe wählen. Der Grund ist einfach das hohe Durchschnittsalter der Priester gerade in den starken Jahrgängen.

Wer soll nun die fehlenden Priester in den Gemeinden ersetzen? Welche Aufgaben können auch Laien durch Teilhabe am priesterlichen Amt übernehmen, und welche stehen ihnen auf Grund der Taufe zu? Bei solchen Überlegungen ist die Erfahrung der Priester unentbehrlich. Viele haben angefangen zu fragen, was denn unter den veränderten Bedingungen ihren priesterlichen Dienst ausmacht. Eines darf aber nicht geschehen, daß durch Notmaßnahmen faktisch der priesterliche Dienst zunehmend entwertet und so inhaltsarm wird, daß er für die Priester im Dienst ebenso wenig ersprießlich ist wie für jene anderen, die sich eine Entscheidung für den Priesterberuf überlegen.

Solche Überlegungen lassen sich gewiß nicht allein durch eine Umfrage lösen. Alle theologischen Disziplinen sind gefordert, aber ebenso die Priester mit jahrelanger Lebens- und Berufserfahrung. Über eine Umfrage ist es möglich, in wissenschaftlich geordneter Weise Ihre Erfahrungen, geschätzter Mitbruder, aufzunehmen. Vor allem die Stärken des priesterlichen Dienstes sollen sichtbar werden. Diese Erfahrungen sollen den Priestern selbst, interessierten Laien, aber auch Priesterräten, nicht zuletzt den Bischöfen, der Bischofskonferenz und darüber hinaus jenen kirchlichen Stellen, denen die Sorge um Priester anvertraut ist, zur Verfügung gestellt werden.

So bitten wir Sie sehr herzlich, uns Ihre Erfahrungen im priesterlichen Dienst und Leben zur Verfügung zu stellen. Wir sichern Ihnen volle Vertraulichkeit aller Angaben zu, die Sie uns in dem anonym bleibenden Fragebogen überlassen. Sobald Ihr Fragebogen bei der AfkS - Arbeitsstelle für kirchliche Sozialforschung in Wien eintrifft, wird dieser verarbeitet und sodann vernichtet. Auch werden bei der Auswertung keine auf einzelne Personen bezogene Daten dargestellt, sondern lediglich die Ergebnisse für größere Gruppen von Priestern (in den Städten und auf dem Land, nach größeren Altersgruppen usw.).

Um einen statistischen Überblick zu erhalten, welcher Teil der Priesterschaft sich an der Umfrage beteiligt, bitten wir Sie, getrennt vom Fragebogen die Postkarte mit der Mitteilung an uns abzusenden, daß der Fragebogen zur AfkS unterwegs ist. Auf dieser Postkarte geben Sie bitte auch an, ob Sie über die Ergebnisse der Umfrage informiert werden wollen. Diese Umfrage läuft in Diözesen in West- und Ostdeutschland, Österreich, in der Schweiz und in Kroatien. Das ermöglicht auch zu erforschen, ob sich der priesterliche Dienst in freiheitlichen Verhältnissen anders entwickelt hat als in ehemals totalitär-kommunistischen.

Eine solche Umfrage kann einen noch zusätzlichen überraschenden Nutzen haben. In unserer medialen Kultur können über wissenschaftliche Analysen Themen gut plaziert werden. Das wäre auch beim Priester sinnvoll: Weil die Kirche Priester braucht, muß er wieder in positiver Weise ins Gespräch gebracht werden. Auch das ist dann ein sinnvoller Beitrag zur Förderung von Priesterberufen. Gewiß ersetzt das nicht die Berufung durch Gott und das Gebet darum. Aber es ist nicht von vornherein ausgeschlossen, daß über solche zeitgenössische Vorgänge Gott wirkt.

Zum Fragebogen

Wir legen diesen Fragebogen in Ihre Hände, und bitten Sie, diesen lückenlos auszufüllen. Je mehr Sie auslassen, um so mehr entwerten Sie ihre eigene Arbeit. Wir haben uns alle Mühe gegeben, den Fragebogen so zu gestalten, daß er in überschaubarer Zeit beantwortet werden kann.

Ein Teil der Fragen stammt aus den Priesterumfragen in Deutschland, Österreich und der Schweiz aus dem Jahre 1971. Das ermöglicht in vielen Teilfragen einen Vergleich mit den Umfrageergebnissen kurz nach dem Konzil. Weitere Fragestellungen wurden auf der Basis von 50 Tiefengesprächen mit Priestern erarbeitet. Die Schlußfassung dieses Fragebogens wurde in einer Arbeitssitzung am 10.9.1999 mit beauftragten Vertretern jener Diözesen beschlossen, die sich an der Umfrage beteiligen.

Wir hoffen sehr, daß dieser Fragebogen Ihnen auch dient, in Ruhe Ihr priesterlicher Leben und Wirken zu meditieren und seine Stärken und Schwächen unter den heutigen kirchlichen wie kulturellen Bedingungen zu erkennen.

Im einzelnen werden Sie durch folgende Themenfelder durch eine Reihe von Fragen geleitet werden:

- Zunächst finden sich Angaben zur eigenen **Person**. Diese ermöglichen die Auswertung der Daten nach Altersgruppen, nach sozialer Herkunft usw.
- Sodann folgen Fragen zur **religiös-kirchlichen Situation**. Wir vermuten, daß von dieser das Grundbefinden von Priestern nachhaltig mitgeprägt wird.
- Die Umfrage interessiert sich vor allem für die **Stärken** des priesterlichen Lebens- und Wirkens. Daher beginnt der Hauptteil des Fragebogens mit der Erkundung der Stärken priesterlicher Existenz.
- Dann geht es um verschiedene Facetten des priesterlichen **Amtsverständnisses**. Diese Fragen gehören zum Herzstück der Umfrage.
- Angefügt sind **Fragen zur Personalentwicklung** von Priestern: also zur Aus- und Weiterbildung, zum Priesternachwuchs, zur beruflichen Zufriedenheit. Von diesem Teil können die Verantwortlichen für die kirchliche Personalentwicklung wertvolle Ergebnisse erhoffen.
- Der Fragebogen wendet sich dann dem priesterlichen Alltagsleben zu: hier stehen die beiden Themenfelder **Spiritualität** und **ehelose Lebensform** im Mittelpunkt. In der Auswertung werden auch die Zusammenhänge zwischen Ehelosigkeit und Spiritualität aufmerksam untersucht werden.
- Am Ende sind einige Fragen angefügt, die über den derzeit gesteckten kirchenrechtlichen Rahmen hinausgehen und zur Zeit in der katholischen Kirche **im Gespräch** sind.

Wir von der AfkS - Arbeitsstelle für kirchliche Sozialforschung in Wien hoffen, durch unsere gründlichen mehrjährigen Vorbereitungen Ihnen nunmehr einen Fragebogen vorzulegen, der nicht nur Ihr Interesse findet, den Sie gerne und leicht ausfüllen können, sondern mit dessen Hilfe auch den Priestern und damit der ganzen Kirche ein guter Dienst erwiesen wird.

Danke für Ihre Mitarbeit.

Zur Person

Um die Daten auswerten zu können, benötigen wir eine Reihe von Angaben zu Ihrer Person. Diese Daten werden streng vertraulich behandelt. In der Auswertung werden die Angaben für einzelne Personen nie sichtbar gemacht. Vielmehr werden nur gruppenbezogene Daten dargestellt: zum Beispiel die Ergebnisse getrennt für Welt- und Ordenspriester.

1. Sind Sie Welt- oder Ordenspriester? [1]

☐ Weltpriester ☐ Ordenspriester

2. Welches ist Ihr Geburtsjahr? [2]

____

3. Welches ist Ihr Geburtsland? [3]

____

4. Welchen Beruf hatten Ihre Eltern?

Bitte kreuzen Sie in jeder Spalte nur einen Beruf an!	Vater [4]	Mutter [5]
Landarbeiter	☐	☐
selbständiger Landwirt	☐	☐
Hilfsarbeiter oder angelernter Arbeiter	☐	☐
Facharbeiter	☐	☐
unselbständiger Handwerker	☐	☐
Kleingewerbetreibender	☐	☐
Großgewerbetreibender oder Unternehmer	☐	☐
einfacher Angestellter	☐	☐
höherer Angestellter	☐	☐
Beamter des einfachen Dienstes	☐	☐
Beamter des höheren Dienstes	☐	☐
freier Beruf (Arzt, Rechtsanwalt, Künstler, etc.)	☐	☐
Hausfrau/-mann	☐	☐
Hausfrau/-mann – vor der Kinderphase berufstätig	☐	☐
Hausfrau/-mann – nach der Kinderphase berufstätig	☐	☐
Sonstiges (bitte genaue Angabe):	☐	☐
unbekannt	☐	☐

5. Welches ist die höchste abgeschlossene Schulbildung der Eltern?

Bitte nur eine Nennung!	Vater [6]	Mutter [7]
Volksschule / allgemeinbildende Schule	☐	☐
Hauptschule, Berufsschule, etc.	☐	☐
Fachschule, Handelsschule u.ä.	☐	☐
Matura / Abitur	☐	☐
Hochschulbildung	☐	☐
unbekannt	☐	☐

1

6. Haben Sie Ihr Theologiestudium nach einer abgeschlossenen Berufsausbildung begonnen? [8]

☐ ja ☐ nein

7. Wann sind Sie zum Priester geweiht worden? [9]

☐ vor 1940	☐ 1961 bis 1965	☐ 1986 bis 1990
☐ 1941 bis 1945	☐ 1966 bis 1970	☐ 1991 bis 1995
☐ 1946 bis 1950	☐ 1971 bis 1975	☐ nach 1995
☐ 1951 bis 1955	☐ 1976 bis 1980	
☐ 1956 bis 1960	☐ 1981 bis 1985	

8. In welcher Diözese arbeiten Sie/haben Sie gearbeitet? [10]

____

9. Welche beruflichen Tätigkeiten üben Sie derzeit aus?

Mehrfachnennungen sind möglich!	**hauptamtlich**	**nebenamtlich**
Kaplan, Vikar, Kooperator [11] [12]	☐	☐
Pfarrer [13] [14]	☐	☐
Dechant/Dekan [15] [16]	☐	☐
Religionslehrer an allgemeinbildenden Schulen (Volksschule, Grundschule, Pflichtschule) [17] [18]	☐	☐
Religionslehrer an Berufsschulen [19] [20]	☐	☐
Religionslehrer an höheren Schulen (Mittelschule, Gymnasium, HTL, HBLA) [21] [22]	☐	☐
Jugend- oder Studentenseelsorger [23] [24]	☐	☐
soziale Arbeit als Betriebsseelsorger, Krankenhausseelsorger, Gefangenenhausseelsorger, Caritas, etc. [25] [26]	☐	☐
im Studium [27] [28]	☐	☐
freigestellt [29] [30]	☐	☐
wissenschaftliche Arbeit (z.B. als akad. Lehrer, Assistent, etc.) [31] [32]	☐	☐
Posten in der kirchlichen Verwaltung und Leitung [33]	☐	☐
Militärseelsorge [34] [35]	☐	☐
Seelsorgliche Tätigkeit in kirchlichen Erwachsenenorganisationen und Bildungseinrichtungen [36] [37]	☐	☐
Unterricht in profanen Disziplinen [38] [39]	☐	☐
andere Formen kategorialer Seelsorge [40] [41]	☐	☐
Leitung und Verwaltung in einem kirchlichen Orden [42] [43]	☐	☐
ich bin nicht mehr im Dienst [44] [45]	☐	☐
Sonstige (bitte genaue Angabe): .... [46] [47]	☐	☐

10. „Ich wohne in ..." [48]

☐ einem Ort mit weniger als 1.000 Einwohnern	☐ einer Kleinstadt (5-20.000)
☐ einem Ort von 1.000 bis 2.000 EW	☐ einer Mittelstadt (20-100.000)
☐ einem größeren Ort (2-5.000)	☐ einer Großstadt (über 100.000)

2

11. Wenn Sie Pfarrer sind oder in einer Pfarrei mitarbeiten: wie viele Pfarreien / Seelsorgestellen gehören zu Ihrem Aufgabengebiet? [49]

- ☐ eine Pfarrei / Seelsorgestelle
- ☐ zwei Pfarreien / Seelsorgestellen
- ☐ drei Pfarreien / Seelsorgestellen
- ☐ vier Pfarreien / Seelsorgestellen und mehr
- ☐ eine Pfarrei zusammen mit einer anderen Aufgabe
- ☐ mehrere Pfarreien zusammen mit einer anderen Aufgabe

12. Sollte Ihrer Meinung nach der Priester in der Öffentlichkeit deutlich an der Kleidung erkennbar sein? [50]

☐ ja ☐ nein

Religiös-kirchliche Situation

Die Kirche in den modernen europäischen Gesellschaften ist vom Übergang gekennzeichnet. Ein solcher Wandel eröffnet Chancen, verursacht aber auch Krisen. Dienst und Leben der Priester bleiben davon nicht unberührt. Daher ist es für das Verständnis der heutigen Priester wichtig zu eruieren, wie sie selbst die religiös-kirchliche Entwicklung einschätzen, die das Arbeiten und Leben nachhaltig mitprägen.

13. Wie stehen Sie zu folgenden Aussagen über die Lage des Glaubens und der Kirche?

Bitte stufen Sie fein ab zwischen: 1 = die Aussage finde ich völlig richtig 5 = diese Aussage lehne ich ganz ab	1	2	3	4	5
Die moderne Lebenskultur bietet für den christlichen Glauben eine gute Chance. [51]	☐	☐	☐	☐	☐
Die Kirche ist in vielen Pfarrgemeinden heute sehr lebendig. [52]	☐	☐	☐	☐	☐
Die Kirche soll sich der modernen Welt mehr öffnen. [53]	☐	☐	☐	☐	☐
Die Kirche muss sich von der Welt deutlicher unterscheiden. [54]	☐	☐	☐	☐	☐
Ich bin mit den Entwicklungsperspektiven des Zweiten Vatikanischen Konzils zufrieden. [55]	☐	☐	☐	☐	☐
Ich bin mit der tatsächlichen nachkonziliaren Entwicklung in der Kirche unzufrieden. [56]	☐	☐	☐	☐	☐
Es gibt in unserem Land eine tiefe Glaubenskrise. [57]	☐	☐	☐	☐	☐
Nicht der Glaube, sondern die Kirche ist in einer tiefen Krise. [58]	☐	☐	☐	☐	☐
Die Kirche wird sich in den nächsten zehn Jahren erholen. [59]	☐	☐	☐	☐	☐

14. Es ist wichtig zu wissen, wie die Einstellungen der Priester im Vergleich zu denen in der Bevölkerung sind. Ansichten und Meinungen zu folgenden Sätzen sind in unserer Kultur sehr geteilt. Wie stehen Sie zu diesen Aussagen?

Bitte stufen Sie fein ab zwischen: 1 = dieser Aussage stimme ich völlig zu 5 = diese Aussage lehne ich ganz ab	1	2	3	4	5
Wo strenge Autorität ist, dort ist auch Gerechtigkeit. [60]	☐	☐	☐	☐	☐
Das Wichtigste, was Kinder lernen müssen, ist Gehorsam. [61]	☐	☐	☐	☐	☐

3

	1	2	3	4	5
Mitreden und mitentscheiden soll man erst, wenn man durch harte Arbeit eine Position erreicht hat. [62]	☐	☐	☐	☐	☐
Die viele Freiheit, die heute die jungen Menschen haben, ist sicher nicht gut. [63]	☐	☐	☐	☐	☐
Der Sinn des Lebens besteht darin, eine angesehene Position zu gewinnen. [64]	☐	☐	☐	☐	☐
Sicherheit und Wohlstand sich wichtiger als Freiheit. [65]	☐	☐	☐	☐	☐
Der Beruf soll in erster Linie dazu da sein, ein gesichertes Einkommen zu garantieren. [66]	☐	☐	☐	☐	☐
Man muß sich das Leben so angenehm wie nur möglich machen. [67]	☐	☐	☐	☐	☐
„Gemeinnutz geht vor Eigennutz." [68]	☐	☐	☐	☐	☐
Wenn wir alle etwas verzichten würden, gäbe es bald keine Armut mehr. [69]	☐	☐	☐	☐	☐
Die anstehenden Probleme lassen sich nur lösen, wenn wir alle zusammenhelfen. [70]	☐	☐	☐	☐	☐
Wichtig ist, daß der Mensch glücklich wird. Wie das ist seine Sache. [71]	☐	☐	☐	☐	☐
Jeder muss seine Probleme selbst lösen. [72]	☐	☐	☐	☐	☐
Von den Gütern der Erde müssen alle Menschen leben können. Daher müssen die Reichen mit den Armen die Güter teilen. [73]	☐	☐	☐	☐	☐
„Das Boot ist voll." Unser Land sollte seine Grenzen für weitere Flüchtlinge sperren. [74]	☐	☐	☐	☐	☐
Das Wichtigste, was Kinder lernen müssen, ist das Teilen. [75]	☐	☐	☐	☐	☐
In entscheidenden Situationen ist es besser, zuerst einmal an sich selbst zu denken. [76]	☐	☐	☐	☐	☐
Ich bin der Meinung, daß wir jetzt unseren mühsam erarbeiteten Wohlstand verteidigen sollen. [77]	☐	☐	☐	☐	☐
Mit dem Tod ist alles aus [78]	☐	☐	☐	☐	☐
Ich hoffe, daß es ein Weiterleben nach dem Tod gibt. [79]	☐	☐	☐	☐	☐
Die Menschen werden mit Leib und Seele von den Toten auferstehen. [80]	☐	☐	☐	☐	☐
Das Leben hat nur einen Sinn, weil es Gott gibt. [81]	☐	☐	☐	☐	☐
Der Sinn des Lebens ist, daß man versucht, dabei das Beste herauszuholen. [82]	☐	☐	☐	☐	☐
Ich weiß nicht, wozu der Mensch lebt. [83]	☐	☐	☐	☐	☐

15. Was bereichert Ihrer Meinung nach das Leben der Kirche heute?

		bereichert die Kirche				
Bitte kreuzen Sie in jeder Zeile einmal an!	trifft nicht zu	nicht	wenig	etwas	ziemlich	sehr
die neue Rolle der Frauen im kirchlichen und seelsorglichen Leben heute [84]	☐	☐	☐	☐	☐	☐
das ehrenamtliche Engagement von Laien [85]	☐	☐	☐	☐	☐	☐
die ökumenische Ausrichtung der Kirchen [86]	☐	☐	☐	☐	☐	☐
die starke gesellschaftliche Präsenz der Caritas [87]	☐	☐	☐	☐	☐	☐

4

	trifft nicht zu	bereichert die Kirche: nicht	wenig	etwas	ziemlich	sehr
die starke Autorität der kirchlichen Leitung [88]	☐	☐	☐	☐	☐	☐
die weltweite Präsenz des Papstes durch die Pastoralreisen [89]	☐	☐	☐	☐	☐	☐
der Wegfall der Sozialkontrolle in der Kirche [90]	☐	☐	☐	☐	☐	☐
die neuen geistlichen Bewegungen [91]	☐	☐	☐	☐	☐	☐
der Ausbau der weltkirchlichen Verantwortung [92]	☐	☐	☐	☐	☐	☐
die Stellungnahmen der Kirchen zu sozialen Fragen [93]	☐	☐	☐	☐	☐	☐

16. Was belastet Ihrer Meinung nach das Leben der Kirche heute?

Bitte kreuzen Sie in jeder Zeile einmal an!	trifft nicht zu	belastet die Kirche: nicht	wenig	etwas	ziemlich	schwer
freimütigen Auseinandersetzungen über Glaubensinhalte geht man in der Kirche aus dem Weg [94]	☐	☐	☐	☐	☐	☐
manche Stellungnahmen des Papstes [95]	☐	☐	☐	☐	☐	☐
die Glaubensverkündigung ist in der Kirche unsicher und gespalten [96]	☐	☐	☐	☐	☐	☐
Unsicherheit durch Experimente (z.B. in der Liturgie) [97]	☐	☐	☐	☐	☐	☐
kirchliche Ehe- und Sexualmoral [98]	☐	☐	☐	☐	☐	☐
die Anpassung der Kirche an den Zeitgeist [99]	☐	☐	☐	☐	☐	☐
Affären um Personen, die das Evangelium verkündigen [100]	☐	☐	☐	☐	☐	☐

17. Wie stehen Sie zu dem Satz: „Die katholische Kirche paßt in unsere Zeit"? [101]

Bitte stufen Sie zwischen den Enden der Skala fein ab!

die Kirche paßt sehr gut in unsere Zeit	← 1 ☐ ☐ ☐ ☐ ☐ 5 →	die Kirche paßt überhaupt nicht in unsere Zeit

Stärken des priesterlichen Lebens und Wirkens

Nicht wenige Priester empfinden ihren Dienst als erfüllend und gestalten ihr Leben und Wirken mit schöpferischem Einsatz. Die nachfolgenden Fragen dienen dazu, die Stärken priesterlicher Existenz unter den heutigen Bedingungen deutlicher nachzuzeichnen.

18. „Wenn ich noch einmal entscheiden könnte, ob ich Priester werde, würde ich mich wieder dafür entscheiden!" [102]

☐ ganz sicher	☐ wahrscheinlich nicht
☐ wahrscheinlich	☐ ganz sicher nicht

5

19. Jeder Beruf hat Stärken und Schwächen. Manche Seiten auch des priesterlichen Lebens und Wirkens können als Stärke, andere als Schwäche erlebt werden. Welche Seiten erleben Sie persönlich als stark (das befriedigt, das macht Freude); welche als weniger stark? Bewerten Sie dies unabhängig von den eigenen Fähigkeiten dafür.

Bitte stufen Sie fein ab zwischen: 1 = stark und 5 = weniger stark	1	2	3	4	5
Menschen an den für sie wichtigen Lebensübergängen begleiten [103]	☐	☐	☐	☐	☐
das Evangelium als Weg zu einem guten Leben verkünden [104]	☐	☐	☐	☐	☐
mit Menschen zusammen Gotteserfahrungen machen [105]	☐	☐	☐	☐	☐
Kindern und Jugendlichen die Welt des Glaubens erschließen [106]	☐	☐	☐	☐	☐
ein Anwalt der Schwachen und Bedrängten sein und diesen auch öffentlich (im Ort, in der Kirchengemeinde, in den Medien) eine Stimme zu verleihen [107]	☐	☐	☐	☐	☐
die Zeichen der Zeit erkennen und an ihnen die Verkündigung des Evangeliums zu formen [108]	☐	☐	☐	☐	☐
ein Mann des Friedens und der Versöhnung sein [109]	☐	☐	☐	☐	☐
Zeitgenossen, die sich mit dem Glauben schwer tun, das Evangelium erschließen [110]	☐	☐	☐	☐	☐
mich prophetisch zu Mißständen in Gesellschaft und Kirche äußern, gelegen oder ungelegen [111]	☐	☐	☐	☐	☐
Gottes Mitarbeiter sein [112]	☐	☐	☐	☐	☐
den Menschen in ihren Sorgen zur Seite stehen [113]	☐	☐	☐	☐	☐
von den Menschen als Mann Gottes wahrgenommen werden [114]	☐	☐	☐	☐	☐
das priesterliche Leben und Wirken als Lebenserfüllung erleben [115]	☐	☐	☐	☐	☐
ich kann in meiner Arbeit weithin frei bestimmen, was ich tue [116]	☐	☐	☐	☐	☐
weil ich nicht verheiratet bin, kann ich einsamen Menschen leichter Unterstützung geben [117]	☐	☐	☐	☐	☐
von der finanziellen Sorge um eine Familie frei, kann ich im Sinn des Evangeliums arm leben und mit meinen finanziellen Mitteln Armen helfen [118]	☐	☐	☐	☐	☐
ich stehe in der Öffentlichkeit, das macht mir Freude [119]	☐	☐	☐	☐	☐
ich kann Menschen zu Gott führen [120]	☐	☐	☐	☐	☐
die Lust, Verantwortung für eine Gemeinschaft zu übernehmen [121]	☐	☐	☐	☐	☐
Freude und Hoffnung, Trauer und Angst der Menschen von der Geburt bis zum Tod teilen [122]	☐	☐	☐	☐	☐
den Sonntag mit einer Gemeinde feiern [123]	☐	☐	☐	☐	☐

Amtsverständnis

Das Zweite Vatikanische Konzil hat das Wissen um die Kirche vertieft und den Laien wieder einen Platz eröffnet. Von solchen Entwicklungen ist auch das Selbstverständnis des priesterlichen Amtes betroffen, wie viele Gespräche unter Priestern zeigen. Das Amtsverständnis wird daher ausdrücklich zu einem zentralen Thema dieser Erhebung gemacht.

20. Sie haben auf Grund Ihrer bisherigen Erfahrung einen ungefähren Überblick; wie werden die folgenden Berufe im allgemeinen eingeschätzt?

Bringen Sie die einzelnen Berufe nach dem Grad des Ansehens, den sie in der Gesellschaft genießen, in eine Rangordnung! Schreiben Sie in die Kästchen Zahlen zwischen 1 (höchster Rang) und 7 (niederster Rang). Bitte nicht zwei Berufen den gleichen Rangplatz zuweisen!

☐ Arzt [124]	☐ Politiker [125]
☐ Lehrer [126]	☐ Ingenieur [127]
☐ Richter [128]	☐ Journalist [129]
☐ Priester [130]	

21. Man kann verschiedene Ansichten über das (katholische) priesterliche Amt hören. Geben Sie bitte an, in welchem Grad Sie persönlich den folgenden Ansichten zustimmen können!
Das priesterliche Amt ...

Bitte stufen Sie fein ab zwischen: 1 = dieser Aussage stimme ich völlig zu; 5 = diese Aussage lehne ich ganz ab	1	2	3	4	5
... ist Repräsentation der Gemeinde. [131]	☐	☐	☐	☐	☐
... ist Repräsentation Christi. [132]	☐	☐	☐	☐	☐
... ist Dienst an der Gemeinde. [133]	☐	☐	☐	☐	☐
... ist Ergebnis eines geschichtlichen Prozesses. [134]	☐	☐	☐	☐	☐
... ist Ausdruck persönlicher Berufung. [135]	☐	☐	☐	☐	☐
... gründet nicht in einer besonderen Weihe. [136]	☐	☐	☐	☐	☐
... ist von Christus eingesetzt. [137]	☐	☐	☐	☐	☐
... ist ausschließlich Schöpfung der frühen Gemeinden. [138]	☐	☐	☐	☐	☐
... dient dem geistlichen Wachstum der Kirche. [139]	☐	☐	☐	☐	☐
... beansprucht das ganze innerste Leben seines Trägers. [140]	☐	☐	☐	☐	☐
... dient primär der Schlichtung von Konflikten, dem menschlichen Zusammenleben in der Gemeinde. [141]	☐	☐	☐	☐	☐
... hält die anvertraute Gemeinde in der Spur des Evangeliums. [142]	☐	☐	☐	☐	☐
... sorgt sich darum, daß die vom Evangelium geformten Gemeinden mit der Ortskirche verbunden bleiben. [143]	☐	☐	☐	☐	☐

22. Wenn Sie an Ihre Vorstellungen vom Priesteramt denken, welches Gewicht (wichtig - unwichtig) messen Sie persönlich den folgenden priesterlichen Tätigkeiten bei? Beurteilen Sie dies bitte unabhängig von Ihrem jetzigen Diensteinsatz!

Bitte stufen Sie fein ab zwischen: 1= sehr wichtig; 5= ganz unwichtig	1	2	3	4	5
taufen [144]	☐	☐	☐	☐	☐
trauen [145]	☐	☐	☐	☐	☐
Beichte [146]	☐	☐	☐	☐	☐
beerdigen [147]	☐	☐	☐	☐	☐

7

	1	2	3	4	5
predigen [148]	☐	☐	☐	☐	☐
seelsorgliches Gespräch führen [149]	☐	☐	☐	☐	☐
caritative Tätigkeit ausüben [150]	☐	☐	☐	☐	☐
Sonntagsmesse mit der Gemeinde feiern [151]	☐	☐	☐	☐	☐

23. Wenn Sie an die Ausübung des Priesteramtes denken, wie wichtig erscheinen Ihnen die im folgenden angeführten priesterlichen Handlungen?

Bringen Sie die einzelnen Handlungen in eine Rangordnung der „Wichtigkeit" nach! Vergeben Sie Zahlen von 1 (höchster Rang) bis 11 (niedrigster Rang) und schreiben diese jeweils in das Kästchen. Bitte vergeben Sie nicht zweimal dieselbe Zahl.

☐	Eucharistiefeier [152]	☐	Leitung und Mitarbeit in Kirchlichen Vereinigungen [153]
☐	pastorale Gestaltung der äußeren Form der Sakramentenspendung [154]	☐	Persönliche Seelsorge bei kirchennahen Personen [155]
☐	Führung und Verwaltung einer Pfarrei [156]	☐	Persönliche Seelsorge bei Fernstehenden, Distanzierten [157]
☐	Missionarisches Neugewinnen von Gläubigen [158]	☐	Religionsunterricht [159]
☐	Verkündigung [160]	☐	Sorge um die Armen und Kranken, caritative Tätigkeiten [161]
☐	Repräsentation bei öffentlichen Anlässen [162]		

24. „An ökumenischen Veranstaltungen nehme ich teil ..." [163]

Bitte nur eine Nennung!		☐	einige Male pro Jahr
☐	nie	☐	ca. monatlich
☐	1-2x pro Jahr	☐	öfter

25. In einer Pfarrei gibt es die unterschiedlichsten Personen und Gruppen. Wie viel Zeit und Kraft setzen Sie für diese ein?

Bitte stufen Sie ab: 1 = dafür setze ich sehr viel Zeit ein 5 = dafür setze ich keine Zeit ein	1	2	3	4	5	trifft nicht zu
Pfarrkirchenrat / Kirchenvorstand / Kirchenverwaltung [164]	☐	☐	☐	☐	☐	☐
für Laien im Pfarrgemeinderat [165]	☐	☐	☐	☐	☐	☐
Dienstgespräche mit hauptamtlichen, pastoralen MitarbeiterInnen [166]	☐	☐	☐	☐	☐	☐
verbandlich organisierte Jugend [167]	☐	☐	☐	☐	☐	☐
Kinder (Jungschar, Ministrantinnen und Ministranten) [168]	☐	☐	☐	☐	☐	☐
Frauenbewegung, Frauengemeinschaft [169]	☐	☐	☐	☐	☐	☐
Männerbewegung [170]	☐	☐	☐	☐	☐	☐
Kleinkindergruppen [171]	☐	☐	☐	☐	☐	☐
Familiengruppen [172]	☐	☐	☐	☐	☐	☐

8

	1	2	3	4	5	trifft nicht zu
Arme [173]	☐	☐	☐	☐	☐	☐
Flüchtlinge [174]	☐	☐	☐	☐	☐	☐
Pfarrjugend [175]	☐	☐	☐	☐	☐	☐
Kranke [176]	☐	☐	☐	☐	☐	☐
Senioren [177]	☐	☐	☐	☐	☐	☐
einzelne in der Gemeinde, die nicht in einer Gruppe eingebunden sind [178]	☐	☐	☐	☐	☐	☐
Menschen in Krisensituationen [179]	☐	☐	☐	☐	☐	☐
Pastoral zu den Lebenswenden (Beerdigungen, Taufen, Trauungen) [180]	☐	☐	☐	☐	☐	☐

26. Wie stehen Sie zu folgender Aussage über die ökumenischen Beziehungen: [181]

Bitte stufen Sie fein zwischen den beiden Enden der Skala ab!

Die ökumenischen Bemühungen machen gute Fortschritte ← 1 ☐ ☐ ☐ ☐ ☐ 5 → Die ökumenischen Bemühungen machen keine Fortschritte

Priester und Laien

27. In der Priesterumfrage 1971 war folgende Frage gestellt worden: „Es wird behauptet, daß Laien in der heutigen Situation der Gesellschaft manche Tätigkeit für die Kirche glaubwürdiger ausführen können als Priester. Geben Sie bitte bei jeder der folgenden Tätigkeiten an, ob sie glaubwürdiger von Priestern, Laien oder von beiden gleich glaubwürdig durchgeführt werden.“ – Wie sehen Sie es heute?

Bitte kreuzen Sie in jeder Zeile das Entsprechende an!	Priester glaubwürdiger	beide gleich	Laie glaubwürdiger
Taufspendung [182]	☐	☐	☐
Assistenz bei Eheschließungen [183]	☐	☐	☐
Glaubensgespräche mit kirchennahen Personen [184]	☐	☐	☐
Wortgottesdienste [185]	☐	☐	☐
Predigt [186]	☐	☐	☐
Religionsunterricht [187]	☐	☐	☐
Verwaltung der Diözese [188]	☐	☐	☐
Anleitung von kirchlichen Gruppen in Glaubensfragen [189]	☐	☐	☐
Glaubensgespräche mit Fernstehenden [190]	☐	☐	☐

28. Gibt es in der Pfarrei, in der Sie arbeiten, einen Pfarrgemeinderat? [191]

☐ ja ☐ nein

29. Wie ist Ihre Erfahrung mit dem Pfarrgemeinderat? [192]

☐ sehr gut	☐ ausreichend
☐ gut	☐ nicht ausreichend
☐ befriedigend	☐ trifft für mich nicht zu

30. Angenommen, Sie könnten die weltkirchlichen Rechtsnormen weiterentwickeln: welche Kompetenzen sollten gewählte Laiengremien auf den folgenden Gebieten haben?

Bitte kreuzen Sie in jeder Zeile das Entsprechende an!	Entscheidung	nur Beratung	gar nichts
Gestaltung der Liturgien [193]	☐	☐	☐
Gottesdienstordnung [194]	☐	☐	☐
Ziele der Seelsorge [195]	☐	☐	☐
Begegnung mit anderen Kirchen [196]	☐	☐	☐
Verwaltung der Gemeinde [197]	☐	☐	☐
Finanzen [198]	☐	☐	☐
Personal [199]	☐	☐	☐

31. Hier finden Sie einige Aussagen, die sich auf die pastoralen Entscheidungsvorgänge in einer Pfarrgemeinde, insbesondere den Pfarrgemeinderat, beziehen. Welchen Aussagen stimmen Sie zu!

Bitte stufen Sie fein ab zwischen: 1= stimme völlig zu 5= lehne ich ganz ab	1	2	3	4	5
Priester haben zu wenig gelernt, einen Pfarrgemeinderat so zu leiten, daß möglichst alle mitwirken und überprüfbare Beschlüsse gefaßt werden. [200]	☐	☐	☐	☐	☐
Ich halte den Pfarrgemeinderat für notwendig. [201]	☐	☐	☐	☐	☐
Die Leitung des Pfarrgemeinderates sollte immer ein Priester haben. [202]	☐	☐	☐	☐	☐
Der priesterliche Dienst ist inhaltlich ärmer geworden seit Laien in der Kirche mitarbeiten. [203]	☐	☐	☐	☐	☐
Der Pfarrer muß gegenüber seinem Pfarrgemeinderat ein Veto-Recht haben. [204]	☐	☐	☐	☐	☐
Die Zusammenarbeit mit Ehrenamtlichen erlebe ich problemfrei [205]	☐	☐	☐	☐	☐
Die letzte Verantwortung für die Leitung einer Gemeinde muß immer ein Priester haben. [206]	☐	☐	☐	☐	☐
Viele Laien diskutieren heute in der katholischen Kirche über Fragen, über die nur Priester berufenerweise sprechen können. [207]	☐	☐	☐	☐	☐

32. Unabhängig von der derzeitigen kirchenrechtlichen Lage: sollte die Gemeinde ein Mitspracherecht bei der Bestellung ihres Pfarrers haben? [208]

Bitte nur eine Antwortmöglichkeit auswählen

- ☐ ja, durch Wahl aus Bewerbern, wobei der Bischof zur Gültigkeit die Wahl bestätigen muß
- ☐ ja, durch Wahl aus Bewerbern, wobei der Bischof die Wahl nicht bestätigen muß
- ☐ ja, durch Wahl aus den vom Bischof vorgeschlagenen Kandidaten
- ☐ ja, durch das Recht der Gemeinde, Vorschläge zu machen
- ☐ nein, keines davon

10

33. „Leitung wahrzunehmen ist für mich ..."

Bitte kreuzen sie in jeder Zeile das Entsprechende an!	eher ja	eher nein
mühsam, da es mit Konflikten verbunden ist. [209]	☐	☐
eine Bereicherung, da ich dabei viel lerne. [210]	☐	☐
eine Freude, weil ich gerne leite. [211]	☐	☐
eine Belastung, da ich „viel lieber Seelsorger bin". [212]	☐	☐
etwas, was ich meide, weil ich es nie gelernt habe. [213]	☐	☐
etwas, das ich ablehne, weil es Herrschaft bedeutet und damit der Geschwisterlichkeit widerspricht. [214]	☐	☐

34. „Zu meinem Verständnis als Leiter einer Gemeinde gehören folgende Aufgaben: ..."

Bitte kreuzen sie in jeder Zeile das Entsprechende an!	eher ja	eher nein
delegieren [215]	☐	☐
alles im Griff haben und ab und zu ein Machtwort sprechen [216]	☐	☐
animieren, motivieren, unterstützen [217]	☐	☐
verwalten [218]	☐	☐
Teamentscheidungen ermöglichen und umzusetzen [219]	☐	☐
Begabungen fördern [220]	☐	☐
mich um ein gemeinsames Leitbild, eine pfarrliche Vision sorgen [221]	☐	☐
überprüfbare Projekte entwickeln und zielstrebig zu Ende bringen [222]	☐	☐

35. Es gibt unterschiedliche Möglichkeiten, auf Konflikte zu reagieren. Welche wählen Sie?

Bitte kreuzen sie in jeder Zeile das Entsprechende an!	ja	nein
Ich suche das Gespräch. [223]	☐	☐
Ich bevorzuge die Konfrontation. [224]	☐	☐
Ich warte zu, bis sich der Konflikt von selber löst. [225]	☐	☐
Ich gehe den Konflikten gerne aus dem Weg. [226]	☐	☐
Ich reagiere emotional. [227]	☐	☐
Ich nehme Beratung (Supervision, Gemeindeberatung) in Anspruch. [228]	☐	☐
Ich greife autoritär durch. [229]	☐	☐

36. Wenn in einer Pfarrei neben dem Pfarrer zusätzlich jemand hauptamtlich für die Pastoral angestellt werden soll, wer wäre Ihnen da am liebsten?

Bitte stufen Sie fein ab zwischen: 1= stimme völlig zu 5= lehne ich ganz ab	1	2	3	4	5
Kaplan / Vikar / Kooperator [230]	☐	☐	☐	☐	☐
ständiger Diakon [231]	☐	☐	☐	☐	☐
Pastoralassistent/-referent (mit akademischer Ausbildung) [232]	☐	☐	☐	☐	☐
Pastoralassistentin/-referentin (mit akademischer Ausbildung) [233]	☐	☐	☐	☐	☐
Gemeindereferent / Pastoralassistent (ohne akademische Ausbildung) [234]	☐	☐	☐	☐	☐
Gemeindereferentin / Pastoralassistentin (ohne akademische Ausbildung) [235]	☐	☐	☐	☐	☐

11

	1	2	3	4	5
seelsorglich erfahrener Laie (Frau) als Teilzeitkraft [236]	☐	☐	☐	☐	☐
seelsorglich erfahrener Laie (Mann) als Teilzeitkraft [237]	☐	☐	☐	☐	☐

Priesteraus- und Weiterbildung

Bei allen Berufen spielt es eine Rolle, ob die Vorbereitung darauf gediegen und ausreichend war. Für die Gestaltung von Aus- und Weiterbildung sind die Erfahrungen jener von großem Wert, die schon längere Zeit im priesterlichen Beruf wirken.

37. Wie fühlen Sie sich durch Ihre Ausbildung für Ihre Tätigkeit als Priester theologisch bzw. praktisch vorbereitet?

Bitte stufen Sie fein ab zwischen: 1 = sehr gut 5 = ganz schlecht	1	2	3	4	5
theologisch [238]	☐	☐	☐	☐	☐
praktisch [239]	☐	☐	☐	☐	☐

38. Worauf sollte bei der Priesterausbildung besonderes Gewicht gelegt werden, damit sie den heutigen Verhältnissen entspricht? – Und worauf sollen in der Fort- und Weiterbildung Akzente gesetzt werden?

Kreuzen Sie bitte nur jene Bereiche an, auf welche großer Wert gelegt werden sollte. Mehrfachnennungen sind möglich! Bitte wählen Sie aus jeder Spalte die 7 wichtigsten aus!!!	Ausbildung	Fort- und Weiterbildung
Systematische Theologie [240] [241]	☐	☐
Zeitgemäße Glaubensbegründung [242] [243]	☐	☐
Biblische Theologie [244] [245]	☐	☐
Kirchengeschichte [246] [247]	☐	☐
Einführung in den Ökumenismus [248] [249]	☐	☐
Praktische Theologie [250] [251]	☐	☐
Einübung in die pastorale Praxis [252] [253]	☐	☐
Sozialpraktika [254] [255]	☐	☐
Psychologie und Pädagogik [256] [257]	☐	☐
Wirtschafts- und Sozialwissenschaften [258] [259]	☐	☐
Naturwissenschaften und Technik [260] [261]	☐	☐
Einführung in die kirchliche Verwaltung [262] [263]	☐	☐
Persönlichkeitsbildung [264] [265]	☐	☐
Einführung in Menschenführung und Gruppenarbeit [266] [267]	☐	☐
Einführung in die Spiritualität [268] [269]	☐	☐
Kommunikations- und Konfliktmanagement [270] [271]	☐	☐
Umgang mit Medien [272] [273]	☐	☐
seelsorgliche Begleitung [274] [275]	☐	☐
Leitung und Teamarbeit [276] [277]	☐	☐
Zeit- und Selbstmanagement [278] [279]	☐	☐

39. Hier finden Sie noch einige Aussagen zum priesterlichen Berufsalltag. Sagen Sie bitte wieder, ob Sie diesen Aussagen zustimmen oder sie ablehnen!

Bitte stufen Sie fein ab zwischen: 1 = trifft völlig zu; 5 = trifft überhaupt nicht zu	1	2	3	4	5
Die Menschen merken es einem Priester an, ob er eine geistliche Tiefe hat. [280]	☐	☐	☐	☐	☐
Ich bin mit dem Weiterbildungsangebot meiner Diözese zufrieden. [281]	☐	☐	☐	☐	☐
Priester sollten periodische Sabbatzeiten haben, um persönlich, geistlich wie fachlich aufzutanken. [282]	☐	☐	☐	☐	☐
Ich halte Supervision für alle, die im pastoralen Dienst stehen, für unverzichtbar. [283]	☐	☐	☐	☐	☐
Die Priester haben zu wenig Zeit für sich und für andere. [284]	☐	☐	☐	☐	☐
Wegen des Priestermangels haben die Priester immer weniger Zeit für die Einzelseelsorge. [285]	☐	☐	☐	☐	☐

Priesternachwuchs

Der Mangel an Priestern bedrängt viele Diözesen. Warum ergreifen so wenige den priesterlichen Beruf? Und wie kann man heute junge Menschen zum Priesteramt motivieren? Was ist Ihre Meinung dazu? Was empfehlen Sie?

40. Manche junge Männer erwägen, Priester zu werden. Doch zögern sie, ins Priesterseminar zu gehen. In welchem Ausmaß glauben Sie, daß die folgenden Gründe dabei eine Rolle spielen?

Bitte stufen Sie fein ab zwischen: 1= ist sehr bedeutend; 5 = hat überhaupt keine Bedeutung	1	2	3	4	5
... Angst, der Aufgabe nicht gewachsen sein. [286]	☐	☐	☐	☐	☐
... Widerstand durch die Eltern. [287]	☐	☐	☐	☐	☐
... will nicht ehelos leben. [288]	☐	☐	☐	☐	☐
... wie kann ich mich jetzt für das ganze Leben entscheiden. [289]	☐	☐	☐	☐	☐
... schlechte Bezahlung. [290]	☐	☐	☐	☐	☐
... mangelnde Aufstiegsmöglichkeiten. [291]	☐	☐	☐	☐	☐
... negatives Kirchenimage. [292]	☐	☐	☐	☐	☐
... mangelnde Akzeptanz des Zölibats in der Kultur. [293]	☐	☐	☐	☐	☐
... Ablehnung des Zölibats im Kirchenvolk. [294]	☐	☐	☐	☐	☐

41. Bitte kreuzen Sie an, was Ihnen am ehesten entspricht: [295]

Bitte nur eine Möglichkeit auswählen!

- ☐ „Wenn sich eine Gelegenheit bietet, rede ich geeigneten Menschen zu, den Priesterberuf zu ergreifen."
- ☐ „Zum Priesteramt rate ich jungen Menschen nur, wenn sie mich aus eigenem Antrieb um Rat fragen."
- ☐ „In der heutigen Situation rate ich jungen Menschen eher ab, Priester zu werden."

42. „Wenn mich jemand fragt, ob er Priester werden soll, dann würde ich ihm sagen ...“

____

Berufliche Zufriedenheit und Belastungen

Weniger Priester bedeutet auch höhere Belastungen für die vorhandenen Priester. Den Verantwortlichen für die Pastoral ist es daher von großer Wichtigkeit, über das Ausmaß der Belastung Bescheid zu wissen.

43. Wie erleben Sie Ihre jetzige Tätigkeit? [296]

☐ Ich bin häufig überlastet	☐ Es ist gerade richtig
☐ Ich bin manchmal überlastet	☐ Ich könnte mehr Tätigkeiten übernehmen

44. Wie sehr sind Sie mit Ihrer jetzigen beruflichen Tätigkeit zufrieden? [297]

Bitte nur eine Nennung!	☐ einigermaßen zufrieden
☐ sehr zufrieden	☐ unzufrieden
☐ zufrieden	☐ ganz unzufrieden

45. Was erfahren Sie besonders als Hilfe, um Ihren Beruf als Priester treu zu erfüllen?

Bitte stufen Sie fein ab zwischen: 1 = das erfahre ich sehr stark als Hilfe 5 = das überhaupt nicht als Hilfe	1	2	3	4	5
Gebet [298]	☐	☐	☐	☐	☐
Vertrauen der Gemeinde [299]	☐	☐	☐	☐	☐
meinen persönlichen Glauben [300]	☐	☐	☐	☐	☐
Bewußtsein der sakramentalen Berufung durch die Priesterweihe [301]	☐	☐	☐	☐	☐
die Ordnung, die im priesterlichen Lebensvollzug liegt [302]	☐	☐	☐	☐	☐
Sendung durch den Bischof [303]	☐	☐	☐	☐	☐
Wissen um die Berufung durch Gott [304]	☐	☐	☐	☐	☐
Erfolge bei der Arbeit [305]	☐	☐	☐	☐	☐
Kollegen und Mitbrüder [306]	☐	☐	☐	☐	☐
gute menschliche Beziehungen zu Gemeindemitgliedern [307]	☐	☐	☐	☐	☐
Pfarrhausgemeinschaft [308]	☐	☐	☐	☐	☐

46. Was belastet Sie derzeit in Ihrem Leben und wie stark?

Bitte stufen Sie fein ab zwischen: 1 = das belastet mich sehr 5 = das belastet mich überhaupt nicht	1	2	3	4	5
wenig Zeit für mich selbst [309]	☐	☐	☐	☐	☐
ständiges Gebenmüssen, ohne selbst bereichert zu werden [310]	☐	☐	☐	☐	☐
Vorgesetzte [311]	☐	☐	☐	☐	☐
Konflikte mit kirchlicher Autorität [312]	☐	☐	☐	☐	☐

14

	1	2	3	4	5
wenig menschlicher Kontakt [313]	☐	☐	☐	☐	☐
Überarbeitung [314]	☐	☐	☐	☐	☐
Unsicherheit in der Lehre durch neue theologische Strömungen [315]	☐	☐	☐	☐	☐
Zweifel an der eigenen Berufung zum Priesteramt [316]	☐	☐	☐	☐	☐
die Ehelosigkeit [317]	☐	☐	☐	☐	☐
geringe Aufstiegschancen [318]	☐	☐	☐	☐	☐
schwindender Glaubensgeist im Volk [319]	☐	☐	☐	☐	☐
Lebensschicksale von Menschen, mit denen ich konfrontiert werde [320]	☐	☐	☐	☐	☐
durch übergroße Beanspruchung komme ich kaum dazu, in der Seelsorge meine eigenen Ideen und Initiativen zu verwirklichen [321]	☐	☐	☐	☐	☐
ich sehe ständig mehr Arbeit, als ich schaffen kann [322]	☐	☐	☐	☐	☐
ich fühle mich durch die zunehmende Tätigkeit von Laien in meiner priesterlichen Identität in Frage gestellt [323]	☐	☐	☐	☐	☐
niemand besorgt meinen Haushalt [324]	☐	☐	☐	☐	☐
Schwierigkeiten im innerkirchlichen Dialog [325]	☐	☐	☐	☐	☐
ich habe keine Mitarbeitenden [326]	☐	☐	☐	☐	☐

47. Würden Sie gerne Ihre jetzige Tätigkeit wechseln? [327]

Bitte nur eine Nennung!

- ☐ nein
- ☐ ja, ich möchte Pfarrer werden
- ☐ ja, in die Pfarrseelsorge
- ☐ ja, in die Spezialseelsorge
- ☐ ja, in eine profane Tätigkeit
- ☐ ja, in die Mission
- ☐ ja, in einen Orden eintreten
- ☐ ja, in die wissenschaftliche Tätigkeit
- ☐ in den Ruhestand gehen

Vernetzungen

Es gibt Einzelkämpfer, es gibt Teamarbeiter. Manchen liegt es mehr, nur aus den eigenen Ressourcen zu schöpfen, andere suchen Unterstützung in Gruppen und Netzwerken. Wie ist es bei Ihnen?

48. Nehmen Sie außer an offiziellen Seelsorgekonferenzen an einem Treffen von Seelsorgern oder Seelsorgerinnen teil? [328]

- ☐ Ich bin in einem Kreis, in dem sich ausschließlich Priester treffen.
- ☐ Ich bin in einem Kreis, in dem sich hauptamtliche Laien (Frauen und Männer) sowie Priester treffen.
- ☐ Ich gehören keinem solchen Kreis an.

49. Wie stehen Sie zu solchen Kreisen? Halten Sie diese für ... [329]

- ☐ sehr wertvoll
- ☐ wertvoll
- ☐ eher bedenklich
- ☐ besorgniserregend

15

50. Wenn sie einem solchen Kreis angehören, wie oft treffen Sie sich? [330]

- ☐ öfter als monatlich
- ☐ monatlich
- ☐ gelegentlich

51. Der Priester ist in einen größeren Zusammenhang eingeordnet (Bischof, Ordinariat, Dekanat). Wie stehen Sie zu folgenden Aussagen?

Bitte stufen Sie fein ab zwischen: 1= stimme völlig zu 5 = lehne ich ganz ab	1	2	3	4	5
Mir ist die Anerkennung meiner Arbeit durch meine Vorgesetzten wichtig. [331]	☐	☐	☐	☐	☐
Ich kann mich mit der Diözesanleitung weitgehend identifizieren. [332]	☐	☐	☐	☐	☐
Der Bischof kann mich wegen der Größe meiner Pfarrei nicht verpflichten, noch eine weitere Pfarrei zu übernehmen. [333]	☐	☐	☐	☐	☐
Ich bin mit der Arbeit des Ordinariats zufrieden. [334]	☐	☐	☐	☐	☐
Ich kann mich mit dem Klerus meiner Diözese solidarisieren. [335]	☐	☐	☐	☐	☐
Die Tätigkeit des Priesterrates hat einen nachhaltigen Einfluß auf die Entscheidungen des Bischofs. [336]	☐	☐	☐	☐	☐
Durch die Zusammenarbeit im Dekanat werde ich in meiner pastoralen Arbeit unterstützt. [337]	☐	☐	☐	☐	☐
Die Bereitschaft der Priester, mit anderen zusammenzuarbeiten, hat in Zeiten des Pfarrermangels zugenommen. [338]	☐	☐	☐	☐	☐
Die Priester sind in der Kirche rechtlich ausreichend geschützt. [339]	☐	☐	☐	☐	☐

52. Wie ist Ihr Verhältnis zum Bischof (bei Ordensleuten: zum Ordensoberen) [340]

- ☐ freundschaftlich
- ☐ korrekt
- ☐ vertrauensvoll
- ☐ gespannt

PRIESTERLICHES ALLTAGSLEBEN

Nach den Fragen zum priesterlichen Amt und Dienst gelangt nunmehr das priesterliche Alltagsleben in den Mittelpunkt des Interesses. Schwerpunkte sind dabei die priesterliche Spiritualität und die ehelose Lebensform. Fragen zum Alltagsleben wie Urlaub und Freizeit stehen am Beginn.

Urlaub und Freizeit

Nicht mehr Aktive könnten diese Fragen überspringen und bei Frage 58 weiter antworten!

53. Wie viel Urlaub haben Sie im letzten Jahr gemacht? [341]

Bitte nur eine Nennung!

- ☐ keinen
- ☐ weniger als 1 Woche
- ☐ 1 Woche
- ☐ bis 2 Wochen
- ☐ bis 3 Wochen
- ☐ bis 4 Wochen
- ☐ mehr als 4 Wochen

16

54. Wie viel Freizeit bleibt Ihnen im Laufe einer durchschnittlichen Woche? [342]

Bitte nur eine Nennung!

- ☐ keine Freizeit
- ☐ weniger als ein halber freier Tag
- ☐ ein halber freier Tag
- ☐ ein ganzer freier Tag
- ☐ anderthalb freie Tage
- ☐ zwei freie Tage
- ☐ mehrere freie Tage

55. Wie verbringen Sie meistens Ihre Freizeit?

Mehrere Antworten sind möglich

- ☐ Ausflüge [343]
- ☐ Fernsehen [344]
- ☐ Wanderungen [345]
- ☐ private Korrespondenz [346]
- ☐ Sport [347]
- ☐ Kontakte pflegen, Besuche, Unterhaltung [348]
- ☐ Hobbies [349]
- ☐ schlafen, erholen, ausruhen, Musik hören [350]
- ☐ Reisen [351]
- ☐ Studium, Weiterbildung, wissenschaftliche Arbeiten [352]
- ☐ Lesen [353]
- ☐ Vorbereitungen zu seelsorglichen Arbeiten [354]

56. Haben Sie bei Ihrer Tätigkeit noch Zeit ...

Bitte stufen Sie fein ab zwischen: 1= dafür habe ich sehr viel Zeit 5 = dafür überhaupt keine Zeit	1	2	3	4	5
... zu Gebet, Meditation und Lesung? [355]	☐	☐	☐	☐	☐
... zum Studium, zur Weiterbildung? [356]	☐	☐	☐	☐	☐
... zu anderer Arbeit? [357]	☐	☐	☐	☐	☐
... zur Erholung? [358]	☐	☐	☐	☐	☐
... zu außerberuflichen mitmenschlichen Kontakten? [359]	☐	☐	☐	☐	☐
... zur Pflege von verwandtschaftlichen Beziehungen? [360]	☐	☐	☐	☐	☐

57. An wie vielen Abenden einer durchschnittlichen Woche sind Sie durch seelsorgliche Verpflichtungen besetzt? [361]

- ☐ an keinem Abend
- ☐ an ein bis zwei Abenden
- ☐ an drei bis vier Abenden
- ☐ an fünf und mehr Abenden

Geistliches Leben

Priester werden „Geistliche" genannt. Wie steht es um die spirituelle Kraft der Priester? Was trägt sie, welche spirituellen Hilfen stehen Priestern zur Verfügung? Was trifft für Sie zu?

58. Wie oft beten Sie das Brevier? [362]

Bitte nur eine Nennung

- ☐ immer
- ☐ häufig
- ☐ öfters
- ☐ manchmal
- ☐ nie
- ☐ bin nicht verpflichtet, es zu beten

59. „Ich bete aus dem Brevier …"

Mehrere Antworten sind möglich!

- ☐ Kleine Hore [363]
- ☐ Lesehore [364]
- ☐ Vesper [365]
- ☐ Laudes [366]
- ☐ Komplet [367]

60. Beten Sie das Stundengebet zumeist allein oder in einer Gruppe/Gemeinschaft? [368]

Bitte nur eine Antwort!

- ☐ teils allein, teils in Gemeinschaft
- ☐ allein
- ☐ in der Pfarrei
- ☐ in Gemeinschaft
- ☐ ich bete es nie

61. Wenn Sie das Brevier nicht regelmäßig beten, dann geben Sie bitte an, welche der folgenden Gründe dabei eine Rolle spielen:

Bitte stufen Sie fein ab zwischen: 1 = das trifft völlig zu und 5 = das trifft überhaupt nicht zu	1	2	3	4	5
Überlastung [369]	☐	☐	☐	☐	☐
Zeitmangel [370]	☐	☐	☐	☐	☐
ich bevorzuge andere Gebetsformen [371]	☐	☐	☐	☐	☐
das Brevier ist mir nicht wichtig [372]	☐	☐	☐	☐	☐

62. Was hilft Ihnen besonders zu lebendigem geistlichen Leben?

Bitte stufen Sie fein ab zwischen: 1 = das hilft mir sehr und 5 = das hilft mir überhaupt nicht	1	2	3	4	5
spontanes Gebet [373]	☐	☐	☐	☐	☐
Breviergebet [374]	☐	☐	☐	☐	☐
Meditation [375]	☐	☐	☐	☐	☐
Feier der Liturgie [376]	☐	☐	☐	☐	☐
geistliches Gespräch [377]	☐	☐	☐	☐	☐
Schriftlesung [378]	☐	☐	☐	☐	☐
Bücher [379]	☐	☐	☐	☐	☐
Bußsakrament [380]	☐	☐	☐	☐	☐
Exerzitien, Einkehrtage, geistliche Zentren [381]	☐	☐	☐	☐	☐
Dienst am Mitmenschen [382]	☐	☐	☐	☐	☐
Basisgruppe [383]	☐	☐	☐	☐	☐
theologische Reflexion [384]	☐	☐	☐	☐	☐
Anschluß an eine religiöse Bewegung oder Gemeinschaft [385]	☐	☐	☐	☐	☐
die alltägliche pastorale Arbeit [386]	☐	☐	☐	☐	☐
Lebensbetrachtung (revision de vie) [387]	☐	☐	☐	☐	☐
Anbetung [388]	☐	☐	☐	☐	☐

63. Haben Sie jemand, der oder die Sie geistlich begleitet? [389]

- ☐ ja
- ☐ nein

18

64. Wie oft sollte ein Priester zur Beichte gehen? [390]

- ☐ nur wenn er sich im Gewissen verpflichtet fühlt
- ☐ in regelmäßigen Abständen, etwa wöchentlich
- ☐ in regelmäßigen Abständen, etwa monatlich
- ☐ ein paar mal pro Jahr
- ☐ in regelmäßigen Abständen, etwa jährlich

65. Gibt es innerhalb der Kirche Gemeinschaften, denen Sie angehören?

- ☐ nein [391]
- ☐ ja, und zwar bei ....[392]

Beheimatung und Einsamkeit

Es ist nicht nur eine Frage der ehelosen Lebensform, wo ein Priester menschlich beheimatet ist und wie er mit Einsamkeit umgeht.

66. Wenn Sie frei wählen könnten, ob Sie mit Mitbrüdern zusammen wohnen oder arbeiten wollten, was würden Sie wählen? [393]

- ☐ allein wohnen und allein arbeiten
- ☐ allein wohnen und zusammen arbeiten
- ☐ Wohngemeinschaft (eigener Wohnbereich mit gemeinsam. Haushalt) und allein arbeiten
- ☐ Wohngemeinschaft (eigener Wohnbereich mit gem. Haushalt) und zusammen arbeiten

67. Wo fühlen Sie sich daheim?

Mehrfachantworten sind möglich!

☐ in der Pfarrei [394]	☐ beim Vater [395]
☐ bei Verwandten, Bekannten [396]	☐ in meiner Wohnung [397]
☐ bei befreundeten Personen [398]	☐ in einer Basisgruppe [399]
☐ bei einer vertrauten Person [400]	☐ bei Mitbrüdern [401]
☐ bei der Mutter [402]	☐ in der Hausgemeinschaft [403]

68. Von wem erhalten sie Feedback/Kritik/Rückmeldungen?

Mehrfachantworten sind möglich!

☐ Vorgesetzte [404]	☐ befreundete Personen [405]
☐ Pfarrmitglieder [406]	☐ Mitbrüder [407]
☐ Dechant / Dekan [408]	☐ Pfarrhaushälterin [409]
☐ Bischof [410]	☐ hauptamtlich Mitarbeitende [411]
☐ Verwandte, Bekannte [412]	☐ vertraute Person [413]

69. Wie ist es bei Ihnen daheim?

Mehrfachantworten sind möglich!

- ☐ ich habe eine ständige Haushaltshilfe [414]
- ☐ ich lebe/wohne mit einer Familie [415]
- ☐ stundenweise kommt eine Haushaltshilfe [416]
- ☐ ich werde in einer Gemeinschaft versorgt [417]
- ☐ ich lebe im Pfarrhaushalt mit [418]
- ☐ ich koche und putze selber (ich bin mein eigener Hausmann) [419]

70. Wie einsam fühlen Sie sich in folgenden Situationen?

Bitte stufen Sie fein ab zwischen: 1 = da fühle ich mich sehr einsam 5 = da überhaupt nicht einsam	1	2	3	4	5
... wenn es mir schlecht geht [420]	☐	☐	☐	☐	☐
... wenn ich jemanden meine Freude mitteilen will [421]	☐	☐	☐	☐	☐
... wenn ich an meinen Ruhestand denke [422]	☐	☐	☐	☐	☐
... wenn ich Sehnsucht nach Nähe habe [423]	☐	☐	☐	☐	☐

71. Wie begegnen Sie der Einsamkeit?

Bitte stufen Sie fein ab zwischen: 1= das hilft mir immer 5= das hilft mir gar nicht	1	2	3	4	5
ich bete [424]	☐	☐	☐	☐	☐
ich gehe spazieren [425]	☐	☐	☐	☐	☐
ich verdränge dieses Gefühl [426]	☐	☐	☐	☐	☐
ich gehe unter Menschen [427]	☐	☐	☐	☐	☐
ich ziehe mich zurück [428]	☐	☐	☐	☐	☐
ich telephoniere [429]	☐	☐	☐	☐	☐
ich arbeite [430]	☐	☐	☐	☐	☐
ich höre Musik [431]	☐	☐	☐	☐	☐
ich schalte den Fernseher ein [432]	☐	☐	☐	☐	☐
ich setze mich an den Computer [433]	☐	☐	☐	☐	☐
ich trinke [434]	☐	☐	☐	☐	☐

Gesundheit

72. Wie würden Sie im großen und ganzen Ihren Gesundheitszustand beschreiben?

Bitte stufen Sie fein ab zwischen: 1= sehr gut 5= sehr schlecht	1	2	3	4	5
körperlich [435]	☐	☐	☐	☐	☐
psychisch [436]	☐	☐	☐	☐	☐

Zölibatäre Lebensform

Die priesterliche Lebensform ist in vielen Kirchengebieten im Gespräch. Für jene Priester, die heute im Dienst sind und in der nächsten Zeit in diesen eintreten werden, wird es die von der katholischen Kirche vorgesehene Lebensform sein. Daher verdient die Kultur des ehelosen Lebens hohe Aufmerksamkeit. Welches sind die Stärken dieser Lebensform? Wodurch wird diese Lebensform gestützt, welche Belastungen kommen unter den heutigen Lebensbedingungen auf Ehelose zu?

73. Hier stehen einige Aussagen zum priesterlichen Zölibat. Wie stehen Sie persönlich zu diesen Sätzen?

Bitte stufen Sie fein ab zwischen: 1 – das trifft völlig zu und 5 = das trifft überhaupt nicht zu	1	2	3	4	5
Die Ehelosigkeit erschließt den Priestern die Möglichkeit einer tieferen Verbindung mit Christus. [437]	☐	☐	☐	☐	☐
Der Zölibat macht viele Priester einsam. [438]	☐	☐	☐	☐	☐
Die Ehelosigkeit macht freier für den Dienst. [439]	☐	☐	☐	☐	☐
In den Gemeinden gibt es heute kein zölibatsförderndes Klima. [440]	☐	☐	☐	☐	☐
In der Ehelosigkeit lebt ein Rest einer unchristlichen Leib- und Ehefeindlichkeit. [441]	☐	☐	☐	☐	☐
Ehelos leben ist in einer Gemeinschaft von Ehelosen leichter möglich als wenn man keine solche Gemeinschaft hat. [442]	☐	☐	☐	☐	☐
Die Ehelosigkeit macht frei zu einer persönlichen Gestaltung des Lebens. [443]	☐	☐	☐	☐	☐
Die Ehelosigkeit bringt Priester in eine Distanz zu den Menschen. [444]	☐	☐	☐	☐	☐
Selbst wenn der Zölibat „freigestellt" wäre, wäre es für junge Menschen sehr schwer, ihn frei zu wählen, weil sie niemand dabei unterstützt und ermuntert. [445]	☐	☐	☐	☐	☐
Ehelos leben ist wie das Leben in der Ehe ein lebenslanges Lernen und Ringen. [446]	☐	☐	☐	☐	☐
Der Zölibat als Hinweis auf das Reich Gottes wird meiner Meinung nach von den Menschen heute durchaus verstanden. [447]	☐	☐	☐	☐	☐
Ich habe den Zölibat in Kauf genommen, um Priester werden zu können und mich nach und nach bewußt dafür entschieden. [448]	☐	☐	☐	☐	☐
Ich empfinde zölibatäres Leben persönlich als Last. [449]	☐	☐	☐	☐	☐
Ich bekomme für mein eheloses Leben Unterstützung der Gemeinde. [450]	☐	☐	☐	☐	☐
Es klingt zwar hart, aber ein Priester, der sein Amt aufgibt um zu heiraten, verrät den Herrn. [451]	☐	☐	☐	☐	☐
Ich merke, daß die Menschen gerade wegen meines Zölibats mir mehr Vertrauen entgegenbringen. [452]	☐	☐	☐	☐	☐
Für mich wäre die Ehe eine Last. [453]	☐	☐	☐	☐	☐
Ich habe mich bewußt für den Zölibat entschieden und diesen nicht bloß in Kauf genommen, um Priester zu werden zu können. [454]	☐	☐	☐	☐	☐

74. Wenn Sie auf Ihr Leben als Eheloser zurückblicken, wie war es bei Ihnen?

Mehrfachantworten sind möglich!

- ☐ *ich war damit recht glücklich* [455]
- ☐ *ich habe Krisen durchlebt* [456]

- ☐ das ehelose Leben fiel mir leicht [457]
- ☐ ich war schon nahe dran, aufzugeben [458]
- ☐ ich habe einen eigenständigen Weg gefunden, den ich verantworten kann [459]
- ☐ es ging mir wie vielen Verheirateten, die ich kenne – es war ein Auf und Ab [460]

75. Wenn Priester die Möglichkeit hätten, bei Behalten ihres Amtes zu heiraten, würden Sie ... [461]

- ☐ sicher weiterhin ehelos leben
- ☐ wahrscheinlich weiterhin ehelos leben
- ☐ wahrscheinlich zukünftig nicht ehelos leben
- ☐ sicher nicht weiter ehelos leben

76. „Der priesterliche Zölibat sollte der Entscheidung des einzelnen Priesters überlassen werden."- Stimmen Sie dieser Meinung zu? [462]

☐ ja ☐ nein

... worüber gesprochen wird

77. In den nächsten Jahren werden viele Pfarrgemeinden keinen Pfarrer mehr haben, der im Ort lebt. So sucht man nach Personen, die für die Gemeindeleitung mit-verantwortlich sind. Mit welcher der folgenden Lösungen wären Sie unter keinen Umständen einverstanden?

Mehrfachnennungen sind möglich

- ☐ ein ehrenamtliches Kirchenmitglied [463]
- ☐ ein Leitungsteam [464]
- ☐ ein Diakon [465]
- ☐ eine Ordensfrau [466]
- ☐ ein Laie (Mann oder Frau) mit einer akademischen Ausbildung (Pastoralassistentin / -referentin, -assistent / -referent) [467]
- ☐ ein Laie mit einer Ausbildung als Gemeindeassistent/in (ohne akademische Theologie) [468]
- ☐ ein Priester, der geheiratet hat und zur Zeit sein Amt nicht ausüben darf (laisiert ist) [469]

78. Wenn wegen des Priestermangels (gestützt auf CIC can 517§2) zunehmend Laien mit der Wahrnehmung von Seelsorgsaufgaben beauftragt werden: Sollten sie in Zukunft folgende Aufgaben übertragen bekommen?

Bitte kreuzen Sie in jeder Zeile das Entsprechende an!	ja	nein
trauen [470]	☐	☐
beerdigen [471]	☐	☐
in der Eucharistiefeier predigen [472]	☐	☐

79. Im Rahmen der gemeinsamen Umfrage sind für einige Diözesen Ansichten des privaten Lebens und Wirkens der Priester interessant. Einige Aspekte des priesterlichen Lebens und Wirkens sind ja seit dem Zweiten Vatikanischen Konzil im Gespräch. Sie waren auch in den Umfragen des Jahres 1971 Thema. Für einzelne Fragen bestehen derzeit auch verbindliche kirchliche Regelungen. Dennoch ist es angebracht, die Meinungslage der betroffenen Priester zu solchen Fragen zu erheben. Wir haben diese Themen in eine Reihe von Aussagen gekleidet - nehmen Sie bitte dazu Stellung!

Bitte kreuzen Sie in jeder Zeile das Entsprechende an!	ja	eher ja	eher-nein	nein
Zwischen den Forderungen der Kirche und den Nöten und Problemen der Gläubigen erfahre ich starke Spannungen. [473]	☐	☐	☐	☐
Der Priester soll den Standpunkt der offiziellen Kirche auch dann vertreten, wenn er persönlich nicht ganz dahintersteht. [474]	☐	☐	☐	☐
Ich habe keine Probleme mit den Entscheidungen aus Rom. [475]	☐	☐	☐	☐
Ich bin für das Diakonat der Frau. [476]	☐	☐	☐	☐
Wenn Laien im Zuge des Priestermangels mit Aufgaben betraut werden, die dem Ordo zugeordnet sind (wie im Normalfall taufen, trauen), dann sind diese Personen auch zu Priestern zu weihen. [477]	☐	☐	☐	☐
Das Diakonat der Männer, wie es jetzt ist, hat Zukunft. [478]	☐	☐	☐	☐
Homosexuelle sollen Priester werden dürfen. [479]	☐	☐	☐	☐
Die Frage der Priesterweihe von Frauen ist zwar negativ entschieden, aber ich halte sie theologisch für möglich. [480]	☐	☐	☐	☐
Ich erachte die Weihe von „viri probati" zu Priester als unumgänglich, weil sonst viele Gemeinden ohne regelmäßige Eucharistiefeier sein werden. [481]	☐	☐	☐	☐
Wegen des Pfarrermangels sollten die Priester bereit sein, noch mehr Eucharistiefeiern vorzustehen. [482]	☐	☐	☐	☐
Die Priester sollen ihre diözesanen Bischöfe wählen können. [483]	☐	☐	☐	☐
Ich erachte die Weihe von „viri probati" zu Priestern als unumgänglich, weil die Wahl der Lebensform ein Menschenrecht ist. [484]	☐	☐	☐	☐
Priester, die Kinder mißbrauchen, sind unverzüglich aus dem Dienst zu entlassen. [485]	☐	☐	☐	☐
Laien, die mit der Kranken(haus)seelsorge betraut werden, sollen auch die Krankensalbung spenden können. [486]	☐	☐	☐	☐
Wenn Laien in der Kranken(haus)seelsorge mit der Krankensalbung beauftragt werden sollten, müßten sie dazu auch geweiht werden. [487]	☐	☐	☐	☐
Sollte einmal der Priesterzölibat freigestellt werden, muß dieser zuvor aufgewertet werden. [488]	☐	☐	☐	☐

80. Was soll mit Priestern geschehen, die mit kirchlicher Erlaubnis heiraten? Welche Aufgaben sollen ihnen nach entsprechender Prüfung übertragen werden? [489]

Bitte nur eine Antwortmöglichkeit ankreuzen!

- ☐ priesterlicher Dienst ohne Einschränkung
- ☐ kirchlicher Dienst ohne priesterliche Funktion
- ☐ keinerlei kirchliche Funktion

23

Feedback

Sie haben wertvolle Zeit in das Ausfüllen des Fragebogens investiert. Wie war das nun für Sie?

81. Mit welchem Gefühl haben Sie diesen Fragebogen beantwortet? [490]

Bitte kreuzen Sie nur eine Möglichkeit an!

☐ ich habe gerne geantwortet	☐ es war schwer zu antworten
☐ das war interessant für mich	☐ mich interessierte das meiste nicht

82. Abschließend noch einige Rückmeldungen zur Befragung

Bitte stufen Sie fein ab zwischen: 1 = das trifft völlig zu 5 = das trifft überhaupt nicht	1	2	3	4	5
Ich möchte über die Ergebnisse informiert werden. (Bitte füllen Sie hierfür die Antwortkarte aus dem Umschlag aus und senden diese getrennt vom Fragebogen ein.) [491]	☐	☐	☐	☐	☐
Die Ergebnisse der Befragung sollten in den Priesterräten besprochen werden. [492]	☐	☐	☐	☐	☐
Es wurden die wichtigsten Problembereiche angesprochen. [493]	☐	☐	☐	☐	☐
Ich erwarte mir von den Ergebnissen wertvolle Impulse für Dienst und Leben der Priester [494]	☐	☐	☐	☐	☐

83. „ ... was ich noch unbedingt hinzufügen will“ [495]

84. Für das Ausfüllen des Fragebogens benötigte ich ______________ Minuten [496]

24

Bitte senden Sie diese Karte

unabhängig

vom Fragebogen ein!

JA,

ich habe Interesse an den Ergebnissen der Studie!

Ich habe den Bogen eingeschickt am:________

☐ **JA, bitte informieren Sie mich über die Ergebnisse der Studie.**

☐ **JA, ich habe den Bogen eingeschickt.**

Auf diese Weise erhalten wir einen Überblick darüber, welcher Personenkreis sich an der Erhebung beteiligt hat. Eine Verbindung zum Fragebogen kann nicht hergestellt werden; die Anonymität ist gewahrt.

Name: ______________________________

Straße: ______________________________

Ort: ______________________________

JA,

die Arbeit der AfkS interessiert mich. Ich möchte mehr Informationsmaterial erhalten!

JA, die Forschungsarbeit der AfkS – Arbeitsstelle für kirchliche Sozialforschung interessiert mich. Ich möchte regelmäßige Informationen bekommen!

Name: ______________________________

Organisation: ______________________________

Straße: ______________________________

Ort: ______________________________

Tel./Fax/E-Mail: ______________________________

Unterschrift: ______________________________

Bitte freimachen!

ANTWORTKARTE

AfkS

Arbeitsstelle für kirchliche Sozialforschung

Maria Theresien-Straße 3/24

A - 1090 Wien

Bitte freimachen!

ANTWORTKARTE

AfkS

Arbeitsstelle für kirchliche Sozialforschung

Maria Theresien-Straße 3/24

A – 1090 Wien